示范物流园区创新发展报告（2024）

国家发展和改革委员会经济贸易司
中国物流与采购联合会 编

中国财富出版社有限公司

图书在版编目（CIP）数据

示范物流园区创新发展报告.2024／国家发展和改革委员会经济贸易司，中国物流与采购联合会编.—北京：中国财富出版社有限公司，2024.3

ISBN 978－7－5047－8152－9

Ⅰ.①示… Ⅱ.①国… ②中… Ⅲ.①物流—工业园区—经济发展—研究报告—中国—2024 Ⅳ.①F259.22

中国国家版本馆 CIP 数据核字（2024）第 053162 号

策划编辑	王桂敏	责任编辑	郭逸亭 刘静雯	版权编辑	李 洋
责任印制	梁 凡	责任校对	张营营 卓闪闪	责任发行	黄旭亮

出版发行	中国财富出版社有限公司		
社　　址	北京市丰台区南四环西路 188 号 5 区 20 楼	邮政编码	100070
电　　话	010－52227588 转 2098（发行部）	010－52227588 转 321（总编室）	
	010－52227566（24 小时读者服务）	010－52227588 转 305（质检部）	
网　　址	http：//www.cfpress.com.cn	排　　版	宝蕾元
经　　销	新华书店	印　　刷	宝蕾元仁浩（天津）印刷有限公司
书　　号	ISBN 978－7－5047－8152－9/F·3636		
开　　本	787mm×1092mm　1/16	版　　次	2024 年 3 月第 1 版
印　　张	29.25	印　　次	2024 年 3 月第 1 次印刷
字　　数	694 千字	定　　价	180.00 元

《示范物流园区创新发展报告（2024）》
编辑委员会

《示范物流园区创新发展报告（2024）》
编辑人员

主　编：贺登才　李久佳

副主编：张晓东（执行）　杨浩哲　姜超峰　宫之光　黄　萍

成　员：杨宏燕　陈　凯　宫士博　王　沛　于雪姣

　　　　陆　铮　房宇轩　赵启昕　蒋卓玲　吕晨菲

　　　　万　辉　蔡新锐　章凯祥　杨佳俊　汪世杰

　　　　代辛倩　王迦尧　魏　然　刘世钰　马娇娇

　　　　邵思倩　郭志伟　陶研铭　方兴国

承办部门：中国物流与采购联合会物流园区专业委员会

电话：010－83775685/83775686

传真：010－83775688

邮箱：cflpyq@ vip. 163. com

网址：http：//yqzwh. chinawuliu. com. cn/

前　言

国家发展和改革委员会（以下简称"国家发展改革委"）经济贸易司与中国物流与采购联合会联合出版的《示范物流园区创新发展报告（2024）》（以下简称《报告》）与大家见面了，这也是该系列报告的第三本。本书收录了24个第三批示范物流园区、22个第四批示范物流园区提供的经验材料。旨在总结推广他们的创新做法和示范特色，以点带面促进我国物流园区建设、管理和服务水平进一步提升，促进现代物流提质增效降本，带动制造、商贸等相关产业集聚创新发展，更好支撑构建新发展格局、推动高质量发展。

2015年5月，国家发展改革委、国土资源部、住房城乡建设部印发《关于开展物流园区示范工作的通知》（发改经贸〔2015〕1115号），提出在全国分批评定100家左右基础设施先进、服务功能完善、运营效率显著、社会贡献突出的示范物流园区，并委托中国物流与采购联合会具体组织评选工作。

自示范物流园区工作开展以来，国家发展改革委会同自然资源部等有关部门共分四批确定了100家示范物流园区，覆盖全国29个省（自治区、直辖市），圆满完成有关目标任务。相关园区主要分布在城市群和都市圈范围，适应国家重大发展战略需要，基础设施先进、服务功能完善、运营效率显著、社会贡献突出，为全国物流园区建设树立了标杆，发挥了示范带动作用，有力推动了"通道+枢纽+网络"的现代物流运行体系加快形成。

近年来，通过物流园区示范创建工作的持续推进，示范物流园区的典型带动和示范引领作用逐步显现，其所在城市的知名度和影响力显著提升，地方政府对物流园区的重视程度也明显提高。国家发展改革委等政府部门及许多地方政府先后出台相关政策，从规划、用地、融资、降税、清费、便利通关、城市通行、多式联运、简政放权和试点示范等多方面对物流园区予以支持。江苏、浙江、河南、内蒙古、安徽、福建、江西、陕西、湖北、山西等省份陆续开展省级示范物流园区创建工作，形成提档升级、创先争优的示范效应。

示范物流园区创建工作取得重要进展，社会贡献和影响力显著提升，国家也高度重视示范物流园区的发展。《"十四五"现代物流发展规划》提出，积极推进国家级示范物流园区数字化、智慧化、绿色化改造。2024年1月发布的《城乡冷链和国家物流枢纽建设中央预算内投资专项管理办法》（发改经贸规〔2023〕1753号）将国家级示范物流园区内的基础性、公共性、公益性设施补短板项目纳入支持范围。

2021年9月，国家发展改革委、自然资源部联合印发《关于做好第三批示范物流园区工作的通知》，2023年7月，国家发展改革委、自然资源部印发《关于做好第四批示范物流园区工作的通知》，分别确认24个和22个示范物流园区，为《报告》提供了资料来源。这46家示范物流园区，主导产业特色鲜明、辐射带动作用明显，在建设发展过程中形成了一批具有地方特色的经验做法，值得业界同仁学习交流和参考借鉴。

按照惯例，在本书开篇之际，我们尝试对这些园区的共性做法和普遍经验做一些归纳梳理，供大家共同讨论、相互借鉴。

（一）准确把握产业需求，夯实发展新基石

物流园区作为重要的基础设施，规划选址工作是成功运营的前提条件。入选的示范物流园区均已纳入省级物流发展规划，并经自然资源部审核，全部符合国土空间规划。

各园区在具体建设规划中，一方面，打好建设和资源整合的"基本功"，均具备较好的交通区位和基础设施条件。例如，江苏泰州高港综合物流园放大江海联运区位优势，用足用好长江下游优质岸线，相继建成散货码头、集装箱码头、液体化工、粮食等专业化码头，以高标准、高能级的港口物流设施"筑巢引凤"。江苏海安商贸物流产业园先后招引建设了上海铁路局海安物流基地、凤山港务内河码头、百金汇有色金属期货交割库、正盛塑料粒子期货交割库、江苏银隆棉花期货交割库、海安保税物流中心等项目，为业务发展提供专业平台。青岛国际陆港华骏物流园投资建设铁路专用线，开通并常态化运行了即墨到黄岛前湾港的"即黄班列"，实现了园区与胶济铁路主干线的连接，为园区扩大业务范围提供了基础。

另一方面，下好需求调查的"先手棋"，贴近需求，服务产业，发挥优势，找准定位。例如，东北快递（电商）物流产业园发挥县级城市区位、用工、用地等优势，以快递转运分拨中心为发展切入点，带动与快递产业关联的电商交易平台、电商仓储产业集聚，形成东北重要的快递转运中心和电商仓储中心。哈尔滨龙运物流园区结合哈尔滨市经济民生的迫切需求，高标准打造冷链物流基地，承担起哈尔滨市区农贸产品及冷链配送服务以及我国与东北亚地区进出口运输、国际分拨等重要任务。

同时，各园区也在规划建设运营中不断创新开发模式。例如，江西抚州海西综合物流园在建设初期为抢抓经营先机，缓解资金压力，利用铁路闲置场地先行启动运营环节，改造了抚北铁路货场，作为园区全面投入使用前的过渡，走出了一条边建设边经营的新路子。浙江湖州长兴综合物流园区结合市场需要，按照"政府引领、国企搭台、企业唱戏"的协同发展模式，在规划、建设、运营中分工明确、通力协作，完成基础设施打造和个性化业务场景的搭建。

（二）坚持集约高效发展，形成竞争新优势

物流产业规模不能等同于物流产业优势，物流资源要素的简单堆积也难以摆脱低水平同质化竞争。示范物流园区充分利用产业规模效应，形成区域物流成本"洼地"，将产业规模优势转化为经济竞争优势。

一是吸引企业集群发展。示范物流园区通过引入具有规模优势、带动能力强的行业龙头企业，吸引供应链上下游企业跟随入驻，形成以物流服务为核心的特色产业集群。例如，宝湾（合肥）国际物流中心按照"物流驱动商贸，展储运居一体"的发展思想建

立招商标准，与红星美凯龙及其他建材类企业共同打造家居博览中心与建材家居交易中心，同时满足商贸发展与仓配需求。南京空港江宁快递产业园重点发展航空运输、航空快递、跨境电商等临空指向型产业，实现"快递＋特色农产品＋临空高科技产品"三业协同。

二是发挥网络规模效应。示范物流园区发挥资源集聚优势，加强与其他物流节点的互联互通，逐渐搭建起广覆盖、高效率、低成本的物流网络。例如，成都国际铁路港建立起以成都为主枢纽、西至欧洲、北至蒙俄、东联日韩、南拓东盟的国际班列线路网络和陆海货运配送体系，联通"一带一路"沿线国家和地区80余个、境内外城市130余个，累计开行国际班列超2.3万列，中欧班列（成渝）开行量突破2万列。河南周口港口综合物流园区以水运为核心，开通了至淮安港、太仓港等14条国内集装箱航线，以及到达美国洛杉矶长滩港、美国迈阿密港、非洲加纳特马港等10条国际集装箱航线，实现了内河港口"箱通世界、货运全球"。

三是应用共享共用模式。示范物流园区利用入驻企业数量众多、需求时间和空间分布不均衡的特点，推进入驻企业共享共用设施设备，降低运营成本。例如，河北天环冷链物流产业园推行共享冷链仓储、共用新能源冷链车、共同遵守冷链标准作业流程、共享物流信息、共享冷链物流网点资源、共享供应链数据、同程配单的"六共一同"区域共配体系。中疆物流昌吉物流货运周转基地开展汽车后市场服务，对合作运输企业的汽车加汽、轮胎、保险、配件等后市场业务进行统一采购和管理，降低合作运输企业车辆维护、保养成本约8%。

（三）重视数字化绿色化，培育发展新动能

《"十四五"现代物流发展规划》要求，积极推进国家级示范物流园区数字化、智慧化、绿色化改造。各园区主动作为，在数字化、智能化提升，绿色化、低碳化转型方面不断探索。

在强化数字化科技赋能方面，一方面利用现代信息技术推动物流要素在线化、数据化，开发多样化应用场景，实现物流资源线上线下联动。例如，浙中多式联运枢纽港建设中欧（义新欧）班列数字服务平台，打造从前端客户订舱、询价，中端集装箱入库、仓储、装卸，到后端客户可视化跟踪系统的全流程信息链。辽宁省德邻陆港物流综合产业园搭建智慧供应链服务平台，提供钢铁供应链数字化服务，形成了德邻畅途、德邻云仓、德邻e钢、德邻循环、德邻化工、德邻监管、德邻加工、德邻供应链融资等特色的产品集群，其中，德邻e钢注册客户4万余家；德邻循环2022年销售循环类物资1255.65万吨，交易额12.22亿元，为委托单位创效1.54亿元。另一方面深度应用第五代移动通信（5G）、北斗、移动互联网、大数据、人工智能等技术，分类推动物流基础设施改造升级，建设智慧物流园区。例如，唐山海港物流产业聚集区在京唐港区铁路化工站安装OCR智能识别系统，智能读取列车车体信息，列车车号、集装箱箱号识别准确率达99.35%，抄号时间压缩了近40%。浙江杭州深国际华东智慧物流城（杭州深国际物流港）建设5000平方米的自动化拣选仓储中心，投入60台智能拣选机器人，采用货轨料箱

与蜘蛛拣选机器人相结合的方式作业，能够实现高密度存储、3D 作业以及智慧调度，可为客户节约仓储面积超过 69%，增加存储件数 330%，增加箱位数 440%，增加作业面积 270%。

在推动绿色物流发展方面，从配置绿色设施设备、推广"公转铁""散改集"等低碳模式出发，为推进美丽中国建设贡献力量。例如，浙江德清临杭物流园将园区 45 万平方米库区顶部安装光伏太阳能板，已建成 32 兆瓦太阳能光伏发电工程，实现库区作业电能自给自足，累计发电总量已达 9700 多万千瓦时。四川宜宾临港国际物流园推进充电基础设施建设，园区各类充电接口累计达到 1597 个；推进重卡换电示范站建设，已建成投运 5 座；推进出行场景电动化替代，推广应用电动重卡 320 辆。陕西榆林象道国际物流园推进煤炭等大宗商品"公转铁"，启动煤炭快装系统，构建了"铁水联运、公路短倒、仓储配套"的多式联运物流骨干网络，"公转铁"线路年均运输量可达 800 万吨，年均减少碳排放量 147 万吨，开启了"乌金"产业高质量发展的"绿色"引擎。

（四）立足资源延长链条，拓宽价值新空间

示范物流园区利用自身规模效应、集约效应和品牌效应，结合对物流、商流、资金流、信息流的掌控程度，采取不同模式切入供应链，积极向采购、生产、销售、回收等环节延伸，提升产业链价值链能级。例如，首衡高碑店国际农产品交易中心深入对接种植基地，推动产销衔接，与全国 2600 多平方千米种植基地建立合作关系，在订单农业、产品互检互认、溯源体系建设等方面展开全方位合作。江西高安汽车商贸物流产业园以商用车交易为核心，形成了辐射长江以南主要地区的物流交易作业全链服务产业群，具备汽车销售、运输挂靠、专用车生产、铁路专用线、车辆维修、汽车检测、车辆年审等产业配套和增值服务产业群。部分园区与钢铁生产企业深度融合，提供全链条服务。例如，柳州市鹧鸪江钢铁深加工及物流产业园将仓储系统与柳钢集团生产管理系统数据对接，实现了柳钢钢材的全流程监管、追溯。内蒙古鑫港源顺物流园现有 4 家卷板开平厂，18 家剪切、折弯厂，4 家 C 型钢加工厂，5 家彩钢板厂，满足终端客户个性化定制的加工需求。吉林长春东北金属交易中心整合冶金、钢铁深加工、物流及信息平台，打造"原料—生产—深加工—物流—咨询—培训—金融"的一站式服务体系，园区钢铁流通量占吉林省的 80% 以上。安徽芜湖三山综合物流园、山东齐鲁正本物流园、安徽安庆大观区现代物流园围绕园区优势产业，与上下游企业密切合作，量身定做供应链管理库存、线边物流、供应链一体化服务等物流解决方案。

（五）发挥创新引领作用，激发高质新活力

各园区将创新作为发展新引擎，深入物流组织运作全链条，不断寻找提质增效降本新空间，持续塑造发展新动能、新优势，引领行业转型升级。

一是管理创新。辽宁省海城市西柳物流园区率先开展"统一限价、统一计量、统一票据、统一交费、统一理货"的"五统一"管理，对所有入驻运输企业实行有效监管，推动运费价格普遍下降 40%～60%。重庆南彭贸易物流基地（暨重庆公路物流基地）优

化营商环境，挂牌全市第一个园区政务服务分中心，将企业设立登记、食品流通许可、税务、道路运输许可、发展改革委备案、规划建设手续办理等156项政务服务事项下沉园区，实现"园区事项园区办，企业审批不出园"。

二是模式创新。湖南一力物流园为解决钢贸行业中小企业融资难、融资贵的问题，开展全链条供应链金融服务，已经为20多家银行及多家担保公司提供质押监管服务，为园区内的上百家企业提供订单融资服务，并获得全国首家中国工商银行总行授牌质押监管资质。苏州工业园区现代物流园推进改革创新，争取政策功能先行先试，探索了空运直通港、空陆联程、虚拟空港、区港联动等多个创新模式，其中空运直通港快速通关模式创新性地将上海机场货站服务延伸至片区内，取消上海货代监管仓库作业环节，物流时效提升6小时以上，每单货物实际节约物流成本15%～25%。

三是组织创新。宝特芜湖现代物流产业园为格力电器（芜湖）有限公司等制造业企业开行定制化铁海联运班列，科学调度指挥，实现运输安全畅通，缩短运输时效2～4天。鹤壁现代煤炭物流园区开展煤炭管带输送工程，在园区和电厂间设置管带机，煤炭在管状皮带内全封闭运输，减少损耗和电厂内转运环节费用；占地不到同距离铁路的30%，节约用地约65.3万平方米；相比汽运，年节省柴油2180吨，减排二氧化碳6746吨，节省标煤1500吨。黄河三角洲滨南物流园创新沥青运输模式，设计多功能沥青吨箱，并研发冷态沥青铁路集装箱、公路吨包装、导热油加热设施植入式加热模式等，实现沥青中途不换装，降低客户亏吨风险，加温效率提升3倍，成本降低近18元/吨。

（六）带动区域经济发展，助力美好新生活

示范物流园区发掘城市特色产业的比较优势，用创新的模式、贴近企业的做法，以物流产业为引领，带动地方产业发展，为区域经济注入新活力，为实现人民美好生活做出示范贡献。例如，贵州快递物流集聚区围绕商贸物流集聚优势，建立"乡村集货、云仓集单、数据互通、统仓共配"的电商供应链体系。目前，已与省内800余家农特产品生产企业合作，链接产业基地1430个、农特产品2200余种，带动农特产品增效约5.2亿元。上饶市新华龙现代物流园为带动农民脱贫，以生态旅游农业产业园为平台，陆续安排了100余个贫困户务工，解决了200余个困难户就业问题。金乡县鲁西南商贸物流园依托丰富的农产品资源优势，相继招引了金乡大蒜辣椒国际交易市场、凯盛国际农产品物流城等龙头企业，推动了金乡县成为世界大蒜种植培育、储藏加工、贸易流通、信息发布和价格形成中心，园区累计贡献税收达10亿元，实现和带动就业6万余人，年交易额300亿元，走出了以农贸带动区域经济发展的特色之路。驻马店恒兴仓储物流及电子商务产业园大力发展"互联网＋农业"，探索形成"前店后库""代发代收""物流增值服务"等新型运营模式，带动王守义十三香、卫龙辣条、泌阳花菇、确山瓦岗红薯和板栗等当地优质农副产品、特色食品、轻纺化工产品上线，帮助企业在园区内实现买卖全球。石家庄东部现代物流枢纽基地结合石家庄市"一县一品"县域特色农业、制造业的优势，为各地特色产品等提供物流服务，同时联合头部企业自营电商直播。以藁城区宫灯产品为例，通过线上短视频、直播等方式引流，促使线上成交增长30%以上，转化率提升

15%。西藏拉萨城投物流园推动"退城入园"工作，整合拉萨市物流资源，同时，落地拉萨京东物流等大型项目，助力中小件商品和大家电商品在西藏地区实现"次日达"。

以上是对第三批和第四批示范物流园区经验做法的粗略归纳，难免挂一漏万，还请读者朋友批评指正。

国家级示范物流园区的评选虽然告一段落，但进入新的发展阶段，示范物流园区的转型提升面临新的形势和任务。需要我们大家同心协力、踔厉奋发、笃行不怠，共同推动我国物流基础设施建设取得新成效，贡献新经验，为实体经济高质量发展和现代化经济体系建设提供有力支撑，共同书写中国式现代化建设新篇章。

值此《报告》出版之际，再次感谢国家发展改革委等政府部门的信任，把示范物流园区评审以及经验总结推广工作交给我们，并几次发出指导性文件。感谢地方发展改革部门的支持，感谢第三批、第四批示范物流园区领导和撰稿人，感谢中国物流与采购联合会物流园区专委会专家委员会委员姜超峰、张晓东、宫之光，感谢北京交通大学交通运输学院师生及中国财富出版社有限公司各位编辑的辛勤劳动。同时，恳请各位读者朋友提出宝贵意见。

中国物流与采购联合会副会长
"十四五"国家发展规划专家委员会委员

二〇二四年一月

目　录

目　录

政策规划篇

示范物流园区创新发展报告（2024）

国家发展改革委 自然资源部
联合发布第三批示范物流园区名单

近日，为贯彻落实党中央、国务院有关决策部署，加快构建布局合理、规模适度、功能齐全、绿色高效的全国物流园区网络体系，以点带面推动提升物流园区整体发展水平，推动物流提质增效降本，国家发展改革委、自然资源部联合印发《关于做好第三批示范物流园区工作的通知》，确定第三批24家示范物流园区名单（附后），取消2家示范物流园区称号，并要求有关省（自治区、直辖市）政府部门进一步完善示范物流园区工作协调机制，抓好国家和地方已出台的各项政策措施落实，将示范物流园区新增物流仓储用地，优先列入本地区建设用地供应计划并给予重点保障。同时，积极推动解决园区发展面临的困难和问题，支持示范物流园区符合条件的重大物流基础设施建设。

自示范工作开展以来，国家发展改革委会同自然资源部等有关部门共分三批确定78家示范物流园区，已覆盖全国28个省（自治区、直辖市）。相关园区在强化基础服务、完善设施布局、创新发展模式、突出特色化经营等方面取得积极成效，为降低实体企业物流成本，带动区域物流业聚集提升和高质量发展，促进形成强大国内市场，发挥了重要作用。

下一步，国家发展改革委将会同有关部门加强对已入选物流园区的工作指导，及时总结园区发展的成功经验和成熟模式，把物流园区示范工作与促进物流提质增效降本和高质量发展结合起来，进一步加强园区互联互通、联动发展，推动物流业与相关产业深度融合，为构建以国内大循环为主体、国内国际双循环相互促进的新发展格局提供有力支撑。

附件：

第三批示范物流园区名单

（共24个）

所在地	示范物流园区
北京市	平谷区马坊物流基地
天津市	天津东疆保税港区
河北省	河北新发地农副产品物流园
	唐山海港物流产业聚集区

续　表

所在地	示范物流园区
内蒙古自治区	通辽经济开发区综合物流园区
辽宁省	东北快递（电商）物流产业园
黑龙江省	哈尔滨龙运物流园区
江苏省	苏州工业园区现代物流园
	南京空港江宁快递产业园
浙江省	浙江德清临杭物流园
	浙中多式联运枢纽港
安徽省	宝特芜湖现代物流产业园
	宝湾（合肥）国际物流中心
江西省	上饶市新华龙现代物流园
山东省	金乡县鲁西南商贸物流园
	黄河三角洲滨南物流园
河南省	鹤壁现代煤炭物流园区
	驻马店恒兴仓储物流及电子商务产业园
湖北省	黄石新港（物流）工业园
湖南省	湖南一力物流园
广西壮族自治区	柳州市鹧鸪江钢铁深加工及物流产业园
四川省	成都国际铁路港
贵州省	贵州快递物流集聚区
新疆维吾尔自治区	中疆物流昌吉物流货运周转基地

（来源：国家发展改革委网站）

国家发展改革委 自然资源部
联合发布第四批示范物流园区名单

近日，国家发展改革委、自然资源部联合印发《关于做好第四批示范物流园区工作的通知》，确定第四批 22 家示范物流园区名单，要求有关省级发展改革委、自然资源主管部门加强对示范物流园区的工作指导、政策支持和监测评估。

此次发布的 22 家示范物流园区具有三方面主要特征：一是支撑产业高质量发展作用突出。相关示范园区积极主动对接实体产业，将物流业务深度嵌入产业链供应链中，推动制造业和物流业融合发展，有力保障产业链供应链安全稳定。例如，四川宜宾临港国际物流园围绕动力电池和新能源汽车、智能终端、高端装备制造、白酒食品等产业发展，打造物流载体和服务网络，推动园区物流与产业深度融合发展。二是智能化改造升级成效显著。相关示范园区广泛运用数字技术改造提升园区管理和运营水平，通过大数据、区块链、物联网、5G 等数字技术的应用，促进智慧物流技术与模式创新，推动物流基础设施改造升级，提高园区协同效率和管理水平。例如，安徽安庆大观区现代物流园布置智能式自动货架系统，运用智慧物流技术，为客户提供全程物流服务并延伸仓储相关增值服务，提高拣货效率近 6 倍。三是服务能级不断提升。相关示范园区有效衔接多种运输方式，强化多式联运组织能力，完善现代物流服务体系，已经成为当地招商引资的关键要素。例如，江苏海安商贸物流产业园依托铁路货场、铁路专用线、大宗商品集散交易平台等，引进发展跨境电商、保税、新零售、冷链物流等多种物流业态，不断提升商贸物流服务能力，为区域经济发展做出积极贡献。

自示范物流园区工作开展以来，国家发展改革委会同自然资源部等有关部门共分四批确定了 100 家示范物流园区，覆盖全国 29 个省（自治区、直辖市），圆满完成有关目标任务。相关园区主要分布在城市群和都市圈范围，适应国家重大发展战略需要，基础设施先进、服务功能完善、运营效率显著、社会贡献突出，为全国物流园区建设树立了标杆，发挥了示范带动作用，以点带面提升了全国物流园区规划、建设、运营、管理和服务水平，有力推动"通道＋枢纽＋网络"的现代物流运行体系加快形成。下一步，国家发展改革委将会同有关方面加强对示范物流园区的工作指导，协同推进国家物流枢纽、国家骨干冷链物流基地和国家级示范物流园区建设，在智慧化、绿色化、网络化方面发力赋能，为支撑构建新发展格局、推动经济高质量发展提供有力支撑。

附件：

第四批示范物流园区名单
（共 22 个，排名不分先后）

所在地	示范物流园区
河北省	河北天环冷链物流产业园
	石家庄东部现代物流枢纽基地
内蒙古自治区	内蒙古鑫港源顺物流园
辽宁省	辽宁省德邻陆港物流综合产业园
	辽宁省海城市西柳物流园区
吉林省	吉林长春东北金属交易中心
江苏省	江苏海安商贸物流产业园
	江苏泰州高港综合物流园
浙江省	浙江湖州长兴综合物流园区
	浙江杭州深国际华东智慧物流城（杭州深国际物流港）
安徽省	安徽安庆大观区现代物流园
	安徽芜湖三山综合物流园
江西省	江西抚州海西综合物流园
	江西高安汽车商贸物流产业园
山东省	山东齐鲁正本物流园
	青岛国际陆港华骏物流园
河南省	河南周口港口综合物流园区
湖北省	湖北襄阳樊西商贸服务型物流示范园区
重庆市	重庆南彭贸易物流基地（暨重庆公路物流基地）
四川省	四川宜宾临港国际物流园
西藏自治区	西藏拉萨城投物流园
陕西省	陕西榆林象道国际物流园

（来源：国家发展改革委网站）

建设运营篇

平谷区马坊物流基地

服务新发展格局，打造首都物流新高地

北京城市总体规划赋予平谷区"三区一口岸"功能定位，马坊镇是"服务首都的综合性物流口岸"的集中承载地，是第一批国家冷链物流基地，也是国家示范物流园区。2018 年全国运输结构调整战略实施后，北京市综合考虑区位、运输能力等因素对全市一级物流基地和 28 个既有铁路货场进行调研，最终筛选出 2 个公铁融合的一级物流枢纽和 9 个二级铁路货场，2 个一级物流枢纽，其中一个就是平谷区马坊物流基地。平谷区马坊物流基地（以下简称"园区"）作为一级物流枢纽，主要承担矿建材料、商品车、生活必需品和钢铁的运输任务，同时不断加快建设首都食材共配中心、动态储备及流通加工中心等重点项目，进一步强化国家骨干冷链物流基地功能。园区基于区位优势、产业基础、发展条件，统筹布局，锚定 4000 万吨大流量。

一、园区概况

（一）运营主体

北京市平谷马坊物流基地管理委员会受区政府委托负责基地的规划、发展、建设、管理和综合协调等工作，由下属企业北京马坊物流基础设施开发建设有限公司代为运营管理。北京马坊物流基础设施开发建设有限公司是由区政府批准，北京京东国际物流基地投资开发中心投资成立，负责园区的基础设施、相关配套设施建设和融资工作。

（二）区位交通

平谷区是京津冀地区的桥头堡，位于环渤海经济圈、环首都经济圈的重要节点位置。园区位于北京市东北部，地处京津冀交界处，距天津新港 135 千米，距京唐港 140 千米，距曹妃甸港 180 千米，距秦皇岛港 230 千米，距首都国际机场 35 千米，距马坊铁路货运站仅 2 千米，毗邻京平高速公路，并与多条高速公路相连，具有"外联内通""近城而不进城"的区位优势。

园区周边高速公路、铁路、港口、航空等交通发达。京平高速横贯东西，省道密三路贯穿南北，还可连通京秦高速、京承高速。轨道交通 22 号线作为京津冀协同发展示范线路，西起朝阳区东大桥，从北京城市副中心穿越河北燕郊，直达平谷城区，首站就是马坊镇。园区周边还有一条北京市唯一的地方铁路，始建于 1977 年，1985 年通车，全长

16.2千米，贯穿马坊镇和河北省三河市，向南到达京哈线的三平站，向北未来延伸可连接北京铁路大外环，融入全国铁路网，构建"H"形铁路总体架构。园区已与天津港合作，入选国家公铁海多式联运示范工程，具有公铁海航多式联运的交通条件。

（三）功能定位

园区依托北京市公转铁运输结构调整、建设首都东部铁路外环绿色通道战略机遇，构建公铁海航多式联运物流体系。聚焦商品车、矿建材料、生活必需品等货类运输，以节能减排、安全可靠、降本增效、集约共享为核心，建设公铁融合的一级物流枢纽，打造北京东部综合物流口岸功能区。

园区以服务新时代首都发展为统领，与国家现代物流发展规划、京津冀协同发展战略、北京市物流发展专项规划相统筹，以平谷分区规划和镇域国土空间规划为引领，以增强应急保供能力和降本增效提质为重点，以狠抓大企业大项目落地为牵动，加快构建现代物流发展体系，做大产业集群、提升承载能力、培育发展动能，推动物流产业绿色化、数智化、集享化发展。

（四）规划建设情况

2022年，北京市政府审议通过了《京平综合物流枢纽产业发展规划（2022年—2027年）》。以园区为基础，平谷区将物流设施建设规划范围从1.3平方千米扩展至8.7平方千米。园区未来将规划建设成为京平物流枢纽，其中位于马坊镇域内的片区总规划占地面积3.1平方千米，园区为物流基地一期（见图1）。

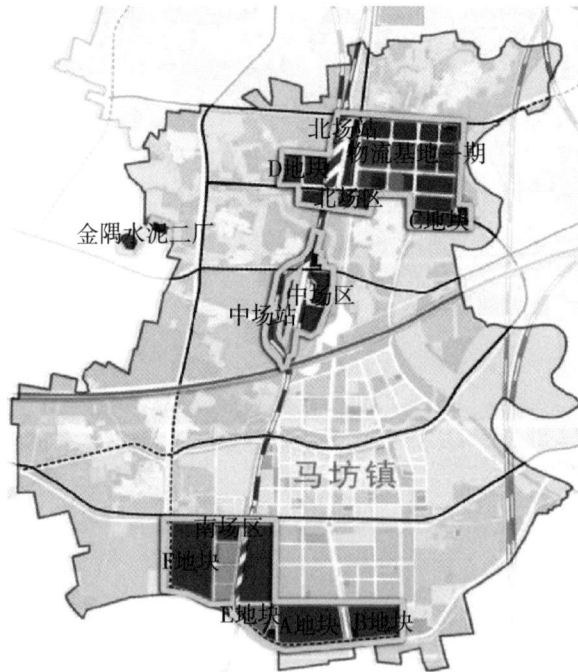

图1　园区片区规划布局

园区作为京平综合物流枢纽在马坊镇的重要组成部分，也是京平综合物流枢纽基础设施建设、项目落地、业务运营最为完善的地块，将带动其他片区实现业务融合联动，加快推进京平综合物流枢纽总体建设。

园区位于盘龙北路（密三路）东侧物流基地一期，占地面积共计 1.23 平方千米，总建筑规模 146.9 万平方米。在道路设施方面，原规划道路 9.35 千米，现已全部实施建设。园区东至陆港东二路，南至英城东街、英城北街，西至盘龙北路，北至金果街。园区物流用地约 53.3 万平方米，建设项目包括首都食材共配中心、农副产品动态储备暨流通加工中心、菜鸟中国智能骨干网北京平谷项目、鲜食供应链产业园、普洛斯智慧冷链产业园等。

园区现已基本完成一期 1.07 平方千米的开发与建设。1.2 万平方米电子商务大厦，为企业提供了良好的办公环境。2 万平方米联检业务楼，海关、货代公司、报关行、银行均已入驻，为企业提供了便捷通关服务。口岸监管区内，2000 平方米现场查验楼，1.8 万平方米监管仓库和联合查验平台，5.1 万平方米监管堆场，1.8 万吨全自动立体式冷库，3000 平方米的保税仓库及检疫无害化处理中心、首都食材共配中心、农副产品动态储备暨流通加工中心等设施已投入使用。此外，14.4 万吨冷库（在建），10 万平方米普洛斯标准化仓库、7.2 万平方米展交中心（其中 5.2 万平方米展交中心在建）等设施支撑产业快速集聚。园区围绕口岸服务、冷链物流、流通加工、展示交易、电子商务、总部集聚、生活性服务建设的七大功能区已初具规模。园区部分已建设项目见图 2。

1.8万吨冷库

普洛斯标准化仓库

首都食材共配中心

农副产品动态储备暨流通加工中心

蔬果进京中转站

全市猪肉保供中心

图 2 园区已建设项目图

二、主要做法

（一）坚持"链主"企业带动，打造全链条、规模化产业集群

园区基础设施逐步完善、头部企业加速集聚、产业项目陆续落地、综合实力不断提升。落实镇域国土空间规划要求，挖掘资源禀赋和产业基础，聚焦构建现代化产业体系，明晰重点发展业态，实现各片区整体联动、错位发展，同时利用交通优势，构建快捷畅达的对内对外物流运输体系。同时园区借鉴国内外成熟物流枢纽在产业发展方面的经验，引进新技术、招来新项目、抢抓新机遇，聚集发展农副产品冷链、城市新零售、汽车后市场、绿色矿建品、医疗健康品五大特色物流产业集群。普洛斯、京东、东久新宜等16家世界级物流头部企业在此集聚，未来2~3年项目总投资将达330亿元。

在农副产品物流方面，园区完善物流追溯体系，打造冷链物流基地，延伸物流产业链条。园区入驻的北京冷链在线电子商务有限公司致力于整合优势资源，构建以物流、商流、资金流、信息流"多流合一"为载体，以冷链仓储物流服务为保障，以提供金融服务为核心的综合服务平台。公司拥有仓储量1.8万吨、国内设计标准最高、实现可视化和无人值守功能的全自动化冷库，并已获得进境肉类指定监管场地资质，在保障首都冷冻食品安全供应的同时，可实现进出口肉类产品高效便捷通关。1.8万吨冷库已经建成投入使用，实现每日投放首都市场的净菜约150吨，干调及冷冻品200余吨。通过100余辆自有冷藏车，食材可做到全程冷链运输配送，最大限度地保证蔬菜和肉类食材的品质与鲜活。北京冷链在线电子商务有限公司冷库占地面积1.5万平方米，可存储货物1.8万吨，分为仓储区域、操作区域（穿堂）、配套区域三个功能区。北京冷链在线电子商务有限公司已和国内多家知名企业建立合作关系，如华联、湾仔码头等食品企业，西贝、绿茶、旺顺阁等餐饮企业，额尔敦、朔美羊等冻品批发企业。

园区入驻企业北京康安利丰农业有限公司致力于以源头控制为核心，确保蔬菜产品安全并保证全年主要蔬菜品种持续供应。在华北区现有平谷、三河、香河、沽源、呼和浩特5个蔬菜加工中心，公司已建立自有冷链物流团队，自有车辆80余辆，合作车辆20辆，日配网点800余个，日均供货能力180多吨，实现全天候冷链运输。公司已成为北京地区最大的专注"中餐餐饮蔬菜鲜切"加工商。北京康安利丰农业有限公司在华北区拥有80余家品牌连锁客户，是西贝、旺顺阁、绿茶、眉州东坡、海底捞、真功夫、云海肴、黄记煌、呷哺呷哺等连锁餐饮品牌的唯一或主要蔬菜原料供应商。

园区内部的首都食材共配中心和农副产品动态储备暨流通加工中心已于2023年完成建设。建成后农副产品供应链基地可达到全年3万吨蔬菜、5000吨肉类的动态储备和周转能力，能够为服务保障首都保驾护航。园区已经完成1.3平方千米的物流园区开发建设，海关、货代公司、银行、港务公司都已经入驻，能够为入驻企业提供便捷的通关服务。

在城市新零售物流方面，园区大力发展电商物流，打通产供销全环节，促进消费提

质升级。该领域的园区代表企业为普洛斯、东久新宜、京东、贝莱特等。东久新宜已开展平谷智慧城市物流谷项目的建设，以打造农产品、食品生鲜服务区，日化美妆、IT产品服务区，大件家电等生活用品服务区，以及智能制造、高端制造服务区等以产业供应链企业为主的供应链产业基地。

此外，在汽车后市场物流方面，园区促进汽车衍生商贸发展，发展汽车多式联运，推动汽车物流业态创新，打造汽车文化产业高地，该领域的园区代表企业为中国供销集团有限公司；在绿色矿建品物流方面，园区鼓励绿色矿建运输模式的使用，推动矿建产业绿色转型，打造绿色矿建标杆项目，该领域的园区代表企业为北京金隅集团股份有限公司；在医疗健康品物流方面，园区建设多温管控存储设施，促进数智医疗物流发展，该领域的园区代表企业为北京劢迪金港咨询管理有限公司。

（二）以绿色化、数智化为核心，打造新型物流业态

园区内企业优先选用绿色运输模式，联合园区周边铁路设施，引入新能源物流运输车辆（重卡和轻卡），全面构建"铁路＋新能源车""铁路＋专用线""新能源车辆""电气化无人机"等绿色高效的运输服务能力。如园区与天津港合作，同时发挥园区口岸、保税和城市保障功能，开通"天津港—平谷"试运行班列，打造"自动化集装箱码头＋铁路运输＋新能源车"的绿色运输新模式；结合铁路场站线和公路工程建设项目，持续提升园区绿色运输服务能力和水平；重点开发绿色能源智慧服务示范基地和无人机试验示范基地等产业项目；通过太阳能屋面、太阳能分布式能源站等的投入建设，打造可再生能源供应系统，建设新能源充电桩、换电站、加油站、加气站等能源供给设施，提倡纯电动轻卡和重卡绿色运输，建设园区综合能源管控系统，加装智能能源计量表，对园区内能源设施进行监测和统一协调控制，打造低碳、清洁、可再生的综合能源环境。

园区入驻企业北京数据在线国际供应链管理股份有限公司致力于运用现代物流理念和方法为客户提供优质的第三方物流服务和物流信息化服务，其建立运营的"物流中国"平台以"互联网＋物流＋金融"模式为发展战略，通过整合车、货、票、库、资金、数据六大关键资源和模式创新，不断挖掘客户的需求，依托信息技术和创新能力进行产品开发，努力建设成为一个以无车承运人为纽带的物流公共服务交易平台。平台立足京津冀地区，面向全国，业务覆盖地区包括北京、天津、河北、山西、陕西、内蒙古、黑龙江、安徽、山东、江苏、浙江等省（自治区、直辖市）。公司着手研发的"物流之家"App，在原平台基础上进一步增加了车货定位跟踪、交易管理、票据管理等功能，方便用户实时在线管理交易；搭建增值服务共享平台，通过开放标准化接口引入更多的增值服务供应商，提供油卡、ETC（不停车收费）、金融保险、配件、票务等增值服务；为用户提供更便利的一揽子服务解决方案，搭建共性服务和个性服务兼具的"互联网＋物流"服务平台。该公司已成为红牛维他命饮料有限公司的全国物流综合服务供应商，为全国经销商及零售商提供高品质的跨省市干线运输和配送服务。

（三）创新计容新标准，实现仓储空间最大化

根据北京市现行容积率计算准则，当建筑物层高超过8米时，需要双倍计算该层建筑

面积。现代物流仓储设施的通用标准为层高 12 米，净利用层高 9 米。如按建筑层高超 8 米双倍计容的话，将大幅减少建筑面积，造成土地利用低效、企业用地成本增加。园区坚持做好"价值判断"，会同物流专家学者、行业主管部门、专业研究机构等专题研究现代物流仓储发展趋势和物流仓储设施建设内容创新，积极协同市级部门，突破层高超过 8 米双倍计容的既定规则，提出了物流用地建设的创新计容方式，在严格执行拆占比要求的基础上，规定层高在 8 ~ 12m 范围内仍采用单倍计容，通过提高容积率规划更多的建筑面积，以提升土地利用率。

以京东项目为例，该地块总面积约 236.73 万平方千米，容积率 2.5，采用原计容方式，规划地上总建筑面积 33.45 万平方米，可利用仓库面积 25.16 万平方米。按照层高 8 ~ 12m 实施单倍计容方式后，规划地上总建筑面积增至 59.2 万平方米，可利用仓库面积增至 50.32 万平方米。实行单倍计容可最大限度集约使用土地，物流用地土地利用率提高 50%，是落实北京市减量发展、用"减法"换来高质量发展"加法"的生动实践。

（四）发挥应急保供作用，健全应急物流体系

园区除冷链基地建设外，重点开发农副产品绿色智慧供应链示范基地和生物医药及医疗器械基地等产业项目。园区依托天津港，以及东北和华北等区域优质物资基地，具备在 2 天内快速集结万吨级的优质农副产品的能力。依托既有交通资源，具备向中心城区"2 小时铁路直达"或"1 小时公路直达"的两种稳定应急物资运输能力。

作为服务首都的综合性物流口岸，在新冠疫情期间，园区充分发挥应急保障作用，完成了多次保供任务。2020 年 6 月，新发地批发市场疫情发生后，作为北京启用的第一个蔬果中转站，园区采取了线上提前预约、线下对接交易、换人不换车的方式，进行"零接触"中转。2022 年 10 月，新疆、内蒙古等地区疫情形势严峻，园区再次启用马坊中转站，高峰时单日中转的猪肉量占全市日上市量的一半以上。

疫情期间，园区作为市内首家蔬果进京中转站和生产生活物资周转基地，建成了 4.7 万平方米户外装卸场地和 5000 平方米仓储库房，具备消杀检测、仓栋配一体、分区域周转等功能，能够保障单日容纳大型货车 200 ~ 300 辆，日吞吐量可达 5000 ~ 6000 吨，通过"全封闭"管理、"全方位"消杀、"全流程"服务实现"零接触"中转，确保安全、优质运行，充分做好应急保障。

（1）"全封闭"管理。采用设置进场站唯一路线的方式，将京平高速联络线作为专用道路实行封闭式管理，配备巡查人员队伍，加强巡视。同时，加装区域视频监控，利用电子手段实施区域视频监控全覆盖，实现"人防 + 技防"。

（2）"全方位"消杀。严格按照疾病预防控制中心的防疫指引和操作规范，落实场站出入口、周转区、休息室和卫生间的场地消杀和车辆车身、驾驶室的消杀。

（3）"全流程"服务。创建微信公众号，开通 24 小时呼叫热线，实行 24 小时全天候调运服务和全流程进场站指引。提供核酸检测、休息室、热水和送餐等免费服务。发放灭菌橡胶手套、一次性口罩和矿泉水等"暖心包"。

（4）"零接触"转运。一是货物交接零接触。采用"司机不下车"的方式：进京车

辆进站后，司乘人员可以不下车，由场内工作人员负责装卸，完成后驶离。采用"换人不换车"的方式：进京车辆进站后，对司乘人员实行封闭管理，由京内接货人员驾驶消毒后的车辆将货品运送进京，货物送达后将车驶回，消毒后由进京司乘人员驾驶离京，最大限度确保运输车辆及司乘人员的安全。二是"人员隔离零接触"。分别设置京内和京外人员独立休息区，配备独立卫生间、洗手池等设施，以及一次性床单、洗手液等物品，避免交叉感染。疫情期间园区周转基地布局见图3。

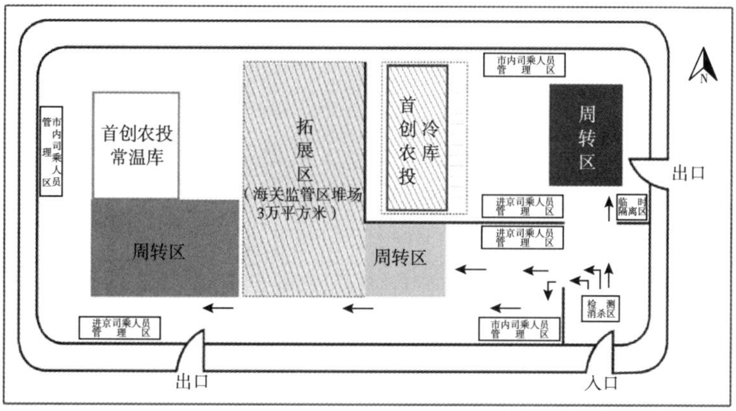

图3 园区周转基地布局

园区依托京平综合物流枢纽公铁海航多式联运的物流大通道，平时服务首都经济发展，应急时发挥铁路穿越"疫区"的优势，连通全国农副产品主产区，保障首都市场生产生活必需品供应。预计到2030年，高标库面积将达到560万平方米，全部项目建成后，将成为北京市最大的物流仓储设施集聚地。结合"平急两用"的指示精神，园区探索实施了"五藏"战略保供应，即藏粮于地、藏粮于技、藏粮于厂、藏粮于库、藏粮于链。通过实施"五藏"战略，能够在应急的状态下实现"四保"，即保农副产品供应、保生活必需品供应、保医药产品供应、保产业链供应链稳定。

三、示范特色

探索领先发展模式，实现物流高地目标。锚定"大流量"，担负起服务首都新发展格局的历史责任，为首都运输结构调整和"双碳"目标实现贡献重要力量，高标准服务好"两区"建设，打造首都物流高地。积极推动国家骨干冷链物流基地建设，依托公铁融合一级物流枢纽，创新集储运、保障、服务于一体的新型物流业态，助力建设绿色化、数智化、集享化的综合物流枢纽，加快打造立足北京、服务京津冀的物流高地。

强化入驻企业龙头作用，带动产业集聚发展。与京东、普洛斯等物流龙头企业深度合作，坚持大招商、招大商、招好商，打造先进物流企业的成长地、创新地和功能地，推动首都食材共配中心、农副产品动态储备暨流通加工中心、菜鸟中国智慧骨干网、正创华北新零售供应链基地和金隅数字供应链产业园建设，打造物流企业间、企业与政府间的数字化信息服务平台，增强园区专业化运营管理能力，构建可持续物流产业生态链。园区已累计引进企业近2700家，其中规模以上企业39家，2023年完成总税收2.3亿元，带动区域就业人口1000余人，其中本地人口900余人。

助力"公转铁"运输结构调整，健全枢纽基础支撑体系。园区作为北京市东部一级综合性公转铁试点。在公铁联运基础上，深化与天津港、唐山港合作联动，开通直达海铁联运班列，具备"零距离"实现公铁联运、1小时实现航空运输、2小时实现航海运输的条件，具备"铁路运力1500万吨/年 + 公路运力2500万吨/年"绿色物流运输能力。2023年铁路运输到发量累计完成200.1万吨，同比增长5.3%。减少重型货车13.68万辆，减少氮氧化物排放624吨。

打造物资保障基地，支撑应急服务保障功能。依托平谷农业、仓储和交通三大基础要素和口岸功能，联结天津港、东北和华北等区域物资，构建以安心的食材品质、充足的储备能力和稳定的公铁联运为三大特征的应急保障基地，为首都提供安心、充足和稳定的应急民生物资供应保障。结合"平急两用"的指示精神，探索实施"五藏"战略保供应。疫情期间，安全、持续、稳定地提供了日均400吨的蔬果肉类（设计能力1000吨），有效服务保障了首都疫情期间农产品需求。

四、发展方向与未来展望

（一）发展目标愿景

在"十四五"时期，园区立足服务运输结构调整和首都社会经济发展的需要，重点围绕商品车、矿建材料、钢材、生活必需品（聚焦农产品）等生产生活物资，以绿色化、数智化、集享化为核心特征，形成集储运、保障、服务、创新于一体的新型物流业态，初步打造公铁融合的一级绿色枢纽、服务首都的物资供应基地、辐射京津冀的商贸流通中枢以及具有示范效应的数智物流产业生态。

1. 打造一级绿色枢纽

建设形成以节能减排为核心的储运体系，打造公铁融合的一级绿色枢纽。园区依托京平物流枢纽，集结商品车、矿建材料、钢材、生活必需品等大宗物资，依托"铁路 + 新能源车"等多种绿色运输模式，打通东部物资绿色运输链，建设包括绿色运输、绿色园区、绿色能源在内的绿色物资储运体系，缓解东部通道交通拥堵，助力大气污染治理。

2. 打造物资供应基地

建设形成以安全可靠为核心的保障体系，打造服务首都的物资供应基地。发挥平谷自然生态方面的资源禀赋，依托既有冷库设施和农副产品生产加工条件，强化平谷"三个篮子"（菜篮子、果篮子、肉篮子）和北京应急物资的社会保障功能，形成以蔬菜、肉类等生活必需品和医疗应急物资为重点的，服务首都的日常物资供应基地和疫情、灾害特殊时期应急物资保障基地。

3. 打造商贸流通中枢

建设以集成共享为核心的服务体系,打造辐射京津冀的商贸流通中枢。依托平谷区"服务首都的综合性物流口岸"功能定位,充分发挥平谷区向内服务首都高品质消费市场、向外紧邻河北省生产制造腹地,以及铁路连接天津港、唐山港的区位优势,营造贸易、运输、仓储、金融、通关一体化发展生态环境,建立集成共享的服务体系,构筑由高品质农副产品、城市新零售、"互联网+"物流衍生、绿色矿建材料相关产业链构成的商业价值网,并重点开发相应产业及配套项目,形成以政府为引导、以市场为主体、统一运营的服务首都的商贸流通中枢。

4. 打造数智物流产业生态

探索以数智物流为核心的创新体系,初步打造具有示范效应的产业生态。以覆盖平谷区的物流全场景应用环境为内核,依托"物理+数字"基础环境,汇聚科技创新优质资源,与中关村科技园区平谷园(峪口农科创、兴谷园、马坊园)、无人机产业基地、镇中心服务配套功能区等协同配合,为数智物流技术、装备、模式的创新研发、企业孵化、产业转化和生产落地提供实现环境和应用市场,打造具有示范效应的数智物流产业生态。

(二)发展规划思路

聚焦"公铁融合的一级绿色枢纽""服务首都的物资供应基地""辐射京津冀的商贸流通中枢""数智物流的产业生态圈层"四大发展定位,打造绿色化、数智化、集享化的物流产业园区。

2021—2023年,重点推进铁路、公路等基础设施建设,完善基础设施配套,实现铁路货物到发量350万吨。引入头部企业入园,初步建设完成数智化管理基础设施。2024—2025年,进一步完善基础设施,实现铁路到发量500万吨。初步形成绿色化、数智化、集享化的物流园区,产业开发项目基本成熟,力争达到百亿元以上的经营产值。每年可减少重柴货车19万辆次,减排氮氧化物900吨,交通和环境效益显著。

(撰稿人:张靖扬)

天津东疆保税港区

深耕"试验田",释放新动能,
打造港产城融合发展物流园

东疆港区隶属于天津市滨海新区,处在亚欧大陆桥最东端,拥有三条亚欧大陆桥过境通道,通往蒙古国、俄罗斯和中西亚,是"一带一路"建设中陆海运输的连接点和京津冀协同发展高水平对外开放平台;2015年4月21日正式挂牌成为中国(天津)自由贸易试验区的重要组成部分,拥有广阔的腹地资源。2023年上半年,东疆港区所有经济指标均实现正增长,其中:地区生产总值473亿元,增长6.6%;税收218.7亿元,增长22.5%,纳税超千万元的企业381家,较2022年同期增加91家;一般公共预算收入66.1亿元,增长15.8%,总量位列全市第二;新增市场主体2013家,增长16.2%;新增外资企业69家,增长102%。东疆港区面积31.34平方千米,由10.29平方千米海关特殊监管区域和21.05平方千米非保(税)区域组成。天津东疆保税港区(以下简称"园区")位于东疆港区的海关特殊监管区域,2006年8月31日经国务院批准设立,是国务院定位的北方国际航运中心和国际物流中心核心功能区。2020年5月15日,《国务院关于天津保税物流园区和天津东疆保税港区整合优化为综保区的批复》将园区转型升级为天津东疆综合保税区;2021年,园区获批国家第三批示范物流园区。近年来,园区围绕推动优化航运物流产业结构、强化冷链物流行业优势、加速智慧物流行业发展、探索口岸通关创新等方面深入谋划,大力推进国家示范物流园区建设。

一、园区概况

(一)区位交通

园区位于天津港东北部,北临永定新河口,南临天津港主航道,西临规划反"F"航道,东临渤海湾海域。

在公路方面,园区可便捷连接京津塘高速公路、京津高速公路、津滨高速公路、津晋高速公路、唐津高速公路及外围的高速公路,兴港高速工程正加快建设,构成了四通八达的公路交通网络;在铁路方面,园区毗邻全国18个大型铁路集装箱中心站之一的中铁天津集装箱中心站,中心站与北环进港线新港北站接轨,设计5个线束10条装卸线,线路有效长均为1050米,具备整列集装箱到发能力,年度最大运营能力200万标箱。

（二）功能布局

园区规划码头作业区、物流加工区、港口综合配套服务区，具备集装箱码头装卸、物流加工、商务贸易、生活居住、休闲旅游五大功能，见图1。码头作业区目前已投用太平洋码头（设计泊位等级15万吨，可以停靠20万吨级集装箱船）、6个15万吨级保税集装箱泊位、4个件杂货泊位（其中2个10万吨级、2个4万吨级）等设施；物流加工区建成61万平方米标准厂库房、129万平方米堆场、42万平方米跨境电商园区（中外运、考拉海购、海丰物流园、海润物流园）、24.3万平方米低温冷库（万科冷链、京津物流园、中创、港大冷链、首农食品、华锐冷链、食品集团冷链物流一期7个已建成冷链项目）、5万平方米恒温恒湿库（高银红酒、红酒展销中心）、2.4万平方米贵金属库、0.8万平方米（九州通）多温区药物存储库等设施；港口综合配套服务区拥有国际邮轮母港、游艇码头、国际商品展销中心、国家4A级东疆湾沙滩景区及一批商用楼宇和住宅等。其中，园区占地10.29平方千米，涉及东疆港区码头作业区和物流加工区的部分区域。

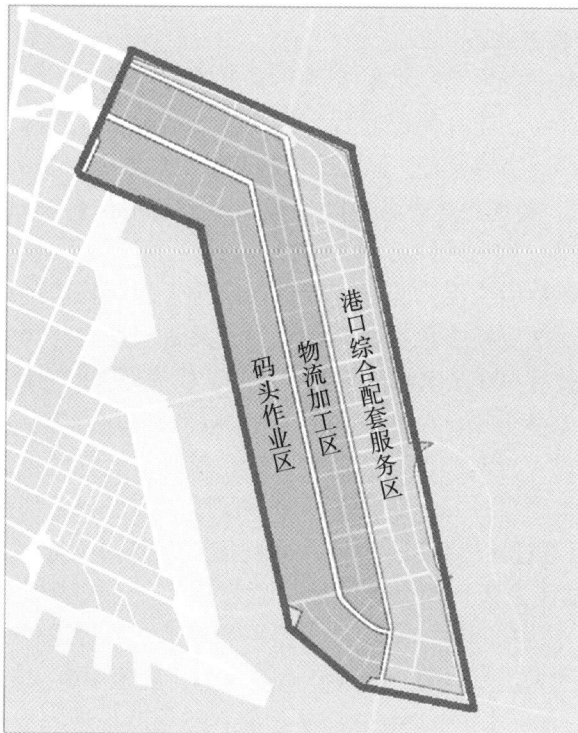

图1 园区功能布局示意

（三）运营主体

园区运营主体为天津东疆综合保税区管理委员会，其由天津市人民政府批准设立，作为在东疆港区及其毗邻区履行相应行政管理和公共服务职责的法定机构，具体负责东疆港区及其毗邻区的区域开发、产业发展、投资促进、企业服务等工作。

（四）经营效益

自园区成立以来，物流业发展较快、态势良好，服务国内国际双循环新发展格局的节点作用凸显。在物流发展方面，截至2023年上半年，园区港口货物吞吐量达3573万吨，同比增长49.7%；集装箱吞吐量达280万标箱，同比增长28.4%。在贸易发展方面，截至2023年上半年，园区外贸进出口额完成604.7亿元，同比增长37.7%；限额以上商品销售额3337.19亿元，同比增长13.9%；平台经济营业收入总规模达280.1亿元，同比增长34.9%。

二、主要做法

（一）立足重点货类，提升专业物流服务能力

1. 做大做强冷链物流业务

随着京津冀地区对进口冻品、水果等消费需求的持续增长，园区依托自由贸易区及水果、冻肉、冰鲜水产品、花卉种苗等六大类产品指定进境口岸的功能优势，不断完善冷链物流设施、丰富冷链物流业态，推动冷链物流做大做强。2023年1—6月，园区新引入冷链相关企业29家，实现冷链产品进口66亿元，同比增长5.4%；其中肉类进口45.5亿元，同比增长33.4%，约占天津市的70%。

一是加大冷链企业招引力度。园区以获批国家骨干冷链物流基地为契机，聚集了以天津二商、蒙牛乳业、俄罗斯金色世纪冻品及农产品进口平台等为代表的冷链仓储、物流、贸易、电商、科技等600余家冷链企业，形成了较为完善的冷链产业生态。

二是推动冷链载体提档升级。园区重点推动东疆"新20万吨"冷链物流基础设施建设步伐不断加快，形成一批高标准、智能化、绿色低碳冷链物流设施。如：天津市体量最大、标准最高的冷链项目——万纬东疆港冷链园区三期项目全部建成投产，新增冷库库容约10万吨，项目通过建设屋顶光伏、中水设施、余热回收等装置助力碳减排，获得LEED（能源与环境设计先锋）铂金级国际绿色建筑认证，成为城市冰箱绿色低碳新样板；园区内首座非保冷链项目——京津物流园顺利竣工，项目通过二氧化碳叠加氟利昂制冷技术、屋顶分布式光伏发电等，实现了原地发电、就地用电，与传统供能模式相比，项目年总减碳预计达4000吨；中创智慧冷链物流智能化设备进一步升级，在全国率先实现冷库穿堂与仓储区域同步智能化、无人化、可视化作业，获得国务院督导组高度评价。

三是推动冷链物流数字化转型。一方面，在市、区市场监管部门的指导下，园区推出东疆进口冷链食品追溯平台，通过大数据监管、信息共享，平台实现了冷链进口食品从海关入关到生产加工、仓储物流、批发零售、餐饮服务的全链条信息化追溯，可在线上排查、精准管控、现场处置等方面发挥重要作用。在连锁超市中，消费者用手机对准进口食品的二维码扫一扫，即可及时了解到由东疆保税港区入境的进口食品进口商、入

关日期、重量、存放冷库、经销商、销售地及数量等信息；监管人员也可通过监管端查看企业主体情况、货物进口销售情况、库存情况等信息，进行实时监管。另一方面，园区与中国肉类协会、普洛斯金融合作搭建冷链产业数字综合服务平台，为冷链企业提供海外采购、线上交易、仓储物流、金融支持、终端销售等一站式全产业链综合服务，形成线上、线下联动的冷链产品交易平台，有效解决传统交易模式存在的信息不对称、中小企业融资难、交易成本高等行业痛点，吸引全国冷链企业通过平台进行交易，提高本地贸易结算。自 2022 年年底平台上线以来，已累计入驻企业近 400 家，上架各类产品 300 余种，推动金融机构向平台企业授信超亿元。

2. 加快建设汽车大流通枢纽

作为我国北方重要的汽车口岸，园区正以天津建设汽车大流通中心城市发展战略为契机，集聚汽车产业相关要素，创新开辟第二增长曲线，为天津汽车产业补链、强链、展链提供助力。2023 年 1—6 月，园区共引进汽车相关项目 31 项，主要聚焦二手车交易、出口及拍卖、新能源车及核心部件配套、智能网联汽车等业务领域；累计完成二手车出口 8600 台，出口金额近 2.2 亿美元；中规奔驰、宝马乘用车，宝马摩托车共计入区保税 19994 辆，增加口岸进口额 106.53 亿元。

一是打造二手车出口基地。首先是不断扩大试点规模，2023 年 5 月，东疆二手车出口试点企业再获扩围，共有试点企业 16 家，其中长城汽车二手车拍卖平台公司落地，开展二手车保值回购、整备、认证、金融和拍卖处置全链条业务；天津销量第一的二手车交易企业车探（天津）汽车销售服务有限公司在园区设立天津车探汽车贸易有限公司，开展二手车交易及展示展销、直播等业务；车鸽数字科技（天津）有限公司新设车鸽拍卖（天津）有限公司，依托"车鸽"二手车交易平台资源，解决收车环节拍卖车源分散问题。其次是创新升级出口模式，园区通过建立"海外展销会＋出口海外仓（基地）＋跨境电商平台"等多元化出口体系，拓宽企业出口渠道，支持企业提升出口量级和积累海外资源。最后是持续优化产业环境，园区联合监管部门多方搭建业务全流程服务机制；对接银行、出口信保、供应链金融等机构创新多样化金融产品，破解企业规模化发展面临的资金难题。

二是拓展"综保区＋"汽车创新业态。2022 年上半年，园区获批全国首个进口汽车发动机、变速箱保税再制造创新试点，成功招引上海百旭机械再制造科技发展有限公司在园区内设立主体，开展相关业务。2023 年 4 月，园区内摩托车保税组装业务落地，赛博思（天津）科技发展有限公司完成进口摩托车整车零部件，在综合保税区内组装后发往海外交付。

3. 多元拓展国际物流业务

一是实现中欧班列常态化高质量发展。首先是推动成立班列运营政府平台公司，争取获得经二连浩特口岸出境至欧洲每周一列的图定中欧班列。2023 年 1—6 月，中欧班列（天津）累计发运 27 列，发送货物 2960 标箱，货值 6875 万美元，货重 2 万吨。其次是立足区域重点货类需求，创新班列开行模式。园区持续推动发运口岸和线路拓展，实现了汽车专列、汽车及零部件专列、家电专列、"保税＋"专列等多种模式创新，全市首单

"二手车出口＋保税＋中欧班列"创新业务落地园区；园区重点打造"津货分仓"模式，进一步提升了班列对本地生产、贸易企业的服务水平以及产业、外贸发展的带动作用。

二是巩固国际集拼和保税转口业务。园区推动招商局下属企业中国外运东疆仓拓展拼箱货源，充分利用天津港东疆、北疆港区不同航线资源、堆场资源、船公司资源的差别优势，积极开辟北疆拼箱市场。2023年1—6月，中国外运东疆仓累计操作出口保税集拼业务111票，共100标箱，货值3274.62万美元。

（二）培育数字经济，打造中国数字货运集聚区

作为道路运输行业的新业态，数字货运可以运用互联网信息平台，解决物流信息不对称问题，从而有效降低车辆空载率和企业物流成本，提高运输市场的整体效率。近年来，园区通过搭建网络货运综合服务平台、优化监管模式等措施，逐步构建起数字货运发展的"东疆模式"，将园区打造成为中国数字货运集聚区。目前园区内累计获批网络货运许可企业75家，已形成以运满满、货拉拉、路歌、美团、船讯网为代表的互联网平台型，以五矿、河钢、运友、荣程、金隅为代表的制造业货主型，以及以中通、极兔、韵达为代表的物流快递型数字货运企业集群。2023年1—6月，园区规上数字货运企业完成营收280.9亿元，同比增长34.7%，拉动交通运输业增长19.4%；合计纳税36亿元，较2022年同期增加5.4亿元，同比增长17.64%。

1. 以专业水准推进改革创新

所得税成本的列支一直是数字货运行业发展的痛点，主要原因是货运司机大部分是个体，数字货运企业支付给司机运费后，司机群体普遍不方便到税务机关代开发票，导致平台企业无法取得成本列支凭证，从而导致综合税负成本升高。针对该痛点，园区携手税务部门、交通部门等创新推出全国唯一的共享经济企业综合服务系统。数字货运公司可以将实时订单数据上传到系统中，借助内置风险指标的逻辑审核，核验业务的真实性；税务部门可以通过委托代征、汇总开票的形式，解决数字货运平台此前"白条入账"的隐患，使其发票流、业务流、合同流、资金流实现"四流合一"。

2. 以管家姿态打造营商环境

作为新兴行业，数字货运平台面临一系列司法诉讼难题，园区针对该问题出台《关于维护新就业形态劳动者劳动权益的用工指南》，加快破解数据应用能力弱、增值服务有待拓展等行业发展难题，努力营造适配数字货运行业发展的良好生态。此外，在事中事后监管方面，园区联合天津东疆综合保税区市场监管局、天津东疆综合保税区税务局对10家网络货运企业就道路运输经营许可资质、市场主体登记事项及公示信息、税务登记基础信息等事项开展"双随机、一公开"抽查检查；组织交通运输部科学研究院、税务局、星链公司等单位召开网络货运新业态税务交通联合监管试点工作会议，梳理、明确交通税务数据共享及联合监管工作的各项要求，保证联合监管工作有序进行；以《关于推进税务交通信息共享加强网络货运行业联合监管试点工作方案》为切入点，建议试点增加"东疆综合保税区管理委员会"，积极推动以网络货运产业集聚区为载体探索"以数治税"新型税收征管模式。

（三）聚焦模式创新，积极发展跨境电商新业态

近年来，园区积极发挥自由贸易试验区、跨境电商试点城市、金融创新运营示范区等优势，创新推动离岸电商、"跨境电商＋直播带货"等新模式，驱动跨境电商产业快速增长。进口业务方面，已形成以阿里巴巴考拉海购、天猫国际，京东国际等龙头企业为核心，以跨境电商公共服务体系为一体的跨境电商北方产业基地，成为天津聚集企业最多、创新业务发展最快的跨境电商集聚区；出口业务方面，在全国率先打通9710（跨境电子商务企业对企业直接出口）、9810（跨境电子商务出口海外仓）出口模式通关、申报、退税全流程业务，为天津传统外贸企业、加工生产企业构建了新的出海方式。2023年1—6月，园区新注册电商类企业85家；跨境电商单量突破889.4万单，同比增长794.8%，占天津市的77.6%。

1. "跨境电商＋离岸结算"

2022年8月13日，在国家外汇管理局指导、中国建设银行金融支持下，天津微茂信息科技有限责任公司在园区内成功实现"环球E、中国鑫"东疆型贸易新业态，即"跨境电商＋离岸结算"一站式完成。在该模式中，园区结合跨国电商平台对于离岸业务的需求，将原来大量中小型跨境电商在境外主体从事的采销业务回归国内，实现了离岸采购、电商销售、资金合规化进出的创新，以"沙盒监管"模式推动了中国跨境电商企业积极融入国内国际双循环新发展格局。该模式属于园区首创，标志着原本以海外消费国为中心的跨境电商业务转变为以境内自由贸易试验区为管理中心、技术中心与结算中心的新产业生态形成。

2. "跨境电商＋直播带货"

2022年，京东国际在园区内建设辐射华北地区的进口中心仓，面积超3万平方米，能储存超3300类、200万件商品。2023年9月，京东国际在该进口中心仓货架前开设直播间，向消费者展示商品从入库到上架，再到消费者下单、海关通关放行、消费者收货的全流程业务。通过保税仓直播，平台消费者能通过内容化、互动化、场景化的方式，直观感知海外商品跨境进口保税链路，既减少了用户决策成本，又提升了用户消费体验，从而更好地刺激消费者下单。

（四）利用港口区位，建设北方国际航运中心核心功能区

近年来，园区围绕船舶运力、船舶租赁、航运金融、邮轮旅游等方面不断优化提升服务能力，高质量构建航运全产业链服务体系。一是推进航运企业拜访。园区积极吸引龙头企业落户，例如：走访香港易桥资本有限公司，就船舶租赁业务进行沟通交流；走访国能远海航运有限公司，争取吸引船舶管理、船员管理业务入驻园区；走访大连海大赢海科技有限公司，就船用物资备件船供等事宜进行沟通交流；与中国交通运输协会邮轮游艇分会（CCYIA）、中船邮轮科技发展有限公司等企业沟通，探讨在东疆设立邮轮配送中心，待邮轮复航后开展邮轮物资配送业务。截至2023年6月底，船舶运力方面，园区40家航运企业累计登记119艘国内水路运输船舶，总运力约135万总吨、223万载重

吨，形成以散货船、油船、液化气船、化学品船为主导的船舶运力集群；船舶租赁方面，2023 年 1—6 月，园区设立各类租赁企业 215 家，完成 84 艘船舶租赁业务，其中天津凯胜海洋工程设备租赁有限公司 300 尺自升平台"湾钻 3"成功交付；航运金融方面，已落户远海私募基金管理（天津）有限公司、信达远海航运投资（天津）合伙企业（有限合伙）、上海易桥海控实业发展有限公司等企业及项目。

二是推动港航旅游重启。园区深入邮轮母港进行调研，多次开展专题座谈会，研究制定《天津东疆综合保税区关于支持邮轮产业发展和对邮轮相关企业纾困的暂行办法》，现已帮助天津国际邮轮母港完成纾困政策兑现，助力港航旅游健康发展。天津东方国际邮轮有限公司"梦想"号和爱达邮轮（上海）有限公司"地中海"号分别于 2023 年 9 月 27 日和 30 日开启首航。复航至今，天津国际邮轮母港共运行 22 个航次，接待游客量 5.9 万人次，完成国内物资采购船供金额超 3000 万元。

（五）坚持绿色低碳，打造智慧绿色物流体系

一是天津港青鸟新能源有限公司太平洋场内 15 兆瓦分散式风电项目已完成两台 5 兆瓦风机安装工作。2023 年 2 月 28 日完成并网发电，每年可贡献清洁能源 3500 万千瓦时，预计将减少二氧化碳排放约 3.5 万吨，节约标准煤约 1.1 万吨。

二是中化金茂智慧能源科技（天津）有限公司下属金茂慧峰碳中和能源科技（天津）有限公司投建的重卡换电站建成并投入使用，固定资产投资金额 1000 万元，拥有 12 个电池仓位，能够服务 50 台重型卡车换电作业，每台换电卡车装载 282 度电能，理想状态下能够满足车辆 200 千米的港口运输作业任务。同时该换电站还预留了无人驾驶车辆的对接通道，条件成熟时可以为无人集卡车辆提供换电服务，是重卡新能源替代的重要基础设施。该项目打通了园区在打造特色智能集卡示范应用场景中的关键节点。

三是园区获批建设绿色租赁服务流程试行区，不断加码绿色项目，对实现"双碳"目标发挥了重要的支持作用。目前聚集了国网、华能、大唐、国能等 10 余家能源、环保类央企下属融资租赁公司，以及多家新能源企业下属融资租赁公司。发布《天津东疆综合保税区绿色融资租赁高质量发展实施方案》及配套的《绿色融资租赁示范企业、绿色融资租赁成长性企业认定评价操作指引》，引领全国融资租赁产业绿色发展。

（六）发挥自贸区优势，大力培育新兴产业

一是结合区域实际积极推动新一轮高水平开放。一方面是按要求落实《关于在有条件的自由贸易试验区和自由贸易港试点对接国际高标准推进制度型开放的若干措施》（国发〔2023〕9 号），推动"开展重点行业再制造产品进口试点""带有特殊标记的红酒通关""允许原产地证书存在微小差错或细微差异"等措施落地；另一方面是围绕深化全市高水平对外开放调研总体要求，深度参与《构建"制度型"开放新优势》以及《天津自贸区提升行动方案》，研提园区创新思路、国家层面争取政策及其他意见建议。

二是争取园区创新事项纳入国家政策文件及复制推广范围。如：东疆"率先运用信用＋ESG 理念建设全国首个绿色租赁评价机制"案例成功入选第五届"新华信用杯"全

国优秀信用案例；东疆"创新实施中欧班列'保税＋发运模式'""建立绿色融资租赁项目评价机制""发行租赁企业可持续发展挂钩债券"3个项案例入选《国家服务业扩大开放综合试点示范建设第二批最佳实践案例》，占天津市入选案例的75%；租赁、汽车、数字货运、商业保理4项系统集成创新成功纳入商务部《自贸试验区重点工作清单（2023—2025年)》；信用担保保全、文化艺术品拍卖以及"东疆事东疆办"3项创新报送至国务院自由贸易试验区工作部际联席会议自由贸易试验区新一批"最佳实践案例"。

三、示范特色

近年来，园区重点打造融资租赁、冷链物流、电子商务、数字货运、汽车流通五大产业园区，并通过产业链集成创新和区域各业务板块相互赋能，构建具有核心竞争力、持续发展力的现代化产业格局。

（一）以制度优势推动融资租赁产业创新发展

从2009年开始，园区持续引领租赁产业改革创新，被业内称为中国租赁产业创新的"策源地"；从2011年开始，园区租赁产业得到国家政策全力支持，先行试点租赁公司享受国家便捷外债通道、飞机租赁进口优惠税率、融资租赁出口退税等优惠政策；2015年获批建设国家租赁创新示范区，园区租赁企业可享受推动经营性租赁收取外币租金、进口租赁飞机跨关区联动监管、母子公司共享外债额度等优惠政策。在政策创新的支持下，园区在全国首创保税进口租赁、出口租赁、联合租赁、跨境转租赁、离岸租赁等模式，形成40多种创新租赁模式。截至2023年6月底，园区融资租赁产业实现增加值291亿元，实现全口径税收118.6亿元，增长43.5%，其中飞机租赁SPV（特殊目的机构）贡献57.6亿元，增长35.5%。

（二）以技术创新推动冷链物流产业转型升级

依托自由贸易试验区及水果、冻肉、水产品、汽车、集装箱装粮食、冰鲜水产品六大类商品国家指定进口口岸等优势，园区构建起集仓储、物流、交易、金融、科技及配套服务于一体的冷链物流产业链生态。在此基础上，创新应用新技术，实现冷链服务全面升级。一是发展"绿色化＋冷链"物流，推动园区内建设屋顶光伏、中水设施、余热回收、重卡换电等装置，打造全生命周期节能降耗的冷链物流产业园区；二是发展"数字化＋冷链"物流，联合中国肉类协会、市场监管部门等研发东疆进口冷链食品追溯平台、冷链产业数字综合服务平台，实现园区冷链产业的智慧监管、线上交易、海外采购等。

（三）以模式创新推动电子商务产业多元发展

充分发挥自由贸易试验区、跨境电商试点城市、金融创新运营示范区等优势，园区重点推动贸易、冻品、消费品等特色优势领域加快与电子商务融合，打造新零售、直播电商、离岸电商等多业态融合发展的东疆电商主题园区。

（四）以生态建设推动数字货运产业持续增长

近年来，园区持续创新推动数字货运产业生态圈建设，重点打造了东疆数字货运数字产业园，以云平台、大数据、区块链、人工智能为技术工具，将相关联的线下实体业务通过信息化手段搬到线上，实现线上数据流拉动线下工作流，为入园企业筑巢，数字货运已成为区域经济发展新的增长极。截至 2023 年 6 月底，园区累计获批网络货运牌照企业 75 家；行业实现营业收入 280.1 亿元，增长 34.9%；税收 36 亿元，增长 17.6%；整合全国 33.5% 的社会运力和 44.4% 的驾驶员数据，上传运单总量占全国的 13.1%。在此基础上，园区正不断完善智能集卡、智能网联车测试及示范等创新应用场景，在园区内测试新技术、孵化新业态、衍生新模式，打造货运产业数字化新生态。

（五）以链条延伸推动汽车物流产业全面增值

园区以汽车消费及贸易口岸、整车及零部件分拨中心、汽车新动能培育中心、汽车金融及文化中心为定位，重点培育二手车出口、进口汽车发动机、变速箱保税再制造等创新业务，积极建设东疆汽车产业园区，已实现除生产制造外的汽车产业全链条集聚和集成式发展。

四、发展方向与未来展望

下一步，园区将按照港口带动物流、物流带动贸易、贸易带动产业、产业带动经济的理念，同时以天津市《港产城融合发展行动方案》为契机，打造港产城融合示范样板区。

（一）补齐园区专业物流设施短板

一是充分发挥港口优势，不断优化产业配套服务，加快冷链物流集散中心建设，积极打造服务京津冀及北方地区最重要的口岸型冷链物流基地。二是充分发挥国家进口贸易促进创新示范区的优势作用，推动进口贸易市场体系和平台建设，扩大进口贸易规模，集聚一批行业龙头企业，助力国家示范物流园区建设。

（二）探索东疆特色电商发展模式

以申报国家电子商务示范基地为契机，打造"电商＋"产业，着力解决进口、出口症结问题，实现优势产业融合、线上线下融合、监管区与非监管区融合、产业与创新融合、龙头企业与中小企业融合，以点带面，探索具有东疆特色的电商产业发展新格局。

（三）打造天津汽车大流通中心城市新标杆

聚焦汽车贸易、新业态、文化等重点领域，研究零部件保税维修、再制造等前沿创新业务可行性。进一步提升区域国际海铁物流枢纽功能，探索汽车金融监管仓、海外仓等模式。推动各类汽车产业要素向园区不断集聚，打造天津汽车大流通中心城市的新标杆，提升园区对天津乃至全国汽车产业的带动引领作用。

（四）积极吸引航运高端要素聚集

完善港口产业链，增强港口核心功能，提升港航服务水平，重点推进港口产业发展，把通道优势转化为贸易、结算优势和经济增长点。加快聚集船舶管理、航运融资、航运保险、海事司法、航运人才等要素资源，加快航运金融产业链创新培育。

（撰稿人：白新宇，钟晓勇，王景声，冯绍峰）

首衡高碑店国际农产品交易中心
（原河北新发地农副产品物流园）

引来大面积农民"菜园子"，丰富京津冀居民"菜篮子"

　　高碑店市位于河北省中部，是保定市下辖的一个县级市，地处京津冀协同发展的核心区域，紧邻雄安新区，随着雄安新区的建设和发展，高碑店市的地位和作用越来越重要。同时高碑店市地处北京和天津之间，是联结华北和东北的重要节点，交通十分便利，公路、铁路、航空等多种交通方式齐全。此外，高碑店市还拥有完善的通信网络和基础设施，为经济发展提供了有力保障。2023 年，高碑店市地区生产总值完成 240.1 亿元，同比增长 3.1%。其中，第一产业增加值 16.4 亿元，同比下降 3.2%；第二产业增加值 92.0 亿元，同比增长 0.2%；第三产业增加值 131.7 亿元，同比增长 6.2%。首衡高碑店国际农产品交易中心（原河北新发地农副产品物流园，于 2023 年 1 月正式更名，以下简称"园区"）基于京津冀协同发展和非首都功能疏解的战略目标，在北京新发地农副产品批发市场与高碑店市政府签订的《北京新发地高碑店农副产品物流园区项目协议书》基础上而成立。2015 年 10 月，园区正式启动运营，先后承接了北京新发地果蔬和锦绣大地市场干调，完成了北京京开五金建材市场和六大花卉市场的整体搬迁。2021 年又完成北京西南郊、京深海鲜市场商户的承接。现累计承接北京外迁商户 7200 余户，疏解外来在京人口近 5 万人。园区发展至今，已成为北京新发地外埠投资中规模最大、综合服务最为完善、现代化程度最高的农副产品物流园区，也是北京新发地"内升外扩"战略发展的标杆工程，已被列为河北省重点建设项目。

一、园区概况

（一）经营管理单位

　　园区的经营管理单位是河北首衡农副产品有限公司（以下简称"首衡集团"）。首衡集团成立于 2010 年 6 月，坐落于河北省保定市高碑店市，注册资金 18.8 亿元，现有员工 1532 名。在国家部委、北京市和河北省各级领导的大力支持下，首衡集团实现了长足发展，不仅与京津冀协同发展的国家战略高度契合，而且与河北省构建"全国现代商贸物流重要基地"的核心定位高度匹配。经过多年的快速发展，首衡集团目前已经成长为多元业务并行发展的城市服务综合运营商，公司业务范围涉及农副物流园区建设、园区运营、农副产品贸易、大宗产品购销、产业规划及创新金融服务等多个领域。

首衡集团先后被农业农村部、国家发展改革委等八部委认定为农业产业化国家重点龙头企业，被商务部评为全国供应链创新与应用试点企业，被中国物流与采购联合会评为3A级物流企业，被农业农村部列为定点市场，并位居河北省民营企业100强第18、河北省民营企业服务业100强第4。

（二）区位交通

园区位于京津保三角腹地，毗邻京港澳、京昆、首都环线、廊涿等高速干线，107国道、112国道、京广铁路、大广高速、京石高铁穿境而过，交通四通八达，通过周边路网可联结京津冀，并贯通全国。

园区紧临107国道和112国道，距离京港澳高速最近出入口3千米，距离廊涿高速最近出入口5千米。基于良好的地理位置条件和区位优势，作为首个践行京津冀协同发展战略的典型案例，园区自开业以来，就确定了"面向世界、辐射全国、服务保障京津和雄安"的功能定位。

（三）规划建设情况

园区总体项目规划包括一期和二期工程，见图1。其中，园区一期工程已经投入运营，园区二期工程的部分项目已经开始启动，并进场开工。

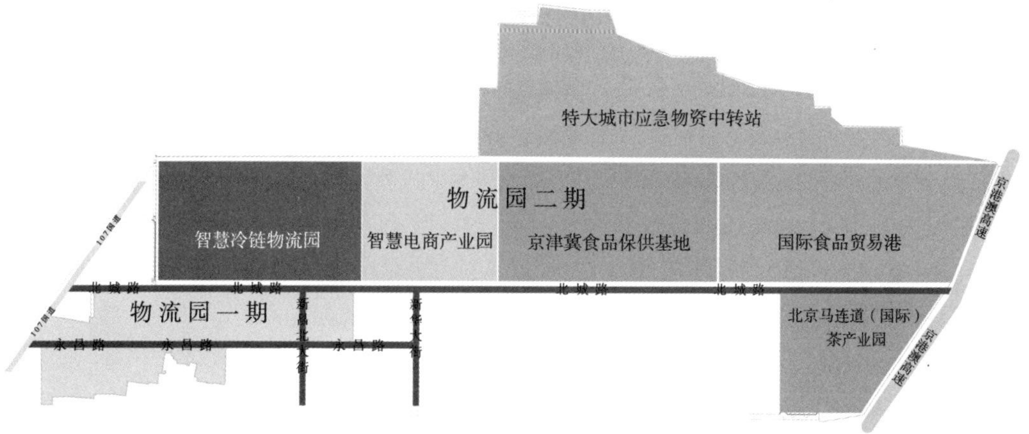

图1　园区总体规划

1. 园区一期项目

园区一期项目于2015年10月投入运营，规划占地1.01平方千米，完成建筑面积130万平方米，累计完成投资54亿元。园区一期项目包含四个子项目，分别为：冷链物流仓储项目、粮油批发市场项目、蔬菜水果批发市场项目和名特优农产品展销中心及配套设施建设项目。园区一期工程重点建设了4万吨的大型冷库、香蕉催熟库、果蔬综合交易专区、12.7万平方米的四层立体干副交易大厅、30万平方米的三层立体仓储物流区、检验检测中心、电子结算中心、金融街，以及居住区、餐饮、酒店、小学、幼儿园等配套设施。

2. 园区二期项目

园区二期项目计划总投资329亿元，规划占地5平方千米，预计建设时间是2020年5月至2025年12月。园区二期项目在一期项目的基础上，着力于现有功能的扩展和智能化提升、增加服务功能、提升服务效率，重点建设智慧冷链物流园、国际食品贸易港、食品加工产业园、马连道（国际）茶产业园、国际花卉博览园、全国特色农产品专销平台等项目。其中，智慧冷链物流园一期项目和食品加工产业园一期项目两个项目已建设完成并投入运营。

园区二期项目实施后将实现"大宗农产品集散交易向食品流通产业集群、现代型物流园区向智慧型物流园区"两个转型，"线上交易和线下交易、实体经济和会展经济、食品产业和食品文化"三个融合，"服务首都、服务雄安、服务河北、服务当地"四个服务，加速推进园区转变成智慧民生、创新驱动的全球食品产业新城和世界级商贸流通产业集群。

（四）服务功能

园区以农副产品流通为主营业务，着力于打造以传统农副产品物流服务为基础，以物流增值服务和信息化数据平台服务为核心，以质量监测追溯服务为保障的一体化农副产品物流服务基地，为入驻商户和企业提供良好的便捷的经营环境。其中农副产品传统物流服务主要包括公共仓储、货运停车、装卸搬运、干线运输、区域配送等。园区还逐步开拓了增值物流服务，主要包括多式联运、流通加工、冷链物流、展示交易、金融服务等，以进一步满足商户的需求。基于市场和入驻商户的需求，园区搭建了集农产品信息收集、电子交易、物流指挥调度、智能仓储、电子结算、价格指数发布等于一体的信息化综合服务系统和农产品大数据平台。此外，基于农副产品的特性和食品安全的重要性，园区十分注重保障首都农产品安全稳定供应，还提供了农产品质量监测与追溯服务，见图2。

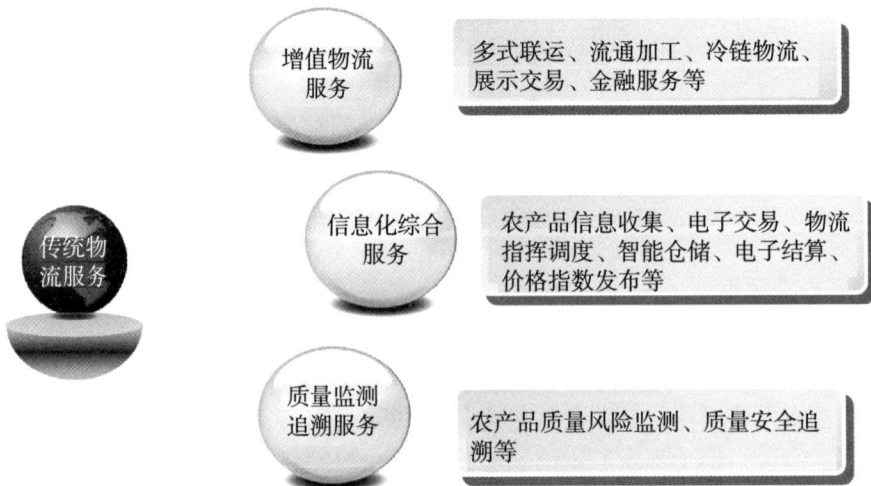

图2 园区物流服务功能

（五）运营情况

目前，园区占地面积约 1.73 平方千米，2023 年入驻商家超 8700 家，交易量达 1832 万吨，交易额 1350 亿元，辐射带动周边乡镇主体近千个，已在园区周边引入了近 8 万名外来人口，不断拉动地方产业转型和消费升级，在保民生、兴产业、活经济、带就业、富百姓，促进乡村产业振兴等方面发挥了重要作用。一产方面，园区直接拉动高碑店当地约 266.7 平方千米京津冀蔬菜种植基地，在河北范围内辐射带动种植基地超 1000 平方千米，产量达 300 万吨。二产方面，随着园区产业规模的不断扩大，在园区内部和周边催生了大量的"净菜"加工产业，目前园区及周边乡镇形成的小型"净菜"加工个体已超过 300 个。三产方面，园区有效拉动了周边的物流、餐饮、住宿、金融等 11 个三产服务业的快速发展，直接新增就业岗位 2.5 万个，间接带动就业人数 5.2 万人，带动周边乡镇居民年均增收超过 5 万元。2023 年，随着首衡预制菜产业园项目的深入推动，园区进一步承接北京食品加工及上下游相关产业，疏解北京食品加工企业 100 余家，疏解北京外来人口 3 万余人。作为协同发展的典型案例，园区被《新闻联播》《焦点访谈》《经济半小时》等栏目多次报道。

二、主要做法

（一）全力夯实多种特色物流服务

园区依托农产品流通产业，全力夯实仓储、配送、多式联运、应急物资中转分拨等特色农产品物流服务，为服务区域内的生产制造业、商贸流通业、加工贸易企业和城市居民提供了完善周到的物流体验，增强了在动荡市场中站稳脚跟的核心竞争力。

1. 仓储服务

园区可以为客户提供入库检验、分类整理、分拣挑选、配货出库、仓储管理、库存管理等服务，实现原材料和产成品的仓储集中化管理，减少入驻企业和商户对仓储设施的投资，提高仓储管理的专业化和现代化水平。目前，园区已建成总市场交易面积 128 万平方米，交易厅面积 49.69 万平方米；已建成库房 59 万平方米，现有冷库总容积 294.2 万立方米，总库容量 46.84 万吨。

2. 配送服务

园区按照地域远近制定不同区域价格，根据客户发货量和路网开通情况定时发出中途卸货的陆运卡班，在每个县城设立 1~2 个卸货点，并通过设置 LED（发光二极管）提醒指示牌或微信群进行即将到货提醒。区域内、城市内配送网络是单层次平面网络，由配送中心完成采购订货、验收入库、储存保管、分拣、加工、补货、配货、配装等一系列配送活动，然后向目标用户运输、交货。通常以短途公路运输为主，配送用户群是超市、便利店、分销店等。园区致力于构建多层物流配送网络，提升城市生鲜农产品配送效率和质量。园区已在保定地区建设样板，在万和城、Park 湾、清真寺建设了三个便民市场，并以连锁经营为组织方式，为京津冀地区提供加工配送、直供配送、冷链配送、共同配送等服务。目前，园区拥有公路货运车辆 6156 辆，其中果蔬运输货运车辆 3125 辆，总额定载重 4.6 万吨。平均每日进出园区货运卡车 7200 辆次，高峰日达 8500 辆次。园区还拥有新能源货运车辆 248 辆，安装充电桩 30 座。

3. 多式联运服务

除公路运输线路的优势外，在铁路运输方面，园区距离高碑店铁路货场仅 4 千米；在航空运输方面，园区距离北京大兴国际机场 47 千米；在海运方面，园区距离天津港 160 千米。因此，凭借着良好的地理位置和交通运输条件，园区能够将公路、铁路、航空、水运等运输方式紧密结合，实现短途公路快速运输，同时开发中长距离货运代理市场，提供公路、铁路、民航、水运等运输方式间的货物联运服务，有效实现货物运输过程中的各种运输方式之间的转换，完成物资的集疏运和多式联运功能，通常能够降低 40% 以上的物流成本。

4. 应急物资中转分拨服务

随着现代物流业的快速发展，物流分拨中心已经成为供应链系统中连接上下游的重要节点，其运作的顺畅性直接决定着整个供应链系统运作的效率，园区目前能够实现为各类农副产品提供应急和大规模集散中转分拨的能力。当发生应急事件时，园区会启动应急储备机制，保证每天应急储备量不低于 2 万吨，并根据市场价格变动情况，适时调拨应急储备产品，调控价格，同时将每天的蔬菜价格和可对外调拨的数量上报至商务部，保障京津冀地区农产品价格稳定。

（二）推动现代农副产品流通体系建设

作为中国北方最大的现代农产品商贸流通产业集群，园区经过近八年的快速发展，在不断完善农产品贸易及流通业务的基础上，已逐渐形成现代化农副产品流通体系，主要做法有以下四点。

1. 净菜进京业务开展

随着便捷化、品质化消费需求的兴起，大中城市蔬菜消费需求由"数量型"向"质量型"转变趋势明显。为满足京津冀地区对净菜的需求，2023 年 5 月 26 日，园区与河北省商务厅、北京市商务局、保定市政府共同举办了"河北净菜"进京直通车首发仪式，利用环京临雄的区位优势和良好的产业基础，全面构建面向首都和雄安的净菜工厂和中央厨房。目前，园区蔬菜日均进京量超过 7000 吨，其中净菜日均进京量超 1000 吨。

2. 预制菜加工及销售

2021 年，在保定市委、市政府的带领下，园区与广东省预制菜企业实现对接并达成多项对接成果。在冀粤两地共同推动下，园区构建了全国首个预制菜展销中心，目前已入驻预制菜商家 139 家，涉及全国 400 余家生产厂家的近万种预制菜产品，并搭建了广东预制菜产品到园区的直通车，共同保障广东预制菜生产企业的后端物流。同时，为有效促进京津冀地区预制菜产业的快速发展，首衡集团建设了预制菜产业园，完成招商 70 余家，目前，部分加工企业已经投产运营，日均产能 2000 余吨。

3. 直播电商体系建设

在保定市委、市政府的指导下，园区与高碑店市委、市政府联合开展首衡京津冀电商精英培训工作，旨在为电商行业输送更多优秀的人才，目前已完成七期培训，线下培训1300多人，线上累计培训超60万人次，带动新注册电商企业1400余家。为有效推动农产品直播电商产业的快速发展，园区对学员从创业资金到直播场地、物流仓储、品牌培育等方面进行了专项帮扶，提供全方位、全过程的支持和服务。

4. 推行"农产品标准化"

园区致力于在农副产品流通过程中提升标准化设施设备的使用率，从而降低物流环节成本。目前园区已经推广的标准化托盘达3.8万个，标准化周转箱达2万个，并计划在3~5年内，通过再配备2万个标准化托盘和2万个标准化周转箱，将园区标准化设备租赁普及率提升到100%。届时物流成本将从原来的5%~10%下降到1%~3%，企业循环利用率提升3%~4%，时间成本节约5~7个小时，损耗减少8%~10%。在标准化设施方面，园区现有8.8万平方米现代温控技术保鲜库、5万吨大型智能化立体冷库、138余台物流装卸设备。在未来，计划购置生鲜农产品配送车1000辆（冷藏车400辆）、小型包装机12台，以及各种电子信息设备20台，同时推进与标准托盘关联的叉车、货架、月台、运输车辆等物流设备设施的标准化改造，进一步降低物流人工成本，实现标准化设施、设备的最大化利用。

（三）探索园区信息化智慧绿色建设

信息化、智能化是现代物流发展的重要趋势。作为农副产品汇集地和物流信息发布中心，园区需要接收物流各个环节的信息，因此园区在传统农副产品物流运营中，还进行了相应的信息化、智能化改造，实施集中管理来控制整个物流过程，实现信息相互传递与共享。

1. 园区信息化经营

园区内部以"规范、保障、提升、利润"为目标，整合包括物流、装卸、短驳等资源，开发了一款内部物流App，用于协助园区的物流经营。该App类似于滴滴出行App，通过将园区内交易商户、物流企业，以及装卸、短驳等劳务信息全部上线至App，园区交易商户可在App上下达物流、装卸、短驳等劳务需求，后台即可生成需求订单，由物流企业以及装卸、短驳、劳务企业抢单，抢单成功后再进行线下电话确认。所产生的服务费用全部通过App信用付款（费用预交）。同时，该App上线GPS（全球定位系统）定位服务，可对物流车辆、短驳车辆等进行实时定位，以便客户随时掌握信息。通过开发应用内部物流App，园区以服务选取、费用缴纳、信息调度等方式，转变当前传统作业模式，简化操作流程，避免人为失误，提高了服务精度及整体服务水平。

2. 信息平台建设

园区依托现有产业优势，作为实施主体，集农产品信息收集、电子交易、物流指挥调度、智能仓储、电子结算、价格指数发布等功能于一体，打造了具有信息化综合服务系统和农产品大数据平台性质的园区数字化交易管理平台，主要包含农产品采购管理、库存信息管理、销售信息管理、收款结算等业务的软件及相关配套硬件，致力于将园区打造成为区域性的智慧物流园区。

其中较为有特色的板块是大数据价格指数发布系统。通过建设太行山农业创新驿站，园区实现了与河北农业大学、保定市农业农村局的深入合作，共同研发了大数据价格指数发布系统，全方位收集、监测入场产品价格、上市量等信息，为市场主体经营决策提供可靠、翔实的市场信息。此外，通过挖掘农产品数据背后的价值，从交易信息中研判未来市场走势，可以有效引导产业前端调整生产结构，引导科学生产；从价格信息中反映的市场波动，还能作为城市保供的"晴雨表"和"温度计"，提前为政府制定产业政策提供可靠依据。此外，平台还包括电子结算、无人值守地磅、冷链监控等系统板块，全方位扩大了平台的适用范围。

3. 质量监测与追溯

园区在充分开展商贸物流服务的同时，发挥已有信息平台的优势，加强了对农产品安全追溯体系的提档升级。园区与河北省农业农村厅合作投资1000多万元，对市场安全检测中心进行提档升级，建设了河北省原产地农产品质量安全风险监测站，并与全国主要产区构建联动机制，加快各地农产品安全互检互认。在此基础上，园区的运营主体与国家防伪工程技术研究中心展开深度合作，共同建设农产品质量安全追溯平台。通过整套可追溯系统的建设，园区逐步实现了农产品来源可追溯、去向可追踪、物流可监控。

4. 园区绿色化升级

园区发展过程中坚持贯彻"绿色供应链"理念，在建筑设计方面，落实土地集约化要求，借鉴国际一流市场的先进建设经验，采取多层建设结构，最大限度地集约利用土地资源；在降低农产品损耗方面，建立农产品分类机制，加强食品加工环节建设，及时对产品进行加工处理，延伸产品保质期，推动农产品保值、增值。与有机饲料、有机肥生产厂家合作，对园区果蔬废弃物进行循环利用，降低园区农产品的损耗率；在节能环保技术应用上，园区冷库全部采用二氧化碳复叠制冷技术，并积极推广采用智能冷库休眠等先进技术，最大限度地降低冷库耗能。同时在物流环节推广氢能源运输车的应用，在园区周边建设加氢站，构建绿色物流体系。

（四）打造综合农产品供应链生态

园区依托农产品产业基础，通过创新和优化现有供应链体系，全面整合园区内外各类资源要素，实现了农产品供应链体系提质增效。具体做法体现在以下四个方面：

1. 深入对接种植基地，推动产销衔接

目前园区已与全国超过2667平方千米的种植基地建立合作关系，在订单农业、产品互检互认、溯源体系建设上已展开全方位合作。并与各省商务厅、农业农村厅对接，全面推行订单担保模式，建立园区担保、商户和农民签订订单生产合同的模式，促进了订单农业的发展。整合全国范围内优质农产品资源，建设全国特色农产品专销平台，打造衔接紧密的农产品供应链条，合作种植基地已达1000平方千米，包括新疆的库尔勒香梨、阿克苏苹果，海南的杧果、香蕉等在内合作特色农产品主产区已达76个。

在河北范围内，园区探索"市场＋商户＋合作社＋种植基地＋产地农户"的发展模式。通过与河北省供销合作总社合作，不断吸引合作社入驻园区。充分发挥市场的引领和带动作用，鼓励商户在全省范围内建立种植基地，拉动河北农业的快速发展。园区与河北省供销合作总社合作，目前入驻园区的合作社和龙头企业达580多家，战略合作基地面积超过400平方千米，包括阜平、平泉食用菌，鸡泽辣椒等在内合作特色农产品主产区已达23个。

通过产销对接活动，园区为冀菜进京拓展渠道，解决了河北特色农产品销售难的问题，进一步提升了河北农产品在京津市场的占有份额，从而提升知名度和美誉度。园区还积极与保定市政府、河北农业大学达成合作，共同打造农业创新驿站，以信息化技术为抓手，构建与种植基地、农户的利益联结机制，带动河北农民增收。

2. 合作建立海外种植基地，构建全球供应链

园区通过深入对接东南亚、北美、南美、西欧、非洲等34个优质进口水果生产国家和地区来探索搭建全球供应链，如蒙古国、埃塞俄比亚等国已通过农业农村部与园区进行合作。目前园区已与海外超667平方千米种植基地建立合作关系，共同搭建国际双向农产品流通渠道，引进当地优质特色农产品，建立起进口水果直发高碑店的供应链条。

园区还积极与专业的国际贸易公司合作，建设国际食品保税物流园，充分利用公司资源优势和渠道优势，构建华北地区最大的国际食品贸易平台。园区已与加拿大贝瑞塔集团、波兰沃斯集团签订战略合作协议，建设国际食品保税物流园，充分利用新发地自身资源优势和渠道优势，构建华北地区最大的国际食品贸易平台。同时通过开展国际业务，包括泰国榴莲、智利山竹、乌拉圭牛肉、埃塞俄比亚咖啡等在内的合作特色农产品主产区已达45个。

3. 发展细分供应链，丰富产业生态

经过多年的运营，园区已完成"冻品、果品、花卉"三个细分领域供应链的创新探索，以物流为纽带，多供应链交织形成产业链，构建并丰富产业生态。

（1）果品供应链：园区通过整合上游国内外主产区、生产企业、合作社、货源市场，中间一级农产品批发市场，以及下游二三级市场、商超、电商平台、企业团购、终端消费等供应链节点，实现果品供应链前后端联动、上下游互补、利益链密切的果品供应链新模式。

（2）冻品供应链：园区通过筛选一级进口代理商，进行参股或控股合作，建立与国外生产商、经销商的业务渠道，形成代理和自营冻品进口业务，挖掘全球的冻品源头资源，将河北新发地建设成为衔接中国北方国际冷链物流基地的重要物流集散节点。高效配置京津冀地区冻品资源，形成"西北、冀中南干线物流＋首都、雄安城际配送"，线上线下相融合的冷链物流体系。

（3）花卉供应链：园区结合国内花卉企业供应链现状及保定市场区位和优势，以"N＋1＋N＋2"（"N"即"N个花卉上游企业、基地"；"1"即"新发地花卉博览园"；"N"即"下游市场N个采购商"；"2"即两个花卉延伸产业：种植基地和电商基地）模式为核心，由花卉批发市场为主导，整合产地资源，以物流为抓手，形成北方地区的花卉集散分拨中心。继而延伸至产业种植、电商基地等关联产业，最终形成花卉产业集群。

三、示范特色

园区自启动运营以来，逐步发展为自身主导的多产业融合模式，打破传统单一型物流区开发的模式，采取交易、配送、商业、居住、办公、休闲多功能混合互动模式，实现多业态集聚，成为多产业融合的商业集群，并呈现出突出的示范特色。

（一）践行国家发展战略，推进京津冀协同发展

推进京津冀协同发展是国家重大战略，多年来，河北新发地始终立足协同发展，积极对接北京各大专业市场及上下游产业，以此撬动北京产业整体疏解。园区也全面承接了北京优质产业资源疏解转移功能，同时培育激发当地新型产业，打造新的经济增长极，持续巩固河北省作为全国现代商贸物流重要基地的核心定位，为河北带来稳定市场的同时，也盘活了当地的零散资源，形成了一、二、三产融合发展的新业态。通过"三产"融合，园区逐步推动农产品供应链生态体系的日益完善，满足不同层次终端消费者多元化的消费需求。

（二）推动区域经济发展，构建现代流通体系

在京津冀区域商贸物流协同发展目标的指引下，园区不断完善商贸物流的模式创新，应用现代信息技术，发挥信息平台的资源整合优势，为生产流通企业提供具备现代服务功能的综合配套物流服务，提高物流效率，降低物流成本，不断推动商贸物流与农业、加工业及旅游业的协调发展，加速构建民生保障城市配送体系，促进城市物流和农村物流的高效衔接，从而拉动当地经济增长，促进区域经济高质量发展。

（三）促进信息化水平提升，倡导园区绿色发展

智慧型现代化物流园区的建设是在市场转型升级基础上发展起来的。多年来，园区以"智慧、绿色"为目标，加快物流技术装备更新换代，探索多种形式的科技与产业组合的新模式。依托集大宗农产品中转交易、加工配送、电子商务、国际会展于一身的现代化农副产品物流平台的基础，实现资源整合配置；通过园区自主科技研发及对外部先进科学技术的资金投入，搭建规模化的物流平台体系；积极响应"双碳"目标，探索绿色转型路径，实现园区的绿色发展。

（四）承担应急保供任务，托稳京津冀"菜篮子"

经过多年发展，河北新发地已经发展成为京津冀地区规模最大的"菜篮子"工程，在京津冀地区农产品安全稳定供应方面发挥了巨大作用。而园区自建设运营以来，就一直以做好京津冀地区的农产品日常供应及应急保供为首要责任。近年来，园区不断完善民生保障能力建设，不仅成为京津冀地区重要的"民生保供基地"，更是全国应对重大突

发事件的"应急储备基地"。特别是在疫情期间，园区在农副产品的应急储备、供应保障、价格稳定等方面均做出了突出贡献。

四、发展方向与未来展望

下一步，园区将立足首衡集团整体发展思路，结合京津冀协同发展及国家"双循环"发展战略，借力新基建领域技术革新，构建以食品产业为主轴的"3+4"产业生态体系，促进产业链组团式发展。

（一）凝聚3个主导产业链条

"国内商贸+国际贸易"产业链条。以"双循环"发展格局为基本出发点，布局农产品集散交易、大宗拍卖、国际贸易、会展展销、电子商务、期货交易等产业形态，凝聚"国内商贸+国际贸易"产业链条，构建国内国外两个优品农产品市场，推动国内大市场、大循环的加速形成，促进国内国外农产品供应链体系创新的相互促进。

"现代仓储+智慧物流"产业链条。以5G、物联网等新基建领域的技术革新为支撑，加快推动现代智慧型物流产业布局发展，以"全程冷链+智慧物流"为核心，以"技术服务+金融服务+信息服务"为抓手，为生鲜农产品产业快速发展不断赋能，为现代物流体系和城市生鲜配送体系完善提供有力支撑。

"食品加工+食品研发"产业链条。以京津冀协同发展战略为根本出发点，布局"产地初加工、园区精加工、净菜进厨房"的食品加工产业，联动发展以"绿色食品、健康食品"为核心的食品研发产业链条，吸纳周边食品生产及研发企业，引导由分散向集中、由个体向群体、由简单向系统的快速集聚，实现规范化、园区化、工业化、集约化发展，推动周边一、二、三产深入融合发展。

（二）培育四种经济增长模式

加快培育集聚型总部经济。以"实现产业布局和城市发展的良性互动"为目标，充分释放产业发展活力，加快培育适宜高碑店市产业格局的食品产业总部经济。以现代食品"产、学、研"为核心，聚集科研、金融、人才、智库等总部机构，打造食品研发总部基地、食品加工总部基地、食品创客总部基地，以及生鲜电商总部基地、供应链金融总部基地、大数据产业总部基地等，扩大税收供应、产业集聚、产业关联、就业乘数、资本放大等外溢效应。

聚力发展联动型外贸经济。以"无缝对接京津冀、面向全国、迈向国际市场"为目标，践行国家"一带一路"倡议，发展国际优质农产品外贸经济，拓展"线下体验、线上交易"的O2O（线上到线下）商贸新模式，结合跨境电商平台，加强与境外制造企业和供应商的战略合作，提供展示、进口、采购代理、电子商务、物流配送等综合服务。构建实体化商城与虚拟化商城之间开放、互动、共享、链接的智慧生态链。

创优发展国际型会展经济。按照高碑店市"全力打造世界级城市群重要节点城市"

的发展定位，强化会展服务功能，发展会展经济。依托不断集聚的果蔬、干调副食、粮油、肉蛋禽、水产海鲜、花卉、茶等产品资源，全面构建面向国际的会展经济体系，按照"三个一流"（设计一流、建设一流、运营一流）的标准，打造全球展馆新标杆、行业腾飞新载体、片区发展新引擎和城市生长新动力，构建国际最具影响力，以"现代农业＋会展＋交易"为模式的永不落幕的农展会。

做大做强服务型品牌经济。以"构建新的头部品牌4.0生态圈"为目标，全面建立立足河北、面向全国、放眼世界的现代化、国际化、智慧化的全新品牌形象。打造一个优质品牌孵化器，深入实施品牌孵化战略，以"现代型、智慧型食品产业"为引导，引入新技术、新资金、新理念，凝聚以食品产业为主导的品牌核心，孕育以产业赋能为基础的品牌潜在价值，塑造一批国际农产品优质品牌，充分激发产业内生新动力，释放中小微企业蓬勃发展新活力。

（撰稿人：米思衡，魏树俭，张宏，孟灿，李晓宇）

唐山海港物流产业聚集区

依托港口，发展产业，港口物流提质增速

    唐山市位于河北省东部、华北平原东北部，南临渤海，北依燕山，毗邻京津，地处华北与东北通道的咽喉要地，是京津冀经济圈的核心组成部分，也是我国北方地区优良的港口城市。得益于唐山市的产业结构优化和创新驱动，2022 年，唐山市实现地区生产总值 9133.2 亿元，比 2021 年增长 5.9%，其中，第一产业增加值 655.2 亿元，第二产业增加值 4660.0 亿元，第三产业增加值 3818.0 亿元，实现了经济上的稳步提升。唐山海港物流产业聚集区（以下简称"园区"）是 2010 年 9 月经河北省政府认定的首批省级交通枢纽型临港物流产业聚集区，依托唐山港京唐港区而建，隶属唐山海港经济开发区，地处渤海湾及京津冀都市圈核心地带。唐山港京唐港区是孙中山先生在《建国方略》中提出的拟建"北方大港"港址，建港条件优越，水深岸陡，不冻不淤，港口后方有大面积盐碱滩涂，适合临港产业聚集。园区按照"高起点、现代化、多功能"的思路，以港口为依托，充分发挥区位等比较优势，以龙头项目为载体，大力发展主导产业板块，吸引产业链上下游企业，进一步优化物流产业布局，致力于构建采购、生产、销售、加工无缝衔接的物流平台，不断发展壮大智慧物流、保税物流、线上物流等新业态，经济实力不断提升，发展态势十分强劲。目前，园区正在持续助力唐山打造成为中国北方生产性物流基地，环渤海地区重要的综合交通枢纽，区域商流、物流、信息流集聚中心和富于魅力的现代生态物流城。

一、园区概况

（一）立项背景

1. 港口优势突出

    园区内的唐山港京唐港区，是唐山市最早开发建设的国家一类对外开放口岸，是津冀港口群中距渤海湾出海口最近之点，见图 1。1989 年，京唐港区正式开工建设，水路通达 70 多个国家（地区）、190 多个港口。运输货种 10 余个大类、100 余个品种，是河北省综合性特征最显著的港口。2023 年，京唐港区完成货物吞吐量 3.07 亿吨，同比增长 11.9%，吞吐量为创建港以来历史新高。

图 1　唐山港京唐港区实景

2. 产业基础雄厚

园区依托唐山海港经济开发区良好的产业基础，发展物流产业的优势得天独厚。园区周边具有丰富的钢铁产业资源，河钢集团有限公司、河北天柱钢铁集团有限公司、德龙钢铁有限公司、河北华西钢铁有限公司等知名钢企会聚，拥有 3500 万吨钢材产能，正打造绿色循环钢铁产业园。园区会聚以中国中材装备集团有限公司、唐山海港首钢建设钢结构有限公司为龙头的装备制造业，正打造大型装备制造基地。园区毗邻 10.6 平方千米的化工园区，已有唐山中润煤化工有限公司、唐山中浩化工有限公司等 10 家规模以上化工企业入驻，是河北省煤化工特色产业基地和首批化工集中区，正全力打造新能源和新材料生产加工基地。

3. 城市功能完善

依托完备的城市功能，唐山海港经济开发区已实现港产城深度融合，目前已建成包含城市道路 35 条、总长 101 千米、"十一纵八横"贯通全区的城市路网体系。集中供热率、燃气普及率、污水排放达标率均为 100%；城区绿化覆盖率为 41.89%；绿地率为 40.44%，被评为全省首家园林式开发区。

（二）运营管理主体

2013 年，唐山市机构编制委员会下发《关于组建唐山海港物流产业聚集区管理机构的通知》。2014 年，唐山海港物流产业聚集区管理委员会组建成立，机构规格为副县级。2022 年，成立唐山海港经济开发区支持港口建设发展领导小组及办公室。2023 年，设立唐山海港经济开发区交通物流产业服务中心，负责园区运营管理。

（三）区位交通

园区地处京、津、唐、秦四交叉辐射区，距北京 230 千米、天津 150 千米、唐山 80 千米、秦皇岛 120 千米，毗邻曹妃甸区，具有承接东北亚、辐射带动腹地发展的巨大潜力，唐港高速与京哈高速、沿海高速、唐津高速、唐曹高速相连。随着环渤海城际高速铁路规划，园区将进一步融入北京、天津、唐山1小时城市经济圈。

（四）规划建设情况

园区规划面积14.68平方千米，累计完成投资659.8亿元，包括新建区和建成区。其中建成区为港口储运区，占地面积为7.60平方千米；新建区为综合物流区，占地面积为7.08平方千米。园区内规划港口作业区、煤炭物流园、件杂货和集装箱物流园、建材物流园、精品钢铁物流园、集装箱物流园、汽车物流园、公铁联运中心、保税物流园和综合服务区十个功能区。

园区内港口基础设施完善，同时园区范围内全部实现"九通一平"，干道形成"十纵九横"的布局，总长约43.9千米，干道路网密度约为每平方千米3千米。铁路支线方面，大唐铁路专用线由园区南侧铁路引进，与铁路物流基地、安通项目连接。

（五）运营情况

2023年，园区实现主营业务收入451亿元，同比增长8%；税收收入11.66亿元。园区坚持就业优先战略，解决就业14000余人。目前园区已吸引中国远洋海运集团有限公司、中国储备粮管理集团有限公司、吉林省长久实业集团有限公司、物产中大物流投资集团有限公司、中国大唐集团有限公司、上海电气集团股份有限公司等世界500强企业入驻，并引进京唐港国际集装箱码头有限公司、唐山海港开发区保税仓库有限公司、国投中煤同煤京唐港口有限公司等多家物流企业。园区连续五年被中国物流与采购联合会评为全国优秀物流园区，于2021年入选国家发展改革委、自然资源部联合评选的第三批示范物流园区。

二、主要做法

（一）推动招商引资，倾力打造五大业务板块

园区已入驻物流企业238家（含规上企业44家），形成了以唐山港京唐港区为核心，以集装箱物流、化工仓储物流、粮食仓储物流、保税物流和建材仓储物流五大业务板块为基础，上下游产业集聚发展的格局。目前，园区货物吞吐能力达到30117万吨，单位面积物流强度超过2000万吨/平方千米·年，人均劳动生产率达到300万元。同时，凭借着雄厚的产业基础，园区实行以商招商，促进产业集聚，在延伸主导产业链条上下功夫，并在产业项目及招商引资方面建立密切的沟通联系机制，形成发展合力。

1. 集装箱物流业务板块

园区依托中国远洋海运集团有限公司、远成物流股份有限公司、中国储备粮管理集团有限公司、浙江省物产集团有限公司（以下简称"浙江物产"）、吉林省长久实业集团有限公司等一大批全国百强物流企业和国内外知名物流企业，完善集装箱口岸功能，健

全港口集装箱货种品类，大力发展集装箱运输产业。目前园区内集装箱物流业务板块相关企业主要包括津唐国际集装箱码头有限公司等。2023年园区集装箱物流板块续建项目包括唐山港集团股份有限公司基于5G技术的集装箱智慧码头创新应用项目等。

2. 化工仓储物流业务板块

在唐山海港经济开发区原有化工产业的基础上，园区以液化码头为依托，整合化工园区资源，提高港口装卸效率，挖掘潜在货源，提升营运能力，打造以LNG/CNG（液化天然气/压缩天然气）为代表货类的化工仓储物流业务板块。2023年，园区化工仓储物流板块新建项目包括唐山申港海水淡化有限公司浓盐水提溴项目等。

3. 粮食仓储物流业务板块

园区高度重视国内粮食安全和保供问题，以中储粮油脂（唐山）有限公司、唐山海港嘉海粮油有限公司等粮食仓储物流企业为龙头，完善产业链条，推进粮食物流业务板块建设。2023年，园区内粮食仓储物流板块新开工项目包括中央储备粮唐山直属库有限公司新建20万吨浅圆仓项目、中科东创（唐山）生物科技有限公司年产20万吨高品质蛋白项目等。

4. 保税物流业务板块

园区以B型保税物流中心项目为龙头，积极推进保税物流基地建设，着力打造进出口货物保税仓储、转口贸易、国际采购、国际配送、加工增值等物流服务价值链和产业链，拓展口岸功能，加快发展国际物流和保税物流。目前，唐山港京唐港区已取得整车进口、冰冻水产品、集装箱进境粮食3个指定口岸资质，口岸功能日益完善。同时，以唐山获批国家跨境电商综合试验区为契机，园区鼓励和引导装备制造、机械加工、快销品等外贸主导企业和电商平台，支持企业建立境外营销网络，为其提供一站式仓储配送服务，构建跨境电商本土化服务网络，从而进一步推动园区保税物流板块的建设与发展。

5. 建材仓储物流业务板块

园区内以唐山海盈国际物流有限公司（以下简称"海盈国际"）、浙江物产、唐山城矿物联网科技有限公司及唐山英良石材有限公司为龙头企业，拓展建材品类，致力于发展全门类建材仓储物流市场，加快产业集聚速度，形成规模效应，打造建材仓储物流业务板块。当前，海盈国际和浙江物产分别在园区内建设了智能钢铁物流园和兴泰物流基地，新建区围绕建材主导产业，考虑港口长远发展，重点引进高端装备制造、钢铁冷加工及仓储物流等产业项目。2023年园区内建材仓储物流板块新增或续建项目包括唐山蓝筹环保科技有限公司白云石供应链仓储加工项目、河北扩疆铁塔制造有限公司50万吨铁塔智能制造项目、唐山海港石全石美石材有限公司智慧物流项目、唐山灿昊物流有限公司钢材加工仓储项目等。

此外，2023年园区内新增或续建项目还包括河北恒润通达供应链管理有限公司建设恒润通达京唐港物流基地、唐山吉港物流有限公司远成吉港现代智慧物流项目、河北海祺船舶工程有限公司海祺船舶维修服务配套项目、唐山业展贸易有限公司唐山业展仓储加工项目、唐山和方实业有限公司仓储加工项目、唐山海港金蚁物流有限公司唐山海港金蚁仓储物流项目、唐山开沃新能源汽车有限公司年产5000台新能源专用汽车项目等，共计引入 18 家市场主体，新增引税企业 8 家，实现引税收入 4015 万元，进一步扩大了园区内主导产业链条，助力多类产业集聚发展。

（二）发展多式联运，优化多条物流通道布局

园区入驻企业唐山港集团股份有限公司（以下简称"唐港股份"）是主导唐山港京唐港区建设发展的大型国有上市企业，唐港股份把发展集装箱作为推动港口高质量发展的切入点，构建了东出西联、陆海联动的"一带一路"大通道，确立了唐山港作为环渤海内贸枢纽港、近洋航线基本港的地位。唐港股份主导的"东部沿海—京津冀—西北"集装箱海铁公多式联运项目，成功入选全国首批多式联运示范工程。先后在西北、华北等地建成 27 座内陆港，运营 18 条海铁联运班列，成功开通"唐山港—比利时安特卫普"中欧班列、"唐山港—莫斯科"中俄直达班列和"日韩中蒙"过境班列，构建了覆盖三北（东北、华北、西北）、辐射蒙俄、通往欧洲的海铁联运体系，将京唐港区的集装箱多式联运示范工程成功拓展至中亚、西亚、欧洲。

唐港股份旗下唐山港合德海运有限公司是河北省外贸集装箱航线最大的运营主体，自营集装箱船舶 37 条，总运力 71.82 万载重吨、4.36 万标箱。

园区借助港区铁路专用线、疏港航道、码头等设施建设的主体地位和管理分工，推进铁路线进码头、进园区，实现多种运输方式的无缝衔接，从而推动多式联运各方式深度融合，以集装箱、厢式半挂车等标准化应用为基础，大力发展铁水、陆水联运，推进大宗散货、集装箱、汽车滚装多式联运，积极发展铁路驮背运输、半挂车滚装运输等多式联运组织形式；着力发展铁路集装箱班列运输，提高海铁联运比例。同时大力推进京唐铁路物流基地建设，加快实现海公铁多式联运无缝对接，带动提升园区服务功能和特色。

京唐港区作为全国乃至国际多条物流通道中的重要节点，在多式联运组织过程中发挥了重要作用。例如，"唐山—乌鲁木齐"海陆联运通道，唐山港（乌鲁木齐联宇）内陆港是唐山港京唐港区在新疆布局的第一个内陆港。"唐山—乌鲁木齐"循环班列开通，形成了大宗商品往返物流通道，典型案例如氧化铝自广西钦州港航运出发，到达唐山港进行海铁联运货物换装，再通过铁路运输到达乌鲁木齐，返程货物则为铝锭，自乌鲁木齐铁路运输至唐山港，经海铁联运货物换装后航运至佛山港，构成了铝产业的往返物流通道。"西安—唐山"陆海联运通道的开通、西安内陆港的设立，打通了唐山港京唐港区与西北内陆之间的物流通道，也使唐山港口型国家物流枢纽成为"一带一路"北方地区重要的物流交会点，携手推进"西安—唐山"陆海联运班列开行，共同推进陆海联运大通道建设。"山西—京唐港区—广州"煤炭联运通道于 2023 年 2 月开通，46623 吨山西焦煤保供煤经铁路运输至京唐港区集港后，完成铁水联运货物换装，再海运抵达广州南沙电厂码头。园区助力山西焦煤首单多式联运"门到门"保供煤顺利交付。"广西百色—钦州港—京唐港区"矿石联运通道于 2023 年 9 月开通，装载 52 个集装箱总重约 1400 吨高钙石的列车从广西那厘站出发，驶往钦州港，随后将从钦州港下水运至京唐港区客户指定地，标志着海铁联运新模式进入稳步运营阶段。自 4 月份项目启动以来，累计完成高钙石发运 2860 标箱，总重约 8 万计费吨。此前，客户主要通过汽运模式将货物从广西百色矿

山运至码头下水，船运至广州南沙港后装箱下海，经天津港转支线船，再运至京唐港区，整个运期相对较长。较传统方案，新模式的运输时间由原来的 15 天缩短为 10 天，运输总成本降低超过 10%。

（三）考虑客户需求，精进创新运营管理模式

园区选派精干力量组成专业干部队伍，推行人事和薪酬制度改革，激发干事创业内生动力，坚持"墙内的事企业负责，墙外的事管委会负责"的服务理念。园区还全面落实国家和省财税支持政策，主动开展送政策上门服务，入园企业项目"一事一议"，出台支持服务业发展的普惠政策、扩大对外开放推进高质量发展的政策措施，通过用足用好"促发展 30 条"，帮扶中小企业的"惠企 20 条"、破解企业融资难的"春雨金服行动"、支持外贸企业的"暖企促贸行动"等惠企政策，最大限度释放政策集成效应。减税降费、金融支持等多措并举，助力企业提质增效降本。

1. 提供"零距离"服务，营造亲商富商的发展环境

为更好地做好招商项目服务工作，园区专门成立创业服务中心作为孵化、培育项目的载体，对入驻项目提供便利条件。创业服务中心为外地项目提供免费的办公、住宿条件，不仅节省了项目落地成本，也加快了落地速度；由创业服务中心统一管理卫生、安保等物业服务事项，提高了办事效率；创业服务中心为入驻企业提供"零距离"服务，极大地方便了项目单位前期建设，拉近与企业之间的距离，受到一致好评。如协助国能新能源项目贷款 500 万元，唐山海港区迈森医疗科技有限公司项目贷款 1000 万元，唐山海港倚硕国际船舶代理有限公司贷款 425 万元，唐山英良石材有限公司贷款 1000 万元，河北冷科特种装备有限公司贷款 1.3 亿元。

2. 推行全程代办制服务，优化企业项目发展软环境

为方便项目单位办理各项行政审批手续，早日竣工投产，园区对入驻项目提供"一站式""保姆式"的全程代办制服务，有效破解了项目审批"办事难、办事慢、办事烦"的难题，免除了业主奔波之劳，也为企业节省了不菲的开支，开创了"业主动嘴、代办员跑腿"的审批手续办理新模式，进一步优化了发展软环境。全程代办制服务极大地缩短了原来由项目单位自行跑办各项前期手续的办理时限，提高了审批效率，不仅增强了项目业主的投资热情、坚定了项目业主的投资信心，也成为业主口口相传的良好口碑，更为开发区招商引资增添了新的动力。

为使项目单位对所需办理的手续有直观了解，以及更好地实施全程代办制服务，园区相关部门先后编制《办事指南》《开工建设流程图》《手续办理明白卡》，将建设项目从公司注册到竣工投产所需的各项手续汇总，制作成流程示意图，使项目单位对手续办理所需资料一目了然。同时，组织代办员对项目手续流程的各个环节分步骤进行系统学习培训，让每名代办员熟练掌握每个环节所需提供的资料、填写的表格及项目单位基本信息等内容，以达到信息沟通准确，手续资料齐全，随时组卷、随时上报等标准要求。同时规范了全程代办制的具体操作：首先由代办中心联系项目单位并发放《手续办理明白卡》，使项目单位对手续办理相关情况加强了解。其次由项目单位指定代办员，并授权该代

办员为其办理各项手续。接着代办员赴各审批单位跑办手续，将疑难问题及时汇报上级领导并协调解决。然后建立手续办理统计台账，准确掌握各项目单位手续办理进展动态，同时，对手续办理内容、办结情况、存在问题等信息进行分类标记，合理安排代办员办理流程。最后加强办结手续管理服务，将企业基本信息资料、身份证明、复印件以及已办理完结的各种证照统一收入档案袋中，并由专人统一保管，避免资料遗失遗漏，方便企业随时调取。

（四）依托先进技术，促进园区智慧绿色改造

1. 平台支撑运行体系

园区以互联网、大数据技术为手段，依托矿联网等区域性网络平台，为提升服务功能，增强辐射带动作用，坚持线上线下相结合，集交易、结算、融资、查询、竞拍、洽谈功能于一体，构建了全国性网络交易平台——港口商贸物流一体化供应链服务平台。打造服务京津冀、辐射全国的交易服务平台体系，实现新干线物流园区物业运营、仓储配送、物流保税、停车场管理、智能卡口管理、区港联动管理、商财一体化管控、口岸数据交换等相关领域的业务梳理和流程优化，在此基础上，园区提出建立以"全业态覆盖、集成化管控、智能化感知"为建设思路的信息系统功能架构，做到流程统一、数据共享、授权管理、审核控制、风险预控、决策分析支持，见图2。

2. 园区设施智能改造

园区内的集装箱公司与天津港建立集装箱远洋航运合作机制，成立津唐国际集装箱码头有限公司，主要负责唐山港京唐港区集装箱码头的建设运营。津唐国际集装箱码头有限公司在园区内建有中国第四座自动化集装箱码头，引进应用国际最先进的 Navis 公司的码头操作系统（TOS），实现轨道吊远程操控作业、码头堆场装卸作业自动化。同时创建多式联运物流应用服务平台，对港口码头、铁路、堆场、设备等资源有效控制，实时监控、合理调度，实现货物一站式到达。通过5G网络，结合华为5G CPE Pro（无线终端接入设备）进行信号转换传输，园区搭建了车辆管控平台，配备无人驾驶卡车，可实现精准停车、自动跟车、自动避让及路口让行等功能。

园区对智能技术的应用仍在不断更新。2023年12月京唐港区铁路化工站OCR（光学字符识别）智能识别系统技术开发项目顺利通过验收。该项目在化工站设计安装OCR智能识别系统，智能读取列车车体信息，在试运行期间，列车车号、集装箱箱号识别准确率达99.35%，抄号时间压缩了近40%。车辆装载加固状态预警8次，经人工核验后，准确率为87.5%，进一步降低了户外人员作业强度，减少了安全隐患。

3. 绿色转型创新实践

为了加强绿色港口建设，京唐港区采取了一系列措施。例如，在2022年年底，唐山港京唐港区建成了全国单体面积最大的气膜结构条形仓库，应用于沿海港口堆场，用于煤炭储存，有效提高了堆场的煤炭存储能力，同时最大限度抑制货物扬尘污染，实现粉尘零排放；加快绿色集疏运体系建设，电动重卡、氢能重卡等清洁能源设备提速引进，为淘汰高排放集疏港车辆做好了准备。目前，港区已有2288台电动重卡和20辆氢能源电动重卡参与集疏港作业，新能源车辆疏港占总疏港量的47.67%，每年可减少近4万吨的

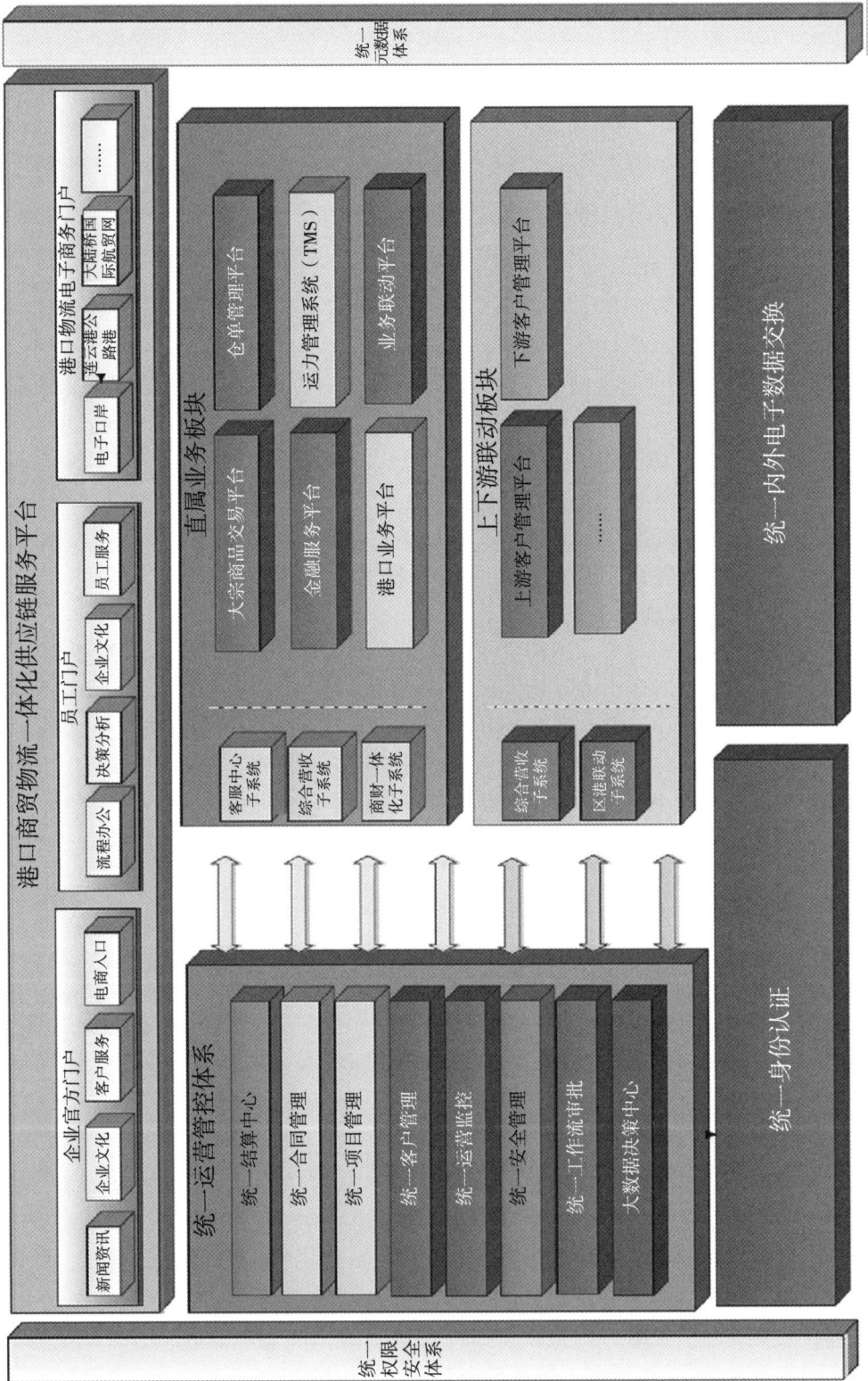

图2 港口商贸物流一体化链服务平台架构

二氧化碳排放量；京唐港区还投资 2.9 亿元建设了矿石铁路疏港配套装车系统，现已投入运营。这套系统创新应用了节能型永磁直驱电机和高耐磨管带，装车能效提高了 15%。"后场取料—管带输送—火车装车"的全流程自动化、绿色运输，达到了少用人的目的，项目完全达产后，可减少汽车疏港 60 万辆次，减少碳排放量 10 万吨。

三、示范特色

几年来，园区在开发建设中，大胆探索，勇于实践，规范管理，科学运营，按照"五高"的发展举措，强力推进园区开发建设，得到业内专家高度认可。其中园区坚持"产业融合、联动发展"的理念，通过采用供应链物流管理技术、开发高端现代物流服务、应用超前的物流信息技术等综合措施，帮助入驻企业在发展中提高了利润、降低了成本、控制了风险，对整个行业加快转型、优化升级起到了积极的推动作用。

一是高起点规划。园区坚持规划先行，按照立足当前、适当超前的原则，突出体现"差异化、错位式"发展理念，注重与行业规划、土地利用规划和城市建设规划相衔接，围绕发展钢铁物流产业及配套服务，先后聘请中铁工程设计院等多家权威单位和国内知名的物流专家，高标准编制了总规、产规、控制性详规及各类专项规划，做到与当地经济总量、产业基础和市场需求等客观因素有机结合，使规划与区位、交通、产业优势协调一致。

二是高规格招商。园区创新招商理念，建立完善客商信息库，实施精准招商、上门敲商、产业链招商，突出"招大引强"，紧密对接世界 500 强、国内物流百强、行业龙头、上市公司等大企业、大集团，先后引进世界 500 强企业 2 家，国内物流百强、央企、上市公司 5 家。同时园区坚持"抓大不放小"的原则，围绕完善供应链、提升价值链、延伸产业链，形成了龙头拉动和小集群相结合的产业发展格局。

三是高质量建设。园区坚持"需求未到，基础设施先行"，按照"大配套适度超前，小配套随项目及时跟进"的原则，狠抓基础设施硬件环境建设。同时园区围绕构建多式联运综合交通体系，深入实施"大交通"战略，高标准实施了迁曹高速公路园区段、京秦高速迁安支线园区段等九大高等级公路工程，打通了园区连接出海的"大动脉"。

四是高水平管理。园区实行领导分包责任制度，每天深入一线及时了解企业生产经营状况和项目建设难题，高标准打造了一支高素质的管理服务队伍，完善制定了《企业入驻管理办法》《项目入园协议》《企业服务联系卡》，编制了《投资实用手册》，完善项目审批跑办流程，开辟绿色审批通道。为统一调度项目建设，园区坚持例会制度，每周通报一次项目进度，每月集中开展一次交流座谈。

五是高度产业融合。园区顺应现代产业发展主流趋势，以助推产业转型升级为目标，围绕完善供应链、提升价值链、延伸产业链，充分发挥现代物流业作为促进产业融合发展关键环节的作用，按照丰富业态、拓展功能的要求，积极推进物流龙头企业与地方企业整合。围绕向延伸、服务、增值要效益，积极培育五大主导产业业务板块，走出了一条"港产城融合、联动发展"的科学发展道路。

四、发展方向与未来展望

园区紧紧抓住京津冀协同发展和河北沿海地区发展规划两大国家战略实施机遇，深入对接"一带一路"倡议，坚持港口带动、产业联动、商贸促动、区域互动，吸引大型综合性物流战略投资者承接京津产业转移，实现物流产业聚集区的集约开发和功能集成，打造水路、铁路、公路联运枢纽运输平台，形成国内外知名的煤化工、钢铁加工等相关产业的生产性物流基地，建设环渤海湾地区特色突出、功能耦合、运转高效、经济合理、生态绿色的大型现代综合物流园区。

第一，以京唐港区集装箱码头为基础，以京唐港区铁路物流基地项目为依托，以中远集装箱项目、安通国际多式联运智能物流园项目、以中青港建通仓储贸易物流园项目为龙头，打造集装箱海铁公联运枢纽平台，提升园区服务功能和特色，建设集装箱运输功能区。

第二，以中国最大第三方汽车物流企业吉林省长久实业集团有限公司和中交新能源汽车产业基地项目为龙头，完善港口整车进口口岸功能，构建汽车海运、陆运网络，打造环渤海地区汽车集散中心，建设综合性的汽车产业基地，进一步构建和完善汽车物流业务板块，实现贸流并举。

第三，以保税物流中心项目为龙头，积极推进建设进出口货物的保税仓储、转口贸易、国际采购、国际配送、加工增值等物流服务。园区投资 3.4 亿元的京唐港区 B 型保税物流中心项目已正式通过国家验收。该中心以集装箱、钢铁、石材、食品等大宗商品货种进出口为切入点，大力发展保税仓储、出口退税、货物分拣分装、国际航运物资供应、集装箱拆拼箱、保税商品展示等业务。封关运营后，预计年进出关处理量可达到钢材 200 万吨、集装箱 2 万标箱，实现利税 3000 万元以上。

第四，以中储备粮、嘉海粮油粮食仓储物流项目为龙头，完善产业链条，推进粮食物流和冷链物流板块建设。园区以投资 4000 万元建设的京唐港区检疫处置及检验检测中心为核心，提高对京唐港区进出口食品、动植物油及其产品的检疫效率，推进粮食物流和冷链物流功能建设。

第五，利用中国科学院大连化学物理研究所联合唐山钢铁集团有限责任公司及周边煤化工企业，在开发区建设国家级新能源示范基地和科研成果转化基地的有利契机，以其先期启动 100 万吨/年甲醇制乙醇和 20 万吨/年甲醇甲苯制对二甲苯联产低碳烯烃项目。在开发区原有化工产业的基础上，园区将以液化码头为龙头，整合资源，提高京唐港区装卸效率，挖掘潜在货源，提升营运能力，持续打造以 LNG/CNG 为代表的化工仓储物流板块。

（撰稿人：常静，齐倩，郁娜）

通辽经济开发区综合物流园区

一站服务，辐射蒙俄，多式联运，联通国际

通辽市地处环渤海经济圈、东北经济区和东北亚三角经济区，是东北与华北的交会中心，与东北经济区中的哈尔滨、长春、沈阳一起被国务院规划为区域性物流节点城市。通辽周边800千米范围内有15个百万人口以上城市，距离出海口锦州港仅400千米，是国家实施"一带一路"倡议和内蒙古自治区推进向北开放的重要战略节点。通辽境内有京通、通让、大郑、通霍、集通5条铁路交会，已开通"通满欧"国际货运班列、3条高速、6条国道和7条省道贯穿。通辽民航机场可起降波音737等大中型客机，已开通航线14条，通航城市13个。通辽火车站是全国36个铁路枢纽编组大站之一。

通辽经济开发区综合物流园区（以下简称"园区"）充分利用当地区位、交通、铁路专用线等优势，结合内陆港和保税物流中心服务平台，发展公海铁联运，主要服务于霍林郭勒氧化铝、铝成品中转，开鲁红干椒中转贸易，俄罗斯木材钢材中转贸易，通辽粮食作物大宗物流，主城区商贸流通，全市果蔬冷链批发等，已形成通江达海、多式联运运营格局，成为辐射中国东北经济区，联结俄罗斯、蒙古国的物流基地，服务国家"一带一路"倡议的重要枢纽。园区分为仓储物流集群、专业市场集群、电子商务基地三大功能区。建有东北地区最大的铁路货场，拥有铁路专用线18条，具有国铁、地铁双向交会运输的功能；建有内陆港，实现了通江达海的功能；建有保税物流中心，能够实现跨境贸易的功能。

一、园区概况

（一）立项背景

园区成立于2003年5月，立足蒙东，辐射东北，承接华北，面向全国，连通蒙俄，通过构建大物流格局，整合物流资源，创建发展平台，建立了全方位的现代化综合物流服务体系，呈现出蓬勃的发展势头和广阔的市场前景。

2015年通辽市政府印发的《通辽市城市总体规划（2015—2030年）》中提出打造成为东北地区区域性中心城市、物流枢纽节点城市、科尔沁生态文化旅游名城。该规划为物流发展提供了战略引领，为商贸物流业的产业转型升级提供了政策引导。2020年1月，中国共产党通辽市第五届委员会第九次全体会议召开，全会强调，要深入贯彻巩固、增

强、提升、畅通的方针，着力构建高质量发展的现代产业体系。要在服务业"转型"发展上求突破，以提升东北区域性物流节点城市地位为目标，加快发展现代物流业；以打造全域旅游示范区和国际旅游目的地为目标，打响科尔沁文化旅游品牌；加快发展健康养老产业，推动"医、药、养、健、游"融合发展；着力补齐金融短板，支持鼓励金融业加快发展。推动现代物流产业和文化旅游项目发展，为商贸物流业发展提供动力；改革金融体系，为商贸物流业提供金融支撑。

此外，通辽市印发的《通辽市人民政府关于印发〈通辽市保持商贸物流业稳定健康发展的实施意见〉的通知》中为商贸物流业提供了如土地、税收、金融等诸多政策支持与战略指引。园区紧抓此次机遇，进一步丰富商贸物流业业态，提升商贸物流业发展水平，形成产业集聚效应，会聚人流、物流、资金流，辐射带动周边区域发展。

（二）运营管理主体

园区原运营单位为通辽经济开发区综合物流园区管理委员会，由于机构改革，原通辽经济开发区综合物流园区管理委员会并入新成立的通辽经济技术开发区高新技术产业园管理办公室，整个园区的运营管理工作也随之并入。随着新运营单位的成立，人才力量得到了提升。通辽经济技术开发区高新技术产业园管理办公室通过设立经济运行股、环保应急股、党建股、规划股、建设股、招商股、营商环境股、综合股八个股室，细分职责，实现了进一步的精细化管理。

（三）区位交通

园区规划总面积8.23平方千米，建成区面积7平方千米，计划总投资300多亿元。园区东至通霍铁路，西至304国道，南至303国道，北至集通铁路。园区立足于通辽经济技术开发区，对内通过东、西、南、北及西南五向通道可达长春、锡林郭勒盟、大连、北京等地，对外结合东北亚经济圈，可通达蒙古国、俄罗斯、日本、韩国等国家，具有良好的区位优势。

（四）规划建设情况

园区分为仓储物流集群、专业市场集群、电子商务基地、生活配套区四大功能区。其中仓储物流集群建有东北地区最大的铁路货场，拥有铁路专用线18条，具有国铁、地铁双向交会运输的功能，同时建有内陆港，实现了通江达海的功能，还建有保税物流中心，即将实现跨境贸易的功能。专业市场集群建有六大专业物流园区（建材、汽贸、农资、农机、烟草、瑞丰物流园），以原煤炭园区为发展基础建设公铁联运港；建有八大专业市场（居然之家、安华建材城、万力城、皮草城、美林家具城、红星美凯龙、王府井商业广场、绿色农副特产批发市场等），建设规模和档次在蒙东位居前列。园区功能布局见图1。

（五）服务能力

园区着力构建大平台、打通全链条、发展新模式。加快发展多式联运、商贸物流、

图1　园区功能布局

共同配送等现代物流运作方式，初步实现园区各物流要素集成化、集聚化和集群化发展，逐步提高物流现代化、产业化水平。

新经济常态下，园区积极创新发展，着力拓展物流金融、物流保险、港航服务等高端服务功能，提升核心竞争力。园区正在由以钢材、木材、农机农资、粮食贸易为主的商贸物流向商品集散、进出口贸易、电子商务、冷链仓储物流、加工贸易、保税物流、供应链一体化服务等高端业态转型。

（六）社会贡献及行业影响

园区利用物流的辐射带动作用，加强与东盟、蒙俄、日韩等周边国家（经济体）的经济合作，支撑国家"一带一路"建设、西部陆海新通道战略发展，带动通辽市与周边地区产业合作联动、协同创新。

就业方面，园区自推动示范园区工作开展以来，带动就业3.9万人。辖区内有自然村3个，在脱贫攻坚行动中依靠园区实现村内160人就地入职，实现村民就业脱贫，并吸纳市区拆迁失地人口就近就业500人，为全市就业率提供坚强保障。

绿色环保方面，园区成立了环保督察小组，对园区企业和园区内环境开展环保督察，联合环保局定期对企业排污方面开展督查，确保园区企业做到零污水排放，环保实施标准达标，着力建设绿色园区，持续优化营商环境，打造宜居宜产型物流园区。

经过园区办及园区内企业的共同努力，物流园区获得入区企业同辖区居民的一致认可，2014年、2015年、2016年连续三年被中国物流与采购联合会评为全国优秀物流园区；2017 年 9 月，被中国物流与采购联合会评为中国物流实验基地；2021 年，被国家发展改革委和自然资源部评为示范物流园区。

二、主要做法

（一）推进精细化管理，促进商贸业升级

园区运营单位在精细化服务方面进行了大量的建设，进一步优化营商环境。

园区借助现有企业优势，整合资源、精准定位、全员招商，构建招商引资的绿色通道，优化工作流程，提高办事效率，提升招商竞争力，增强招商吸引力。加强对团结路商会等项目的线索跟进，力争项目早日签约落地，实现招商引资提质增效；积极推进专项债申报工作，启动园区基础配套建设，为下一步园区发展奠定基础。

园区坚持把项目建设作为经济工作的主抓手，强力推进，狠抓重点项目建设，全力提升项目建设水平，加强在建项目专人对接服务，定期走访调研、倒排工期、跟踪问效、主动服务，继续落实"保姆式"服务制度，建立企业服务长效机制，及时掌握项目进展情况，协调职能部门解决影响项目进展的制约因素，实现项目建设有进展有突破。

园区扎实开展各行业领域安全生产专项整治工作，全面、准确、深入查找在责任落实、管理制度、风险管控、隐患排查应急管理等方面存在的突出问题和薄弱环节，梳理安全隐患，建立台账档案，加强风险管控。进一步加强园区规范化、标准化和生态化建设，建立环境卫生清理制度，完善管理规章办法，努力将园区打造为花园式园区。对入园企业进行摸底排查，排查历史遗留问题，协助企业梳理入园合同，帮助企业与政府相关部门沟通并兑现优惠政策，同时在安全生产、环保等方面定期监测管理。

园区加强代办领办盯办的"保姆式"服务，对于新签约项目，专门成立"代办、领办、盯办"领导小组，负责前期手续的办理；针对手续办理过程中遇到的困难，及时与相关部门沟通，做到为企业排忧解难。推动通辽内陆港与锦州港合作，降低物流成本。通过园区的精细化管理、高水平服务，园区运营能力逐步提升，新运营管理单位在招商方面重点发力，不断推动项目落地生根，蓬勃发展，引进了一批项目进入园区开展建设运营。园区引进了包括重药控股蒙东（通辽）医药有限公司、沣盛冷链物流项目、沈阳铭远物流同城配送物流园项目、冷链仓储物流二期项目在内的一众项目。

其中，重药控股蒙东（通辽）医药有限公司项目占地 4.8 万平方米，建设仓库 4.5 万平方米，各类运输车辆 50 辆，公司将采用先进的仓储信息管理系统，以满足 24 小时配送服务，年配送能力达 30 亿元以上，将项目建设成为通辽市乃至内蒙古自治区的一流的配送平台。目前该项目已完成 15000 平方米厂房建设及 3000 平方米的办公用房建设，500 平方米食堂已建设完成，企业已搬迁入驻，实现纳税。沣盛冷链物流项目占地面积 1 万余平方米，总投资 6000 万元，主要建设冷藏库、保鲜库、办公楼，已投入运营。沈阳铭远物流同城配送物流园项目以在开发区新注册成立的通辽市团商慧聚仓储物流有限公司为建设主体，项目将打造集现代商贸、仓储物流、商品展示、商超配送、电子商务线上线

下于一体的专业化综合物流园。项目占地 5 万平方米，规划建筑面积 3.2 万平方米，主要建设仓储式销售区 2.7 万平方米、电商办公及展示区 5000 平方米，以及智能堆场和其他相关配套设施，目前已经开工建设。冷链仓储物流二期项目占地 1.3 万平方米，在原仓储物流中心项目的基础上，建设冷链仓储二期项目，总投资 2000 万元，建设冷链、仓储一体的 1800 平方米的冷藏库，同时引进各类制冷设备、气调设备等设施。目前该项目已开工建设。

（二）打造联通蒙俄遥望日韩的国际多式联运物流平台

园区利用已建成的内陆港同大连港、锦州港等港口形成陆路通道，实现通关达海的功能。依托陆路口岸和蒙东地区物流集散中心的独特优势，俄罗斯、蒙古国的原材料、能源等生产性资源产品在园区内落地中转后，向内辐射东北经济区和环渤海经济区，向外辐射日韩乃至东北亚。

园区以正在建设的保税物流中心为依托，以未来规划建设的综合保税区、蒙东自由贸易试验区通辽片区为核心驱动力，以打造高端加工制造业、建立国际贸易产业链为契机，加快引入国际化的物流管理理念和先进的物流技术，以集群化、智能化、高效化发展为基本路径，大力发展国际仓储运输服务、进出口集散服务、产品检测认证服务、国际中转贸易物流服务等功能，打造服务"一心两区"的物流创新发展基地，促进园区国际物流高质量发展。借助中央商务区的产业基础，加强跨境电商、供应链金融等产业发展，提高园区物流发展层次。

园区推动建设的通辽内陆港占地 44 万平方米，总投资 3.52 亿元，分三期建设。一期工程是集装箱内陆港工程，投资 1.18 亿元，占地 23 万平方米，建成联检大楼和两条装车线；二期工程是通辽保税物流中心工程，投资 1.08 亿元，建成海关监管区 5 万平方米、货场 3.9 万平方米；三期工程是通辽内陆港扩能改造工程，投资 1.26 亿元，已建成 1.23 千米铁路专用线两条、钢结构风雨棚 4.59 万平方米、硬化场地 5 万平方米。通辽保税物流中心（B 型）建设项目建设地点位于园区内，内陆港南侧，经一路以东，经九路以西，纬三路以北。项目总投资概算为 20103 万元，占地面积 8 万平方米，总建筑面积 26332.17 平方米，内设保税仓储区（1#仓库、2#仓库、3#冷库）、海关检验区、配套服务区、集装箱堆场、停车场等功能区、配套建设卡口、围墙及其他物流配套设施。其中保税物流仓储库房总建筑面积 19769.34 平方米、海关查验库房建筑面积 2437.23 平方米、保税货物堆场总面积 10007.01 平方米、海关办公业务及配套用房建筑面积 4007.26 平方米。内陆港实景见图 2。

园区以内陆港、公铁联运港、通辽机场等设施为载体，以公路、铁路为核心，构建集公铁海空于一体的无缝衔接的多式联运体系，打通了物流园与通辽其他地区、蒙东地区乃至东北地区的物流大通道。目前，园区物流设施设备先进，入驻企业共拥有货车 2000 辆，铁路线 18 条，装卸设备 150 台，同时园区临近内陆港货场、哲里木站、通辽北站，可以实现迅速装卸和多式联运，从而提高物流效率。园区还利用大数据、云计算等先进技术建立多式联运管理平台，协调管理多式联运流程，规范多式联运的操作标准，

图 2　内陆港实景

通过数据融合、统计分析等手段形成多式联运"一单制"，实现物流全程降本增效。

（三）打造信息中心，服务建设电商示范基地

园区通过搭建物流公共服务平台，提供交易撮合、信息发布、跟踪追溯、信用评价等综合性服务功能，利用平台全面提升采购、交易、运作、管理、结算等供应链全流程服务能力，并对接全国、全自治区物流公共信息平台，促进数据对接和信息共享，推动平台之间的互联互通，解决物流系统的信息不对称问题。园区还将建立智慧化共同配送分拨调配平台，整合社会物流资源，提供路径优化、仓储调配等公共服务，实现供应商、门店、仓库和配送车辆等各环节的精准对接，提高物流园区、仓储中心、配送中心的物流供需匹配程度。园区将规划建设供应链集成平台，推动供应链上下游企业信息互联互通，提高供应链响应能力，促进园区内物流企业与生产制造企业、商贸流通企业融合与协同发展。

园区依托物流公共服务平台，借助其完善的金融、保险、交易结算等配套服务体系，充分激活中医药大数据平台、粮食物流平台、肉牛电商交易平台等对电商物流的需求。始终坚持将电子商务作为园区发展的重要引擎之一，坚持"电商本土化、平台自主化、品牌区域化、发展差异化、业态多元化、服务综合化"发展道路，将区域电商对需求的拉动和对特色资源的发掘作为发展重点。利用信息平台推动电子商务成为促进产业升级和加快创新驱动的战略性产业。如园区内内蒙古泽强医药物流有限公司建设的信息化中心，利用大数据平台统一调度运输车辆，实现运力优化和资源节约；果蔬物流园区加快推进园区信息化建设，着力打造信息化、智能化的智慧物流园区，拓展田间到餐桌的农产品供应体系，打造全程温控的、可追溯的冷链物流配送中心；通辽保税物流中心（B型）正在安装海关信息化系统，将为入区企业提供报关、报检、返税等一站式外贸服务

平台；专业物流园区内现代物流技术设备发展较快，推进仓储转运设施的标准化建设和流转工具的标准化；通辽内陆港建有联检大厅，统筹相关铁路运输、入港车辆信息，同时以铁路专用线为基础，建设"互联网＋"运力优化、"互联网＋"运输协同等多式联运新模式。园区依托规划建设的跨境电商物流园，升级国际电商物流产业业态，优化商业模式，吸引一批具有一定市场基础的主流跨境电商平台入驻，促进通辽经济技术开发区跨境电商自由化、便利化、规范化发展，线上交易产品有十几类上百个品种，业务范围覆盖全国，网上销售产品远达中国香港、中国台湾和日本、韩国。经营业态涵盖了平台开发、网络分销、代运营等多种模式。

通辽市可意网络科技有限公司坚持将农产品上行和工业品下行相结合，将物流作为高效发展的重要基础，实现当天下单当天配送的工作原则，旗下的"市民农场"和"放心麦田"项目蓬勃发展。2019年"市民农场"项目种植面积已扩大到1.8万平方米，用于种植青玉米和绿色蔬菜，实现订单230单，参与农户36户，户均增收5000元，蔬菜配送达1386次。"放心麦田"项目种植面积已扩大到17.3万平方米，用于种植小麦，实现订单120单，参与农户56户，户均增收1.5万元。

三、示范特色

（一）集约化布局，规模化发展

园区按照集约化布局、规模化发展的指导原则，规划了仓储物流集群、专业市场集群和电子商务基地三大功能区，使不同功能的产业同地布局、集聚资源、集群发展；布局了内陆港44万平方米、铁路货场3.9万平方米、铁路专用线18条、公铁联运港等现代化中转联运设施，近年平均货物吞吐量超过7000万吨，在园区内实现了公铁空等多式联运的高效无缝衔接，达到空间布局集约化和产业发展规模化的总体目的，通过科学规划、合理布局，实现了物流功能空间布局的集约化和规模化发展。

（二）打造信息平台，提升服务能力

发挥通辽电子商务产业园全国电子商务示范基地优势，利用"互联网＋"技术打造信息服务平台和信息服务中心，完善信息服务功能，提升综合服务能力，推动六大专业物流园实现转型升级，促进物流与制造业、商贸业融合发展，充分拓展产业链条，推动物流业提质、降本、增效，成为支撑国民经济发展、引导商贸产业集聚、推动区域经济高质量发展的支柱和抓手。

（三）完善平台体系，促进"双循环"发展

园区在加强区域内流通体系建设的同时，积极培育海关特殊监管区域，申建保税物流中心、提前布局综合保税区，完善国际物流服务功能，实现国内流通与国际流通的有效衔接和同步运行；积极培育本土外贸企业，用平台功能助力企业做大做强；借助园区

与中央商务区毗邻的区位优势，积极搭建跨境电商物流园，提供干线运输、海内外派配送、保税仓储、直邮清关等专业服务，打造区域跨境电子商务产业链条，助力本土特色农产品、特色蒙药等远销海外，促进通辽"双循环"新发展格局的构建，通过不断创新服务手段，完善服务平台体系，提升服务能力，扩大辐射范围；积极融入国家重大发展战略，落实园区的社会责任，有效支撑了国家"一带一路"建设和西部大开发战略。

（四）践行发展理念，落实社会责任

园区始终以支撑国家和区域发展战略、促进经济社会高效运行为发展原则和宗旨，加快构建现代流通体系，促进国内流通与国际流通的有效衔接，支持通辽融入国家"一带一路"和西部大开发建设；园区优先聘用当地失地群众并积极参加精准扶贫工作，积极响应国家节能减排政策，着力打造清洁能源高效利用示范物流园区，为国家发展战略的深入实施和当地经济社会发展发挥了重要的促进作用，做出了社会贡献。

（五）加强互联互通，实现协同发展

园区注重加强与周边主要物流枢纽和节点的互联互通，在业务运行上加强协同，通过建设内陆港形成陆路通道，实现与营口港、大连港、锦州港等港口的有效衔接与业务协同，不仅为通辽市打通了出海通道，同时通过与相关港口的协同，实现了与国内、国际物流大通道的对接，成为立足蒙东、辐射东北、承接华北、联通蒙俄、遥望日韩、面向东北亚的东西集通、南北联通的国际综合物流枢纽，有效支撑了国家现代物流体系和高效物流网络的建设。

四、发展方向与未来展望

（一）因地制宜推进协调发展

结合园区独有的资源优势和区位优势，充分考虑东北经济区、环渤海经济区等周边辐射区域的产业结构特点，考虑蒙古国、俄罗斯等相邻国家与中国的双边贸易，考虑日本、韩国等辐射国家与中国的贸易往来，合理确定发展重点和发展方向，实现资源共享、优势互补和差异化发展。获得对于发展物流园区有针对性的政策倾斜与专项资金扶持。

（二）区域联动促进合作发展

园区将实施积极的物流开放战略，加强与东北、华北、西北等周边地区重要物流节点的合作，构建联动紧密、资源共享、互助互惠的战略合作关系，使园区可以更加高效地对接国内国际物流大通道，获得更大的资源优势和竞争优势，促进园区高质量发展。

（三）集约高效打造多式联运体系

园区以内陆港、公铁联运港、通辽机场等设施为载体，以公路、铁路为核心，构建

集公铁海空于一体的无缝衔接的多式联运体系，打通了物流园与通辽其他地区、蒙东地区乃至东北地区的物流大通道。园区将继续利用多式联运管理平台，协调管理多式联运流程，通过数据融合、统计分析等手段形成多式联运"一单制"，实现物流全程降本增效。

按照园区发展的总体要求，通过加快科技、人才、资本等现代要素集聚，补齐产业发展短板，以现代物流业为载体，逐步形成产业功能健全、生产方式绿色、经济效益显著、辐射带动有力、设施装备先进的物流园区，带动区域经济快速发展，打造示范物流园区，成为立足蒙东、辐射东北、承接华北、面向全国、联通蒙俄、遥望日韩的国际综合物流枢纽、物流信息服务中心和东北亚重要物流节点。

（撰稿人：金石，张景松，包凤兰）

东北快递（电商）物流产业园

服务东北，面向全国，"小包裹"书写"大文章"

东北快递（电商）物流产业园（以下简称"园区"）位于辽宁省盘锦市盘山县，历史文化底蕴深厚、区位交通优越。盘山一名源于盘山驿，约600年前的明代永乐年间，盘山驿作为九边重镇之首的辽东地区古驿站，在政治、军事和交通运输等方面均有着突出作用，是明代的边防重地及交通中心。盘山县作为辽宁沿海经济带的12个沿海县（市）之一，位于沿海经济带的中部，是中国河蟹产业第一县，县域内京哈高速、盘海营高速、阜盘高速纵横交错，是进出东北地区的重要枢纽。园区位于盘山县域京哈高速与丹锡高速叠式立交桥东南角、盘锦西外环西侧、双绕河北侧，距离京哈高速出口4.5千米、距离丹锡高速出口10千米、距离盘锦港口80千米、距离沈阳桃仙国际机场150千米。园区致力于打造"三个中心一个平台"，即东北快递转运中心、东北电商仓储中心、东北电商产品加工中心及东北电商物流指数平台，发展成为全国电商物流网络和东北物流枢纽的重要节点。

一、园区概况

（一）规划建设情况

园区始建于2015年11月，立足盘山的交通枢纽优势，盘山县委、县政府精准定位，确立了园区以快递中转产业集聚为经济支撑点、发展切入点的发展思路。园区已纳入盘山县总体发展规划，并编制了《2015年—2030年盘山县东北快递（电商）物流产业园总体发展规划》；园区总体规划面积2.17平方千米，符合《盘山县土地利用总体规划(2006—2020年)》《盘山县中心城区近期建设规划（2014—2020年)》等相关规划。园区规划范围未划入生态保护红线内，安全评价、环境影响评价取得市级相关部门认定，符合国家有关规定和标准。

园区位于盘山县城西侧，与县城仅相隔外环路，县城商业、医疗、教育等服务配套为园区"大配套"。园区路网、土地利用等按照盘山县城市总体规划实施，实现产城深度融合，有效带动新县城人口和服务业集聚发展。园区共规划仓储物流集聚区、快递物流区、车辆集中停靠区、物流商业配套区、仓储商业配套区、综合电商服务区及公园景观区七大功能片区（见图1），努力打造成为集仓储物流、电商服务、车辆停靠、商业配套于一体的现代化综合性物流园区。

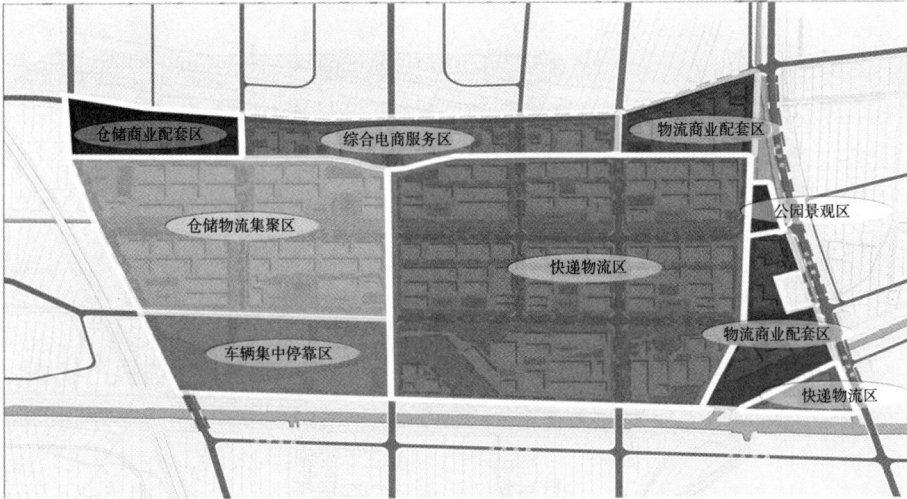

图1 园区功能分区

（二）区位交通

园区区位交通优势明显，位于京哈高速公路（G1）与丹锡高速公路（G16）叠加处，距离京哈高速（G1）盘锦北出口4.5千米，处于京哈高速中间段、辽宁省全域中间点，距离盘锦港口80千米，周边城市锦州、鞍山、营口、沈阳、大连均有机场。园区3小时交通圈覆盖辽宁省全域，6小时交通圈覆盖东北三省、京津冀及蒙东地区。园区凭借陆路交通优势，实现与快递物流行业对干（支）线运输、转运分拨需求的高度契合，成为快递物流、仓储配送企业在全国战略布局中的重要战略选择，是进出东北三省重要交通枢纽节点。

（三）基础设施建设情况

园区按照"统筹城乡发展、区域发展，人与自然，对外开放"等发展理念，依托县城基础服务"大配套"，打造产城共生新型园区。园区基础设施达到"七通一平"条件，有部分高压走廊、输油管线、天然气管线从园区内部通过，园区路网、绿化、给排水、通信等市政基础配套设施不断完善。除基础设施用地外，项目可用地面积171.2万平方米。目前，快递物流项目用地面积68.69万平方米，项目投资完成21亿元，建筑面积40.68万平方米，其中自动化库房建筑面积21.34万平方米，冷藏冷冻库房建筑容积1.8万立方米。

（四）运营管理及服务能力

园区由盘山县电商物流产业基地发展服务中心运营管理，以政府规划、企业各自开发建设为主，承接城市居民消费、货物中转、快递分拨转运等物流需求。

园区发展态势良好，快递转运经营业绩每年以 30% 的业务量递增。2021 年，园区企业营业收入总额 4.9 亿元，2022 年达 6.7 亿元，增幅达到 36.7%。2021 年，园区企业完成税收总额 3115 万元，2022 年完成 3502 万元，增幅达到 12.4%。2022 年，园区货物吞吐量为 217.2 万吨，园区用工人数 3600 人，为县域及周边年轻人提供了施展平台。截至 2023 年上半年，园区快递物流及关联注册企业 60 家，日均分拣快件 450 万件以上，快件分拣量增幅在 15% 以上。园区业务辐射全国，干线车辆直达往返全国 45 个城市转运中心，干（支）线直通 100 个以上地级城市，服务半径达到 500 千米以上，配送服务网点达到 4500 个，加速区域经济互联互通。

（五）社会贡献及行业影响

园区持续创造社会贡献，在增强快件时效性、增加群众收入方面取得了良好成绩。一方面，园区快递企业均为辐射东北的一级转运中心，进出东北快件从园区转运达到 40% 以上，快件的分拣和配送效率实现最大化，收派快件时间缩短 2 小时以上，极大地提高了电商快件的配送效率，降低了配送成本。另一方面，园区日均就业人数在 3000 人以上，主要是快递分拣操作工、装卸工等职位，在"双十一""年货节"等线上电商活动日期间，就业人数达到 4000 人以上，为周边群众提供了稳定的工作收入。

2020 年 4 月，园区成为中国（盘锦）跨境电子商务综合试验区核心区；2020 年 9 月，园区获批省级仓储和商贸物流园区智能化建设试点；园区连续 4 年被中国物流与采购联合会评选为全国优秀物流园区；2021 年 1 月，园区获评辽宁省农村电子商务示范园区；2021 年 8 月，园区被国家发展改革委、自然资源部授予全国示范物流园区。

二、主要做法

（一）快递物流驱动，构建全国集散网络

1. 专注快递分拨网络建设

东北的快消品、快件整体呈现"进多出少"的特点，对于快递转运分拨的需求旺盛。园区精准把握产业定位，以快递转运分拨中心集聚为发展切入点，使全国电商快消品、快件在园区交会流通。在快递转运分拨中心设立货物云仓，提供仓储、转运、配送一体化服务，有效降低物流成本、提高配送时效并提升用户体验感。目前，园区已引入投资规模 5000 万元以上快递物流企业 10 家，包括中通、申通、圆通、韵达、邮政、丰树、极兔等。园区内快递物流企业设立云仓，不断加大自动化分拣设备和干线运输车辆投入力度，吸引了大批量货物集散。

同时，随着快递、云仓、电商企业等的先后入驻，园区进一步优化定位，引入上下游关联产业链项目，为循环生态产业链提供支撑。园区通过快递企业集聚优势，带动与快递产业关联的电商交易平台、电商产品区域性仓储产业集聚，着力推进电商产业发展，逐步形成电商、快递、加工等产业融合发展的生态圈。随着园区快递转运能力提升，国

内知名电商品牌进驻园区设立云仓，目前，已有百草味、海天等 10 余家优质电商品牌入驻中通云仓，园区初步形成东北快递转运中心和东北电商仓储中心。此外，园区大力发展衍生产业，全力打造集快递中转、电商仓储、电商二次加工、快递培育基地、综合商业服务于一体的物流园区，致力于实现从货物进得多到厂家引得来的转变，为流通加工制造业发展壮大创造空间和机遇。

2. 交邮合作打造农村物流驿站

在园区中心的积极努力协调下，中国邮政集团有限公司辽宁省盘山县分公司和盘锦客运公交集团有限公司于 2021 年 6 月正式签署战略合作协议，通过联手搭建"大交通"服务平台，助力乡村振兴和盘山经济社会发展。目前，采用邮政乡镇揽投站入驻乡镇公交中转站的方式，建设"交邮驿站"，完成乡镇节点布局。依托公交路线，以中国邮政集团有限公司设立的在农村开展电商服务的"邮乐购"（即邮政系统具备销售及普服功能的平台）站点为基础，建成"村村通驿站"，完成村屯节点布局。同时，以现有县乡邮路为骨干网络，再通过"邮件处理中心—交邮驿站—村村通驿站"的邮件上下行线路，共同串联延伸县乡村三级物流网络。自交邮合作试运营以来，盘山县县域已实现"村村通驿站" 169 个，达到村屯全覆盖。"村村通驿站"建设过程中，整合利用驿站现有电脑、监控、货架、电子秤等设备，增配蓝牙打印机 29 台，实现邮件揽收。全面实行行政村包裹邮件"甩点直投"模式，即投递员与"村村通驿站"交接，再由经营店主通知收件人上门领取。每年通过公交代运到"村村通驿站"邮件约 30 万件。

3. 融入全国物流园区互联互通网络

园区以邮件快递转运分拨为重点，积极参与全国重要交通节点以及枢纽型物流园区的互联互通，力争实现与其他物流节点的信息互联、商品互通、优势互补、资源共享，为园区未来发展提供支撑。目前，园区企业与 50 个城市直发班车，成为互联互通的有效载体。同时，园区通过搭建高效配送体系，节约配送时间，提高配送效率，能够实现省内快件次日到达客户手中，不仅增强了客户体验感，而且为增强企业竞争力、带动实体经济发展壮大奠定了坚实的基础。此外，园区根据快件时效性特点，在沈阳桃仙国际机场、大连周水子国际机场设立远程航空货站，形成陆运空运相结合的多式联运模式，见图 2。

图 2　园区设立的远程航空货站

（二）营商环境优化，增强龙头企业集聚

优质的营商环境，是吸引企业投资进驻园区的最佳选择。园区着力优化"人才、企业、载体"环境，全方位完善基础配套设施。园区邀请专家、组织企业开展电商培训活动，通过培训鼓励企业积极引进电子商务相关人才，助力企业提速降费。针对进驻园区企业手续办理问题，园区采取"保姆式"服务为企业进行手续代办，采用项目负责人制、项目管家制等服务措施，积极协调审批部门解决企业项目建设过程中出现的难题，加快企业建设审批流程，提高效率。园区在用工、用电及车辆运行等各方面为企业提供协调和服务，做好企业和员工的帮手，做到无事不打扰，有事就回应。园区通过提供高效便捷的服务，获得了园区企业的一致好评。在园区的积极协调下，目前园区极兔、申通、中通、圆通、韵达等项目均正常运营。

1. 极兔速递盘锦转运中心

极兔速递是一家科技创新型互联网快递企业，创立于 2015 年 8 月，业务涉及快递、快运、仓储及供应链等多元化领域，业务类型涵盖同城、跨省及国际件。目前，极兔速递在全球拥有超过 170 个大型转运中心、600 组智能分拣设备、4000 辆自有车辆，运营超过 2 万个网点，员工数量 30 多万人，业务覆盖中国、印度尼西亚等十余个国家。

极兔速递于 2020 年 3 月在园区内成立极兔速递盘锦转运中心，业务覆盖辽宁省七个城市，分别是朝阳、阜新、葫芦岛、锦州、盘锦、营口、鞍山。目前每天处理快件数量达到 40 余万件，年处理量超过了 1.6 亿件，其中出港货量占到 1/4 左右，一年进出港货量 43200 吨。2021 年 3 月 9 日，极兔速递签约极兔速递产业园项目。项目占地 13.9 万平方米，投资规模 2.1 亿元，项目建成投产运营后，预计年产值不低于 3 亿元，带动就业 400 余人，将推动极兔速递盘锦转运中心快件处理量从现在的占全省操作快件总量的 25% 提升到 50% 以上。项目建设内容包括智能快递分拣中心、云仓（跨境）中心、运输中心和结算中心。同时，极兔速递将全力支持东北快递电商物流园枢纽经济建设，在园区设立运输、投资等关联项目公司，并将积极配合引入上下游产业及新兴产业，全力实现盘山县的多元产业一体化及产业 2.0 升级。

2. 申通快递盘锦电商物流分拣中心

申通快递品牌初创于 1993 年，立足传统快递业务，全面进入电子商务物流领域，目前共有独立网点及分公司 1370 余家，服务网点及门店 1 万余家，从业人员超过 20 万人，每年新增就业岗位近 1 万个。

辽宁瑞银申通快递有限公司在园区内投资建设申通快递盘锦电商物流分拣中心项目，总投资 3.7 亿元，占地面积 10.4 万平方米，主要建设分拣车间 2 栋、电商厂房 2 栋，以及综合楼、电商楼、生活楼等配套设施。该项目 2022 年全年处理快件量 7.4 亿件，完成营业收入 4.3 亿元；2023 年上半年处理快件量 1.88 亿件。

3. 中通快递电商物流分拣中转项目

中通快递是一家集快递、物流、电商、印务于一体的大型集团公司，先后获得中国快递行业十大影响力品牌、十佳电子商务物流服务企业、中国快递行业客户满意安全放

心十佳品牌等荣誉称号。现有员工 25 万余人、转运中心 72 个、服务网点 1 万多家、运输派送车辆 4 万多辆，目前已开通全国 98% 的区县和超过 50% 的乡镇网点。

盘锦中通快递有限公司在园区内投资建设中通快递电商物流分拣中转项目，共分两期建设。一期项目总投资 2.5 亿元，占地 7.9 万平方米，主要建设电子商务楼、研发中心、三栋分拨仓储中心、三处货物堆场及配套基础工程设施等，总建筑面积近 12 万平方米，其中综合楼 2.6 万平方米、1 号厂房 5.8 万平方米、2 号厂房 3.1 万平方米。二期项目总投资 5 亿元，占地面积 10.5 万平方米，主要建设电商仓配中心、快递分拣和快运中转车间及相关配套辅助工程，总建筑面积 6.95 万平方米。该项目 2022 年全年处理快件量 2.88 亿件，完成营业收入 1.7 亿元；2023 年上半年处理快件量 1.9 亿件，完成营业收入 1.1 亿元。

4. 圆通速递辽宁区域总部

圆通速递是一家集速递、航空、电子商务等业务于一体的大型集团公司，形成了集团化、网络化、规模化、品牌化经营的新格局，公司在网络覆盖、运营能力、业务总量、信息化水平、标准化等方面均走在了行业前列。圆通速递在全国建立了 8 大管理区、72 个转运中心，遍布全国 12500 余个配送网点，共有 18 万名员工、陆路运送收派车辆 3 万多辆。

盘锦市圆通速递有限公司在园区内投资建设圆通速递辽宁区域总部项目，项目总投资 2 亿元，占地 8.3 万平方米，总建筑面积 12 万平方米。主要建设集电子商务、仓储物流、快递集散交换和综合办公等复合功能于一体的东北区域管理总部项目。该项目 2022 年全年处理快件量 2.96 亿件；2023 年上半年处理快件量 1.58 亿件。项目分拣作业实景见图 3。

图 3 圆通速递辽宁区域总部项目分拣作业实景

5. 韵达速递盘锦电商物流分拣中心

韵达速递成立于 1999 年，总部位于上海，拥有员工 9 万余人，建立了 70 余个分拨中心、4 万余家网点，现已成为集快递、物流、电子商务配送和仓储服务于一体的全国网络型品牌快递企业，服务范围覆盖国内 31 个省（自治区、直辖市）及港澳台地区。2013 年以来，韵达速递迈开国际化发展步伐，相继与日本、韩国、美国、德国、澳大利亚等国家和地区开展国际快件业务合作，逐步走出国门，为海外消费者提供快递服务。

盘锦韵达电子商务有限公司在园区内投资建设盘锦电商物流分拣中心项目，项目总投资 1.75 亿元，占地面积 10.5 万平方米。主要建设办公综合楼、分拣车间及相关配套设施，总建筑面积 5.25 万平方米。该项目 2022 年全年处理快件量 2.59 亿件；2023 年上半年处理快件量 1.2 亿件。

6. 盘锦丰树电商供应链仓配项目

新加坡丰树集团是一家以亚洲为发展腹地的房地产开发、投资和资本管理公司，其总部位于新加坡，目前集团管理着 4 个在新加坡上市的房地产投资信托（REITs）和 6 个房地产私募基金。丰树集团于 2005 年首次进入中国市场，已在中国多个城市，包括上海、北京、广州、佛山、天津、无锡、西安、郑州及香港，投资物流、工业、办公楼、零售及综合用途等房地产项目。

新加坡丰树集团在园区内投资建设的盘锦丰树电商供应链仓配项目，总投资 2.8 亿元，占地面积 11.4 万平方米，建筑面积达到 7.3 万平方米，主要建设 4 栋标准化厂房及基础配套设施。项目建成一个集高标准组装、加工、营销、仓储配送、区域物流中心等功能于一体的环保型产业项目。同时，还将引入国际知名的生产制造业企业、电子商务运营商、大型商贸物流企业作为合作伙伴，打造一个集采购、结算、呼叫、仓储、配送等功能于一体的现代化区域运营平台。目前，该项目已投入运营，预计年主营业务收入 1.6 亿元，带动就业 200 余人。同时，带动整个园区形成每年 10 亿元的产值规模。

（三）强化业态拓展，打造产业融合生态

1. 关联产业延伸

园区运营管理秉承新模式、新业态、新经济、新动能的创新发展思路，延伸快递上下游产业链供应链，全力做好补链、延链、强链文章，致力于打造快递、电商、仓储、物流、加工、金融、科技等多业态叠加的生态圈。一是拓展流通加工服务，推进制造业物流业融合发展。围绕高科技医用产品、医用耗材与快递物流融合发展，园区积极对接辽宁康健美源医疗科技有限公司，投资建设辽宁康健美源医疗用品加工生产制造项目，项目总投资 3000 万元，总建筑面积约 1.4 万平方米，主要建设 3 栋标准化厂房以及净化车间，1 栋综合办公楼，以及研发中心、展示中心等相关配套设施。主要生产加工医疗耗材、医用机器人及相关产品，打造医疗加工制造中心，以园区快递物流优势满足应急医疗需求。二是拓展供应链管理服务，园区以云仓业务为特点，日均分包快件 3 万单以上，2022 年"双十一"期间突破 170 万单。三是拓展金融结算服务，快递企业均在园区注册东北结算业务，有效助力当地经济增长。

2. 智慧物流赋能

园区全面推动智慧物流建设，为企业提供"智慧、集约、高效"服务，高标准提升管理水平。一方面，通过快递企业数据共享，打造东北电商物流大数据平台。该平台分多个板块，包含单量、车次、用工、能耗、效能、固定投资、经济效益等。通过平台数据，可以分析东北进港、出港货物品类、单量、效益及成本等情况，为东北经济发展决

策提供可靠数据支撑。另一方面，支持企业加大智慧物流投入，园区内引进的重点企业运用了自动化分拣等物流技术装备、定位设备系统，以及物流信息管理系统，实现了采购、仓储、运输、车辆管理的智慧化。园区物流企业累计投资智能化设备在13亿元以上，单体项目自动化日均处理能力达到200万单以上。

3. 绿色低碳发展

园区增设加气站和充电桩，鼓励企业使用新能源汽车，从而推动物流企业强化绿色节能和低碳管理。同时积极推广使用循环中转袋，减少过度包装和二次包装，促进包装减量化和再利用。目前，园区内有加气站2个、智能充电桩10个。同时，园区快递分拨企业均已使用符合节能环保的循环中转袋，使用率已达到90％以上。

（四）推动振兴东北，助力区域经济发展

园区积极践行国家振兴东北战略，有效发挥现代物流体系的流通服务功能，全年转运的快递快件量已经超过7亿件，进出东北的主要电商货物以及园区周边地区工业产品、农副产品等通过园区进行对外仓储转运发送，在振兴东北经济发展、服务区域经济发展方面发挥积极作用。

1. 大幅提高进出东北快递时效性

园区立足振兴东北战略、辽宁五大区域发展战略，通过快递产业集聚优势，大幅提高进出东北快递包裹时效性，提升用户线下体验感，满足现代化经济体系建设和人民美好生活需要。如：园区快速集聚人流、物流、信息流、资金流，日均进出车辆达到800多台次，产业工人达到3000余人，具有倍增态势，使得大连、鞍山以及东北地区收派快件时效性大幅提高，促进了区域经济高质量协同发展。

2. 推动区域特色农副产品"走出去"

园区积极引进盘锦及辽西其他区域经营特色农副产品的优质企业与园区快递合作，目前，中国邮政集团有限公司辽宁省盘山县分公司已与辽西区域部分特色农副产品（河蟹、大米、小米、碱地柿子等）经销商签订合作协议，双方通过长期合作有效推动锦州、阜新、朝阳等辽西北农产品"走出去"，对当地农副产品通过电商平台销售起到重要作用。园区产业拉动效应彰显，不仅为农村电商的发展奠定了重要的基础，而且对地方经济发展起到积极的促进作用。

3. 助力打造跨境电商综合试验区

园区坚持功能定位，借鉴"自贸区模式"，加快融入"一带一路"建设，推进内蒙古东部以及俄罗斯等地区跨境电商发展，实现全球性贸易流通。依托园区快递物流优势，盘锦市被列为中国（盘锦）跨境电子商务综合试验区，园区成为跨境电商核心区。

4. 营造高质量发展的安全环境

近年来，园区高效统筹安全生产发展，把安全生产的责任落实到各个经营主体，覆盖到生产经营的每个环节，为园区高质量发展营造良好的安全环境。针对园区规模大、快递物品种类多、火灾发生概率高的实际情况，园区管理部门积极联系应急、消防等相关部门，指导帮助园区内重点企业建立7家微型消防站，采购专业消防车2辆，并多次邀

请专业人员到企业授课，提升员工消防技能。园区积极组织专业安全评价检测机构在每年"双十一"前，对园区快递企业进行安全生产排查，消除安全隐患，这一举措得到了企业的认可和安全部门的好评。

三、示范特色

（一）发挥县域区位优势，形成快递产业集群

快递中转配送是以满足城市需求为主，而当前国内一、二线城市土地紧缺、用工成本偏高，县级城市结合区位优势，具备企业用工、用地成本较低等优势，不仅可以实现快递中转，而且能够满足电商云仓区域性仓储配送需求。在县级城市建设快递转运中心，是解决电商快递的集散问题，以及解决"最后一公里"问题的重要途径。园区建设充分依托县级城市找准陆运交通优势，结合快递企业的需求，以区域快递中转为切入点，以节点、枢纽带动周边地区发展，此种模式可在全国节点型县级城市复制推广。

（二）发挥快递驱动作用，形成全国联通网络

园区充分发挥快递产业驱动作用，以上市公司或者优质公司直营企业进驻园区为主，带动上下游关联产业集聚发展。园区内入驻中通、圆通、申通、韵达、邮政等快递企业，这些企业均在国内各大省会、节点城市设置分拨转运和仓储配送中心，与园区高效联动，构建形成了全国、省际、节点城市、县、镇、村的多级联通、联动发展的快递物流网络。

（三）发挥政府职能，形成为企业服务的良好局面

园区积极协调政府相关部门，在电商物流产业发展中，全力做好园区规划布局、产业定位、基础设施建设以及项目服务工作，不断优化营商环境，为企业提供优质、高效的服务。发挥企业市场主体作用，引导企业增强创造性和责任感，提高贡献度以及企业创新发展的积极性，推进区域经济高质量发展。

（四）发挥"小包裹"优势，形成"大物流"产业集聚

快递业是物流行业的重要组成部分，伴随着电商经济的成长，快递业发展势头强劲，已成为新业态的代表。电商与快递物流不同于传统物流，主要以快件、小包裹为主，所以衡量电商物流园区运营以"单"或者"件"为单位。园区形成快递物流产业集聚优势，2016年以来，实现快件中转数量年递增15%以上。同时，园区通过为企业提供优质服务，促使快递企业在管理标准、资金、人员等方面得到更好更快的发展，进一步延伸更多新业态、新动能、新模式和新经济，促进更大范围内的产业集聚。

四、发展方向与未来展望

园区凭借总体设计的独特性、产业定位的精准性、发展的前瞻性，走在国内电商物

流行业前列。园区将着力以数字经济、科技智能、跨境保税等产业为发展方向，致力于构建电商、物流、仓储、加工、金融、数据等多业态叠加的电商物流供应链和产业生态圈，打造新经济、新业态、新动能、新模式的"四新"产业园区，努力成为全国电商物流网络和东北物流枢纽的重要节点。

政策保障方面，园区将着力总结快递分拨转运中心发展中遇到的问题，积极协调相关部门，结合相关部门建议，加快制定快递物流专业园区发展建设和运行相关政策。持续为快递物流建设用地给予支持保障。推进东北电商企业和优秀的人才队伍建设。加强制定快递物流数字经济相关政策，着力推动电商平台与快递业融合发展，加强快递电商物流数据平台建设，为区域经济发展和东北振兴提供有价值的依据。

招商引资方面，园区将主要对快递、物流、电商（含跨境项目）、仓储、特色小镇（含线下零售批发展示交易及"双创"项目）、电商产品加工组装制造（含专精特新小微孵化科技项目）、现代物流上下游产业链供应链项目等开展专项招商，努力创造优质发展平台，实现合作共赢。

（撰稿人：戴永安，尹一扬）

哈尔滨龙运物流园区

昂起振兴东北"龙头"，"运来"绿色冷链科技

哈尔滨作为东北老工业基地最北部省会城市，是与吉林、辽宁和蒙东地区省际物资流通的重要物流节点，是黑龙江省、内蒙古东北部地区乃至吉林省西北部地区的商贸集散中心，承担着区域分拨配送任务，是东北地区对俄罗斯物流通道上的重要中转换装城市。作为黑龙江省第一大经济体，哈尔滨的经济在省内位居领先水平，工业、投资、消费、对外进出口贸易等方面均优于全省其他地级市，地区生产总值突破千亿元，并不断优化产业结构，推动经济转型升级。2023年上半年，服务业增速较快，增长了6.2%，制造业增速达到4.8%，农业增速达到2.5%左右。良好的区位条件，促使哈尔滨龙运物流园区（以下简称"园区"）成为东北地区物流系统中一个十分重要的物流节点。

园区是交通运输部批准建设的全国189个主枢纽站之一，是按现代化物流发展理念规划筹建的东北地区物流网络主节点，是黑龙江省公路货物与南方省市物流的必经之地，也是中国货物进入东北亚经济区的重要物流枢纽之一。

一、园区概况

（一）立项背景

设立园区是哈尔滨市物流发展的政策机遇。1992年，在公路、水路交通"三主一支持"长远发展规划的指导下，交通部（今交通运输部）组织编制了《全国公路主枢纽布局规划》，确定了全国45个公路主枢纽的布局方案。2007年，交通部在《全国公路主枢纽布局规划》的基础上，制定《国家公路运输枢纽布局规划》，规划中将国家公路运输枢纽总数定为189个，其中12个为组合枢纽，共计196个城市。原45个公路主枢纽已全部纳入布局规划方案，是国家公路运输枢纽的重要组成部分，并居主导地位。而哈尔滨正是这45个主枢纽之一，其中规划的1个物流园区即为哈尔滨龙运物流园区。园区位于京哈高速公路出口处，是哈尔滨市以及黑龙江省与国内其他省份物资往来的物流节点。

设立园区是哈尔滨市经济民生的迫切需求。黑龙江省是我国老工业基地，与国内广大腹地的经济依存度较高，大量的生活用品需要从省外输入，跨省往来的大量物资需要在省会哈尔滨市中转，建设一个承担起物资集散功能的园区是哈尔滨市保障民生的硬性需求。另外，作为通往俄罗斯乃至东北亚地区的前沿省会城市，随着外贸的升级，建设

一个承担起中国与东北亚地区进出口运输国际分拨任务的园区是哈尔滨市经济发展的重要支撑。

（二）区位交通

哈尔滨市是黑龙江省的政治、经济、科教、文化和交通中心，位于黑龙江省南部、中国东北部，地处东北亚中心位置，是黑龙江省联系南部各省市的桥头堡，也是我国通往俄罗斯最方便的省会城市。作为第一条欧亚大陆桥和空中走廊的重要枢纽，哈尔滨被誉为欧亚大陆桥的明珠，东与林、矿资源丰富的牡丹江、佳木斯相邻，西与大庆油田以及三肇、绥化等粮油产区接壤，北与小兴安岭林区衔接，经济地理区位优势十分突出。

园区作为省内现已建成的综合性物流园区，是南方省份与黑龙江主要城市货物集散流通的重要枢纽，也是全国知名物流企业来哈尔滨开拓市场的首选驻扎点。园区附近有哈尔滨哈达果品批发市场、龙园蔬菜批发市场、汽配批发市场等专业市场群；有哈尔滨哈飞工业有限责任公司、东北轻合金责任有限公司、北药（黑龙江）生物医药有限公司等大型工业企业；有高新技术产业开发区、仓储基地，站址周边具有良好的物流资源优势。

园区位于哈尔滨市香坊区，地处黑龙江省及哈尔滨市的"南大门"京哈高速入口处，紧邻哈尔滨环城高速和102国道，距离城市三环线1.7千米，距离哈尔滨铁路南站2.8千米，距离哈尔滨太平国际机场30千米。

（三）规划建设

作为区域性的物流枢纽基地和商贸集散中心，园区根据功能特点，划分为四个功能区，分别为综合服务配送区、仓储区、汽配物流区、冷链服务区，占地面积48万平方米，建筑面积35.1万平方米。综合服务配送区主要设施包括商务信息大楼、停车场、8栋综合型库房及5800平方米的中型库房，主要承担存储时间较短的多品种、小批量的产品在此区域进行倒装、分类、保管、集散等作业，并按照客户要求运送到目的地；仓储区基础设施包括4栋总面积4.1万平方米的大型库房及临街2栋商务办公楼，主要为商贸批发市场、商贸流通企业的产品提供转运、分拨、存放保管服务等；汽配物流区包括44栋商用办公交易楼，总面积15万平方米，主要为汽车、五金、电器、建材等商品的仓储、展示和交易场所；冷链服务区建设冷库1栋、分拣中心2栋、食宿中心1栋，主要具备高标仓储、冷链仓储、车辆停放、仓内服务、食宿服务等综合服务功能。

（四）运营单位

园区运营主体哈尔滨龙运物流园区有限责任公司成立于2002年，注册资本金60197万元，经营项目包括物流配送、运输仓储、集装箱中转、停车场经营、通信业务代理、保险业务代理，以及一般广告经营、商超服务、物业服务等项目。2010年9月9日，园区正式开业运营。2014年，园区并入黑龙江省龙运（集团）股份有限公司（以下简称"龙运集团"）。园区现设置综合服务部、党群人事部、财审风控部、项目部四个部门，管理人员 51 人，本科及以上学历人员占 95%。

龙运集团以园区为核心，对集团在省内规划建设的各场站进行集约化管理，形成统一联动的省内物流运营体系，通过资源整合吸引民营物流场站，构建全省物流园区场站联盟，形成发展合力，提升对全省物流资源的掌控能力。

园区输出管理团队，对各场站统一管理，以减少各场站需独立建设管理体系造成的人力浪费，降低运营风险，提升运营效率。通过线上哈尔滨市物流公共信息平台、96366 客服专线，与线下各场站实体结合，最终实现全省公路运输资源的集约化整合。

园区主营业务收入包括库房及办公室租赁、停车场收费、水电费收入、技术服务收入、园区餐饮超市收入、物业收入、供暖燃气费收入、运输收入和其他业务收入。如表 1 所示，近三年园区资产规模稳定扩张，营业收入受疫情影响略有下降，净利润波动较大，但仍处于盈利状态且盈利能力比较稳健。

表 1　　　　　　　　　　　园区近三年运营情况统计

	2020 年	2021 年	2022 年
资产总额（亿元）	9.43	9.91	10.28
营业收入（万元）	2262	2801	2579
利润总额（万元）	1347	212	39

基于所处的地理优势条件、建设规模条件、招商引资条件、社会效应条件，园区已成为货物南北向流通的重要枢纽中心。园区荣获 2020 年度优秀物流园区、示范物流园区和 4A 级物流园区等多项荣誉称号，打响了"龙运"企业文化品牌。目前，园区入驻企业已达百余家，物流专线直达北京、上海、天津、山西、江苏、广东、内蒙古、四川、新疆，覆盖全国。目前，园区办公室入驻率 52%、仓储入驻率 100%，日均车流量 2200 台次，年货物吞吐量达 500 万吨以上。

二、主要做法

（一）创新运营模式，提升园区管理效率

2022 年，龙运集团按照黑龙江省交通投资集团有限公司（以下简称"省交投集团"）工作安排，参股成立黑龙江交投万纬企业管理有限责任公司（以下简称"交投万纬公司"），意在引入万纬物流先进的管理体系，提高龙运集团集疏运物流枢纽的规划建设与调研能力、存量园区的营收与服务能力、在建与新建园区的预招商客户导入能力，以及龙运团队的管理能力。交投万纬公司的经营项目涉及供应链管理、货物运输、装卸搬运、信息咨询等多项服务，创新园区运营模式，充分发挥交投万纬公司合资平台作用，全面实行盈利模式和绩效模式的改革创新，开拓新的经济增长点，锻造优秀的管理团队，优化组织结构和管理流程，大力提升园区经营能力及收益能力。

坚持"聚人、聚车、聚货、聚业态"的发展目标，统筹搭建物流产业全链条物流服务体系。探索可复制的市场化物流枢纽发展模式，与交投万纬公司加强合作，推进龙运集团在各地市场开拓业务，着重打造仓配一体化的服务能力。依托自有资源开展园区加工、包装、销售、供应链金融等服务，为园区内的企业提供一站式数字供应链金融产品解决方案。

园区按照省交投集团赋予龙运集团的发展定位，充分利用物流产业资源优势，搭建物流运输板块，积极与各大物流公司及电商供应端建立合作关系，提供一站式物流解决方案。同时关注乡镇物流市场机遇，探索不同地域运输流量及流向需求，发挥多式联运作用，布局专业运输、冷链运输等业态；关注能源商品、基础原材料和农产品等大宗商品的大规模运输需求，形成特定产业专业化规模运输服务能力；关注龙运集团内部运输服务需求，开拓专业化、精细化模式，促使运输向数字化、信息化转型，提供物流平台科技信息相关配套衍生服务。

与此同时，园区凭借自身仓储优势，导入万科全国企业级客户资源，充分利用万纬物流仓配管理及冷库内分拨分拣能力，同龙运集团权属企业黑龙江龙运快运有限公司实现资源共享，搭建"仓储—配送—运输"一体化的服务体系。通过仓库资源的共享，实现物品库存的集约化操作，应用物流数据分析和网络化分仓，管理运输、配送资源，提供仓储、配送、运输等一体化的物流服务，降低企业物流运营成本，提升企业物流运营收益。三方互相协同实现优势互补，打造物流业态新模式，实现物流产业降本提质增效。

（二）集聚智能改造，打造冷链配送中心

园区占地面积大，基础设施建设完善，能够更好地满足客户需求，并且证照齐全，有完整的路网设施及配套停车场，能够为客户提供合法经营手续。同时，园区地理位置优势明显，地处京哈高速零公里处，周边三环路、征仪路、102国道均在1000米左右，城市城际主干路网密集，交通条件十分便利，是高标仓储、冷链等高附加值物流需求首选建仓区域。基于此项优势，园区顺势打造哈尔滨朝阳冷链配送中心项目（以下简称"朝阳冷链项目"）。

朝阳冷链项目能够进一步完善哈尔滨市区冷链物流发展环境，提高冷链物流基础设施水平，在实现哈尔滨市"保增长、扩内需、调结构、惠民生"发展战略前提下，对提高哈尔滨市第三产业发展水平具有重要意义。朝阳冷链项目是以园区为主体建设的物流仓储项目，利用园区空余地块进行投资建设，占地面积约11.18万平方米，建筑面积4.62万平方米，总投资2.72亿元，设计年度吞吐量为259.43万吨。建筑包括2号高标仓（建筑面积1.76万平方米）、3号冷库建筑（建筑面积2.14万平方米）、4号食宿中心（建筑面积0.72万平方米），其中冷库库容44800立方米，冷库实景见图1。

朝阳冷链项目于2022年建成并开业运营，具备高标仓储、冷链仓储、车辆停放、仓内服务、食宿服务等综合服务功能，定位服务于哈尔滨市区的冷鲜食品、禽蛋肉奶、水果等农贸产品快销品及冷链配送服务集散中心。

朝阳冷链项目属于哈尔滨市国家冷链物流基地项目，通过项目智能化改造推进哈尔

图1 朝阳冷链项目冷库实景

滨市国家冷链物流基地冷链物流信息化建设有序实施，提升冷链仓储智能化水平。围绕冷链配送、高标仓储等服务功能，一是实施物流仓储智能化设备改造，通过远程人工智能视频监控识别、远程安全巡查、消防远程监控、快捷报修、人员及车辆预约识别、快捷通行、作业时间管理等功能，实现朝阳冷链配送中心园区智能可视化、运营管理集约化，以数字化、智能化提升园区运营管理水平和服务企业水平，助力提升入驻物流企业工作效率。例如朝阳冷链项目设立了中心管控平台，铺设智能化弱电管线，并采购了硬盘录像机、人脸识别机、车牌识别机、防砸雷达控制终端等设备。中心管控平台具备将监控信号画面、消防报警信息、车辆进出情况、人员进出情况、仓储租赁信息、客户管理等数据信息传输到中心大屏进行展示的功能，实现智慧监控、安全巡查、智慧消防监控、资产管理、能耗优化、温湿度监控、智慧叉车管理等智能化管理功能。二是通过项目智能化改造推进哈尔滨市国家骨干冷链物流基地冷链物流信息化建设有序实施，通过投资智能化设备提升冷链仓储智能化水平，实现园区物流枢纽智能化、数字化管理，打造哈尔滨市区域高标冷链物流园区示范性智能化平台，提升哈尔滨市乃至黑龙江省现代冷链物流基础设施智能化、数字化水平，发挥示范、引导作用。

在国家大力推动物流标准化、信息化建设，提高流通效率的背景下，朝阳冷链项目结合消费格局变化的新形势与新需求，快速布局冷链仓储、配送细分市场，应用智慧系统提高组织化程度，构建信息化、标准化、规范化、可追溯的高附加值冷链物流服务体系。朝阳冷链项目的成功打造，进一步提升了园区在黑龙江省内物流行业的示范引领作用。

（三）加快数字化发展，提供平台式服务

目前物流行业信息化、网络化程度快速增强，物流集成化和智能化水平大幅提升，信息网络技术与物流业也加快融合。WMS、TMS等系统多年来已被广泛应用，极大提升了物流

效率。物流新装备、新技术已经能覆盖运输、仓储、配送等全面作业流程，在电子商务、快递等领域应用广泛，但在大宗物流、工业物流、特种物流领域的应用程度亟待提高。

2022年，园区依托交投万纬公司原有管理平台与华为平台结合打造数字化物流大数据平台，实现物流资源数据实时共享。建立统一指挥系统，提升园区统筹协调能力，打造数字化物流系统，建设数字化园区。搭建以哈尔滨为中心，辐射省内各地市及5个口岸的全省集疏运体系物流枢纽网络。

（四）完善甩挂运输，筑牢多式联运优势

基于所处的地理条件优势，园区已成为货物南北向流通的重要枢纽中心，入驻园区企业多以南方运输线路为主，物流专线直达全国。园区重点开展公路货车甩挂运输示范，已申报交通运输部开展多节挂车上道运输的试点工作，即"一头牵两挂"（两节八米厢式挂车）。经初步统计，园区日均车流量200台次，年货物吞吐量达500万吨以上。

实施甩挂运输，需要具备对货物流向及规模全局掌控能力。园区内招引了多家优秀物流企业，为提高公路运输效率奠定了坚实的基础。其中较为突出的企业为黑龙江龙运快运有限公司，该公司于2011年由龙运集团注资2000万元成立，专项经营国内物流业务，坚持"高起点、高标准、高效率"发展方向，涉猎普货运输、冷链运输、大件运输、危险品运输等物流领域，自有各类车辆181台。2012年被交通运输部评为第二批甩挂运输试点企业；2013年被商务部评为城市共同配送试点企业；2015年被交通运输部评为超长汽车列车运行试点企业。2023年货运总量42.6万吨，货运周转量173735千吨千米，车辆营运里程941.65万千米。

（五）开展光伏试点，提高绿色低碳水平

为贯彻新发展理念，发展绿色循环经济，推进经济健康可持续发展，园区大力推广使用新能源汽车，采用光伏发电等绿色先进技术，推动园区全面绿色转型。

园区目前的主要能源消耗活动为装卸搬运及仓储建设，其中自动化立体仓库和冷库能源消耗强度在园区各项活动中位居前列，随着自动化立体库和冷库需求的快速增长，园区能源消耗量也快速增加。为响应绿色低碳理念，实现降本增效，园区主动抓住大趋势，应用绿色新能源，发展循环经济，实现绿色可持续发展。充分利用物流园区屋顶在面积、光照条件等方面的优势，输出交投万纬公司零碳实践，将光伏项目作为省交投集团打造新一代智慧物流园区、产业园区等基础设施的标准配置之一，助力省交投集团推进零碳化园区运营。

园区通过对分布式屋顶光伏电站能源的可行性研究，与黑龙江赛格新能源有限公司达成合作，选取朝阳冷链项目屋顶为试点，通过导入光伏设备等建设低碳园区。

实施智慧化改造行动，通过5G、物联网、大数据、人工智能、区块链等关键技术的融合应用，推广应用自动分拣机器人、无人机、无人车等智能装备；推广使用绿色包装，在保障物流园区各功能环节实现电气化的基础上，进一步提升各环节生产作业效率，降低能源消耗。推动园区内建筑的智能化和电气化，实现用电设备智能化控制，促进办公

生活用能的节约，打造智慧化物流园区。

三、示范特色

（一）发挥辐射作用，打造经济新增长点

园区现已成为哈尔滨市及东北地区的物流集散中心，把运输、配送、仓储、加工、信息、金融、政务等各种资源有机融合在一起，形成较为完善的现代物流服务体系，带动了哈尔滨市国际物流体系、区域物流体系和城市配送体系的发展，形成了完善、高效的社会生产物流保障体系和社会生活物流保障体系，园区的发展和经营已经有机地融入城市发展进程之中。

（二）探索低碳转型，推动产业绿色发展

节能减排是贯彻落实科学发展观，推进经济结构调整，实现经济和社会可持续发展的必然要求。园区一方面通过光伏发电试点获得持续的可再生电力，使用再生绿色能源代替传统能源，实现仓储屋顶分布式光伏发电系统的应用，中和温室气体排放；另一方面引入新设备，持续提升物流园区的运营能效和电气化水平，实现园区的能效优化。降低能源消耗，减少污染物排放是建设资源节约型、环境友好型物流园区的重要举措。

（三）彰显国企担当，提升社会服务水平

园区作为国有企业，始终助力入驻企业发展，为入驻小微企业创业提供所需服务，体现国企担当。服务内容包括但不限于信息服务、创业辅导、创新支持、人员培训、市场营销、投融资服务、管理咨询、专业服务等方面。企业提出的问题和建议，园区组织相关部门认真调查研究、谋划布局，进行详细规划和政策制定，通过一个建议解决一类问题。自2018年以来，园区共组织咨询服务107次，服务企业3700余家，服务人数超过8000人，服务效果明显，带动企业稳步健康发展，得到入驻企业的一致好评。园区荣获2019年省级小微企业创业创新示范基地称号。

2020年新冠疫情暴发后，园区第一时间启动应急预案，全力保障物流畅通，并根据实际情况将现有库房打造成哈尔滨应急防控中转站，按省市防疫要求对场站进行布局和建设，为全省应急运输保障体系的搭建做出了应有贡献。2022年，园区作为物流行业的龙头企业，始终彰显国有企业的担当与责任，在市场环境低迷、营业收入减少的情况下，仍支出大量人力、物力、财力，积极配合政府部门工作，将园区停车场区域作为外省入哈车辆核酸检测的临时停车场，有效缓解京哈高速收费口大量货车积压导致的高速口拥堵现象，并为哈尔滨外防输入、精准防控、有效阻断疫情传播起到了巨大作用。疫情期间，园区积极响应国家号召，先后为入驻企业减免租金三个月和六个月，共计减免租金966万元，用实际行动践行国企社会责任。

四、发展方向与未来展望

园区是哈尔滨市社会化物流服务体系的重要组成部分，园区综合物流服务能力的提升，将带动哈尔滨市现代物流产业的发展，从而提高哈尔滨市物流服务综合水平。同时，园区物流市场集群的建成，将大大提高哈尔滨市在黑龙江省及东北地区的影响力，从而带动哈尔滨市经济的快速发展，使其辐射黑龙江省乃至东北亚地区。今后，园区将从纵向和横向两个方面进一步推动物流产业的发展。纵向上随着经济全球化的发展趋势，积极引入供应链管理经营思路，使物流产业发展成为推动区域经济转型和经济发展的主要动力；横向上要积极研究物流对城市环境、能源、生态、交通、经济、社会等诸多系统的影响，使物流产业的发展融入城市可持续发展进程中去。

（一）联动省内节点，打造物流集疏运体系

园区将按照龙运集团"专业化、市场化、品牌化、数字化"发展思路，以园区为核心，对集团在省内规划建设的各场站进行集约化管理，形成统一联动的省内物流集疏运体系。即遵循交通运输经济与区域产业布局的客观规律，以园区为核心，以同江、绥芬河、抚远、黑河、东宁五个口岸枢纽为支点，发挥牡丹江、齐齐哈尔、佳木斯三个城市区域枢纽中继站作用，形成覆盖全省的集疏运枢纽网络，拓展枢纽服务功能，打造区域经济发展的重要支撑点。加快完善物流枢纽战略性点位布局，并与交投万纬公司深度谋划龙运物流园区改（重）建项目，规划建设东北区域首个双层高标仓储物流园区，提升资产创效能力。最终打造"覆盖全省、辐射全国、入俄达欧、面向世界"的物流枢纽网络，发挥节点联动作用，形成产业集群效应，实现全省物流全过程降本增效、提质增效。提升物流枢纽节点对全省集疏运体系的保障作用，有力牵动产业落地，助推黑龙江全方位振兴。

（二）拓宽业务范围，探索发展服务新业态

园区拟通过整合社会物流资源、完善物流网络、加快物流技术创新、培养物流专业人才等措施，构建集通用仓储、干线运输、商品贸易、城乡配送、园区承载于一体的现代物流服务体系和再生资源逆向物流产业链。以园区为载体，在"新"和"变"上下功夫，把工作着力点放在整合、共享、创新、增效四个方面，打破传统经营模式，以客户需求为目标，拓宽经营领域，与电商进行云仓合作；与生鲜冷链、清洁能源等公司深度合作，提升企业市场竞争力。

按照龙运集团赋予园区的发展定位，充分利用龙运集团的资源优势，以技术创新为引领，围绕现代物流、新出行与新零售产业布局，促进人流、物流、商流、资金流、信息流的协同发展，实现企业创效高质量发展，实现物流资源数据实时共享，打造数字化物流园区。

（撰稿人：张铁宏，徐斯靓）

苏州工业园区现代物流园

发挥综合服务平台效能，促进"两业"联动融合

苏州工业园区于1994年2月经国务院批准设立，同年5月启动建设。行政区划288平方千米，其中，中新合作区80平方千米。苏州工业园区的发展目标是：建设成为具有国际竞争力的高科技工业园和现代化、国际化、信息化的创新型、生态型新城区。作为中新两国政府间重要的合作项目，中新双方建立了由两国副总理担任主席的中新联合协调理事会。摒弃单一发展工业的模式，着眼于"产城融合、以人为本"的定位，20多年来，苏州工业园区按照"先规划、后建设""先地下、后地上"的原则，实现"一张蓝图绘到底"，保持了城市规划建设的高水平和高标准。2022年，苏州工业园区实现地区生产总值3515.6亿元，一般公共预算收入387.4亿元，规上工业总产值6850.2亿元，固定资产投资521.6亿元，社会消费品零售总额1097.9亿元，进出口总额1077.9亿美元，实际使用外资20.9亿美元，经济密度、创新浓度、开放程度上依旧跃居全国前列。2023年，园区在国家级经济技术开发区综合发展水平考核评价中实现"七连冠"，预计全年地区生产总值增长5.8%左右；一般公共预算收入411亿元，增长6.1%左右；完成规上工业总产值6544亿元，增长0.2%；固定资产投资超545亿元，增长20%左右；社会消费品零售总额1169亿元，增长6.5%；进出口总额6079亿元；实际利用外资19.5亿美元。

苏州工业园区现代物流园（以下简称"园区"）位于苏州工业园区东部门户，是苏州工业园区重要的功能区之一。园区紧抓"一带一路"倡议、长江经济带、长江三角洲区域一体化三大国家规划和战略叠加的机遇，充分发挥苏州工业园区自主创新示范区、自由贸易试验区、开放创新综合试验区、综合保税区等平台联动优势，着力打造成为全国知名、世界有影响力的物流与先进制造业深度融合发展的智慧物流园区。

一、园区概况

（一）区位交通

园区地理位置优越，紧邻沪宁高速园区出口1.5千米，距离上海虹桥国际机场55千米。园内综合保税区作为全国首个综合保税区，于2006年12月由国务院批复同意成立，是拥有综合保税区、贸易多元化试点、一般纳税人资格试点三个功能的海关特殊监管区域。

（二）发展历程

园区是苏州工业园区距离上海最近的板块，也是苏州城区距离上海虹桥、浦东国际机场最近的区域之一，沪宁高速公路和吴淞江航道两大黄金通道横贯园区，沪宁高速园区出入口直接对接园区综合保税区，苏州园区港通过河海联运多式联运方式对接上海港、宁波港等一线港口，空运直通港连通上海虹桥、浦东国际机场，初步形成了立体式、多功能、全覆盖的现代交通体系，高效通达的物流持续带活人流、商流、财富流会聚园区。

园区推进改革创新，争取政策功能先行先试，创造了诸多全国第一、唯一，有力推动了园区乃至苏南地区的转型升级和创新发展。2014年综保区贸易多元化业务获得国务院批复（全国仅2家），2015年全国首个综合保税区贸易功能区通过验收，2016年全国首批综合保税区企业增值税一般纳税人资格试点正式启动，2019年全国海关特殊监管区域保税研发、保税检测业务和保税检测外发业务三个首单在园区综合保税区顺利落地；落实了"简化无纸通关随附单证制度""简化统一进出境备案清单制度""批次进出和集中申报制度"等一系列监管创新举措，优化了跨境电商等新业态的有关监管规则，完善了海关特殊监管区域外汇监测服务系统，与海关、税务、外管等部门共同打造了低成本、高效率、智能化的综合服务平台，营造了开放、便利、高效、透明的国际一流营商环境。

（三）规划建设情况

园区规划面积8.38平方千米。其中，核心区面积3.22平方千米，是本次申报国家级示范物流园区的核心区域，核心区均为仓储物流用地和建设用地，符合《苏州市城市总体规划》和《苏州市土地利用总体规划》。

园区依照产业特点和发展方向，科学规划核心区，设置国际金融贸易区、国际商贸物流区、贸易功能区、口岸作业区、保税加工区、保税仓储区、普通仓储区和生活配套区共八大功能区。截至2023年6月，园区拥有标准物流仓储设施约110万平方米。目前，园区已建成各类仓库100万平方米（保税仓40万平方米、非保税仓60万平方米），厂房170万平方米，商业服务办公设施60万平方米，同时屋顶已安装了30万平方米的光伏太阳能发电系统。

（四）运营管理单位

园区运营单位为苏州物流中心有限公司，成立于1997年8月，注册资本119629.14万元，是园区管理委员会下属国有一级监管企业，以及为园区发展提供支撑作用的功能平台型国有开发公司。公司主要负责园区（包括综合保税区）的开发建设，并配合园区高端制造与国际贸易区管理委员会承担了区域内招商引资、功能培育和产业引领的任务，努力构建仓储物流、金融贸易、电子商务、公共平台四大体系。苏州物流中心有限公司引进普洛斯、中外运等大型物流地产商、第三方物流企业，以参股、控股的形式，开展园区的开发建设和运营管理。

二、主要做法

园区紧抓"一带一路"倡议、长江经济带、长江三角洲区域一体化、自由贸易试验区等战略机遇，加强区域物流联动发展，为推动国家战略实施、促进区域经济高质量发展发挥了重要作用。

（一）企业带动推进制造业降本增效

苏州工业园区大力发展高端高新产业，形成了"2＋3"（"2"即新一代信息技术、高端装备制造两大主导产业；"3"即生物医药、人工智能、纳米技术应用三大特色新兴产业）特色产业体系。2023 年，苏州工业园区累计在业市场主体超过 18 万家（183537家），拥有国家高新技术企业 2779 家、上市企业 66 家、中国独角兽企业 5 家、中国潜在独角兽企业 49 家，实现规模以上工业总产值达 6509.4 亿元。苏州工业园区雄厚的制造业基础，为园区发展提供了充足的物流需求资源。苏州物流中心有限公司立足需求，通过独资、合资等多种形式，着力打造物流与先进制造业融合发展高地、联动全球的供应链运作组织中心、长三角地区重要的分拨配送枢纽。目前，苏州物流中心有限公司旗下拥有 1 家控股子公司、4 家全资子公司和 9 家参股子公司，公司具体架构情况见图 1。苏州物流中心有限公司在园区内提供多样物流服务。

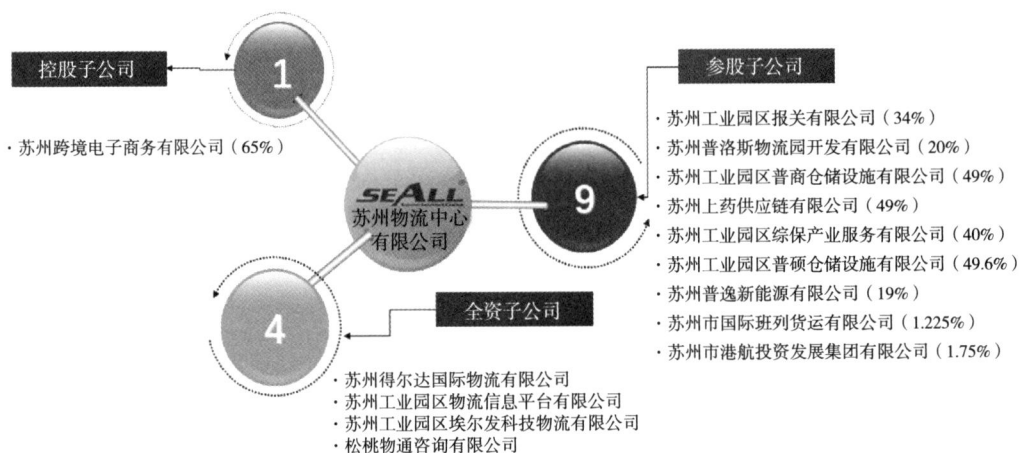

图 1　苏州物流中心有限公司架构

苏州得尔达国际物流有限公司（以下简称"得尔达"）是苏州物流中心有限公司下属一级子公司，是国家高新技术企业、国家 4A 级物流企业、全国物流百强企业、全国制造业与物流业联动发展示范企业，通过国际物流行业 TAPA（运输资产保护协会）认证。得尔达以客户需求为切入点，为客户提供供应链解决方案咨询与设计、供应商管理库存（VMI）、国际分拨配送中心（DC）、进出口通关、国际/国内货运代理、商务流程外包、信息技术外包、海关监管平台管理、虚拟口岸、供应链结算等一站式、一体化、全方位的供应链管理服务。得尔达在制作报关单的过程中，原先发票、箱单上的数据全靠人工录入海关系统中进行申报。这种方式容易出错，会延误客户报关时间，也会耗费大量的人力。得尔达技术研发团队通过不断进行应用新技术研发尝试，最终将 OCR（光学字符识别）与 IDP（智能文本处理）两项技术合理结合运用，有效提高了工作效率，降低了工作成本，助力开展医药产品跨境电商服务探索，推动园区生物医药销售中心加快集聚，积极有效服务"苏州制造"企业出海。

苏州工业园区航港物流有限公司（以下简称"航港物流"）原为苏州物流中心有限公司业务部，为配合公司发展需要，于 2009 年年底注册成立。公司作为苏州工业园综合保税区场站经营人，向园区及苏州周边企业提供口岸物流、保税物流、保税加工、国际贸易、普通仓储及冷链仓储等多重服务。目前，公司致力于搭建虚拟海陆空港多式联运一体化、载体功能完善、运作规范高效的物流平台，成功申请了进境种苗指定口岸、食品（化妆品）口岸、进口药品指定口岸等资质，通过和周边港口、机场的联动合作，已成为长三角货物进出口的绿色通道，为在园区投资的外企和周边地区的企业提供高效、快捷的一站式通关和物流服务。通过不断优化和完善，航港综合性数字化订舱平台于 2022 年上线试运行。航港数字化订舱平台涵盖查询、客服、异常处理等相关服务模块，可实现线上一键订舱，包括线上询价、实时价格浏览、比价、智能订舱、智能分析历史订单等功能，可以为客户推荐从拖车到船期的最优物流方案。通过订舱平台还可以实时查询物流环节中订舱、拖车、仓储、报关、船舶等物流全信息。订舱平台的运行为园区企业解决了订舱难、运费贵的难题。

此外，苏州物流中心有限公司还与多家龙头企业合资成立公司，整合物流资源要素，帮助企业降本增效。苏州物流中心有限公司与中国外运股份有限公司合资成立的中国外运苏州物流中心有限公司，专注于"苏州园区港"项目的开发、建设及经营管理。目前，苏州园区港建成 500 吨级（水工结构兼顾 1000 吨级）多用途泊位 8 个，设计年吞吐量 25 万标箱、货物吞吐量 220 万吨/年。通过"河海联运"方式对接上海港、宁波港、太仓港等港口，顺应当前长三角一体化发展的新形势，推动区域联动协同发展，缓解公路运输压力，为园区企业提供高效率、低成本的全程综合物流服务。从园区至上海港来回 200 千米，陆路运输改成通过苏州园区港水上运输，每个标箱可节约物流成本 200 元，按苏州园区港年操作 25 万标箱计算，每年可节约物流成本约 5000 万元，节省燃油总量约 696 万升，同时减少二氧化碳排放 1.446 万吨。

（二）不断开拓创新增强发展活力

园区推进改革创新，争取政策功能先行先试，开发运行了空运直通港、空陆联程、虚拟空港（SZV）、区港联动等多个创新模式，有力推动了园区乃至苏南地区的转型升级和创新发展。

其中虚拟空港是将园区视为一个虚拟的国际机场，使用国际航空运输协会（IATA）规定的苏州城市代码 SZV 并将其作为标识。这一创新模式使得园区成为货物进出口的"始发港"和"目的港"，扩展了口岸机场的货运功能。在这个虚拟空港中，进出口货物可以完成所有的航空货运和通关手续，包括制单、交付、提货和查验等。这意味着货物无须进入机场货代监管仓库，从而减少了在机场的物流环节和单证信息流环节。具体来说，一旦货物到达口岸机场，针对 SZV 联程货物便设立了专门的通道，直接进行主单转运，无须进行二次分拨。之后，货物通过卡车航班直接转运到虚拟空港货站。在货物抵达苏州后，货站将负责办理报关、报检和实货查验手续，并将货物派送至企业工厂。在全国通关一体化之后，SZV 联程中转模式成为苏州企业唯一可以实现属地查验和放行的物流模式。所有通关动作都在园区完成，因此整体时效可控且稳定。虚拟空港（SZV）运营模式见图2。

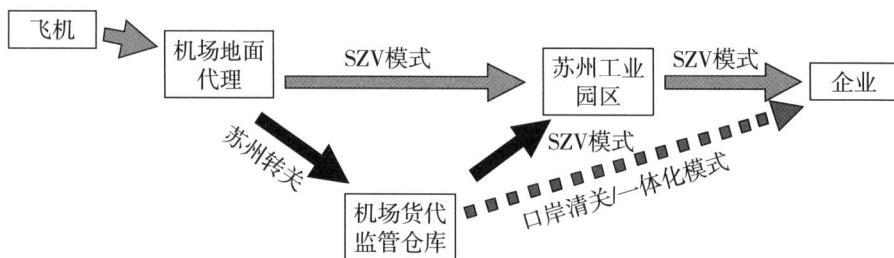

图2　虚拟空港（SZV）运营模式

空运直通港快速通关模式在虚拟空港实现实体机场航空货运功能的基础上升级了业务功能，通过卡车航班将实体机场的跑道延伸至苏州。该模式创新性地将上海机场货站服务延伸至片区内，取消上海货代监管仓库作业环节，物流时效提升6小时以上，每单货物实际节约物流成本15%～25%。园区空运直通港快速通关模式通过平台建设、载体互联、系统互通，实现了苏州虚拟机场与上海实体机场的联动对接，为苏州及周边企业提供了更为高效、便捷、低成本的物流通道，引领苏州空运物流新速度。空运直通港快速通关模式与传统一体化模式的对比见图3。

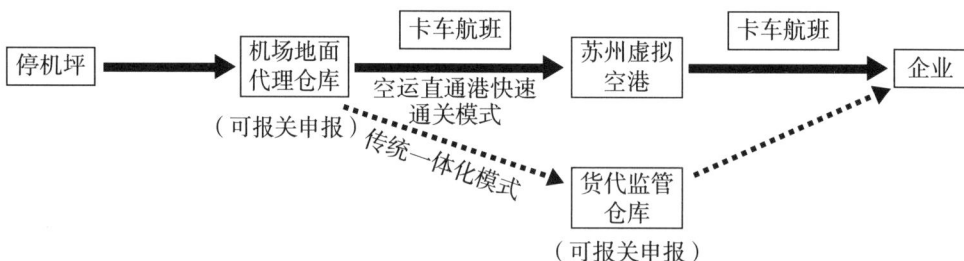

图3　空运直通港快速通关模式与传统一体化模式的对比

园区运营管理经验和发展模式得到了上级部门的充分肯定、客户的高度赞誉和业内的广泛认可，逐步推广至全国各地。自2010年开始，航港物流积极响应园区"走出去"发展战略，不断融入高端制造与国际贸易区对外合作发展新格局，持续强化管理输出战略合作，对全国各地综合保税区提供规划调研、申报验收、业务培训、项目咨询、委托运营、招商引资、监管创新等全方位物流咨询服务。目前，航港物流已经成功和全国 20 余家海关特殊监管区域和场所开展合作，如黑龙江绥芬河综合保税区、郑州新郑综合保税区、青海保税物流中心、武汉新港空港综合保税区等，业务足迹遍布长三角、珠三角、京津冀、川渝等地区的 17 个省级行政区域。

（三）构建数字化物流信息平台

园区以物流大数据合作示范系统"苏州自贸片区智慧物流服务平台"为载体，统一汇总物流政策及解读信息，重点标注片区公共仓库设施电子标识，对接航运中心、职能部门物流大数据资源，汇聚国内外物流运输时效及报价，挖掘数据要素市场价值，推进数字经济发展。园区信息平台入驻了海关、外管、市场监管、公安、消防等部门，可以为企业提供基于线上平台的各类咨询服务，引导企业完成单一窗口的各类申报流程，日常对接企业处理各类异常和日常单证问题。

平台建设包括三个核心模块。一是枢纽设施链模块。枢纽设施链模块凭借开放式地图电子坐标，采集场所地理区位、业主信息、仓库概况、商务信息等 16 大类 61 个分类的仓库信息，通过查询区域或指定坐标方式，锁定匹配仓库数据，提升航运中心运输时效，替用户快速规划仓库资源，规避物流场所信息不对称的问题，提升物流资源的公共使用效率。二是物流产业链模块。物流产业链模块按照世界银行合规标杆，整合口岸、职能部门数据，柔性管理进出口"港"到"门"全程时效状态，主动推送货物实时状态，可实现实时追踪、全程监控和在线查询。根据登录权限，提供月进出口国别贸易总量，梳理供应链动态趋势。三是物流价值链模块。物流价值链模块以平台对接的四人运输方式（航空、船舶、铁路、陆路）一般价格为基准，覆盖国内外区间运输时间及散货、整箱运输成本，一键式实现枢纽"点到点"运输方式资源配置，提供物流多路径选择方式，为客户推荐最优价值供应链解决方案。

截至 2023 年上半年，平台注册用户达 1102 家，其中相城区达 70 家，2023 年的新注册数量达 110 家，涵盖自营电商、第三方平台、外贸综合服务平台，以及物流、金融等配套服务企业。受理申报 1008.64 万单，业务金额 721.05 亿元。2020 年 8 月被评为全面深化服务贸易创新发展试点经验和第二批"最佳实践案例"。

（四）建设智慧绿色物流园区

园区大力推进智慧综合保税区建设，通过 RFID 电子标签、GPS 定位系统等先进技术，实现"无感卡口"智能通关、智能查验排队、智能平台泊位管理、智慧监管、智能仓储等功能，进一步优化通关服务，提升物流周转效率。例如"无感卡口"可直接在卡口自动完成车辆到货确认，实现"快速分流、无感通关"；系统还能自动引导车辆去区内企业或场站接受查验，提升了企业车辆通关效率，卡口通行时间从原来的 16 秒缩短为 4 秒。智慧监管"慧眼通"可为车货通行进行全流程指引和 24 小时无感智能监控及预警。目前该系统已对综合保税区内约 50 万辆车次通行进行实时监管及行驶路径指引，并开展有效预警；其中区间流转货物采用 5G 移动设备监管，共计节约人力近

2000 人次。在"5G + AI"技术支持下，打破原有的概要申报类型货物查验必须在海关工作时间内进行的限制，实现智能化、便捷化、全天候自助核验，同时全流程实现图片视频资料存证。智能查验排队系统通过短信、大屏滚动显示、Web 终端等方式，快速、高效地将查验信息推送至企业，使企业能够第一时间获取查验信息，及时办理查验手续，同时智能化安排查验队列，有效规范查验流程，提升查验效率。

园区还鼓励入驻企业推进智能化、绿色化仓库建设，为阿迪达斯、国药集团、欧莱雅、恒伟供应链等定制了多个自动化、智能化物流中心项目。园区先后为阿迪达斯定制了 14.5 万平方米的仓库，创新设计了高空连廊，将 3 幢双层物流设施无缝连接，既实现了一体化高效运作，又实现了土地的集约化利用；同时装备了全球领先的自动化分拣系统，可 24 小时高效运作。整个仓库的消防系统采用美国 FM 消防设计标准，已获得美国绿色建筑 LEED（能源环境设计先锋）金级证书，屋顶已安装太阳能光伏发电系统，低碳又环保，平均节能率达 60% 以上。同时，为响应国家节能低碳战略布局，园区积极参与由苏州工业园区科技创新委员会牵头申报的省科技厅 3001 立项的"苏州工业园区碳达峰碳中和区域重大科技示范工程"子项目"工业物流绿色低碳货运运输项目"，并制定计划三年打造"近零碳"仓库及实现陆改水节能减排的目标。

三、示范特色

园区在规划引领、平台服务、区域联动、产业融合、管理服务输出等方面均具备示范特色，已形成成功的经验做法，具有在全国推广的应用价值。

（一）不断加深产业融合，打造全球物流平台

园区依托苏州工业园区雄厚的制造业基础，大力推进物流与制造业融合发展，着力推进物流中心、制造中心、销售中心、结算中心、研发中心、维修中心六大中心建设，已成为物流与先进制造业融合发展、具备全球供应链组织能力的物流园区。

园区集聚了包括卡特彼勒、三星、通用、碧迪等在内的一批世界 500 强企业，形成了以电子产品、汽车零部件、航空器件及医疗机械制造为主的保税加工体系；吸引了普洛斯、全球物流、中外运、中国邮政、华润礼安等行业巨头入驻，成为长三角地区重要的机械电子零部件和医药等商品的物流分拨配送中心；集聚了阿迪达斯、欧莱雅、西科、艾默生、卫材等知名公司，形成了辐射全球市场的国际商贸运营平台；与嘉吉、亿利能源、冀中能源等知名企业开展合作，建立国内外贸易结算业务体系，打造全国、亚太乃至全球结算中心；苏州长城开发科技有限公司等在国内率先开展境外非中国制造产品入区维修业务，为"全球维修"的开展走出了第一步。

（二）持续完善平台服务，推动物流降本增效

园区高度重视平台服务创新，建有海关特殊监管区域外汇监测服务系统，可自动匹

配资金流与货物流，支持 73 种贸易模式（有规则库自动匹配，新型贸易模式可添加）。每天进行企业自动分类，A 类企业无须资料即可收付汇，提升了贸易收支便利化程度。同时园区开展"通关无纸化"试点，省内首试出口跨境电子商务，探索虚拟口岸直通放行模式，"网汇通"24 小时结算智能校验系统、综合保税区检验检疫电子监管系统、出入境特殊物品卫生检疫改革试点园区等多项平台服务功能已在建设运行中。建立了"掌上物流"二维码卡口验放系统、海关电子派单、跨境电商外汇服务系统等信息化系统，为提高物流效率、降低物流成本发挥了重要作用。

（三）不断加强区域联动，寻求合作创新模式

为区域经济寻求新的利润空间和经济增长点，园区借省政府对太仓提出的"以工兴港、以港兴市、接轨上海、服务苏南"要求的契机，1997 年便发展了虚拟海港模式，与上海港、太仓港、宁波港等港口开展区港联动合作，累计 200 余家企业参与。2002年，园区与上海机场加强合作，开展虚拟空港模式，SZV 快速通关模式试行，打造无跑道的国际机场。目前，园区通过虚拟空港与上海机场的联动打造空运直通港，将上海机场货站服务前移至物流园区内，将物流时效至少压缩 6 小时，可降低 15%～25% 的物流成本。

四、发展方向与未来展望

下一步，园区将突出重点，狠抓当前，奋力开创园区高质量发展的新局面，切实增强推动高质量发展的能力本能。

未来，园区将聚焦"电商＋物流"服务生态圈建设，全力做好"电商＋物流"服务；构建"医药＋物流"一对一精准服务，探索和试点研究医药产品跨境电商、医药共享仓、医药运输等创新业务，为更多生物医药企业提供服务。聚焦跨境电商高质量发展，坚持先行先试，坚持做大做强，重点围绕海外仓建设、保税跨境协同中心发展等，突出跨境贸易数字功能，全力做好"电商＋物流"服务，助力"苏州制造"。

园区将以原有业务系统为基础，加快主业升级。依照现有存量用地，从高标准、专业化、智能化方向全面升级现有仓储设施，为园区"2＋3＋1"特色产业相关企业提供更多更好的个性化、定制化高端物流设施及综合物流服务；突破传统物流仓储运作模式，以智慧化为基础整合资源，针对大客户提供供应链服务，构建以园区和智慧化平台为核心的物流全产业链。依托物流与制造、商贸流通等产业的加速融合，对标园区"建设世界一流高科技园区、一流自贸试验区，打造面向未来的苏州城市新中心"的新目标，聚焦服务园区信息技术、高端制造、生物医药等"2＋3＋1"特色产业体系。一方面紧抓园区发展机遇，提升主业能力，做强做宽产业链；另一方面利用自身物流产业布局优势，坚持以企业需求为导向，深耕贸易便利化，助力园区特色产业体系高质量发展。

面对数字化发展的新形势、新任务，园区将抢占数字时代发展主动权，突出整体性

转变、数据化驱动、一体化推进，在领域延伸上全面推动数字化转型向纵深发展，为经济、政治、文化、社会、生态文明建设赋能增效。坚持以习近平新时代中国特色社会主义思想为指导，拥抱数字浪潮，聚合数字力量，高水平建设全国数字化发展标杆物流园区，为推动高质量发展走在前列。

（撰稿人：胡克，张建，叶晓兰，钱庭华，庄新雅）

南京空港江宁快递产业园

创新发展智慧电商快递产业，
助力打造国际航空快件枢纽

南京位于江苏省西南部、长江下游，是中国东部地区重要的中心城市、长江经济带重要枢纽和长江三角洲区域一体化核心城市，形成了以软件与信息服务、智能电网、新能源汽车、钢铁、石化、金融等产业为主导的多元化产业结构。南京是全国综合交通枢纽，交通运输网络体系发达，对内可以实现与24个省会城市的铁路快速通达，形成沪宁杭合"一小时高铁交通圈"；对外可以通达国内外147个城市，与东北亚、东南亚城市形成"4小时航空交通圈"。江宁区作为南京重要的创新高地与产业基地，集聚了中兴通讯股份有限公司、国电南瑞科技股份有限公司等战略性新兴产业龙头企业。南京空港江宁快递产业园（以下简称"园区"）作为南京区域物流枢纽的重要板块，立足江宁、服务南京、辐射南京都市圈，为制造业集群、临空产业等的产业需求提供供应链物流服务。加快推进园区转型升级有利于发挥南京作为国际性综合交通枢纽、南京都市圈核心枢纽、区域性航空枢纽的叠加优势，形成联通国际国内的物流网络，推动构建国家物流枢纽网络框架，支撑构建安全可控的产业供应链体系。

一、园区概况

（一）区位交通

园区由南京空港经济开发区（江宁）管理委员会下属南京空港枢纽经济区投资发展有限公司（以下简称"空港枢纽公司"）投资建设。

南京空港枢纽经济区核心区北连主城，南接杭州，东邻苏州、无锡、常州，西近皖江，南北方向上是宁杭发展轴的重要节点，东西方向上是我国地区辐射带动中西部发展的桥头堡，以及东中西产业互动合作和资源要素优化整合的良好平台，是长江三角洲区域一体化发展战略支点和宁杭生态经济带黄金节点，更是推动宁镇扬一体化、辐射带动南京都市圈发展的重要一环，在承东启西贯通长江经济带、带动中西部地区发展方面具有独特的航空交通物流中枢作用。园区区位交通见图1。

园区内外交通连接通畅，通过凌霄路、坤宁路、信诚大道、钟萃路、苍穹路、翔宇路等内部道路与江宁区将军大道、汤铜公路、宁溧公路、宁丹公路直接衔接，实现与沪宁、沿江、宁宣、宁马等多条高速公路的无缝对接，半小时内可到达空（向南与南京禄

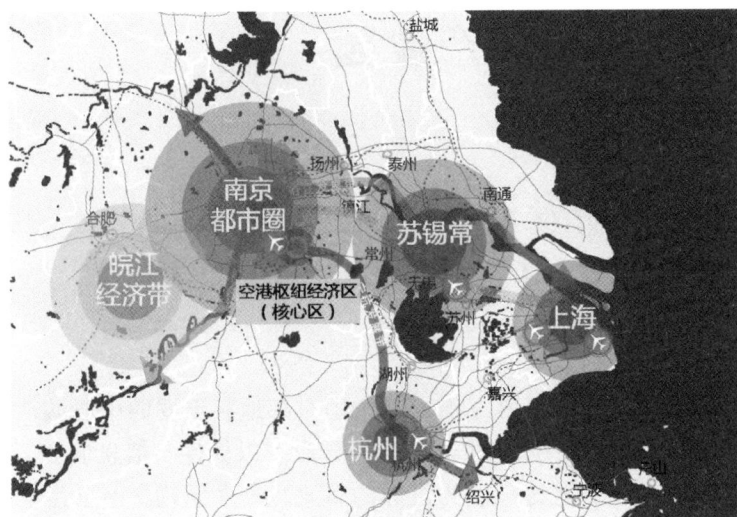

图 1　园区区位交通

口国际机场相距 5.3 千米）、铁（向西距滨江铁路货场 20 千米，向北距南京南铁路货场 26 千米）等运输枢纽点。铁路、公路、航空等交通运输方式便捷，集疏运条件良好，正在形成"无缝对接、中转高效"的空地联运服务产品，构建"航空 + 高铁"的大容量、高效率、现代化的快速交通运输服务体系，实现相互诱发、相互支撑的良性发展新格局（见图 2）。

（二）规划建设情况

园区规划面积 2.313 平方千米，其中，核心区面积 0.506 平方千米，拓展区面积 1.807 平方千米，充分利用区位、立体交通优势和丰富的人才资源、雄厚的产业基础，大力发展航空运输、航空快递、跨境电商等临空指向型产业，紧紧围绕"国家级示范物流园区"标准来打造空港物流产业集聚区，重点围绕以下三个方向布局物流产业：一是打造以预制菜、生物医药、生鲜水果等为特色的冷链物流；二是以新能源电池、汽车核心部件等为特色的工业品物流；三是以民生保障品为特色的快递物流，通过争创空港综合保税区，承接江苏自由贸易试验区（南京）片区功能，构建航空枢纽物流产业高地。

园区已建成仓库面积 100 万平方米。其中，大宗散货堆场面积 24 万平方米、自动化仓库 35 万平方米、冷藏冷冻库 41 万平方米。在建仓库面积 58 万平方米，仓储能力不断增强。

（三）设施设备

根据不同类型商品仓储需要，园区在不同物料场站分区内设置不同仓储设施。如：航空快递区配备能够处理季节性水产品等所需的冷藏品，以及放射性物质等有毒危险品所需的专业化设备；电子商务快递区配备信息化动态跟踪设备；特色产品物流快递区提供智能配载服务，强化全流程供应链管理。

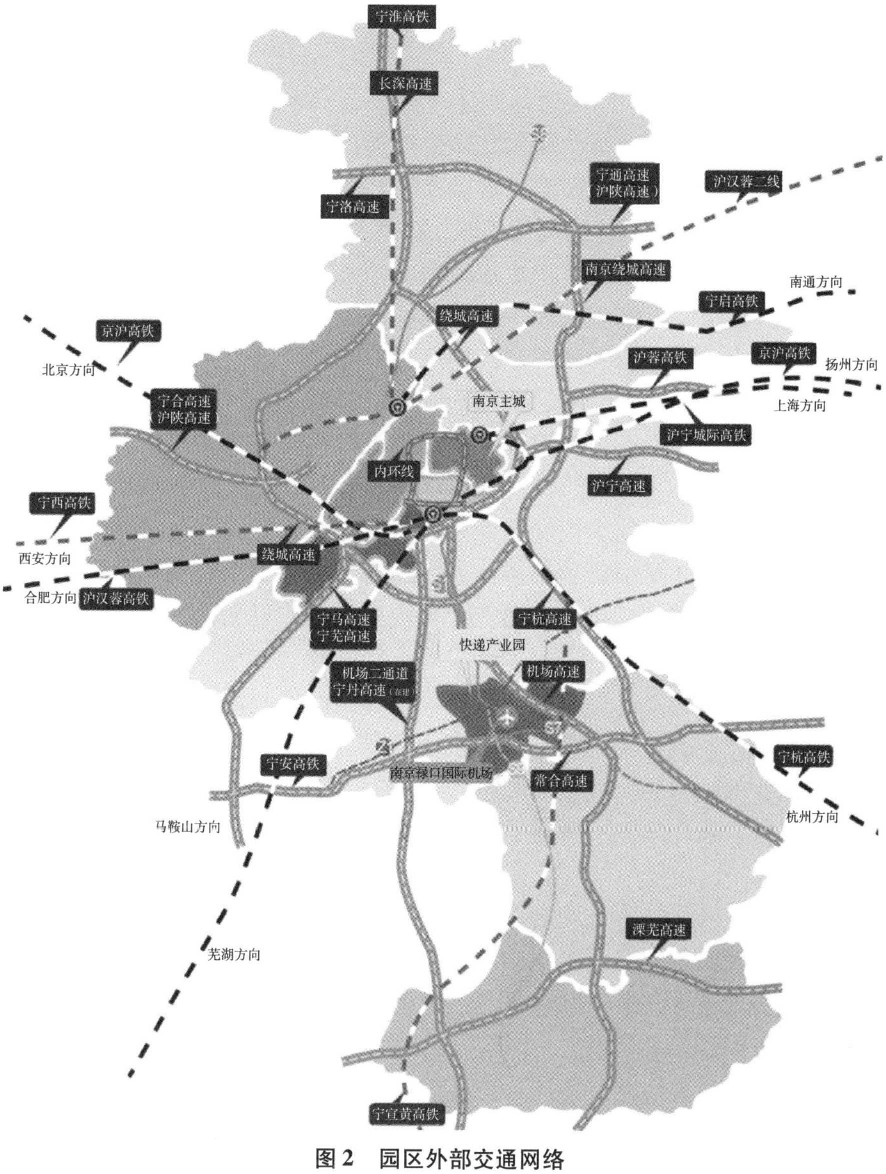

图 2 园区外部交通网络

园区拥有公路货运车辆 5080 辆，总额定载重量 60350 吨，装卸搬运设备数量 270 套，设备总分拣能力达 30 万件/天，在用物流机器人数量 80 台，日常在用标准托盘数 1.5 万个。

园区先后引进中邮航集散中心、中国邮政速递南京总部、南京邮政快件中心、顺丰速运江苏总部、安博物流、菜鸟中国智能骨干网、圆通速递、百世汇通、普洛斯物流、宝湾物流、宝供物流、万通物流等一大批国内外知名企业，累计总投资超 210 亿元。2023 年上半年，园区营业收入达 62 亿元，缴纳税收 1.4 亿元；日均处理邮件量超 30 万件，年货物吞吐量 87 万吨。航空运输、航空快递、跨境电商等临空指向型产业已具备一定规模。

（四）服务能力

流通加工能力显著增加。园区通过整合产业链上下游企业资源，从功能上涉及生产、加工、销售、配送等供应链环节，在物品从生产者向消费者流动的过程中，对商品按客户的要求进行加工，采用规模化设施设备以及综合化信息平台对物流和加工活动进行有效的组织和管理，有效降低了物流运营成本，提高了商品附加值。

信息服务能力显著增强。园区积极搭建物流信息服务平台，包括信息发布、数据交换、运力交易、货物跟踪、信息管理、报关报检、企业信贷服务等功能，有效地促进了客户、快递企业、中介服务商和政府之间的联系，对破除信息沟通障碍、增加合作机会起到了重要作用，促成客户与快递企业以及中介商之间的业务合作。

金融服务能力逐步完善。园区积极深化与金融机构合作，切入供应链上下游的采购和销售环节，为供应链供需方提供线上线下融资、金融产品、货物监管、资金托管等综合化金融服务。同时，支持龙头快递企业与银行合作，突破银行传统借贷模式，利用大数据资源，鼓励银行以电商销售和快递业务数据为审贷依据，探索向快递企业提供仓单抵押、订单抵押等融资服务，拓展快递企业融资渠道，实现园区、快递企业、配套服务企业与银行的合作共赢。

供应链服务能力不断提升。园区通过资源整合，以客户需求为中心，为客户提供供应链服务，帮助客户实现价值增值，提高市场竞争力。深化与金融机构的合作，支持一批依附于核心企业的上下游中小企业的发展，打造紧密协作的供应链金融产业生态圈。依托物流信息平台，强化信息资源整合，推动供应链企业之间信息互联，通过快速反应降低库存成本。

口岸服务能力不断优化。优化海关、检验检疫、外管、工商、税务、金融等监管机构要求的申报信息和流程，实现前端申报一体化和后台处理一体化。缩短货物申报、查验、放行时间，实现多式联运一次申报、指运地（出境地）一次查验。提供口岸整体清关服务，增强口岸服务、企业报关、国际货代的能力，充分利用物流与贸易便利化政策，简化通关程序，优化通关流程，提升通关效率。

（五）功能布局

根据园区发展定位，园区分为航空快递物流区、电商快递物流区、特色产品快递物流区、创新发展区四大功能区，以及未来发展区（用于未来拓宽发展航空快递物流和电商快递物流）。园区功能布局见图3。

1. 航空快递物流区

航空快递物流是园区基础性、优势性业态。依靠南京禄口国际机场的大型枢纽机场地位、良好的货运航线资源和中国邮政航空速递南京集散中心的独特优势，航空快递物流区重点引进和优化航空快递运营主体，依托中国邮政速递、普洛斯物流等项目，聚焦于航空快件、航空中转分拨、航空货代、国际中转物流等航空快递业务，尤其在航空快件领域形成独特优势，打造全国重要的航空快件物流中心。

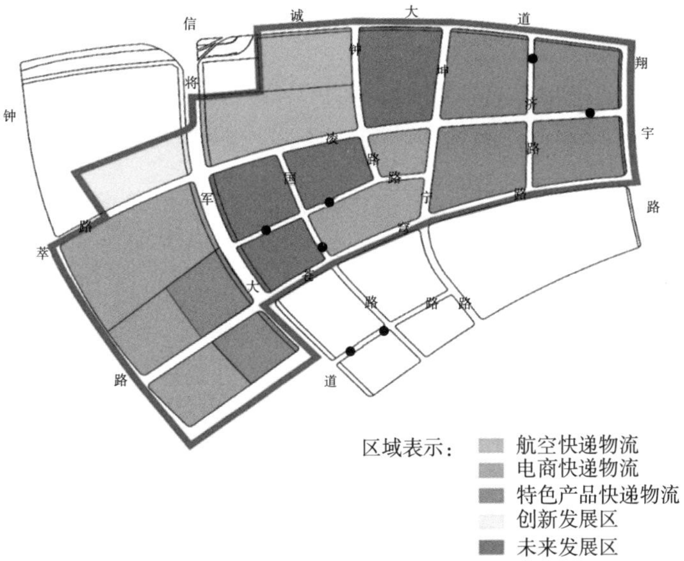

区域表示：
- 航空快递物流
- 电商快递物流
- 特色产品快递物流
- 创新发展区
- 未来发展区

图3　园区功能布局

2. 电商快递物流区

电商快递物流区主要依托菜鸟网络、顺丰速运、极兔、圆通等项目，重点做大和引进更多电商物流企业，强化与电商平台的联系，形成华东地区首屈一指的电商快递物流产业基地和具有较强竞争力的空港枢纽跨境电子商务快递集聚区。

3. 特色产品快递物流区

特色产品快递物流区主要依托盒马鲜生、安博、孩子王、普洛斯等项目，重点引进更多专业性物流企业尤其是冷链物流、电子信息和生物医药物流企业，强化与临空经济示范区高端智造企业、食品加工企业以及生鲜产品运营商的合作，提升加工、包装、市场交易等配套能力，打造华东地区重要的冷链物流基地和临空高端智造产品物流基地。

4. 创新发展区

创新发展区是园区的综合服务功能区，位于园区的中心位置，主要建设办公大楼、商业商务中心、科技孵化中心和检验检测中心等物理载体，搭建智慧物流信息平台、金融服务平台、政务服务平台、商务服务平台等公共服务平台，在满足园区内企业正常的办公、商务、商业等需求之外，结合企业的需求有针对性地提供企业孵化、科技研发、推广展示、金融投资和检验检测等多种功能服务，为现有企业做大做强、培育未来企业、招引优质资源和实现园区高质量发展提供综合支持。

5. 未来发展区

目前，园区可利用面积较少，部分项目难以落地，亟须扩大园区面积。未来发展区是园区的预留发展区域，主要发展航空快递物流和电商快递物流。

二、主要做法

（一）加强龙头企业带动，助力构建快递产业集群

园区充分利用区位、立体交通优势和丰富的人才资源、雄厚的产业基础，大力发展航空运输、航空快递、跨境电商等临空指向型产业。截至 2021 年，已有中国邮政速递物流南京总部、南京邮政快件中心、顺丰速运江苏总部、阿里巴巴菜鸟中国智能骨干网、圆通速递、江苏极兔等 70 家企业和项目入驻园区，累计完成投资 89 亿元。2021 年，园区营业收入达 89.1 亿元，缴纳税收 1.45 亿元，同比分别增长 40% 和 35%；日均处理邮件量超 150 万件，年货物吞吐量 75 万吨；航空运输、航空快递、跨境电商等临空指向型产业已具备一定规模。

1. 超前谋划、规划引领，招商引资、深化合作

园区抢抓快递物流业发展机遇，充分发挥航空枢纽优势，准确把握主导产业方向和未来发展需要，加强调查研究，先后到国内先进物流园区学习成功经验，加强与相关规划的有效衔接，在开发区功能布局中，高起点谋划建设快递产业园。

园区在前期规划选址基础上，聚焦快递物流产业重点领域，积极与国内外知名物流企业、跨境电商企业开展合作，出台推动物流业发展的政策措施，先后与菜鸟、顺丰、百世、苏宁易达、中外运－敦豪等知名物流企业签订战略合作协议。

2. 基础建设、引企入驻，智慧赋能、开拓市场

2016 年 6 月，园区正式开工建设，并在 2018 年年前基本完成了内外部道路、水、电、天然气、通信等基础设施建设，吸引了安博（南京）仓储有限公司、南京亿略卓电子商贸有限公司、江苏益丰医药有限公司、南京传祥物联网技术有限公司、南京丰泰产业园管理有限公司等一批知名物流企业进驻。

中国邮政速递物流南京总部项目是中国邮政速递物流股份有限公司下属全资项目，该项目总投资 6 亿元，用地面积 8 万平方米，总建筑面积约 7 万平方米。项目选址位于南京市江宁经济开发区诚信大道以南、将军大道以东，拟建设邮政速递物流南京总部项目，主要从事总部办公、供应链管理、航空邮件处理及对外国际合作平台等业务。该项目达产后日均处理物流及快递邮件 40 万件，年营业额超过 5 亿元，综合纳税 2000 万元，成为江苏省最大的邮政国际业务处理中心。

园区不断完善公共服务配套设施，搭建信息化、智能化平台，加快引进无人仓、智能仓储等智慧化设施，社会物流运行效率显著提高。适应高端物流市场需求，依托盒马鲜生、安博、孩子王、泉康等项目，发展冷链物流、电子信息物流、生物医药物流和高端制造快递物流，日处理邮件量约 27 万件，货物吞吐量超过 32 万吨。

3. 产业集聚、加快发展，跨境电商、初显成效

园区作为南京的物流集散中心之一，为地方发展提供坚实的物流服务支持。截至 2021 年，园区已先后引进总投资 30 亿元的中国智能骨干网（阿里巴巴菜鸟）项目、总投

资 13.5 亿元的顺丰物流供应链智能设备生产项目、总投资 11 亿元的圆通速递苏皖总部基地项目、总投资 50 亿元的苏宁华东物流中心项目、总投资 6 亿元的中国邮政速递物流南京总部项目。菜鸟、顺丰、圆通、苏宁、中国邮政等项目均已竣工投入运营，相关项目的二期工程已开始建设。

园区面向中国（南京）跨境电子商务综合试验区，提供跨境电商发展所需要的航空物流、航空快递等物流服务。空港跨境电商产业园作为中国（南京）跨境电子商务综合试验区的重要组成部分，是重要的电商进出口商品集散中心。空港跨境监管点已完成海关总署新版通关系统的切换，具备整车验放功能。2023 年，空港跨境产业园共监管出口商品 979 万单，同比增长 74%（其中 9610 模式 974 万单；9710 模式 5.02 万单；9810 模式 0.1 万单）；货值 28.3 亿元，同比增长 26.3%；货重 10153 吨，同比增长 132%；跨境商品进出口通关量位居全省前列。

（二）推动园区转型升级，打造区域智能快件集散中心

近年来，园区积极推进云计算、物联网、大数据、人工智能、工业机器人等新技术的应用，全面整合园区内外资源，加速园区基础设施和配套服务等方面的数字化、智能化转型升级。

推动智慧基础设施建设。园区积极推动大数据、人工智能、物联网、云计算、互联网等技术融合应用，以数字化、智能化建设、巩固、提升、改造硬件基础设施，加快推进园区进入智慧化时代，园区成为产业要素集聚平台，高效整合并实现电商、物流、信息、金融等产业间的资源联动，吸纳更多的优质企业入驻，彰显园区的综合竞争力与强大吸引力。

空港跨境电商产业园自开园以来，业务量逐年指数级上升。随着现场业务量的增加和海关新监管模式的业务创新，监管场所在原有设计上进行升级改造，增设了智能卡口、人行闸机、场站系统等，能够更加有效地落实海关监管，提高通关效率，更好地做好区内企业服务。通过对现有场所场地及智能化信息化进行整体改造，可满足未来 3～5 年的业务量增长。主要做法：一是对原有查验线进行升级改造，调整查验线流向，在查验完成后直接进入放行区准备装车，缩短车辆放行装车时间；二是通过改造原分拣线控制系统、查验软件系统，实现智能审图系统、集中审图系统业务功能，满足海关监管要求，提高海关查验效率；三是对原有场站通关物流管理系统及可视化系统功能进行升级完善，新增风险预警等业务功能，并增加手机移动端的掌上操作系统；四是新增车辆调度管理系统，对改造后的车辆停车泊位进行整体规划和车辆调度引导。此外，园区还积极协调海关数据分中心对通关软件进行系统化升级改造，并采用上传下行双通道模式交互数据，解决通道堵塞、回执传输慢的问题，打破通关瓶颈。

打造智能物流服务体系。推动移动互联网、云计算、5G、RFID（射频识别技术）等先进技术融合应用，提供业务受理、货票制定、位置追踪、状态监控、电子商务交易等智慧化服务，实现人、车、货的状态数字化、高效匹配、便捷协调，司机工作时长、疲劳状态实时监控、货物的存储安全异常提前预警。智能物流管理系统引领物流进入智能

化、可视化、精细化、数字化的新时代，大幅提升了物流效率和服务质量。

南京菜鸟网络空港园区一期项目共建有 2 栋自动化立体库，可在计算机系统控制下完成货物的自动存取。通过人工智能算法及物联网技术，园区已把第三代无人仓投入实战。第三代仓库机器人速度更快、续航时间更长、承重更高，并且添加 5G 网络，可以通过物联网接口连接更多智能设备。新无人仓可以直接从存储区发货，省掉中间环节。单个立体仓库的吞吐能力提高一倍多，单库一天可以发货 8000 立方米，相当于 140 万箱牛奶，日均配送约 15 万件包裹。

顺丰南京苍穹中转场的矩阵线、装车线、小件分拣线均已实现自动化分拣，其各大城市物流场地的自动化水平都明显提升。从下单、收派到中转、运输，每个业务环节都通过科技创新优化服务、降低成本。目前，顺丰正聚焦物流大网和供应链底盘的数智化转型与升级，致力于成为独立的第三方物流解决方案供应商。

推进物联云仓载体建设。在仓储方面，园区积极推动智慧云仓建设，为电商客户提供销量预测，帮助客户进行铺货计划安排，实现"单未到但货先行"；在自动分拣方面，全自动分拣系统能够实现自动化、准确分拣。顺丰全自动分拣设备能力峰值可达 15 万件/小时，有效缓解了物流旺季的分拣压力，同时提升了企业运营效率，降低了人工成本。在配送方面，基于智能化配送系统，为企业提供智慧决策（线路规划、业务预测）、智慧地图（提供高精定位、精准地址匹配和路径规划等专业服务），为物流决策提供基础支撑。

圆通速递南京江宁转运中心近年来一直在加强数字化物流管理。一方面增加自动化设备投入，降低员工劳动强度；另一方面优化线路，加强省内运力，减少空仓，提高快件中转效率。

江苏益丰配送中心应用了先进的小部件自动存储系统（Miniload）自动堆垛机、流利式货架和一体化输送线，实现了自动补货进库、智能分拣。仓库有 4 万货位，其中有 2800 个是 Miniload 货位。

孩子王智慧物流园则通过库内高速智能分拣设备进行货物集成，借助物流机器人高效存储。

（三）多维提升服务水平，构建全球高端产业供应链连接点

1. 推进多式联运发展，优化园区服务功能

（1）推进空、铁、陆多种运输方式有效衔接。园区依托南京禄口国际机场空运条件和周边交通网络，实现园区货物通过铁路进行中转运输，公路、铁路和航空运输方式在长短途运输上有效衔接，形成空铁陆多式联运模式。

（2）建设园区公共服务信息平台。园区搭建的公共服务平台为入驻企业提供包括工商注册、税务办理、土地办理和申报高新、专利、省市名牌等基础技术服务和信息服务。新开通的南京空港跨境贸易电子商务公共服务平台包括电商服务系统、金融服务系统、企业管理工具、通关服务系统四大系统。

（3）优化园区增值服务功能。通过整合产业链上下游企业资源，为企业提供流通加

工、信息服务、金融服务、供应链服务等多项增值服务，实现园区、快递企业、配套服务企业的合作共赢。

（4）完善园区政务服务功能。园区为企业提供口岸服务、政府专利补贴、专项补贴、人才补贴、租金补贴、税费减免、政务代办、政策协调、工商注册、税务咨询、税务代理、法律顾问等服务，简化企业办事流程，提高园区运营效率。

2. 积极推动供应链集成，提高增值服务能力

物流供应链功能集成。作为长三角辐射中西部地区的重要门户、长三角城市群对接的桥梁纽带，园区面向南京都市圈及长江中上游地区庞大的经济产业和消费物流市场需求，推动多种物流基础设施和不同类型物流企业在园区集中，打造成为具有一定规模的和具有多种服务功能的物流企业集结点，实现供应链物流服务功能在园区的集约集成和整合发展。目前，园区具有现代仓储、干支联运、分拨配送、电商物流等综合物流服务以及金融、结算、供应链管理等增值物流服务功能，还具有航空货运、跨境电商、商品展示交易、冷链物流等国际物流服务功能，为客户提供覆盖上下游的一站式物流供应链服务。

物流供应链信息集成。利用移动互联网、大数据、云计算、RFID、GPS 等现代信息技术，基于现有信息平台进行改造升级，构建智慧物流信息平台，打通货源信息、物流服务信息、车源信息的物流价值链，同时实现园区管理部门、物流企业与机场、海关、税务、检验检疫等部门的信息联动和共享，极大地提高了园区物流供应链信息集成化程度。大数据、物联网和 RFID 等新技术在物流供应链全过程的应用，进一步推进了整个物流供应链的透明化，信息高度集成使园区企业乃至整个物流供应链能及时应对复杂多变的市场，从而提高对市场变化的适应能力。

物流供应链增值服务集成。园区大力提升物流供应链增值服务功能，有效拓展了价值增值空间。例如，在流通加工增值服务方面，园区充分利用现有的物流设施，与周边配套制造业企业协同合作，提供个性化的分拣分拨和加工制造等增值服务；在仓储配送方面，依托智慧信息服务平台，根据客户需求量身定制，提供精准化、智慧化仓储分拨服务，充分满足不同企业的个性化需求。园区物流供应链增值服务集成转变了过去简单的货物、信息集中与分拨功能定位，可以根据客户需求提供对应的个性化、定制化服务，为园区创造更大价值夯实了基础。

3. 助力物资流转畅通，加强民生保障服务功能

疫情期间，园区按照市委、市政府的部署要求，发挥跨境电商优势，保障全市疫情防控物资供给，开设绿色通道，全力支援南京口罩企业生产、抗疫物资流通供给。园区与企业携手并进，实现疫情期间防疫及民生物资稳定供应。在 2021 年春节期间，盒马鲜生、极地熊、叮咚买菜等民生保供仓库每天保证南京所有门店蔬菜充足，每天至少提供50 吨生鲜食品。菜鸟为 B2C（企业对消费者）、B2B（企业对企业）的网络购物提供"不打烊"的配送服务，有力保障了防疫医疗物资和居民生活物资的供应。

（四）全面推进区域互联网络建设，构建"干支配"快递业务运营体系

通过加强与南京都市圈内物流枢纽、南京港口型（生产服务型）国家物流枢纽的协

同合作，加快推进园区的综合物流网络体系建设，实现优势互补，提升通达效能。

1. 增进与南京都市圈内物流枢纽间的协同

与物流枢纽共建"卡车航班"集结点。以南京空港型国家物流枢纽为核心载体，串联扬州、镇江、淮安等南京都市圈的物流枢纽、物流园区、配送中心，以及无锡到南京机场的货运卡车班线（服务国内货运），开设货运班线。南京禄口国际机场至上海、郑州、青岛、杭州等多地的国际进港转关卡车航班均在有序运行，在集成电路、高端装备制造、生物医药等重点产业集聚区设立航空集散中心，有力支撑先进制造业的平稳发展。

2. 强化与南京港口型（生产服务型）国家物流枢纽的联动

空港跨境电商产业园、南京空港保税物流中心（B型）作为机场大通关基地的重要组成部分，进一步复制推广中国（江苏）自由贸易试验区（南京片区）改革创新措施，强化与南京港口型（生产服务型）国家物流枢纽的南京综合保税区（龙潭片区）联动。采用"卡车航班"等模式与港口口岸实现港空互通互联，推进适空货物空水联运，依托南京市机场高速公路—龙潭疏港公路实现快速集疏运。与南京综合保税区（龙潭片区）在跨境电商（1210）业务、保税商品展示、全球采购等方面实现互补发展。加强与中国（江苏）自由贸易试验区（南京片区）合作，为台积电等集成电路企业提供进出口产品保税、航空物流服务。

3. 完善空港枢纽周边干支配业务体系

形成"航空干线物流通道＋长三角城市群和南京都市圈区域集散分拨通道＋城际与同城仓配"干支仓配业务体系。腹舱带货、全货机航线、"客改货"航班"三线"齐发力，国际连通日韩、欧美及"一带一路"沿线地区，国内连通京津冀、珠三角和内陆地区。不断强化与国内主要货运市场和航空货运枢纽间的支线运输业务，实现空港物流枢纽货物的落地配送，提供辐射周边200千米左右范围的区域中转集散、仓储分拨、供应链管理、物流金融等业务，构建"干支配"业务运营体系。

三、示范特色

1. 空铁陆多种运输方式有效衔接

依托中国大型门户枢纽和长三角世界级机场群的重要节点机场南京禄口国际机场，园区周边拥有机场高速等多条高速公路。园区内外交通十分便利，通过信诚大道、凌霄路等内部道路与江宁区将军大道、宁丹公路等直接衔接，实现与沪宁、宣宁等多条高速公路无缝对接，半小时可到达空铁运输枢纽节点。依托南京禄口国际机场空运条件和周边交通网络，以及即将建设的扬马城际铁路，实现园区货物通过铁路进行中转运输，公路、铁路和航空运输方式在长短途运输上有效衔接，形成空铁陆多式联运模式。

2. "核心口岸＋快递物流＋跨境电商"三位一体

2020年，中国邮政集团有限公司与江苏省政府在南京签署战略合作协议，以中国邮政航空速递物流集散中心为基础，在南京地区建设国际货邮综合核心口岸，构建中国邮政全球航空货邮枢纽网络，打造全球跨境电商最优产业生态圈。基于园区的自身优势和跨境电商业务发展的良好态势，再结合以邮政物流集散中心为基础建设的国际货邮综合核心口岸，形成"核心口岸＋快递物流＋跨境电商"三位一体的发展模式，有效促进了物流产业资源的集聚，加快了制造业、软件信息、生物医药等行业供应链的形成，促进区域经济增长，吸引外资推动对外贸易及相关产业的发展。

3. "快递＋特色农产品＋临空高科技产品"三业协同

园区规划建设创新发展区、航空快递物流区、电商快递物流区、特色产品快递物流区等功能区和未来发展区，通过重点发展快递业，带动特色农产品和临空高科技产品及相关产业发展。相应地，特色农产品和临空高科技产品及相关产业的不断拓展，也将促进园区快递业务的发展。将临空高新技术产业纳入园区产业体系，由高新技术产业助推快递产业多向延伸，以空运为核心推动产业集聚，同时推动区域原有传统落后产业的转型提升。"快递＋特色农产品"模式，不仅能够解决农户销售难的问题，也进一步拓展了快递业务范围，提高企业运营效率，形成特色快递服务。将园区从单一的物流中心转变为以快递主业为依托，集航空物流、特色农产品、临空高科技产品等于一体，辐射周边区域的经济中心、区域新的经济增长点和城市的成长新空间。

4. "绿色化＋智能化＋数字化"三化融合

园区致力于建设节能环保的物流园区。通过推广利用更多环保产品和技术，减少环境污染，用信息技术提升资源利用效率。同时推广使用新能源车辆、可回收材料等，促进节能减排，减少环境污染。园区致力于建设自动智能的物流园区。园区积极发展无线射频识别、电子数据交换、智能交通系统、云平台等技术，大力推进快递物流信息化、仓储自动化与智能化建设，引入和应用无人仓、无人分拣、无人车等先进技术，加快园区智慧快递物流信息平台的建立。园区致力于数字网络建设，加强移动互联网、大数据、物联网、云计算等现代信息技术在园区的推广应用，强化园区内云、网、端等智能物流基础设施建设，强化省级示范物流园区信息平台建设，推动示范园区公共信息的开放与共享。

5. 促进智慧化物流供应链协同发展

园区整合货运航空公司、快递企业和供应链管理企业等服务资源，形成了服务园区的现代物流服务业供应链；形成线下以空港保税物流中心（B型）、南京空港跨境电子商务产业园为基础，线上依托空港跨境电商等公共服务平台的跨境电商供应链；形成面向商贸物流需求，集聚供应链管理、快递、公路运输、货代、冷链等物流与供应链核心企业的区域分销分拨供应链。

四、发展方向与未来展望

（一）发展目标

到 2025 年，园区规模明显扩大，能级显著提升，初步形成布局合理、集聚集约、功能较强、绿色节能的国家一级快递专业类物流园。

产业规模不断扩张。快递业务量达到 5.50 亿件，快递业务收入达到 54.23 亿元，年货物吞吐量超过 50 万吨。

集聚能力明显增强。培育年业务收入超 10 亿元企业 2～3 家，其中超 20 亿元企业 1 家；吸引一批国内外大型快递企业落户，带动企业集聚、产业集群发展。

服务水平大幅提升。实现长三角地区内重点城市间 12 小时送达、其他城市间 24 小时送达，重点快递企业国内重点城市间 48 小时投递，国际快递服务通达范围更广、速度更快。

综合效益显著提高。累计新增就业岗位 1000 个左右，日均服务用户 200 万人次以上，快递服务电子商务、制造企业、贸易和便利民生的基础性作用更加明显。

（二）发展方向

加强智慧物流建设，以建设智能智慧化园区为目标，推进园区运营和管理水平的快速提高；以园区为基础平台，围绕产业做文章，筑牢物流链、构建供应链、提升价值链；制订出台物流产业的信息化建设标准和接口规范，在提升政府采集产业运行数据效率、降低物流企业信息化建设成本等方面发挥重要作用。构建供应链管理产业生态，聚焦采购、物流、分销等供应链环节，扩大供应链企业产业规模，打造跨界融合、平台共享、共融共生的供应链商业生态圈；推动物联网、大数据、云计算等新一代信息技术与供应链管理的深度融合，提升供应链管理的竞争力，打造集物流控制、信息、贸易、融资、结算等功能于一体的区域性供应链管理中心。

（三）发展思路

1. 坚持统筹并进，融合创新

发挥物流业提质增效作用，统筹传统与新型、存量与增量、供给与需求，注重集约建设、资源共享，加强物流与交通、制造、商贸等产业联动融合，培育行业发展新动能，探索物流发展新范式。

2. 坚持服务人民，提升效能

坚持以人民为中心的发展思想，聚焦减负降本提质增效目标，提升服务品质和整体效能，不断增强人民的获得感、幸福感、安全感，让人民群众拥抱智能物流时代、共享智能物流生活。

3. 坚持市场主导，开放共享

充分发挥市场在资源配置中的决定性作用，激发市场活力，促进供应链上下游企业紧密协作，推动信息互联互通、设施协调运转、设备共享共用，提高运行效率和一体化组织水平。

4. 坚持协调联动，系统集成

加强行业协同、产业联动、区域协调，提高系统性、整体性和协同性，鼓励现代信息技术和智能化、绿色化装备的应用，科学选址、合理布局、多方联动，形成发展合力，加快构建物流枢纽网络。

（撰稿人：易剑锋，梁雪）

浙江德清临杭物流园区

"三化"突破引领，推动钢材全产业链融合创新

浙江的钢材集散中心主要分布在杭州北（含德清）、宁波、温州三地。其中，杭州是全省的政治经济中心，也是全省钢材的主要集散中心，区域内的钢材集散中心主要分布在杭州绕城公路以北的余杭崇贤、仁和、塘栖等地，以及德清县境内。杭州北区域的钢铁集散中心凭借量大、品种规格齐全、成本相对低廉等优势，主要满足杭州都市经济圈等地区的需要，并辐射浙江全省以及江苏、福建、安徽、江西等省靠近浙江的县市。杭州北区域的钢铁集散中心基本沿京杭运河和杭湖锡线运河布置，目前只有浙江德清临杭物流园（以下简称"园区"）和杭州崇贤港是集钢材市场和钢材物流于一体的专业钢材集散交易中心，其他的钢铁集散基地只提供码头中转服务，不具备交易功能，故园区可以有力支撑湖杭发展带上钢铁、油品、危化产品等物流市场需求，对区域经济发展、产业转型的支撑带动作用十分明显。

一、园区概况

（一）运营主体

园区由浙江临杭物流发展有限公司管理，其中园区Ⅱ区项目由浙江升华控股集团有限公司（以下简称"升华集团"）、杭州恒山实业有限公司（以下简称"恒山实业"）、杭州三里洋物流有限公司三家单位共同投资组建的浙江德清升华临杭物流有限公司运营。园区鸟瞰图见图1。

升华集团始创于1985年，产业横跨智能制造、物贸流通、金融科技、矿业开发、股权投资五大支柱型产业板块，连年位居中国制造业企业500强、中国民营企业500强、浙江省百强企业和湖州市"金象"企业。

恒山实业前身是杭州城北金属材料交易市场有限公司，创立于1992年，专业从事金属材料市场及物流经营，公司创办的杭州恒山钢铁电商产业园是目前华东地区最大的建筑钢材交易中心，年交易额达500亿元。

（二）发展历程

园区于2008年启动规划建设，10余年来，园区立足杭州都市经济圈区位优势，深耕

图 1　园区鸟瞰图

公水联运服务模式，基于两业融合物流信息链，提升钢材金属材料全环节物流服务价值，努力打造两业融合新标杆。为此，园区还深耕工业原材料和钢铁物流市场，以制造业与物流业深度融合发展业态为引领，不断开拓码头装卸、运输、仓储、加工配送、信息、物流金融等物流一站式服务生态。近年来，园区不断丰富服务业态，物流企业集聚发展态势明显，有力实现了"商业带动物流发展、物流促进商流进步"的良性循环。特别是通过建设开发园区Ⅱ区项目，加快了浙江省金属材料物流高效服务支撑平台的建设，使得园区物流经营规模实力快速提升，区域影响力和带动力不断增强。

（三）区位交通

园区地处杭湖锡线沿岸，紧邻京杭大运河、申嘉湖杭高速、304 省道，200 千米交通圈内可直接连通上海港、宁波港、嘉兴乍浦港，水路、公路等集疏运条件便捷。同时，园区还直接零距离贴近杭州主城区物流市场，是承接杭州主城区水运物流业转移的第一综合优势集中场所，构成了湖杭绿色创新发展轴的重要节点。园区以内河航运的独特优势为依托，在满足德清临杭产业带对货物运输需求的同时，有效承接了杭州外迁大宗生产物资运输业务。

（四）运营情况

园区已开发建成金属材料仓储及加工库房 45 万平方米，配备 10～36 吨桥式起重机300 余台；建成办公交易及信息中心用房 2.2 万平方米，宿舍、食堂等服务用房 1.45 万平方米，停车场 2 万平方米，并配有银行、商务办公、食堂、超市等服务设施，园区布局实景见图 2。园区库房除部分自用外，出租率达 100%，入驻了一批国内知名钢贸企业，如杭州杭钢金属材料电子商务有限公司、杭州浙金实业有限公司德清分公司、浙江升华钢材加工有限公司、浙江海得宝金属剪切有限公司、浙江承威钢管有限公司等，已入驻企业 266 家。

图 2　园区布局实景

截止到 2022 年 12 月底，园区 Ⅱ 区实现货运吞吐量 1668 余万吨，带动园区营业总收入逐年大幅增长。园区货运吞吐量从 2019 年的 1200 万吨增长到 2022 年的 1668 万吨，其中 2022 年码头钢材到达量 834 万吨、2023 年码头钢材到达量 877 万吨；园区营业收入从 2019 年的 267 亿元增长到 2022 年的 422 亿元，实现纳税 1.6 亿元。园区作业现场见图 3。

图 3　园区作业现场

（五）行业影响

经过多年发展，园区建设和运营趋于成熟，获得第三批国家示范物流园区、中国物流与采购联合会"优秀物流园区"等荣誉称号，对区域经济发展形成了较大的牵引力。园区年纳税额连创新高，物流业务规模快速扩大，内河水运和黄金水道的经济价值进一步体现，服务杭州都市经济圈的能力不断提升。公水联运服务模式和物流智慧化应用提升了园区综合服务能力，使得园区货物周转效率提升 10% 以上，为入园企业每年节省至少 20% 的物流成本。

二、主要做法

（一）"一张蓝图"奠定园区发展基础

园区高度重视顶层设计、项目谋划工作，在经济社会发展的宏观框架内考虑园区的未来发展走向，准确把握园区的发展方向和业务重点，始终致力于打造以产业基地型物流服务为主导，集钢材金属材料物流、内河集装箱、通用仓储、区域分拨加工等功能于一体的区域性综合物流园区。园区从规划建设、总体规划到重大项目谋划，均借助了国内、省内知名的规划研究院、工程咨询服务单位所提供的智力服务。通过超前谋划、着眼长远的规划设计，园区考虑将自身的未来发展走向摆在更加宏观的战略框架内，将自身的业务发展定位于更加宽广的服务范围内，由此确保对园区的发展方向和业务重点的精准把握，为园区"一张蓝图绘到底"的战略道路奠定了扎实的基础。

例如，园区 II 区规划"一心三轴九区"，见图 4。截至 2023 年 8 月，园区 II 区已基本形成"一心五区"功能格局，开发建设 1.26 平方千米，总建筑面积 50 万平方米。其中，"一心"即物流商务核心区。物流商务核心区布置在整个园区的场地枢纽区位，以便于为整个园区提供方便的物流商务服务，占地面积约为 8.5 万平方米，由物流商务大楼和汽车修理、汽车配件销售、船舶修理配件、便利超市、物流交易大厅、物流信息服务、管理写字办公、配套生活公寓等服务用房组成。目前建成的"五区"即件杂货运输物流功能区、钢材物流功能区、通用仓储物流功能区、区域分拨中心物流功能区、物流加工功能区。正在建设的"三轴"即沿临杭大道轴线，形成东接申嘉湖杭高速公路、西接宁杭高速公路物流通道；园区内沿西北—东南向规划干道轴线，形成园区与外界连通的油品与危化物资物流主通道；园区内沿南北向规划干道轴线，形成矿建与钢材以及集装箱等物流集散通道。剩下正在建设的"四区"为危化物流功能区、油品物流功能区、矿建物资物流功能区、集装箱物流功能区。

园区依托以上设计，打造以内河水运港口物流市场和产业基地型物流服务为主导。依托内河港口运输，集油品与危化物流、钢材与矿建材料物流、内河集装箱物流、通用仓储物流、区域分拨物流和物流加工等功能于一体，打造物流信息与物流交易等物流商务现代化的区域性综合物流园区。

（二）"三化"突破引领园区高质量发展

通过"融合化、绿色化、智慧化"路径突破为园区保驾护航。融合化重在突出园区物流业与产业发展、客户需求深度融合，服务国家战略和政府治理需要，充分彰显物流业基础性支撑产业的战略地位。绿色化重在突出区位和公水联运优势，降低物流综合成

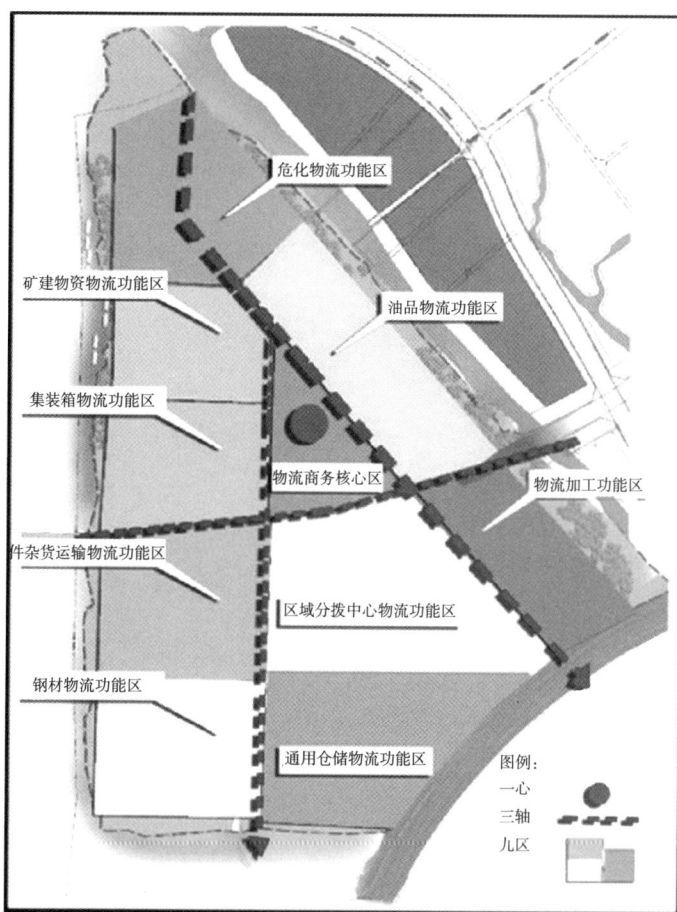

图4 园区功能区布局

本；将环保理念融入园区建设，库区作业电能全部自给自足，到港船舶清洁能源应用全面普及。智慧化重在突出信息平台的大数据实操应用，以 PDA（个人数字助手）数字仓储平台、ERP（企业资源计划）流程管理平台、物流调度平台为基底，实现园区的高效流转。

1. 融合化

园区针对钢材大宗物资运输周期长、成本高、钢材产销对接错配等问题，推动制造业环节前移，物流服务深度融入制造业企业业务流程。具体做法包括：深度介入上游钢厂和下游经销商业务体系，按照经营品种的不同，企业牵头市场商户成立钢贸协会及分会，充分发挥钢贸协会的沟通桥梁作用，协调商户间的同质竞争等问题。由协会牵头组织与大型钢厂洽谈业务需求，降低钢贸企业贸易成本，进一步提升市场竞争能力。

针对钢材贸易客户仓储库存高、库存周转率不高、库存策略失效等问题，基于物流专业服务提供一揽子解决方案。具体做法包括：重新构建 WMS（仓库管理软件）并大量使用智能化设备，实现信息及时、准确、安全地在各相关方之间交互协同，建立库存策略，实施安全库存与循环补货等存货管理方案。为客户提供钢材加工配送服务，直接为下游用户提供所需的各种半成品或零部件，使物流活动与客户需求深度融合。

2. 绿色化

针对当前公路物流运输、仓储、加工等环节机械能耗偏高的问题，园区从业务组织和装备更新等方面投入了人力物力。

一是提升运输装备技术水平。在码头作业区推广集装技术和单元化装载技术应用，加强货运车辆与托盘、装卸平台等物流设施装备的衔接与匹配，提高公水联运装卸和运输效率，提升物流装备现代化水平。

二是拓展多式联运服务网络。加强与港口和船公司的深入合作，积极与嘉兴港、上海港、宁波—舟山港等建立战略合作关系，开展"门到门""散改集"等个性化延伸服务，提高园区货运组织效率。

三是针对物流园区形象差、能耗偏高问题，大力实施园区绿色化改造。具体做法如下：一是将园区库区45万平方米顶部安装光伏太阳能板，已建成32兆瓦太阳能光伏发电工程，实现库区作业电能自给自足。截至目前已累计发电总量达9700多万千瓦时；二是在码头安装船用岸电装置24台套，为到港船舶用电提供便利，减少污染物排放。

3. 智慧化

针对制造业企业碎片化批量订单多，物流企业协同处理能力不足，区域内物流加工资源分散、设备使用率偏低等问题，园区构建"三大平台"以支撑不同颗粒度的管理需求，提升物流服务的供应链掌控能力。

一是搭建PDA数字仓储平台。PDA数字仓储平台旨在监控和控制仓库的日常运营，包括货物的审计与跟踪，订单的配置与处理等。园区内全面普及PDA设备应用，将码头入库数据、仓储数据和货车出库数据通过5G网络实时传送到数据云中心，信息更新时间由几个小时缩短到纳秒级。

二是搭建ERP流程管理平台。ERP流程管理平台是建立在信息技术基础上，以系统化的管理思想，为企业决策层及员工提供决策运行手段的管理平台。该平台功能除已有的生产资源计划、制造、财务、销售、采购等功能外，还有质量管理，业务流程管理，产品数据管理，存货、分销与运输管理等。如今，园区将其概念扩大化，使其应用不仅局限于单一企业，通过在园区全面启用ERP流程管理系统，整合园区经营户的"货物交割"和"费用结算"业务流程，实现信息实时同步更新。

三是搭建物流调度平台。提货司机端通过手机App可实现自助提货、实时拼货、查看排队、预约车辆和人员等功能。

（三）"四向"发力打造钢铁供应链平台

园区重点采取两业融合精准推进、物流信息全程智控、公共仓储精细管理、物流公共服务延伸拓展等措施，全力打造钢铁供应链平台，具体做法和经验如下。

1. 两业融合精准推进

园区围绕周边装备制造业钢材物流市场需求，精准谋划，在钢材物流领域走出两业融合发展新路径。一是抓住杭州都市圈制造业企业钢材配件物流需求强劲机遇，促进装备制造业企业钢材配件前移。以德清临杭工业区、浙江德清经济开发区、杭州钱江经济开发区、杭州大江东产业集聚区等产业集群为重点，引导制造业企业剥离企业内部仓储服务并向园区内转移；二是主动搭建钢材物流加工集聚平台，促进制造业加工服务外包。为引导制造业企业分离原材料采购、运输、加工、整理、配送等业务，园区不断完善钢材热轧、冷轧、挤压、锻压、冷拔、剪切等加工服务功能，推动物流企业从传统贸易运输服务向采购贸易、物料加工、分拨配送等全功能服务转型；三是以周边电梯、钢构和汽车产业集群为突破口，促进碎片化定制服务整合。推进物流业业务流程再造，将汽车、电梯等钢构材料加工服务的碎片化需求整合成批量定制需求，将生产资料的碎片余料进行统筹综合利用，并探索应用3D打印技术，开发个性化定制服务功能，提高物流加工的集约化和专业化发展水平。园区通过串联钢材生产、加工、贸易、流通等全链条环节，促进生产制造业企业仓储、流通加工等外包、前移，推进物流业和制造业跨界融合发展，提升钢材全产业链物流价值。

2. 物流信息全程智控

园区以信息链为核心、以生产用户需求为导向，提供面向上下游客户的个性化生产制造信息服务，降低了物流成本，为企业带来巨大效益。一是建立协同化物流信息平台。通过在采购、运输、生产、销售等环节加强信息协作，推进制造业企业与物流企业生产信息、物流信息和管理信息的融合交换，借助协同信息平台统筹协调园区的运输能力、流通加工能力、仓储能力，提高设备使用率，促进物流加工服务流程再造，形成批量订单协同处理优势。二是构建智慧化生产服务体系。园区为制造企业提供智慧化生产方案设计，在原材料采购、物资流通、物流加工、仓储管理、销售配送等环节导入物流服务信息链，对物流各环节进行实时跟踪、有效控制和全程管理，助力缩减制造企业综合生产成本。三是形成网络化物流服务环境。园区推动物流企业通过深度应用电子商务工具提升采购、营销能力，提高商务协同水平，带动产业链上下游企业协同发展，集成制造业生产大数据，推动行业变革。

3. 公共仓储精细管理

园区通过仓位布局合理规划、设备机械化和管理自动化等手段，在公共仓储精细化管理方面成为同业示范。

一是合理规划仓位空间布局。园区在现有仓库建设基础上进行科学规划，根据仓库场地特性、设备条件和货物种类，合理确定货位面积、料位设定、物料堆砌方式和物料标识，制定便捷的作业路线，尽量减少作业线路占用仓库面积等情况，提高仓储空间利用率。

二是提高仓储设备机械化程度。园区投入货架、堆高车、搬运车、出入库输送设备、分拣设备、提升机等机械化仓储设备，降低操作人员劳动强度，提高货物的出入库作业效率。同时，园区还将设备与物流系统进行信息对接，为仓储流程的信息化控制提供基础。

三是提高仓储自动化管理水平。园区通过条码技术、光学字符识别技术、磁编码识别技术、无线电射频识别技术、自动认址技术、自动称重技术和计数技术等的应用，提高仓储设备的自动化程度，通过计算机自动控制，对各种信息进行存储和管理，加快仓库周转和减少库存，提高仓库的管理水平。

4. 物流公共服务延伸拓展

园区积极完善公共服务功能建设，为入驻园区的物流服务供应商与需求商提供一站式服务。一是车、船、货物流信息交互。园区为入驻客户提供统一高效的沟通界面，全面整合需求信息和物流需求源，满足车、船、货物流信息匹配的需求。二是一站式物流公共服务。园区在公共服务中心统一设立电子政务办理界面，整合政务信息公开、政策信息发布、业务申请审核批准等服务，为园区内部企业提供一站式公共服务。三是全方位综合配套服务。园区积极引进银行、保险、税务等社会服务机构，提供零担配载、商贸仓储、工业公共仓储、公共停车等服务，让入驻企业"足不出园"即可满足日常经营及生活需要。

（四）推动多业态作业方式集约优化

园区通过功能布局优化、作业流程衔接等方式，系统整合码头作业、仓储、配送、货物集散、加工及商品交易等物流全过程环节，推动多业态作业方式的集约高效，不断提升对园区商户的服务效率，增强客户对园区的依赖和品牌认可。

三、示范特色

（一）基于钢材全产业链的物流价值提升示范

园区高度重视物流增值服务开发，实现货物包装、物流加工、金融质押、商务办公、信息中心等功能叠加。园区围绕仓库存储、中转、配送等基本功能，进一步延伸仓储增值服务，充分对接制造业企业原材料加工和产品配送需求，一方面在生产原材料储存基础上延伸定制加工服务功能，另一方面在产品配送基础上延伸定制产品包装服务功能。同时，积极与中国工商银行、中国农业银行、杭州银行、南京银行等银行开展金融合作，拓展仓库的金融质押功能，帮助企业解决经营融资的问题，争取更多的流动资金周转。

（二）基于产业链构建的两业融合服务示范

园区积极创新物流服务业态，促进钢材贸易、制造业加工等产业链上下游与物流融合发展。第一，积极吸引杭州钢材市场转移。园区围绕杭州大都市区钢材物流和交易需求，瞄准杭州主城区现有钢材交易专业市场，吸引钢材市场向园区转移，持续提升园区钢材物流规模和市场能级，广泛开展招商引资活动。第二，大力整合钢材流通加工服务。园区围绕周边产业集群中电梯、汽车等制造业企业钢材加工服务需求，推进金属材料加工生产性项目建设，吸引中大型金属材料加工生产性服务企业向园区集聚，优化整合钢材矫正、清理、剪切、冲压等加工工序，将金属材料加工成可供下游用户直接使用的各种半成品或零部件，延伸园区金属材料物流产业链，实现物流服务、商贸服务、加工服务等业态复合，为制造业发展提供强大的物流保障。第三，基于良好的产业发展基础，园区同步跟进业务板块的设置，紧密结合产业链前端搭建平台，面向专业市场延伸产业链，如针对永康五金、金华玉环汽配等的专业市场群体，与当地政府、协会合作打造供应链对接平台，增强与市场加工、贸易企业的黏合度。通过产业链环节的科学整合，企业至少节省20%的物流成本。

（三）基于PPP方法的政企合作开发示范

园区的开发建设采用政企联合开发模式，是政府和社会资本合作（Public Private Partnership，PPP）开展基础设施建设的成功样板。园区提质增效的亮点区块——园区Ⅱ区是由政府先规划，入驻园区企业自主经营，政府派驻的物流园区，开发机构选择具有资金及技术管理优势的第三方物流企业为合作方，共同负责土地开发及项目建设。按照市场发挥决定性作用的导向，以企业为主体推进物流园区建设，政府则给予必要的引导和支持，构建企业、社会、政府共同参与的动力机制。

园区充分结合国家积极倡导推广的PPP做法，引入优势民营企业参与园区开发建设。2011年，浙江德清升华临杭物流有限公司与浙江临杭物流发展有限公司签署合作开发协议，对园区Ⅱ区进行开发建设，进一步助推园区内各项基础设施建设项目的落地，实现金属材料物流产业链条的延伸发展。

（四）着力推动多式联运发展，推动物流生产降本增效

园区利用公水多式联运优势，依托内河港口和航道等有利条件，发展江海联运和公水联运，积极创新线上线下相结合的运营模式，通过无缝衔接提高运输效率与质量，实现了钢贸企业成本的大幅下降，让企业节省至少20%的物流成本，满足了企业应对日趋激烈的全球化竞争要求，成为全省多式联运协同运输组织方式的示范。

（五）产业链跨界大融合产生综合效益

园区通过钢材等生产资料贸易、加工、生产、销售等一体化的综合服务，将碎片化钢铁加工服务需求整合成批量定制需求。这有利于将生产资料的余料等进行统筹综合利用，不仅获得良好的经济效益，也获得重要的节约资源、保护环境等社会效益。通过服务功能的完善和服务水平、服务效率的提升，园区为湖州莫干山高新技术产业开发区、杭州钱江经济开发区等周边产业基地内的大型装备生产制造业企业提供更为便捷、高效的物流服务，特别是通过钢材物流加工生产线的建设，促进生产制造业企业仓储、流通加工等外包、前移，推进物流业和制造业跨界融合发展，有效地支持生产企业降低成本、提高效益。

四、发展方向与未来展望

"十四五"期间，园区将围绕"四大工程"，深入推进物流业务做大做精做深，更好

地服务区域经济社会高质量发展。

（一）大宗物资多式联运提升工程

多式联运作为一种先进的运输组织形式，可整合各种运输方式的优势，通过无缝衔接提高运输效率与质量，以满足企业应对日趋激烈的全球化竞争要求。一是提升运输装备技术水平。园区将推进标准化内河船型和江海直达船型应用，积极发展干支直达、江海直达等船舶运输，提高江海联运、公水联运装卸和运输效率，提升物流装备现代化水平。二是拓展多式联运服务网络。园区将加强与港口和船公司的深入合作，积极与嘉兴港、上海港、宁波—舟山港等建立战略合作关系，充分发挥江海联运服务优势，抢抓"一带一路"和长江经济带建设机遇，对内开展"门到门""公转水""散改集"等个性化延伸服务，提高园区货运组织效率。三是培育多式联运承运主体。园区将引导和培育第三方和第四方物流企业集聚，鼓励物流企业开展多式联运服务，强化路、港、船、货的信息衔接与共享，推行货运单据与业务信息标准化应用，推动货物运输的"无缝衔接"和"一单到底"，实现货物整体运输的最优化效益。

（二）物流信息全链升级工程

物流业的信息化程度是物流产业现代化程度的重要标志。当前，信息网络技术已经渗透和扩散到流通服务各个环节，以信息链为核心、以生产用户需求为导向的个性化生产制造信息服务将成为发展趋势，并对现有制造业和物流业带来巨大的效益。要抓住"新基建"发展契机，大力发展园区智能物流装备。园区将主要围绕协同化物流信息平台建设、智慧化生产服务体系构建、网络化物流服务环境形成等方面进行物流信息全链升级。

（三）两业深度融合梯度创新工程

园区将找准两业融合发展的新路径，精准谋划，促进上下游深度融合。一是抓住杭州都市圈制造业企业钢材配件物流需求强劲机遇，促进装备制造业企业钢材配件前移。二是树立现代物流一体化服务理念，主动搭建钢材物流加工集聚平台，促进制造业加工服务外包。三是以周边电梯、钢构和汽车产业集群为突破口，促进碎片化定制服务整合，继续推进两业深度融合，提高物流加工的集约化和专业化发展水平，以及园区物流服务企业的经营效益。

（四）仓储物流设施资产证券化工程

仓储金融以实体仓储活动为基础，生成对参与仓储活动的中小企业的信用评价，在中小企业融资难和金融企业授信风险高之间找到平衡点，搭建资金供需对接桥梁。园区常规直接收入来源于物流设施租金和管理费，随着园区资产不断升值，资产证券化成为园区未来收益的途径之一，为持续扩张提供资金基础，国际物流地产巨头普洛斯和安博就是典型案例。园区计划与基金管理部门深入合作，先利用基金管理部门的资产建设，后续使用仓库运营收益回报的模式来加快园区仓储物流设施建设。

"十四五"期间，园区将继续充分发挥内河港口航运的独特优势，完善服务两业融合的一体化信息链。园区将依托多式联运为杭州都市经济圈产业基地提供强大的物流服务支撑，努力打造线上线下相结合，集交易、展示、信息管理功能于一体的长三角金属材料流通平台，成为全国知名的物流业制造业深度融合创新发展物流园区、生产性服务型创新示范园区。到 2025 年，预计园区货物运输量超过 1500 万吨，运营总收入突破 500 亿元，税收总额 3 亿元以上，就业人数超过 1500 人，实现园区综合物流成本比"十三五"末下降 5 个百分点以上。

（撰稿人：王铭明，沈秋萍，王信培，吴松根，胡珊珊）

浙中多式联运枢纽港

多式联运扬帆丝绸路，陆海联动畅通双循环

浙江省金华市位于长三角经济圈的核心区域，交通便利，铁路、公路、航空、水运等多式联运网络发达，是长三角地区重要的物流枢纽和集散中心。金华既是浙江省中心城市之一，也是全国县域经济发展最好的城市之一。同时拥有世界小商品之都义乌、世界影视基地横店等知名品牌，是国内外商贸、文化、旅游的重要目的地。

为了适应新发展格局的要求，促进金华市的经济社会发展，金华市积极推进物流园区建设。2016 年，中国铁路上海局集团有限公司为配合金华市主城区有机更新，将凉帽山货场从金华老铁路站二七区块整体搬迁至金华城区东南侧，建设金温铁路线上的综合型货场——金华南货场，并以此为基础规划浙中多式联运枢纽港（以下简称"园区"）。而后，金华市委、市政府高位谋划，金华市交通投资集团有限公司勇担重任，依托沪昆铁路扩容工程和外绕线，以"一带一路"中欧班列华东区域集结中心，生产服务型国家物流枢纽，长三角国际大宗物资集散、交易（交割）中心为发展定位，进一步规划园区扩容升级，建设核心区面积为 8.8 平方千米，集铁路货运、公路物流、多式联运、仓储配送、配套服务等于一体的综合型物流枢纽城市。经过多年的努力，园区于 2020 年入选第三批物流示范园区，并在 2021 年成功入选"十四五"首批国家物流枢纽建设名单，被确定为金华生产服务型国家物流枢纽。这是金华市在物流领域取得的重大成就，也是金华市未来发展的重要契机。

一、园区概况

（一）运营主体

园区的运营管理主体为金华市浙中公铁联运港有限公司，负责整合优化存量物流设施资源，园区的规划建设、招商引资、项目管理、设施维护、服务提供，以及与政府部门、行业协会、社会组织等相关方的沟通协调工作。通过功能联合、平台对接、资源共享等方式，与中国铁路上海局集团有限公司金华货运中心、顺丰速运有限公司、普洛斯投资（上海）有限公司等头部企业形成战略合作关系，共同推进园区的开发运营。园区建设模式见图 1。

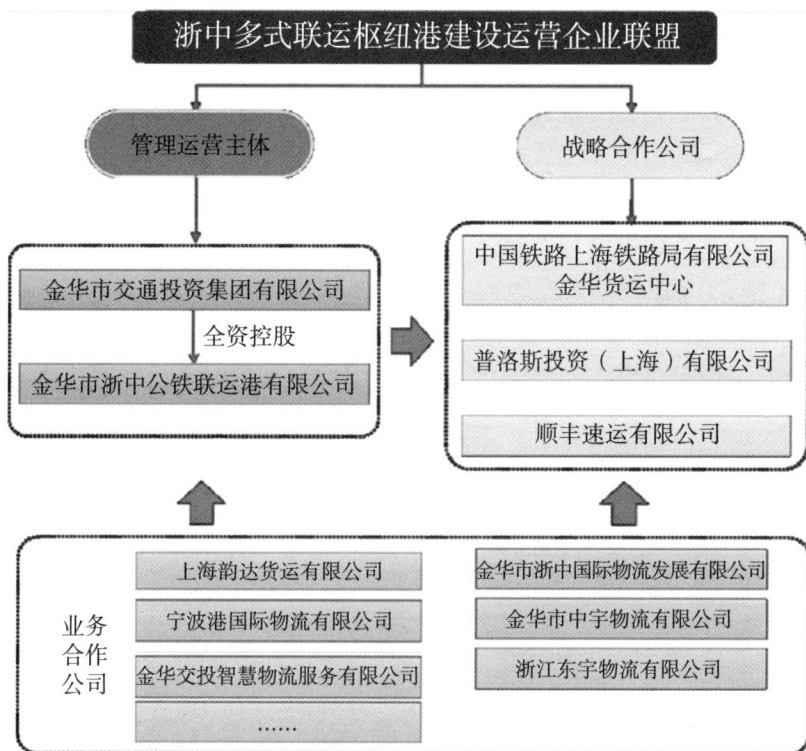

图 1 园区建设模式

（二）功能定位

围绕支撑发展定位，结合金华市地理区位、资源禀赋等优势条件，园区设置制造业供应链物流集成服务、干线物流组织、区域生产生活分拨及配送组织、多式联运转运组织、国际物流服务和应急物流服务六大基本功能。

同时，为推动园区融入全国高效专业的物流服务网络，促进园区内企业、供应链上下游企业信息共享，提升以制造业为重点服务对象的全链条金融服务能力，提高枢纽与周边生产制造业企业运行全流程的物流供应链融合度，在基本功能体系的基础上，设置信息综合服务、专业物流服务、原材料和标准件集采集配、供应链金融服务、物流咨询研发服务五大延伸功能，进一步提升园区专业化、个性化的服务支撑水平。

（三）区位交通

园区位于金华主城区东侧，距离义乌机场约 20 千米，距离杭州萧山国际机场约 150 千米。园区东西两侧分别连接金温铁路、沪昆铁路货运外绕线，拥有铁路金华南货场和杨梅塘铁路集装箱货运中心（规划）两个大型货场。

园区南北两端分别连接杭金衢高速公路和甬金衢上（在建）高速公路，金丽温高速穿过园区，形成快速通道。园区内部规划建设公路干线网和支线网，与周边道路网络实现无缝对接。

（四）空间布局

按照发展定位，园区全方位优化整合铁路、公路、口岸、港口、保税、城配等各方面功能，内部规划布局"一体两翼六园"空间结构。"两翼"指建设、规划的两个重要交通集散场站：铁路金华南货场为专业型场站，已经建设完成并投入使用，并正规划向高铁物流、铁路快运及延伸服务功能转型；正在规划建设的杨梅塘铁路集装箱货运中心为综合型场站，主要承担集装箱、商品车、冷链等货物装卸运输功能。"六园"指六大物流经济特色功能分区：综合服务区、大宗物资贸易区、国际联运物流区、国内联运物流区、生产服务物流区、高铁快运区。园区空间布局见图2。

图 2　园区空间布局

园区近期开发总用地约 3.33 平方千米，总投资 130 亿元，分三期实施。一期（建成）占地约 0.82 平方千米，总投资约 30 亿元，主要为金华铁路南货场及海关监管区、集拼仓储区等功能配套区，是中欧（义新欧）班列金东平台和海铁联运班列起运地；二期（在建）占地约 1.19 平方千米，总投资约 60 亿元，包括综合服务区、大宗物资贸易区、供应链服务中心、进口商品展销中心等；三期（规划）占地约 1.34 平方千米，总投资约 40 亿元，主要包括杨梅塘铁路集装箱货运中心、国际联运物流区，重点打造国际集装箱中心，配套商品贸易区、冷链作业区、铁路口岸等功能区。

二、主要做法

园区积极融入浙江省"一带一路"重要港区建设，加快建设现代物流产业体系，致力于打造东西互济、海陆联通的双向大通道。一是通过促进制造业转型升级，增强了制造业企业竞争力和创新力；二是通过支撑"一带一路"建设，拓展了对外开放渠道和空间；三是通过推动数字化建设，引领了物流创新发展；四是通过实施绿色发展战略，展示了生态文明理念和责任担当。

（一）多措并举，加快港区建设

1. 加强基础设施建设整合

园区着力于解决金华市区周边物流基础设施较为零散、物流业态较为低端等问题，推动港区基础设施完善升级，补齐功能短板，夯实基础设施及配套功能平台硬件支撑。先后建设了海关监管区，负责海关查验、检验检疫等功能；快递分拣区，引入顺丰、中通、申通等快递企业，实现快递集中分拨；公路港项目，聚焦一批专线物流企业；高标准物流仓库，供物流企业使用；班列作业线旁建设面积为2万平方米的集装箱堆场，提升集装箱作业效率。以上项目均已投运，帮助实现"物流出城"。配套服务区、信息服务区等重点项目正在加紧建设。未来，园区还将进一步建设货线扩容工程、配备H986（海关大型集装箱检查系统）等先进查验设备。

同时，围绕干支仓配一体化、供应链上下游对接、国际服务协同等功能，园区以金华铁路南货场为核心依次布局功能设施，加强基础设施整合。其中，国际多式联运区紧邻铁路场站布局，与集装箱装卸线衔接，积极发展国际物流、保税物流、口岸物流等；高铁快运区依托顺丰快运布局在金华南站南侧，结合南站尽端式站台进行安检、配载、装车等作业，就近布设分拣、仓储等设施，发展面向批量小、价值高、时效强的商务文件、电商包裹、生物医药、冷链食品、应急物品等物流业态；大宗物资集散与交易中心为园区重点建设项目，工业物资集采集配区与供应链物流总部基地重点服务于大宗物资集散交易、工业原材料仓储分拨等，因此在空间上集中布局，集仓储与贸易功能于一体，服务功能复合，重点支持区域大宗商品和生产制造物流的集中采购、集中转运需求。园区功能组织充分考虑周边区域交通、环境、产业、生活等各方面因素，与周边空间结构进行充分衔接，各功能设施实现空间高度整合与结构互动，进一步提升作业效率。

2. 奋力推进产业招商突破

为加快推进杨梅塘铁路集装箱货运中心项目建设，推进该项目的顺利实施，园区主要采取了两方面的措施。一是以物流业为探索起点，规划产业发展业态。园区根据自身的优势和特色，制定了合理的产业发展规划，以物流业为核心，辐射相关的贸易业、服务业、制造业等产业，形成了一个完整的产业链条。二是围绕招大引强的原则，谋划港城一体化发展模式。园区积极吸引和引导大型、优质、有实力的企业和项目入驻。特瑞（有棵树）跨境电商产业园、普洛斯国际物流园，以及中国铝业集团有限公司、复星国际有限公司等项目的加入大幅提高了港区的综合实力和竞争力。同时，园区也注重与周边城市的协调和融合，与宁波港国际物流有限公司开展合作并签订了战略合作协议，共同推进金义"第六港区"建设。

3. 加快推进智慧港区建设

园区以"数字赋能、降本增效"为核心，规划建设5G智慧物流园，旨在联动海关、铁路、场站、运营单位及进出口企业。

一是依托浙江电子口岸平台，建设中欧（义新欧）班列数字服务平台，实现班列运营主体和关联主体高效协同发展。通过数字服务平台，提升班列信息化水平，打造从前端客户订舱、询价到中端集装箱入库、仓储、装卸，到后端客户可视化跟踪系统的全流程信息链，结合铁路金华南货场及港区现场操作数据，开发包含运价维护、商务对接、财务结算、国际国内运综、计划管理、订舱配舱、单证管理、场站管理等一体的班列信息化系统，并与省级信息化平台"四港"联动智慧物流云平台衔接。该平台已于2023年3月正式上线，已有超过1000家进出口企业注册使用，累计处理了近5000趟班列的订舱、装卸、跟踪等业务，实现了班列运营的标准化、规范化、智能化，有效提高了班列的运输效率和服务质量。

二是建设"大数据＋N"的智慧港区数据驾驶舱，打通海关、国铁、海港业务订单流程，打破数据壁垒，提供集成数据分析、信用层级分类、辅助决策能力等功能，实现信息透明化、申报无纸化、通关便利化、作业协同化、服务精准化、检测数据化"六化合一"的数字港区运营管理模式，统筹整合园区内外部数据资源，边整合边应用，推动数据资源开放共享。该数据驾驶舱面向港区内外的各类客户，包括海关、国铁、海港、运营单位、进出口企业等，对接港区的业务数据、贸易数据、物流数据、监管数据、环境数据等多维度数据，实现了数据的实时采集、分析、展示、预警等功能，为港区的运营管理和决策提供了数据支撑和智能辅助。该数据驾驶舱已于2023年6月正式投入使用，有效提升了港区的数据价值和数据能力。

三是着力推进"智慧监管"系统建设，园区通过整合业务数据、贸易链上下游数据、智能卡口、视频监控等数据，以数据应用为基础，打造智慧化监管系统，以数字变革推进海关监管现代化，实现"优化企业服务、创新数字监管"的目标。为外贸企业提供在线订舱、在线预约、发运申请、货物信息跟踪、运费在线对账等服务，使原先7天的工作量缩短至3天，提质增效至少2倍。该系统已于2023年6月正式运行，通过运用人工智能、物联网、区块链等技术，实现了海关监管的智能化、精准化、便捷化，大幅降低了通关时间和成本，提高了通关效率和安全性。

四是开发"浙中国际·智慧公铁港"进箱小程序，确保合作单位能够在线进行进箱预约，提早录入集装箱相关信息。在集装箱进站业务方面，解决了集装箱卡车进场与货场管理方面存在的冲突，具有箱照在线提前审核、进门自动识别、磅单自动生成等功能，实现集装箱进站管理信息化、数字化、智能化发展，大幅提高集装箱进站效率。该小程序已有超过200家合作单位使用，累计用户达到1800人，实现了集装箱进站的快速化、便捷化、可追溯化，进箱停留时间由原先的1天缩短至半天，有效提升了进场效率。

此外，园区内建有顺丰、中通、申通等电商物流企业大型分拨仓库，依托数字化平台及智能化设施，配置自动分拣、立体智能仓库及其他智能物流设施设备；引进无人机、无人车、无人仓等智慧设备，辅以智能仓储管理系统，实现物流整体运作流程智慧化。

（二）多点培育，提质班列运行

1. 推动中欧（中亚）班列高质量发展

金华既是"义新欧"中欧班列的起运地，也是货源地。园区以此为基础，全面推进"义新欧"中欧班列平台建设，持续提升班列市场竞争力，推动实现班列双向常态化运营。目前，"义新欧"中欧班列及海铁联运已集聚浙江、上海等周边 8 省市货源，省内货源占比 72.3%，长三角区域货源占比 95.6%。园区内中欧（义新欧）班列已开通运营线路 20 条，辐射欧亚大陆 50 个国家和地区，到达境外站点 160 个，实现丝绸之路沿线主要贸易国家与地区的全覆盖。2020 年 5 月，根据浙江省委、省政府战略部署，"义新欧"中欧班列按照"一个品牌、两个平台、全省统筹、错位发展"的总体思路，形成金东、义乌两大运营平台，共同承担全省中欧班列的发送任务，成效显著。目前，金东平台除开行特色线路外，正着力开行回程班列。针对欧洲特色商品、食品、机械零部件等产品，中亚以及俄罗斯等国家的矿产、粮食、木材等优势产业，拓展回程货源，为金华制造业企业运回板材、棉纱、纸浆、电解铜等生产原材料，为金华市的居民带回各个国家的优质产品。截至 2023 年年底，园区总计开行中欧（中亚）班列 800 列，64624 个标箱，同比增长 13%。其中发送 577 列，46164 个标箱，同比增长 18%；到达 223 列，18460 个标箱，同比增长 3%。回程占比 28%。

此外，园区在不断拓展对外开放新通道。目前，已形成覆盖中亚五国、西亚、欧洲和东南亚的运输格局。通过"义甬舟"开放大通道和"义新欧"中欧班列在金华的交会联迪，进一步推动陆港与海港的联动发展，将金华市建设成为"内陆的海港"。

2. 大力发展海铁联运业务

金华—宁波海铁多式联运是园区一项重要的物流业务，旨在实现铁路和海运的无缝衔接，提高物流效率和降低物流成本。该业务最早开始于 2012 年，原以零星发送为主，铁路金华南货场投运之后，联运班列货物运量逐步上涨，形成了稳定开行的定点（装车地点）、定线（运行线）、定车次、定时、定价"五定"班列。该业务不仅为港区内外的企业提供了便捷和高效的物流服务，还为港区的产业发展和经济增长带来了积极的推动作用。

此外，园区还积极融入"一带一路"建设，依托铁路资源，构建海铁联运应用场景，通过铁路、海运的无缝衔接降本提效，发挥出"1+1>2"的运输效果。为了摆脱海铁联运成本高的困境，园区设立专项资金实行定制化扶持政策，为参与海铁联运的企业提供优惠和支持。同时，园区开辟了铁路金华南货场直通宁波舟山港的绿色通道，推进"第六港区"建设，实现提还箱等海港功能前移至金华南站，集装箱进入园区，视同进入宁波舟山港，极大程度上缓解了周边地区外贸企业出口入港难、仓位少的问题，全力保障国际货物运输。通过优化调整提升货运效率和收益，最大限度地满足外贸企业的需求，对稳定外贸业务有极为重要的作用。

3. 培育进出口双向货源

在出口方面，园区加大了班列开行线路拓展与集结点建设力度，积极培育出口货源。西向，园区开通了"中吉哈"公铁联运，至法国杜尔日、匈牙利布达佩斯、乌克兰基辅、阿塞拜疆巴库（铁水联运），以及中国至意大利米兰等线路，丰富了中欧线路班列产品，推进了"法国站"等国外集结点的建设，增强了辐射中欧、中亚国家的能力。北向，园区加密了"金满俄"等市场化基础较好的线路，实现了班列的高密度开行，点对点快速直达。南向，园区谋划了"金昆东"国际班列，依托中老铁路的开通，于2021年开行金华—老挝班列，打造了中国与东盟合作、中巴经济交流的运贸载体。东向，园区开行了中亚—金华—宁波舟山港—日韩过境班列，有效结合"义新欧""义甬舟"两大物流通道，实现了高效的物流组织功能。

在进口方面，园区依托现有境外资源和运营网络，以轻资产加盟或重资产投建等方式，推动金义双平台与境外港区的建设，分区域、有重点地在马德里、布拉格、列日、莫斯科、明斯克等班列主要节点城市布局海外物流分拨中心，提升班列境外货物集散能力，有效增加回程班列货物货源组织，扩大商品进口额度。

（三）整合资源，打造多式联运

多式联运是园区的特色和优势，也是园区的核心功能之一。多式联运涉及铁路、水运、空运等多种运输方式的组合和衔接，是一个复杂而高效的过程。多式联运的难点和重点主要包括三个方面：一是如何协调不同运输方式之间的时间、成本、安全等因素，使之能够实现最优的运输效果；二是如何解决不同运输方式之间的信息不对称、标准不统一、规则不协调等问题，使之能够实现顺畅的运输衔接；三是如何应对不同运输方式之间的风险和挑战，如天气变化、突发事件、市场波动等，使之能够保障稳定的运输。面对上述难点和重点，园区充分发挥多式联运条件和能力优势，实现了与国内外各大物流枢纽和市场的互联互通，为制造业企业提供了便捷的物流通道。与宁波港开展股权合作，统一运营操作平台，成立宁波舟山港金义"第六港区"集装箱箱管中心，加速推动全面实现关务、港务、船务、信息、管理一体化进程。

1. 畅通公铁水多式联运网络

综合交通网络构建方面，园区综合利用水运、铁路、公路等多种运输方式，构建了一个高效的货物转运和分拨平台。园区建立了多式联运调度中心，统一调度和管理港区内外的各种运输方式，协调了时间、成本、安全等因素。同时，运用物联网、大数据、云计算等新技术，实时监测和分析港区内外的各种运输方式，制定多式联运优化方案，实现了最优匹配和组合。园区不仅与国内各大城市和区域物流枢纽通过铁路连通，形成了覆盖全国的铁路货运网络，而且与欧洲、中亚、东南亚等地区通过铁路连通，形成了连接"一带一路"的中欧班列网络。同时，园区还与宁波舟山港通过水运通道联动，打造海铁联运新通道。宁波舟山港是我国最大的综合性港口之一，也是世界货物吞吐量最大的港口之一，与全球600多个港口有航线往来，是我国重要的对外开放窗口之一。园区通过水路将货物运送至宁波舟山港，再通过海运将货物运送至全球各地，实现了海铁联运的高效对接。

2. 畅通信息互联与标准衔接

除了运输线路的互联互通，园区也致力于畅通多式联运信息互联和标准衔接。园区建立了多式联运信息平台，与国家交通运输物流公共信息平台、浙江省物流公共信息平台等上级平台数据联通，及时获取和反馈港区内外的运输信息，与海关、铁路等相关部门数据对接，开展快速通关和发运班列等重点业务。经过多年发展，园区多式联运项目已经取得了显著的成效，得到了客户的高度认可，也得到了社会各界的广泛赞誉和支持，为港区的发展创造了良好的声誉和口碑。

（四）业务拓展，发展供应链集成

园区依托资源组织、网络渠道、品牌运营等专业优势，通过集购分销、配供配送、增值服务、"大平台＋小前端"等集成化、平台化运营模式，积极搭建大宗商品供应链服务平台、供应链金融服务平台与电商供应链服务平台，整合并构建冷链供应链集成平台，高效率服务生产制造业企业、电商快递企业与农产品供应链相关企业，实现供应链集成。

一是依托完善的集散中转功能、转运设施和集疏运网络，以及立体化的物流服务通道，高质量服务传统供应链。目前，园区已经将供应链集成业务服务于纺织服装、五金、饰品及文教休闲用品、建筑建材、化工、水晶、红木家具、食品加工等传统产业。

二是按照全链条、一站式供应链集成服务要求，补齐供应链要素短板，高水平服务新兴制造产业集群。深入践行"流通4.0"，以互联网、物联网、大数据、云计算、5G等现代信息技术为支撑，实现货源采购、线上线下展示交易、金融服务、境内外物流组织等全链条、一站式的平台式供应链集成服务。补齐供应链要素短板，高水平服务各产业集群，联动商流、物流、资金流、信息流，为上下游供应链合作业务伙伴提供原材料采购、加工、分销、出口、物流、金融、信息等高效率的供应链集成服务。园区供应链集成业务示意见图3。

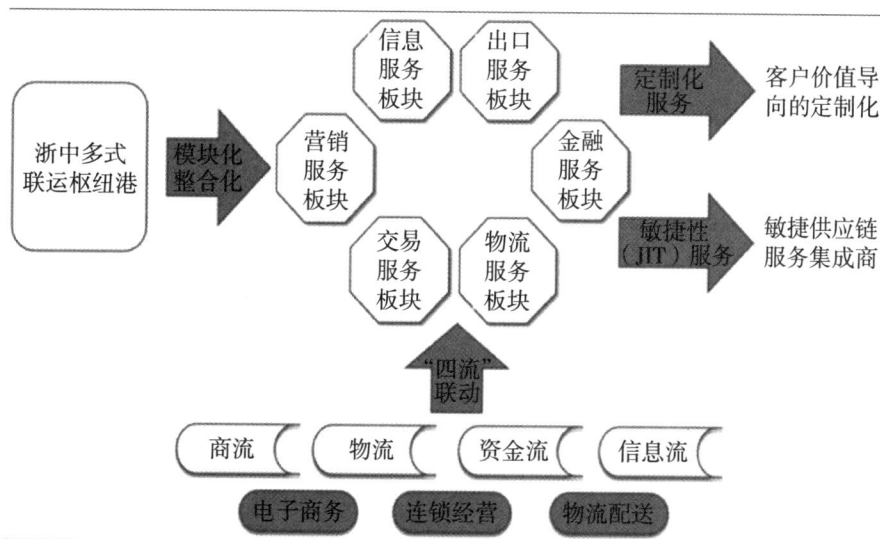

图3 园区供应链集成业务示意

营销服务板块：园区通过建立电子商务平台，为港区内的生产企业提供线上线下相结合的营销渠道，帮助企业拓展市场，提升品牌知名度和影响力。为企业提供丰富的产品展示、客户沟通、订单管理、支付结算等功能，实现了线上线下的无缝对接。

信息服务板块：园区通过建立智能物流信息平台，为港区内的物流企业提供全程可视化的货物跟踪、仓储管理、运输调度、费用结算等信息服务，提高物流效率和质量。智能物流信息平台采用了物联网、大数据、云计算等先进技术，实现了港区内各类物流资源的智能化、网络化、平台化，为物流企业提供了一站式的物流解决方案。

物流服务板块：园区通过建立多式联运中心，为港区内的货主企业提供铁路、公路、水运、航空等多种运输方式的选择，实现货物快速、安全、低成本的运输。多式联运中心拥有铁路集装箱中心站、公路集装箱中转站、航空集装箱货运站等设施，实现了港区内货物的多式联运，为货主企业提供了多元化的物流服务。

金融服务板块：园区通过建立金融服务中心，为港区内的各类企业对接金融服务，解决企业的资金需求，降低企业的运营风险。金融服务中心与多家银行、保险公司、担保公司等金融机构合作，可以为港区内的企业提供贴现、信用证、保函、保险、担保等金融产品，为企业提供了便捷的金融服务。

交易服务板块：园区通过建立交易服务中心，为港区内的进出口企业提供报关、检验、商检、税收等交易服务，简化进出口手续，提高通关效率。交易服务中心与海关、检验检疫、商务等部门合作，为港区内的进出口企业提供了一站式的交易服务，为企业节省了时间和成本。

出口服务板块：园区通过建立出口服务板块，为港区内的出口企业提供装配、仓储等出口服务，增加企业的附加值，提高企业的出口竞争力。出口服务配备了专业的技术人员、完善的管理制度，为港区内的出口企业提供了高效的出口服务，为企业创造了更多的利润。

目前，园区已经将供应链集成业务服务于纺织服装、五金制造、饰品及文教休闲用品、建筑建材、智能门锁等产业。例如，纺织产业链整合方面，大型棉花贸易商从中亚五国进口大宗棉花，通过中亚班列回程箱运输至园区，然后通过无车承运人平台将原料运至浙江奥佳纺织有限公司等棉纺、毛巾制造企业，成品被运输至全国各地。五金制造产业链整合方面，钢材贸易商将进口钢材通过"义甬舟"海铁联运至园区，然后通过清关等手续进入工业原料仓储区，根据企业制造需要，及时将原料运输至浙江飞剑工贸有限公司等五金制造企业，防盗门、保温杯等成品通过国际班列和宁波港海铁联运出口。通过发展供应链集成服务，园区实现了港区内产业链、供应链、物流链、金融链、信息链的有效对接，形成了一个具有强大吸引力和辐射力的国际物流服务平台，为港区内的企业提供了全方位的支持，为金华市的经济社会发展做出了积极贡献。

三、示范特色

园区的建立是金华市适应新发展格局，推进物流领域改革创新的重要举措，也是金华市未来发展的重要支撑，为制造业企业提供了高效、便捷、智能、增值的物流服务。

（一）开行班列，打造国际大宗商品交易交割中心

作为"一带一路"对外开放平台，园区不断丰富自身的通道网络，提升物流通道能级，实现国际班列发展量质并举，全方位推动了班列与区域产业的融合互促发展，形成了"班列通道＋区域产业＋枢纽经济"的良性互动发展局面。园区依托"义新欧""金满俄""金昆东"等多条国际铁路班列通道，打造国际大宗商品交易交割中心，推动大宗商品交易规则创新，提升大宗商品国际资源配置能力，争取大宗生产资料进口口岸资质，为国内外贸易提供便捷高效的物流服务。园区通过与国内外各大交易所、仓储物流企业、金融机构等合作，建立了完善的集大宗商品交易、仓储、物流、金融、信息等于一体的服务体系，为国内外客户提供了一站式的大宗商品交易服务平台，实现了大宗商品的国际化、市场化、规范化、便利化。

（二）模式创新，实现工业原材料降本与稳定供应

园区引入中国铝业集团有限公司等国内知名贸易商在港区存储的充足的大宗物资，依托金华市交通投资集团有限公司构建的仓储物流一体化的业务体系优势，持续降低工业原材料采购成本。一是通过规模运输，以集采集配模式降低原材料成本；二是通过集中配送，进一步降低物流成本；三是加大供应链金融业务开展力度，降低大宗物资融资成本。以港区引进中国铝业集团有限公司为例，预计可节约原材料采购成本80元/吨，按照700万吨/年的消耗量，可节约约5.6亿元的原材料采购成本。

园区通过建设大规模仓储，形成战略性原材料供应库，并通过期货与现货结合，保障原材料按平稳价格供应。通过这种方式，园区可以保障大宗商品原材料的长期平稳供应，避免了区域企业因原材料价格上涨无力生产或者价格太低无材料可采购的情况，从而保障了区域工业企业健康发展，对于保障重点产业链供应链安全稳定、顺畅运转具有重要作用。

（三）多地联动，提供便捷高效多式联运解决方案

园区多种交通运输方式之间的合理分工不足、相互衔接脱节，一直是金华市建设物流枢纽的短板。园区具有良好的铁路、公路综合交通优势。铁路方面，西邻金温铁路，北临沪昆铁路，南侧甬金铁路直通宁波港；公路方面，北临杭金衢高速，东接金丽温高速，可以有效衔接省内外公路网。因此，园区具备各个方向上的干线大运量、快捷运输组织条件。已开通温州乐清、台州头门港、绍兴钱清站等"铁路内贸＋中欧班列"的多式联运路线。借助金华铁路货场搬迁、货运格局重新调整的机遇，园区将公路、航运与铁路货运有效衔接，打破了不同运输方式之间的壁垒，有效提升了物流周转效率。通过进一步畅通"义新欧""义甬舟"等物流通道，充分利用中欧、中亚班列，园区为客户提供"门到门""门到港""站到站"等多样化、专业化的多式联运解决方案，努力打造成为浙中地区最大的生产物资集散地与物流园区。打通欧洲（中亚）—金华南（综合保税

区）—宁波港—东南亚（日韩等）的多式联运双向通道。成功开行中亚—金华南（综合保税区）—宁波港—马来西亚、越南、韩国等过境班列。积极参与跨里海国际运输走廊建设，开通金华南—阿克套—巴库（第比利斯）等线路。积极拓展"中吉乌"国际公铁多式联运业务，开通金华南—喀什站—吐尔尕特—中亚线路。开通阿克苏—金华、长兴，阿拉尔—金华、长兴等援疆班列，提供公铁联运一单制服务，实现南疆班列"门到门"的运输。

四、发展方向与未来展望

未来，园区将围绕高水平建设内陆开放港区中心城市，聚焦功能定位，重点提升生产服务型国家物流枢纽服务能力。

（一）加强规划引领，优化港区布局，提升港区功能

园区将根据国家和省市的发展战略，制定科学合理的港区发展规划，明确港区的定位、目标、路径、措施等，统筹港区的空间布局、功能布局、产业布局、设施布局等，优化港区的资源配置，提升港区的综合服务能力和竞争力。

（二）加强技术创新，推进港区智能化，提升港区效率

园区将充分利用物联网、大数据、云计算、5G 等现代信息技术，构建智能物流信息平台，实现港区内的各类物流资源的智能化、网络化、平台化，为港区内的各类物流业务提供智能化的解决方案，提高港区的物流效率和质量。

（三）加强业务拓展，推进港区国际化，提升港区影响力

园区将积极参与"一带一路"建设，拓展国际物流合作伙伴，开通更多的国际铁路班列线路，与更多的国际物流枢纽和市场对接，提升港区的国际物流组织能力，增强港区的国际物流影响力。

（四）加强服务创新，推进港区综合化，提升港区价值

园区将根据客户的需求，提供更多的物流增值服务，如仓储、配送、装配、加工、质检、金融、保险、交易等，实现港区物流服务的多元化、个性化、差异化，提升港区物流服务的附加值，实现港区物流服务的价值。

（五）加强合作交流，推进与长三角物流枢纽业务协同发展

园区将与沿海港口物流枢纽一体化协同发展，畅通"义甬舟"、金沪等出海物流大通道。加快形成与宁波舟山港、嘉兴港、台州港、温州港的物流联动新格局，将沿海港口口岸优势拓展至园区。加强园区与上海港的战略合作。充分利用金华外贸规模优势，设立集装箱堆场，进一步做大做强国际集装箱甩挂运输，实现与金华本地和浙中地区的进

口箱匹配，降低国际集装箱物流运输成本，凸显国际物流价格"洼地"效应。

　　未来，园区将对标省委"支持金华高水平建设内陆开放港区中心城市"定位，矢志不渝奋斗，深刻把握"高水平""内陆开放""港区""中心城市"四个关键词，拿出全省四大都市区之一的底气和实力，把握发展大势，放大视野格局，全力打开"义新欧"、"义甬舟"、跨境电商三大物流通道，着力打造全国性综合交通港区城市、国家物流枢纽承载城市、世界货地、开放高地、长三角南翼新经济发展集聚地，进一步发挥辐射带动作用，为破解内陆开放世界性难题探出新路、做出示范。

（撰稿人：刘恕）

宝特芜湖现代物流产业园

立足皖江，内畅外联，构筑"多联"新高地

宝特芜湖现代物流产业园（以下简称"园区"）位于长江经济带和全国"十纵十横"综合运输大通道重要城市——芜湖市。芜湖市地处长三角一体化示范区腹地，是长江经济带发展、"一带一路"倡议及长三角区域一体化发展等国家战略和规划的叠加交会区，是安徽省"通江达海"的门户城市，也是长江下游重要的区域中心城市。园区基于"集约高效、智能便捷、安全通达、绿色环保"的前瞻性设计，充分发挥区位和长江黄金水道优势，完善物流服务功能，统筹建立以远距离、重载化、低能耗的铁路运输为骨干，以公路短途运输、内河港口运输为汇集配送端的铁公水联运网络，将中西部资源性产品、农畜产品输往东部发达地区，将东部工业品运往中西部地区，开行国内、国际货运班列，开展国际供应链服务等业务，着力将园区打造为长三角连通中国西部地区物流多式联运枢纽节点型、智慧智能型园区，成为立足皖江、辐射长江流域，面向全国的现代物流中心。

一、园区概况

（一）运营主体

园区运营单位为芜湖宝特物流有限公司，注册资本19922万元，注册地址为芜湖市三山经济开发区峨溪路35号，2013年11月8日成立。芜湖宝特物流有限公司是宝特物流集团有限公司旗下独立核算、自主经营、具有法人资格的企业，是一家专注于铁路物流业务和物流园区运营管理的公司。

公司经营范围包括道路普通货物运输，物流咨询服务，物流供应链解决方案的设计，国际货物运输代理，国内货物运输及多式联运代理业务，铁路货物运输代理业务，货物或技术进出口（国家禁止或涉及行政审批的货物和技术进出口除外），货物仓储（易燃易爆品、危险化学品除外），生铁、焦炭、煤炭、钢材、氧化铝、燃料油、废钢、矿产品、化工产品（易燃易爆危险品除外）、石材、建材、木材、装饰材料、橡胶产品、家用电器、机械设备及零件、日用百货代购与销售，农副产品代购与销售，铜材、铝材、有色金属材料及制品销售，黑色金属材料及制品销售，稀贵金属材料及制品销售，塑料原料及制品销售，货物装卸，货运客运场站服务，包装、剪切加工，

物业管理。

（二）发展历程

2013年11月，芜湖宝特物流有限公司在芜湖三山经济开发区注册成立，园区前期工作开始进入筹备阶段。2015年6月，园区进行征地拆迁，次年6月，铁路专用线进入投建阶段。历时一年，园区铁路港开通并投入运营。在运营期间，宝特物流凭借自身的实力获得多项荣誉：2018年5月，获评长三角多式联运产学研用基地，并连续多年获评全国优秀物流园区。2020年2月，园区"西部地区对接长三角公铁联运"示范工程获评安徽省首批多式联运示范工程项目。2020年9月，园区公路港开始动工，同年12月，获评第四批省级示范物流园区。2021年3月，获评国家物流行业4A级企业；同年10月，获评第三批国家示范物流园区，标志着园区迈向一个新征程。

（三）区位交通

园区位于芜湖三山经济开发区和省级大桥开发区核心位置，临长江码头、高速公路出口、长江大桥出口。园区交通区位优越，产业集中密度大，铁路方面，距铁路接轨点约2千米，接入接驳符合《三山物流园区总体发展概念规划（2013—2030年）交通分析—区域交通图》总体要求，通过《上海铁路局关于芜湖宝特物流有限公司铁路专用线可研技术方案》的评审意见要求，目前铁路专用线已建成并运营6年多；公路方面，园区靠近公路干线，东门出口是60米宽峨溪路主道路，园区北面出口是60米宽的长江南路，距高速路口仅6千米；水路方面，园区距三山港、中外运码头、海螺码头直线距离3.5千米。园区距高速路口和长江码头均在5千米以内，四周已构筑了四通八达的水、公、铁交通运输网络，为物流产业提供了良好的区域交通运输支撑，周边交通条件优越，具备开展公铁水多式联运的良好条件。

（四）功能规划

园区功能规划分为"四大板块""六大功能区"。"四大板块"即铁路板块、公路（多式联运）板块、电子交易板块、综合服务板块；"六大功能区"即铁路功能区、公路（多式联运）功能区、仓储分拨配送功能区、剪切加工包装功能区、电子商务（现货）交易功能区、综合服务（金融）功能区。园区配套设施有生活配套区、入园企业办公大楼、后勤综合配套服务区及预留用地，具体功能区布局见图1。同时提供市场、金融、配送、运输、装卸、加工、仓储等综合物流服务，构筑现代化的物流信息系统，以个性化、专业化、多样化的市场物流服务为重点，运用网络化、信息化手段，安全、高效、便捷地满足物流市场需求。

（五）运营情况

园区自2017年9月开始运营，经过多年的行业积累和精耕细作，已经与多个城市或地区建立了物流往来业务关系，获得了大量客户的认可和信任。园区入驻大型生产制造、

图1　园区功能区布局

商贸、物流企业50多家，提供就业岗位600多个。2022年，园区货运吞吐量共计410万吨，总营业收入超百亿元。为区域制造生产企业提供定制化公铁水多式联运运输方案，开通公铁联运、铁海联运、集装箱运输大宗物资"公转铁、散改集"等多式联运通道共计18条，累计开行班列超3000列，发运多式联运货运量计68万吨，集装箱2.4万标箱，运营单位芜湖宝特物流有限公司2022年营业收入同比增长13.35%。

园区开行奇瑞小汽车中欧班列、格力电器铁海联运、光伏面板铁海联运、格力精密铸造公铁联运、新兴铸管生铁公铁联运、双汇进口肉类铁海冷链班列等，成为中国国家铁路集团有限公司指定的商品车华东地区分拨中心，商品小汽车运输年运量15万辆，在提升公铁运输换装对接效率、市场需求响应速度、园区集约化程度等方面，不断摸索、大胆实践，走出了一条符合自身实际的创新之路。

（六）社会贡献及行业影响

园区始终遵循诚信明德、日新至善的企业精神，时刻不忘企业所应承担的社会责任，热心于各项公益事业。宝特物流党建活动有声有色，常态化开展扶贫纾困、抗洪抢险等公益事业。园区的建设，可以推动芜湖地区的交通等基础设施的建设，进而改善当地的投资环境，并形成以制造业、运输及物流业的良性互动，以制造业推动运输及物流业发展，以运输及物流业支持制造业的发展，进而提高区域发展竞争力。

二、主要做法

（一）完善基础设施建设，提升枢纽综合保障能力

功能完备的物流基础设施是现代化物流业务运作的重要载体，在国家示范物流园区和省级示范物流园区建设标准的指引下，园区综合规划、持续加强多式联运枢纽场站的一体化建设，加速公路港区按期建设投入使用，与前期建设的铁路港区形成公铁港区联动效应，多方面推进公铁联运衔接转换基础设施的完善，深层次优化整合各方资源，着力打造集成高效的一体化协作平台，不断增强园区的经济辐射和产业引流能力。

1. 铁路板块——宝特铁路物流综合基地

宝特铁路物流综合基地于 2017 年 9 月开始运营。主要建设有铁路作业区和仓储分拨区两个功能区。铁路作业区内建有三线四台作业站台，铁路走行线总长 3.73 千米，场内站设置到发兼用整列卸车线 3 条，专用线年运力 500 万吨。具体服务功能包括物流运输配送一体化解决方案，商品车、集装箱等多式联运业务，大宗货物"站到站"服务和散杂件"门到门"服务。仓储分拨区设有 10 万平方米的商品车作业区及存车库、7 万平方米的集装箱货场及散货货场，以及 8.9 万平方米的公铁无缝接驳智能管理高标准立体库。

2. 公路板块——宝特多式联运枢纽中心

为补齐园区多式联运配套设施板块，在项目前期建设的宝特铁路物流综合基地基础之上，于 2021 年 1 月新增规划约 13.33 万平方米，用了建设宝特多式联运枢纽中心项目（公路多式联运板块）。主要建设公路枢纽港、公路转运中心、立体仓库工程、园区智能化建设及配备设施，以及道路、停车场、绿化及地下管网等配套工程。

公路转运中心工程已建设完工并投入使用，2.2 万平方米的公路枢纽港工程于 2022 年年底完工并投入运营，含有综合服务楼、司乘公寓、零担办公等配套设施。2023 年 12 月依次开工建设枢纽中心立体仓库共计 4 万平方米，预计 2024 年年中竣工，投入使用后将为附近企业提供多式联运物流服务，为企业降低运营成本和费用支出，满足货物联运的发展需求。

（二）信息技术应用与探索，助力物流行业转型升级

1. "平台＋基地"商业模式

园区采取"平台＋基地"的商业模式，即为物流上下游相关企业开展物流活动提供集约高效共同运作的服务平台和自营铁路物流作业基地。

园区通过有效整合社会各类企业的物流资源，集成众多服务供应商和客户的能力，运用创新的现代物流信息技术平台、规范化的物流作业流程和标准化质量管理体系，为入驻园区的企业以及物流上下游客户全面提供高质量的服务，为区域内乃至全国的各类生产和贸易型企业提供安全可靠、便捷高效的综合物流服务。园区平台通过为物流和商贸企业提供商务办公用房租赁服务，为生产、流通企业（货主）提供仓库租赁和货物堆

存服务，为运输企业（车主）提供车辆停放等服务，为园区内所有用户提供信息咨询服务，为入驻物流港企业提供理货装卸搬运服务、代理结算服务及配套物业管理等服务，取得了良好的经济效益和社会效益。

2. 推进园区信息化建设

第一，重点实行园区铁路与公路运营系统的互联互通，进一步推动整个园区物流业务的供应链集成。合作客户可通过登录宝特物流信息化智能平台查看作业数据看板，及时跟踪园区承运的短驳公路追踪信息情况及货物的铁路追踪信息，实现不同运输方式之间信息的互联互通，达到信息流与物流的同步统一。同时管理系统还会对车辆、驾驶员、线路等进行全面统计并考核，助力企业降本增效，增强企业市场竞争力。

第二，园区配备多种信息系统，如铁路货运信息系统、铁路电子货票系统、货物管理系统、集装箱管理系统、运输管理系统、货运信息查询系统等，主要功能包括订单管理、调度分配、行车管理、全球定位、车辆管理、人员管理、数据报表、基本信息等。

第三，园区对视频监控系统、综合管理办公系统、集团内部互联互通系统进行智能化改造，完善信息发布、信息查询和综合服务等功能，实现园区业务管理智能化、货物跟踪全程化。

3. 推进多式联运一单制建设

园区积极探索多式联运一单制电子运单的上线应用，全面推行宝特物流运单执行系统，扩建园区数据存储中心，力求形成大数据平台以对整个园区的数字化、信息化提供有力支撑。以交通运输部颁布的《国内集装箱多式联运电子运单》（JT/T 1245—2019）标准为模板，定制宝特物流多式联运电子运单，积极探索把"多单"合为"一单"，按"一张单据涵盖铁路运单、公路运单、海运订舱单、海运装箱单"的思路，对多式联运业务所有环节实现高效无缝衔接进行研究与探索实践。为此，园区研制了一套多式联运信息执行系统——宝特物流运单执行系统。

宝特物流运单执行系统是一套功能强大、使用便捷的多式联运管理工具。它提供了一个包含运单（包括订单）执行、转移、合并、拆分、交付和可交付日预测等功能的完整的运单信息化管理平台，其主要功能见表1。

表1 　　　　　　　　　　宝特物流运单执行系统主要功能

功能名称	具体功能
运单的合并与分拆	自动识别运单的合并与分拆
客户体验	提供了运单的快速查询功能，缩短了客服电话时间，使客户有更好的体验
报表	快速形成各个部门所需的数据报告
可视化的库存管理	可用库存、闲置库存的可视化管理
货物跟踪	可用于运单追踪、运单状态的关键里程碑及原因代码查询
分批装运	用于处理运单货品短缺等特殊情况

功能名称	具体功能
收入确认	提供多个财务系统接口，实现可靠的收入确认
全程运输监控	直通至合作伙伴的一站式运单快速处理通道
装箱	基于智能化技术的装箱操作
第三方产品运单服务的集成能力	一张运单，一次送货

数据存储中心运用最新的读写分离技术，使数据库集群读写更快，具体架构见图2。数据库容灾备份机制，分别在北京、上海、广州建立3个数据备援中心，保障数据的安全。建立容灾备份系统，涉及SAN（存储区域网络）或NAS（网络附属存储）技术、远程镜像技术、基于IP（网际互连协议）的SAN互联技术和快照技术等多项技术。

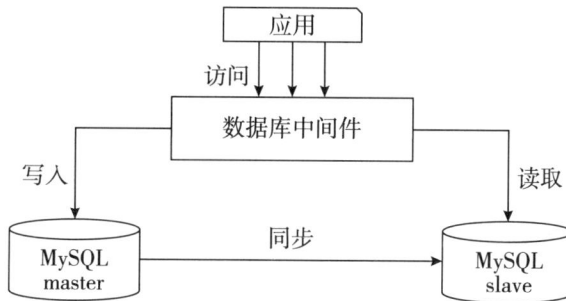

图2　园区数据存储中心

（三）聚焦节能降碳，推进绿色化物流建设

物流园区的碳排放场景主要集中在运输、装卸、分拣、配送等交通运输环节，以及仓储、机房、建筑供电、供暖、制冷等建筑用能环节。园区秉持"绿色、高效、低碳、生态"的价值理念，在园区提倡"有效控制消耗、避免环境污染"，从现场作业、运输管理、仓库管理、办公管理、工业用水、光伏发电、道路地面等各个方面采取绿色环保实践措施。

1. 园区节能设计

园区积极响应国家绿色环保政策方针，一是利用园区仓库屋顶空余面积大的光伏工程安装优势，和厂家合作安装光伏发电设施，工程面积达4.3万平方米，每年可发电600万度，投资收益率可以达到60%。二是优化仓库空间布局，根据芜湖市气候条件，在库房使用大量节能设计。库内气流微循环体系可根据季节调节温度湿度，节能照明体系可节约电能等，整个节能设计每年综合节约电量90万度。

2. 坚持绿色运营理念

安装充电桩，大力提倡节能减排。在作业设施清洁能源化区域内安装快速充电桩6座，不仅可满足新能源车辆充电需求，提升清洁能源使用占比，还可提高园区的中转效率与节能效益。公司贯彻落实国家低碳环保政策，建立园区办公节水、节能用电等管理制度，日常加强绿色发展理念宣贯、培训，组织搭建办公自动化系统，提倡员工召开线上会议，推广电子回单、拍照回传、进行无纸化报销等工作，鼓励员工践行低碳办公理念，打造资源能源节约型企业。

3. 开展多式联运业务

多式联运是交通碳减排的有效手段。园区发挥地域优势，优化调整运输结构，通过创新发展绿色高效的"公转铁""散改集"物流模式，有效降低公路货运压力，一方面减少了企业物流运营成本，另一方面加快了"双碳"工作步伐，通过不断促进铁路运输更加符合节能减排、低碳环保的要求，助力企业打赢污染防治攻坚战。

（四）创新组织模式，以客户为导向满足市场需求

1. 开行"定制化"铁海联运班列，促进降本增效

（1）铁海联运"五定班列"

芜湖三山经济开发区的大型企业格力电器（芜湖）有限公司以往的货物输送模式主要以江海联运为主，以公路集港为辅，此种运输模式虽然可以节约物流成本，但受气候（雷暴天气）、季节性（洪水期、枯水期）等因素影响较大，一旦受到恶劣天气影响，航道限行，货物则无法输送。另外运输时效长，由于上海港是全国进出口货物集聚港，运输量大，泊位繁忙，经常出现货轮到达两三天不能及时靠港装卸的情况。

园区通过对格力电器（芜湖）有限公司进出口货物运输通道的调查了解，结合自身资源优势，为其定制了不受气候、季节性等因素影响，运输量稳定且时效快的运输方式，即定制开通"芜湖（宝特）—宁波舟山港"铁海联运"五定班列"线路。这种方式依托企业自有的综合物流基地，集中企业货源后形成每周一、三、五定点定线发运的班列线路，每列30车，与宁波舟山港实现运输上的无缝衔接。宁波舟山港提前将空箱调运到园区内，业主方在装箱前委托货代订舱后，园区根据业主方需求，用集卡车将空箱运到厂方直接装货进箱，重箱返回装上火车，通过铁路发运至宁波舟山港后，直接集港出境。园区通过科学调度指挥实现运输安全畅通，在运输时效上缩短了2～4天，用箱及舱位都得以保障，规避了江海联运方式的一些限制性条件而导致的误舱、延迟靠港等不确定风险，避免了因港口拥堵带来的经济损失，确保运输生产保持24小时不间断运转。

（2）铁海联运专列

2022年，园区与港航部门联手为区域客户定制打造了光伏铁海联运专列产品。宁波舟山港将华东区域光伏出口基地定在园区，在原有铁海联运业务的基础上，新增光伏货品出口业务。2023年，芜湖宝特物流有限公司维稳发展原有业务，并增加滁州区域东风日升、隆基绿能、晶科能源生产的太阳能面板经公路发运至芜湖宝特站，再经铁路发运至宁波舟山港出口至美国、土耳其等区域的业务。日常保障芜湖东西芳电子科技有限公司生产的电热家纺产品从芜湖宝特站发运至宁波舟山港出口欧洲业务、三山区蜡烛生产厂家出口蜡烛发运至欧洲业务，以及安徽美博空调有限公司的空调产品经公路发运至芜湖宝特站，再经铁路发运至宁波舟山港出口至俄罗斯、乌克兰等区域的业务。进口业务包括从

美国、德国、澳大利亚经水运至上海港，再经公路转运至芜湖宝特站的塑料薄膜业务。

铁海联运作为集约高效的运输组织模式，通过海运和铁路等运输方式的有效衔接，为客户提供一体化的集装箱运输服务，具有运能大、运输安全性高和低碳环保等独特优势，对内陆地区打通出海通道、沿海城市拓宽经济腹地具有重要意义。运输时效的极大缩短，使得企业资金得以快速回笼，有利于企业资金的流动，极大提高了企业的盈利能力，降低了企业的物流成本。

2. 推进"公转铁"与"散改集"，助力绿色发展

园区响应国家"打赢蓝天保卫战"的号召，积极开展全程利用集装箱进行大宗物资运输的多式联运业务，有效避免了运输途中的扬尘问题，减少了污染，具有零损耗、低污染、绿色环保、装卸高效和运价低等优势，同时也实现了"门到门"全程物流运输的高效模式转变。

（1）生铁"公转铁"

园区开通由贵州扎左站至芜湖宝特站的生铁专列，为区域范围内的大型制造业企业芜湖新兴铸管有限责任公司（以下简称"新兴铸管"）专供生铁。以往新兴铸管的生铁物资大多采用公路运输方式，但由于每月所需生铁量较大，公路运输领域小散乱状况突出，经常出现车辆配置不齐全而无法按时交货的情况。园区通过采用"公转铁"联运方式，将生铁物资从贵州贵阳使用铁路敞顶集装箱直接发运至芜湖宝特铁路专用线，在园区吊装后经公路配送至新兴铸管，充分发挥了各种运输方式比较优势和组合效率，展现出铁路大运量、高效率的优势，实现了几种运输方式不产生二次装卸的"一箱到底""门到门"服务。

（2）煤炭"散改集"

鄂尔多斯煤田是中国最大的多纪煤田，也是世界特大型煤田之一，地跨陕、甘、宁、蒙、晋五省区。以往由鄂尔多斯接界陕西地区至安徽池州青阳地区的煤炭业务全部采用散装方式装入火车，发运至青阳新河镇站，在该站货场内进行二次倒装后再用卡车短驳至省内企业客户。这种运输方式流程复杂，环节繁多，增加了物流成本，且多次倒装产生了煤屑、扬尘等污染环境。针对这种情况，园区于2021年1月3日新增开通了"曹家货场站—芜湖宝特站"煤炭运输多式联运班列，开启了省内煤炭运输新模式。煤炭在榆林市曹家货场站直接进行集装箱装载发运至芜湖宝特站，再在园区内将集装箱吊装至卡车上，保质保量及时配送至省内区域客户。

（3）焦炭"散改集"

2022年年中，园区同步实施焦炭业务"散改集"运输模式，分别开通由邯郸市午汲站、安阳市石涧站、亳州市青町站发运宝特站线路，货物从源头厂家装入敞顶集装箱内，通过站点火车发运抵达芜湖宝特站，在芜湖宝特站货场进行装卸后依据下游客户需求再分批次由货车短驳至需求厂家，保障客户的加工需求。截至2023年12月底，园区焦炭发运总量共计12万余吨。

3. 开行中欧班列，共建"一带一路"

围绕深度融入"一带一路"建设、长江三角洲区域一体化发展、打造内陆开放新高地的总体建设中，作为西安国际港集结城市，开行"芜西欧"中欧班列业务。为深化业务合作，园区携手西安自贸港建设运营有限公司、芜湖路歌物流科技有限公司合资成立芜湖市芜西欧国际货运有限公司。2020 年 11 月 27 日，一列满载 150 辆奇瑞汽车，共计 50 个集装箱的"芜西欧"中欧班列鸣笛发车。首列"芜西欧"中欧班列从园区铁路港驶出抵达西安港集结中转，再搭乘"长安号"中欧班列出境至俄罗斯首都莫斯科，行驶时间为两周，行程 9300 千米。

目前，中欧班列稳定运行，其运作模式为货物从芜湖宝特站发运西安新筑站进行集结中转，依据出口地点通过不同边境（霍尔果斯口岸、阿拉山口口岸、二连浩特口岸）出口至境外。运输货物种类主要包括奇瑞汽车、电冰箱、热水器、绣花机、聚酯切片等。

园区作为芜湖建设国家物流枢纽培育主体对象，服务芜湖企业实现高水平"走出去"和高质量"引进来"，为众多进出口企业提供更多通道选择，建设国家物流枢纽"通道＋枢纽＋网络"的现代物流运行体系，助力芜湖、西安两市深度融入"一带一路"建设，为构建以国内大循环为主体、国内国际双循环相互促进的新发展格局贡献更多力量。

（五）注重多维发力，促进相关产业联动发展

物流园区建设要重视物流企业和相关产业依存关系的建立，尤其是物流企业和制造业的联动发展，努力形成物流企业、运输组织、工业企业、商贸企业之间的紧密配合、专业分工与协作完善的体系。园区物流企业客户新兴铸管是全球铸管行业的龙头企业，随着钢铁产能的不断增加，钢材产品的寄存和周转成为新问题。依托自身专业仓储优势条件，园区钢材仓储业应运而生，满足了企业的仓储和周转需求。园区提供仓储用地，在满足钢铁企业钢材寄存需求的同时，还能够满足客户不定期钢材寄存需求，包含客户的中间商、代理商的钢材寄存。同时为其提供定制化仓储配送一体化服务，依据客户的自身需求招引达标运输车辆，为客户提供货物拆装运输服务。截至 2023 年 12 月底，园区合作钢铁仓储配送业务厂家已达 5 家，仓储配送钢材品种有卷钢、螺纹钢、盘螺、线材等，平均运量达 12000 吨/月。该业务的开展增强了这些企业的本地植根性，实现仓储企业与钢铁企业的"双赢"。

2022 年，杭州云酷智能科技有限公司的星载液冷大数据中心一期百亿项目落户园区。该项目液冷产品主要为国家"东数西算"大数据工程提供节能产品及相关技术支持，是国家"东数西算"芜湖数据中心集群重点项目。物流园区并不只是物流企业集聚区，还是物流上下游及相关企业的集聚区，其中包括高科技企业，因为高科技企业的产品同样需要运输仓储。园区完善配套的集疏运基础设施、高标准的仓库、一流的办公环境、功能全面的综合服务保障体系等，不仅吸引物流企业、生产企业入驻园区，其虹吸效应也影响高科技企业入驻园区，利用园区强大的要素集聚功能实现产运销一体化、集约化运作。

三、示范特色

（一）区域分拨，集约发展

园区建成后，利用特色资源优势，突出特色管理服务，目前已成为中国国家铁路集团有限公司指定的商品车华东地区分拨中心。经济活跃、人口密集的华东地区已成为国内最大的商品车消费市场。芜湖地处华东六省一市的地理中心，仓储成本较江浙沪低廉，因此园区具备建设商品车存储分拨区的标准化条件，再结合铁路运输量大、价格低的优势，又具有建设商品车存储分拨区的特色资源。因此，园区顺势而为，与五菱、宝骏等众多品牌车企达成合作，协同向集约化发展方向探索。目前，从外地运往安徽、江苏、浙江、上海等省市的商品车都可以直接由铁路运送到园区，在园区内进行装卸、分拨、中转、仓储。运输车辆品牌繁多，有一汽大众、奥迪、比亚迪、红旗、奇瑞等。园区通过实践，摸索出"五位一体"的运营模式、标准化的管理方式和"库前移"的操作流程等，有效实现了商品车铁路专用作业区、商品车存放库区和商品车公路分拨作业区的无缝衔接，便利了商品车进行多式联运的转换，从而形成高效运行、相互衔接、集约发展的综合交通运输新格局。

（二）多式联运，降本增效

基于日前国内具备多式联运功能条件的物流园区少、集疏运水平低的情况，园区致力于打造现代化的公铁水多式联运枢纽型示范园区，并已先行先试，多式联运业务在区域范围内已初步形成示范。园区注重产业集聚、融合、协同发展，多维度构建产业物流体系，引进国内多家知名企业入驻园区，重点推进多式联运业务，为企业提供仓配一体化服务，助力企业实现降本增效。园区运营至今一直是中铁特货商品车库前移长三角分拨中心、宁波港铁海联运进出口通道；同时积极开通中欧班列业务、山西钢铁"公转铁"业务，陕西煤炭、内蒙古粮食、省内砂石运输的"散改集"业务，响应国家"绿色物流"的号召，有效防止运输扬尘、减少污染，实现物流运输的降本增效。下一步园区将继续探索开展多式联运"一份合同、一单制、一箱到底"业务的多种实现方式，同时响应国家推进运输结构调整行动，大力推进"散改集""公转铁"业务，降低全社会物流成本，促进绿色、环保物流发展，多渠道实现真正意义上的降本增效。

（三）两业协同，综合服务

长期以来，生产制造业和物流业的发展存在着较强的不均衡性，制造业和物流业两业联动程度低，制造业的物流需求和物流企业提供的物流服务之间存在壁垒。园区靠近产业聚集区，5千米半径内有大型制造业企业近30家，园区配备制造业仓库前置的功能，为制造业企业提供定制化服务；深入调研市场，成功为格力电器、新兴铸管、双鹤药业、东方雨虹等知名制造业企业提供定制化的仓储物流服务方案；在满足制造业物流运输需求，为其提供定制化、个性化、一体化等综合服务的同时，促进了两业协同均衡发展，从而帮助生产制造业企业建立稳定、可靠、经济、高效的供应链，加快其向高质量、高效率方向转型升级的进程。

（四）联运标准，引领示范

在多式联运标准化工作方面，园区积极开展探索多式联运标准体系。主要包括：场站基础设施方面，对多式联运物流园区进行标准化的建设，提高公路和铁路设施的衔接水平以及公铁换装作业区的衔接水平；运输规则方面，针对公铁联运标准化运营设计规范的快速中转作业流程，提高公铁联运一体化运营的能力；枢纽场站作业方面，对公铁联运枢纽场站作业设计标准化流程，提高枢纽场站的换装效率；信息化方面，充分利用 RFID、物联网等先进信息技术实现多式联运货物信息动态查询、动态可视功能，依托多式联运公共信息平台，实现多式联运的一体化、标准化经营。园区多式联运标准化工作的实践，为其他物流行业从业者制定相关行业标准提供了借鉴。

四、发展方向与未来展望

（一）发展方向

未来，园区将以建设智能智慧化园区为目标，通过使用现代科技优化园区运营环境，打造高质量、一体化的供应链物流服务体系。筑牢"物流链"、构建"供应链"、提升"价值链"，将园区打造成为集商流、物流、信息流、资金流等于一体的平台载体，坚持绿色可持续发展模式，成为对接国家枢纽网络体系的示范物流园区。

（二）重点任务

园区以国家级示范物流园区规范要求为导向，逐步建立健全园区的"四大板块"和"六大功能区"。未来，园区将建立配套完善、功能齐全的综合服务体系，推动园区集约化水平和集疏运效率进一步提高。具体做法：一是加速建成二期公路港区和多式联运中心区；二是通过营造运营环境、完善运营基本模式规划等，提升园区运营管理水平；三是部署和建设大宗商品货物电子交易平台、物流供应链金融平台、物流职业培训中心、物流产学研基地、博士后科研工作站等，实现园区"设施完善、功能齐全、综合配套"后所带来的综合效益。

未来，园区将争取进入国家物流枢纽建设名单，并纳入长三角一体化发展国家战略的物流协同体系。

（撰稿人：杨民，汤娟娟，胡艳红）

宝湾（合肥）国际物流中心

企业集聚，模式创新，打造商贸物流综合体

宝湾（合肥）国际物流中心（以下简称"园区"）位于安徽省合肥市。合肥市位于华东地区，毗邻长三角核心经济圈，是长三角副中心城市，也是皖江城市带承接产业转移示范区核心城市与"一带一路"倡议和长江经济带战略双节点城市。

园区坚持"物流带动商流，仓储商贸综合发展"的战略规划，同时加强配套建设，现已形成一套"专业物流园＋商贸专业市场＋住宅＋配套"的商贸物流综合体发展模式。"专业物流园"仓储、物流配套体系健全、完善，园区物流线路通达全国、覆盖全省；"商贸专业市场"已形成以家居建材、汽车后市场、高低压电气为主要业态，集展示、交易于一体的规模化园区，总体上实现了物流商贸联动发展的运营模式，且在国内处于领先地位。园区顺应新常态经济条件下企业发展转型的趋势，通过建设国内为数不多的综合型产业园区，积极融入区域产业链供应链发展，努力加速合肥融入长江三角洲区域一体化发展进程。

一、园区概述

（一）项目背景

园区由中国南山开发（集团）股份有限公司（以下简称"中国南山集团"）开发。中国南山集团总部位于深圳赤湾，旗下拥有上市企业南山控股，业务涉及综合物流、产城综合开发、金融服务、资产管理等领域，覆盖长三角、珠三角、环渤海、中部及成渝地区等的30多个热点城市，积极参与共建"一带一路"国家的特色园区建设，客户遍布全球。中国南山集团的综合物流产业以"宝湾物流"和"赤湾东方"两个强势品牌为抓手，点线结合，旨在打造中国领先的仓储与公路运输领域综合运营商。中国南山集团主要从事现代物流园区及商贸园区的开发与运营，致力于实现产业与城市发展的有机融合，打造国内领先、国际先进的商贸物流产业园区。园区实景见图1。

（二）发展历程

园区于2013年正式开工建设，2012年4月被列入合肥市"1346行动计划"重点建设项目，2013年5月被列入安徽省"861行动计划"重点建设项目，2014年5月被列入

图 1 园区实景

交通运输部"十二五"公路货运枢纽（物流园区）建设规划项目。2017 年被安徽省发展改革委、住房和城乡建设厅、国土资源厅三部门联合评定为安徽省级服务业（物流）集聚示范园区，2017—2018 年连续被中国物流与采购联合会授予优秀物流园区，2021 年入选第三批示范物流园区。

2021 年，园区与合肥国际内陆港发展有限公司、中国铁路上海局集团有限公司合肥货运中心、中国中铁四局集团物资工贸有限公司合肥分公司、中国外运物流发展合肥有限公司、合肥综合保税区管理办公室共 6 家单位成功申报合肥陆港型国家物流枢纽。

园区以陆港型国家物流枢纽建设为契机，从优化基础设施建设、强化园区运营方法等方面入手，提升园区现代化、智能化水平，同时围绕中欧班列优势资源，引入合肥叁联集装箱维修服务有限公司与上海易浦供应链管理有限公司等为铁路运输提供集装箱存储、维修与掏装箱等业务，推进建立公铁联运新模式，促进园区发展取得新成效。枢纽提供仓储物流、商贸采购、分拨配送等物流功能，推进枢纽商贸与物流融合发展。合肥陆港型国家物流枢纽将依托合肥国际陆港、宝湾国际物流中心等城市北部物流产业集中连片发展区，打造合肥经济产业高质量发展的供应链服务中心、国际物流中心和枢纽经济发展引领示范区。

（三）区位交通

园区位于合肥新站综合开发试验区、双凤经济开发区、庐阳工业园交会处，市政设施配套完善，产业基础雄厚。四至边界为：物流支路以北，合淮铁路以南，淮南北路以西，高铁线以东。项目紧邻中国铁路上海局集团有限公司合肥货运中心以及阜阳高架、淮南北路等城市主干道，距北二环、合肥综合保税区约 3 千米，距合肥北绕城高速约 10 千米，交通区位优势明显。

（四）运营主体

园区运营主体为合肥宝湾国际物流中心有限公司（以下简称"宝湾国际"），是中国南山集团在合肥投资设立的全资子公司，注册资本3亿元。为更好地开展物流建设、管理和运营，宝湾国际全资设立专门的运营管理公司——合肥宝湾国际智慧供应链管理有限公司，注册资本1000万元，经营范围涉及公路运输、铁路运输、水路运输、航空运输、集装箱运输，以及仓储服务、流通加工、配送服务、电子商务、信息化服务、进出口及保税物流服务、国内国际货运代理等。合肥宝湾国际智慧供应链管理有限公司在集团实施模块共享的政策下另设园区运营管理部与供应链业务部两大模块，人员配置7人（不含行政、人力、财务与信息化人员），全面负责园区日常招商、运营管理、信息化建设、供应链业务服务等，推进园区与关联企业快速发展，积极发挥园区集聚效应。

同时，园区为促进商贸与物流一体化发展，另设全资子公司——合肥宝湾国际商业运营管理有限公司，注册资本500万元，经营范围涉及商业运营管理、商业品牌管理、商业顾问咨询、商业项目策划、物业租售代理、电子商务运营管理及相关信息咨询服务等，全面负责园区商业类事项，推动商业与物流"背靠背"发展模式，真正做到以商贸推动物流、以物流反哺商贸，促进园区在综合型商贸物流园区的发展道路上更进一步，也加速园区与区域经济的融合发展。

（五）社会贡献

1. 社会应急中转

疫情期间，园区为全面发挥应急物资中转站作用，联合内部企业，做好企业业态与运力统计等工作，同时利用信息平台，强化信息传输，互补应急物资，协同调配运力。园区内已建有一座4万平方米左右的中转分拨中心，提升中转站整体应急服务能力，解决应急物资分拨与中转效率不高的问题，全力保障生产、生活等应急物资供应。

2. 社会公益活动

园区积极参与社会公益活动，中共合肥宝湾国际商贸物流园商圈总支部志愿服务队组织的"筑梦童年"爱心助学服务项目被评为长丰县优秀志愿服务项目、合肥市最佳志愿服务项目。项目完成爱心图书室搭建2座，提供近1400本图书；捐赠约100件体育设施设备；资助2名建档立卡贫困户家庭学生，直至其完成高中学业；并承办长丰县"圆梦微心愿"活动1次，为30余户贫困家庭提供帮助。

二、主要做法

（一）打造商贸物流双轮驱动模式

1. 精准定位，打造高端商贸物流综合体

园区按照"市场分析→战略定位→功能设计→布局设计→商业计划"的规划方法论

"五部曲"，聘请专业机构对合肥市乃至安徽省的经济结构及产业结构、消费习惯及消费能力、商贸物流产业园区现状进行调研分析，同时结合合肥市的城市规划要求，打造区别于传统商贸园区的高端商贸物流综合体，避免同质化、低水平竞争。传统商贸物流园商贸功能与物流功能缺乏协同管理，商贸物流一体化发展较为薄弱，商贸和物流存在脱节的现象，所以园区在建设和运营环节注重高端商贸物流综合体的打造。

在建设环节，园区本着守正出新的观念，在传统物流向商贸物流城发展的基础上再做创新，以实际需求为引领，不断完善园区建设方案，按物流带动商流、仓储商贸综合发展的规划实施，在传统商贸物流城的基础上注重配套设施建设。总体建设分为四期：一期建设仓储物流中心；二期建设由仓储向商业过渡；三期建设扩大商业规模，入手配套设施；四期建设完成仓配、商贸及配套整体规划（在建），最终形成一套"专业物流园＋商贸专业市场＋住宅＋配套"的商贸物流综合体建设模式。这种建设模式，有利于实现产城融合，杜绝传统商贸物流城中商贸与物流脱节的现象。在运营环节，园区从综合集约、独立专业、共享公用入手，设置有综合配套功能区、展示交易功能区、信息服务功能区、集中仓储功能区、配送加工功能区、多式联运功能区、停车场功能区七大功能区，打造成一个专业性的物流中心。

2. 服务保障，建设完备的园区基础设施

园区依据"专业物流园＋商贸专业市场＋配套设施"的商贸物流综合体建设模式，打造完备的园区基础设施，提升综合服务保障能力，充分体现出园区"物流驱动商贸，展储运居一体"的发展思路。园区内基础设施布局见图2。

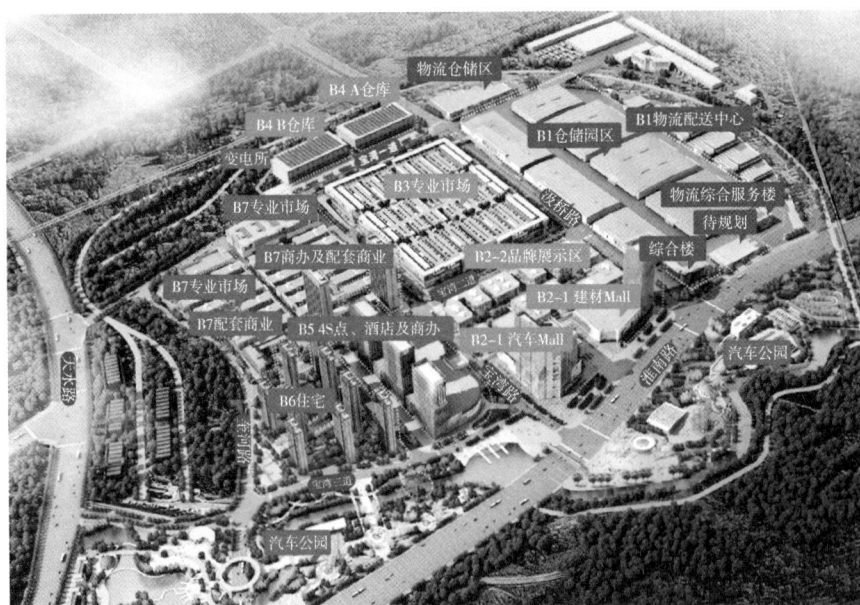

图2　园区布局

专业物流园承担园区的物流功能，占地面积23万平方米，建有7座轻钢结构立体高标准仓库，其中3座设有单面卸货平台，4座设有双面卸货平台；建有2栋分拨中心楼仓，分别为四层立体分拨仓和两层货梯分拨仓，满足了园区内货物仓储需求。同时，专业物流园内建有 6 栋物流配送档口以及 1 栋 5 层综合服务楼。物流配送中心线路目前已通达国内主要物流节点城市，覆盖安徽省内所有地市县，同时城市配送体系覆盖合肥全境。通过物流配送中心集疏运体系的高效整合，现已实现定时配送、定量配送、定线定点配送。

商贸专业市场承担园区的商贸功能，占地面积 50 余万平方米，已建成并投入运营 8 栋品牌总部基地，用于品牌总部入驻办公与品牌展示及体验。除此之外，还建有 B3 和 B7 两个专业市场，B3 专业市场内共有 A—F 六个市场区，主要业态为家居建材以及汽车配件。B7 专业市场内共有 A、G、S 三个功能区，主要业态为汽车配件、工程机械及高端铝材。

园区内配套功能设施主要包含办公区、住宅区（住宅小区与公寓）、停车功能区、餐饮区等，满足园区内居民生活、办公需求。

（二）招商引资，建立完善的招商标准

宝湾国际以产业导入和产业集聚为核心，以政府、园区、企业的诉求为运营目标，按照"物流驱动商贸，展储运居一体"的发展思路，建立了一套完善的招商标准。一是利用园区品牌，对接政府招商资源，做好地方优质企业储备和点对点招商；二是进行产业链招商，结合各地产业资源优势，打通产业链上下游进行招商；三是进行生态圈招商，依托重大项目和主导产业，结合生态投资，整合外部资源，打造园区招商生态圈；四是依托重大项目引领，主动策划、对接和储备一批处于产业链上的全国重点企业，推动企业进驻园区，以商招商，口碑招商。

通过招商引资，园区已成为合肥北部重要的商流集散地以及物流产业集聚区。园区标准化仓储区进驻客户包括大型生产及商贸企业，如伊利乳业、京东方、康宁玻璃等工厂的原辅材料仓，豪爵铃木、大自然地板、圣象板材、凤铝铝材等商贸企业的区域中心仓；大型三方物流企业，如聚盟物流、合肥中外运、东方物流、福建万达物流等。物流配送区域进驻有支线运输及配送企业，如中原物流、米立达物流、宇鑫物流、城坤物流等；快递快运类企业，如百世、圆通、中通等。同时，园区进驻干线运输企业 20 余家，网络型支线和配送企业 10 余家，专业型线路运输企业 30 余家，运输配送网络覆盖全省、通达全国。

建材家居行业是园区重点业态之一，为了促进建材家居行业的集约化发展，园区在商贸模块与红星美凯龙共同打造家居博览中心，提供展示功能；同时吸引建材类中小客户入驻建材家居交易中心，打造展示与交易一体化运营模式，保证商贸发展的同时丰富业态仓配需求，红星美凯龙项目实景见图 3。在仓储物流模块引导多形态仓配模式发展，既有服务于志邦、易高等家居产业链的三方仓配模式，也有服务于建材交易中心的零担物流模式，充分满足了园区商贸市场的需求；同时通过仓配将园区建材家居业态与外部市场链接，真正做到了商贸促进物流、物流服务商贸的相互联动，完善了园区业态的良性循环机制，实现了园区发展与市场经济发展的紧密结合。

图3　园区红星美凯龙项目实景

（三）建设数字化园区

社会生产力的提高、电商经济的崛起、仓储物流流量的加大，致使传统仓储物流作业能力难以满足井喷式的需求。园区视危机为机遇，在集团投资近 2 亿元的基础上，追加投资超 500 万元，积极创新，倾力打造线上线下联动发展的智慧园区。

园区积极为入驻企业搭建公共服务平台，建有门户网站（www. baowan. com. cn）、微信公众号"宝湾国际"，并已搭建智慧园区管理系统，功能包括租赁管理、智能抄表交费、智慧停车、在线报修、在线客服、智能监控、智能安防等。同时与 SAP（思爱普）公司合作，将 SAP – Hybris 物流供应链信息系统、SAP – TMS 仓储管理系统和 SAP – WMS 运输管理系统引入园区，为入驻园区物流企业提供车货匹配、交易撮合、仓储配送等综合性服务。通过合理规划仓储分拨中心、公共配送中心和末端配送节点，建立高效的干支线运输及城市共同配送物流服务体系。同时，通过与电商交易平台"宝湾商城"进行信息互联，整合物流供应链相关节点的物流活动，打通节点间的信息流转，实现商流、物流、资金流与终端客户"四流合一"，基本实现了用户可视化、数据化、智能化、智慧化的场景；并结合物流信息平台对数据进行采集、汇总、分析、归纳等，为物流供应链各节点用户提供数据支撑。

2022 年，园区成功申报为中物联全国数字化仓库企业试点（第五批），在原有的电子商务平台与物流信息平台基础上继续打造智慧园区管理平台（智慧园区系统），从仓储租赁合同到账单管理，全面推行数字化发展。当前智慧园区系统已经纳入园区重点发展事项，加速传统管理模式向数字化发展转变。下一步，物流中心将从物联网、电子仓单等方面继续探索新的数字化发展方法，发扬集团公司守正出新的优良传统，打造模式先进的综合性数字物流中心。

（四）提供多元化服务

1. 物流配送服务

园区为企业提供订单收集、车辆调度、产品保障等物流配送服务。园区首先通过在线系统收集商贸园区企业的商品运输需求，再根据这些商品运输需求，科学地进行车辆路由规划，以降低企业物流成本。园区严格按照运输前检查、运输中监管、运输后确认的程序，确保园区企业的商品安全。同时园区积极发展"共同配送"新业态，整合物流线路，使园区内物流企业互通有无，初步实现了同业态、同方向的整合发运，降低企业物流成本的同时提升了物流效率。

2. 公共仓储服务

园区为企业提供的公共仓储服务包括仓库管理、货品管理、物业服务等。仓库管理服务通过对仓库库存及调用的优化，实现仓库库存的最大化利用，缩短产品调度时间；货品管理服务通过对产品库存的科学管理，不仅可以帮助客户做到库存合理规划、先进先出，还可以减少储存过程中产品的损毁、损耗；物业服务指对仓库物业的养护维修服务。园区积极与企业沟通，推进开展线下共享仓项目，目的是在实现行业产品聚集、提升仓储利用率的同时，降低企业仓储成本，有效推进园区集约化发展。

3. 金融信贷服务

客户在经营中，资金支持必不可少。为此，园区通过对入驻商户的需求进行汇总，支持客户中短期资金及扩大规模资金需求，采取与集团金融公司、银行合作的方式，为客户提供定制化的金融信贷服务。现阶段，园区主要提供包括抵押信贷、担保贷款、小额借贷、金融租赁等供应链过程中的融资服务。园区根据企业的贸易数据、物流数据、纳税数据、支付凭证等，与外部金融机构进行合作，为园区企业提供信用贷款或抵押、担保贷款，以及以库存货品作为质押进行融资等金融服务。

2023 年 8 月 18 日，宝湾国际与中国银行股份有限公司合肥分行达成战略合作，以金融助力园区小微企业发展。中国银行为园区商户特别定制的"宝湾租金贷""宝湾抵押贷"产品是双方合作的创新之举，助力宝湾国际提升运营服务质效，为园区入驻商户解决了实际经营问题和困难。

4. 电子采购平台服务和信息服务

园区借助已建立的电商平台，帮助外部客户提供包括信息查询、竞价采购、在线交易等服务。让外部客户能够查找供应商信息、适时价格信息、过往交易记录等，并能实现线上下单、线上支付等功能。同时，平台还提供市场产品信息、市场供求信息、新产品和新技术等信息服务。

（五）建设节能环保绿色园区

在当今社会，节能环保一直是全行业热点话题。园区积极响应"双碳"政策，正视物流造成的环境问题，将自身作为减碳经济的试验场、实践场，在发挥物流服务性、链接型带动区域经济发展的同时，追求节约资源和环境保护的目标，在实现经济效益的同时注重社会属性。

园区坚持绿色发展，在注重自身工作细节的同时，以"绿色节能、现代高端"的理念为指导，对园区进行规划设计和运营指导，提出生态物流园区建设五部曲。一是淘汰尾气排放超标的车辆；二是长途运输推广使用厢式半挂车，减少中小型货车的使用，减少出车数量；三是对新购进的新能源配送车辆实行优惠政策；四是把高耗电的停车场大灯、办公照明换成节能灯，每年可以节约用电 10 万度，同时园区正在建设 1.4 万平方米的太阳能屋顶光伏发电设施（实景见图 4）；五是在仓储方面，通过托盘的重复利用和一些机械化物流设备的使用，提高了效率，节省了大量木材的使用，充分降低碳排放量。园区通过生态物流园区建设五部曲的实施，绿色发展观念深入人心，取得显著成效。

图 4　园区光伏覆盖实景

三、示范特色

（一）产业融合，联动发展

物流产业是链接型产业，具有与其他产业紧密关联的特质，是多产业之间的桥梁纽带。园区建成后，突破了传统物流的单一服务性，将物流从"你需要、我配套"的服务模式中拉出，大力推进产业融合联动发展，凸显物流链接优势。仓储物流公共服务平台的搭建提升了周边大型制造业企业、商贸流通企业的物流供应链经营生态环境，延伸了产业链供应链链条，同时拓展了产业增值空间，有力助推了区域经济的转型升级，使产业经济与物流供应链起到了良好的融合作用，社会效益和经济效益显著。

园区在汽配、建材、家居、办公用品、半导体等领域已形成规模化集聚效应。汽配、建材等业态的中小企业在园区内互通有无，合作经营，走向全国；京东方、得力等大型企业将园区当作仓储物流基地的同时，以宝湾为要地向外辐射经营，园区真正意义上打造出了模式先进、物流与商贸联动的综合型园区，实现物流对产业的链接作用，未来园区将持续在产业融合发展的道路上深耕。

（二）企业集聚，区域发展

园区通过长期的金融支持与数字化管理，为园区以及周边商户提供高质量服务，在区域及行业内被高度认可，吸引众多企业入驻，形成产业集聚区域。截至 2023 年上半年，园区累计入驻企业近 2000 家，常驻供应链类企业近 40 家，每年可提供就业岗位约 3000 个，经济效益和社会效益显著。园区内项目与区域内相关制造业、商贸业形成良好的互动发展态势，对区域产业经济的发展和上下游产业链有一定的影响作用，有效拉动了合肥北部区域经济发展。同时，园区有效推动了合肥北部区域的物流基础设施建设升级，缓解了物流业基础设施供需矛盾，完善了合肥北城区域物流配送体系；通过整合合肥北城区域的零散物流公司，形成产业集聚区，有利于区域物流配送中心的品牌建设，形成以服务合肥北部为核心、辐射安徽乃至全国的区域物流配送中心。

（三）枢纽园区，协同发展

园区大力推动与陆港型国家物流枢纽的融合发展，积极招引与培育物流企业，不断提升自身服务能力，2023 年上半年在货物吞吐量、物流业务收入、入园企业总数、就业人员总数上同比均有提升，具体数据见表1。截至 2023 年 11 月，园区内 4A 级物流企业 4 家，货物吞吐量约 300 万吨/年，入驻企业自有货运车辆 800 辆左右，总载重量达 2 万吨；整合社会货运车辆 1600 辆左右，总载重量达到 48300 吨；装卸搬运设备数量 50 台左右，装卸搬运总能力达到 250 吨。园区通过对接枢纽内企业，进行必要的资源整合与共享，建立物流枢纽间协同机制，实现多元化服务一体化运作，以枢纽经济促进区域产业发展，同时扩大自身业态布局。枢纽也借助园区物流功能，实现区域经济与园区发展的相互促进与共同提升。

表 1 　　　　　　　　　　　　园区相关数据

	2022 年上半年	2023 年上半年
货物吞吐量（万吨）	130.9	138.1
物流业务收入（亿元）	15.96	16.5
入园企业总数（家）	1850	1950
就业人员总数（人）	2850	2900

四、发展方向与未来展望

（一）发展方向

园区以《合肥市"十四五"现代物流业发展规划》为发展导向，积极提高资源配置能力，从综合集约、独立专业、共享公用入手，积极发挥园区"商贸物流一体化发展"优势，加速融入陆港型国家物流枢纽，助力建成布局合理、技术先进、便捷高效、绿色环保、安全有序、点线面集成融合的现代物流服务体系，实现合肥物流业的高质量发展，促进"十四五"区域经济发展取得新成效，助力合肥与长三角城市群的融合发展。

（二）重点任务

园区未来发展聚焦四项重点任务：一是实现产业集聚和优化升级；二是推动物流集聚区体制机制创新；三是加强物流信息化建设；四是推动绿色环保和可持续发展。未来园区建设发展将围绕以上四点，结合实际开展工作，提升集聚区集约化发展效应。

（三）发展举措

园区为充分发挥服务业集聚区集聚效应，满足集聚区近期发展需求，实现远期发展目标，将从以下三方面做出努力。

一是加强政策桥梁搭建，激发市场活力。政策桥梁搭建是营造良好招引及运营环境的关键，必须加大政策宣贯力度，让企业了解政策，受到实实在在的政策扶持，才能提升企业安全感，充分激发市场活力。

二是健全服务机制，营造一流服务经济环境。服务经济是一种不断升级的经济形态，集聚区企业对服务质量和使用体验的需求不断提高，因此加强服务机制建设，营造一流服务经济环境非常重要。健全服务机制，包括提供专业的信息服务、完善服务机制、建立服务反馈体系、强化信息公开、提升服务质量等方面。

三是加大企业引进力度，打造行业高地。规模企业入驻是集聚区发展的核心力量，小微企业增量是集聚区发展的新鲜血液，如何吸引更多企业入驻服务业集聚区，成为当前面临的问题。集聚区从加大企业引进力度，发挥县区和集聚区协调作用入手，在服务质量、品牌化建设、区域市场开拓等方面共同打造更广阔的发展平台，促进集聚区规模扩大，实现与区域经济的共同发展。

（撰稿人：向雄飞，龚平，丁大伟）

上饶市新华龙现代物流园

创新驱动，智慧集群，助推现代物流转型

上饶市位于江西省东北部，为赣、浙、闽、皖四省交界之要冲，城市交通十分便捷，浙赣铁路复线与横南铁路支线交会于此。上饶市也是江西省唯一与长江直接相连的地级市，拥有丰富的水资源和水运资源，是长江经济带的重要组成部分，具有得天独厚的区位优势和发展机遇。同时，上饶市也是"一带一路"建设的重要节点之一，2018 年，上饶市与中欧班列合作开行了首趟中欧班列（上饶）。2020 年，上饶市与俄罗斯、哈萨克斯坦等国家签署了多项合作协议。2019 年 7 月 26 日，上饶市委、市政府出台《关于推进物流业高质量跨越式发展的意见》（饶发〔2019〕9 号），大力推进现代物流业发展。当前上饶市正在大力承接沿海产业转移功能，从外地运进资源，向外地销售产品，为上饶市新华龙现代物流园（以下简称"园区"）运营提供了市场需求和服务平台，有利于园区的运营发展。

一、园区概况

（一）立项背景

园区是上饶市委、市政府为贯彻落实《江西省人民政府办公厅关于进一步推进物流降本增效促进实体经济发展的实施意见》（赣府厅发〔2018〕3 号）的重大战略决策，结合"十四五"规划及《上饶市物流业发展中长期规划（2021—2030 年）》的战略目标，是推动物流业转型升级，促进上饶市经济社会发展的重点项目。园区以"智慧物流、绿色物流、共享物流"为规划理念，以"一站式物流公共服务平台"为核心功能，以"互联网＋"为技术支撑，以"产业集聚、功能完善、服务高效、管理规范"为建设特色，致力于打造上饶市乃至江西省的现代物流示范园区。

（二）区位交通

园区位于三清山大道北侧，沪昆高速上饶西出口处，周边环境良好，地理位置优越，见图 1。园区至沪昆高速上饶西出口仅有 300 米，原 320 国道从园区正面经过，园区占地面积约为 0.16 平方千米。

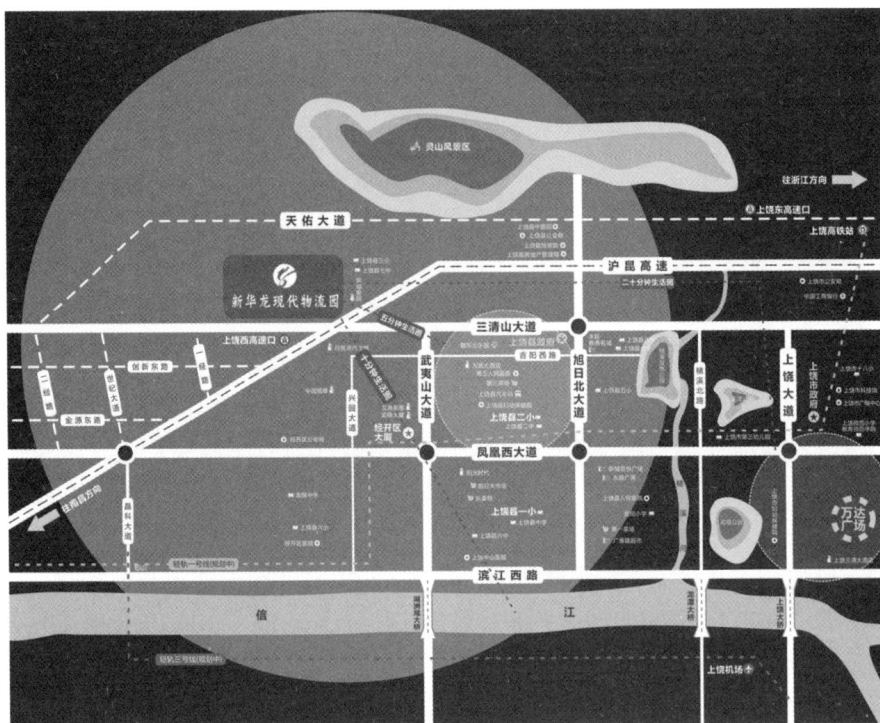

图1　园区区位交通

（三）空间布局

园区功能可划分为信息交易服务区、零担快运区、停车维修区、仓储配送区。其中信息交易服务区建筑面积85920平方米，零担快运区建筑面积72000平方米，停车维修区建筑面积15600平方米，仓储配送区建筑面积66704平方米。园区定位为全国优秀示范物流园区、省级重点商贸物流园区、上饶首个汽车商贸智慧物流园区，总投资10亿元，年货运吞吐量达800万吨。

（四）运营模式

园区采取租售并举的开发模式、"互联网＋园区"的运营理念，以"汽车商贸＋智慧物流＋现代服务"为核心的先进规划设计理念，充分利用"互联网＋产业＋基地＋平台"的创新运营模式，实现产业协同、网络联盟、线上线下互联、天网地网互通，推动现代物流业集约化、网络化、智能化、生态化创新发展。引入汽车商贸、物流企业1000多家，提供1万余个就业岗位，园区年综合收入预计达到80亿元，创税利上亿元，是一座代表上饶西城门户的产业新城。

（五）服务平台

园区物流公共信息平台是由政府引导，上饶市新华龙物流有限公司投资建设运营，累计投资 2000 余万元。2018 年园区物流公共信息平台升级为上饶市物流公共服务平台。该平台通过线上（互联网交易平台）与线下园区基地服务平台互动的复合型模式进行经营，有效地实现了货与车的高效匹配。平台采用大数据技术为广大中小微生产（制造与加工）企业、商贸企业、社会运输车辆、第三方物流、仓储配送等各类物流市场主体提供一站式物流公共服务。

二、主要做法

（一）打造区域物流集散中心

园区建设了完善的物流基础设施和服务设施，包括货运交易区、零担专线区、停车服务区、信息配载区、仓配一体区、大型停车场、维修中心、物流配套服务中心、汽车商贸展销中心、汽车后市场交易中心等，为上饶工业企业提供便捷、经济、安全的物流服务，使工业制造业企业物流成本降低 30%，整个物流网络覆盖全国 28 个省（自治区、直辖市）的 100 多个大中城市。目前园区每天有 500～600 辆来自全国各地的大型货车进出，入驻企业 300 余家。其中货物运输经营企业 243 家，货运专线近百条，服务客户1500 多家；货物发往全国 28 个省（自治区、直辖市）的大中城市；从 2005 年 4276 万元的营运收入，到 2022 年实现营运收入 306256 万元，人均劳动生产率从 8.6 万升至 37 万，实现了跨越式的发展。昔日的荒山野岭如今成为赣东北地区大规模、高标准、全设施、多流量、好服务的区域性物流集散中心。

（二）建立园区综合管理平台

1. 园区物流公共信息平台

园区物流公共信息平台通过整合生产（制造与加工）企业、商贸企业、运输司机、第三方物流公司、配货信息部的最新资源，实现线上与线下有机互联互动，为各类物流市场主体提供全国物流公共信息服务，以及包括平台运力在线管理、在线物流交易担保、货物在线投保、交易主体验证等全系列物流增值综合服务。同时，平台打造了独有的安全交易控制体系、安全运输评价体系，优化物流产业链，解决区域经济物流资源的有效配置问题。平台为中小企业物流交易、运输提供了全方位的安全保证，降低了中小企业物流成本，促进了中小企业发展。平台服务满意度达 98% 以上，已在上饶市信州区、广信区、弋阳县等地形成良好的服务口碑，具有较好的公共服务示范性和带动作用。

园区物流公共信息平台的中心是强大的开放式供应链事务处理系统，构建与实体物流相配合的虚拟操作环境的核心。平台体系由政务公共服务、智慧物流交易平台、物流大数据中心三大板块组成。其中，政务公共服务功能主要涵盖政策资讯、物流标准化、物流服务、市场主体、物流资源、实体物流网、信息中心、解决方案、数据管理等服务功能。智慧物流交易平台"货易行"主要解决车货匹配难、空载率高、货运安全无保障、运费不透明、运费结款难等问题。园区建立物流诚信交易背书，让物流交易更简单更透明，推动物流行业降本增效，一二三产业快速融合。业务服务功能包含物流交易系统、信息管理系统、会员服务系统、诚信系统、金融系统、标准化系统等板块。物流大数据中心利用云计算、互联网、物联网等技术，与省级物流公共信息平台无缝对接，与全国物流公共信息平台及 1360 个物流园区互联互通，实现与发展改革、交通运输、商务、工业和信息化、科技、公安、交警、税务等部门的数据共享。

2. 园区综合管理平台

园区打造的园区综合管理平台，是一款标准化、智能化、以过程为导向的园区管理软件，采用"以园区管理为基础，整合园区服务，集成园区互联应用"的多场景协同方式，提供一站式的园区运营综合解决方案。

软件结合众多知名企业的实际使用场景和管理经验，能够准确、高效地管理并跟踪园区运营信息、园区入驻企业（车、户、人）信息、园区车辆进出入信息、园区业务订单以及园区入驻企业之间进行资源交易的信息，全过程实现可视化监控。

软件从传统的"结果导向"转变成"过程导向"，从"数据录入"转变成"数据采集"，同时引入了监控平台让管理更加高效、快捷，实现过程精细可控，有力发挥园区的集散效应、规模效应和整合效应，打造集商流、物流、信息流于一体的智慧园区，见图 2。

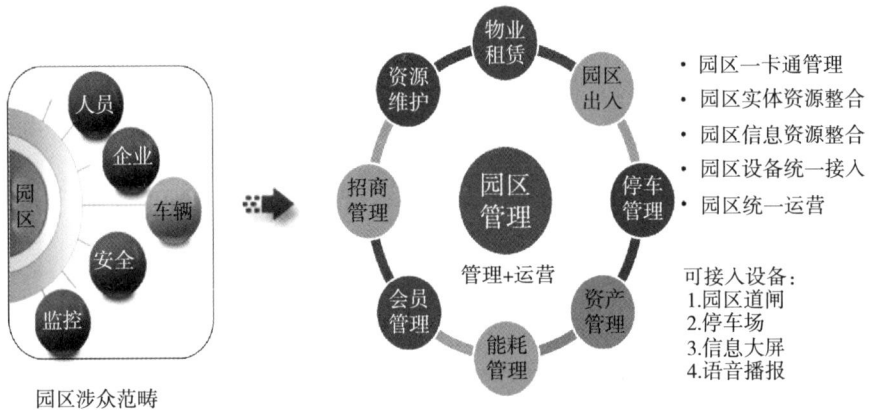

园区涉众范畴

图 2 园区自身的网格化管理

软件主要提供以下服务：

一是提供园区基础运营功能，包括物业租赁、能耗管理、资产管理、人事行政、招商活动、车辆/会员卡服务、车辆出入记录等。支持与道闸/门禁/停车场等硬件设备无缝对接，实现自动化的车辆进出园区、停车收费的车辆登记；提供车货交易大厅机制，配合园区的自助服务终端、大屏投射硬件，实现园内的车源、货源的发布、查询及交易功能。

二是提供基于国家交通运输物流公共信息平台（LOGINK）的园区互联应用功能。依托 LOGINK 平台的标准互联接口，以枢纽中心作为数据交换共享中心，实现园区与园区之间的运营信息互联互通、资源整合共享。为了实现信息数据对接交换多元化，平台需要为外部系统提供标准的数据交换接口，主要涉及客户 ERP 软件、第三方数据采集终端（GPS、LBS 等）、PDA/RFID、数据交换平台、短信平台及其他开放型接口平台。

三是提供对物流公司的车队管理功能。车辆管理包括企业自身的车辆管理和协作单位的车辆信息，主要包括园区登记、进出管理以及会员车辆管理。园区的相关运营统计信息的上传、查询等管理功能，包括使用管理信息系统对园区货运量进行统计。

（三）形成完整的园区服务体系

园区建立了完善的现代企业财务和人事管理等制度，对全员的行为和职责进行约束和规定，同时制定了考评和奖励制度。目前园区以岗位目标责任制和岗位业绩考评为主，进行绩效评价，管理人员的聘任公开透明。公司对于自身所拥有的技术产权和商业秘密，除了严格依照 ISO 9000 质量体系标准中规定的加强公司各项制度落实以外，还制定了其他有关保密的计划和防范措施。

园区目前承载着物流功能、展示功能、交易功能、信息功能和服务功能，并形成了一个完整的服务体系，包括物流服务、信息服务、金融服务、技术服务、管理服务、加工服务、市场服务、投资服务、生活服务等。

物流服务：提供配送、仓储、区域性时效性运输、快递等服务。信息服务：提供物流信息和运输、仓库、市场等信息，并通过物流中心的信息网络为客户提供信息传递、收集、分析、处理、发送、统计等服务。金融服务：为客户提供税务登记、银行投融资、财务咨询和管理、订单管理、结算管理等服务。技术服务：为客户提供各种先进的物流技术装备，实现货物全程在线跟踪，帮助客户维修运输设备及通信设施等。管理服务：为在物流园内的创业者提供工商注册登记、优惠政策咨询、法律咨询等服务；履行对物流园的行政事务管理、车辆调度、人员指挥、受理投诉、过程监管及售后服务等管理服务职责，并提供物流人才培训等服务。加工服务：为客户提供拆包、套裁、剪切、配套装配、原材料初加工、条码生成、标签印刷、贴标签、消费品二次包装等流通加工服务。市场服务：为供求双方提供交易平台、宣传平台和市场供求信息，有效衔接供需双方促成市场交易；还可以帮助客户进行市场调查与预测。投资服务：为客户提供投资分析和物流方案咨询，如配送、运输方案的规划与选择、库存控制的策略、供应链集成方案等服务。生活服务：为司机、物流公司、工作人员及客户提供商务办公楼和配套停车、餐饮、通信、邮政、住宿等生活服务。

（四）积极助力服务社会贡献

1. 产业带动、就业扶贫

园区带动农民脱贫，以生态旅游农业产业园为平台，陆续安排了 100 余个贫困户到园区内务工，解决 200 余个困难户就业问题。同时还创办电商培训学院，举办村干部培训和劳动实用技术培训，培训人数达到 500 余人。园区致力于打造以汽车商贸、智慧物流、电子商务、现代服务为核心产业的物流园区，为地方经济增添新的动力和活力。

2. 科技下乡、助力扶贫

园区重视科技创新和人才培养，与高校和科研机构合作，开展物流人才培训和技术研发，引进先进的物流技术和设备，提升物流服务质量和创新水平。利用"互联网＋物流"的模式，园区构建物流大数据采集应用平台、线下服务中心、智慧物流园区管理平台、城市配送平台、电子政务平台等，实现了物流、信息流、资金流、数据流的"四流合一"，提高物流运营效率和服务水平。园区还注重物流节能减排和绿色发展，推广清洁能源车辆，使用环保包装材料，实施智能化仓储管理，优化物流运输结构，降低物流成本，减少碳排放。

3. 尊师重教、捐资助学

园区关心教育事业，积极支持和帮助贫困学生和优秀学生，参加"同心教育、共筑梦想"活动，捐赠音乐学校 2 所，捐款 8 万元；响应农村教师暖心工程，捐助爱心善款 28000 元；捐助 11 名贫困大学生，捐款 22000 元；表彰考入重点大学的学生 26 名，捐款 52000 元；向教育发展促进会捐赠 10 万元。园区还与上饶师范学院共建产学研实训基地，通过多种形式开展全面合作，共同推进企业与学校的全面技术合作，形成专业、产业相互促进、共同发展的良好局面，输送和培养专业人才 500 余人次，实现"校企合作、产学双赢"。

（五）坚决落实抗击疫情职责

新冠疫情防控期间，园区深入贯彻落实习近平总书记关于坚决打赢疫情防控阻击战的重要指示精神，严格执行省、自治区、直辖市关于新冠疫情防控工作要求，在园区全力做好疫情防控工作的同时，积极履行社会责任，勇担当、敢作为，努力助推物流业平稳运行。

1. 做好自我防护，落实人文关怀

园区首先做好员工自身的管控工作，所有物业安保人员戴口罩上下班，每天测量并上报体温，时刻关注自身身体状况，及时汇报是否接触异常人员等相关信息。园区采取了一系列防疫宣传、个人防护、体温检测、消毒、人员车辆进出严格控制等措施，每日安排清洁人员对物流交易区进行消杀，做好消毒、通风、清洁等防疫防控工作。严格执行弹性工作制，妥善安排值班人员，通过网络办公、居家办公，利用 OA 系统、微信工作群等形式进行日常工作。实行员工身体状况每日报告制，实时跟踪疫情进展、分析疫情情况、及时编辑报告疫情动态。实时普及病毒的传播途径、感染症状、防护办法和疑似病例报告处置流程等基本知识，确保广大职工生命安全。

2. 倡议奉献爱心，助力疫情防控

面对严峻的疫情，为充分发挥全国优秀物流园区的模范作用，园区发出倡议，号召全体员工积极参与爱心捐款活动。全体员工纷纷伸出援手，奉献爱心，合计捐款金额 11860 元。所捐款项全部上交至上饶市物流与采购工会联合会。

另外，为配合疫情防控工作要求，有效减少人员聚集，阻断疫情传播，更好保障人民群众生命安全和身体健康，园区交易市场延期开业时间，并对新入驻园区的商户实行

半年租金全免政策，合计减免租金 60 万元。

3. 积极发挥交通运输应急保障功能

园区主体企业上饶市新华龙物流有限公司为江西省民生保供重点企业，在疫情防控应急物资和民生保供物资采购及物流配送过程中，为了确保来自外省的车辆顺利进入上饶，专门组建一个"市场保供信息组"，24 小时轮流登记配送物资车辆信息，并分批次向市商务局报备。此外，园区积极发挥物流园区行业应急保障优势，作为联结企业和政府的重要桥梁纽带，保障上饶市物资供应，累计发车 150 余次。

三、示范特色

（一）打造物流电子商务领军品牌企业

园区注重市场营销，并取得良好业绩。第一，园区内部构建了全国营销服务体系。目前，园区在全国有 52 个销售运营网点，市场业务覆盖全国 28 个省份，涉及 15000 余个中小企业客户，为园区打造中国物流电子商务领军品牌打下了坚实的基础。第二，识别与划分顾客群与市场。园区按物流生态圈领域将客户群分为生产制造业企业、商贸批发企业、第三方物流公司、个体经营户、港口铁路、物流园区 6 大类；按客户信用额度、行业地位及潜在服务需求购买量将顾客分为战略顾客、重要顾客和一般顾客；按区域将市场分为上饶、省内、省外等市场。建立起本土化营销服务团队，更好地服务本土客户，落实园区营销策略。第三，重视顾客关系的建立与维护。针对战略顾客、重要顾客和一般顾客的差异化需求，建立差异化的营销策略，从技术营销、理念营销、服务营销和品牌营销四方面建立顾客关系，满足并超越顾客需求与期望，提高顾客忠诚度，获得良好口碑。第四，在客户投诉方面，建立了全国 7×24 小时全天候服务热线、在线服务、服务邮箱，形成了高效的客户投诉处理机制，及时处理客户投诉，并将有关信息及时录入客户投诉档案系统，推动园区安全运输生产等有关部门建立纠正预防措施，防止类似投诉再次发生。确保最大限度地减少顾客不满和业务流失。2015—2022 年，园区物流运输服务市场占有率持续上升，连续 3 年位居全上饶市物流服务商市场第一。

（二）打造智慧物流生态体系

园区深入开展两化融合，强化基础设施的配备与升级，不断打造智慧物流生态体系，是上饶市唯一的现代化物流园，也是省内唯一的准智慧物流园。园区配备无线网络全覆盖、一卡通、智慧道闸、智慧停车场、语音播报、360°视频监控、信息指挥大厅等智能化应用，拥有订单管理系统（OMS）、运输管理系统（TMS）、仓储管理系统（WMS）、电池管理系统（BMS）、园区管理的产品化构建 SaaS（软件即服务）园区管理信息化平台，园区运营基本实现智慧化。同时，园区的 2 万平方米仓储实现仓配一体化服务，运输货运服务实现一单制，物流公共信息实现"凭条调度＋运输管理"。园区将一整套运作良好的、成熟的运营理念和管理制度与服务规范纳入了 ISO 9001 质量管理体系，通过科学管理的物流运作服务体系，"全方位、全过程、全系统"地为客户提供个性化、差异化的增值延伸服务。向上，为客户提供采购订单处理等业务；向下，为客户提供物流方案策划等服务，着力提升新华龙物流品牌的社会影响力。最终园区实现了物流服务的数字化、网络化与智能化，生产效率提升18%，运营成本降低9.8%，客户满意度达98.5%，为园区实施战略转型升级、打造物流生态圈、引领行业发展打下坚实的基础。

（三）严格管控物流服务质量

园区严格管控物流服务质量，确保服务让客户满意。第一，在质量基础建设方面，园区通过驾驶员培训、仓库管理培训、车货交易信息培训、供应链管理培训、物流师培训等，实施全方位团队培养计划，提升全员素质。同时，园区构建了基于TMS的质量信息评价模块、客户服务管理模块等物流行业领先的质量信息化管理应用单元，为实施物流大数据管理、客户投诉档案管理、物流现场作业标准化管理等，提供了准确的决策保障。第二，在质量保证方面，园区设定了年顾客满意度不低于95%、顾客投诉率不超过1%、人员培训合格率不低于90%、各项业务差错率不高于1%、按时发货率不低于95%的质量目标。针对驾驶员履约能力、车队管理、运输在途管理及客户服务等均建立了33个过程控制要求及标准，极大地提升了过程质量控制水平。第三，在质量检验方面，公司运营部实施整理、整顿、清洁、清扫、安全、素养的"6S"管理，对于货物的提货、装车、入库、出库、在途、卸货和回单等关键控制点进行检验和测试，并对在途车辆过程进行监控，确保货物运输全过程产品质量。

（四）搭建网络运行平台

园区会聚了一批专业的IT技术人才和互联网营销精英，具有一支搭配合理、专业互补、经验丰富、团结合作的管理和专业技术团队。平台软硬件设施齐全，有100M高速互联网接入，并搭建有网络运行平台。物流公共信息平台服务对象以经济开发区和工业园区为主，覆盖上饶市各县（市、区）的生产（制造与加工）企业、商贸企业、社会运输车辆、第三方物流、仓储配送等物流产业链；平台地面服务站遍布上饶市12个区县，并辐射至周边部分城市。截至2022年年底，平台共服务中小微企业8000余家。

同时上饶市物流公共信息平台将加强互联网、北斗导航、物联网、云计算、大数据、移动互联等先进信息技术在物流领域的应用，打破物流行业长期存在的"信息孤岛"，实现运力与货源的有效衔接，有效降低全社会物流成本。

四、发展方向与未来展望

大数据、云技术的不断发展，物联网基础设施的快速渗透，标志着我国将在"互联网＋物流"创新模式下迎来以终端驱动为核心的物流5.0时代。园区基于这一时代发展趋势实现全市工业园、物流园区、配送中心、货运站等物流节点设施的数字化和智能化，推动行业、园区、企业物流信息与上饶市物流公共信息平台有效对接，积极构建线上线下一体化的物流云平台。开展网络货运，提高货物运输组织化、规模化水平。

园区借力物流 5.0 时代发展趋势，有效降低流通领域物流成本，推动物流全产业链转型升级，成为江西省电子商务领军标志。园区凭借智慧供应链、智能仓储、多式联运、普惠金融、集成配送、一站式集散分拨等多维度联动模式，成为国内专业的智慧物流园区运营管理机构。

（撰稿人：汪春霞，王承庆，饶丽莉）

金乡县鲁西南商贸物流园

立足江北资源优势，创新农贸物流发展模式

山东省金乡县地处鲁苏豫皖四省交会处，隶属于"孔孟之乡"济宁市，是山东省现代物流规划县级节点城市，105 国道纵穿南北，济徐高速、枣菏高速、济商高速穿县而过，交通便利，物流区位优势明显。为充分发挥和利用金乡县农产品资源优势和交通区位优势，金乡县委、县政府于 2010 年 8 月规划设立了金乡县鲁西南商贸物流园（以下简称"园区"）。

近年来，园区秉承"全球视野繁荣商贸、国际思维发展物流"的发展理念，围绕"打造苏鲁豫皖边区商贸物流新高地"的发展目标，形成了以农产品物流、家居装饰材料物流、建材物流等融合发展的物流产业集群，已形成以金乡县为核心，辐射鲁、苏、豫、皖四省七县的商贸物流中心，成为鲁西南地区区域经济发展新的增长极。近年来，园区先后荣获山东省重点服务业园区、山东省十佳物流园区、中国物流实验基地、2020 年度全国优秀物流园区等省级以上荣誉称号。2021 年 9 月，园区被国家发展改革委、自然资源部联合评选为第三批示范物流园区，实现了济宁市物流领域工作的历史性突破。

一、园区概况

（一）产业优势

金乡县位于山东省济宁市西南部，毗邻江苏、安徽、河南，是著名的"中国大蒜之乡"和"辣椒之乡"。金乡农业资源丰富，常年种植大蒜 70 万亩（约 466.7 平方千米），带动周边种植超过 200 万亩（约 1333.3 平方千米），大蒜及其制品出口 170 多个国家和地区，年加工出口量占全国的 70% 以上，是世界大蒜种植培育、储藏加工、贸易流通、信息发布和价格形成中心，享有"世界大蒜看中国、中国大蒜看金乡"的美誉。建成全国绿色食品原料（大蒜）标准化生产基地 30 万亩（200 平方千米），大蒜地理标志登记保护面积 60 万亩（400 平方千米），以全国第三名的成绩被认定为首批国家现代农业产业园，"金乡有机大蒜"连续八次荣获中国国际有机食品博览会金奖。金乡还是"中国圆葱之乡""中国金谷之乡""中国十大蔬菜之乡"。

（二）运营管理单位

金乡县立足自身资源和产业基础，紧扣"打造中国江北水乡、商贸物流强县"定位，依托良好的区位交通优势和丰富的农产品资源优势，超前谋划，于2010年8月规划设立了金乡县鲁西南商贸物流园。为推进园区建设发展，同步成立了金乡县鲁西南商贸物流区管理委员会。管理委员会作为园区的运营单位，是县政府直属全额事业编制单位，定编35人，金乡县政协副主席兼任园区管理委员会主任。管理委员会下设综合服务部、投资促进局、经济发展局、规划建设局、财税金融部、环保安监局6个局室（部），主要负责园区招商引资、规划建设、项目管理、企业服务和安全生产及环保等工作，组织架构见图1。

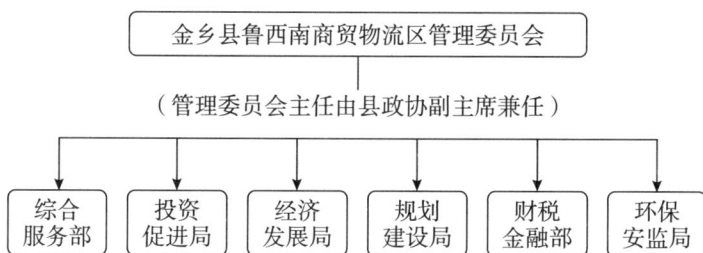

图1 园区组织架构

（三）区位交通

园区隶属于山东省济宁市，坐落于金乡县县城南部，区位条件优越，地处环渤海经济圈和长三角经济圈同时辐射的区域，内河航道与京杭运河直接相连，可通行千吨级船舶。距离济徐高速、枣菏高速、济商高速三个高速口5～20千米，济徐、枣菏驾车15分钟内可至，京九、京沪、陇海铁路和京福、日东高速傍县而过，交通优势明显，为集聚大产业、发展大物流创造了良好的条件。

（四）规划建设情况

园区成立之初，在广泛调研和科学分析的基础上，立足当前、放眼长远，委托中国物流策划研究院和中物策（北京）工程技术研究院，高标准编制了《金乡县商贸物流产业规划和总体规划》，与金乡城市总体规划、交通规划、土地利用规划无缝衔接，实现了土地利用效率最大化、商贸物流发展支撑能力最大化。

园区远景规划总面积8平方千米，总体布局为"一区、两心、多点"。"一区"是指国际物流园区，"两心"是指金南物流中心和金桥商贸物流中心，"多点"是指金兴商贸城、光善寺商业街区、红星美凯龙商贸综合体、东城区中央商业文化广场四大城市商业服务中心及各镇街物流服务站点。合理的目标定位，科学的园区规划布局，使园区形成了层次清晰、地位突出、特色明显、资源要素集聚的商贸物流空间布局和发展体系。

（五）服务运营情况

近年来，园区秉承"全球视野繁荣商贸、国际思维发展物流"的发展理念，打造了区域经济布局优化、产业关联、错位发展的现代商贸物流体系，确定了构建"立足金乡、依托鲁西南、辐射鲁苏豫皖、汇联全中国、影响全世界"的国家级一流商贸物流中心和中国现代农业物流示范基地的发展目标。园区抢抓"一带一路"倡议和乡村振兴战略机遇，集聚农产品贸易、物流配送、信息服务等发展要素，重点发展多式联运、冷链物流、智慧物流，形成了农产品物流、家居装饰材料物流、建材物流等产业物流集群。园区实行政府主导、统一规划、统一招商、统一管理、统一服务的运营模式，立足金乡实际，充分利用产业资源优势，发挥政府引导作用，坚持科学规划，大力开展招商引资、项目建设、市场培育，推动产业集群发展，盯紧项目建设不放松，实现园区经济效益和社会效益的双丰收。目前，园区已招引建成重点商贸物流项目 18 个，完成投资 130 亿元，已建成面积超 200 万平方米，年交易额达 320 亿元，近年累计贡献税收 11 亿元，直接和间接带动就业人数达 6 万余人。园区已形成以金乡为核心，辐射鲁、苏、豫、皖四省的商贸物流中心，成为鲁西南地区区域经济发展新的增长极。

二、主要做法

（一）变资源特色为产业优势，托起千家万户菜篮子

1. 发挥资源优势，构筑江北地区农产品贸易新格局

园区建成后，立足本地特色农产品优势，围绕农产品贸易物流谋篇布局，统一规划，统一招商建设，项目形成互补化布局、差异化发展格局，先后招引落地凯盛国际农产品物流城、金乡大蒜辣椒国际交易市场、金恒国际冷链物流园、金乡盛业农产品冷链物流园等亿元以上商贸物流项目 20 余个，充分发挥了园区内项目集聚平台效应，引领全县农产品种植、储存、贸易、物流等各环节快速健康发展。目前，凯盛国际农产品物流城和金乡大蒜辣椒国际交易市场两个项目被评为农业农村部定点市场。其中，园区内的金恒国际冷链物流园、金乡盛业农产品冷链物流园等一批高端冷链物流仓储项目，总收储能力达 70 万吨。为便利农产品出口企业办理业务，园区建设了全国首个直接服务县域经济的海关贸易便利化服务中心——济宁内陆港，其拥有报关报检、业务培训、商贸物流、低温仓储、检验检疫、农产品熏蒸等外贸出口一站式、全流程服务功能，由此，企业出口货物可直接在金乡办理出口报关手续，真正实现了沿海口岸向内陆的延伸。

园区累计税收贡献达 10 亿元，实现和带动就业 6 万余人，年交易额 300 亿元，打造成为中国"南菜北运、北菜南调、西果东送"的重要集散地，逐步形成了江北地区"南有河南万邦，北有山东金乡"的农产品贸易物流新格局，成功走出了一条以农贸带动区域经济发展的特色之路，形成了县域经济发展的新的增长极。

2. 培育龙头企业，打造四省边区农产品物流集散中心

（1）凯盛国际农产品物流城

凯盛国际农产品物流城是园区重点扶持培育项目，该项目规划占地6.7平方千米，总投资100亿元，一期现已完成建设1.53平方千米、完成投资63亿元。运营以来，累计入驻商户3700余家，解决就业1.2万余人，建成并启动运营了果蔬一级批发交易区、海鲜冻品批发交易区等8个功能板块，吸纳100余家东北三省蔬菜批发商及300余家广东、福建、云南、海南等南方果蔬批发商入驻市场，2021年实现农产品交易量200余万吨、交易额近230亿元，创新打造了全国首家大宗农产品智慧化数字化拍卖交易平台。凯盛国际农产品物流城项目先后被评为农业农村部定点市场、农业农村部数字农业创新优秀案例、中国冷链物流百强企业、国家级农产品批发市场、山东省乡村振兴重大项目、省级农业产业化龙头企业等。

（2）金乡大蒜辣椒国际交易市场

为增加蒜农收益，打造现代大蒜产业，园区规划建设了全国最大的专业农产品市场——金乡大蒜辣椒国际交易市场。该项目总投资5.2亿元，占地0.35平方千米，主要建设有380套商铺、5.5万平方米加工用彩钢大棚和15万平方米的交易场地，能容纳3000辆农用车同时交易或供500辆大型物流车辆停放。目前已入驻商户500余家，为社会提供直接工作岗位1万余个，间接带动全县农村人口近4万人就业。目前，金乡大蒜辣椒国际交易市场大蒜年交易量约120万吨，年交易额达100亿元；辣椒年交易量12万吨，年交易额15亿元，带动就业1万人。已打造成为以大蒜、辣椒、农资为主的交易、仓储、物流一体化专业交易市场，发展成为全国最大的专业农产品交易市场和国内外最大的大蒜辣椒交易集散中心、价格形成中心、信息发布中心、物流配送中心、电子商务中心，极大促进了金乡及周边地区的经济发展。2023年，成功获批农业农村部与山东省政府共同支持建设的国家级农产品产地市场。

（3）金恒国际冷链物流园

该项目总投资5.1亿元，总用地0.23平方千米，主要建设有总冷储能力20万吨223个单体库的大型冷库群和配套服务设施，蒜薹、圆葱、大蒜和辣椒交替存储，库房利用率远高于周边冷库，是集冷藏、加工、仓储、物流于一体的功能齐全、设备完善的大型冷链物流园。项目一期工程总冷藏能力10万吨的94座冷库已投入使用，已入驻冷藏、物流、加工、配送等企业70余家。该项目制冷全部采用智能化、自动化控制，全部建成并投入运营后，将成为全国规模最大、制冷技术最先进的冷链仓储单体项目，目前项目内企业营业额5.5亿元，创造税收3000万元以上，带动就业3000余人。金恒国际冷链物流园见图2。

项目运营以来，与金乡大蒜辣椒国际交易市场融为一体，有效弥补了大蒜交易市场储藏、加工等配套能力的不足，有效降低了蒜商的经营成本，对于拉长金乡县大蒜产业链条、提升金乡"国际蒜都"品牌效应和巩固金乡大蒜产业的龙头地位都发挥了重要的推动作用。

图 2　金恒国际冷链物流园

（4）金乡盛业农产品冷链物流园

该项目总投资 5.1 亿元，规划用地 0.2 平方千米，总冷藏能力 25 万吨。项目实行"种植培育、储存保鲜、加工包装、物流配送、市场营销"产业链一体化运营，库内配套使用可移动货架、机械化装卸设备，减少人工装卸成本；采用集中制冷系统和循环节水工艺，更加节能环保。该项目运营以来实现了年营业额 26 亿元，利税 2.2 亿元，带动就业 3000 余人，成为金乡大蒜产业发展新的龙头企业和鲁西南地区最大的农产品冷链物流品牌项目。金乡盛业农产品冷链物流园见图 3。

图 3　金乡盛业农产品冷链物流园

同时，园区创建了农民职业技能培训学校，积极做好就业服务工作，以校企合作方式打造产教融合实训基地和创业创新基地——凯盛 e 家创业创新基地，见图 4。先后举办了冷库叉车、烹饪、家政服务等多期实用技术培训班，累计培训学员超 1 万人次，为农民提供了就业机会，增加了收入，获得了较好的社会效益。

图 4 凯盛 e 家创业创新基地

3. 尽责奉献社会，守好周边重点区域民生保供"菜篮子"

2022 年，面对严峻复杂的疫情形势，园区联合县有关部门、园区企业成立了专门防疫保供专班，从开展疫情防控宣传、出入人员管理、货运车辆管控、从业人员核酸检测、环境消杀等工作入手，扎实推进各项疫情防控工作，坚守保供阵地，确保了市场在疫情期间正常运行。发挥园区自身优势，积极组织货源，全力服务于群众生活供应，除满足金乡及周边 10 余个县市居民日常需求外，还能输送供应北京、上海等重点地区，体现了山东作为蔬菜人省的担当作为。为保障供应，园区长期保持米面库存 1500 吨，土豆、圆葱、蒜薹等库存蔬菜 3 万吨，积极发挥商业资源优势，每天从产地组织采购蔬菜 700 余吨、水果 500 余吨、粮油 300 余吨。

（二）创新农产品批发传统交易模式，引领产业高质量发展

园区依托大蒜产业优势，运用大数据、云计算、人工智能等科技手段，持续创新农产品交易模式，建设了凯盛数字农展中心。打造凯盛农产品交易创新拍卖平台，以拍卖平台为中心，延伸构建了智慧农批平台、农业大数据平台、农批供应链金融平台、收蒜宝系统"四平台一系统"一体化运行的数字化农产品服务链条，从农产品种植管理、收购储存、加工物流、食品安全、电子商务等方面全方位创新，实现了大蒜等农产品交易的高效化、数字化，以及公平、公正和公开，促进了农产品贸易流通的提升发展和产业振兴。自数字化农产品服务平台运营以来，大蒜交易季节大蒜最高日拍卖成交近 5000 吨，年交易额近 20 亿元。这一创新模式入选山东省数字经济优秀案例、山东省数字乡村发展创新实践典型案例、数字农业农村新技术新产品新模式优秀案例。

1. 转变农产品交易模式，数字赋能公平贸易

凯盛数字农展中心为农产品市场搭建了方便快捷的创新交易平台，为保护储藏和加工企业、市场批发商、经纪人等参与拍卖交易各方的正当权益，园区成立了金乡县凯盛农产品拍卖交易监管工作领导专班。拍卖中心实行会员制，会员享有拍卖中心提供的各

类专项服务，共享大厅提供的信息资源，优先参加大厅举办的各类活动。拍卖大厅切实维护经纪人的合法权益，并为其业务开展提供一切必要的条件。

竞拍时，拍卖钟上显示供货商姓名、产品数量、产品规格、产品品名、产品缺陷等信息。供货商设置保底价格，购货商前往拍品核验中心或拍品储存库对标准化货物进行查检验货，选择心仪货物并记下货号。开拍后，拍卖钟上的卖方货物价格从高向低跳动，席位上的竞买者看到满意的价格时，按席位上的拍卖钟按钮，先拍先得，拍卖钟显示最先拍下的竞买者号码，计算机自动输入交易者资料和数据，最后通过凯盛国际"一卡通"电子结算平台，一笔交易即可达成。同时，平台正在积极探索建设线上拍卖平台，待质量标准逐步规范和完善后，将实现线上标准化的拍卖，对经营稳定、信誉较好的企业逐渐开通远程竞拍，企业通过5G网络即可"零距离"连线拍卖现场。

2. 完善电子服务链条，拓展货物交易品类

园区凯盛农产品拍卖交易形式最突出的特点是由拍卖交易平台、金融结算平台、数据传输平台和服务支持平台等系统构成，下设交易中心、数据中心、结算中心、物流中心、金融服务中心等相对完善的配套服务设施，通过电子技术及网络技术把传统的人工拍卖方式设计开发为电子竞价和网络竞价模式，坚持公开、公平、公正的经营原则，为供应商和购买商提供畅通、高效、简易、安全的交易流通渠道。有关部门会同金乡县凯盛农产品拍卖交易中心，设计并完善了相关方面的运营程序，加强和规范现货市场交易秩序，维护买卖双方的合法权益和广大人民群众的根本利益。辣椒也有与大蒜属性基本相同的特点，完全可以利用拍卖的形式参与交易，同样水果蔬菜类农产品也有很多品种非常适合拍卖。

3. 利用大数据驱动，服务产业链需求

拍卖中心的核心是交易，拍卖形式的结构调整逐渐向纵深发展，前端涉及收购、储存及相关的服务，后端有金融和物流的参与和推动，促进生产大数据、采购大数据、储存大数据、交易大数据、物流大数据及融资大数据密切配合，从而形成相互促进、相互融合、相互发展的良性发展态势。拍卖系统能够准确记录每天各种规格品种的交易情况，真实反映市场行情变化，并可为全国大蒜产业提供权威的指导价格和相关价格指数。拍卖系统、电子结算系统可提供大数据分析、价格预警机制，平台运用价格数据能准确掌握市场农产品最新动态，并通过数据统计分析农产品整体趋势，对后期发展走势做出预判，从而为农产品生产和流通提供高效优质的信息服务，提高农业资源利用率和流通率。在农产品拍卖平台建成运营的基础上，为进一步拓展功能和业态，构建了智慧农批平台、农业大数据平台、农批供应链金融平台、收蒜宝系统"四平台一系统"，从农产品种植管理、收购储存等方面全方位创新产业交易模式。

4. 推动产品标准化升级，适应新兴市场环境

凯盛农产品交易创新拍卖平台作为第三方平台，到大蒜存储仓抽检抽验，按照货品品类、质量、规格的传统认定习惯，为货品标定等级，并出具产品标准验货报告，为经营稳定、信誉较好的商户和企业作信用背书，推动大蒜标准化制定，简化以往现场看货、验货的流程，待质量标准逐步规范和完善后，启用远程视频竞拍功能，为各地客商大宗货物采买购销提供全环节服务。大蒜拍卖交易对相同规格不能作为相同标准的问题加以论证和归类，并对业内多年的认定习惯加以保留和优化，可以改进"非见物不成交"的落后模式，同时对跨境交易、远程交易的拍卖形式具有更大的价值和意义。另外，拍卖中心的示范作用，将促使蒜农分散式的生产与大市场有机对接，推动大蒜产业向专业化、规模化、规范化、标准化转变，提升产品等级，提高产品质量，使产品具有更强的市场竞争力。

凯盛农产品拍卖项目的运行，促进了农产品交易模式的提档升级，让农业实现跨行业、跨专业、跨业务发展，促进产业、行业与国际接轨，有力推动了农业新旧动能转换和乡村产业振兴。同时通过加工、包装、搬运、进出口办理、代拍等服务，解决 2000 人以上就业问题，为本地的社会经济发展发挥了积极作用。

三、示范特色

（一）坚持政府规划引导，压实项目建设包保工作机制

园区实行统一规划、统一招商、统一管理、统一服务的运营模式，立足金乡实际，充分利用产业资源优势，发挥政府引导作用，坚持科学规划，大力开展招商引资、项目建设、市场培育，推动产业集聚集群发展，将"发展至上、项目第一"和"全方位、全天候"的服务理念贯穿至园区工作的各个环节，实行"一个项目、一套班子、一抓到底"的包保工作机制，盯紧项目建设不放松，实现园区经济效益和社会效益双丰收。

（二）发挥区位与资源优势，提升园区聚集和辐射能力

金乡县位于鲁豫苏皖四省七县交界处，拥有完善的航空、公路、铁路和水运"四位一体"的交通体系，境内及周边地区常年大面积种植大蒜、辣椒、圆葱等农产品。园区依托丰富的农产品资源优势，相继招引了金乡大蒜辣椒国际交易市场、凯盛国际农产品物流城等龙头企业项目，并积极引导企业优势互补，错位融合发展，形成了以农产品贸易物流龙头企业带动，仓储物流、家居建材物流、加工配送等多元化产业融合发展的格局。2022 年，园区大蒜、辣椒等农产品交易量达 500 万吨，其中大蒜出口 170 多个国家和地区，出口量占全国出口量的 70% 以上，形成了以大蒜、辣椒等为主的特色农产品商贸物流园。金乡县商贸物流产业的发展，推动了金乡县成为世界大蒜种植培育、储藏加工、贸易流通、信息发布和价格形成中心。园区已成为中国"南菜北运、北菜南调、西果东输"的枢纽型集散中心。

（三）突出数字化物流建设，开创智慧物流发展新局面

园区扶持建立了金乡大蒜指数网、国际大蒜贸易网、中国大蒜大数据平台、凯盛大数据平台等信息服务平台，具有视频安全监控系统、冷库库存管理系统，可为企业发展提供高效便捷的服务。园区项目凯盛数字农展中心是国内首家农产品智能拍卖交易平台，

实现了农产品交易信息的公开、公平、快捷、便利，创新提升了农产品交易模式。该项目2020年年初入选山东省新旧动能转换重大项目库首批优选项目，被山东省大数据局列为全省数字经济优秀案例，并在全省推广。园区企业山东蒜都农产品物流园被评为山东省优秀电子商务企业、省级跨境电子商务产业聚集区、山东省智慧园区。

（四）推动商贸物流双促进，打造商贸服务型物流园区

园区现已落地金乡大蒜辣椒国际交易市场、凯盛国际农产品物流城、金恒国际冷链物流园、金乡盛业农产品冷链物流园、金宇家居建材物流园、德通物流中心等重点项目，形成了"以商贸促进物流、以物流支撑商贸"的良性循环，着力构建了"大物流、大商贸、大园区"的产业发展格局。

园区基础设施先进、服务功能完善，集聚农产品贸易、物流配送、信息服务等发展要素，重点打造贸易平台、仓储物流、冷链物流、智慧物流，进一步提升了物流业信息化标准化智能化水平，促进了商贸与物流的相互促进与联动发展，构建了区域经济中布局优化、产业关联、错位发展的现代物流体系，取得了一定的社会效益和经济效益，具有广泛的应用价值和推广前景。

四、发展方向与未来展望

（一）发展方向

园区将继续发挥现代物流业发展的独特优势，围绕"一带一路"建设和现代物流发展思路，按照集群化、规模化、标准化、智慧化的发展要求，全力打造国家级农产品冷链仓储应急储备基地、现代物流集散中心、电商物流基地，使商贸物流业成为推动区域经济快速高质量发展新的增长极。

（二）未来展望

1. 完善规划修编，拓展发展空间

聘请高层次专业机构，对园区规划进行完善提升。一是以凯盛大道为轴心，向南向东扩展延伸，实施产城融合发展，以已落地的凯盛国际农产品物流城、金宇家居建材物流园、金乡大蒜辣椒国际交易市场、金恒国际冷链物流园、金乡盛业农产品冷链物流园等项目为基础，按照项目间相互融合、配套、错位、功能互补的原则，科学布局引入项目，发挥集聚效应和带动作用，做大金南物流产业片区，建设辐射力强劲的金南商贸物流城；二是依托主城区及高速经济产业带，重点规划建设集会展商务、仓储加工、科研交流、国际贸易、物流总部经济等功能于一体的大型现代化商贸物流聚集区；三是在发展定位上，充分发挥金乡县地处鲁苏豫皖四省交界地区、承东启西、引南联北的区位优势，形成层次清晰、地位突出、特色明显、资源要素集聚的商贸物流空间布局和发展体系。

2. 明确主攻方向，培育主导产业

立足于园区现有企业，放大优势，补齐短板，大力培育农产品贸易、冷链物流、仓储物流、汽贸物流、家居建材贸易、小商品贸易等主导产业，不断提升产业聚集度和对外辐射影响力。依托凯盛国际农产品物流城，加快建设中国南菜北运、北菜南调的集散地和鲁苏豫皖边区最大的农产品物流中心；强化金乡大蒜辣椒国际交易市场加工仓储、物流运输、信息服务等功能的不断完善，巩固金乡县作为大蒜市场交易中心、物流配送中心、信息服务中心和价格形成中心的国际龙头地位；以金恒国际冷链物流园、金乡盛业农产品冷链物流园为切入点，加快招商引资步伐，规划建设节能环保、设备先进、运营成本低、规模相对集中、总储藏能力 200 万吨，服务鲁西南、辐射鲁苏豫皖四省乃至全国的国家级骨干农产品冷链物流基地；依托济徐高速、枣菏高速等交通大动脉穿县而过的交通优势，积极做好物流园区布局方案、发展定位的合理调整和整体优化，规划打造专业化、规模化、智能化的现代仓储物流配送集聚区。

3. 创新体制机制，释放园区活力

园区积极争取"放管服"改革落实到位，对相关项目进行预审批，国土、规划、环保等部门提前介入，在项目用地等方面争取得到主管部门的大力支持；改革用人及薪酬制度，建立效率优先的激励约束机制。实行竞争上岗的用人机制，打破大锅饭，杜绝"干多干少一样、干好干坏一个样、干与不干一个样"的现象，体现"薪酬与贡献"挂钩，形成用人制度科学化、履行职责契约化、考核评价标准化、薪酬分配绩效化，搞活收入分配，优绩优酬，充分调动广大干部职工干事创业的热情。

4. 强化招才引智，打造创新平台

深入调查研究，积极争取政策保障，向上级有关部门研究提出物流项目建设中各类行政事业性费用减免、重点物流园财政收入增量返还等优惠政策；强化资金保障，争取上级部门设立的财政专项扶持资金，加大财政资金投入；鼓励信贷资金投入，建立物流企业和金融机构的沟通合作平台；在土地供应上优先保证规划的重点物流园区和重点物流项目的建设用地供应；强化人才保障，优化人才培养和使用机制，培养一批适应金乡物流发展需要的高层次管理人才和专业技术人才；在服务平台建设方面，不断完善事务代理中心、物流服务中心、信息中心、会议中心、中介服务中心等服务机构，加强金乡大蒜指数网、国际大蒜贸易网、中国大蒜交易网、中国大蒜大数据平台等信息服务平台和创业服务平台建设，为企业发展提供高效便捷的服务，促进企业发展和园区服务水平的提升。

（撰稿人：张思宝，刘欢，程亚卿）

黄河三角洲滨南物流园

创新多式联运一站式服务，
打造综合性智慧物流园区

黄河三角洲滨南物流园（以下简称"园区"）位于山东省滨州市博兴县，是由山东京博物流股份有限公司（以下简称"京博物流"）投资建设的集公铁联运、仓储、配送、物流信息等多种服务于一体的综合型物流园区，于2021年获批第三批示范物流园区。滨州市地处黄河三角洲高效生态经济区、山东半岛蓝色经济区，以及环渤海经济圈、济南省会城市群经济圈"两区两圈"叠加地带，是山东省的"北大门"。2022年，滨州市实现地区生产总值2975.15亿元，比2021年增长3.9%。全市已打造形成"5＋5"万亿级"十强"产业集群。高端铝业、精细化工、智能纺织生产规模稳居全球前列，果糖和金属板材生产规模、粮食和肉牛加工量、绳网和厨具市场份额均居全国前列。

为了推动滨州市物流业和制造业更深入有效的融合发展，京博物流不断完善园区基础设施，通过升级园区整体智慧服务功能，构建集"全链条数字化智慧物流、物流安全标准化、多式联运、一站式服务"等多种服务于一体的综合性智慧物流平台，服务当地和环渤海经济圈制造业发展，推动制造业成本降低和创新发展，保持产业链供应链稳定，形成两业融合发展新格局。

一、园区概况

（一）运营管理主体

京博物流成立于2012年，是一家集危险化学品物流、大宗商品物流、汽车后市场服务于一体的多元化、服务型第三方物流企业。2015年12月2日，京博物流正式登陆新三板资本市场。2016年6月27日，正式进入首批新三板创新层企业名单。

公司自有危化品车辆450余辆，可调动各类社会车辆1万余辆，拥有7类危化品承运资质，罐区储运能力130.45万立方米，其中沥青罐储能力11.7万立方米，综合物流服务能力位居山东省前列。目前公司以公路、铁路、仓储等方式为客户提供多品类的场景物流服务；拥有自主研发的铁路专用线8条，"滨海欧""滨新欧"国际货运班列实现"一次申报、一次查验、一次放行"；依托专线库区优势，打造以铁路场站为核心的多式联运服务，实现集铁路、公路、仓储等于一体的一站式综合物流服务，为搭建金融、商贸、物流、仓储一体化平台提供装备支撑；用品类对接需求，让资产变为资源，以技术赋能方案，借助数智化手段，定制个性化的综合物流方案，提供全链路全场景的综合物流服务。铁路专用线见图1。

图1　铁路专用线

公司获评全国5A级物流企业、国家级服务业标准化（商贸流通专项）试点企业、全国公路运输甩挂试点单位、山东省先进制造业与现代服务业融合发展试点企业、山东省现代物流行业领军10强企业等荣誉称号。"京博"牌货运商标是山东省著名商标。由公司承建的黄河三角洲滨南物流园是国家级示范物流园区，也是山东省政府重点建设项目。

（二）区位交通

滨州市交通便利，济青高速、滨博高速、荣乌高速、东吕高速分布周边，205国道穿境而过；即将形成"三纵三横"的铁路路网，滨州港、套尔河及正在施工的小清河复航工程提供了便利的港口资源。总之，滨州具备发展规模化、多元化物流的先天条件。园区位于滨州市南部，距济南约150千米，距青岛约250千米，距天津约300千米。

园区所在地周边主要对外衔接道路包括滨博高速公路S29，国道205，以及省道319、228、323，交通条件十分优越。滨博高速公路S29向北与河北省对接，向南可达淄博市，是园区高速联络省外主要城市和经济区的快速通道。国道205是滨州市南通北联的重要公路，是园区对接环渤海经济圈的主要通道。省道319是园区东西向对外运输的主要通道，向西可与滨博高速公路S29、国道205和220连接，从而通达省内各主要城市；向东连通东营市，是园区向东出海的重要通道。省道228和323能够为园区提供良好的区域交通服务，连通滨州市中心城区及周边县市。

（三）市场定位

园区拥有良好的区位优势和发展条件，依托滨州市雄厚的产业基础，着力打造集公铁联运、仓储、配送、物流信息等多种服务于一体的物流平台。综合运用避强定位、迎头定位、市场补缺定位等市场定位策略，园区将建设目标与滨州市物流业发展目标相结合，提出市场定位：黄河三角洲重要的道路运输组织中心；山东省大宗物资公铁联运网络重要物流节点；区域石油化工产品物流基地；滨州市公共物流信息中心；滨州市大型物流企业的孵化器和总部基地。

（四）规划建设情况

园区总占地面积 50 万平方米，总建筑面积约 9.75 万平方米，设计年吞吐能力 1500 万吨，总投资规模 7.7 亿元。园区分为两部分：一是京博物流铁路园区，园区内建有 8 条铁路专用线，并配套建设储罐区、集装箱堆场，共占地 164493 平方米；二是综合服务型现代物流园区，为黄河三角洲区域制造业企业提供以多式联运为主的综合物流服务。园区两部分卫星实景见图 2。

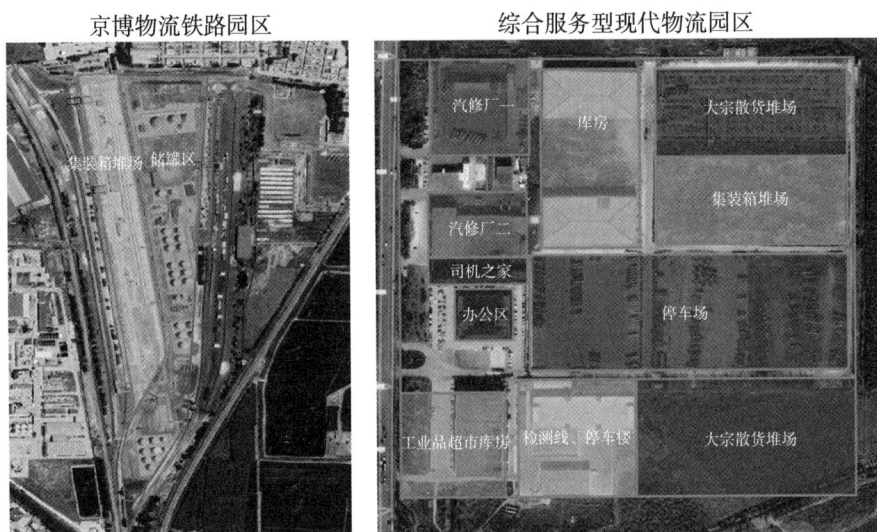

图 2　园区空间布局卫星实景

园区建设有四大功能区，包括仓储与配送中心功能区、交易区、汽车维修区及管理服务区。仓储与配送中心功能区具备为周边企业提供相关商品运输、调存、管理和配送等全过程的服务功能。交易区内部设有物流信息中心、物流配送等区域。汽车维修区设有维修厂及汽车检测线，实现车辆维修、检测功能。管理服务区内设业务大厅、员工宿舍、金融中心、商务中心、便利店等，为进驻企业提供办公场地；经营国内外大型运输车辆并提供管理、结算服务。同时园区配套建设公共服务设施、道路、绿地等。园区内的京博物流"司机之家"通过交通运输部办公厅、中华全国总工会办公厅"司机之家"验收。园区以专线、港口、集散地为重点，业务涉及钢铁、煤炭、粮油、化工、建材等行业，主要服务于滨州市和周边地区。

（五）运营管理模式

结合园区建设规模、功能定位等自身特点，以及所采用的开发建设模式，园区的经营管理模式采用"经营管理公司制"，即由独立的经营管理公司——京博物流，负责园区的运营和日常管理。经营管理公司的主要任务是按照现代企业制度的要求，负责园区的运营和日常管理，做好客户服务工作，确保股东的资产投入增值和保值。其主要职责包括：物流公共信息平台的搭建与维护，以及园区内部网络平台的建设与管理；运营总体管理，包括土地开发、基础设施建设和改造等一系列问题的解决；园区的招商引资，开展园区的营销、推广工作，组织博览会，投放广告，制作宣传册、客户杂志，以吸引企业投融资和客户入驻；负责政府部门、园区以及入驻企业之间各种关系的沟通和协调；为入驻园区的企业提供所需要的各种日常服务，包括业务管理、客户接待、投诉反馈等。

园区基础物流以专线、港口、集散地为重点，业务涉及钢铁、煤炭、化工、建材等行业，主要服务于滨州市和周边地区。物流业务以辐射江苏、广东、河北、天津、北京、辽宁等地为主，覆盖全国。园区作为滨州市重点物流基地，已纳入《滨州市黄河三角洲高效生态经济区现代物流业发展规划》。

二、主要做法

（一）创新多式联运模式，积极推进物流一站式服务

园区重点发展以多式联运为主的一站式服务模式。多式联运模式作为一种先进的运输组织模式，对优化物流结构、降低物流成本，解决客户对"多、快、好、省"的痛点需求，树立品牌，增强核心竞争力等都具有积极意义。

1. 资源整合，筑牢多式联运发展基础

为更好地服务客户，提高服务质量和水平，园区充分利用现有的基础设施资源，整合社会运力。园区运营管理单位自有危化品车辆450余辆，可调动社会危化品车辆3000余辆，现有罐区储运能力130万立方米，其中沥青罐储运能力11.7万立方米；充分利用自有8条铁路专用线的优势，在京博石化至京博铁路线之间建设5条总长65千米的输油管线，将经铁路运输到达的原料油和石化发运的成品油通过管线进行连接，为客户降低了物流成本，减少汽运短倒形成的车辆拥堵、道路交通压力和运行安全隐患，节能减排，提高了运行效率；同时京博物流申请了滨州市唯一一家无船承运人资质，开展海上运输业务，延长服务链条；公司积极与中国铁路济南局集团有限公司沟通，实现了创新业务模式的钢卷进集装箱业务，为多式联运奠定了基础。

2. 模式创新，形成多式联运优势路线

园区业务目前涵盖铁路货运、公路汽运、港口储运等多种运输方式，充分吸取和结合公、铁、海、管等运输方式的长处，实行多环节、多区段、多运输工具的相互衔接，实现高效运输，降低了运营成本，增加了企业竞争优势。已实现公铁联运、陆海联运、

港铁联运等多式联运一站式服务模式。

（1）公铁联运模式

该模式以京博铁路专用线为节点，主要是将龙口港、黄岛港等港口靠泊的原料，利用罐区进行中转，以铁路运输的方式发送至京博铁路专用线，再利用汽运短倒至地炼厂家。在成品油发送方面则是利用汽运将厂家成品油短倒至铁路专用线罐区中转，再利用铁路运输至北京、天津、湖南、湖北、宁夏、四川等地。

（2）陆海联运模式

主要是将靠泊在烟台港、龙口港等地的原料，以小船的形式转水分拨至潍坊港、寿光港，再利用汽运的方式短倒至地炼厂家。在成品油发送方面，则是利用寿光港、莱州港的中转罐区，汽运到寿光港、莱州港进行集港，再以海运的方式运输到目的地港口。

（3）港铁联运模式

除原料油品外，将进口大豆等原材料在靠泊港口以集装箱的方式通过铁路运输至京博铁路专用线，再汽运短倒至生产厂家；在回货方面，主要是将部分出口的钢卷和其他散杂货、工艺品进行拼箱，在发运地集中报关，经铁路运输至港口，再通过海运的方式出口。

（4）普货业务多式联运

在普货业务多式联运方面，主要是依托铁路专用线及"滨新欧－滨州号"国际货运班列（以下简称"滨新欧"）实施公铁联运模式。

"滨新欧"于2015年10月开通，是黄河三角洲地区首列国际货运班列，为此，滨州市成为山东省第二家开通国际货运班列的城市。"滨新欧"班列是滨州市融入国家"一带一路"建设的重要组成部分。该班列以发送卷钢为主，将兴福镇、店子镇及周边县市的钢卷、石油焦、硫脲等其他杂货以集装箱的方式运输至京博铁路专用线堆场，再利用铁路发送至中国云南、贵州、四川及中亚五国。截至2023年年底，"滨新欧"累计发送卷钢12644车，合计75.831万吨，累计班列补贴金额120.5万元。

"滨海欧"是黄河三角洲地区第一条海铁联运国际货运班列线路，也是继"滨新欧"后的第二条国际货运班列线路。"滨海欧"全部双向开行，运行线路为由博兴站经铁路运输至黄岛港（青岛港），再由黄岛港（青岛港）装船出口至英、美、日、韩、俄罗斯、菲律宾等国家，主要出口货物包括钢材、工艺品、糖浆、液氮等。截至2023年年底，"滨海欧"累计发送货物220204车，累计运量179.706万吨，累计班列补贴金额3264.37万元。

（二）搭建智慧信息平台，实现业务环节精细化管理

园区依托核心物流服务向供应链上下游扩展，建立国内领先的智慧物流供应链一体化平台，以实现对供应链信息流、物流、资金流、商流的整合，建设开放性的京博物流智慧物流生态体系，主要包括捷油宝智慧物流平台、捷运互联网络货运平台、危化品运输车辆物联网智能控制系统、铁路智能园区管控平台等，实现了车辆运力统筹、运输路线优化、成本计算模型、全程可视化、共享仓储、资讯服务、大数据可视化、车货匹配、在线支付、线上投保等关键功能的建设及完善。

园区的物流综合业务管理平台和罐装车辆物联网控制系统（电子铅封）被中国物流与采购联合会评为 2014 年优秀信息化案例；危化品运输车辆物联网智能控制系统被中国物流与采购联合会授予 2014 年科技进步奖二等奖；捷运互联－物流电商平台被中国物流与采购联合会授予 2015 年优秀案例奖；智慧物流供应链一体化平台被中国物流与采购联合会授予 2020 年科技进步奖二等奖。

针对危化品及大宗普货运输场景，园区打造捷油宝、捷运互联两大智慧物流平台。对外面向客户承接物流订单，对内根据不同场景进行调度派车，实现了物流全过程管理线上化，联动供应链物流上下游和公司内部各岗位间的协同，支撑场景物流解决方案落地应用，为物流运行效率分析和管理决策提供数据支持。

1. 捷油宝智慧物流平台

新型化工是滨州市的千亿级产业集群之一，滨州市拥有 7 家省级化工园区，数量居全省第 2 位，为产业发展提供了强有力的平台支撑。目前化工企业的自动化程度很高，但生产环节与物流环节、园区管理环节在信息化上脱节，无法形成产业供应链上下游之间的互动，造成物流环节存在大量车等货、人等车、货等车的问题，大量车辆在道路两侧或化工园区内聚集，严重影响了物流运行的效率及园区的安全生产。

针对以上现状，京博物流打造了基于危化品供应链全程可视化的捷油宝智慧物流平台，可以实现物流环节与生产企业原料采购、生产计划排期、产品销售电商平台、加油站零售终端，以及化工园区智能卡口、地磅无人值守系统的无缝衔接，使物流与生产更加紧密地联系在一起，提高了生产企业及整个化工园区的生产效率及安全管理水平。同时该系统与交通运输部数据共享交换中心、省交通运输厅电子运单系统对接，可调取公安部车辆、驾驶员相关信息，不仅可以实现车辆运行轨迹、货物在途状况、车辆检验状态、从业人员情况的自动校验，还可以实现对危化品车辆的全流程监管。目前该系统的部分功能及"捷油宝"App 已经上线。

2. 捷运互联网络货运平台

捷运互联网络货运平台由门户网站、包含地理信息的"捷运宝"手机 App 以及物流云平台管理中心三部分组成。捷运互联门户网站主要通过互联网在园区与社会运力资源之间搭建信息桥梁，提供用户注册、在线交易、订单处理和车源货源发布等功能。"捷运宝"App 在提供与门户网站相同功能的同时，可通过地理信息系统实现客户对运行车辆的实时监控。物流云平台管理中心具有会员管理、车源管理、货源管理、在线交易处理、在线客户服务等功能，与园区综合业务管理系统、北斗智能监控系统无缝衔接，并可以同山东省交通物流公共信息平台进行数据交换，实现物流交易与执行的信息闭环。

捷运互联网络货运平台通过平台整合车源，做精做透大宗商品行业，提供全程物流服务，搭建"物联网＋金融"商贸物流一体化的供应链物流生态圈。作为大宗商品的"孵化器"，孕育煤炭、钢铁、纸张、粮油等大宗商品。基于客户提出的复杂、多元化的运输需求，系统通过对所有运输、仓储资源的监控和调配，自动生成最优运输方案，无缝处理复杂的运输线路，能够跨运力（陆海空，铁路，内河）、跨中转，降低人工成本和沟通成本。平台通过"区块链＋大数据分析"形成用户画像及信用评价，融入供应链金融业务。截至 2020 年年底，公司开发的捷运互联网络货运平台注册车辆 7.3 万辆，注册承运商 2000 余家、货主 150 余家。

园区通过捷运互联网络货运平台对车辆运输线路进行优化，再结合平台竞价模式，能够为车主平均降低运费成本 10%；车辆空驶率降低 30%，平均节省燃油费 100 万元/年，节省车辆维修保养费用 300 万元/年；减少货物损坏或丢失等各种经济损失达 500 万元/年。平台的运用使得车辆运输货物时大幅减少了空载行程，从而提高了里程利用率。空载行程的减少在有效降低运输成本的同时，还节省了大量的燃油，减少了空气污染，避免了更多交通事故的发生。

3. 铁路智能园区管控平台

针对多式联运业务场景，园区搭建了铁路智能园区管控平台。平台涵盖集装箱管理系统、卷钢管理系统、危化品管理系统三大板块，通过订单计划、场内管理、查询分析、3D 堆场图等线上模块，配合现场箱号识别、抓拍，对园区内集装箱所在位置进行精准化管理；实现业务、运行、装卸、司机、现场指挥各个岗位间信息的无缝传输，以及进出园区无人化管理；与铁路部门系统实现数据双向互通，可实时掌握货场状态，提高整体运行效率。

（三）开辟创新业务模式，提高专业化物流服务能力

1. 积极推进甩挂业务

京博物流是国家首批认定的 26 个甩挂试点项目参与单位，园区即试点项目。与传统运输方式相比，甩挂运输优势明显：一是减少装卸等待时间，加快牵引车周转速度，提高劳动生产率，可提高运输效率 30%～50%；二是减少车辆空驶和无效运输，降低能耗和废气排放，可降低油耗 20%～30%；三是节省货物仓储设施，方便货主，可降低物流成本 30%～40%；四是便于组织水路滚装运输、铁路驼背运输等多式联运，促进综合物流的发展。

2. 拓展国际贸易服务

（1）依托滨州（博兴）内陆港，建设海关监管作业场所

京博物流和博兴县财金投资集团有限公司合资成立山东千乘国际陆港综合服务有限公司，负责在园区承建与运营博兴县海关监管作业场所，主要建设海关功能闸口、海关信息系统、查验平台、集装箱作业场所、保税仓储等，具有码头功能、场站功能、海关监管及商检查验功能。2020 年 9 月，博兴县内陆港海关监管作业场所正式获得济南海关批准，其是滨州市目前唯一的海关监管作业场所，真正实现"一次申报、一次查验、一次放行"，企业通关时间由之前的 1～2 天缩短为 1～2 小时，每个集装箱可节省通关成本约 170 元。

（2）搭建跨境电商平台

经过对博兴市场深入调研后，京博物流开始建设跨境电商平台工作。2021 年，京博云商跨境电商平台进出口额 4399 万美元。跨境电商平台二期项目自建设以来，已吸引 50 家企业上线，待建设完成后，可为入驻用户带来平台境外年曝光流量不低于 50 万次、访

问流量不低于 30 万次，月有效询盘不低于 500 封，全年 6000 封以上，为企业的自主品牌建设和出口市场赋能。

3. 创新沥青运输模式

基于沥青运输需求及其特殊的货物属性，现有沥青运输方式受运输设备加温影响无法满足市场需求，京博物流研发团队经过深入研究，设计出节约空间且便于运输的多功能沥青吨箱，将沥青由液态转换为冷态进行运输，创新研发冷态沥青铁路集装箱、公路吨包装、导热油加热设施植入式加热模式、吨包装翻箱卸料加热装备，创新应用电加热模式，实现沥青运输途中不换装，极大降低了客户的亏吨风险。全程实现多式联运，降低了运输成本，避免了高温运输的安全风险，并以自主研发的沥青集装箱加温设备，为客户提供可移动、可仓储、更高效、更智能的仓储服务。通过沥青吨箱一站式物流运输模式，沥青加温效率提升 3 倍，吨成本降低近 18 元，提升了京博物流在沥青物流运输板块的地位。

（四）强化园区安全管理，推动标准化信息化建设

1. 推动建立行业标准

园区运营主体京博物流持续推进道路危险货物运输安全标准化，共计主导、参与制定 14 项标准，其中主导、参与国家级标准 2 项，地方标准 1 项，团体标准 11 项，提高了企业在同行业和市场的知名度，引导同行业向标准化方向发展。这一举措有利于企业扩大市场份额，提高市场竞争力。

2. 推动安全生产信息化

（1）车辆安全监管信息化

园区车辆监管信息系统已进入 4.0 阶段，把车辆定位轨迹、监控预警辅助驾驶、主动刹车盲区监测进行整合，通过信息系统对平台数据进行分析，将安全管控指标用于司机过程考核，实现对车辆危险状态预警和驾驶员疲劳状态等不安全行为的抓拍预警，也可以为驾驶员提供前向碰撞预警、车距监测与警告、车道偏离报警等驾驶安全提醒。以通过车辆安全监管信息化，确保生产运输工作的高效运行，实现科学、合理的车辆管控，纠正驾驶员的不良驾驶习惯，提高驾驶员的综合素质，减少交通事故，降低潜在的风险。

（2）大型油品仓储安全生产信息化

园区在重大危险源监测预警、双重预防机制信息化管控、特殊作业全过程信息化管理、人员自动定位、智能视频监控、企业安全生产全要素管理六个方面强化对事故的监测预警和信息化管控。利用物联网、云计算、大数据技术，实现罐区智能改造，满足了双重预防机制信息化管控，实现特殊作业全过程信息化管理，既落实了国家相关政策法规、满足监管需要，同时为物流安全管理提供了有效工具。

三、示范特色

（一）积极响应"一带一路"倡议，推进国际物流大通道建设

为响应国家"一带一路"倡议，园区在市政府及相关部门的大力支持下，分别于

2015 年 10 月 16 日和 2017 年 12 月 22 日开通了"滨新欧"和"滨海欧"国际货运班列，使滨州成为全省唯一融入陆上丝绸之路及海上丝绸之路经济带建设的城市。

两个班列的开通，为滨州和周边地市出口货物提供了便捷通畅的出海、出境通道，提高了货物流转效率、降低了物流成本，对促进全市物流转型升级、区域运输结构调整和外贸经济发展做出了积极贡献。

（二）大力发展多式联运，推动物流行业降本增效

园区重点依托良好的基础设施推行开展多式联运业务。在业务发展中，园区利用现有平台，积极整合利用自身及社会资源，在多式联运方面探索出一条有京博特色的联运方式。与此同时，金融作为有效的工具，被镶嵌在各业务环节和链条中间，对稳定业务合作模式和延长服务链条起到了积极的作用。

京博物流实现了由传统单一的油品汽车运输向以多式联运为主的现代物流的转变。一是提升了港口存货发运速度，提高了港口疏港能力；二是降低了客户的运输成本，提高了运输效率；三是节约了公司的运力资源，提高了支持保障能力和客户满意度。经简单统计，在现有运行模式下，全年可降低直接成本 1000 万元，节省 70 万吨的汽运能力。随着山东境内各管线的完工，可节省 50% 的汽车运力，在减轻交通压力、提高道路运行安全、节能环保、降低能耗方面效果十分显著。

（三）搭建网络货运平台，开展管家式服务模式

园区持续加强信息化平台建设，完善信息化系统功能，以安全、风控为基础，以数字化创新为驱动，借助"物联网＋大数据＋现代信息化"手段，依托核心物流服务向供应链上下游扩展，建立国内领先的智慧物流供应链一体化平台；针对不同作业场景，搭建了不同的信息系统，实现对供应链信息流、物流、资金流、商流的整合，打造开放性的京博物流智慧物流生态体系。

四、发展方向与未来展望

"十四五"期间，园区运营方面将以解决方案价值为核心，以物流数智化为手段，以多式联运为重点，做专化工物流、做精企业物流、做优物流企业，成为化工物流行业值得托付的供应链方案解决商，努力成为化工行业备受信赖的物流融创伙伴。同时通过整合产业链资源、社会资源，响应平台客户需求，发展一体化实体物流。以博兴化工园区为原型，打造"化工园区＋智慧物流"平台，开创"区域＋产业"智慧物流管理新模式。

在园区内规划建设化工园区智慧物流项目，从企业供应链降本增效角度，实现整个园区的智慧化发展。项目重点打造危险品物流可视化平台，实现社会车源货源的统一整合、车辆在途监管、电子运单的实时跟踪、园区智能装卸与预约排队等功能，在降低物流成本的同时，加大对安全的监管力度。

软件方面，以一站式服务和联融思维为核心，依托核心物流服务向供应链上下游扩

展；针对大宗普货运输业务、危险品运输业务，借助现代化信息手段、大数据算法，实现物流全流程的数字化管理；借助物流基础设施的物联网化、供应链全链条的数字化和物流智能化三个层级打造数据透明、生态联融共生的体系。

硬件方面，建设安全监控中心、智能调度中心、专业化停车场，以及配套的安全、消防、监控设施设备等，升级改造蒸洗罐车间、"司机之家"等，进一步强化运输车辆路面行驶管控，规范运输车辆临时停放和清洗维修，减少物流安全隐患，完善"司机之家"功能，解决危化物流从业人员的后顾之忧。

（撰稿人：徐学敏）

鹤壁现代煤炭物流园区

立足煤炭物流产业链，打造绿色低碳物流园

河南省鹤壁市是一座依煤而建、因煤而兴的资源型城市和老工业基地，是中原经济区黄河以北城市群的中心，联结河北、山西、山东，是河南省区域物流枢纽承载城市。鹤山区位于鹤壁市北部，因"古有双鹤栖于南山峭壁，其山曰鹤山"而得名，是鹤壁市的发祥地。作为煤炭立市资源型城市，鹤壁市站位全国，按照国家加强煤炭储备能力建设和煤炭交易市场体系建设的要求，于2009年6月规划建设鹤壁现代煤炭物流园区（以下简称"园区"）。自"十二五"规划开始，鹤壁市一直在谋划产业转型，以园区为中心，引导全市煤炭经销、洗煤企业向园区集中，同时引进外地大型物流企业参与园区建设，推进本地煤炭物流和洗选企业入驻，努力推动煤炭产业转型发展。近年来，鹤壁市现代煤炭物流产业快速发展，产业结构持续优化，已形成煤炭洗选、仓储、掺配、交易、物流及信息服务的煤炭物流产业链，综合竞争力显著增强，为推动鹤壁市经济社会高质量发展提供强有力的支撑。园区在发展过程中，坚持以"打造国内一流现代化煤炭物流园区"为目标，紧紧围绕煤炭物流、洗选、交易、金融等核心业务，不断完善煤炭集散储备、多式联运、线上线下交易、总部经济贸易四大功能，不断融合资源、交通、信息、科技优势，全力促进投资主体、生产方式、运输方式、仓储模式、交易形式、经营模式上的突破创新，积极发展新业态，强力推动园区提档升级，已逐步成为辐射冀南、豫北、鲁西、苏北等地的河南省规模最大的专业型、现代化煤炭物流园区，是区域经济结构转型和产业升级的重要支撑，以及国家重要的煤炭储备交易基地。

一、园区概况

园区成立于2009年，被列入《河南省能源中长期发展规划（2012—2030年)》。2013年12月，《国家发展改革委关于印发煤炭物流发展规划的通知》将园区列入国家规划。2015年园区被河南省政府评为河南省示范物流园区；2016年被评为河南省十快服务业"两区"；2017年被列入河南省第一批省级现代服务业专业园区；2020年被评为全国优秀物流园区，是河南省区域物流枢纽建设鹤壁市"两核"之一；2021年入选第三批示范物流园区。园区最新总规划面积7.53平方千米，其中建设用地面积4.08平方千米。

（一）区位交通

园区交通便利，毗邻南北大动脉京广铁路、我国第一条轴重30吨的重载铁路瓦日铁路、107国道和京珠高速公路，京广铁路支线铁路汤鹤线、矿区铁路、221省道、军鹤线、王东线等穿境而过。园区拥有豫煤交易中心铁路专用线、鹤壁火车北站、鹤壁长玖铁路仓储有限公司铁路专用线和河南能源鹤煤集团铁路专用线等，连通国家级铁路干线瓦日铁路和京广铁路。

园区充分发挥连接国家煤炭物流东西大通道瓦日铁路和南北大通道京广铁路的区位交通优势，依托高速公路等交通物流设施网络，积极建设包括多式联运、集散交易、供应链集成、铁路物流、公路港、区域分拨配送、仓储交割、信息服务等区域煤炭和大宗商品综合物流服务平台。

（二）功能布局

园区本着提高土地利用率、节约成本的原则，充分考虑园区煤炭物流的特点、园区地理位置及环境等因素，采用"一轴三区"布局。"一轴"即汤鹤铁路产业发展轴，集聚布局煤炭物流企业。"三区"即煤炭物流区、公铁联运港区、综合服务区。煤炭物流区发展煤炭仓储、铁路集装箱运输和公路煤炭物流等；公铁联运港区发展以建材、化工新材料，以及粮食、农副产品为主的大宗商品的公铁联运、仓储物流等；综合服务区主要提供煤质检测、物流信息、交易结算、总部经济、会议会展、行政办公等服务。

煤炭物流区是园区的核心功能区，横贯整个园区，主要承担煤炭物流的基本功能。按照流通方式、运输工具的不同，分为铁路煤炭物流区和公路煤炭物流区，主要业务是洗选加工、仓储、配煤。利用煤炭资源优势及便利的区位交通优势，提供煤炭的储存、运输及加工（洗煤、选配煤）等物流服务；将外购的和当地的煤炭进行储存、集装，利用公路或铁路运输，以最快的速度、最少的滞留时间分方向、分地区运送到目的地，最大限度地实现煤炭物流集约化，同时实现一系列增值性流通加工功能。

公铁联运港区北临配套产业区，可为相关配套产业提供第三方物流服务；东靠煤炭物流区，可与铁路专用线实现无缝衔接，有利于发展公铁联运，提高运输效率；西面、南面均为生态防护区，可有效降低煤炭运输车辆通行所产生的噪声、废气等污染物对居民生活区和商务办公区的影响。

综合服务区是园区管理委员会的所在地，履行园区的行政管理职能，主要有：协调物流园区内部公共部门和私有企业之间的利益与目标；调整物流园区入驻企业结构，保证园区内入驻企业结构多元化，控制入驻企业的规模；组织协调园内企业的合作活动，协调园内企业间资源的共享，减少货运交通量；为煤炭物流企业设立办事处或公司总部；通过设立公共网络平台等一系列商务服务，发展煤炭物流总部经济，搭建煤炭物流商务平台；为园区煤炭物流企业提供配套服务与设施，包括煤质检测、物流信息中心、交易结算中心、电视电话会议室、现代网络平台、安防技防等。

（三）服务能力

目前，园区已入驻的重点企业有河南煤炭储配交易中心有限公司、鹤壁市鼎源煤炭仓储有限公司、鹤壁长玖铁路仓储有限公司等煤炭仓储物流、洗选企业 14 家，陆续入驻鹤壁市玥怡贸易有限公司、鹤壁市鸿胜煤炭贸易有限公司、鹤壁市有财商贸有限公司、鹤壁昊裕新能源有限公司等煤炭贸易企业 60 余家，年煤炭吞吐能力已达 5000 万吨，煤炭洗选能力超 600 万吨，静态储煤能力 300 万吨。在河南暴雨灾害和新冠疫情期间，为区域煤炭应急保供发挥了重要作用，为保障国家能源安全做出了积极贡献。园区打造成为全国一流的示范物流园区、全省重要的大宗商品物流供应链组织中心和国家重要的煤炭储配交易基地的目标正在逐步实现。

二、主要做法

（一）坚持低碳环保发展，建设绿色节能园区

园区坚持生态优先，绿色发展，积极落实"绿水青山就是金山银山"的理念，完善绿色发展机制，推动园区向绿色化、低碳化、循环化发展。

1. 全面推行全过程封闭生产，减少园区扬尘污染

随着环保理念和管控力度的不断加大，传统煤炭物流企业露天生产作业越来越不符合时代要求。近年来，园区所有企业逐步实现了煤场全封闭，已建成全封闭式煤仓 30 万平方米，煤仓工程结构和外观标准越来越高，园区煤尘污染得到明显改善。

目前，园区内 3 座共计 15.7 万平方米的煤仓正在建设中，项目总投资 5.9 亿元，采用网架结构彩钢板封闭的方式，其中一座煤仓长 550 米、宽 140 米，封闭面积 7.7 万平方米，建成后将成为河南省单体面积和跨度最大的封闭式煤仓。煤仓配套建设有与屋顶融为一体的分布式光伏组件，既节约了建设成本，又保证了工程质量，提高了可靠性。

项目建成后，可以进一步降低园区扬尘污染、优化生产环境，提升企业和园区形象，彻底改变人们对煤炭物流园区环境脏乱差的固有印象。

2. 积极推广光伏发电，推进园区绿色发展

一是建设铁路专用线护坡 15MW 光伏发电项目。在铁路专用线护坡建设了分布式光伏电站，装机容量约 1.49MWp，共安装容量为 410Wp 的单晶硅光伏组件 3636 块，采用 30°最佳倾角布置于铁路线北侧护坡上。该项目共分为 3 个光伏发电单元，每个光伏发电单元经户外配电箱汇流后，共以三回线路形式分别送入园区内两个 380V 配电室，光伏发电项目所产生的电能全部自用。该项目于 2021 年 9 月建成投运，两年多来累计发电 300 万度，相当于节约标准煤 1260 吨，减排二氧化碳约 3500 吨，减排二氧化硫约 11 吨。

二是积极推广煤仓屋顶光伏项目。即将建设的封闭煤仓屋顶光伏面积约为 5 万平方米，项目拟采用高效的 550Wp 单晶硅光伏组件 7169 块，总装机规模约 3.9MWp，所发电量接入园区 10kV 母线，优先供园区生产用电，剩余电量接入国家电网。按照电站 25 年

运营期计算，3.9MWp 光伏发电项目的年均发电量约 435 万度，25 年发电量约 1.09 亿度，相当于每年可节约标准煤约 1326 吨，减排二氧化碳约 4336 吨，减排二氧化硫约 130 吨，减排氮氧化物 65 吨。

两个项目所采用的单晶硅太阳能发电并网系统中，不使用蓄电池，不会对环境造成污染。在使用过程中不需要任何原材料的补充，只要有阳光就会发电；同时，也不会产生任何的废气、废水和噪声。

同时，新的煤仓屋顶光伏发电项目正在对接，光伏发电将会在园区得到进一步推广和应用。利用铁路护坡和屋顶建设光伏发电项目，对集约节约用地、展示企业形象、降低企业用电成本具有重要意义。

3. 实施管带输送工程，节能减排效果显著

管带输送工程项目总投资 5.51 亿元，为园区至鹤淇电厂皮带输送工程。管带机分为两部分：第一部分路线为园区至鹤壁同力发电有限责任公司段；第二部分自鹤壁同力发电有限责任公司的原煤缓冲仓下导料槽（含）（包括从电厂二期储煤场的返煤系统）至鹤淇电厂 5000 吨原煤缓冲仓，总长度 30 千米，2020 年年底已全面建成投运。煤炭在管状皮带内实行全封闭运输，不受风、雨等外界因素影响，真正实现无尘搬运物料，同时减少损耗，有效降低了交通压力及碳排放量。相比汽运，年节省柴油 2180 吨，减排二氧化碳 6746 吨，节省标煤 1500 吨，节约用地、用水、材料、能源，符合环保安全等要求。与电厂原有物流通道相比，管带机占地不到同等距离铁路的 30%，相比汽运短驳到厂，运输 1 吨煤的成本降低 20 元以上。管带输送工程充分提高了煤炭物流效率，降低了煤炭物流成本。

4. 规划新能源设备替代，引领未来绿色生产方式

为实现物流作业车辆和装备的智能化、低碳化，降低生产成本，解决煤炭物流效能和安全问题，未来将通过第三方公司或园区企业自行采购，积极引进智能新能源卡车、新能源装载机等装备，逐步替代园区传统燃油机械。园区即将开工建设智慧化综合停车服务区，为在园区推广应用的新能源物流车辆和装备提供运营、充电、维修场所，积极引领未来煤炭物流产业新型绿色生产方式。已开工建设的豫煤交易中心二期项目配套集装箱站场，所使用的正面吊和重卡将全部采用新能源型。

（二）大力发展多式联运，形成"两进""三出"格局

随着国家去产能政策的深入实施，我国煤炭的供需格局正在发生深刻变化。山西、陕西、内蒙古成为我国煤炭货源的主要供应地，产煤量超过全国的 2/3，中东部原产煤大省煤炭需求量与本地煤炭供给量的缺口越来越大。园区以国家重大发展战略为指引，依托晋中南铁路货运通道等骨干煤运通道，积极利用省内外的煤炭资源，打造区域物流枢纽和国家级大型煤炭储配基地。作为国家"西煤东运""北煤南运"重要节点之一，园区积极向上游煤源地拓展发展链条，提高在煤炭资源腹地的集疏运能力，促进煤炭产销一体化。近三年有 5000 余万吨来自山西、陕西、内蒙古及河南省内的煤炭会集到园区，再经过加工、掺配发送到全国各地。园区整体年运销煤炭能力超 2000 万吨，已成为国家级

煤炭物流储备基地，中部地区最大的现代化煤炭物流加工、仓储物流交易中心，和全省重要的煤炭集散中心。

近年来，园区借助国家促进交通运输"公转铁"政策机遇，实现了货物运输方式由传统单一公路运输向公路、铁路、管带及集装箱运输等多式联运转变，明显提高了经济效益和生态效益。园区已形成铁路、公路方式"两进"和铁路、公路、管带"三出"多式联运格局，依托稳定灵活的运输方式，带动了整个园区的良性发展。

1. 利用铁路专用线，实现大运量、低能耗、小污染

园区铁路专用线总投资 3.29 亿元，是在依托国家"西煤东运"及"公转铁"政策，围绕瓦日铁路增量的战略背景下设计建设的。铁路专用线可以满足万吨大列整列到达的基本要求。铁路运输具有运量大、能耗低、污染小的优势，是典型的节能环保型绿色交通工具，在打好污染防治攻坚战中肩负着重大责任。铁路单位货物周转量能耗仅为公路的 1/7，铁路每增加 1 亿吨货运量，可比公路完成同等运量节省能耗约 110 万吨标准煤，减少二氧化碳排放约 270.6 万吨，节能减排效果明显。

在铁路—管带、铁路—公路联运的转运环节，配置两台新型 C 型转子双翻翻车机，可接卸 C80E 型铁路货车，翻车效率为 40 车/时，股道条件及翻卸能力满足设计能力接卸1000 万吨/年。装卸线单股线路有效长 1050 米，满足单批次作业编挂车辆 55 辆。铁路专用线最大日接卸能力为万吨大列 4 列或基本列 9 列。卸车能力及效率在区域市场处于领先水平，有效提高了管铁联运、公铁联运的运输效率。

2. 应用铁路快装系统，实现自动化、速度快、高效率

园区站位全国加快空间布局，抓住关键节点，建设现代物流自动化通道，火车快装系统项目工程于 2021 年 9 月 26 日开工。工程总投资 4580 万元，项目由装车仓、输煤系统、火车装车线三部分组成，每小时装车能力可达 5000 吨。配置 1500 吨火车快速装车仓一座。煤炭经园区输煤系统输送到 1500 吨缓冲仓后进入快速定量装车系统，通过自动识别系统能够实现列车编号自动扫描、列车型号自动识别、自动定量装车、自动平煤功能。快装系统于 2022 年 7 月完工并正式投运。依托该项目，煤炭从园区煤场通过传送带输送至火车装车仓，再通过仓下的定量装置实现直接、准确、快速装车，运往冀南、鲁西、苏北、湖北等地。

3. 科学设计汽运设施，实现转运便利化、精准化、自动化

传统公路运输必不可少，特别是针对周边客户，汽车运输更加便利经济。园区通过科学设计，合理布局汽车运输装卸设施，提升汽车运输转运效率。汽车卸煤仓采用下沉式设计，汽车卸煤直接落入地下空间，由输送皮带运至大型煤棚分类堆存，省去传统汽车卸煤需铲车辅助，并由铲车进行转运堆放的过程，不但大大提高效率，且极大减少因车轮碾压煤场产生的扬尘现象。园区建设有 3 座容量各为 3000 吨的自动汽车装车仓，可同时实现对 6 辆汽车进行自动定量装车，计量精度高，装车速度快，每车装车时间仅需 6分钟。

4. 开展管带输送工程，实现节地、节能、无损耗

管带输送系统建设是国家节能减排财政政策综合示范项目，并入选了河南省第二批多式联运示范工程，示范效应明显。管带输送工程起点位于园区，终点为鹤壁鹤淇电厂，运行速度为4.5米/秒，是世界最长的管带输送机。管带物料运输过程中完全封闭，实现了无尘搬运物料，更加环保；管带输送不落地进入电厂锅炉原煤仓，减少了损耗和电厂内转运环节费用，节约电厂成本；占地不到同距离铁路的30%，节约用地约65.3万平方米。管带输煤能力为1500吨/小时，以每天运行12小时计，单日输送量达18000吨，等同汽运563车次，大幅降低运力组织强度、运输成本及污染排放，是一种高效、环保、低成本的运输解决方案。

近年来，促进铁路网、公路网、管道网"三网"深度融合发展，每年可节约物流成本8600万元，减少碳排放量约2.7万吨，为实现碳达峰、碳中和目标，确保能源供应及推动区域经济高质量发展提供了重要支撑。

（三）建设数智化企业，提高园区现代化水平

坚持数字园区与现实园区同步规划、同步建设，营造一流数字创新生态，加快建设智慧化园区。

1. 建立煤炭"交易＋物流＋金融＋数据"一站式交易平台

园区以物理空间布局为支撑，坚持"全产业链＋平台"的理念，以煤炭为载体和切入点，围绕"互联网＋产业""线上＋线下""实体经济＋总部经济""厂库交割＋商业保理"等积极发展新业态，通过共享中后台模式，切入其他大宗商品品类，积极发展互联网要素交易市场，形成了"交易＋物流＋金融＋数据"四大业态创新，实现降低采购成本、调整运输结构、增加物流效益、切实保障区域煤炭能源供应安全的目的。

2. 建立智能化、标准化、可视化统一物流管控平台

园区企业河南煤炭储配交易中心有限公司利用物联传感、网络通信、数学建模、大数据、云计算等技术，建成了目前国内设计理念最先进、智能化程度最高、集成智能化设备最多的数字化统一物流管控平台，已经成为国内领先的煤炭精细化管理行业标杆。数字化统一物流管控平台由智能质检验收系统、数字化配煤系统、煤炭集中管控系统构成，具有无人干预、全程可视、集中管控、自动识别、自动计量、采制一体、自动存取样、标准化验、智能掺配等功能，处于国内领先水平。依托数字化煤场建设，利用数字仓储的技术优势，对储煤场进行科学分区，优化煤场储煤结构，数字化展示煤场动态，监控现场设备作业状况，实现煤堆温度自动检测、实时传输、在线显示功能，实现了煤场管理的标准化、精细化和规范化。构建起管控一体、业务一体、信息一体的标准化仓储管理体系。2022年3月，数字化统一物流管控平台被河南省发展改革委评为河南省数字化转型典型应用场景。

3. 推进"平台＋园区＋大数据"的供应链集成

园区围绕"物流设施投资、物流业务集成、物流资源整合"三大环节，依托物联网、云计算、区块链等先进技术和互联网思维的平台模式，按照"平台＋全产业链"的发展理念，以现代物流为基础，以互联网要素市场为顶层设计，涵盖线上交易、期货交易、供应链金融、大数据、交割厂库等业态，依托瓦日铁路运输通道建设，以"平台＋园区"

为战略布局，在园区和上、下游企业之间构建交易、物流、金融三大煤炭核心业务组成的电商平台，可为客户提供优质高效的煤炭仓储、质检、中转、运销等第三方服务。

（四）拓展物流增值服务，推进园区高质量发展

1. 发展总部经济

园区利用企业对煤炭资源的刚性需求和园区地理位置密集的区位优势，对煤炭供应链和交易链进行整合，打造以交易服务为核心，以回程物流和多式联运服务为保障，以金融服务为延伸的"一核四系"五位一体交易综合服务体系，为产业集群内的客户提供便捷化、一站式、全过程的煤炭交易综合服务，为总部经济发展提供产业集聚的平台。目前，园区已入驻总部经济企业42家。

2. 开展供应链金融

园区贴近企业市场需求，丰富产品种类，为企业提供包括签订合同、运输、中转、交割、结算、支付环节的煤炭交易全产业链金融服务。在推行标准化产品的同时，针对大客户推行定制化产品。强化电商平台技术金融支撑，提供一站式快捷服务，2019年，园区供应链业务额超过25亿元，业务余额近10亿元，建成国内风控好、效率高、成本低的线上供应链金融平台。

3. 推进物流信息一体化

园区充分利用物联网、区块链、云计算等现代化信息技术，加快推进煤炭物流枢纽公共物流信息服务平台建设，为企业提供供应链库存管理、智能仓储、物流监控、集装箱堆场管理、车辆调配、车皮调度等一体化信息服务。加强枢纽内物流信息的共享和交换，建立枢纽物流信息统一采集、交换和共享机制，打通物流信息链，实现全程透明可视化管理。

4. 建立统一平台

建立煤炭交易、物流大数据库，在此基础上，形成能源（煤炭）调度运行大数据平台和一站式全产业链撮合平台。积极推动能源指数编制工作和大数据征信业务。积极研究"今日头条"的资讯服务模式，建立"煤炭头条"资讯平台。

5. 其他衍生服务

园区致力提升全面服务能力，打造全产业链业态，发展第三方质检服务、第三方仓储监管服务、第三方线下交割服务、煤炭精细化配煤服务。

三、示范特色

（一）坚持环保理念，造就绿色低碳园区

煤仓全封闭和全过程封闭运输的推行，使园区基本实现了"运煤不见煤"，有效解决了扬尘问题，改变了人们对煤炭物流园区污染严重的固有印象；铁路护坡和煤仓屋顶建设光伏发电项目，不仅为园区提供了清洁能源，带来了经济效益，还实现了土地资源的

集约节约利用；铁路和长距离管带运输方式，为节能减排、降本增效发挥了重要作用。

（二）实施多式联运，打造节能减排示范工程

"公转铁"是防治大气污染的重要举措，与公路运输相比，铁路运输可有效降低企业运输成本，减少碳排放。园区内有鹤壁火车北站和河南煤炭储备交易中心铁路专用线，鹤壁火车北站与"西煤东运大通道"瓦日铁路和"南北铁路大动脉"京广铁路相连，具有万吨大列接卸能力，可向全国发运煤炭。园区业务包括自动化接卸、数字化质检、堆存、监管、转运等，可为客户提供煤炭掺配、站台贸易代发、多式联运等一站式服务，社会效益和经济效益明显。输煤管带机长 30 千米，长度创造吉尼斯世界纪录，节能减排成效显著，曾获国家节能减排典型示范项目补助资金 1000 万元。

（三）站位全国，服务国家战略

鹤壁市站位全国，超前规划，依托国家能源大通道瓦日铁路规划建设现代煤炭物流园区，并不断发展壮大；抓住"公转铁"运输结构调整政策机遇，建设铁路专用线，实现园区运输结构调整和鹤山区乃至鹤壁市的经济转型发展；按照国家加强煤炭储备能力建设和煤炭交易市场体系建设的要求，园区煤炭储配、转用能力不断提升，区域应急保供作用在防汛救灾和疫情防控时期得到充分验证。

四、发展方向与未来展望

依托晋中南货运通道瓦日铁路与京广铁路交会的交通优势，园区积极承接晋冀鲁豫等省份，长三角、珠三角等地区，以及"一带一路"沿途国家和地区的煤炭、大宗商品物流分拨需求，持续壮大煤炭物流，积极发展化工原材料及成品、铁矿石、建筑材料、装备制造零部件等大宗商品物流，为区域经济结构转型和产业升级提供重要支撑，为推动区域经济高质量发展贡献智慧和力量。

（一）打造全国一流的示范物流园区

在成功入选全国第三批示范物流园区的基础上，园区以整合升级省级现代物流开发区为契机，围绕"物流设施投资、物流业务集成、物流资源整合"三大环节，运用互联网思维和平台模式，将园区打造成全国一流的低碳高效的现代综合物流园区。

（二）打造全省重要的大宗商品物流供应链组织中心

围绕化工、新材料等大宗货物运输等主导产业发展，进一步拓展延伸园区功能，带动化工原材料及产品等大宗原材料产品的集散分拨、全国物流与交割、线上交易，形成大宗商品交易中心；利用大数据平台，发布煤炭、新材料、化工类产品等价格指数，实现现货价格发现功能，成为市场价格风向标，形成大宗商品的价格中心；以"互联网＋物联网＋区块链"技术为基础，构建支撑大宗商品交易平台的供应链综合服务平台，提

供电子仓单、监管仓与供应链金融的商业模式，构建河南省互联互通、多式联运、物流一体、金融创新、服务增值、智慧高效、信息共享的一站式大宗商品物流供应链组织中心。

（三）打造国家重要的煤炭储配交易基地

园区依托位于瓦日铁路国家"西煤东运"大通道的区位交通优势，促进铁路网、公路网、管道网"三网"深度融合发展，大力发展交易、物流、金融三大煤炭核心业务，实现煤炭的储备、集散和多式联运，开展现货与期货交易，形成布局合理、功能完善、集聚集约、绿色高效的煤炭物流园区体系，打造国内一流的现代煤炭物流集散基地。提质改造煤炭仓储、洗选、集装箱运输、铁路专用线等基础设施，将园区打造成为国家重要的现代化煤炭洗选、仓储物流交易、大宗商品交易中心和国家级煤炭战略储配交易基地。

到2025年，园区产业规模持续壮大，创新能力不断增强，质量效益稳步提升、智能水平显著提高，绿色发展成效明显，体制机制更加完善，基本建成规划布局合理、支撑发展有力、主导产业突出、集聚效应明显的全国一流示范物流园区、全省重要的大宗商品物流供应链组织中心和国家重要的煤炭储配交易基地。

展望2035年，园区现代物流体系更加完善，具有国内竞争力的一流物流企业成长壮大，通达全国的物流服务网络更加健全，对区域协调发展和实体经济高质量发展的支撑引领更加有力，物流服务现代化、智能化水平大幅提升，为鹤壁市基本实现社会主义现代化提供坚实可靠的支撑保障。

（撰稿人：熊思旺）

驻马店恒兴仓储物流及电子商务产业园

集聚发展，金融创新，构建智慧电商物流园

随着中国经济的快速发展、互联网技术的不断进步，以及电子商务的广泛应用，现代物流业正处于高质量发展阶段，各类型物流园区蓬勃发展。近年来，中国（驻马店）国际农产品加工产业园获批，标志着驻马店市将成为全球农产品加工和物流的重要枢纽，这一战略地位的转变，为驻马店恒兴仓储物流及电子商务产业园（以下简称"园区"）的发展提供了极好的机遇。同时，"互联网＋"和电子商务的快速发展，正在推动现代物流业向信息化、智能化、网络化方向转型，而驻马店市出台的一系列支持发展现代物流业的政策措施，也为园区的发展提供了政策保障。园区致力于打造一个全方位、一体化的供应链服务平台，满足区域日益增长的物流需求。

一、园区概况

（一）立项背景

物流业作为国民经济的重要支柱，其地位和作用日益凸显。国家和河南省出台了一系列政策措施文件，加快推动"互联网＋"、电子商务、物流的转型升级。驻马店市政府全力支持电子商务产业发展，出台了《关于加快全市电子商务发展的意见》，用于支持电子商务园区建设、企业培育引导。目前，全市已有中小型电子商务企业 3500 多家，获得河南省电子商务企业认定备案的企业 255 家，电子商务交易额 246.3 亿元，同比增长 33.7%，其中网络零售额 52.7 亿元，同比增长 39.5%；建成并投入运营的电子商务产业园 7 个、乡镇服务站 260 个、乡镇社区门店 1000 多个，覆盖市、县、乡、村四级的电子商务体系和物流快递网点。在此背景下，园区立项并持续快速发展，形成了以驻马店为中心的豫南六地市物流分拣、分拨中心。

（二）运营主体

园区运营主体驻马店市恒兴运输有限公司是一家以仓储服务为基础，集电子商务、城乡配送、物流金融、信息服务、供应链管理于一体的现代化物流企业，旗下有恒兴仓储物流园、恒兴物流配送中心和恒达智慧园区，现为河南省"三个一批"重点企业、河南省服务业百户领军企业，也是河南省唯一一家民营的国家 5A 级物流企业。作为园区运

营主体，公司致力于以"互联网＋"供应链服务为核心，以打造全方位、一体化的供应链服务平台为目标，构建集仓储、物流、电子商务等服务于一体的产业生态圈。

（三）区位交通

园区地处中原腹地，位于中国南北交通主通道——京广发展轴中段，衔接中原经济区、淮河生态经济带、长江经济带和长江三角洲城市群，京广铁路、京广高铁和106、107国道纵贯南北，交通便利。园区选址于河南省驻马店市北郊，驿城区中原大道、洪河大道、汝宁路、板桥路围合区域，在中国（驻马店）国际农产品加工产业园内。依托京港澳物流大通道、大广物流通道、二广物流通道、周驻南物流通道、南驻阜物流通道、内河航运物流通道和空中物流通道7条联通全国和周边省市的物流大通道，可实现3小时内通达郑州、武汉、合肥三座省会城市，与其他经济区域的物流高效互动，提升了园区的物流服务水平，增加了覆盖范围，为货物快速、安全、准时的运输提供了坚实的设施基础，为驻马店强化区域物流枢纽地位，构建覆盖周边省市、连接全国、通达全球的物流辐射和服务圈提供了基础支撑。

（四）规划建设情况

园区总规划面积达1平方千米，分为三期建设，一期主要开展电子商务、快递配送、冷链物流等城乡物流业务；二期主要开展家用电器、医疗药品等领域的大宗货物仓储配送业务；三期以分拣分拨为主要业态，布局智能化和数字化仓储服务板块，主要建设高台仓库、低台仓库、保税仓库、冷链仓库、O2O农产品展示仓库、多层仓库等基础设施，具体分布见图1。目前已累计投资31.1亿元，已建成库房84.6万平方米，包含48万立方米冷库、50万平方米智能停车场。园区自有和租用货运车辆4400辆，总额定载重吨数

图1　园区功能分布

68600 吨，入驻企业 280 余家，货运经营网点 218 个，业务辐射全国 23 个地市。此外，园区还利用驻马店公共保税物流中心、驻马店海关等开放载体，积极拓展国际物流、保税物流、跨境电商等功能，形成豫中南地区的商品集散地和贸易中心。同时园区土地资源储备丰富，具备扩展空间，可以满足后续发展建设的需要。

（五）服务能力

园区旨在打造多元化的全流程服务体系，包括但不限于仓储服务、物流服务、电子商务服务、信息服务。其中，仓储服务提供全方位的存储方案，包括普通货物存储、危险品存储等；物流服务提供"点到点"的全程物流方案；电子商务服务提供线上交易平台和电商物流解决方案；信息服务提供市场分析报告、物流跟踪查询等服务。园区拥有平台车辆 3000 余台，日均订单量 500 万单，日均配送能力 1000 辆（次），实现了 300 千米经济圈"当日达""次晨达"、市区一日双达、"211"目标，彻底打通了县乡村"最后一公里"微循环，构建起以驻马店市为中心、覆盖全国 24 个省级行政区域和鄂豫皖经济圈的物流发展新格局。

二、主要做法

（一）优化物流资源集聚新环境

1. 打造规模化仓储物流设施集群

园区分区建设普通仓、高标仓、恒温库、冷藏库、药品库等设施，为不同行业提供多方位的仓储服务，依托现有 84.6 万平方米仓库，为入驻园区的京东商城、阿里巴巴、菜鸟、苏宁易购、美的安得智联、唯品会、华为、中国移动基站仓等国内外 280 余家知名企业提供良好的物流环境，以及高效、便捷、可靠的仓储和区域物流配送等服务。园区仓储服务区部分实景见图 2。园区还建成有国内规模技术领先的全自动化分拣线，可实现商品存储、拣选、包装、输送、分拣等环节全流程智能化管理，日均分拨量达到 500 万单，让更多消费者体会到"上午下单，下午收货"的极速购物体验。目前园区仓储建设已形成订单模式，供不应求。园区正在推进三期建设（32.5 万平方米），计划增加丙二类仓储面积 26 万平方米，用以满足市场需求，提供全程打包式综合仓储物流服务，实现供应链物流作业功能，为园区电子商务相关产业的发展提供"硬联通"基础。

园区配套设施完善，1512 套公租房已投入使用，银行、连锁超市、商务宾馆、汽车、餐饮等服务业已经形成规模，既解决了企业发展的后顾之忧，又增强了园区的竞争力和吸引力。

2. 创新有条件免租金招商模式

园区以仓储物流为基础，立足仓储物流优势，换位思考，牢牢把握"存储、效率、成本"三要素，从降低入驻企业运营成本上想办法、拿对策。全力打造武汉与郑州之间的仓储洼地，将仓储费控制在一线城市的 1/3 以内，同时创新性地提出有条件免租金使用

图2　园区仓储服务区部分实景

政策，为日分拨量超过 10 万单且由园区统一调配分拨的客户免费提供仓库使用。截至 2023 年年底，享受到此政策的客户共 3 家，每年为客户节省成本共计 960 万元。

3. 大力引进龙头电商企业

电子商务发展的优势在于品牌带动。园区坚持高起点谋划、高层次推进，以规模和品牌取胜。一方面，围绕知名电商平台企业，坚持"走出去、引进来"。多次赴北京、杭州、上海、广州、深圳、苏州、郑州等互联网"高地"进行对接，吸引知名电商企业将呼叫中心、分拨中心、销售平台、区域总部等机构设在驻马店，集中 B2B、B2C、O2O 等主流电商模式，实现园区的规模发展。国内 B2B 交易排名靠前的阿里巴巴、慧聪网等企业相继入驻。占地 13.3 万平方米的集总部经济、物流仓储、研发孵化、电商服务、信息咨询、教育培训、商贸交易等功能于一体的驻马店网络产业园项目全面开工建设，总建筑面积 11 万平方米。通过"互联网 + 生产"模式，建成后可入驻 100 余家电商企业。

另一方面，深度发掘本土企业，培育品牌。为了充分发挥本地的资源优势，挖掘特色产业的潜力，园区与驻马店市政府合作，建设园区电子商务区，见图3。从完善设施、推广技术、发展冷链、创新模式等方面打造了一个具有本地特色的电商平台，用于整合全市电商企业。目前，通过阿里巴巴·驻马店产业带、中国网库·驻马店电商谷、京东·中国特产驻马店馆等电商平台，带动昊华骏化、华骏、天方、十三香、中云创、金雀仪表、海川电子、银泰新能源等 600 余家驻马店企业相继入驻园区，线上交易额已突破 6 亿元，带动线下销售额近 48 亿元。极大地提升了本土企业的知名度和影响力，展示了当地优质农副产品、特色食品、轻纺化工产品等，推广了一批特色产品，如西平县汇联猴菇饼干、上蔡县巨型一号丝瓜水护肤品等。这些产品通过电商平台从县域走向全国，迅速拓展市场，销售额大幅增长，形成了品牌和市场优势。园区的发展极大地推动了本地经济的发展，提升了居民的生活质量。

图3 园区电子商务区

（二）激发物流降本增效新动能

1. 推进园区数智化发展

顺应"互联网＋"发展趋势，园区不断加强信息技术设施建设，提升园区信息资源整合和服务能力。园区借助互联网、大数据、物联网、信息化服务平台等技术手段，通过建立高效、便捷、安全的物流信息平台，综合运用园区云仓平台、呼叫信息托管平台，将物流信息进行整合，实现仓库管理数据的透明化，车货配及在途管理，费用结算、货物保险的全程信息化管理，简化了物流运作流程，提高了物流信息联通的准确性和及时性，使企业物流信息实现共享和及时交换，较好地解决了传统物流企业与互联网大数据结合不够紧密的问题，为物流信息的流通提供了坚实的保障。

在完善物流信息平台的基础上，园区还引入智能化技术，运用先进的人工智能算法，实现全物流环节的实时监控和预测；通过物联网技术，实时获取货物的位置和状态信息，实现对物流过程的全面跟踪和追溯；基于大数据技术，对海量的数据进行分析和挖掘，为物流决策提供强有力的支持。依托自有仓储、运输、园区管理系统和供应链实施协同平台，打造智慧园区标杆；基于园区的供应链物流服务，推动智慧供应链科技研发和人才培养建设。同时，通过开发信阳明港机场全货机航线，打造航空货运运输网络，利用全流程制造供应链管理服务能力，拓展驻马店制造业C2M2C（从原物料供应商到制造商再到消费者）全链条库存和订单管理服务，实现厂区原物料的前置集拼和全球交付、"2B＋2C"全渠道成品的区域分拨和前置作业，成功打造了一个"智能算法＋物联网＋大数据"的智慧化物流园。

2. 创新园区运营服务模式

自成立以来，园区敢于改革创新、加强动能转换，走出了一条信息经济时代"互联网＋特色农业""互联网＋物流""互联网＋扶贫创业""互联网＋创新孵化"的产业发展新路线。准确把握行业发展方向，以满足客户需求为根本导向，探索形成"前店后库""代发代收""物流增值服务"等新型运营模式。比如："前店后库"模式中，"前店"以线上交易、实体展示为主，"后库"则是分拣、分拨、包装中心。通过"互联网＋"运营模式，不断为合作客户解决物流方案问题，既提高了货物到达终端客户的效率，提高终端客户的满意度，又为合作客户创造了可观的经济效益，最终使园区与合作客户形成黏结性链接，帮助客户产品在园区内实现"买全球、卖全球"。

园区紧随业态发展趋势，充分发挥物流业在制造业和商贸业之间的纽带作用，构建"云仓平台＋枢纽＋通道"运营模式，高标准规划建设第三方前置仓，依托完善的基础设施、专业的运营团队以及各项优惠政策，成功引入京东商城、格力电器、美宜佳、山西汾酒、华润医药、九州通医药等企业在园区建立前置仓，与新加坡普洛斯集团合资打造的高台仓专业园区也已经投入运营。园区大力发展实体经济，实现了农副产品、大宗货物、装备制造业产品、消费类商品的"大进大出"，解决老百姓物质需求和就业问题。目前园区在豫南地区布局的实体店已经达到1700多家，对促进区域经济发展、增加经济效益、构建区域网络起着重要作用。

3. 建设高效运输配送网络

园区紧跟"十四五"规划步伐，加快物流资源整合，完善物流配送体系，重点发展电商物流、区域中转物流和城乡配送物流服务。园区采取自购车辆，租赁车辆，无车承运，第三方、第四方物流承运，整合园区内零担快递，与互联网汽车信息托管平台结合等服务方式，整合物流资源，完善配送网络，目前园区已拥有16万平方米智能停车场和1.2万辆平台运营车辆。依托"仓储＋干支线运输＋城市配送"网络，园区干线运输网络已辐射全国20多个一、二线城市，鄂豫皖300千米经济圈实现"当日达""次晨达"，城区实现一日双达。同时，全面推进县、乡、村物流覆盖工程，满足居民"最先一公里"和"最后一公里"的民生物资"微循环"需求。助力全市农产品高效率买卖全球，帮助"巨型一号""憨豆龙""西平渔具"等一批驻马店本土品牌插上"互联网＋物流"的翅膀，成为全国知名品牌。园区现已成为豫南地区最大的物流基地、中原城市群供应链物流枢纽中心。

（三）延伸产业服务价值链条

1. 建设商贸物流产业生态

在发展过程中，园区坚持拓展物流服务范围，致力于打造豫中南六地市物流分拨中心，利用园区内包装生产中心、流通加工中心、设备租赁中心等为入驻企业提供流通加工及配套服务，为电商企业提供商品彩印、外包装，以及箱体回收利用服务。同时，利用"互联网＋高效物流"，促进"最后一公里"分拨配送，业务覆盖电子商务、运输、仓储、冷链、分拣、分拨、配送、流通加工、信息处理、第三方物流等多个功能。园区以整合货源为先导，一方面依托仓储优势留住原有的、吸引潜在的大型仓储客户，整合货源；另一方面充分利用驻马店市商品集散地这一优势，在驻马店市内各大型批发、零售市场建立配送网点，切入大型批发零售商供应链，扩大货源。园区以战略合作为试点，实现全程供应链业务整合，加强服务管理，降低运营成本，提升整体业务水平。

此外，由于驻马店是农业大市，园区还将"互联网＋农业"作为商贸服务的主体之一。园区以"互联网＋涉农产业带"模式与政府开展紧密合作，整合湖北、安徽、河南的 500 余家电商企业，吸引京东商城 4.5 万平方米豫南分拨中心、德邦物流、苏宁易购、"四通一达"等企业和项目相继入驻，展示当地优质农副产品、特色食品、轻纺化工产品等，帮助区域企业在园区内实现买卖全球。其中，园区利用"阿里巴巴·驻马店产业带"项目遍布全球的电商网络，依托驻马店的特色农产品资源，推动当地特色农产品触网上线、转型升级。通过 B2B 模式将优势产业、优秀企业、优质产品实现线下整合、线上推广，目前线上农产品交易企业 300 余家，特色农产品信息基本实现全网覆盖；中国网库作为国内最大的单品电子商务聚集平台、第三大内贸 B2B 电子商务公司，将驻马店的花生、芝麻、花菇、面粉、黑猪、夏南牛、食用菌等特色农产品作为第一批推广的国家级平台单品开展网络营销，使驻马店农产品第一次通过园区网络驶入"卖全球"的高速公路。

2. 推动冷链物流体系建设

园区以冷链物流为抓手，打通产业链供应链物流。现有冷库 28.8 万立方米，分为低温仓和高温仓，可储藏禽类、鲜活水产、生鲜、水果、蔬菜等产品（见图 4）。库区运用智能化信息平台，可实时监控库区温湿度、冷库容积、类型和分布情况，以实现库区的高效稳定运营，为各种需要冷冻、冷藏的客户提供一步到位的冷库租赁方案，满足其个性化需求。同时，今麦郎、徐福记、克明面业、五得利面粉、思念食品、正康粮油、中花粮油等国内知名食品加工企业项目先后在园区投资落地，还与蒙牛、伊利、京东生鲜、顺丰生鲜等达成战略合作关系。依托园区冷库资源，合作企业的冷藏（冻）食品，以及大蒜、土豆、瓜果等生鲜农业产品，年流转总量保持在 180 万吨以上。2017 年，在土豆市场萎缩的情况下，园区解决了农民 3.5 万吨土豆冷库储存问题，不但保障了农民的利益，还实现了增收效果，有效支撑满足了城乡居民不断增长的消费需求，有力地促进了农业结构调整和农民增收。此外，园区通过"冷库＋干支线运输＋城市配送"的服务模式，为农产品、生鲜水产品、果蔬生产商，速冻食品生产加工企业提供农副产品、生鲜产品的接收、分类、计量、存档、储存、保管等服务，为大型食品、药品企业以及生鲜农产品提供冷藏储存及多品种、小批量、多批次的冷链共同配送服务，满足豫中南地区需求。此外，还与驻马店市餐饮协会达成合作，建立中央厨房，为中小学提供营养餐，既保障了学生用餐安全，又解决了企业员工的就餐问题。为进一步发展冷链物流，园区建立以驻马店为中心的豫南冷链物流分拨基地，正在集中规划建设 28 万立方米冷库，旨在不断拓展冷链市场，着力解决农产品增产不增收等问题。

3. 发展供应链金融服务

园区积极响应国家关于扶持民营企业的方针政策，运营主体成立供应链金融服务部，为入驻园区企业提供仓单质押、代替采购、信用担保、抵押担保等增值服务。同时，供应链金融服务始于企业需求，园区坚持深入了解入园企业的经营状况、融资需求和发展战略，针对入园企业的不同需求，打造了多种供应链金融服务，如订单融资、库存质押、

图 4　园区冷链服务区

应收账款管理等。多元化的服务使得园区能够满足不同企业的多样化需求，保证所提供的供应链金融服务方案的个性化与定制化，进而为资金进入实体经济提供了安全通道。园区帮助企业解决融资难、融资贵、资金难周转等问题，提升企业的运营效率和资金使用效率；满足企业在不同发展阶段的需求，增加了客户黏度，提升了企业竞争力，达到了长期合作、共同发展、互利共赢的目的。

为了更好地服务区内企业，园区与当地的多家银行和金融机构建立了紧密的合作关系，通过定期沟通、信息共享和协同合作，共同开发和推广供应链金融服务，确保供应链金融服务的高效运作，使园区内企业能够更方便地获得所需的金融服务，实现资金、库存的快速周转。截至目前，园区已经组织了多场政、金、企对接会，推动政府着手开展产业规划，还打包了 200 余家经营企业与农村商业银行、中原银行等金融机构签订供应链金融战略合作协议，引进发展投资资金近亿元。

在风险控制方面，园区推动政府、银行与区内核心企业加强系统互联互通和数据共享，加强供应链金融监管，推动供应链金融市场规范运行，确保资金流向实体经济。还与金融机构建立完善的风险评估和管理机制，对供应链金融服务中的潜在风险进行严格控制，从而确保金融服务的稳健运作，这也使得园区能够获得更多的投资和合作机会，提高在供应链金融领域的竞争力。疫情三年，园区为入园企业提供贷款 1.7 亿元，让更多的小微企业渡过难关，并取得更好的发展。同时，与园区内电商企业牵线搭桥，让其更好融入区域产业链供应链，实现物流业与电商业快速健康发展。

4. 积极发展绿色低碳物流

2016 年，园区率先规模建设光伏发电项目，在 29 万平方米仓储屋顶安装光伏发电站，发电量达到 9 兆瓦，自发自用、余电上网，既满足了园区用电需求，又促进了园区节能减排。目前，园区正在自建 45 兆瓦光伏发电项目，为冷库和配套设施提供清洁能源，同时积极寻求合作伙伴，加快光伏发电站建设，进一步促进园区节能减排。为满足日益增加的新能源货运车辆需求，园区购置 300 台新能源配送车辆，建成 50 台新能源充电设备，可同时满足 100 台新能源车充电需求，旨在努力降低能源消耗和环境污染，打造绿色园区，实现经济效益和社会效益双丰收。

三、示范特色

经过多年的建设发展，园区已经成长为豫中南地区最大的电商储存、周转、配送基地，形成了一批可复制、可推广的先进经验。

（一）集聚集群，打造电商物流发展高地

园区依托规模化仓储设施设备、先进的物流信息平台、优越的交通设施条件和发达的商贸物流基础，满足周边商贸企业和园区入驻商户商贸物流需求。通过十几年的发展，园区目前拥有 84.6 万平方米仓储库，包括 48 万立方米冷库、50 万平方米智能停车场；已配置自有和挂靠车辆 4000 辆，总额定载重吨数 68600 吨，每日平均进出园区货运卡车数 3500 辆。先后入驻 280 多家国内外知名物流企业及电商企业，现已成为豫南地区规模最大的仓储基地，也是大型的"互联网＋智能物流"园区。2020—2022 年，园区货物吞吐量由 1500 万吨增长到 1860 万吨，增长 24%。2023 年货物吞吐量达到 1930 万吨，吞吐量持续增长，统计数据见图 5。

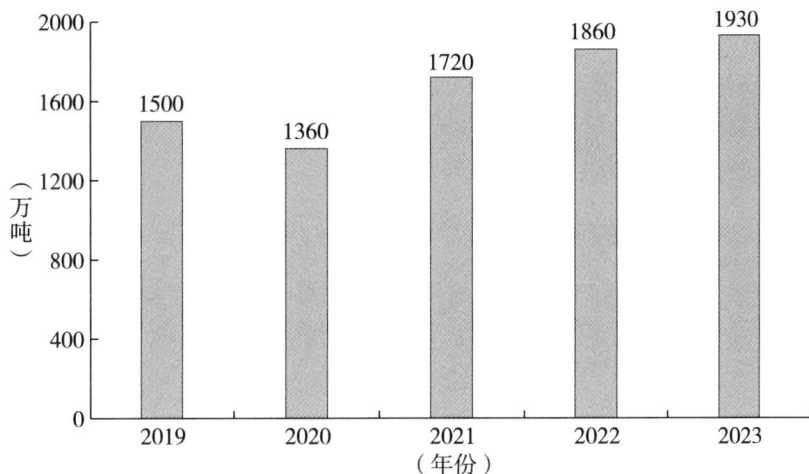

图 5　园区货物吞吐量

（二）模式创新，带动园区服务提质升级

园区准确把握行业发展方向，以满足客户需求为根本导向，探索形成了"前店后库""代发代收""前置仓""共同配送""供应链金融"等新型运营模式，助力解决合作客户

的物流方案问题，提高了货物到达终端客户的效率，同时创造了可观的经济效益。在此过程中，园区收入不断增长，2023年园区运营管理单位收入309217万元，入驻企业营业总收入1821463万元，总体营业水平持续上升。

（三）加强融合，支撑地区产业高质量发展

园区将"互联网＋农业"作为园区商贸服务的核心之一，通过与电商、物流企业的合作，带动产品上线，展示包括王守义十三香、卫龙辣条、泌阳花菇、确山瓦岗红薯、上蔡巨型一号化妆品、正阳花生、平舆芝麻、西平渔具等在内的当地优质农副产品、特色食品、轻纺化工产品等，帮助企业在园区内实现买卖全球。园区还以冷链物流为抓手，建设大规模冷库，基于"冷库＋干支线运输＋城市配送"服务模式，与知名食品加工企业达成战略合作，存储冷藏（冻）食品和生鲜农产品，提供高效冷链干支配一体化服务，有效满足城乡居民的消费需求，以及企业和地区的发展需求，促进农业结构调整、农民增收和经济高质量发展。

四、发展方向与未来展望

展望未来，园区将以打造成为国家级云仓基地以及全国性物流节点分拨基地为目标，以发展现代产业物流为支撑，以提升园区承载能力为手段，坚持"一手抓经营一手抓管理"的治企方针，按照"合理布局、集聚发展、转型创新、服务社会"的发展思路，进一步巩固物流领军企业地位，发挥辐射源作用，引领当地物流行业转型发展。园区还将积极对接"一带一路"倡议、长江经济带发展、长江三角洲区域一体化、中原城市群等重大战略，进一步整合提升设施功能，强化与郑州、武汉、合肥等区域中心城市进行物流衔接，增强集聚辐射效应。为此，园区将不断完善基础配套设施、积极引进物流企业集聚发展、加快智慧物流园区建设。

（一）完善基础配套设施

结合自身发展定位，不断完善基本服务功能，升级完善互联网产业服务区、快递集聚区、仓储物流区、冷链物流区、生活配套区五大功能区，引进银行、连锁超市、商务宾馆、汽车服务、饮食服务、健身休闲等服务业，提升园区服务水平，解决企业发展的后顾之忧，增强园区竞争力和吸引力；同时，不断加强经营创新和服务创新，拓展增值服务，提高综合服务能力，积极为入驻物流、电商运营企业提供便利条件。

（二）积极引进物流企业集聚发展

园区以第三方物流、电商及快递物流、冷链物流、医药物流等特色物流为重点，继续吸引集聚国内外知名企业，扩大与京东、菜鸟等知名电商物流企业的战略合作。如京东相继在园区设立大件仓、FDC（前端物流中心）仓、智能分拣中心、转运中心等项目，进一步推进驻马店市电子商务和现代物流转型升级发展，用最短的时间、最有效的方法，

把驻马店市打造成为豫南六地市物流节点城市，形成新的经济增长点。

（三）加快智慧物流园区建设

园区将加大对智慧物流技术的研发和应用力度，推广物联网、大数据、人工智能等新兴技术，提升园区的智能化水平。通过建设智能仓库、智能停车系统、智能调度系统等智能化设施，为企业提供更加高效、准确、智能的物流服务，进一步提高物流效率和服务水平，降低运营成本，提高市场竞争力。

未来，园区将继续发挥示范引领作用，为推动区域经济高质量发展贡献力量。作为河南省的重要物流节点和电子商务产业基地，园区将进一步推动区域经济的快速发展和结构优化。通过加强与国内外知名企业和机构的合作与交流，引进先进的技术和管理经验，培养高素质的人才队伍，园区将不断提升自身的竞争力和创新能力，为区域经济的高质量发展做出更大的贡献。

（撰稿人：王东升，崔明，康子威）

黄石新港（物流）工业园

建成多功能港口，形成内陆"新沿海"

黄石新港（物流）工业园（以下简称"园区"）于 2009 年经湖北省政府批准筹建，2010 年正式成立，位于黄石东部、长江中游南岸。2014 年，黄石按照"一城一港一主体、港产城融合发展"模式，引进深圳市盐田港股份有限公司，由其出资 80%、黄石市交通资产经营有限公司出资 20%，组建黄石新港港口股份有限公司，以海港标准对黄石市辖区 79 千米长江岸线的公共码头进行整体开发、建设和运营。

近年来，园区始终把港口功能放在园区建设发展首位，咬牙印、钉钉子，一年一个目标，不断朝着"亿吨大港、百万标箱"的奋斗目标加压奋进。2016 年，新港散货作业线、国际集装箱码头先后建成投产，口岸开关；2017 年，铁水贯通，近洋国际直航和固定始发班轮开通，成为长江中游第一个真正意义上铁路进港铁水无缝衔接的多式联运港口，获批全国多式联运示范工程；2018 年，港口二期开工建设，在全省（市、州）中率先开展跨境电商业务；2019 年，粮食口岸验收，水铁陆通关一体化正式开通，港口二期建成运营、三期开工建设；2020 年，棋盘洲长江公路大桥、沿江大道新港段、海洲大道北延等一批重大疏港通道项目建成通车；2021 年，黄石棋盘洲综合保税区获国务院批复设立，园区获批国家示范物流园区，中国黄石大宗商品商贸中心建成运营；2022 年，货物吞吐量达到 3427 万吨，同比增长 46%；2023 年，黄石棋盘洲综合保税区通过国家验收。

一、园区概况

（一）基市情况

园区于 2010 年正式成立，总规划面积 132 余平方千米，位于黄石东部和武汉都市圈东向前沿，东临长江黄金水道，西靠黄石经济技术开发区·铁山区，南接阳新滨江工业园，北连西塞山临港产业新区，总体规划面积 132 余平方千米。园区岸线全长约 10.8 千米，在沿江同类港口中拥有较好的区位交通优势和资源优势，是湖北省辐射鄂东、皖西、赣北的区域性物流节点、水陆联运中心，也是黄石东向发展的重要基地和沿江发展的主要支撑点。

园区坐拥优质长江岸线 14.8 千米，枯水期水深 6 米，丰水期水深 22 米，常年平均水深 7 米，可保万吨级船舶通行无阻。园区锚定"亿吨大港、百万标箱"的奋斗目标，先后实现港口开港、口岸开关、近洋国际直航和固定始发班轮开通，建成长江中游第一个真正意义上铁路进港铁水无缝衔接的多式联运港口、长江中游最大单体港口，成功获批全国多式联运示范工程。港口一、二期 15 个万吨级泊位建成运营，港口三期 8 个万吨级泊位将于 2023 年年底建成运营，届时货物吞吐能力将达 8000 万吨、集装箱 50 万标箱，2025 年年底完成"亿吨大港、百万标箱"奋斗目标。

园区坚持对外开放，主动融圈入群，全省地级市首家保税物流中心、湖北东出长江入海最近口岸先后建成封关运营，在全省（市、州）中率先开展跨境电商业务，进境粮食指定监管场地建成验收并实现常态化运营，水铁陆海关监管一体化正式开通，贸易便利化改革深入推进。2021 年，黄石棋盘洲综合保税区获国务院批复设立，是全省"一主两副"之外首个综合保税区；2022 年，通过省级预验收；2023 年，通过国家验收，一批保税仓储、保税加工、贸易服务和进出口类项目纷至沓来。

园区坚持项目为王，突出招商引资和项目建设，着力推进港口物流、金属加工、新型建材、装备制造四大临港主导产业链式集聚、集群化发展，5 个投资百亿元项目在园区落地建设。阳新弘盛铜业有限公司、宝钢股份黄石涂镀板有限公司、黄石新兴管业有限公司 3 个百亿元项目建成投产，湖北优科精密制造有限公司、黄石新港重工科技有限公司等一批重大项目建设加快推进，将成为园区产业高质量发展的坚实基础。2023 年 1—5 月，园区工业总产值首次突破百亿元大关，达 107 亿元，同比增长 315%，工业总产值、增加值增速位居全省、全市第一。

（二）2022 年经济指标及投资完成情况

2022 年，园区完成固定资产投资 97.97 亿元，同比增长 18.1%，其中工业投资 68.56 亿元，同比增长 17%；规模以上企业工业总产值 78.44 亿元，同比增长 32%；规模以上企业工业增加值 20.65 亿元，同比增长 21.2%；限上企业服务业营业收入 5.26 亿元，同比增长 38%。新入库 5000 万元以上项目 23 个、工业企业进规 5 个、服务业企业进限 4 家；财政收入 12.46 亿元、融资 58 亿元。

二、主要做法

近年来，园区深入践行新发展理念，紧紧围绕打造"亿吨大港、千亿园区、港口新城"的奋斗目标，始终把港口物流功能放在园区建设发展的第一位，坚持港产城融合发展，高起点规划、高标准建设、高效率推进，致力筑平台、强功能、兴产业、优环境，拉开了园区大开发、大建设、大发展的基本框架，实现了历史性跨越。

（一）致力打造"四港联动"综合交通物流枢纽

黄石新港临江、临港、临空、临武汉光谷，地处长江黄金水道和武汉都市圈、皖江经济带、赣北昌九经济带接合部，交通区位优势明显，同时拥有港口、铁路、高速、空港，是名副其实的"四港联动"。

园区建成"一江一铁二高二桥五快速"的港口集疏运体系，围绕黄鄂黄联合创建全国性综合交通枢纽。园区助力建设长江中游首条"三峡翻坝通道"，建成了长江中游第一条进港铁路，实现了铁路进港进企，越来越多的货物选择避开三峡船闸提前从黄石上岸，经铁路抵达大西南地区，辐射范围扩大至四川、重庆、湖南、陕西、河南、新疆等省（自治区、直辖市）。棋盘洲长江公路大桥、新港大道、海洲大道、新315省道、海口湖大道等一批重大疏港通道先后建成通车，与蕲嘉、大广、沪银、福银、杭瑞5条国家高速公路对接，连接鄂州顺丰国际机场的沿江快速路已建成通车，与花湖机场直线距离8千米的多条疏港公路连接黄咸、沪渝、大广、杭瑞等高速路网，货达东西南北畅通无阻。目前，园区正在积极对接"地铁"并"国铁"项目，开工建设武汉新城至新港快速路，打通黄石与武汉新城、花湖机场交通新通道。

园区坚持发挥多式联运优势，做优做强"四港联动"。根据全市货运特点，园区初步形成以新港为核心，以大冶海虹铁水联运、下陆传化公空联运、阳新富水流域水水中转、黄石港公空联运等为重点的"一核四区、四港联动"的现代物流服务体系。园区先后开通至成都、重庆、河南、新疆等地的铁水联运班列，开通至韩国釜山港的近洋外轮直航航线、至上海外高桥的长江内支线航线、至上海洋山港的江海直达航线。2021年，黄石新港多式联运示范工程通过国家验收并正式命名，对接新港出发的中欧班列，全面融入"一带一路"建设，进一步提升了黄石港的国内、国际知名度。

示范线路创新拓展方面，国家定位支撑宁波、重庆等地将黄石港作为江海联运的中转港、江海直达的始发港、外贸物流的国际港，功能不断拓展、辐射范围不断延伸、影响力不断扩大。以多式联运示范线路"上海—黄石—成都"为例，黄石新港铁水联运与全程水路运输相比，运输距离减少170千米，运输时间减少25天；与全程铁路运输对比，运输时间仅增加6天，运输成本减少1187元/标箱，运输效率提升36.1%。同时，园区已打通了"黄石—舟山"江海联运直达航线。

园区深度挖掘自身水港优势，围绕黄石新港长江中游大宗商品多式联运货运枢纽目标补链强链。园区在港口建设上已建成5000～10000吨级泊位15个，2021年港口吞吐量达5505.24万吨，位居全省前三。2022年上半年，多式联运累计完成集装箱8930标箱，17.5万吨。其中，"散改集"完成5846标箱，"集改散"完成172标箱，"箱转箱"完成2912标箱。完成集装箱总量与2021年同期相比，增加了4972标箱（2021年1—6月完成3958标箱），同比上涨了125.62%；散货运输累计完成6007车，41.74万吨。

（二）致力打造亿吨贸易大港

黄石新港枯水期水深6米，丰水期水深22米，常年平均水深7米，可保万吨级船舶通行无阻。园区锚定"亿吨大港、百万标箱"的奋斗目标，引进深圳市盐田港股份有限公司用海港标准打造黄石新港，2014年成立黄石新港港口股份有限公司，对黄石市辖区79千米长江岸线（包含园区长江岸线14.8千米）的公共码头进行整体开发、建设和运营，建成长江中游第一个真正意义上铁路进港铁水无缝衔接的多式联运港口。

园区统筹城乡区域和资源环境，紧扣综合保税区开放优势，推进从沿海开放"后队"转变为新时代内陆发展"前队"。做实大宗商品商贸中心，推动进境粮食指定监管场地、铜精矿混矿业务试点等落地，谋划建设长江中游矿石储运基地，加快发展保税加工、混矿、大宗工业产品交易、跨境电商等新业态，推动"运输港"向"贸易港"转变；主动对接和服务花湖机场，开通黄石棋盘洲综合保税区与花湖机场固定"卡车航班"和跑道直通业务，打造"虚拟空港"，建设"空中出海口"，全年实现保税区进出口额80亿元。

园区港口一、二期15个万吨级泊位已建成投运，港口三期8个万吨级泊位将于2023年年底建成运营。2022年，黄石新港港口吞吐能力达8000万吨，完成货物吞吐量6855万吨，在全省港口中排名第三，货物吞吐量跃居长江中上游第六位，其中外贸货物吞吐量占比11.1%，在长江中游港口中排名第一。经园区港口进出货物有铁矿石、煤炭、粮食等五大类大宗商品，其中，近三年铁矿石进出口650万吨、煤炭进出口1000万吨、粮食进出口345万吨。2022年，集装箱铁水联运量增速达到45%，占集装箱吞吐量的23%，在内河港口中均排名第一，2023年上半年黄石港口完成货物吞吐量2998.88万吨，同比增加18.75%，集装箱完成35293标箱，同比增加82.14%。

（三）致力打造广阔的"前港后园"物流发展空间

在湖北人口与经济集聚出现新趋势的背景下，园区布局大为改善，园区下辖韦源口镇、海口湖管理区、金海开发区，从"园镇合一"到"园镇分开"，从"一镇一区"到"一镇两区"，规划面积从35平方千米到132平方千米，其中物流仓储用地6.22平方千米、居住用地6.45平方千米、工业用地17平方千米、建设用地52.6平方千米，春湖新区、海口湖新区拔地而起，园区开发建设实现了历史性大突破、大发展、大跨越。目前，占地约8.52万平方米、17万吨仓容的粮食物流园，占地约24.0万平方米的煤炭等件杂散货堆场，占地约96.4万平方米综合保税区等仓储物流项目及配套设施均已建成并投入使用。同时未来可开发堆存场地超266.7万平方米，堆存能力可达2000万吨，为园区现代物流发展留足了空间。

（四）致力打造全生命周期的对外开放平台

坚持对外开放，主动融圈入群。黄石连续12年被评为全国外贸百强城市，全省地级市首家保税物流中心、湖北东出长江入海最近口岸先后在黄石新港建成封关运营，率先在全省（市、州）中开展跨境电商业务。园区开通近洋国际直航和固定始发班轮，近洋直航已通达国内沿海、韩国釜山港等地，货轮直达中国香港及日本、菲律宾等地，并连通欧美诸国的中转航线。进境粮食指定监管场地建成验收并实现常态化运营，水铁陆海关监管一体化正式开通，贸易便利化改革深入推进。2021年，黄石棋盘洲综合保税区获国务院批复设立，中国黄石大宗商品商贸中心建成运营；2022年，中欧班列（长江号）黄石首发，开通黄石至浙江舟山江海直达航线，实现货物江海直达；2023年，黄石棋盘洲综合保税区通过国家验收，一批保税仓储、保税加工、贸易服务和进出口类项目纷至沓来，对外开放的层次和水平进一步提升。

建强用好黄石棋盘洲综合保税区。园区全力做好黄石棋盘洲综合保税区验收前期准备及正式运营基础性工作，确保顺利通过国家验收并封关运营，积极学习借鉴外地先进经验，加快理顺综合保税区管理体制和运营机制，研究出台黄石棋盘洲综合保税区招商运营有关支持政策。围绕保税仓储物流、粮食木材加工、保税混矿、保税加工、跨境电商、大宗货物跨境贸易等行业，园区主动对接长三角、珠三角，招引一批优质企业和项目落户。同时，以湖北联新显示科技有限公司、赫得纳米科技（黄石）有限公司、闻泰科技股份有限公司等重点进出口电子信息企业为突破口，园区积极引导市域内外贸企业将上下游产业或关键生产环节延伸至综合保税区，逐步做实做大保税物流、检测维修、研发设计等业务。加快推进大冶有色铜精矿混矿、粤长远进口粮食加工等项目建设，打造加工贸易梯度转移重点承接地、长江中游矿产品保税混配中心、大宗商品贸易基地。力争2023年新签约项目10个，签约额20亿元，5000万元以上项目入库5个，进出口额达80亿元。

做大做实跨境电商综合试验区。园区积极联同黄石海关，充分依托引进的数字服务贸易平台（DSTP）及海关辅助监管平台，创新海关监管模式，丰富优化对跨境电商企业的供应链服务，吸引优质企业入驻，做实做大跨境电商综合试验区。进一步建设完善保税仓库、跨境电商专用公共仓等各类基础设施，实现1210、9610、9710、9810等多种业务模式集成，并建设电子产品、酒类、化妆品、医疗保健等产品品牌展示体验中心，打造区域性进口商品采购、分销与直销基地，力争2023年综合保税区跨境电商进出口货值突破9亿元，其中一线入区业务达4.5亿元。同时，园区主动融圈对接花湖机场，积极争取园区纳入国际客货运"双枢纽"规划建设和湖北自由贸易试验区协同区，加快开通黄石棋盘洲综合保税区与鄂州花湖机场间的固定"卡车航班"，打造综合保税区"虚拟空港"，积极探索棋盘洲综合保税区与鄂州花湖机场跑道直通业务流程，力争完成首单货物出口业务并形成常态化。

（五）致力打造千亿产业园区

园区按照"科学规划、合理布局，推动集聚、融合协调，多元创新、绿色发展"要求，大力实施"以港兴市"战略，开工建设绿色铸造产业园、新材料产业园、粮食加工物流园、现代物流园、先进装备制造产业园，突出招商引资和项目建设；着力推进港口物流、新材料、有色金属、粮食精深加工等临港产业链式集聚、集群化发展；积极强化龙头带动作用，吸引大冶有色金属集团控股有限公司、湖北优科精密制造有限公司、黄石新兴管业有限公司等生产制造业企业，中粮饲料（黄石）有限公司、湖北海越麦芽有限公司等粮食加工企业，华新水泥股份有限公司、黄石港宏新材料科技有限公司、黄石秦河新材料股份有限公司等新型建材企业纷纷入驻园区，产业集群规模不断壮大。

坚持项目建设提速，加快打造千亿园区。一是加快发展港口枢纽经济，依托园区多式联运体系，大力发展临港综合性物流产业，加快形成港口物流产业枢纽，确保黄石新港多式联运物流园、国胜智慧公路港等项目一季度开工，推动新港现代物流园二期项目2023年年底前动工；加快港口智能化码头系统、新港智慧园区建设，促进物流信息与公共服务信息有效对接，实现互联互通。二是加快发展金属新材料产业集群，加快推进宝钢二期二月顺利投产，启动新港重科短流程高端精品钢产业园建设，着力引进一批配套加工项目，到2023年年底形成产能300万吨、产值350亿元的金属新材料基地。三是加快建设绿色铸造生产基地，确保新兴管业智能制造产业园5月正式投产、湖北优科精密制造产业园12月试生产，全年引进4～6家铸管配套、铸件机加工制造企业，形成铸造产能250万吨、产值120亿元的绿色铸造生产基地。四是加快建成新型建材产业集阵。依托华新水泥股份有限公司、黄石港宏新材料科技有限公司、黄石秦河新材料股份有限公司等企业，加快实施技术改造和资源循环利用，全年引进3～5家附加值高、科技含量高的新型建筑材料企业；加快推进黄石秦河新材料股份有限公司、湖州汇能新材料科技有限公司、湖北星洲环保科技有限公司等重点项目建设，确保2023年年底前初步形成产值50亿元的新型建材产业集阵。

围绕园区产业转型升级，坚持高质量招商。园区严格审批项目入园，注重招引项目的含金量、含新量、含绿量。园区累计完成新签约亿元以上项目23个，总投资201.51亿元；新注册项目16个，总投资91.85亿元；新开工项目12个，总投资52.54亿元；新投产项目11个，总投资107.33亿元；实际到位资金82.31亿元，圆满完成市定目标；园区党政主职外出招商19次，接待客商来访231批次，拜访企业145家，新增跟踪项目信息44条，其中有互访意愿企业34家。随着宝钢新港产业园一、二期，新港现代物流园，黄石粮食现代物流中心，海越麦芽，秦河绿色建材生态产业园等一批重点项目建成投产，优科绿色精密制造、新港重科等一批投资100亿元以上的重大项目未来全面建成投产，园区年产值可达1500亿元以上，税收达46亿元以上，成为黄石经济转型发展的重要增长极。

（六）致力打造现代化港口新城

园区立足全域一体，统筹推进园区、镇区、美丽乡村建设，不断拓展港口后方陆域空间，提升基础配套公共服务能力，全面加快推进基础设施、生态环保、社会民生、镇村建设等项目。目前已建成投入使用园区污水处理厂、自来水加压站、棠梨湖还建楼、春湖新区主干路网、韦山春湖生态公园、新港园区实验小学、实验幼儿园、营盘还建楼、谭家畈还建楼、田园综合体、沿江综合环境整治、柏林等村美丽乡村创建等项目；正在加快建设园区医院、工业水厂、春湖小区安置房、金盘小区安置房等项目，一座融合港口物流、临港产业、商贸服务、城市生活的现代化港口新城正加速崛起。同时，园区与中国五矿集团有限公司签订战略合作协议，投资合作约57亿元港产城融合发展项目，包含基础设施补短板、招商引资平台乡村振兴、社会民生工程4大类27个子项，建设城市综合体，发展总部经济，改善人居环境，完善配套设施。

全面保障社会民生。园区向25个脱贫攻坚重点村选派驻村第一书记25人、工作队员40人，对监测对象12户49人实行一对一帮扶，落实2190名脱贫人口务工监测与帮扶，开发公益性岗位安置脱贫人口130人，发放公益性岗位补贴约105万元。扎实开展"一下三民""共同缔造"活动，园区党工委班子成员收集"三张清单"66个，解决问题66

个；党员干部下沉社区（村）2016人次，收集问题350个，解决问题350个。扎实推进10个试点村（湾组）建设，形成共建清单157个，共建项目81个，整合资金1.05亿元。扎实抓好抗旱保收工作，有效缓解旱情426.7万平方米。突出安全生产工作，扎实开展安全隐患大排查、大整治、大化解，未发生重特大安全生产事故。

（七）致力打造绿色智慧园区

园区全力推进园区绿色低碳发展，加快产业结构优化调整，推进产业结构、能源结构、用地结构优化升级，协同推进"降碳、减污、扩绿、增长"。扎实推进光伏、余热及废旧资源循环利用等项目建设，累计完成光伏发电总装机容量117兆瓦，预计每年节约能耗4.22万吨标准煤，减少二氧化碳排放量12.83万吨。推动企业用能改造，"十四五"以来，园区已开展技改项目10个，总投资135亿元，预计总共节约能耗1.5万吨标准煤，减少二氧化碳排放量4万吨，实现了节能减排、资源综合利用。其中，华新水泥（阳新）有限公司针对水泥行业超低排放改造要求，建设氮氧化物、颗粒物超低排放改建项目；阳新弘盛铜业有限公司利用"双闪工艺"产生的能源副产物——高温烟气，同步规划、同步建设40万吨余热发电项目；黄石新兴管业有限公司利用高炉产生的能源副产物——高炉煤气，建设绿色智能制造产业园余热发电项目。

同时，全面实施项目投资强度、亩均贡献、能耗强度、污染排放"四个评估"，不断提高招引项目的含金量、含新量、含绿量。推动建立以信息化基础设施、生产调度指挥中心、多式联运服务平台、口岸服务平台、大宗商品交易平台等多源信息服务系统（平台）为基础的公共物流信息服务平台，整合公路、铁路、水运、港口等物流资源，最终实现了跨运输方式、跨企业之间的信息互联互通，推进了港口、船东、货主、口岸监管部门之间的电子数据联网交换，为港口、铁路、公路以及港口后方园区企业提供信息查询、信息发布、信息展示、交易促成等全方位服务，促进了起运港退税和长江流域通关一体化。

三、示范特色

（一）打造"四港联动"

园区推动构建水、公、铁、空"四港联动"立体贸易大通道，水运始发班轮3天到上海、4天到宁波，直达班轮7天到韩国；铁路穿港而过与码头无缝衔接，可连接全国铁路网；多条疏港公路连接黄咸、沪渝、大广、杭瑞等高速路网，货达东西南北畅通无阻；空运对接鄂州花湖机场，车程仅30分钟，实现货物一日到全国，隔天达全球。

（二）坚持以港促兴

在黄石"以港兴市"战略指导下，园区坚持"生态优先、绿色发展"理念，遵循"一流港口、一流口岸、一流园区"标准，推动黄石新港建设成为中部出海港、产业集聚港、多式联运港、智慧信息港、生态绿色港"五港合一"的多功能港口，打造武汉长江中游航运中心的重要支撑极。同时全面加快推进涵盖基础设施、生态环保、社会民生、镇村建设等领域的一批重点项目，做大做实跨境电商综合试验区，全面助力企业转型升级。

（三）高标准开展建设

园区始终坚持高标准建设，紧紧围绕"亿吨大港、千亿园区、港口新城"的奋斗目标，坚持高起点规划、高标准建设、高效率推进，聚焦项目攻坚，致力筑平台、强功能、兴产业、优环境，拉开了园区大开发、大建设、大发展的基本框架。全面提升港口辐射带动能力，强化对外开放平台，临港产业集聚发展，港产城融合发展，建成一座集港口物流、临港产业、商贸服务、城市生活于一体的港口新城。

（四）抢抓政策机遇

园区牢牢把握建设长江水铁联运重要节点，打造黄石转型升级和高质量发展重要增长极的科学内涵，始终把园区置于长江经济带、武汉都市圈等国家和省重大区域发展布局，找准目标定位，始终围绕突出建成节点和提升品质"两个关键"，强化"换肩挑担"这个担当，坚持"体量不能小、增速不能慢、品质不能低、发展不能虚、底线不能破"的原则，持续用力、久久为功，确保一张蓝图绘到底。

四、发展方向与未来展望

展望未来，园区将以发展临空经济和物流枢纽经济为重点，全力全速推进产业大港、物流枢纽大港建设。立足多式联运，做强"江海直达"、做优"铁水联运"、融入中欧班列、实现买卖全球，目标到2025年建成新港30个万吨级泊位，吞吐能力和吞吐量均达到"亿吨大港"。以"四港"带动建设"全域港"，形成以新港为核心，以大冶海虹铁水联运、下陆传化公空联运、阳新富水流域水水中转、黄石港公空联运和大冶还地桥"30分钟"临空经济圈等为重点的现代物流服务体系，将黄石全域作为一个多式联运"大港口"，全面融入湖北省打造"国内大循环重要节点和国际国内双循环战略链接"，构建长江中游大宗商品绿色高效转运基地，全力建设成为中部国际陆海大通道湖北东部枢纽，实现安全发展基础更加稳固，在港口能级提升、扩大对外开放、产业转型升级、提升城市品质等方面取得重大突破，打造内陆"新沿海"。

到2035年，园区综合经济实力将大幅跃升，工业生产总值突破千亿元，"四化同步"引领高质量转型发展基本实现，城市规模和能级全面扩大和提升，安全底线全面守牢，共同富裕取得更为明显的实质性进展，江河安澜、山川灵秀、协调有序、美丽宜居的国土空间格局全面形成，打造黄石转型升级和高质量发展重要增长极目标全面实现，基本建成社会主义现代化典范园区。

（撰稿人：卢伊曼，冯曼玲，曹异杰）

湖南一力物流园

打造钢铁供应链一站式产业服务平台，
推动物流业与制造业深度融合

长沙市位于湖南省东北部，是长江中游地区重要的中心城市，长江经济带重要的节点城市。2023 年 1—9 月，长沙市实现地区生产总值 10673.79 亿元，同比增长 4.6%。其中，第一产业实现增加值 300.30 亿元，增长 3.9%；第二产业实现增加值 4100.27 亿元，增长 5.6%；第三产业实现增加值 6273.21 亿元，增长 3.9%。长沙市作为第二产业高地城市，拥有较好的工业基础、优越的地理位置和良好的基础设施，能够为物流行业的快速发展提供有力支撑。湖南一力物流园（以下简称"园区"）于 1999 年在长沙市旧城改造的大背景下建立，2003 年正式投入运营。建成以来，园区在区域物流网络中发挥着核心组织作用，已支撑形成工业用材和建筑用材两大服务型市场，对实体经济的服务作用逐年递增。园区深度理解国家层面关于推动物流业高质量发展的战略意义以及新发展阶段下的新发展理念与要求，近年积极响应并持续发力于钢铁供应链创新与应用、智慧物流平台建设、生产服务型国家物流枢纽建设等重大项目，推动物流业与制造业深度融合发展、"远近结合，同步实施"。

一、园区概况

（一）功能布局

园区总占地面积 152.7 万平方米，规划市场交易大区（包括展示交易区、供应链金融及综合服务区）、多式联运中转仓储区（含国际物流）、公共仓储与联动加工区、供应链加工大区［包括装备制造产业（含军工）流通加工与分拨配送区、区域分拨与配送区（含应急物流）、汽车产业流通加工与分拨配送区］、配载配送区五大功能区，见图 1。其中，市场交易大区占地面积 27.4 万平方米，主要为钢材贸易商、钢材加工商提供办公、交易及商务配套场所；多式联运中转仓储区（含国际物流）、公共仓储与联动加工区占地面积 40.9 万平方米，主要为贸易商提供货物批量到达以及货物存储服务；供应链加工大区占地面积 55.7 万平方米，主要为大型工贸一体企业提供钢材加工设施以及半成品的存储分拨服务；配载配送区占地面积 5.2 万平方米，主要提供车货匹配信息撮合以及配送服务。

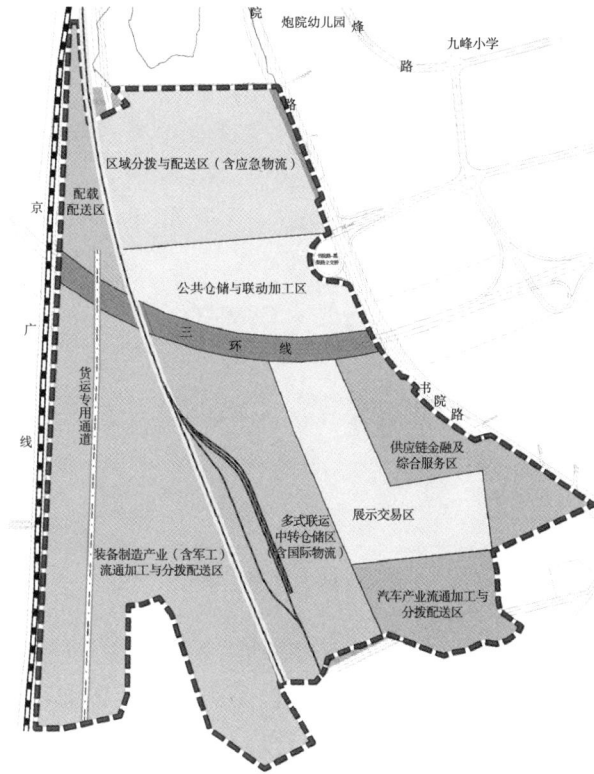

图1 园区功能布局

（二）基础设施

园区自建4股道总长4.98千米铁路专用线，能够为入驻企业提供钢铁集散分拨业务；建有72万平方米仓库货场区，36万平方米加工配套区和18万平方米市场交易区，并配备180余台（辆）大型装卸起重设备，30余条（套）剪切开平加工生产线和100余台重型货车，能够有效满足入驻企业交易和物流需求。

（三）区位交通

园区位于长株潭融城中心，北至原国防科技大学二号院，南至披塘村一期安置小区，东至天心大道，西至铁路专用线。周边综合交通体系与运输网络发达，能够辐射长株潭先进装备制造、汽车等生产制造产业集聚区。公路运输方面，园区距绕城高速大托出入口仅300米，便捷衔接京珠和沪昆，货车通过匝道便利进出。铁路运输方面，园区毗邻京广铁路并已引入直达园区内部的铁路专用线，公铁联运成为园区为客户降本增效的有力工具。园区交通区位见图2。

（四）服务功能

园区主要面向钢铁产业客户提供线上（一力钢铁网）和线下（实体市场）两个交易

图 2　园区交通区位

平台、基础物流服务（包括公铁联运、公共仓储、分拨配送）和钢铁供应链增值服务（包括加工设施设备、供应链金融、配载配送以及其他财税咨询和人力资源等支撑性服务）。通过以上一揽子服务，园区将以钢铁生产商为主体的上游企业，以贸易商为主体的中游企业，以工程机械、汽车制造、建筑业等为主体的下游企业紧密融合，形成制造、贸易、加工、物流、金融等多元业态融合的钢铁流通生态体系。

（五）发展效益

经过多年集聚发展，园区现已入驻钢铁批零兼营、加工、制造等企业 2000 余家，为 5 万多人提供就业，年交易额达千亿元，年物流量 2000 万吨，占湖南省 80% 的市场份额，园区钢铁物流量被长沙市政府列为长沙市三大经济先行指标之一。此外，以园区为中心，周边逐渐汇聚了 9 个大小不一的物流园区，与园区共同构成大托钢铁产业集群。集群带来的洼地优势转化成外部竞争优势，在帮助稳定和提升集群业态的同时，对省内重点产业形成了良好的支撑作用。目前，园区已成功获得国家物流枢纽、国家示范物流园区、2013—2022 年全国优秀物流园区等 40 多项荣誉。

二、主要做法

（一）高起点谋划，定位、选址、布局为园区发展奠定基础

物流园区的存在对物流成本的降低与效率的提升是否起到了作用，是衡量物流园区运营是否成功的核心指标。物流园区前期的定位与规划，将直接决定物流成本与效率的起点水平。因此，园区高度重视定位、选址、布局等物流园区发展规划核心内容，从区

域产业、区位交通、物流组织等方面进行重点考量，为园区未来发展奠定良好基础。

1. 定位与区域产业高度融合

湖南是工业装备之心、重型机械之都，工程机械产业规模稳居全国第一，除工程机械外，汽车、轨道交通、军工、新材料、电子信息等多个产业齐头并进，园区周边分布有三一重工股份有限公司、中联重科股份有限公司、中国南车集团株洲电力机车有限公司、江麓机电集团有限公司、比亚迪汽车工业有限公司、湖南吉利汽车工业有限公司、湘潭电机厂等重要工业企业，庞大的工业基础对钢铁提出高需求，成为园区定位的重要支撑。立足市场需求，园区致力于打造钢铁产业核心服务平台企业，推动供应链上下中游企业信息共享、资源整合，通过为钢厂、钢贸商、钢铁终端用户等设计公共仓储、公共加工、公共配送、集中采购等服务，有效整合了物流、资金流、信息流，从整体上提升了产业链效率，助力了实体企业降本增效。

2. 选址与区位交通紧密结合

一方面是园区所在区位优势明显，长株潭主要产业园区呈 T 字形布局，园区恰恰位于 T 字交会点，是辐射长株潭及全省各地（州、市）的最佳区位，这就意味着更低的运输成本及更高的物流效率。另一方面是园区周边交通便捷高效，园区距高速出口仅 300 米，货车能够便利进出；园区具有铁路专用线可直通内部，能够实现公铁联运。

3. 布局与物流组织充分匹配

园区在内部功能布局设计时充分考虑了货物的"一次到位率"，尽可能减少货物的二次倒运，降低了无效作业量；充分考虑了车流和物流动线，尽可能提高车辆在场内行动的效率与便捷性等，支撑了园区高效运营。

凭借良好的定位、选址、布局，园区"物流＋交易"的模式一举打造成型，经过 20 年的运营，已经成为中部地区规模最大、管理最为规范、服务最为完备的专业型物流园区。

（二）高水平经营，全链条供应链金融为小微企业纾困解难

钢贸属于资金密集型行业，入驻园区的企业 90% 以上为中小微企业，融资能力弱、融资成本高，因此资金成为入驻企业发展瓶颈；而物流业务可控制货流与金融结合，园区能够解决银行面对中小微企业贷款时无抵押物、风控难的问题。为解决入驻企业融资难、融资贵的问题，园区专门成立湖南三正电子商务有限公司，开始探索发展供应链金融服务，从最初面向入驻贸易企业的仓单质押业务切入，逐步发展到面向上游钢厂的集中采购、面对下游终端企业的应收账款保理等，园区供应链金融业务已实现全链条、全方位介入解决入驻企业所面对的资金瓶颈，助力园区成功升级为"物流＋交易＋金融"三轮驱动。在多年的发展过程中，园区凭借精细化供应链管理能力和优秀的风控成绩单，逐步获得银行等金融机构的认可，使得园区突破自有资金单一来源，获得机构资金的注入。从 2003 年起，园区为包括中国工商银行、中国农业银行、中国银行、上海浦东发展银行、中信银行、兴业银行、广发银行、华融湘江银行、长沙银行等在内的二十多家银行及多家担保公司提供质押监管服务，为园区内的上百家企业提供订单融资服务，已获

得全国首家中国工商银行总行授牌质押监管资质。

1. 供应链金融服务模式

园区主要通过供应链金融 B2B 平台"一力钢铁网"（以下简称"平台"）为钢厂、钢材贸易商、终端用户等设计代理采购融资、仓单（存货）质押融资、各类担保融资、承兑票据中间服务、资金短期过桥、融资方案设计和咨询服务等多个业务模块，同时可根据客户需求进行业务组合。

（1）代理采购融资"一托宝"

代理采购融资"一托宝"是融合了传统仓单质押管理、信用借款、担保、采购等业务的一种组合性融资模式，能根据园区入驻企业的真实贸易背景、发展潜力等，为企业直接垫资或通过信用担保提供经营周转资金，并在具体操作上考虑便捷性与合理性（以未来货权质押操作为主），在为企业解决资金瓶颈问题的同时，尽力提高资金使用效率，降低财务成本融资，见图3。"一托宝"具有三大特点：一是进入门槛低，企业无须额外担保，不过于要求其经营规模、资产或存货等，主要根据企业真实的贸易背景和资金需求进行操作；二是提供一站式灵活而实用的融资方案，做到专款专用，钱货票互换，随借、随用、随还，方便客户将在厂、在途、在库货物或资金全面盘活，提高资金综合效益，降低业务总成本；三是企业拥有弹性的借款额度和期限，如由平台直接垫资，在保证金充足的条件下，不设资金额度上限，企业合作方也可根据企业实际业务需要选择合适的周转期限。

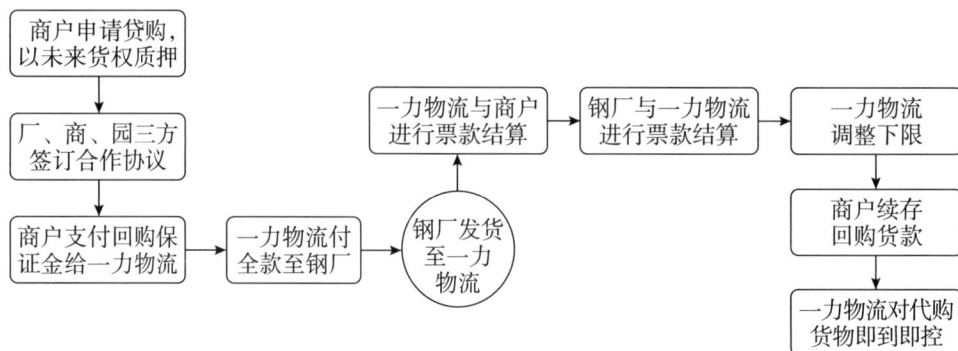

图3 代理采购融资流程

（2）集合采购

集合采购是指钢材需求方支付一定比例的保证金，以平台旗下的分子公司参与核心企业的项目或生产的招投标，向入围的厂家与供应商采购，完成钢材供应并实现对账、结算、回款，然后与钢材需求方结算的一种模式。集合采购具有资金渠道稳定、专业度高、市场资源丰富、风险管理成熟、业务灵活度高、区域平台影响力大、保障平台客户核心利益等优势。

（3）仓单（存货）质押融资

平台主要采用仓单（存货）质押的方式，帮助客户盘活存货（含在途货物），以快速融得企业运营所需流动资金。商户可根据自身条件选择 3～6 个月的银行承兑汇票或 1 年期的现金借款，采取先货后票质押（既有货权质押）或先票后货质押（未来货权质押）的方式，获得存货价值 50%～70% 的融资度，见图 4。

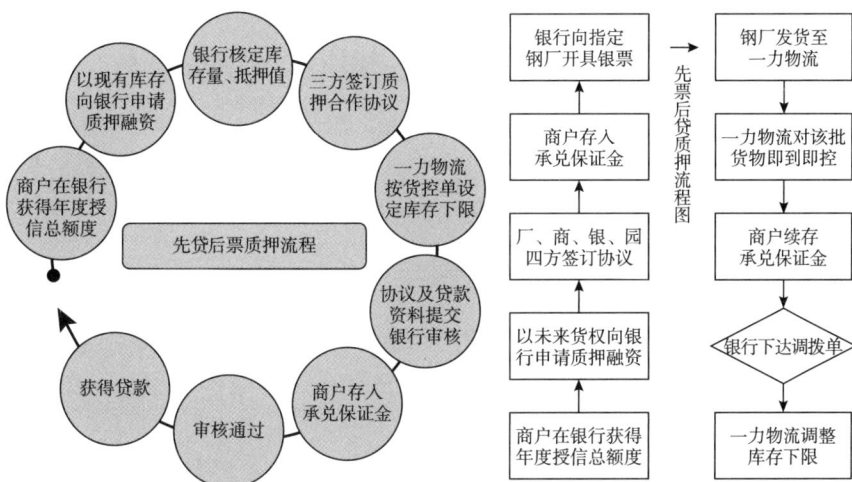

图4 仓单（存货）质押融资流程

2. 典型应用案例

某中建系建筑公司有巨大钢材需求且不想分散采购，需要寻找履约能力强、资源调配能力强的合作伙伴，并要求合作伙伴能够提供一定周期、一定规模的垫资；某钢贸商与该建筑公司长期合作、关系良好，但自身资金实力、资源调配能力不足；平台正好与两者形成互补，通过集合采购模式，构建起园区与中建系建筑公司的集采供应关系，钢贸商企业又与园区形成供应关系，从而实现中建系建筑公司和钢贸商企业的合作。

从中建系建筑公司的角度看，其需要的钢材几乎涉及所有品类，需要寻找能够实时掌握货品资源、有资金、有品牌实力的企业为大规模采购提供整体支持，保证项目的顺利推进。平台汇聚了各类钢材资源，能够实时匹配现货资源；同时作为本地区最大的钢铁供应链管理平台，长期为业内有实力的核心企业提供钢铁供应链综合服务，拥有丰富的行业经验，其供应链金融产品还能够支持中建系建筑公司垫资结算模式。最终，园区在满足中建系建筑公司集中采购时效要求的同时，保证了货源品质，实现了先送货后付款，形成了规模较大的应收定期结算模式。从钢贸商的角度看，其与中建系建筑公司长期合作，但自身资金规模和资源运作有限；作为平台的客户，与平台互动较多，彼此具有信任基础，有强烈意愿推动中建系建筑公司的需求与平台的能力相对接，同时实现自身价值。

3. 风险管控经验

园区长期从事钢铁供应链金融服务，从中总结出四条风险管控经验：一是关注贸易行情及企业动态，包括交易区内资源商报价、期货市场行情、园区内各大资源企业报价、出库成交量等。二是及时进行跌价损失追补，平台通过出台《代购跌价损失管理办法》对相关行为进行规定，平台运营根据市价核算各客户跌价损失，对产生跌价损失的企业进行通知，并根据《代购跌价损失管理办法》协调客户进行追补。三是关注保证金释放，平台运营关注企业回款情况，及时释放保证金，以确保企业资金流转。四是关注逾期情况，实时关注客户还款情况，对即将到期的融资订单提前与企业沟通加快回款进度，避免逾期；如有逾期，按合同执行收取罚息，特殊情况需各方讨论审批后方可延期。

（三）高质量发展，供应链一体化服务为钢铁产业降本增效

随着钢铁流通产业链逐步向高质量方向发展，传统单一仓储型物流服务无法有效满足产业链各参与方要求，无法更好地促进产业运行降本增效。针对此现状，园区以建设供应链一体化服务为目标，采取一系列措施着力补齐加工、配送等短板，推进钢铁供应链一体化服务。

1. 推动加工配套服务智能化升级

园区已集聚上百家生产制造型加工配套企业，为本地工程机械等制造业企业提供加工配套服务，但行业处于野蛮生长的初级阶段，存在设备结构性过剩、加工工艺粗放、原材料采购资金占用大、材料利用率低、加工仓配一体服务能力不足等问题，终端制造业企业常舍近求远，将配套加工放在省外完成，增加了产业链整体成本，降低了产业链运行效率。在新发展阶段下，为推动加工配套行业提质，引领园区服务进一步向产业链中高端迈进，更好服务终端企业，园区与国内首家云切割平台合作共建集中下料样板工厂，旨在将深厚的钢板切割行业经验和互联网技术相结合，以工业互联网及智能制造技术赋能机械加工行业，推动钢材加工环节降本增效。

集中下料样板工厂集合终端客户订单后进行原材料的集中采购、集中套料，然后按加工配套商设备能力分配订单，切割完成后由云切割平台进行集套集配，打造从端到端的集设计、采购、加工、检验检测、配送等于一体的服务模式。在此模式下，加工配套商的原材料资金占用成本降低、设备利用率和材料使用率提高，还能够共享云切割平台提供的设计、检验检测、运输配送等公共服务。集中下料样板工厂运行以来，成果初显，助力园区逐步实现为长株潭产业集群提供稳定优质的加工配套服务，带动园区整体加工配套业务结构逐步向工程机械、汽车、家电、风电、轨道交通等高端产业链延伸，区域性公共精深加工平台建设价值有所显现。

2. 整合运力做强货运配送业务

为提高制造业企业"最后一公里"运输效率，园区利用周边车队和个体司机资源发展"钢速达"网络货运平台。依托网络货运平台建设，园区不断扩充运力，吸收更多车队、司机入驻；同时通过智慧化运力分配管理，实现车货信息高效匹配，提高车辆利用率，满足入驻平台货主需求。目前，平台自有车运力20台，合作物流公司及车队26家，能完全满足100千米以内的钢材运输需求，与同行相比，在40千米的运输范围内有绝对的运输优势和足够的运力资源储备。此外，园区着力打造精品线路建设，在娄底、岳阳、常德、益阳均有合作的物流车队，合作伙伴之间运力共享，相互协作。园区还专门成立了湖南一力钢驰物流有限公司（小规模纳税人），针对性解决个体司机、车队无法开具增值税专用发票问题。

随着服务功能的拓展，存量业务叠加新增业务，园区已经实现为钢铁流通产业链的贸易商、运输商、加工配套商、金融机构、仓储资源方等提供钢材仓储、钢材加工、配载配送、现货交易、供应链金融等一揽子的服务，见图5。至2023年，一体化服务规模占总业务规模约20%，为客户提供一体化服务能力基本成形。

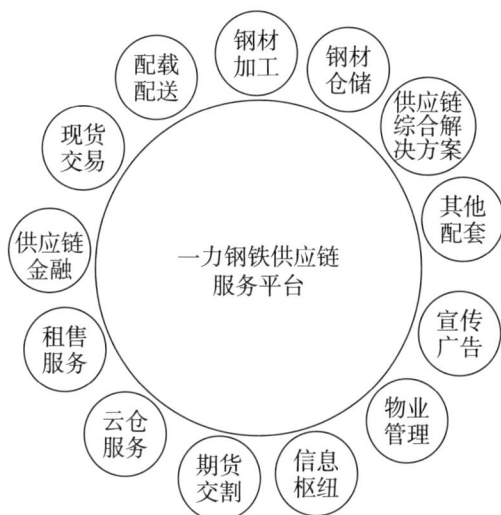

图5　钢铁供应链一体化服务平台功能

（四）高效能改造，数字化转型升级为园区运营增势赋能

从国家战略层面看，在"建设数字中国"和《"十四五"现代物流发展规划》的大背景下，各行各业陆续开始数字化变革；从企业运营层面看，园区设施设备多，厂内的接货、理货、发货等环节中存在盲区，尤其是在供应链金融业务良好的发展势头下，底层的金融架构急需升级，风控管理制度急需完善，还存在传统手段获取的数据无法有效利用的问题，为此，园区从日常管理到客户管理都需要整合升级，以实现精细化管理。在上述背景下，园区在2021年11月正式拉开数字化转型的序幕。园区与阿里云计算有限公司、旷视科技有限公司建立合作关系，逐步完成了场内服务设施物联网改造、生产服务区可视化设施覆盖、中控大屏一期、L12吊装电磁铁智能改造、物流智能调度平台上线等项目的建设与上线工作，实现了服务区域场景可视化、设备数据自动采集、场内物流组织优化、对外服务效率提升等目标，重点支撑园区在数据利用、业务运营等方面取得显著成效。

1. 深入挖掘数据价值，构建良好数据生态

基于基础设施数字化改造，大量的客户信息、交易信息、物流信息、仓储信息、人车货的进出信息等能够通过设备自动采集。为进一步利用数字成果，园区推动数据中台和业务中台搭建，将数据按照统一标准进行处理、加工、产出，全面实现数据标准化、数据资产化、数据价值化、数据服务化。在此基础上，充分挖掘数据对园区日常管理和业务拓展的支撑作用。在日常管理方面，园区通过数据中台、智慧作业等构建了"监控数据—分析决策—协同落地—回看数据"的业务闭环体系，助力管理者更快、更好地使用数据；在业务拓展方面，园区通过数据深度应用，利用数字化手段分析客户，发现业务的优化和改进方向，进而帮助客户进行经营、管理方面的关键决策。以仓储业务为例，可借助数据手段去监测各仓储货物的流转速度，寻找这些货物背后的客户特征、客户的业务诉求等，从而结合数智能力模型，为客户提供更好的服务。

2. 大力推动线上化经营，助力业务高效运营

园区加速对基础设施和运营系统进行数字化改造，在逐步实现"人、车、货、场"连接的基础上，对运营流程重新设计，实现全要素、全周期运营数据化、线上化。园区智慧物流管理系统先后经历了 5 次更迭创新，目前已实现 100% 电子单证管理、作业现场 PDA 全面普及应用、用户电子提单与仓储自助等基础功能。通过与 WMS、门禁出入口管理系统无缝对接，客户可远程查询及下单，司机凭借"一卡通"可全程无须下车实现换单、提货、结算等，在提高物流效率的同时极大提升了客户体验。

此外，为提升产业链协同效率，有效支撑和保障一体化业务运作，园区建立了供应链协同管理平台，依托 WMS、一力 B2B 交易平台、云仓平台、"钢速达"网络货运平台等子平台，与供应商销售系统、生产企业 ERP 系统、第三方物流公司、铁路及港口、金融机构等外平台对接，实现产业链上中下游信息的互联互通，提高业务运行效率，见图 6。

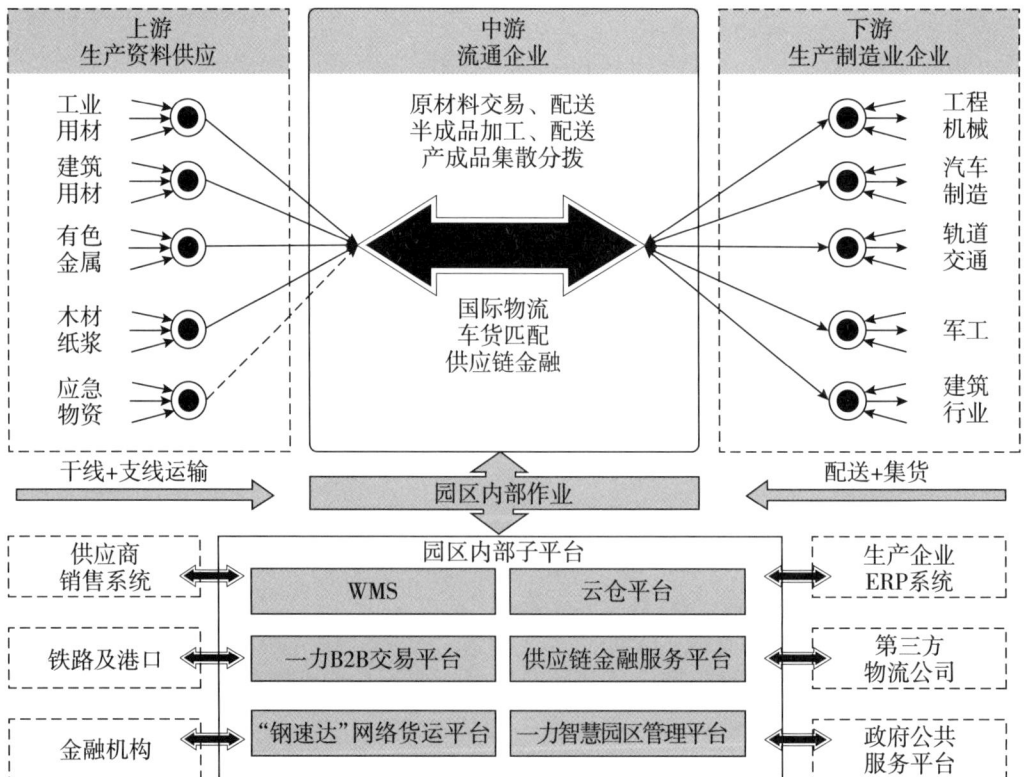

图 6　园区业务全景

三、示范特色

（一）完善体系，以供应链精益化管理能力与一体化服务体系推动服务平台价值全面提升

以物流业与制造业深度融合发展为突破，对集采供应、仓储、粗加工、精加工、配送等供应链环节进行全生命周期、一体式服务管理。针对资金难（来源不足或回收难）、配送难（资源分散或运作低效）、采购成本高等制约一体化服务关键问题进行重点破解，倒逼园区供应链精益化管理能力快速提升，支撑供应链一体化服务功能体系持续完善。

针对资金难问题，重点以供应链金融模式创新突破应收账款确权难题，基于真实贸易业务背景，运用数字技术形成基于产业场景的可视可信可流转的数字资产，实现与金融机构实时在线交互验证，目前应收账款在线确权模式已为部分金融机构与制造终端企业所认可并试点开展。

针对配送难问题，重点解决承运主体分散、运营方式传统低效、运营不合规等问题，以网络货运平台为载体，大力整合社会运力资源，并与优质第三方物流公司创新合作机制，当前运输网络体系构建持续完善中。

针对部分核心企业采购多样化、渠道不畅、供应质量保障等多样诉求，重点开发上游钢厂原材料资源，发挥渠道优势，为工程机械、通用装备等行业核心企业供应多样化原材料，有效降低其采购、仓储等供应链环节成本。

（二）协同发展，以长株潭生产服务型物流枢纽共建推动长株潭一体化物流发展大格局

着眼于长期，园区高度重视枢纽经济建设，着力推动"通道＋枢纽＋网络＋平台"物流服务体系构建，旨在实现物流市场资源要素共享、业务跨区域互通、资源效率最大化。在优化、改造提升存量设施基础上，重点推动长株潭生产服务型物流枢纽九华片区与园区联动建设，并从装备制造物流集成服务、供应链物流服务、区域分拨及配送组织、智慧物流平台建设等方面构建大枢纽功能体系，为实现长株潭一体化国家战略、构建区域大物流发展新格局、支撑制造业高质量集群化发展奠定坚实基础。

目前园区与长株潭生产服务型物流枢纽九华片区联动建设进展顺利，运营后地区规模生产制造业企业供应链一体化协同流程明显改善、制造终端企业物流费用率有所降低、服务时间明显缩短、整体精细化与高品质物流服务供给能力显著提升，最终推动以实体制造为主的流通企业降本增效，区域产业流通效率明显提升、流通成本有所降低。

（三）深化优势，持续以供应链金融创新服务缓解产业链实体企业融资难融资贵问题

广大实体小微企业融资难、金融普惠政策落地难问题普遍且持续存在。园区联动金

融机构持续创新供应链金融产品，重点拓展应收保理、订单融资等新型融资服务模式，依托公司物流环节把控货物风险的优势以及数字技术直接场景优势，为园区客户打通高效便捷的融资渠道，有效弥补供应链金融业务开展过程中风险管理的短板，助力供应链金融业务持续健康发展。

园区先后与华融湘江银行、中信银行、有关城投机构开发多样化供应链金融产品，新增融资规模近5亿元，进一步帮助实体客户实现了依托真实资源、真实业务随时灵活便捷融资的愿景，新增供应链金融产品使得综合融资成本在原成本上再降低10%～15%不等。在应对新冠疫情冲击中，供应链金融更是成为缓解园区企业资金压力的主要工具，有力保障了重点企业、重点工程项目的资金需求，规避了行业系统性金融风险。

四、发展方向与未来展望

依托现有存量资源，园区正在积极打造长沙生产服务型国家物流枢纽，着力打造"两平台、两中心"，即面向世界智能制造产业集群的物流平台、全国供应链集成及多业联动示范平台，中南地区生产资料供应及分销中心、物流供应链创新与应用示范中心。核心面向长株潭国家装备制造产业集群，重点培育装备制造物流集成服务、供应链物流服务、区域分拨及配送组织、对接干线物流组织、多式联运转运组织、国际物流服务、公共信息平台等基本功能，多元化拓展商贸流通与展示交易、应急物流、供应链金融等延伸功能，为工程机械、汽车、军工、轨道交通等装备制造产业集群上、中、下游企业提供原材料供应、中间产品储运、半成品加工、产成品分销、金融支持等一体化的现代供应链服务。借助生产服务型国家物流枢纽建设契机，园区未来将着力加大招商引资力度、完善园区基础设施、提高园区运营水平等。

（一）多管齐下，加大招商引资力度

一是发挥生产服务型国家物流枢纽高效率、低成本的服务优势，通过针对性招商引资、盘活存量闲置厂房、定制增量标准厂房、租赁通用生产设备等方式，吸引各类具有大规模物流需求的生产制造业龙头企业落户。二是加大对引进的龙头企业的优惠力度，鼓励本地企业发展壮大，吸引外埠龙头企业落户园区。

（二）增存并举，完善园区基础设施

一是推动存量项目整合提升。按照"存量促整合"原则，完善物流专用通道联通能力，启动铁路与市政道路平交道口立体化改造，加快园区周边路网建设，实现商品车与社会车辆分流，缓解市内交通拥堵。二是推动增量项目补短板。按照"增量补短板"原则，针对整车及零部件物流的仓储、运输等业务外租库分散、运距远、质损率高、作业效率低等问题，建设智能仓储物流系统，实现仓储数据实时采集，打造智能化、数字化仓储作业平台。

（三）融合发展，提升园区产业价值

园区所在的长沙南部片区着力打造"一心、一核、三组团"，形成智能制造示范基地、新经济发展示范区等。随着长株潭融城趋势更加明显，园区将以物流带产业、以园区聚产业，培育产城融合的园区经济。

立足"十四五"发展新阶段，园区将以全新发展理念，定位高质量发展目标，为创建全国一流、特色鲜明、服务于世界一流装备制造业的现代物流产业集群而持续努力。

（撰稿人：何拥，石沁）

柳州市鹧鸪江钢铁深加工及物流产业园

建设数智化现代钢铁物流园，构建"多元一体"产业链布局

柳州市鹧鸪江钢铁深加工及物流产业园（以下简称"园区"）位于广西柳州市柳北区，于2012年投入运营。柳州市作为广西乃至全国性的综合交通枢纽，享有"桂中商埠"之誉，位于多条公、铁、水线路交会中心，向北可衔接华中经济腹地，向南可辐射北部湾及东盟区域，向东可成为西南与华南的商品交易及物流集散地，地理位置重要，物流产业蓬勃发展。柳州市是一座拥有悠久工业历史的城市，钢铁、汽车、机械等多领域产业基础深厚，近年来以地方小吃为代表的食品加工业、特色旅游业等新型产业的兴起进一步完善了柳州市的产业结构，轻重工业与服务业并兴的发展趋势为柳州市物流产业的发展提供了内生动力。

园区集钢铁仓储、运输、配送、交易、深加工、金融、电子商务、信息技术开发等功能于一体，被列入《广西物流业调整和振兴规划》重点工程项目，是与柳州工业发展相配套的商贸流通业重要园区。园区坚持以高质量发展为驱动，构建"一体多元"式产业链布局，依托钢铁主业以及现代化物流运输服务的实业基础，通过数智化、信息化的管理思路打造竞争优势，致力于成为全国一流综合性现代化园区。

一、园区概况

（一）运营主体

柳州市瑞中运钢材储运有限公司（以下简称"瑞中运公司"）为园区业主单位，2017年5月正式归属广西柳州钢铁集团有限公司（以下简称"柳钢集团"），并在广西柳钢物流有限责任公司（以下简称"柳钢物流公司"）的管理指导下开展工作。目前柳钢物流公司已成为一个集钢材贸易、钢材深加工、仓储服务、物流运输、金融服务、电子商务、办公用房租赁等业务于一体的大型现代化综合物流企业，共有在岗职工818人负责管理运营。

（二）区位交通

园区地处柳北区加工产业园集群区域，周边产业涵盖钢铁加工、机械制造、建材家具、日用品批发等，产业种类丰富、类别完善，各类市场互为支撑、相辅相成，充分吸

引企业进行商品交换，集聚运输资源，园区经济区位优势明显。

园区位于柳州市柳北区各交通运输干线交会区域的核心地段，东临柳州市鹧鸪江港作业区约2千米，船舶运输可直达经济发达的珠江三角洲地区乃至长江三角洲地区；南距湘桂铁路鹧鸪江站仅2.5千米，铁路专用线直达园区内；西距广西最大的钢铁企业——柳钢集团约1.5千米；北邻柳州市北外环快速主干道，公路交通快速便捷。各地各类钢材可通过各种运输方式到达园区或通过园区辐射至全国各地。优越的交通地理区位为园区开展公铁水多式联运以及公转水、公转铁等绿色供应链运行模式打下了坚实基础。

（三）规划建设情况

园区占地面积为0.469平方千米，工程规划建设库房21万平方米，是柳州汽车工业、工程机械的配套项目，是集钢铁交易、电子交易平台、仓储、剪切、开平、冲压拉伸等钢铁压延性加工于一体的大型钢铁深加工及物流中心。园区于2009年动工，2012年10月投入试运营。

截至2023年8月底，园区核心区已建成钢材室内库房15万平方米（含新投入使用的管材库）、配套办公区2.2万平方米，园区功能布局见图1；配备桥式起重机150台，已投入使用66台；配备8条冷热轧卷板剪切开平线，已投入使用4条；拥有4.6万平方米铁路专用线货场和4个2000吨级泊位、面积4.7万平方米的鹧鸪江码头作业区。

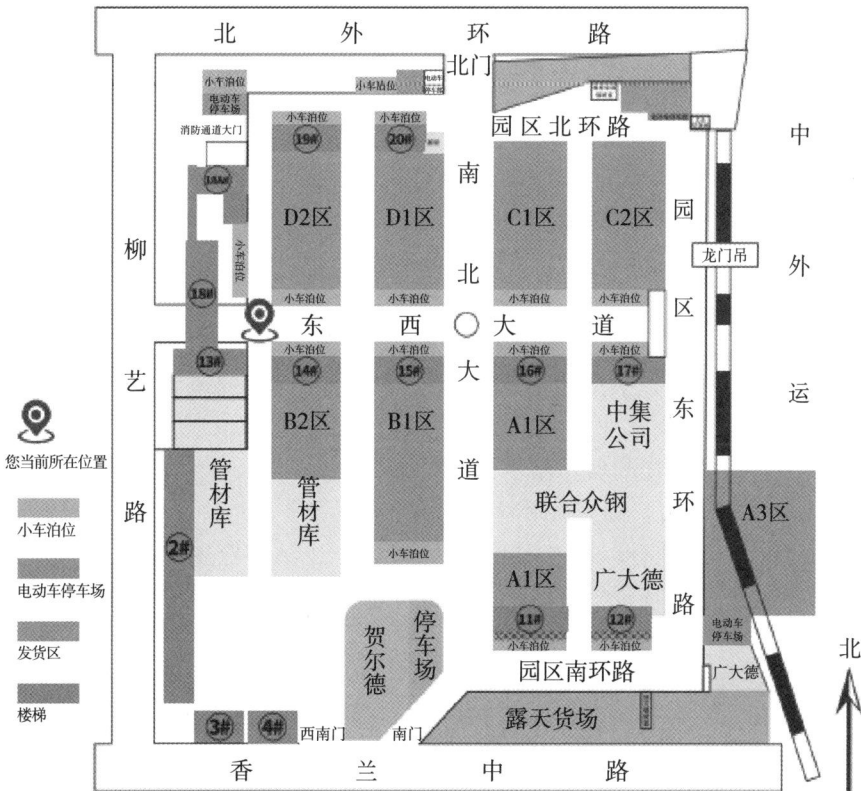

图1　园区功能布局

（四）服务能力

截至 2023 年年底，园区已整合社会分散的运输资源约 13000 辆汽运货车、1000 艘水运船舶。园区通过优化运输线路，实现公路与水路运输的无缝衔接，提高了运输及衔接效率，降低了整体运输成本，有利于缓解交通压力、降低总体能耗、降低重复性的仓储建设投入等。园区在做好柳钢钢材产品集散地和运输仓储服务的同时，持续提高对外服务能力，不断引进优质项目，逐步往区域性钢材大市场的方向发展；同时做好"基地＋平台"中的"基地"工作，不断拓展园区开发建设及加工、配送等业务。园区入驻企业涵盖物流（运输）、贸易、投资、金融、科技等类型，门类齐全，结构合理，集聚效应明显，规模以上企业的占比大，经济实力雄厚。园区具备应急物资大规模集散中转分拨能力。此外，园区还持续提升公共服务能力，加大软硬件投入，为入驻客户提供办公楼、网络光纤、食堂、体育场所、停车场、电动车棚及充电位、广告位等配套设施；多次组织入驻客户参加政府组织开展的各类中小企业服务、管理培训等活动；成立联建联创工会组织，搭建国企与民企工会工作沟通交流及职工活动平台，为入驻客户排忧解难；及时将政府政策文件传送给客户，如入驻园区（集聚区）租金补贴、税费优惠、营改增、疫情下免租减租等政策，主动帮助客户申报租金补贴、落实减免租金等。

（五）发展成效

园区经过多年的发展，主要业务仓储物流的年均营业收入达 1.8 亿元左右，至 2023 年年底园区入驻企业税收 3000 万元。2013 年 3 月正常投入运营以来，园区年吞吐量逐年上升，从 2015 年开始园区钢材连续多年吞吐量在 1000 万吨左右。园区入驻企业达到 127 家，网络客户达到 1000 多家，其中年营业收入过亿企业超过 20 家，入驻园区的第三方物流企业也达到了较高的比例，由本园区的多个企业所形成的集聚区 2023 年总产值达 30 亿元左右。

（六）社会贡献

园区在经营服务中积极响应国家供给侧结构性改革，产业链转型，高质量发展，碳达峰、碳中和战略，"突出实业、聚焦主业、做精一业"多项发展理念，并主动承担了推动区域就业、发挥政企合作高地作用等社会责任。

1. 积极参与疫情防控，做好生活物资保供

新冠疫情期间，园区自愿设立为柳州市市级应急生活物资中转站之一，签订《关于设立柳州市市级应急生活物资中转站合作意向备忘录》，在政府需要时，配合完成相关物资保供工作。

2. 依托地方及平台优势，推动产业发展

园区充分发挥地方优势，包括地理位置、交通设施、产业基础、人才资源等，推动物流产业的发展和升级。园区注重树立广西公铁水多式联运典范，吸引全国同行如宝钢、河北钢铁等知名钢厂的竞相对标学习研究，大大提高了广西地区企业知名度和美誉度，树立了良好的行业典范，有效解决了广西内众多大中型制造业企业供应链管理中普遍存在的缺乏平台支撑、协同效率低、车货匹配难度大、运力整合效果差的问题，运用可复制推广的管理方法（技术），实现更大范围内的物流降本增效。

3. 重视绿色发展，建设环保型供应链

园区重视环境保护，建设绿色园区，推动物流产业的可持续发展。园区严格控制污染排放，加强环保设施建设和运营管理，提高园区环保水平。同时，园区鼓励企业采用清洁能源和低碳技术，推动物流产业的绿色发展。园区积极贯彻落实碳达峰、碳中和发展理念，主要体现在高效物联网建设和能源革命两大方面，具体为：一是公铁水多式联运网络构建，推进公转铁、公转水；二是对流运输的实践，包括广东废钢与广西钢材运输对流、原料与成品运输对流等；三是集装箱"散改集"运输；四是响应国家战略逐步提升货运车辆排放标准，同时加快电动重卡、氢能源车辆等新能源车辆布局。

二、主要做法

（一）打造多业务耦合、多平台联动的智慧物流体系

近年来，园区深耕智慧物流与信息系统建设，构建集运输、吊装作业、仓储、车辆调度、产品加工、商品贸易、供应链金融等多种业务功能于一体、多平台联动的智慧物流体系，明确一流智慧物流服务园区的行业定位，持续推动产业优化升级。

1. 积极探索"互联网＋物流"新模式

2016 年 11 月，园区仓储系统与柳钢集团生产管理系统（MES）进行数据对接，实现了柳钢钢材的全流程监管、追溯；2017 年年初，园区仓储系统开放网络提单自助系统，能够让用户在线了解货物情况，同时可以远程开展发货业务，使园区的仓储业务覆盖范围迅速扩张，目前网络注册账号达到 1000 多个；2018 年年中，园区用于辅助提货车辆排队的小程序上线，让前来物流园区提货的车辆可以及时掌握园区作业排队情况，小程序上线后，日访问量接近 1 万人次；2022 年 4 月初，园区大数据中心项目正式落成。

2022 年 9 月，柳钢物流服务系统搭建完成。该系统实现了销售物流全流程管控协同服务，为园区客户提货提供了从过户、开单、运输到到货的实时可视化信息监控；2022 年 12 月，柳钢物流无人值守打单系统正式上线，司机使用该系统可自主完成派车单和出库单的打印，极大降低了人工成本、提升了制单效率。该系统成为园区信息化建设的标志性项目。

2. 构建智慧物流（供应链）一站式服务系统

园区运营管理主体单位柳钢物流公司自主研发的柳钢智慧物流云平台，拥有中国北斗导航定位系统，于 2014 年 12 月开始建设，2018 年 8 月运输监管系统通过交通运输部认证，2019 年 4 月起开始在柳钢物流体系内推广。园区依托定位设备平台可以提供运输定位监管、物流管理服务、自动化结算、智能仓储、智慧金融、贸易服务等智慧物流（供应链）一站式服务，不仅能够实现对车辆及船只位置的实时监控，还能实现对车辆状

况、行驶环境、司机驾驶情况的实时掌握，确保车辆船只运输安全。运行车辆及船只安装北斗导航定位系统之后，能够实现管理货物和追踪物流数据实时性、内部物流管控全面化、客户的服务体验感最佳化，推动公司信息化建设全面发展。

2023 年，系统开发团队相继完成了广钢物流系统船批数据以及成品钢材运输配车数据的共享对接，为保障广西钢铁钢材成品顺利外发打下夯实基础；完成了广钢码头风速仪安装部署与系统上线工作，有效避免了安全隐患，同时提高了码头工作人员工作效率，提升了码头管理水平；完成了运力智能调度系统的开发建设，通过一系列公平公开规则机制搭建了运力调度体系，使得运力调度简单高效。通过对系统的不断研发改进，进一步提升了物流服务水平以及客户满意度。

3. 成立宽平台大纵深式大数据处理中心

2022 年 5 月，柳钢物流大数据中心项目投入运营，标志着柳钢智慧物流实现实时数据化、调度可视化、风险闭环管理、数据资产化。项目使用微服务架构对产供销全流程物流服务、仓储、设备等关键业务进行系统数据整合，开发柳钢物流 SaaS 服务平台，实现各系统数据互联互通，通过数据采集、清洗、分析，挖掘、抓取有价值的数据资产，并形成大屏看板，为生产调度、经营决策提供数据服务，同时加强关键业务过程实时管控，进一步强化公司内控管理能力，对外逐步输出并赋能上下游客户（原燃料供应商、钢材经销商、承运商、运力后市场等）高质量发展，提升供应链共赢发展能力。

4. 现代智慧型吊装工具的研发与推广使用

近年来，园区针对建筑钢材依靠传统的人工手动操作天车进行吊装，且建筑钢材吊装作业现场环境较差，工人劳动强度高、效率低、安全可靠性差、人身伤害事故多发、人工成本高等现状，成立研发小组，对现有行车系统进行了自动化技术改造，实现了天车远程控制、吊装现场无人化，大幅降低了人力需求、提高了吊装效率、减少了安全事故发生，获得国家知识产权局授予的国家实用新型专利，具有市场推广价值和经济价值。

（二）立足自身核心优势，打造钢铁供应链集群

园区秉持以实业为基的发展理念，以钢铁产品为业务核心，积极吸引有钢铁包装、钢铁深加工等提升产品附加值功能的企业入驻，并吸引供应链金融公司、贸易公司等第三产业服务公司加盟，构建起钢铁产业由制造端向服务端延伸的一体化集群供应链。

1. 打造钢铁物流产业集群

园区在充分发挥自身产业优势的基础上，依托并整合集团公司内外资源，通过持续提高对外服务能力、不断引进优质项目等方式，逐步往区域性钢铁物流产业集群的方向发展。截至 2023 年年底，园区入驻企业达到 127 家，网络客户达到 1000 多家，其中年营业收入过亿元的企业超过 20 家，入驻园区的第三方物流企业也达到了较高的比例，由本园区的多个企业所形成的钢铁物流产业集聚区 2023 年总产值达 30 亿元左右。园区入驻企业涵盖物流（运输）、贸易、投资、金融、科技等类型，门类齐全，结构合理，集聚效应明显。

2. 打造钢铁加工产业链条

园区在规划建设之初，就明确了以仓储功能为基础、不断提高钢铁深加工能力、打造高附加值钢铁产业链的经营思路。近年来，园区引入了中集公司宝武钢汽车板产品配送基地项目、首钢汽车板加工配送基地项目等，这两大项目既符合柳州市的产业布局，又与园区今后往区域性钢材大市场方向发展的战略方向一致。园区与柳州联合众钢供应链管理有限公司等具有钢铁深加工经营能力的企业开展业务合作，深入探讨钢铁深加工及高附加值钢铁产业链未来发展之路，先后引进广西柳州岑海金属材料有限工公司、广西南宁柳钢钢材销售有限公司、柳州市诚联物资有限公司、广西宝威投资有限公司等十余家企业客户成为园区深加工产业定点服务对象，谋求不断做大做强园区产业市场，落实供应链各方合作共赢的重要战略部署。2023年园区实现钢铁深加工营业收入300多万元。

3. 积极发展供应链金融

柳州市瑞拓小额贷款有限公司为园区核心的金融服务平台，也是柳钢集团多元产业布局重要的金融模块。该公司成立于2013年，其控股股东为由广西壮族自治区人民政府国有资产监督管理委员会控制的柳钢集团，企业拥有较为雄厚的资质背景，管理服务精细且可靠，该公司位于园区内，始终坚持以市场需求为导向，坚持"市场化、专业化、规范化"的经营理念，秉承"服务创造价值，思路决定出路"管理方针，积极为供应链上下游中小微企业、个体工商户提供高效、便捷、专业的金融服务，在广西壮族自治区金融工作办公室的批准下办理各项小额贷款业务及小企业发展、管理、财务等咨询业务。目前，主要面向柳钢集团和柳钢物流公司供应链上下游客户开展票据质押、应收账款质押、钢材质押、保证金质押等贷款业务，业务模式基本成熟，企业治理结构持续完善，管理基础不断夯实，经营效能稳步提升，所有贷款项目零坏账、零逾期，均未出现过任何风险，取得了较好的经营成效。2023年实现营业收入2800多万元。

（三）发挥行业引领作用，推动钢铁与物流融合发展

园区坚持合作共赢的发展理念，通过商业模式创新、业务合作深度并联、信息化发展成果共享等方式发挥行业引领者的作用，推动钢铁业与物流业联动发展。

1. 内外资源整合形成规模效益

长期以来，柳钢集团的物流资源零星分布、各成一体、互不关联，生产物流、采购物流、销售物流未能形成协同高效的局面，造成整体物流响应效率低、成本高。为此，柳钢物流公司一方面对内整合产供销物流资源、信息资源，对外将社会仓储（园区）、港口码头、车船运力、运输干线等相对分散的物流资源纳入信息化管控，加强内外资源整合，形成规模效益。通过对物流企业实施集约化管理，广西境内的钢铁物流企业大大减少了重复建仓和重复性运输倒转，使得钢铁物流量总体降低1/3以上。

2. 大力发展多式联运

园区位于柳州市柳北区主干道路网交会核心区，且地处距柳州各主要高速公路入口约7000米的圆形中心，具备强大的汽运运力组织能力以及优越的线路通达能力。在公路

运输的基础上，园区配备了铁路专属货场以及专属内河作业码头，汽运集站、集港里程仅 2000～3000 米，开辟了公转铁、公转水等多式联运渠道，为客户提供了多元化的运输链路设计，形成了高效、完备、畅通的联动运输体系，极大降低了供应链堵塞或异常的可能性，形式多元、稳定性强、配合高效成为园区配送服务的核心竞争力之一。此外，柳钢物流公司优化园区（含鹧鸪江码头）、柳钢厂内铁路发运中心、南宁国际铁路港柳钢过渡仓、广西钢铁成品码头、北海铁山港，以及贵港、来宾、广东各码头等物流节点空间布局，打造公铁水多式联运网络。

整体来看，园区大力推进公转水、公转铁，绿色物流效果显著，一艘中型内河航运船舶的运量是一辆货运车辆的 15 倍；铁路运输单位能耗是公路运输的 1/7，铁路内燃机车的污染排放是公路货运的 1/13，电气化铁路基本零污染。

3. 平台赋能与生态化协同

柳钢物流公司通过自主研发以北斗物流监管系统为特色的、集合 35 个涵盖全产业链生态化管理系统的柳钢智慧物流云平台，有效集聚了柳钢产业链和物流供应链上下游客户，有效推动了需求端和供给端双向渗透及线上资源的线上增值服务变现。对物流而言，平台将传统的销售物流、生产物流、采购物流、仓储物流进行联网，既扎实做好每一个业务板块的信息系统建设，又注重信息系统间的互联互通。构建大物流信息网络平台，通过技术赋能和平台赋能，实现物流资源数据化、物流过程可视化、物流决策智能化，解决物流主体分散导致的供需不对称以及链条繁复造成的上下游协作困难等问题，从而降低整体物流成本，提高物流响应速度，提升客户的竞争力。例如，园区打造了多个针对不同行业难题设计的商业范例，为解决广西内诸如广西柳州钢铁集团有限公司、广西汽车集团有限公司、广西玉柴机器集团有限公司、广西柳工集团有限公司等制造业企业供应链管理普遍存在的缺乏平台支撑、协同效率低、车货匹配难度大、运力整合效果差的问题，以及供应链上下游生态脆弱、复杂多式联运数据对接不畅等管理痛点，提供了整体解决方案。

总而言之，园区通过将先进制造业和现代服务业深度融合，促进自身转型升级和破解发展难题，探索两业融合发展业态、模式和路径，引领带动行业和区域发展，推动供给侧结构性改革和高质量发展。

三、示范特色

园区自 2009 年规划建设，2012 年投入运营，至 2021 年成为示范性物流园区，2023 年获评广西生产性服务业集聚示范区，十余年的发展历程中形成了"以数智化建设为战略方向""以实业为发展基础""以深入贯彻行业大协同、一体化布局为经营理念"的行业示范特色。

（一）坚持数智化建设，助力降本增效

园区基于"互联网＋物流"的商业模式，十余年间持续性进行业务系统开发与智能

化设备建设，组建自有信息技术研发团队，系统迭代更新速度加快。通过搭建智慧物流（供应链）一站式服务系统，园区将运输、仓储、结算、贸易、金融等各个供应链节点整合；通过成立柳钢物流大数据中心，园区管理实现了信息数据透明可视、业务板块并联相融、沟通处理及时高效，内控管理实现革命式发展；通过建立专业技术设备部门，园区针对现场吊装管理作业进行了深入攻关，实现了吊装现场无人化、智能化，具有极高的市场推广和经济价值。

（二）围绕钢铁优势产业，实现联动融合

园区的建设及发展以钢铁产业为基础和业务核心，始终坚持围绕钢铁主业，不断提升加工作业水平和配套服务能力。园区通过自有产线的设备革新与技术突破，同时积极引进多家钢铁加工企业，实现了钢铁加工能力的跨越式提升；通过金融服务公司、贸易公司的引入，实现了第二、第三产业的进一步融合，打造钢铁产品从入园到加工、销售、结算、运输、再生产等的完整服务链条，为工业领域的产业集成与融合提供范例。

（三）打造一体化布局，引领行业协同

园区通过主动吸引行业龙头进驻的形式，促进行业间的商流、物流、资金流协同流通，形成了本地物流业、仓储业、钢材加工业的集群效应，在园区推进钢材大市场的建设上迈出了重要一步；通过互联网思维重塑供应链，园区打造了多个针对不同行业难题而设计的商业范例，有效解决了诸多工业、制造业企业供应链管理效率低下的问题，承担了行业发展引领者的角色。

四、发展方向与未来展望

（一）继续推进物流信息化建设

园区要继续推进物流信息化建设，提高物流服务质量和效率，满足市场需求和消费者需求。园区要加强物流信息平台建设，实现物流信息的全过程跟踪和共享，提升物流信息的安全性和可靠性。园区还要加强物流数据的管理和应用，提高物流数据的利用率，推动物流企业数字化转型升级。

（二）建设现代物流产业集群

建设现代物流产业集群是打造示范物流园区的首要任务。园区要推动物流产业链的深度融合和协同创新，重点支持发展第三方物流、冷链物流、快递物流等特色物流企业，引进龙头企业和高端人才，提升物流产业的技术和管理水平。园区还要加大创新力度，推动物流技术的创新和应用，培育一批高新技术物流企业，推动物流产业高质量发展。

（三）进一步强化物流园区管理

园区要强化物流园区管理，提高园区规范化、标准化和信息化水平；要加强园区基

础设施建设，完善园区服务功能，建立健全物流企业服务和监管机制，提高物流园区的服务水平和竞争力；还要优化物流产业的规划和布局，推动物流企业布局合理和空间优化。

（四）加强与周边城市的合作

园区要加强与周边城市的合作，发挥物流集聚示范区的辐射作用，促进区域经济协调发展；要加强与周边城市的交流和合作，共同推进物流产业的发展和区域经济的繁荣；还要加强与周边城市的联动，推动交通等基础设施的互联互通，促进物流产业的发展和资源优化。

（五）建立物流集聚示范区管理委员会

园区未来将建立物流集聚示范区管理委员会，由区政府主管领导担任委员会主任，成员由各有关部门和物流企业代表组成，负责统筹规划和协调各项工作。委员会可以制定具体的工作计划和目标，协调解决重大问题和矛盾，促进各项工作的顺利实施。

（六）建立物流企业服务中心

物流企业服务中心作为物流集聚示范区的服务窗口和信息交流平台，为物流企业提供培训、咨询等服务，支持企业发展。物流企业服务中心可以开展各种研讨活动，以提升管理水平和技术能力，为企业发展提供支持和保障。同时加强与政府相关部门的沟通和协调，为物流集聚示范区的发展提供政策和措施支持。物流集聚示范区也可以积极与工商、税务、交通等部门沟通协调，解决企业发展中的问题和困难，为企业提供便利和支持。

（七）加强监管机制

建立健全监管机制，加强对物流企业的监管和管理，规范物流市场秩序。物流集聚示范区可以建立专门的监管机构，加强对物流企业的日常监管和执法，及时发现和处置违法违规行为，维护物流市场的秩序。

（撰稿人：周骅，宁春明，潘晟冀，周逸雯，胡柳虹，陶猛）

成都国际铁路港

建设西南国际门户枢纽，打造内陆开放高地

成都地处长江经济带与"一带一路"建设交会点，是西南地区重要的国家中心城市。2022年，成都成为全国第三个经济总量突破2万亿元的副省级城市。成都物流资源和基础设施条件较好，由公路、铁路、航空组成的交通网络发达，物流仓储、口岸保税、物流人才等存量资源丰富。近年来，成都通过深度融入"一带一路"、长江经济带、西部陆海新通道、成渝地区双城经济圈等国家重大决策部署，现代物流业发展迅速，产业规模不断扩大，多元化市场主体格局基本形成，专业化、国际化、社会化特征日益增强。

党的二十大报告提出，推进高水平对外开放，加快建设贸易强国，推动共建"一带一路"高质量发展。为积极响应四川省委、省政府"产业兴省"战略和成都市打造西部重要交通枢纽、构建西部经济核心增长极发展战略，成都国际铁路港（以下简称"园区"）抢抓国家设立18个铁路集装箱中心站机遇，同步规划建设以集装箱多式联运和集装箱增值服务为基础的国际性枢纽型物流园区，建成四川唯一铁路货运型国家对外开放口岸及整车、肉类、粮食进境指定监管场地，开通中欧班列（成都），相继获批自由贸易试验区、国家级经济开发区、综合保税区和国家物流枢纽。加快构建西进欧洲、北上蒙俄、东联日韩、南拓东盟的对外开放网络和集疏运一体化物流服务体系，为省、市战略的贯彻实施提供重要支撑。

一、园区概况

（一）运营管理主体

园区运营管理实施"管委会＋公司"模式，成都国际铁路港经济技术开发区管理委员会、成都国际铁路港综合保税区管理委员会和中国（四川）自由贸易试验区青白江铁路港片区管理局采用"一套班子三块牌子"运营模式，人员合署办公，负责统筹园区招、建、管等主要工作。成都国际铁路港经济技术开发区建设发展有限公司作为产城运营商，探索片区综合开发、投融建管运一体化经营模式；成都国际铁路港投资发展有限公司作为枢纽运营商，重点推动通道拓展、多式联运、供应链金融、场站运营等工作，加快打造陆港主枢纽。

（二）区位交通

成都位于"一带一路"建设和长江经济带的交会点和联动点，是两大战略互动的重要战略支撑点，北接丝绸之路经济带，南连 21 世纪海上丝绸之路经济带，向东衔接长江经济带，向西连接印中孟缅经济走廊，已经成为撬动西部板块整体抬升的杠杆、向西向南开放的前沿和亚欧大陆的支点。成都将进一步立足西南、辐射更广大区域，承担国家内陆核心片区的支柱角色。

园区位于成都市北部区域，北至 245 国道—铁路港北环线，东至清泉大道，南至呈祥大道—毗河—青白江区行政区界，西至智慧大道。

（三）规划建设情况

园区以成都集装箱中心站和大弯货站为依托，是成都市现代物流发展体系"四园区四中心若干服务站"中的"四园区"之一，是四川省规划布局的重要铁路物流枢纽园区。园区占地面积约 31.7 平方千米，已建成约 1.5 平方千米，总投资约 160 亿元，主要发展三大主导产业：现代物流、国际贸易、保税加工。园区建成区面积约 22 平方千米，其中，枢纽场站面积 3.2 平方千米，道路长度 114.6 千米，高标仓 300 万平方米，冷藏库 74 平方米，工业厂房 47 平方米，商务办公 40 万平方米。

（四）服务功能

园区依托成都铁路集装箱中心站，在集装箱中心站附近建设辐射西部、联结港口和国内主要城市的国际性枢纽型物流园区，为集装箱货物提供多式联运、仓储配送、中转分拨、拆箱拼箱、加工包装、信息服务等全程物流服务。园区重点发展集装箱运输、联运代理、集装箱物流、仓储配送，引进大型船公司、网络化物流企业、物流地产商建立分拨中心和仓储配送中心。

二、主要做法

（一）建好国际通道，打造特色品牌

园区紧抓西部陆海大通道建设机遇，强化成都作为"东蓉欧"中转枢纽的区位优势，构建联结"一带"和"一路"、沟通泛欧与泛亚的贸易通道，建立起成都西至欧洲、北至蒙俄、东联日韩、南拓东盟的国际铁路通道和国际铁海联运通道。西向依托泛欧铁路运输通道，以波兰罗兹市、德国纽伦堡市、荷兰蒂尔堡市为境外枢纽节点，已拓展至比利时根特市、捷克布拉格市等欧洲端点城市。织密以意大利米兰、匈牙利布达佩斯等城市为主的南欧陆上直达网络，拓展中欧南线跨里海国际运输走廊，联合荷兰鹿特丹打通跨大西洋海铁联运通道。北向依托亚欧大陆桥国际铁路运输通道，建立成都对接中蒙俄经济走廊的国际班列通道体系。东向通过"蓉欧＋"铁路班列货运通道强化对西向货源支持，联结长三角、珠三角、环渤海区域，辐射中国港澳台、日韩及美洲等地区。南向常态化开行"蓉欧＋"东盟国际海铁联运通道和东盟全程铁路国际联运通道，实现钦州、凭祥、广州三线并行。与老挝南塔省经济特区签订战略合作协议，提前谋划成都经云南磨憨至老挝、泰国的泛亚铁路中线。目前，中欧班列（成渝）联通"一带一路"沿线国家和地区 80 余个、境内外城市 130 余个。园区累计开行国际班列超 2.3 万列，中欧班列（成渝）开行量突破 2 万列，约占全国累计开行量的 40%。园区依托中欧班列开拓的国际国内通道为促进国际贸易及产能转移提供了稳定的物流基础，吸引了更多泛欧泛亚适铁适运产能加速向成都转移聚集。2022 年成都对"一带一路"沿线国家实现进出口总额 2704.7 亿元，同比增长 4.4%，占成都进出口总额的 32.4%。

为实现中欧班列高质量发展，园区还创立中欧班列跨省域共商共建共享合作机制。成渝两地破除行政辖区壁垒，建立重庆、成都、中国铁路成都局集团有限公司三方联席机制，共同成立成渝地区国际班列合作发展工作领导小组，建立成渝两地口岸物流主管部门、平台公司常态化会商和信息共享机制，定期协调班列开行中的各项问题，每月定期沟通班列运行具体事项。自 2021 年 1 月 1 日起，两地使用统一名称"中欧班列（成渝）"品牌开展业务及对外宣传推广工作。自首列中欧班列（成渝）开行以来，成渝两地创新品牌共建机制、市场推广机制、通道拓展机制、协同改革机制、招商引资机制，加强"一单制"等创新成果共享互鉴，共同对上争取中欧班列（成渝）试点开展带锂电池产品的国际铁路运输，不断探索和引领陆上贸易新规则，实现了市场良性、健康、稳定发展。例如在品牌共建方面，联合加密西部陆海新通道班列开行频次，开行中老铁路（成渝—万象）国际货运列车，共同促进中国西部地区与东盟的经贸往来。在招商引资方面，成都引进供应链管理企业、进出口贸易等龙头企业，重庆引进多式联运、冷链产业等重点项目，推动适铁适欧特色产业在成渝两地进一步聚集。目前，中欧班列（成渝）已成为全国开行量最多、开行最均衡、运输货值最高、货源结构最优、区域合作最广泛、运输最稳定的中欧班列之一。

（二）创新金融模式，降低融资成市

1. 创新铁路提单融资模式

园区充分发挥"一带一路"重要节点的区位优势和"改革开放试验田"的制度优势，以中欧班列（成都）为主的基础设施互联互通为支撑，推动内陆与沿海沿边沿江协同开放。但当前，国际铁路联运规则不统一、单证缺乏物权属性，企业难以依据联运单证开展结算、融资等金融服务，限制了中欧班列提质增效，也在一定程度上制约了"一带一路"互联互通。为更好发挥区位优势，深化差异化探索，园区坚持问题导向，依托中欧班列和西部陆海新通道建设，深化"蓉欧＋"战略，拓展铁海、空铁、跨境公铁等联运通道，以"铁路＋"多式联运一单制改革为核心，围绕"一体化、物权化、网络化、产业化"，对标成熟的海运贸易规则，双路径探索创设国际铁路为主的多式联运单证规则，重点依托铁路承运人控货权优势，推动联运单证一体化和物权化、金融化，破解基于单证的陆路贸易融资难题，带动开放型经济发展。同时，稳步拓展单证的境内外区域和货物应用面，提升"一单制"新模式的国际认可度，逐步引领构建国际贸易新规则。"铁路＋"多式联运"一单制"的创新实践，提升了运输便利性、贸易融资可获得性，助力四川更好融入和服务"一带一路"建设，加快推进内陆与沿海沿边沿江协同开放，推动商品和要素流动型开放向规则等制度型开放转变。

园区落地签发川内首单中老班列出口"一单制"门到站电子提单，实现"一单制＋区块链技术"在中老班列上的充分运用。创新陆路公铁国际联运"一单制＋全程保险"，针对成都—万象的中老铁路国际货物运输，搭建政银企对接平台，组织物流、金融机构开发陆路公铁国际联运提单，制定提单规则，完善多式联运经营人控货机制，发挥提单正本作为境外交收货物唯一凭据的关键作用，并叠加设计了首张陆路公铁国际联运"全程保险"，实现货物从成都工厂到万象收货人堆场运输全程"一张保单"，全面降低企业运输风险。

2. 创新"运费贷"融资模式

近年来，随着新冠疫情影响下全球航运局势的变化，中欧班列运输需求呈爆发式增长，货代企业的班列订舱垫资问题和进出口企业资金周转困难问题也随之凸显，外贸企业面临"融资难""融资贵"问题。为解决成都中欧班列物流企业运费融资难题，同时将金融创新与中欧班列生态圈相结合，园区创新中欧班列"运费贷"融资模式，有效解决企业资金使用率低下问题，降低企业融资成本，助力中欧班列（成都）更好地服务实体、服务实需。一是建立优质客户白名单。成都国际铁路班列有限公司结合企业客户通过线上平台订舱、发运和结算等业务产生的历史订舱数据、支付数据、信用数据等信息，建立中欧班列（成都）优质客户白名单，为企业向银行申请"运费贷"融资提供参考。二是创新信用贷款模式。基于中欧班列（成都）订舱客户的历史订舱数据实行纯信用贷款，企业无须再向银行提供传统模式下的资产质押，即可获得最高额度300万元的信用贷款用于支付中欧班列运费，单笔贷款账期为90天，且融资成本较普通信用贷款低0.25％～0.50％，大幅度降低了企业融资成本与融资难度。三是实现线上业务办理。银行基于班列平台提供的企业历史订舱数据、运费数据线上测算授信额度，中欧班列（成都）订舱企业客户作为融资申请方，通过中国建设银行网上银行在线完成贷款申请、合同签署、资金支用及还款等操作。

（三）优化运费机制，助力企业降本增效

中欧班列通常按照"一单到底、一次结算、分段运输、全程负责"的方式组织物流，虽然从形式上简化了定价规则，但由于未对境外和境内段运费进行拆分，企业理论上承担了不必要的税负。《中华人民共和国海关审定进出口货物完税价格办法》规定，货物运抵境内输入地点起卸后发生的运输及相关费用可以在进口货物的价款中单独列明的，不计入进口货物的完税价格。

园区会同成都海关，紧扣审价办法条款，科学解析国际铁路运输成本构成，推进重构运费机制、优化物流组织、完善单证格式、规范贸易术语等集成改革措施，将境内段运费从完税价格中扣除。

1. 主要做法

（1）成都海关在全国率先试点中欧班列"一单到底、两段结算"运费分段结算估价管理改革试点。2020年4月16日，62柜俄罗斯进口锌精矿从中国（四川）自由贸易试验区成都青白江铁路港片区报关出区，标志着首列参与中欧班列"一单到底、两段结算"运费分段结算估价管理改革的中欧班列专列试点成功。2020年试点以来，适用商品从单一类别扩大到多种类别，适用对象从单箱试点扩大到整列应用，适用线路从蒂尔堡、罗兹扩展至中欧班列全线，运费分摊方式从成本法扩大到运距法，更加合理、透明和高效的运费分段结算估价管理体系逐步建立。

（2）出台操作指引，分步推进实施

依据上述方法测算出境内段运费后，货代公司在向进口企业开具的国内增值税发票或相关单证上备注国内段运费金额，报关企业在进口货物报关单上备注国内段运费金额，形成完整证据链条，保障报关单随附单证合规性。按照"分步推进、先易后难"原则，完成FOB（Free on Board，船上交货）、EXW（EX Works，工厂交货）、CIF（Cost Insurance and Freight，成本、保险费和运费）成交方式下国内段运费不计入进口货物完税价格试点。出台《中欧班列（成都）境内段运费不计入完税价格申报操作指引（试行）》，明确CIF、FOB等多种方式下单证准备要求、海关报备流程、风险评估机制等。

（3）开展定期评估，防控风险

依据班列开行与运价波动情况，及时测算调整不同时期中欧班列国际、国内段合理运费水平。每月收集企业享受改革试点的报关单、实际缴纳税款额、扣减税款额等信息，每季度开展批量复核，对存在价格疑问的报关单，及时启动价格质疑程序。

2. 实践效果

（1）创新班列运费分摊机制，实现降本增效

通过对审价法规的准确适用，在合法合规原则下，按照利润分割法，将进口货物从阿拉山口等沿边口岸至成都铁路口岸的运输费用从货物完税价格中合理扣减，降低进口征税基数。开展试点以来，商品范围从汽车整车扩大到进口肉类、红酒、矿石产品，从单箱试点扩大到整列应用，线路从蒂尔堡、罗兹扩展至中欧班列全线。截至2021年3月底，共有653票货物实现了国内运费扣减，货值共计2.93亿元，降低税负成本2%。

（2）构建透明价格体系，提升班列竞争力

改革切实惠及货主企业，有利于营造透明、公平的中欧班列市场价格环境，吸引企业更好地利用陆上运输通道。

（3）规范贸易术语应用，保护企业权益

引导中欧班列进口企业规范使用适合铁路运输的贸易术语，提高进口企业运费议价能力，保护企业国际贸易权益。

（四）优化资源利用，推进集约用地

随着新型工业化、新型城镇化的加速推进，新兴产业、新兴业态迅速涌现，根据市场需求调研，部分保税加工、智能制造项目需要仓储功能，部分冷链食品物流项目需要

发展冷链食品加工、中央厨房等新业态，因此根据产业结构及功能融合社会经济发展转型需求，园区积极探索主导产业混合用地管理模式，改革完善规划和土地管理，深化土地要素市场配置，将相互关联的功能安排在同一区域内，推动产业结构转型升级，提升城市活力和用地集约度。

一是明确改革范围。在符合规划及安全、环境和卫生要求的前提下，确定混合用地改革试点区域范围、试点项目和试点地块，并鼓励存量工业用地、物流用地按规划实施工业混合用地、物流仓储混合用地，其中混合用地中计容建筑面积比例最大的用地类型为该宗地的主导用途，原则上主导用途计容建筑面积应大于宗地总计容建筑面积的51%。二是实施动态管理，根据试点地块用途实际需求，优化控制性详细规划；采取租赁、弹性年期出让、先租后让等方式供地；综合考虑土地取得成本、规划条件、产业政策、土地区位、市场变化、建筑安装工程成本等合理确定出让价格；对试点区域开展情况进行中期评估，及时总结和调整下一步工作方向。三是健全监管机制，将产业条件、未达准入罚则等纳入土地供应条件及履约监管协议，探索以信用监督为基础的新型监管机制，积极推进多部门协同、共同监管的混合用地全生命周期管理模式。

园区根据产业发展需求，打破单一宗地单一功能的局限，盘活存量土地，实施更加精准灵活的空间利用，以土地利用方式的转变促进经济高质量发展。目前，成都金属云商总部及区域中心等项目已备案试点混合用地模式并已完成控规优化及土地供应相关工作。

三、示范特色

（一）陆港枢纽功能全国领先

园区要素功能更加完善、集疏能级显著提升。目前已建成铁路场站、铁路口岸（国际多式联运海关监管区）、保税物流中心（B型）、集装箱物流中心等基础设施和功能平台。园区坐拥亚洲规模领先的成都铁路集装箱中心站和散货枢纽大弯货站，拥有国内领先的国际集装箱物流园区、散货物流园区以及国际化铁路口岸、专业化总部商务港、西部大型家居建材开放交易中心三大功能集聚区，实现铁路集装箱中心站、国际口岸、保税物流中心"三位一体、无缝衔接"。园区成功入选首批国家陆港型物流枢纽和中欧班列集结中心，高质量运营成都国际铁路港综合保税区及整车、肉类、粮食口岸，建成投运亚蓉欧国家（商品）馆。集装箱共享运营基地、新增装卸线等中欧班列集结中心示范工程加快建设。

2023年，园区集装箱吞吐量突破100万标箱。完成园区管理信息化、场站操作智能化、口岸服务便利化提升，构建智慧化现代陆港。

（二）陆海通道网络链接全球

园区初步建立起以成都为主枢纽，西至欧洲、北至蒙俄、东联日韩、南拓东盟的国际班列线路网络和陆海货运配送体系。西向依托中欧班列创新"欧洲通"运营模式，基本实现欧洲全覆盖。北向以莫斯科、明斯克两大站点为主，实现中俄双向稳定运行。南向实施"一主两辅多点"运行模式，加快形成以西部陆海新通道为主，以中越、中老铁路通道为辅，南沙、黄浦等港口多点进出境的国际多式联运网络。东向深化与长三角、环渤海地区港口合作，建立"枢纽对枢纽"海铁联运组织模式。

截至目前，园区已累计开出国际班列超 2.5 万列，联通境内外 138 个城市，成为四川联结欧洲、联通世界的重要供应链物流通道。

（三）适港适铁产业高度集聚

园区以高质量发展为指引，以物流、产业、服务为基础，"三位一体"创立了现代物流运营新格局，成功塑造了"国际铁路港 + 口岸经济 + 产业集群"的模式路径，形成"港—产—城"一体化发展格局，助力成都实现从内陆腹地向开放枢纽、从老工业基地向泛欧泛亚港口城市的历史性转变，为地区经济发展提供了新的增长极。目前，已形成国际供应链、国际贸易、临港智能制造三大主导产业。在国际供应链方面，依托国际贸易产业园等载体资源，聚焦 B2B 数字交易、电商直播等细分业态，招引一批重点跨境电商生态企业。在国际贸易方面，围绕进口消费品、大宗商品、食品冷链等重点贸易细分领域，开展项目招引专项攻坚。在临港智能制造方面，抢抓全球产业链供应链重构契机，重点招引相关配套项目，多元拓展临港智能制造产业品类。目前，招商局集团、阿里巴巴、中远海、中外运菜鸟、苏宁云商等总投资 940 亿元的 158 个重大物流项目入驻园区，满帮、厦门象屿等供应链管理企业前 50 强有 2/3 以上落户园区。同时，引进创维等龙头企业，打造面向东盟、欧洲的智能家电出口基地。欧洲产业城大力发展适铁适欧临港制造业，总投资 100 亿元的华鼎国联项目建成投产，引进实施中国巨石等总投资 320 亿元的重大产业化项目 14 个。

四、发展方向与未来展望

当前，"双循环"新发展格局正加速构建，"一带一路"建设、西部大开发、成渝地区双城经济圈建设等国家重大战略叠加，四川省委纵深推进"四向拓展、全域开放"战略部署，着力打造以成都为中心的现代化都市圈，加快构建"两轴""三带"空间布局。园区处于成德眉发展轴和成德临港经济产业带交会区域，主港青白江片区汇集国家级经济开发区、自由贸易试验区、综合保税区、国家物流枢纽和国家进口贸易促进创新示范区等多重机遇赋能，在国际产业分工和资源分配中加快突破、成势见效；辅港彭州片区定位于打造园区农副产品及食品专业物流基地和集散交易中心，是滨海新区"一山一轴、两廊多中心"总体空间格局中的五大城市核心区之一，是成都市乃至西南地区不可或缺的农副产品及食品贸易特色枢纽。

但另一方面，成都国际陆港总体上还处于快速发展期，尚存在国际门户枢纽核心功能有待增强、特色功能有待提升、基本功能有待优化等短板。未来，园区将持续坚持以功能导向优化产业布局，以产业布局落地重大项目，依托园区开放优势，持续推动深层次改革、高水平开放，畅通国内国际双循环，加快推动临港产业体系不断完善、开放合作能级持续提升。

（一）打造链接欧亚的陆港门户枢纽

园区依托国际门户枢纽聚势引流作用，全面融入国家"一带一路"建设、长江经济带和西部陆海新通道建设，着力畅通链接全球的"亚蓉欧"陆海联运战略大通道，持续构建成都国际陆港"一主一辅多点"功能体系，不断完善口岸保税物流服务功能。

（二）打造产贸结合的临港产业高地

持续释放园区国家级经济开发区、自由贸易试验区、综合保税区、滨海新区、国家物流枢纽和国家进口贸易促进创新示范区等战略平台的叠加赋能，积极拓展产业功能业态，大力发展陆港型特色枢纽经济，全面推动临港制造业、临港服务业和临港现代农业集群集聚、成势见效。

（三）打造区域协同的开放空间载体

抢抓新时代西部大开发和成渝地区双城经济圈、成德眉资同城化快速发展机遇，立足区域开放优势，用好用活国内国际两个市场、两种资源，持续丰富对外交往渠道，积极服务全国统一大市场建设，加快融入成渝地区双城经济圈，不断深化"四向拓展、全域开放"战略部署，助力成都都市圈"三区三带"协同发展。

（撰稿人：杨玲，贺川，张逸亨）

贵州快递物流集聚区

产城融合推动区域发展，智慧物流助力黔货出山

小县城崛起"大物流"，是龙里县积极融入省会贵阳、实现快速发展的缩影。龙里县位于黔南布依族苗族自治州，接壤省会贵阳市，被视为贵阳的"东大门"。龙里县立足环贵阳区位优势，全面融入贵阳城市经济圈，于2011年开始规划建设贵龙城市经济带，总面积约57.86平方千米，经过十多年的持续开发建设，位于龙里县城与省会贵阳市之间的贵龙城市经济带迅猛崛起。贵州快递物流集聚区（以下简称"园区"）作为贵龙城市经济带六大产业板块的核心，是贵州省最大的快递分拨中心，已成为龙里县新型城镇化发展的核心板块，是贵阳城市经济带异军突起的产城融合发展集群，在2021年获批成为第三批国家级示范物流园区的加持下，产业集聚效应更为凸显，已逐步发展成为贵州省乃至整个西南地区的快递、物流和农特产品集散中心，先后被评为国家级示范物流园区、中国物流实验基地等，对带动贵州省内外物流发展、推动贵州物流高效运转、促进龙里县域经济高质量发展、助力贵州"黔货出山"与经济现代化发展具有重大作用。

一、园区概况

（一）交通区位

园区位于贵州省黔南州龙里县谷脚镇，紧邻省会贵阳市和贵州双龙航空港经济区，交通完善、区位优越。在园区内开设龙里西高速口，方便企业车辆上下高速，还有厦蓉和贵新两条高速公路与外界连接，更是建设有贵龙大道、贵龙纵线、龙溪大道、中铁大道、建设大道、双龙大道等多条城市快速干道，210国道横纵镶嵌其间，与省会贵阳及周边省市紧密连接。园区距贵阳市中心仅15千米，距贵阳龙洞堡国际机场仅7千米，距贵阳铁路货运编组站仅13千米，距贵广高铁、贵南高铁龙里北站仅11千米，拥有得天独厚的公路、铁路及航空"三港合一"的综合立体交通区位条件。

（二）规划建设情况

园区由龙里县政府统筹规划，贵州快递物流集聚区管理委员会运营管理。园区于2014年3月开始规划建设，规划面积647万平方米。经过近十年的发展，累计投资总额225亿元，建成面积470万平方米，其中物流运营占地面积300万平方米（建筑面积180

万平方米，仓库面积 87 万平方米，冷库面积 20 万平方米及其他）（见图 1）。园区核心区现已全面建成投运，快递物流分拣集散产业发展迅速，业务规模持续高速增长，区内快递仓储、商贸物流等产业已形成集聚效应，商贸物流平台基本成形。

图 1　贵州快递物流集聚区

（三）服务能力

园区服务覆盖贵州全省，辐射四川、重庆、广西、云南、湖南等周边省份，以分拨、中转业务为主，典型客户为大型电商企业、周边区域工业企业及全省农特产品公司，园区为其提供仓配一体化服务，实现产品就地封装、快速发送。同时，园区积极推动各商贸物流和快递企业入驻，集聚效应凸显。目前，园区已招引入驻企业 50 家（已投入运营 43 家，在建项目 7 个）行业龙头企业，覆盖快递、物流、仓储、中转等业务板块，主要以快递物流为主，汇聚了中通、申通、韵达、极兔、德邦、顺丰、邮政、百世等国内知名快递物流企业，辅以引入深国际物流园、丰树物流园、一均贵龙物流园、万科物流园、远洋物流园等仓储物流地产企业，以及负责生鲜运输的贵海冷链、郑明冷链等冷链仓储物流企业，产业集聚效应已然凸显。

二、主要做法

园区以成功创建"国家级示范物流园区"为契机，充分发挥示范带动效应和产业集聚效应，拓展物流园区国土规划发展空间，有针对性地全力开展产业大招商，发展枢纽经济，推动产业升级，全力打造区域性商贸物流中心，大力推动"黔货出山"，进一步扩大园区现代物流及商贸产业体系的规模。

（一）政府主导物流园区建设

1. 高起点谋划

自开始规划建设以来，园区始终坚持贯彻高起点、高标准的区域编制规划方案，通过精准化发展定位、专业化发展路线、集群化发展模式，明确发展目标，制定了以快递集散及仓配物流产业为主，以专业市场、电子商务、商贸中心、康体养老、会议会展、旅游文化等产业为辅的"一核多极"的发展战略。园区结合贵州双龙航空港经济区产业规划布局，高标准编制《贵州快递物流集聚区发展规划》，实行县域交通规划、城市发展规划、产业规划"多规合一"，明确"一核五级多点"总体布局架构，划分为快递物流、电商服务、公共服务平台三大功能板块，旨在打造集快递物流、商贸物流、会议会展、康养住宅、总部经济、仓储基地等于一体的服务贵州、面向西南的临空综合商贸物流服务集聚区，将物流产业打造成县域经济对外开放的桥头堡、转型发展的新引擎。此外，园区还抢抓西部陆海新通道建设新机遇，紧紧围绕《国务院关于支持贵州在新时代西部大开发上闯新路的意见》及《"十四五"现代物流发展规划》，与龙里县合力高标准制定出台《龙里县推进贵州快递物流集聚区提质升级三年行动方案（2023—2025 年)》，以"基础设施提升工程""管理服务提质工程""产业发展增效工程"及"提质升级支撑体系"四个工程为抓手，举全县之力，从基础设施、管理服务、产业增效、支撑体系四个方面推动园区产业升级，实现高质量发展。

2. 高标准建设

物流设施方面，园区在现有的快递物流产业集聚优势基础上，进一步加快推动综合物流中心、专业交易市场、电子商务基地、冷链物流基地、农产品配送中心等项目建设，升级改造园区及周边物流基础设施，培育壮大电商物流骨干企业，高标准布局特色商贸板块，加速黔货专业交易展销市场落地，构建"生产 + 交易 + 物流"的全新运营模式。交通设施方面，推动交通区位优势全面激活，建成贵龙大道、贵龙纵线、中铁大道、龙溪大道等一批城市主干道，与贵新高速、厦蓉高速等公路相通，成为省会贵阳市与周边省市联通的交通枢纽中心。配套设施方面，合理规划建设消防、医疗服务、群众中心、教育文化、垃圾处理等公共服务设施，大力协调增设停车场、长租公寓、新能源充电桩、大型商超、体育设施、公共交通、金融机构等生活配套设施，并在园区设置"职工之家""司机之家""党群服务中心"等便民服务站点，为招引更多优质企业、促进项目高效落地、推动企业高速发展提供优质服务和便利条件。

3. 全方位扶持

园区积极整合各项现行政策规定，对限制、制约现代商贸物流服务业发展的现行相关政策规定进行梳理，并研究新的有利于现代物流服务业发展的扶持政策措施，就市场准入、税费、就业、融资、用地、价格、产权变更等方面政策进行梳理，实行分类指导，对重点企业进行重点扶持。如实施招商引资奖励办法，在地价、税收等方面给予优惠或奖励，对于电商企业发展给予支持补助，改善园区企业融资环境；设立"企业转贷周转资金池"，对符合银行信贷条件，贷款即将到期但足额还贷出现暂时困难的企业，提供短期周转资金，防范和化解企业资金链断裂风险；建立项目双包保联动机制，设立"企业特派员"进行现场包保服务，负责协调解决项目在审批、建设、运营等过程中遇到的问题。将以上办法与2019年以来龙里县先后出台的《龙里县加快推进商贸物流业发展奖励扶持办法（暂行）》《龙里县亿元项目培育扶持办法（试行）》《龙里县助推现代物流及电子商务产业集聚发展扶持办法》《龙里县鼓励加快总部经济发展措施》等惠企政策相结合，大幅促进新兴产业落户园区，加快推进全县商贸物流和现代服务业高质量发展。

（二）物流集聚促进产城融合

1. 着力增强物流集聚效应

园区以国家级示范物流园区建设为基础，严格按照"资源整合、产业集聚、服务共享、辐射带动"的发展思路，对园区进行立项包装对外招商，严格按照产业发展规划引进快递物流企业，紧盯中通、申通、韵达、顺丰等快递头部企业实施产业大招商，吸引冷链仓储、电商仓配、城市配送、大型商贸市场等企业入驻运营。中通快递从2015年建成投运发展至今，已投资自动化设备超1亿元，设备传送带总长度超15千米，拥有省干线快递运输车辆500余台（辆），转运中心员工人数达1700余人，全省共129个一级加盟商、3000多个服务站点，日均处理快递150万票（件），全省从业人数1.2万余人，乡镇快递开通率达100%，已成为园区乃至西南地区和贵州省重要的转运中心。快递企业集聚也促进了商贸发展，目前园区入驻电商企业超200家；同时，园区通过推进建立"仓储配送一体化"运作平台，为企业提供商品入库、存储、分拣、配单、出库、退货等系列服务，有效降低企业物流经营成本，提高配送效率，助推"黔货出山"。园区快递物流、电商仓储配送一体化、大型商贸市场等产业已形成集聚发展效应，尤其是快递物流分拣集散产业发展迅速，业务规模持续高速增长，园区快递分拣量占全省90%以上，在"618""双11"等电商促销活动期间不断出现业务高峰，日均快件分拣量在600万票（件）以上，成为西南地区最大的快递枢纽集散中心。

2. 拓展创新物流服务模式

面对物流资源聚集以及城市配送节点多、批量小、频率高等难题，园区全力支持龙头物流企业在园区建立分拨中心；按照辐射半径10~30千米设置城市物流配送中心，新建或对现有各类配送中心、闲置仓库等资源进行升级改造，使其满足城市配送需求；末端配送网点按照辐射半径500~1000米进行设置，依托现有连锁门店、社区门店等资源开展网订店取、包裹代取等服务，方便居民取货。大力发展"前店后仓"模式，依托龙里物流优势在经济开发区建设手工品、生活用品的快销品工厂基地或建设仓库，在园区打造专业市场，建仓后直接为厂家或者品牌所有方提供直发服务。围绕商贸物流集聚优势，园区创新"贵州名特优产品统仓共配一体化"运营模式，建立"黔货"展销平台，整合贵州特色优势资源，建立"乡村集货、云仓集单、数据互通、统仓共配"的电商供应链体系。同时，园区改变了商品过去多级经销下的物流模式，统一销售物流中多段分离的物流环节，使商品从制造商到消费者之间所有的物流环节实现一体化操作，丰富商品业态，降低物流成本。

3. 不断推动多元业态发展

园区积极助力打造贵州省第一批培育创建的 20 个特色小镇之一 ——双龙商贸物流小镇（见图 2），规划面积 4.5 平方千米。该特色小镇位于龙里县谷脚镇，毗邻贵阳市和双龙航空港经济区，主导产业为现代商贸物流，主体功能板块包含快递物流、冷链仓储、农副产品交易、电商平台、商贸服务、商住融合、康体休闲等。目前已形成以园区为核心，以"三通一达"、深国际综合物流港、百世等快递物流企业为支撑的快递物流集聚区；以双龙现代农副产品集散中心、贵海冷链等大型商贸区为主的交易市场；以天猫超市、中铁佰分之 1 摩都高端商购市场、喜百年智能家具制造等为主的电商及商贸服务功能区。围绕茶叶、白酒、刺梨等特优产品建设专业交易市场，建成精品黔货线下展销中心和线上推广中心，利用电商直播等平台开启"云逛街""云购物"新模式，引导实体企业更多开发数字化产品和服务，提供集文旅、展销、配送于一体的全新商贸物流服务。目前，已与省内 800 余家农特产品生产型企业开展合作，链接产业基地 1430 个，贵州省农特产品 2200 余种，带动农特产品增效约 5.2 亿元。

图 2　双龙商贸物流小镇

4. 积极促进产城融合发展

园区结合双龙商贸物流小镇文旅一体化发展，充分利用商贸物流集聚产品优势。在抓物流产业发展、推动商贸物流融合发展的同时，同步规划建设商业中心、住宅区、学校、医院、公园、广场等城市生活配套，目前园区内水、电、路、气、通信等基础设施完备，餐饮、超市、办公大楼、酒店、公园、长租公寓等生活办公配套齐全，加快了人流、物流、信息流和资金流向园区聚集。区内常住人口超 3 万人、综合产值达 300 亿元以上，实现了以产兴城、以城促产，产业园区和城市发展有机融合，切实改变了以往园区和城市"泾渭分明"的发展模式。同时，还着力推动"商贸+旅游""商贸+文化""商贸+康养"融合发展，形成了以中铁国际生态城白晶谷、深高速·茵特拉根、碧桂园天麓 1 号与凤凰城、金科等为代表的高品质住宅与商业融合的城市综合体，以双龙镇巫山峡谷、中铁国际生态城太阳谷、中铁我山康养小镇为主的休闲康养产业，与镇内商贸物流企业共同打造具有鲜明的地方特色、主导产业明确、自然生态环境优越、宜居宜游宜业的美丽特色小镇；同时加快园区、龙里全域融入双龙临空经济区建设步伐，积极打造"黔中城市群新型城镇化样板"。

（三）科技赋能打造智慧园区

1. 资金投入驱动，实现分拣系统智能化

物流信息技术是现代信息技术在物流各个作业环节中的综合应用，其应用包括：依托计算机的物流战略计划模型、在仓库管理中应用计算机采集和分析数据、无人拣选和无纸拣选、自动识别条形码技术和分拣系统、仓储模拟等，几乎涵盖了物流管理活动的各个环节，促进了物流整体水平的提高。园区积极宣传大数据赋能新型工业化的优势，引导企业加大力度实施数字化改造，指导中通、韵达、极兔、德邦等快递公司实现智能化，助推物流提档升级。目前，园区自动化分拣系统设备投资达 6.8 亿元，设备传送带总长度累计超 50 千米，是目前国内最先进的快递设备之一。设备的投入使用进一步降低了人均操作量，提高了快件全程时效性，加快了快件分拣及周转速度，分拣系统用工率降低 23%。

2. 示范引领驱动，培育智能制造典型示范项目

园区以"百企引领""万企融合"为抓手，围绕以园区为核心的物流分拣集散、电商仓配等产业，重点培育中通、圆通等快递示范引领企业。邀请专家着力指导中通加快智能化改造提升，督促企业加强与总部对接，加大资金投入力度，引进软件开发高端人才，大力实施智能化改造。目前，中通自动化设备投资超亿元，共有 3 台自动分拣设备，设备传送带总长度超 12 千米，每台设备每小时吞吐量可达 7 万件左右，常态进港量 130 万～150 万件，出港量 20 万～40 万件，日均进出港量 160 万～190 万件，业务旺季每天进出港量高达 210 万件。为加强对公司考勤、运营、财务等业务的精细化管理，开发各类应用系统、软件平台 20 余项，智能化、智慧化管理水平大幅提高，既有省际省内支干线快件运输车辆 500 多辆，全省服务站点超 3000 个、乡镇快递服务开通率 100%，村级快递服务开通率 40%，全年处理快件量近 6 亿件。

3. 平台建设驱动，实现智慧物流网络全覆盖

园区引导区内企业重点打造网络货运、灵活用工、汽车之家、电商平台，提升物流业信息化水平，推进物流大数据深度融合应用，加快大数据、互联网、云计算、物联网等信息技术的改造和提升。目前，园区所有快递物流企业均根据业务需求，开发了业务软件、微信小程序、手机 App 等数据运用平台，各类网页端系统、移动 App、多媒体可视化系统等多达 100 余项。基于联合企业共同打造的物流信息服务与监控系统，可提供高质量的物流信息服务，利用信息系统进行市场调查与预测，建立科学的物流服务统计与市场分析机制。此外，还建立了物流服务信息交易中心，为社会车辆进入园区提供信息服务；建立以物流信息平台为基础的物流监控中心，为园区内的企业提供货物运输、配

送动态和仓库信息管理支持。

4. 系统集成驱动，助力快递公司管理精细化

园区鼓励快递公司建设官网、会员系统、开发平台、快递驿站系统等，方便客户了解公司发展史及产品时效，进行下单、查件、催件、投诉等，提升客户体验，为客户、加盟网点提供一整套服务。同时，开发"条码威视系统""网点管家""PC 版尊者"等客户端应用系统，统筹管理快递建包、上车、发车、到车、下车、拆包、留仓、地磅秤重等全生命周期。此外，园区还打造速递 App、行政管理、管理者驾驶窗、尊者 App、网点管家 App 等移动端应用系统，提供具备用户订单管理、查询服务、寄件服务、客户服务等功能的移动互联网操作平台，实时管控行者使用人员取、派、签情况，统计、分析行者操作数据并通报每日数据，跟踪、解决业务员行者使用问题。方便分公司人员及时处理问题、跟踪实时数据，进一步提升了管理扁平化、系统化、精细化水平。

5. 基础配套驱动，着力打造 5G 网络数据传输新格局

园区坚持督促运营商加快信息基础设施建设，切实做好沟通协调工作，促进信息基础设施不断完善，满足园区 5G 海量信息传输应用需求。组织协调运营商以及中国铁塔股份有限公司继续加大对快递物流园区信息基础设施建设的投入力度，大力推进"数字园区""智慧园区"建设，合理布局 5G 基站。截至目前，光缆线路总长 1863 千米，新增 5G 基站 130 个，境内贵新高速公路、龙里西收费站等重要交通道路沿线 5G 连续覆盖率达到 100%，信息基础设施投资达到 1.21 亿元。

三、示范特色

（一）精确找准定位，科学创新统筹规划

园区始终贯彻高起点、高标准的区域编制规划方案，通过精准化发展定位、专业化发展路线、集群化发展模式，制定了以快递集散及仓配物流产业为主，以专业市场、电子商务、商贸中心、康体养老、会议会展、旅游文化等产业为辅的"一核多极"的发展战略。全力支持龙头物流企业在园区建立分拨中心，在此基础上精准引进电商企业、仓配企业、专业市场等，引导各园区各仓储物流企业及商贸企业合作共赢，并由政府牵头建立大数据平台打造智慧园区，进一步推动企业资源和信息共享，促进网销商品品控分拣、打包配送和集采统储、互采分销等的互关互联，建设贵州省快递物流基地，建成全省乃至西南地区商贸物流集散中心。

（二）实施产业集聚，推动区域高质量发展

园区按照"资源整合、产业集聚、服务共享、辐射带动"的发展思路，紧盯快递物流、仓储配送、电子商务、专业市场等产业的头部企业，将原本零星分散的分拨中心集聚起来，"五指握成拳"抱团发展，打造"拳头"产品，不断增强园区产业集聚效应和企业竞争力，加大招商引资力度、提升企业服务效能、优化园区营商环境，最终形成以电

商产业为主体，以商贸物流为支撑，涵盖主题商业、仓储配送、总部基地及专业市场等多维度商业形态的现代化综合临空商贸物流服务园区。目前园区日均快件处理量超450万票（件），占贵州省90%以上，日均蔬菜交易量超1000吨，日均水果交易量超200吨，带动周边地区人员就业1.2万余人，园区总产值突破55亿元，成为全省乃至西南地区重要的物流枢纽。

（三）发挥辐射作用，打造经济新的增长极

"大扶贫""黔货出山"是贵州省当前发展的主任务、主战略，园区建设集聚效应显著，充分发挥自身作为物流行业"领头羊"的示范带动作用，即以园区为基点，集聚快递物流、电商物流、公路物流，涵盖主题商业、电商体验商业和商贸物流企业总部、大型电商企业仓储配送基地，用资源集聚效应带动商贸物流融合发展，形成了以500亩带动10000亩土地开发的态势，帮扶一方群众脱贫致富。同时，对限制、制约现代商贸物流服务业发展的现行相关政策规定进行梳理，并助力研究新的有利于现代物流服务业发展的扶持政策措施，对重点企业进行重点扶持，依托惠企政策促进新兴企业落户园区，开展专项项目为贵州产品外销打通关键环节，实现产品就地封装、就地转运，为"快递＋现代农业"和"快递＋规模工业"奠定坚实基础，与地方发展融合示范效应显著，加快推进全区域商贸物流和现代服务业高质量发展。

（四）全面提质增效，向智能服务业转型升级

园区以物流基础设施为依托，以园区物流信息系统为支持，以园区管理系统为保障，以进驻园区的各类物流企业为服务主体，以园区影响范围内物流需求为服务目标，加快物流基础设施升级改造，促进物流全系统、全平台、全网络智能化、智慧化，培育智能制造典型示范项目，构建全方位、多元化的园区组织管理与服务运作系统，以设立和提供共性化与个性化、差异化相结合的综合性物流解决方案为园区内物流服务企业的发展方向，为园区范围内及全国的物流服务需求提供高质量的智能服务支持。

四、发展方向与未来展望

园区将始终坚持以习近平新时代中国特色社会主义思想为指导，全面贯彻落实党的二十大精神及习近平总书记视察贵州重要讲话精神，发挥龙里县区位优势和交通优势，完善产业配套、功能配套、服务配套，以高质量发展为统揽，主动融入贵阳市"强省会"战略，大力实施园区提质升级行动，进一步提质增效。

（一）加强物流园区基础设施建设

园区将积极助力优化园区所在地区控制性详细规划，加强园区详细规划编制工作，科学指导园区水、电、路、通信等设施建设，强化与城市道路、交通枢纽的衔接。大力推进园区铁水联运、公铁联运、公水联运、空地联运等多式联运设施建设，注重引入铁

路专用线，完善园区公路、铁路周边通道。同时，提高仓储、中转设施建设水平，改造装卸搬运、调度指挥等配套设备，统一铁路、公路、民航各种运输方式一体化运输相关基础设施和运输装备的标准。推广甩挂运输方式、集装技术和托盘化单元装载技术。推广使用自动识别、电子数据交换、可视化、货物跟踪、智能交通、物联网等先进技术的物流设施和装备。

（二）聚集和培育物流企业

充分发挥园区的设施优势和集聚效应，引导物流企业向园区集中，实现园区内企业的功能互补和资源共享，提高物流组织效率。优化园区服务环境，培育物流企业，打造以园区物流企业为龙头的产业链，提升物流企业的核心竞争力，支持运输企业向综合物流服务商和全球物流经营人转变。按照提升重点行业物流企业专业配套能力的要求，有针对性地发展专业类物流园区，为农产品、钢铁、汽车、医药、冷链、快递、危货等物流企业集聚发展创造有利条件。

（三）打造"黔货出山"重要节点

园区立足现有快递物流企业集聚优势，不断提升园区发展质量、运营效率和管理效能，加快传统物流向现代物流转型升级，大力发展电商经济和特色商贸市场，全面构建"仓储配送一体化"运作平台，创新快递服务方式，联动农村电商协同发展。同时，在园区打造精品黔货线下展销中心和线上推广中心，提供文旅、展销、配送一站式商贸物流服务，不断提高园区经济总量和产值，持续巩固拓展国家级示范物流园区成效，确保将园区打造成为"黔货出山"和"网货下乡"的双向流通渠道，在"十四五"期末将园区打造成为产业特色鲜明、经济效益突出、人文环境优良的区域性商贸物流中心。

（四）推动物流园区信息化建设

加强物流园区信息基础设施建设，利用物流园区现有信息资源，提升物流园区信息服务能力。对信息服务平台预留数据接口，便于与其他物流园区进行数据对接，并建立物流园区的信息采集、交换和共享机制，促进入驻企业、园区管理和服务机构、相关政府部门之间信息互联互通和有序交换，创新园区管理和服务方式。创新发展模式，打造智慧管理服务园区。由产业集聚到管理集聚、数据集聚，通过大数据的开发运用，逐步实现综合配货按量定线、产运结合，提高响应和预测能力，减少空载，降低物流成本，推动快递物流转型升级。

（撰稿人：熊炜，李雪容，刘潇）

中疆物流昌吉物流货运周转基地

畅通"疆字号"物流大通道，打造大宗商品资源配置新高地

新疆地处中国西北，面积约166万平方千米，约占全国陆地总面积的1/6，是"一带一路"核心区，联通中国与中亚、欧洲的物流主通道，特殊的地理条件造成该地区进出疆大宗货物以铁路运输为主。从区域货运需求看，新疆致力于打造油气生产加工、煤炭煤电煤化工、绿色矿业、粮油、棉花和纺织服装、绿色有机果蔬等八大产业集群，目前新疆多晶硅、石灰石、PVC（聚氯乙烯）等产业位列全国第一，铝产业位列全国第二，棉花、玉米、番茄酱、水果等农副产品在全国也占有重要地位，均需要通过铁路运输。中疆物流昌吉物流货运周转基地（以下简称"园区"）位于新疆昌吉回族自治州，昌吉回族自治州作为北疆重要的经济城市和乌鲁木齐经济圈副中心，是新疆能源物资、农副产品、装备制造、新型建材等重要产业物资的集散地，具备东联内地、向西辐射中亚、西亚及欧洲的区位优势。园区于2013年4月开工建设，当年12月正式开通运营，真正实现了"当年开工、当年建成、当年投运、当年见效"；作为昌吉回族自治州重点打造的大型现代化物流产业项目、新疆（昌吉）亚欧国际物流园的首发区和示范点，园区现已形成了完善的大宗物资集散、交易、公铁联运服务产业链，建立了海关监管库、大宗物资集散中心、有色金属交易交割平台等一系列现代化物流设施，并已开通中欧、中亚国际班列，具备辐射全疆、联通中亚的国际物流服务能力。

一、园区概况

（一）运营主体

园区运营主体为中疆物流有限责任公司（以下简称"中疆物流"），成立于2012年5月4日，注册资本3.75亿元，是中国铁路乌鲁木齐局集团有限公司（以下简称"乌局"）和新疆特变电工集团有限公司共同投资成立的大型混合所有制现代化物流企业。中疆物流长期致力于以领先的服务体系，为客户提供卓越的物流解决方案，打造具有行业影响力的物流运营服务商，已成为国家4A级物流企业、交通运输部"十三五"物流枢纽项目重点扶持企业，是区域内核心物流枢纽企业。

（二）区位交通

园区地理位置优越、交通十分便利，坐落于兰新铁路北侧、连霍高速南侧，紧邻312国道，西南方向毗邻昌吉火车站，距乌鲁木齐市29千米，距乌鲁木齐地窝堡国际机场23千米，距昌吉主城区13千米，距312国道10千米，是东联西出的交通要冲，具有强大的铁路、公路、空港物流运输优势，能够有效满足区域内现代化物流服务需求。

（三）功能布局

园区紧紧围绕国家"一带一路"倡议、天山北坡经济带建设等战略，重点打造"一带一路"重要的陆路枢纽。围绕发展定位，园区规划面积0.7648平方千米，设计智慧物流大数据服务及智能调度中心、保税物流及加工展示交易中心、有色金属及其原材料交易交割中心、大宗农产品交易交割中心、物流金融服务中心、煤炭物流中心、国际机电装备城七大功能中心。

（四）基础设施

园区规划投资8.7亿元，截至2023年6月已累计完成投资超7.7亿元，支撑园区形成良好的基础设施资源。铁路设施方面，园区已拥有3条铁路专用线，具备年600万吨铁路整车到发作业能力，是乌局铁路直通列车试点单位；预留的2条铁路专用线扩建投入后，年铁路到发能力将达到1000万吨。仓储设施方面，园区已拥有8栋标准化仓储库房及大型露天堆场，仓储面积超50万平方米；海关监管保税库已经实现开关运营；2023年，园区正式开展仓储扩容建设项目，项目计划投资3800万元，将新建2栋现代化高标准仓库，累计扩大园区室内仓储面积约9000平方米，进一步保障园区周转货物的室内仓储空间、提升园区综合货物周转率并符合现阶段相关业务发展需要。

（五）经营效益

自园区成为第三批国家级示范物流园区以来，依托相关政策扶持和自身资源优势，积极转变主营业务经营思路，以物流成本压降、提高自有园区站台配送效率和稳定性为抓手，启动园区装卸自营试点、汽车后市场、车辆租赁业务、期货交割业务等，在形成稳定运力的同时，提升园区整体运营效率并实现园区货物吞吐量连续稳步增长，见表1。

表1　　　　2020—2022年园区货物吞吐量变化情况　　　　单位：万吨

2019 年	2020 年	2021 年	2022 年	2023 年
505	520	610	700	720

二、主要做法

园区聚焦天山北坡经济带及"一带一路"建设，服务范围涵盖以多晶硅、氧化铝、石灰石、PVC、煤炭、铁精粉、石油焦等大宗物资为主的产业链中各生产制造业企业、供应链服务商，以棉花、玉米、番茄酱、水果等农副产品为主和以各类化肥等农业生产资料为主的商贸流通企业。近年来，大力推动南北疆物流互联互通，发挥铁路运输重去重回优势，发展乌局范围内其他站点代到代发、疆煤外运等全程物流项目。现已具备铁路上下站、仓储堆存、集散配送、质押监管、交易交割、国际班列、保税，以及住宿、餐饮、停车等物流配套服务功能，有效降低了园区内企业的物流成本。

（一）积极探索现代物流服务

依托完善的专用线、大宗物资堆存区、现代化标准仓库、保税仓库等设施，园区积极探索形成公铁联运、公共仓储、公路直达、国际物流等现代物流服务。

1. 公铁联运服务

公铁联运服务是指园区作为物流总包方，向货主提供从工厂仓库、矿区坑口到货主交易对手仓库内的一站式物流服务，包括公路上站、包装作业、铁路运输、吊装作业、公路"最后一公里"配送等物流环节。目前主要服务客户包括特变电工新疆能源有限公司、新疆锦桥物流有限公司、新疆能源（集团）产业链有限责任公司、新疆益通祥昇物流有限公司等，品类涵盖铝锭、氧化铝、煤炭、石油焦、棉籽壳、番茄酱、电缆、食用植物油、金属硅等。

以园区开展的煤炭集装箱公铁联运为例（见图1），该模式以集装箱为基本装载单元，以铁路运输为主要运输方式，完成煤炭运输环节中长距离干线段的运输，再以公路运输为前后端衔接方式，从而构成一条完整的运输链。在该运输链条中，大部分货物运输在铁路线上完成，避免了煤炭长距离公路运输方式下的诸多问题，兼具铁路运输规模化、集约化、可靠性强、安全绿色的特点和公路运输灵活性强、门到门服务的特点。

图1 园区煤炭集装箱公铁联运作业现场

2. 公共仓储服务

公共仓储服务是指园区利用站台、露天仓储区和标准化仓库，为客户提供仓储保管服务，连接客户库存管理系统，实现库房前移和客户库存精准管理、无缝联动。目前主要服务客户包括新疆锦桥物流有限公司、广东新兴际华矿业有限公司、上海新投国际供应链有限公司、特变电工新疆电工材料有限公司等，品类涵盖铝锭、氧化铝、炭块、石油焦、线缆材料等。

3. 公路直达服务

公路直达服务是指园区整合社会汽运车辆，以车联网平台为依托，在外围开展的和自有物流园区无关的三方公路物流业务。该公路物流业务属于交易制、非撮合制，园区负责全过程物流交易，作为承运方承担运输责任和风险。目前已服务新疆国经能源有限责任公司－新疆八一钢铁股份有限公司项目、东方希望五彩湾工业园等，品类涵盖钢材、鹅卵石等。

4. 国际物流服务

一是开通国际班列。园区依托自身资源，充分发挥铁路物流枢纽优势，持续深挖国联货物发运潜在需求，保障百货商品、干果特产、电气设备等物资经阿拉山口、霍尔果斯口岸及时运抵中亚及欧洲的多个国家和地区，形成了效率高、成本低、服务优的国际贸易物流通道，成为昌吉地区中欧班列的始发点和排头兵。2021年12月，全国首列"昌吉—阿拉木图"中欧班列从园区出发，经霍尔果斯铁路口岸开往哈萨克斯坦阿拉木图站。在此基础上，园区2021年全年实现中欧、中亚铁路班列发运货物11444吨；2022年全年实现中欧、中亚铁路班列发运货物8496吨；主要承运货物为汽车配件、变压器、机械设备、服装、生活用品等。

二是发展保税仓储。为满足区域内跨境贸易及特变电工内部企业的进口保税仓储需求，缓解疆内企业资金链紧张现状，园区已建成公用型保税仓库，仓库整体占地面积14400平方米（120米×120米），包括室内仓储区2160平方米，关检联合查验平台630平方米。保税仓库于2018年3月5日正式通过中华人民共和国乌鲁木齐海关验收并正式投入运营，目前主要服务区域植物油、铜板、大豆等进口保税等，见图2。

图2　园区保税仓库作业现场

（二）大力发展铝产业物流服务

园区长期面向铝锭、氧化铝等货物提供铁路运输、公共仓储、分拨配送、公铁联运等服务，近年来，面对新疆铝产业规模持续扩大的形势，园区围绕交割、仓单等新业务不断寻求突破，助力新疆铝业高质量发展，与区域经济深度融合。

1. 开展交割业务，推进铝产业期现联动

（1）提供现货交割服务

新疆铝矿资源丰富，但电解铝产业发展的主要原材料氧化铝需要外购，存在库存量大、资金积压严重等问题。因此在新疆建设交割仓库、有独立的定价体系是当地铝企的强烈诉求，也是新疆在铝行业市场提升话语权的必经之路。园区被阿拉丁氧化铝交易中心指定为新疆唯一氧化铝交割仓库，同时被中信环球铝交易中心指定为氧化铝和电解铝平台交割库，主要服务铝锭、氧化铝等货类，助力新疆氧化铝定价中心的形成，提高新疆氧化铝价格在全国的影响力，从而为新疆铝厂争取了更多的氧化铝采购话语权，降低了采购成本。

（2）拓展期货交割服务

近年来，受全球新冠疫情的影响，大宗物资市场波动频繁，对整个行业发展产生了巨大影响，合理利用期货市场进行风险管理，已经成为有效促进产业链稳健发展的新举措。而期货交割仓库作为连接期货与现货市场的重要节点，在保障交割品安全和交割业务有序运转等方面扮演着重要角色。园区于 2023 年 6 月 6 日成功获批上海期货交易所氧化铝期货交割仓库，标志着园区成为首批全国氧化铝交割中心之一，在服务区域内氧化铝产业发展、促进区域物流枢纽建设、提升现货贸易流动性和活跃度、强化当地产业风险管理意识的同时，为新疆氧化铝上下游企业大幅降低了融资成本、提升了融资效率，促进疆内氧化铝产业良性发展，提升了区域市场竞争力。

目前，园区开展交割业务模式分为三个阶段：期货入库、期货保管和期货出库。在期货入库阶段，交割仓库对期货进行检验并妥善保存结果，验收合格后 24 小时内向交易所通报；在期货保管阶段，交割仓库按交易所规定对期货进行堆码和挂牌经营管理；在期货出库阶段，交割仓库办理出库手续，并指定专人向交易所通报期货发运信息，并在发运结束之日起五日内向交易所报送货物运输相关手续。园区在业务开展中形成了四点经验：一是把好入库质检关；二是对于已质押的仓单或者货物最好立刻做特定化处理，以避免误操作重复开具仓单或重复质押；三是电子仓单优于纸质仓单，可避免仓单伪造和重复开具等问题；四是提倡以仓单为货主处置货物的唯一方式。

2. 开展仓单业务，助力区域铝企业融资

园区在逐步完善基础设施建设的基础上，依托自有的 8 栋标准化仓储库房，通过 360 度无死角监控、数字化仓储管理系统等物联网货物管控手段，结合客户业务发展的需求，积极推动园区质押监管融资机构准入，最终取得中国建设银行、平安银行、乌鲁木齐银行仓单质押监管资质，并成功取得担保存货 AA 级物流货运基地资质。

园区正在与新疆杭锦北方国际贸易有限公司、新疆能源（集团）产业链有限责任公司、山东仁旷国际贸易有限公司、上海辉楷贸易有限公司、青岛天成宏海贸易发展有限公司等企业开展仓单质押监管业务和仓单生成服务，在帮助大型企业客户实现资金融通的同时，解决了区域内中小型企业融资困难的问题。每年助力客户融资近10亿元，进一步提升了园区供应链综合服务水平。

（三）多元拓展园区增值服务范围

一是拓展流通加工服务。围绕客户需求，园区从客户要求出发建设标准化仓库，发展园区流通加工业，如特变电工新疆电工材料有限公司在园区内租用标准库房，作为电线电缆工装轮盘车间，进行加工制造，以方便其电线电缆产品直接在园区内进行装车运输。

二是开展融资租赁和汽车后市场业务。园区积极履行作为示范物流园区的社会责任，扶持区域内中小微企业发展。以中疆物流昌吉市、阜康市两个拥有较大运输总量的园区为基础，探索融资租赁创新合作方式。一方面，园区通过轻资产投资整合，构建联合公路运力池，扶持合作运输企业的发展；另一方面，园区尝试开展汽车后市场服务，将合作运输企业汽车加气、维修、保险、配件等后市场业务全部交由园区统一采购和管理，通过大批量集中采购的形式进一步降低合作运输企业车辆维护、保养成本8%以上。

三是开展第四方物流业务。针对同质化竞争日趋严重的运营环境，园区积极转型调结构，在最大限度发挥自有站点到发能力的基础上，积极推动疆内其他站点代到代发和物流总包业务，派出专业化铁路生产人员驻各站点进行实时技术指导，推进"技术＋营销"市场服务模式，目前与布列开、北屯、玛纳斯、花园子、望布、阿拉山口等8个站点达成了长期合作。此外，园区依托疆内能源资源优势，持续拓展增量市场资源，与甘肃、宁夏、内蒙古等多地矿源端合作，形成优势互补，共同维护市场客户，进一步提升市场竞争力，已初步实现新疆、内蒙古煤炭销往四川动力煤市场的突破，形成"采、运、销"全部自主完成的新业务模式。

（四）全面推进园区数字转型

1. 搭建物流信息平台，实现园区智能运营管理

园区以"为客户信息化物流做好服务保障、为园区多业态产业链做好数据支撑"为目标，结合现有业务模式及未来业务发展方向，加快推进信息化平台建设，历经两年开发完成了智慧场站管理平台。

一是通过平台实现数据整合。平台有效整合了铁路货场信息化管理系统、财务管理系统、供应链金融系统、公路运输管理系统、质押监管系统、仓储管理系统等，实现了各个业务系统、外部客户系统、财务系统之间的数据交互，在整合原有碎片化业务数据的同时，打通了原有业务的纵向数据和横向数据。依托业务数据前置、大数据分析等数字化管控手段辅助经营决策，为经验管理向数据管理转化奠定基础，真正做到"一票直达"和"一站式服务"。

二是通过平台实现智慧运营。园区通过集装箱网格化电子货位、门禁管理系统、车

辆进站导航系统、公路车辆在途监控系统、无人值守磅房系统等智能化物流设施建设，实现了货物从发站装车到送达客户全业务链的可视化、智能化管理。根据园区实际业务，货运管理岗位通过提前制定的集装箱配送计划，精准分配每一个汽运车队所需拉运的集装箱范围，或由拉运司机负责在新铁运联 App 上将自己的车牌号与本次所拉运的集装箱号进行绑定；在汽车拉运集装箱出站时，通过前期乌局在集装箱上安装的电子化标签 RFID 和园区门禁系统，采集本次出站的集装箱和车辆信息，并由平台自动在后台数据库将以上信息进行校验。这种智能化管理进一步规避了过去人为管理失误造成的集装箱错配、漏运等情况，实现了集装箱和货物的精准配送。经统计，平台上线后累计提升集装箱周转效率28%，公铁联运短驳业务执行准确率提升至100%。

2. 推进安全工程建设，保障园区安全高效运作

一是基于 UWB（超宽带）的人车安全监管系统建设。通过在园区装卸设备和车辆上安装部署 UWB 安全监测设备、入场人员佩戴相关标识等方式，实现人员与车辆、车辆与车辆的精准测距，精度可达10cm，从而在出现碰撞安全隐患时能及时进行预警，有效防止碰撞事故的发生。

二是智慧场站监控调度指挥平台建设。该平台能够实时监控铁路场站内作业情况、铁路作业线集装箱堆存情况、公路运输车辆在途情况、公路运力调配情况、园区运营情况等，有效提高了铁路货场调度实时性、准确性，进一步实现了铁路站台货物堆存的可视化管理。通过与园区监控系统进行对接，能够实时掌握现场作业情况，在辅助指挥调度的同时，为园区场站的安全管理提供便利。

三、示范特色

（一）开发区域特色业务

园区积极推动物流货运枢纽网络建设，形成了以干线运输、分拨配送、公共仓储、国际物流、保税仓储、公铁联运、公路运输、质押监管、供应链业务等为一体的现代物流服务体系，并与中石油新疆销售有限公司、杭州锦江集团有限公司、广东新兴际华矿业有限公司、理资堂（上海）物流有限公司等大型物流贸易公司达成了国际、国内大宗物资运输和仓储业务合作，开发形成了氧化铝和电解铝集散交易、农业保障及农产品运输、电线电缆电力设备物资发运、植物油进口保税、有色金属质押监管等特色业务，为周边企业有效降低了物流成本。

在氧化铝和电解铝集散交易方面，重点聚焦降低产业供应链成本，积极打造创新增值服务平台。一是打造氧化铝现货交割库和期货交割库，助力铝企业提升采购话语权，为新疆氧化铝上下游企业大幅降低供应链成本；二是打造为银行指定的担保存货 AA 级物流货运基地，发展仓单质押监管、仓单生成等业务，助力主要客户缓解资金压力。

在农业保障及农产品运输方面，园区设立中化化肥国家化肥商业储备库，承担多家农资企业的化肥仓储及发运职责，通过仓储保管"数字化"、办理手续"绿色通"、运输组织"最优先"等多种服务措施，确保化肥运输高效畅通，辐射吉林、辽宁、山东、四川、甘肃等农业大省及新疆乌鲁木齐、昌吉等周边地区。此外，园区深挖周边区域内棉花、玉米、白糖、番茄酱、化肥等农副产品及物资到发市场需求，为区域内农产品流通提供保障。

在电线电缆电力设备物资发运方面，园区重点依托自身专业的定制化物流服务能力，发挥运力资源优势，详细策划物流运输保障方案，已完成荆门—武汉、白鹤滩—浙江特高压项目用架空电缆公铁多式联运发运等任务。

（二）创新绿色物流服务

园区积极推动煤炭由公路汽运向铁路集装箱新型运输模式转变，通过与铁路局建立战略合作关系、深挖煤炭矿发点和电厂客户以及自备敞顶箱采购等资源，不断优化和提升煤炭集装箱公铁联运项目运作能力。同时通过推动集装箱联运管家信息化平台上线，实施铁路直达列车试点、煤炭集装箱精准配送等举措，有效提高集装箱周转效率。集装箱运输煤炭具有成本低、安全高效、绿色环保、不存在超载、不受天气影响等优势，综合成本较公路平均节约20%。

（三）推进园区数字转型

在物流行业的快速发展背景下，园区紧跟时代步伐，积极探索数字化转型，将先进的科学技术融入园区运营管理中。通过引入物联网、大数据、人工智能等前沿技术，不断推动运营管控数字化转型升级。一是重点推动智慧场站管理平台模块优化、ERP业财一体化项目完善、仓储管理系统升级等工作，实现园区数据管理、业务运营的自动化、智能化。二是重点推动基于UWB的人车安全监管系统、智慧场站监控调度指挥平台等建设，实现园区安全管理的自动化、便捷化。

（四）吸引物流资源集聚

园区充分发挥其对人流、物流、商流的吸聚、调节和引导作用，依托优越的交通条件和物流市场形成集约高效、衔接顺畅、功能完备、绿色环保的城市物流功能区，吸引城市周边零散资源向园区有序转移流入。通过实行专业化分工，避免重复投资，有效地提高了物流服务的专业化水平、物流行业的资源利用效率，更重要的是实现了产业运作的配套化和系统化，能够为生产企业提供全链条、更优质的专业服务，从而增加昌吉回族自治州招商引资的优势，促进区域经济发展。

四、发展方向与未来展望

新疆正在加快推动以铁路干线投资建设为主的物流基础网络布局，疆内大宗物资多式联运包括进出疆物资运输将迎来新的发展。未来，园区将按照自治区"八大产业"集群发展战略，以及昌吉回族自治州大力发展现代物流业战略部署，将园区发展成为"一带一路"核心陆路枢纽、电商服务中心、金融结算中心、保税物流中心、物流大数据云中心、多式联运调度中心和中亚、中欧物流信息港，形成服务丝绸之路经济带核心区、辐射中亚地区的特色物流园区。

园区将抢抓"一带一路"建设、"西部大开发"和"北煤南运"等战略机遇，立足新疆、面向全国，搭建以多式联运业务为核心，"物流＋供应链"、第四方物流多元化发展模式。其中多式联运业务以昌吉、阜康两个园区为依托，布局疆内核心站点资源，主要包含公铁联运、铁路到发、园区仓储等业务；"物流＋供应链"业务将围绕疆内、疆外两个市场，聚焦煤炭、有色金属等大宗物资，主要包含供应链、供应链金融、仓单质押、期货交割等业务；第四方物流业务将整合第三方资源，主要包括"北煤南运"、铁路站点代到代发、公路干线运输、汽车后市场等业务。

（撰稿人：张威，张雷）

河北天环冷链物流产业园

助力京津冀商贸流通业发展，筑牢冷链物流网络北方支点

河北省区位关键，坐拥雄安新区，肩负着承接北京非首都功能的重任，有着良好的区位条件和经济基础。京津冀协同发展战略实施以来，京津冀三地协同发展走向纵深，非首都功能疏解效果显著。商贸物流作为京津冀协同发展的主体内容之一，也是党中央赋予河北的功能定位。河北正努力落实，打造全国现代商贸物流重要基地。近年来，河北优化物流产业布局，在环京津地区建设全球性物流发展高地、供应链核心枢纽、农产品供应基地，打造物流区域总部基地。加快发展物联网，畅通物流通道，构建形成"枢纽＋通道＋网络"的现代化物流运行体系。河北廊坊正努力建立覆盖全北京的全品类区域协同配送基地，力争成为环首都现代商贸物流圈的核心节点。

河北天环冷链物流产业园（以下简称"园区"）基于京津冀协同发展和非首都功能疏解的战略目标，以冷链物流基础设施的存量集约利用、增量有序建设为基础，以肉类、禽类、水产类、速冻类等品类中转集聚的物流组织功能，以及相关商贸交易活动的场景创建为主要经营内容，促进农产品（冻品）产销对接，构建以批发交易、消费交易为主要驱动力的冷链物流综合服务业态。

一、园区概况

（一）发展历程

园区是《廊坊市物流业发展"十四五"规划》明确的南部三县（市）重点物流节点项目。园区依托京津冀大市场，推进"产销冷链集配中心"冷链物流网络节点建设，从而顺应廊坊市及京津冀地区冷链物流业发展趋势。以现代化冷链物流基础设施为基础、以创新型冷链物流商贸组织为驱动、以冷链产业"展示＋交易＋物流"综合一体化服务为内容打造新型物流产业园区。

园区于 2019 年 9 月开工建设，规划总面积为 0.6 平方千米，实际占地面积为 0.5 平方千米，其中物流运营占地面积为 0.3 平方千米，占园区实际占地面积的 60%，占地类型主要是物流仓储用地。目前，已投入使用冷库 0.3 平方千米，已入驻商户 518 家，70% 商户以落实非首都功能疏解重大工程内容为主业。

（二）交通区位

园区具有北接北京、东邻天津、西靠雄安的区位优势，位于廊坊市文安县大柳河镇东北部、文安工业区西北部。其中园区规划范围为东至规划园区经三街，西至规划园区经一街，南至园区南路，北至园区大道。

园区所在地文安县境内有京九铁路、廊沧高速、大广高速、106国道和多条省道，与县乡公路交织成四通八达的公路网，紧邻廊沧高速、758县道等，具有良好的交通优势。

（三）建设情况

园区共分四期建设，共建设单体冷库11个，交易展示中心1个，公共停车场1个，中央厨房2个以及相应配套设施。园区总体布局见图1。

图1　园区总体布局

一期项目于2023年年底全部建设完成并投入使用，主要建设项目为图1中的1号物流配送中心，以及相关冷库设施及辅助用房，总建筑面积约32万平方米。二期项目正在建设中，预计2024年年底完成，主要建设项目为物流配送中心、冷库和配套用房，总建筑面积25万平方米。

（四）建设主体

园区建设和经营的主体单位是河北天环冷链物流有限公司（以下简称"河北天环冷链"），其成立于2018年6月1日，注册资本2亿元，是由南京天环食品（集团）有限公司投资建设的现代冷链商贸物流企业。

南京天环食品（集团）有限公司具有百年发展历史，依托现有市场及其行业影响力，以华东地区上海、南京、昆山为根基，西至江西南昌，南至广东汕头，北至河北廊坊，已展开全国冷链产业布局，正努力成为国内现代化智能型冷链物流领军企业，河北天环冷链就是其重要项目之一。

（五）服务对象

园区面向农副产品产业链供应链上下游，以及垂直领域细分市场，开展面向生产基地、合作社、商贸流通企业、物流服务企业、进出口贸易企业、跨境电商企业的物流与供应链综合服务。

园区货物进口口岸为天津、上海、深圳、大连等港口，其中以天津港为主。进口货物主要产地为俄罗斯、美国、加拿大、巴西、阿根廷、乌拉圭、厄瓜多尔、乌拉圭、印度、越南、西班牙、丹麦等 15 个国家。

（六）园区定位

园区依托物流通道和综合物流节点枢纽优势，建设成为京津冀区域对外开放的重要冷链物流商贸节点，以及具有国际影响力的冷链物流贸易示范区，成为京津冀地区对外开放的重要物流支点。为促进区域物流业集聚、优化区域物流资源配置，园区以完善物流网络为目标，通过建立设施高标准、服务高品质的综合型物流运作基础设施，将园区打造为区域物流中心，促进京津冀地区物流业的发展。园区将打造集公共仓储、货运停车、多式联运、流通加工、冷链物流、金融服务等功能于一体的物流服务基地。

1. 基础功能：园区建设，推动商贸物流

园区以农产品（冻品）冷链物流及商贸流通为主要服务对象，打造以公共仓储、货运停车、装卸搬运、干线运输、区域配送等传统农副产品物流服务为基础；以多式联运、流通加工、冷链物流、展示交易、金融服务等物流增值服务和农产品信息收集、电子交易、物流指挥调度、智能仓储、电子结算、价格指数发布等信息化数据平台服务为核心的一体化冷链物流服务基地。

2. 区域服务：保障民生，拉动地方经济

园区从服务居民生活聚集区经济发展、维护社会稳定的高度出发，面向京津冀地区主要城市群和经济活跃带，以零售、批发的客户圈层为对象，实现园区肉类、禽类、水产类、速冻类、调理品类等农产品（冻品）及农副产品的冷链流通。园区在提升人民群众生活幸福感和生活质量的同时，带动区域农副业经济发展。

3. 平战两用：应急保供，保障华北市场

园区承担着国家战略物资（猪肉、禽类等）储备和应急保供责任和义务。按照长期准备、重点建设的要求，在应急储备、应急程序等方面，园区实现平时与应急的有机统一，建立突发公共事件关键时刻的民众饮食供应保障体系，成为保障京津冀后勤物资供给的应急战略物资储备基地之一。

二、主要做法

（一）建设细分冷链物流体系

如今市场中农产品冷链物流工作分属多部门管理，且属于高度市场化的行业。相关部门对于区域内农产品预冷能力、销区或城市群冷藏能力、重要跨区域物流集散地冷链设施规模、市场需求情况等有时难以掌握，导致冷链物流过程中也存在许多不规范的操作。针对这些问题，园区创造性地构建了四大物流体系，即肉类冷链物流体系、冻品冷链物流体系、冷链物流共配体系以及食材冷链物流服务体系。

1. 构建肉类冷链物流体系

园区整合本地区屠宰企业及生猪、羊、牛、禽类、水产养殖企业，重点发展以本地畜禽肉类、水产、肉制品、进口肉类、进口冰鲜产品为主，以其他农产品为辅的冷链物流集散地。园区进一步完善肉类贸易、冷链储存、检验检疫、总部商务、综合服务等功能，缔造区域性肉类冷链全产业链服务平台；引入一批肉类经营企业、进口贸易企业和第三方冷链物流企业；同时，创新肉类产品流通新模式，构建全渠道销售体系。

2. 构建冻品冷链物流体系

园区重点构建面向京津冀地区的冰鲜食品、冷冻食品、速冻食品、干料的冷链物流基地，同时推进海鲜水产、冷链仓储、冷链共同配送等功能区建设，构建辐射周边的冻品冷链物流体系。借力天环商城平台，大力促进汤圆、水饺等冷冻面食，羊肉片、海鲜、丸子等冷冻肉类食品的线上线下规模化交易、个性化定制。

3. 构建冷链物流共配体系

园区推行"六共一同"（共享冷链仓储、共用新能源冷链车、共同遵守冷链标准作业流程、共享物流信息、共享冷链物流网点资源、共享供应链数据，同程配单）的"不断链"区域共配模式。整合园区内肉类、禽类、海鲜、冰鲜食品等农产品区域配送需求，通过成立企业联盟、鼓励外包、培育第三方冷链物流配送企业等方式推进全程冷链共同配送，生鲜原材料集采集运。

园区逐渐统一采用冷链标准托盘（1000mm×1200mm）包装模数系列尺寸，开展集中配送、共同配送、夜间配送。在园区规划建设 LNG（液化天然气）、CNG（压缩天然气）加气站，鼓励企业使用 LNG、CNG 车辆。同时构建共同配送调度平台，整合对接冷链需求和冷链运力资源，鼓励冷链物流车辆安装 GPS、北斗、4G/5G 远程监控系统、温/湿度检测系统，对冷链配送跟踪全程追溯。

4. 构建食材冷链物流服务体系

园区构建以餐饮行业原材料供应、初加工、成品加工为主，提供集食材采购、冷链仓储、冷链配送、冷链加工、线上线下融合以及产地直供全国酒店、饭店、单位、个人消费者餐桌等功能的食材冷链物流服务体系。其中园区重点建设食材冷链加工物流中心，包括原料加工储存区、加热调理及成品储藏区域、米制食品加工区域、热链配餐区域、冷链食品配餐区域、工艺原料储存区域、餐具洗涤区域、工艺用品储存区域、产工艺辅助区域等区域，实现对水产类、乳品类、肉类、蛋类、海鲜类等产品集中采购、集中加工、集中仓储，实现食材半成品或成品集中配送。

（二）强化冷链物流基础功能

园区业务范围包括冷链物流运输、装卸短驳、冷冻冷藏仓储管理等，并开通区域货运卡班，衔接主要干线冷链物流基地。

装卸：园区制定统一价格及操作时限、异常赔付标准，采用"叉车＋托盘""叉车＋托盘＋电瓶车"两种装卸模式，见图2。

图2　装卸作业实景

仓储：设立三种模式仓库方便客户使用，包括自用自管型、自用托管型，以及智慧共用型、云仓管理型，见图3。

图3　仓储作业实景

区域配送：考虑配送距离因素，制定不同区域价格，根据客户发货量、路网开通定时发、中途卸货的陆运卡班，每个县城建设 1~2 个卸货点，设置 LED 提醒指示牌或通过微信群进行即将到货提醒。

产地输入：与干线运输进行反向操作，与相应专线进行合作，到达北京、天津中转点之后，搭乘园区短驳卡班返回园区。

（三）应用冷链物流先进技术

1. 引领冷链物流设施建设

冷库作为冷链物流最重要的设施，其技术更新对提高作业效率有着重要作用。园区冷库采用国际最新设计理念，具有大功率制冷、全自动测温、温度可达 -25℃ 的优势；同时配有仓储、环境监控设施，保证货物质量安全。同时在设计方面，园区采取冷库双月台、双通道，双开门升降电梯，开启冷库内电子门禁，置办经营、办公场所中央空调，在展示交易中心两侧建设升降电梯、中庭自动扶梯等。因此园区具有环境整洁、安全舒适、进出货方便快捷的特点，符合进出口及食品冷链仓储要求。

2. 提升冷链物流运营水平

园区将人工智能、物流自动化、大数据决策分析、物联网、5G 等先进技术融入冷链配送、仓储、调度、数据决策、服务等物流环节，采用传感器、RFID、监控、电子围栏、物流机器人等设备，实现上下游信息共享，农产品冷链物流透明管理。

园区应用与大数据技术结合的仓储管理模式，针对不同品类的生鲜产品，设置不同温区，细分品种，采用符合产品特性的方式进行仓储，使生鲜产品取得最佳保鲜效果。目前园区可以实现实时监控冷仓温度，抽查在库商品状态，核对商品有效期等。同时，园区通过大数据平台，驱动仓储网络智能化，搭建冷链网络，构成即时共享的云存储系统，依托精准的供应链计划，实现智能分仓、就近备货和预测式调拨，通过智能化作业，精准分析订单、库位、路径、区域，确保商品在区域范围内的高效流通。

3. 加强环保低碳技术应用

园区采用当前先进的环保制冷技术、绿色仓储运输技术，贯彻绿色低碳理念。在现实中应用电动车换电模式，新建换电站等设施，实现由分散充电转变为在换电站集中更换电池新模式，降低无序充电的耗电量，减少空间占用和安全隐患，提高工作效率，进而提升整个市场内的车辆安全指数和流通效率。在制冷技术方面，园区开展专业化冷链仓储，针对冷冻食品温区低、耗电大等特征，实行制冷技术改良。同时，园区采用先进的制冷技术、新型蓄冷保温技术、智能环保型冷冻运输集装箱、先进的冷链物流配套包装材料等先进设备，对库房蒸发器设备进行有效管理，使蒸发器换热速度加快；合理安排压缩机运行台次，制冷系统及时放油，使蒸发温度下降，达到降低能耗、设备良性运转的效果。通过应用自动消杀、蓄冷周转箱、末端冷链无人配送装备等，最终实现提升库区智能化水平、冷冻库使用率和周转率，降低能耗和综合冷链物流成本，平均每年节约用电 20 万度，全年节约电费和维修费 20 余万元。

（四）集成供应链综合服务

园区以供应链创新为内生驱动，以不断完善和提升农副产品供给结构和水平、提升供应效率和质量为目标，不断推进农产品流通体系创新，通过对冷链物流产业链的补链、延链、强链，不断推进农产品供应向价值链的中高端迈进，构建现代农产品商贸流通生态体系。

园区进行京津冀区域布局，使农副产品的产、销两端实现互联互通。在生产前端，园区深入对接前端生产基地，建立了"市场牵龙头、龙头带产业、产业连商户"的战略发展格局。河北天环冷链积极与河北省商务厅、农业农村厅对接，整合全国范围内优质冷冻冷藏食品资源和农副产品资源，搭建进京津的流通渠道。在消费终端，园区规划建立了"智慧民生港、最美菜市场、邻里中心"三级民生保障体系，以农产品（冻品）及农副产品流通体系创新为突破口，为京津冀城市群的高速发展提供基础保障。

此外，园区还通过对大数据、区块链等新一代信息技术的应用，使得农副产品物流体系中信息流、商流和资金流在时间和空间上进行有机结合，解决农产品（冻品）及农副产品供应链体系中信息不对称、不通畅的问题，破除行业之间的"信息孤岛"，发挥物流园区的互联互通效应。

在供应链金融方面，园区已开拓了进口供应链金融服务。一是与进口商及其相关贸易伙伴建立合作关系。园区与进口商、货代公司、报关行等建立合作关系，提供物流运输、仓储服务，同时协助企业解决融资难题，为企业提供进口供应链金融服务。二是拓展供应链金融服务，与银行、保险公司等金融机构合作，开展供应链金融服务。园区为进口商提供融资、保险等金融支持，根据进口商的订单和合同，为其提供融资及仓储场地和管理服务。三是申请设立保税仓库，提供海关监管仓储服务。园区为进口商提供按需、灵活的仓储服务，进一步降低进口商的资金压力，提高其融资能力。四是进一步完善信息系统，建立先进的物流信息系统，实现进口供应链各环节的信息共享和实时监控。

（五）拓展冷链物流增值服务

1. 农产品商贸信息服务

依托"天环商城平台""天环供应链平台"（由运营主体上级单位南京天环食品（集团）有限公司创立"天环商城"B2B（企业对企业）平台，平台覆盖天环体系所有分支，并延伸开展生鲜农产品生产、加工、销售、消费等全产业供应链领域，赋能金融、信息功能），园区搭建了集农产品信息收集、电子交易、物流指挥调度、智能仓储、电子结算、价格指数发布等于一体的信息化综合服务系统和农产品大数据平台。作为整个物流信息及农副产品的汇集地和发布中心，园区接收包括加工、储存、运输等整个物流各个环节上的信息，实施集中管理，控制整个物流管理过程，并实现信息相互传递与共享；同时发布各类产品信息，实现网上订货和订单处理等功能。

园区通过开发应用内部物流软件 App，以服务选取、费用缴纳、信息调度等方式，转变当前传统作业模式，简化操作流程，避免人为失误及干涉，提高精度及园区整体服务水平。

2. 多种运输方式的集疏运和多式联运服务

园区以其特有的地理优势，使公路、铁路、航空运输方式紧密结合，一方面实现短途公路快速运输，另一方面将中长距离作为货运代理，提供公路、铁路、民航、水运等运输方式间的货物联运服务，有效地实现了货物运输过程中的各种运输方式之间的转换，完成物资的集疏运和多式联运功能。

3. 应急物资大规模集散中转分拨服务

随着现代物流业的快速发展，物流分拨中心已经成为供应链系统中连接上下游的重要节点，其运作的顺畅性直接决定着整个供应链系统运作的效率，园区目前能够实现为农产品（冻品）及农副产品提供应急和大规模集散中转分拨服务。

在新冠疫情期间，园区启动了应急储备机制，每天应急储备量不低于1000吨。根据市场价格变动情况，适时调拨应急储备产品，调控冻品价格，保障京津冀地区市场价格稳定。此外，园区还开展线上销售，完善终端服务，切实做到稳价、惠民。一方面，启动应急社区配送服务，减少疫情期间人员流动，保障群众日常冻品供应；另一方面，依托园区在廊坊设立的便民市场，启动应急超市供应。

三、示范特色

园区突破了传统冷冻食品批发市场的旧模式，打造冷链物流业"新市场，大流通"的新业态。依托河北天环冷链"在进步中创新，在创新中超越"的发展理念，按照"互联网＋智慧冷链"的管理思路，创建冷冻食品供应链平台，凸显采购供应配送、智能物流、供应链金融、企业信息化管理等要素。目前形成了市场、冷库、物流、结算、食品安全追溯、市场信息流分析的三维立体管理系统，全面提升园区、企业核心竞争力。河北天环冷链力争成为京津冀地区体量大、产业全、管理精、品质强的大型冷链仓储物流商贸企业，同时带动区域内的金融、餐饮、运输、租赁、零售等配套服务的发展。

（一）冷链品类整合，着力提升冷链成市效率

园区充分整合京津冀地区的农副产品资源，初步测算相关农产品（冻品）及农副产品品类将近800种，实现多品类季节互补，储存时间错位。同时，引入国外进口肉类，整合农产品（冻品）流通、加工服务，形成多需求共享冷链物流服务体系，全面提升冷链物流设施的利用率，通过开展共同配送，全面应用信息技术，降低空载率、产品损耗率、作业及等待时间成本。目前在园区内推行"一筐到底"标准化作业，构建精益冷链物流运作体系，为精益化管理、全面推动降本增效做出示范。

（二）构建供应链一体化的综合物流基地

园区借助自身的区位和政策优势，吸纳商贸流通型企业入驻，促成商贸企业与物流企业紧密合作，向市场交易环节延伸服务，使园区的服务成为生产和流通企业供应链中

的核心环节，将区位优势转化为产业优势。通过网络化、信息化、电子商务等现代管理手段，为农产品（冻品）及农副产品生产加工企业、销售企业提供专业化的原材料及产成品全过程的检验、检测、推荐、采购、仓储、配送、技术咨询等一站式服务，提供集成化的物流与供应链服务解决方案。

（三）打造京南保北区域性的现代物流园区

园区以促进区域物流业集聚、优化区域物流资源配置、完善物流网络为目标，通过建立设施高标准、服务高品质的综合型物流运作基础设施，打造区域物流中心，促进京津冀地区物流业的发展。

四、发展方向与未来展望

（一）发挥骨干冷链保障功能

一是保障供应。全面完成一、二、三、四期项目，园区将建成华北区域规模最大、功能最全、辐射范围最广、活跃度最高的冷链物流基地之一，为国家战略物资储备提供扎实的冷链物流保障。

二是提升"三率"。全程冷链护航食品安全体系建成运营后，肉类等冷链流通率将提升至80%，肉类、水产品冷链流通率分别提升至60%、70%，冻品冷链流通率将达到100%。肉类、水产品流通腐坏率均降低全3%以下。通过实行农产品冷链共同配送模式，提升冷库周转率、使用率，预计降低冷链物流成本超过20%，形成可推广、可复制、可借鉴的价值经验，发挥行业和区域示范带动作用。

三是融合"四网"。园区将融合区域农产品预冷物流网、农产品采购冷链物流网、农产品销售冷链物流网、农产品冷链配送物流网，形成区域性的农产品质量检测中心、检验检疫中心、农商价格指数发布中心、电商农讯中心、农博农展中心，并与全国主要农产品流通市场、农产品冷链物流基地实现互联互通，融入全国骨干冷链物流网络。

四是服务"多地"。园区将周边农产品（冻品）及农副产品，以及来自全国的冷冻食品、海鲜等产品以"互联网＋"、线上线下结合等模式，通过配套健全的冷链配送体系直供京津冀地区，形成区域城乡共同配送等强大的配送网络体系，为周边消费者提供价廉物美的农产品（冻品）及农副产品，提高人民生活质量。

（二）发挥产业集群引领作用

1. 优化产业生态

带动现代农业高质量发展，形成农产品冷链物流干、支、配、仓、运、贸、技术、设备以及平台企业、行业协会等相互协作、相互融合、相互支撑的农产品冷链物流生态圈，促进廊坊及周边农产品（冻品）及农副产品走出去，带动周边肉类产量在5年内实现累计20%的增长。

2. 重塑流通格局

促进农产品流通转型升级。一是以"农副产品批发市场＋种养殖原产地直供"的冷链物流流通模式；二是以"餐饮连锁规模企业＋基地直采"的"农餐对接"冷链物流流通模式；三是以"大型连锁超市＋基地直采"的"农超互联"冷链物流流通模式；四是依托网络直播、生鲜电商、生鲜预售、社区团购、自媒体营销，从基地直采、直接发货的"新零售＋"冷链物流模式；五是面向中央厨房和大中型食品加工企业的"一站式采购＋冷链集中配送"流通模式；六是面向周边地区分销商的"线上线下融合采购＋冷链仓配一体化"的第三方共同配送模式。

3. 强化要素集聚

形成冷链敏感性产业集群。园区通过完善的农产品流通、冷链物流体系，带动预制菜、中央厨房、食品加工等冷链物流敏感性产业在基地及周边集聚发展，形成规模化、产业化、生态化的产业集群。

（撰稿人：陈锦汉，林卓藩，苏金伟）

石家庄东部现代物流枢纽基地

数智决策，绿色转型，助推京津冀物流加快发展

石家庄作为京津冀城市群中心城市的作用日益凸显，经济发展稳中向好，GDP 增速强劲，2023 年全市实现地区生产总值 7534.2 亿元，比 2022 年增长 6.1%，远高于全国平均增速，增速位居京津冀地区前列。在物流业方面，石家庄物流规模持续稳定增长，区域物流需求继续提升；发展质量快速提高，市场主体加速壮大；物流业发展环境持续改善，政策保障不断加强，为物流业高质量发展提供了保障。

石家庄东部现代物流枢纽基地（以下简称"园区"）重点依托石家庄电子信息、生物医药、先进装备制造等五大千亿级产业集群及周边地区生产制造业规模聚集物流需求而运行。园区通过开展现代物流组织与供应链集成化运作，促进石家庄现代物流业供应链优化升级、产业链延伸、价值链提升，从而加快引领石家庄乃至河北省现代智慧物流转型升级，促进区域产业降本增效。对支撑京津冀高质量协同发展和世界级城市群建设，努力使京津冀成为中国式现代化建设的先行区、示范区具有重要意义。

一、园区概况

园区充分发挥石家庄"南北通衢，燕晋咽喉"区位交通优势，提升石家庄在京津冀地区商贸物流发展能级。2015 年《京津冀协同发展规划纲要》明确了河北建设"三区一基地"，即将河北建设成"全国现代商贸物流重要基地、产业转型升级试验区、新型城镇化与城乡统筹示范区、京津冀生态环境支撑区"的功能定位，其中"一基地"体现出物流在石家庄的重要地位。园区是河北省重点规划建设的物流聚集区之一，是石家庄市落实"三区一基地"功能定位，发展商贸物流、智慧物流、低碳物流的重要载体。

（一）立项背景

石家庄被誉为"火车拉来的城市"，是全国重要的交通枢纽，同时是京津冀地区重要中心城市及批准实行沿海开放、金融对外开放政策的城市，也是全国重要的工业生产基地、全国性综合交通枢纽，在京津冀协同发展中具有重要的战略地位。

园区对于建设高效衔接京津冀世界级机场群、津冀世界级港口群和国际综合运输通道，构建符合世界级城市群特殊的现代物流运行体系，具有重要意义。同时，园区与石

家庄陆港型国家物流枢纽创新融合错位发展，共同打造枢纽建设新模式，协同打造"一核一补"布局，形成"一体两翼、东西呼应"发展格局，带动冀中南地区经济快速发展，有力支撑京津冀一体化运营和协同发展。园区严格落实石家庄千亿级现代商贸物流产业集群目标，依托国省干道公路交通优势，重点发展现代化商贸物流。目前基地已经成为依托省会，联结京津冀，辐射全国的石家庄东部重要物流节点。

（二）运营管理主体

园区的运营单位为河北润沃智慧物流有限公司，公司成立于 2016 年 1 月，注册资金 6000 万元，管理固定资产超 18 亿元，2023 年总营收超 2.2 亿元，实现利税 1700 多万元。公司下设综合服务部、招商发展部、规划建设部、财务投资部、公共事务部、物业服务部等部门。公司始终秉承"绿色高效、协同融合、共享共赢"发展理念，业务范围涵盖项目策划、工程管理、招商租赁、自动化规划设计、部署、物业服务、供应链服务、金融服务、碳排放组织管理等的综合解决方案。公司旗下拥有河北润沃智慧物流产业园等知名品牌，始终致力于打造成为国内前沿国际知名的现代化物流园区运营服务品牌。目前先后布局河北石家庄、邢台、邯郸、雄安以及河南、海南、新疆等地，且均纳入省级重点建设项目或城市重点建设项目。园区占地 3.2 平方千米，累计完成投资 26 亿元，员工超过 300 人。

（三）区位交通

园区毗邻中国（河北）自由贸易试验区正定片区，位于石家庄市主城区东侧，京南快递产业带核心位置，石黄物流大通道和京广物流大通道辐射区。园区与北京、天津、郑州、太原构成 3 小时交通圈，处于承接京津产业转移核心带，地理位置东临 515 国道，西至城区外环，南邻 307 国道、石津灌区经济带和石德铁路，北靠石黄高速和滹沱河经济带，距石家庄正定国际机场 25 千米，距市中心 20 千米，距规划建设的石德铁路线贾村货站 1 千米，见图 1。具备三横三纵两带交会，以及两港一站（两港：黄骅港、天津港；一站：石家庄正定国际机场站）的区位条件，交通条件优越。园区内"一环三横五纵"的交通布局，构成"井"字形对外辐射的联运网络，具有得天独厚的区位优势和良好的交通环境。

（四）规划建设情况

园区共有供应链物流区、冷链物流区、公路港、国际物流区、快递物流区、服务配套区、应急物流区七大功能区，布局示意见图 2。园区占地总面积 3.52 平方千米，其中，七大功能区占地总面积 2.94 平方千米，发展预留区占地面积 0.58 平方千米。

供应链物流区，占地面积 0.59 平方千米。主要服务制造业物流、商贸物流需求，为制造业物流提供原材料、零部件和产成品仓储、采购、分销、分拨、配送及供应商库存管理服务；为商贸物流提供采购、分销、分拨、配送等服务。

冷链物流区，占地面积 0.52 平方千米。依托宇培冷链、新加坡丰树、省高速环球食材

图1 园区交通区位

等冷链物流项目，建设标准化冷库、恒温仓储分拨中心共计 0.06 平方千米，为冀中南区域的生鲜、农特产品及生物医药产品提供综合的仓储、冷链、供应链、配送等功能服务。

公路港，占地面积 0.22 平方千米。布局智能化货运集散中心，布置运输、仓储、转运、配送等物流功能设施，提供公路零担运输、车货智慧匹配、城市配送等服务。

国际物流区，占地面积 0.20 平方千米。联动石家庄综合保税区，主要开展办理进出口货物存储、查验和通关等业务。

快递物流区，占地面积 0.39 平方千米。依托顺丰、邮政、韵达、极兔、拼多多等快递物流项目，服务于电商快递需求，通过建设快递物流集聚中心，打造电商服务平台，为跨境电商、垂直电商、农业电商、B2B 电商以及线下电商提供快递物流服务。

服务配套区，占地面积 0.72 平方千米。建设总部基地、赋能中心、智慧物流信息平台、物流服务配套设施，提供物流配套服务、总部办公、创新研发、智慧物流、物流咨询等服务。

应急物流区，占地面积 0.30 平方千米。为应对严重自然灾害及突发性公共卫生事件等突发事件，提供紧急物资存储和区域分拨配送服务，以及在城市生产生活出现应急物流需求时提供紧急物流服务。

二、主要做法

（一）明确高点定位，全力打造京津冀地区重要物流枢纽

园区自开发建设开始，确定了"政府指导、企业运营，紧密合作、互联互通"的

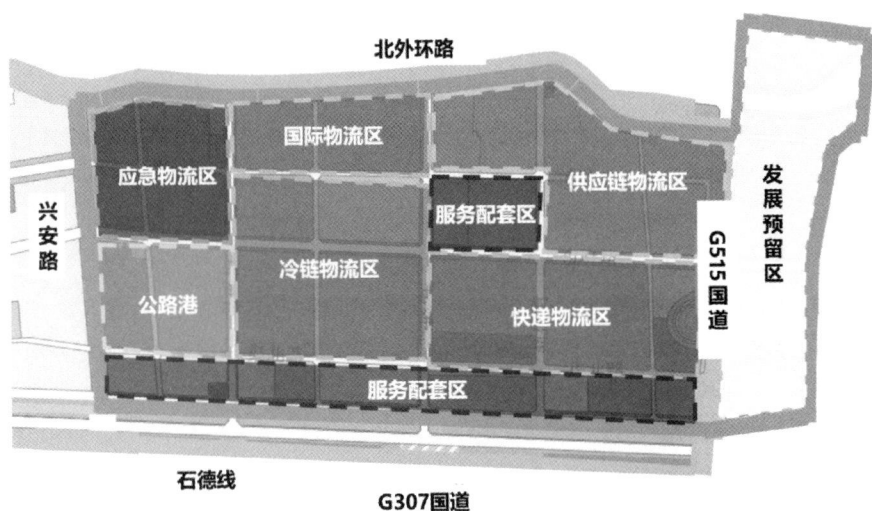

图 2 园区功能区布局示意

"两条腿走路"开发建设模式，并聘请专业团队编制完成了《石家庄市东部现代物流枢纽基地控制性详细规划》等高点定位规划，确保了重点项目落地建设有规可依。

近年来，河北省牢牢抓住北京非首都功能疏解"牛鼻子"，主动承接北京区域物流功能转移，深化与京津重大物流基础设施建设分工协作，布局建设了一批仓储配送设施和商贸物流承接平台。园区抓住物流发展的重大机遇，充分利用其独特的区位优势，着力联合石家庄国际陆港和中国（河北）自由贸易试验区正定片区，打造全国现代商贸物流重要基地。加快构建背靠京津、辐射全国、链接全球的现代化商贸物流体系，完善物流效能，提升物流服务质量，构筑对外开放平台，促进国内国际双循环，强化京津冀协同发展功能支点作用。

园区在规划方面遵循区域协调原则、功能复合原则、集约节约原则、刚弹结合原则，对规划的细节、招商业态加以调整、变化和补充，实现园区多方共赢。在建设方面实行招商先行、入驻企业定制开发建设思路，积极引进科技含量高、自动化程度高、节能减排程度好的优秀企业，强势招商科技含量高、附加值高的企业和项目落户园区。比如招商建设了河北地区最大的单体冷链——宇培冷链华北运营中心，占地约 8.3 万平方米，建设了两栋双层立体库，共计 6 万余平方米，成为冀中南冷链运输枢纽。同时园区依靠枢纽引领，强化园区支撑，项目带动推动园区高质量发展。比如：通过优化空间布局和功能组合，减少交通线路和物流占地；通过联合运输和共享仓储，减少仓储空置率，为园区入驻企业降本增效；依托物流仓储运输延长、拓宽、凿深产业链，提升产业链的现代化水平。

（二）搭建信息平台体系，助力入驻企业科学决策

园区推进运营平台建设，以物流大数据为抓手，以运力标准化为突破口，引入互联网技术和金融增值服务，推广人工智能物流服务，形成以供应链服务为核心的物流产业

生态圈。

（1）搭建平台运行体系

园区平台建设以润沃园区信息平台为基础，整合石家庄四药广祥 FMS（柔性制造系统）、内陆港物流信息公共服务平台等，建设了石家庄枢纽信息平台运行体系。平台的搭建推进了基础交换网络建设，对接省内铁路、公路等信息系统，带动物流、电商、制造业等相关供应链上下游企业进入平台，促使服务向纵深发展；推进多式联运、甩挂运输联盟等领域互联应用，加强与行业主管部门以及市监、海关、安检、商务等部门的沟通与协调，将相关信息开放共享。助力做好平台相关标准的制定和推广工作，开发和完善相关应用软件，不断强化平台管理机制，增强对平台发展的预见性，加强数据安全保障体系建设。建立对接市场、运行高效、服务优良、具有内生动力、充满创造力的平台运行机制。最终实现跨实体间信息数据的自由流动，有效提升信息传递和处理效率，提高供需匹配水平，增强园区的创新能力和核心竞争力。

石家庄枢纽信息平台深度对接国家交通运输物流公共信息平台、河北省交通运输物流公共信息服务平台、石家庄陆港型国家物流枢纽信息等平台，并与政府相关职能部门的政务平台实现互联互通和信息共享，为石家庄枢纽物流大数据发展和物流行业管理支持提供基础数据支撑。石家庄枢纽信息平台还将与各业务支撑平台对接，包括金融、集采、税务、银行、大数据平台，实现原材料集中采购、仓单质押等金融服务、基于物流大数据的决策管理等功能。石家庄枢纽信息平台下一步将与其他国家物流枢纽信息平台实现信息互联互通，统一物流基础数据交换规则，打造供应链服务、车货对接、全程跟踪、保险理赔、金融服务等多元化的信息服务，实现生物医药、现代食品、装备制造及大宗商品（钢铁、有色金属、煤炭、粮油等）多式联运在铁路、公路、水运、货代企业等多种数据信息的互联互通，为各地国家物流枢纽信息系统提升开放性和包容性发挥示范作用。

（2）平台服务系统

石家庄枢纽信息平台各项服务功能的开展打破了物流信息壁垒，推动枢纽内企业、供应链上下游企业信息共享，实现车辆、货物位置及状态等信息实时查询，增强物流枢纽的平台支撑能力，显著提高了园区的物流运作组织水平和管理水平，有效提升了石家庄制造业供应链物流运作效率。建立供应链的物流网络是提升效率的关键。物流网络决定了原材料和产品的运输路径，直接影响着供应链管理的效率。通过建立跨地域、跨运输模式的物流网络，制造业企业可以最大限度地减少运输成本和时间延迟。例如，园区内制造业企业与园区的快运、快递企业建立战略合作伙伴关系，共享信息、资源和设施，优化运输安排和提高交付速度，使原材料进场和产品交付时间分别缩短了8%和12%。此外，园区的自动化仓储和分拣系统、智能物流跟踪系统等可以提高物流操作的准确性和速度，帮助企业集中管理供应链中的各个环节，包括订单处理、库存控制、运输管理，从而提高供应链的流程和运转效率。平台具体服务系统如下：

企业科学决策分析运行支撑系统指的是平台涵盖了 CRM（客户关系管理）系统、进销存管理系统、WMS（仓储管理系统）等，通过不同维度对物流信息进行深加工，为企业科学决策提供辅助分析作用。

信息平台服务类运行支撑系统指的是包括物流公共信息发布与服务系统、资质认证及信用服务系统、物流咨询服务系统（物流智库系统）、货运交易信息服务系统。

行业服务集成平台运行支撑系统指的是网络货运平台、整车运输平台、多式联运信息平台、智慧化云仓储平台、边贸物流信息服务子平台、农业物流信息服务子平台、冷链物流信息服务子平台、重大装备信息服务子平台。

物流保障服务类运行支撑系统指的是车辆定位与货物追踪系统、车辆救援与维修服务系统、汽车后市场服务（油站、ETC 等）。通过移动通信、电子数据交换（EDI）、全球定位系统（GPS）、短信平台、疲劳驾驶监测等电子信息技术，巩固对运输中车辆和司乘人员的管理，确保司乘人员人身安全和车辆运输安全。

专业服务类运行支撑系统指的是危险货物运输监控系统、城市货运信息服务系统、小件快运信息服务系统及航运、铁路、航空物流综合信息服务系统。

增值服务类运行支撑系统指的是货款结算系统、保险服务信息系统、司机保障服务等。

（三）创新科技驱动，促进园区低碳绿色转型

改革激发澎湃动力，引领绿色发展。设施建设方面，园区建立大型充电、换电综合服务中心，为新能源车辆更新换代提供基础配套，为蓝天保卫战中多年来大车尾气治理和大型车进出城区市区等重点难点问题提供服务支撑。规划管理方面，园区通过空间的重新布局和功能的重新组合，减少了交通线路、货站以及相关物流设施在城市市区的占地；通过联合运输，减少了车辆出行次数，提高了装载率；集中进行车辆清洁、维修等，从而减少了噪声、尾气、货物对城市环境的污染，改善城市环境，致力打造绿色低碳园区。

科技驱动，打造数字低碳产业园。园区坚持以数字化引领推进"智慧物流"建设，促进产业迭代升级，为物流行业高质量发展积蓄新势能。建设数字低碳智慧能源中心，涵盖了分布式光伏电站，以及集发、储、充、放于一体的智慧能源管理中心，致力于打造高标准的物流园区，满足客户对可持续发展的更高要求，为实现碳中和、碳达峰贡献行业力量。截至 2023 年年底，园区内一期铺设光伏面积达 6 万平方米，光伏发电装机总容量为 4.2 兆瓦，年发电量 450 万千瓦时，每年可减少电费成本约 300 万元，节省燃煤量 1620 吨，减少碳排放量 2874 吨，相当于植树造林 7.8 万平方米。

着力转型、信息共享，推进物流产业链联动发展，构建绿色低碳智慧园区。园区加大城市内新能源配送车辆普及力度，推动园区内部、集疏运通道、城际甩挂运输等场景运用电能、氢能中重型货车，开发分布式发电与灵活充放相结合的绿色供电系统和制储运加一体化的光伏供应系统。园区推进快递物流包装绿色化、减量化、可循环化发展；支持企业加大物联网、边缘计算、人工智能、区块链等新技术研发应用力度，运用多维感知、高精度定位、智能网联的新技术设备，形成供需资源高效匹配的新模式、碳排放精准监测的新手段，发展壮大碳排放筹划和交易等新业态。

（四）扎实推进两业融合，助推园区高质量发展

依托园区的区位和资源优势，持续推进物流业与制造业的深度融合，注重协同集聚发展，充分挖掘物流产业潜能，有效发挥两业融合产生的关联效应、规模效应与溢出效应，优化生产流程，改善产业环境，助推经济高质量发展。

园区具有合理的功能布局，其中储存库区占地 40 万平方米，品类多样，可以满足大件快运、小件快递、生鲜冷链、农特产品、平台电商等多品类、多层次的仓储配送需求，日运输能力达 3600 余辆，运输范围覆盖京津冀，辐射全国，日处理能力可达 1000 万余件。园区积极引进新能源技术和设备，如电动叉车、标准托盘、皮带运输、堆垛机等装卸搬运设备，自动化程度高且逐步向新能源动力过渡，实现在提高工作效率的同时降低对不可再生能源的消耗。

园区充分利用石家庄市"一县一品"县域特色农业、制造业的优势，为藁城宫灯宫米、赵县雪花梨、深泽日化和布艺、辛集皮革、高新区医药等提供运输服务，同时联合各产业头部企业进行电商直播。以藁城区宫灯产品为例，通过线上短视频、直播等方式引流，促使线上成交增长 30% 以上，转化率提升 15%，每日发货量突破 10 万件。同时园区以自身为核心联通物流产业链上下游，建设成为覆盖物流产业链最全，智能自动化最高、碳排放最绿色的新型园区。还建设商贸先行电商共享的集散中心，服务现代商贸企业和电商企业降本增效。

园区围绕做入驻企业成长发展的"陪伴者、好帮手"的理念，解决企业生产载体的"优产"和企业员工的"优居"问题。自建百亩森林公园、打造天然氧吧，免费对园区职工、周边村民开放。

目前园区已成为石家庄甚至冀中南地区物流产业规模较大的产业集群之一，以快递、快运等头部物流企业为基本依托，打造集电商云仓、线下体验、商贸集散于一体的新零售模式的现代化、智慧化、一体化物流园区。比如园区招商引资落地的"多多买菜华北运营中心项目"，不仅支持个人端通过线上平台下单，次日到达，同时吸引上下游供应商到园区进行仓储集散。园区以产城融合创新模式为探索，促使"产业＋城市＋人口"相融合，带动周边村镇就业 15000 余人，打造创新创业人才高地。提供生产、包装、品牌、产品体验、线上销售、物流到家的一站式服务，为区域农特产品、专业市场开拓空间，促进乡村企业发展，助力振兴农村经济和农村产业升级。

（五）整合产业链资源，加强产业联动

当前，我国正处于构建以国内大循环为主体、国内国际双循环相互促进的新发展格局，为满足国内需求，必须畅通国内的生产、分配、流通、消费各个环节，这就需要完善的快递电商服务体系，大力发展现代冷链物流。

园区定位愈加清晰，园区发展水平在石家庄市乃至河北省物流园区中位居前列，商贸物流产业集群作用日益凸显，园区内外各功能配套不断完善，对于头部快递物流、电子商务、直播电商、冷链物流等企业的吸附能力愈来愈强。园区通过"线上＋线下"的

融合实现了新零售的现代化新型商业模式，为城市农特产品及周边专业市场的商品流通、经济发展提供了有力保障，满足了园区客户"端到端"供应链管理需求，服务于规划、生产、加工、仓储、运输到配送全流程。

园区以"百企引领""万企融合"为抓手，重点围绕以快递物流集聚区为核心的快递物流分拣集散、电商仓配等产业，重点培育多多买菜、邮政电商、直播基地等快递电商示范企业，以物流搭配商流，多角度利用"互联网＋"打造销售平台。督促入驻企业加强与总部对接，加大资金投入力度，引导企业重点围绕网络货运、灵活用工、汽车之家、电商平台方面发力，提升物流业信息化水平，推进物流大数据深度融合应用和平台信息流对接，实现物流、商流、信息流、资金流多流合一、共同发展。

与此同时，产业联动推动产业集聚。以园区为依托，快递物流、电商物流的集聚发展，也给冷链物流的招商引资、开发建设、创新运营带来新的发展动能，推动园区形成集冷藏冷冻主题商业、冷链配送、肉类集散等于一体的现代物流业集聚区。园区的冷链业务主要源自食品、医药等品类，物流主要包含储存和冷链配送两个环节，需保持物品处在恒定的温度或者湿度条件下，以确保物品的质量和安全。这个过程还包括冷藏车的运输、冷库的储存、冷藏设备的装卸等，这些都是实现冷链物流的重要设备。一般而言，石家庄区域冷链配送以短时间的冷藏箱为主，冀中南其他区域的配送主要以冷藏车为主。而在冷库中温度控制技术是冷链的核心技术，包括温度监测、控制和记录等。园区采用的是冷冻机组的调速控制法，即由压缩机、蒸发器和冷却器组成，通过调节冷冻机组的转速来控制冷库的温度。当冷库需要更低的温度时，通过提高冷冻机组的转速来增加制冷量，从而降低温度；当冷库需要降温时，启动冷风机，将冷空气通过风道送至冷库，从而降低温度。这两种技术手段均可以实现精确温控。

三、示范特色

按照石家庄市委、市政府提出的打造千亿级商贸物流产业集群的要求，园区由石家庄经济技术开发区管理委员会指导，河北润沃智慧物流有限公司管理运营，政企结合、互通有无，保证规划的完整性、准确性、前瞻性、持续性。同时，实时跟随市场经济变化，对规划的细节、招商业态加以调整、变化和补充，实现园区多方共赢。

（一）立足区域发展战略，服务"一带一路"和京津冀协同发展

园区紧紧围绕石家庄陆港型国家物流枢纽定位，建设好商贸物流基地，按照"枢纽＋通道＋网络"布局，提升石家庄市的物流组织管理能力和依托物流服务的经济开发能力。

（二）强化基础服务，完善设施布局，创新发展模式，突出特色化经营

园区运营模式由"管理园区"转向"服务园区"，服务是运营的核心内容，园区紧紧围绕市场服务、园区服务和政务服务三大方面建设服务体系，运用5G、互联网、物联网、大数据等现代科技手段提高服务水平，实现服务模式的创新。

依靠科技驱动，打造数字低碳产业园。让科技驱动的数字化浪潮成为新一轮生产力变革的重要驱动力。园区坚持以数字化引领推进"智慧物流"建设，促进产业迭代升级，为物流行业高质量发展积蓄新势能。建设的数字低碳智慧能源中心和大型充电、换电综合服务中心，为实现碳中和、碳达峰贡献行业力量。

赋能未来，加强物流人才培养。功以才成，业由才广，人才是推动高质量发展的生力军，园区赋能中心的建设将会起到"筑巢引金凤"的效果。以园区运营单位为主体联合河北经贸大学、河北交通职业技术学院、河北商贸学校等院校组建石家庄现代商贸物流产教融合联盟。该联盟对学生进行双师教学、现代师徒制教育和订单式专项培养，共建共培实训基地，源源不断地为园区企业提供仓储管理、电子商务、设备维护等专业技能人才。规划建设的现代物流发展学院，依托院校教育资源深度融合现代物流园区企业，为相关企业招、培、资、输定向培养专业工作、技术、管理人员，为物流相关产业的发展提供人才支撑和储备。

（三）资源互补、园区联动、共享共赢

统筹结合物流提质增效降本和高质量发展，深挖物流产业链，进一步加强园区物流业、商贸业、制造业互联互通、联动发展，推动物流业与相关产业深度融合，为构建以国内大循环为主体、国内国际双循环相互促进的新发展格局提供有力支撑。

四、发展方向与未来展望

园区未来发展规划深度结合石家庄市委、市政府提出的打造5个千亿产业集群以及河北省商贸物流重要枢纽载体中的商贸物流产业相关要求，深度挖掘以快递头部企业为依托的物流产业链上下游。遵循统一规划、适当超前、远近结合、分期实施的原则，将园区建设成为国内覆盖物流产业链最广、智能自动化最高、碳排放最低的数字低碳园区之一。通过智慧物流和管理运营平台的赋能，助力乡村振兴，将园区打造成为集社会效益、经济效益、生态效益于一体的产城融合示范园区。

（一）促进园区模式转变

随着新经济的快速发展，园区的开发模式将由传统的"物业租售模式"向"投资共生模式"转变，"园区经济"转向"城市经济"，盈利模式从"客户思维"转向"伙伴思维"。随着园区的演化和发展，园区承载的各项功能日益多元化，大量城市要素和生产活动在区内并存聚集，从而推动产业地产的城市化进程，园区经济和城市经济逐渐走向融合。园区将从低碳园区向着零碳方向发展，自给自足的同时开拓更多空间，减少碳排放，自动化、智能化程度上升至国际水平。

（二）紧抓机遇，加大投入

未来，园区将加大园区管理方、运营方、入驻企业对物流科技硬件、信息软件、专

业人才的投入力度。科技是第一生产力，人才是第一资源，创新是第一动力。园区将通过不断完善、更新各项功能配套，吸引专业人才到园区就业。河北润沃智慧物流有限公司通过石家庄市委、市政府指导的建立五大产业产教联盟，在商贸物流领域和以河北经贸大学为主导的高校共建共享产教基地，通过专业定向，建立招、学、用、研、产"五位一体"的培养骨干人才制度。

信息研发方面，伴随着新一代信息技术和信息平台在智慧物流园区内的不断深入应用，园区将不仅是货物集散与分拨中心，更将成为物流大数据沉淀与处理中心、商品订单执行中心、物流中心、供应链金融服务中心。大数据将成为园区的重要资产，科技成为园区创新与发展的源动力。

未来，园区将紧紧抓住国家实施"一带一路"倡议这一历史机遇，认清国内国际双循环的新发展格局，以更积极的姿态贯彻落实供给侧结构性改革要求。依托石家庄市生物医药、装备制造和周边郊县农特手工艺品，利用中欧班列、河北自贸区、石家庄国际陆港等优势资源，助力园区商贸企业模式创新，力争成为"一带一路"物流合作的典范。

（撰稿人：吴志华，齐立鹏，孙同川，胡雄飞）

内蒙古鑫港源顺物流园

搭建信息平台强链补链，发展绿色智慧钢铁物流

内蒙古包头市是我国重要的工业基地，是北方重要的生态安全屏障、祖国北疆安全稳定屏障、国家重要能源和战略资源基地、国家重要农畜产品生产基地、国家向北开放重要桥头堡，同时也是我国中西部地区重要的钢铁生产基地，是联结蒙古国、俄罗斯和中国华北、西北地区的重要枢纽。包头拥有内蒙古最大的钢铁、铝业、装备制造和稀土加工企业，并拥有呼包鄂地区唯一对蒙陆路口岸——满都拉口岸，是内蒙古重要的能源、原材料、稀土、新型煤化工和装备制造基地，有力地推动了我国钢铁、有色金属、装备制造等传统优势产业转型升级。凭借包头稀土、晶硅光伏等产业优势，打造两大旗帜型产业和陆上风电装备、先进金属材料、碳纤维及高分子新材料等 5 个重点战略性新兴产业集群。包头市被誉为"草原钢城""世界稀土之都""世界绿色硅都"，也是国家首批 20 个创新型试点城市之一，产业基础雄厚，发展前景广阔。2023 年，包头被列入生产服务型国家物流枢纽名单，成为全国重要的物流枢纽骨干示范城市。

内蒙古鑫港源顺物流园（以下简称"园区"）位于内蒙古包头金属深加工园区内，主要提供平台交易、运输、仓储、配送、供应链金融、定制加工等服务，致力于让客户体验一站式服务。未来园区将引领包头市物流园区发展新导向，形成新业态，发挥新动能，在智慧化、绿色化、网络化方面发力赋能，进一步助推包头钢铁物流业发展，为构建包头现代物流新发展格局做出更大贡献。

一、园区概况

（一）发展历程

为统筹包头市各方优势资源，更好地服务钢贸服务业发展，园区由内蒙古鑫港源顺物流有限公司承建并运营。2013 年 2 月 4 日，园区在包头市发展和改革委备案，2013 年 4 月 3 日通过包头市环境保护局环境影响评价审查。在所有土地手续均已报批的情况下，2014 年 11 月，园区开始试运营，并于 2018 年 8 月 13 日正式取得土地证。

从 2020 年开始，园区大力发展现代物流业，用了三年时间，在钢铁物流等优势领域取得新突破，已经完成整个钢铁产业链布局，建成以真实库存为基础，以五大实体（代采购寄售，大型仓储、交易，运输调度，剪切加工，金融质押）为配套的一站式钢铁全

产业链、线上线下可同时交易的钢贸物流园区。园区现入驻商户352家，2023年吞吐量580万吨，是中国西北地区规模较大、实力雄厚的钢铁产业集散中心，也是内蒙古自治区首家拥有钢铁全产业链电商交易服务平台的钢贸物流园区。

自试运营开始，园区荣获多项荣誉。2016年，园区被认定为内蒙古自治区级服务业集聚区，包头市标准化创业园；2019年被评为中国物流学会产学研基地；2019年、2020年、2021年连续被评为全国优秀物流园区。2022年成为自治区级示范物流园区，2023年成为国家第四批示范物流园区。园区的发展始终受到政府和社会各界的高度关注和一致好评。

（二）区位交通

园区坐落于中国重要的工业基地——包头，位于昆都仑区卜尔汉图镇110国道向北682～683千米处，京藏高速包钢出口东500米，包头市昆都仑区包头金属深加工园区内，且园区距东侧昆都仑召站仅有3千米，距西南方向的包头北站直线距离为11千米左右，园区地理位置优越。

（三）规划建设情况

园区规划总面积0.68平方千米，项目总投资5亿元，一期建设已全部完成。目前园区内水、电、天然气、公路、铁路、通信等基础设施完善，周边居民较少，环境容量较大，四至范围明确，相关审批流程均符合国家相关规定及标准，并很好地与城市总体规划、交通规划、土地利用规划衔接。

（四）功能区布局

园区设立八大功能区，即钢材仓储区、钢铁深加工区、室内仓储区、金融贸易服务区、信息化服务中心、汽修汽配区、商务办公区、生活服务区，见图1。具体功能包括：钢材仓储，钢铁制品深加工及交易，电子商务中心，室内仓储，运输服务，汽修、汽配，大型停车，供应链金融服务，生活服务，商务办公等。

（五）运营主体

园区由内蒙古鑫港源顺物流有限公司运营。该公司成立于2013年6月，注册资金3000万元，现有员工100人，其中高级职称1人，中级职称5人，初级职称2人。2022年公司营业收入2605万元。营业范围包括：房屋租赁、场地租赁、市场管理；物流配送（不含汽车运输）及物流配送信息咨询；仓储服务；金属加工；机械设备、电器设备、建材、五金机电、劳保用品的销售；清洁服务等。

二、主要做法

园区基于雄厚的产业基础，建立了智慧物流信息系统，布局了绿色物流设施设备，

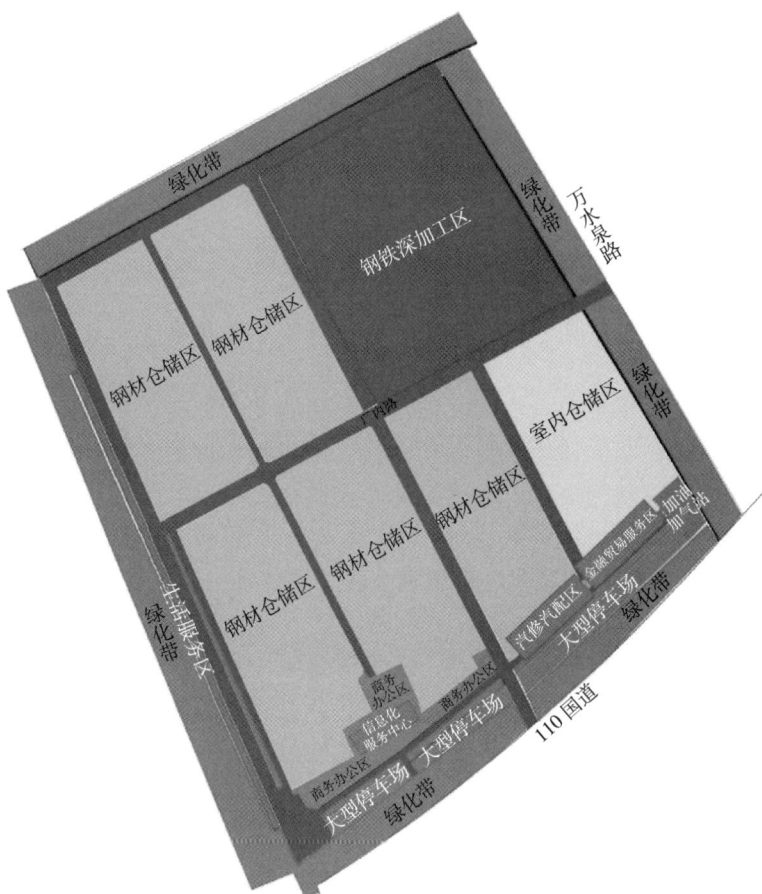

图1 园区功能区布局

并围绕钢铁全产业链服务，提供运输、仓储、流通加工、配套服务等基本功能。同时提供供应链金融、应急物流、国际物流、多式联运、中欧班列、物流与供应链解决方案设计等特色服务，形成国际化、智慧化、绿色化的生产服务型物流园区。

（一）构建钢铁全产业链服务平台

为推动包头市钢铁产业高质量发展，园区加速构建服务钢铁全产业链的信息平台。通过建设强大的智慧化信息平台，以系统互联、信息共享、资源共用为重点，推动物流活动数据化、物流信息标准化和物流数据开放化，在优化整合物流资源、促进信息互联互通、提高物流组织化程度中发挥重要作用。

园区依托内蒙古运钢平台，整合全国钢铁物流信息，推动钢铁业和物流业深度融合。内蒙古运钢平台是由内蒙古运钢网络科技有限公司在整合各方资源优势的基础上打造的，在"草原钢城"建立了钢铁物流平台的新标杆。内蒙古运钢平台实现了钢铁交易包括采购、运输、仓储、销售、融资、数据等资源的整合和优化，既提升了运作效率，又降低了运营成本和管控过程风险，逐渐形成一个钢铁全产业链服务平台。

内蒙古运钢平台由货运交易系统、鑫港源顺智慧仓储系统、停车管理系统、园区服务系统、货款回收系统、投融资管理系统等子系统组成，结合先进的 GIS（地理信息系统）、GPS 和 CALL CENTER（呼叫中心）等技术，利用互联网优势，形成规模化订单，为入驻园区的企业提供信息平台，引导企业利用现代技术进行业务运作，实现业务流程管理、数据安全管理和传输管理，从而促进企业业务拓展和运营成本的降低。

其中，最为核心的系统是鑫港源顺智慧仓储系统。园区结合多年的业务管理经验，整合、集成市场上成熟的新技术和设备，逐渐形成符合实际业务的智慧仓储系统。该智慧仓储系统涵盖两大子类，分别为侧重仓库整体智能化的智仓平台和侧重货物真实感知的慧储系统。

鑫港源顺智慧仓储系统包含六大功能：一是货物实时监守，可以通过移动识别、轮廓监控等技术实现货物非法移动报警等功能，保证货物在库的完整性；二是安全管控升级，利用多种功能或物联网技术，实现提升仓库整体安全系数的目标；三是数据分析统计，包括对货物和仓库各维度的数据进行汇总、处理、识别、展示和提示等功能；四是可信仓单体系，利用区块链等技术，部署独立联盟链外加一套运营系统和区块链浏览器，并且为旧系统仓单添加区块链验证码（二维码信息），保证仓单真实可靠；构建独立联盟链网络，引入交易所、银行、保险节点，强化南储区块链仓单交易及融资能力；五是在仓货物盘点，可以快速地盘点在库货物的数量；六是远程视频看货，通过视频设防、移动哨兵等技术，客户可远程实时查看其货物的真实状态和园区作业情况。鑫港源顺智慧仓储系统功能见图2。

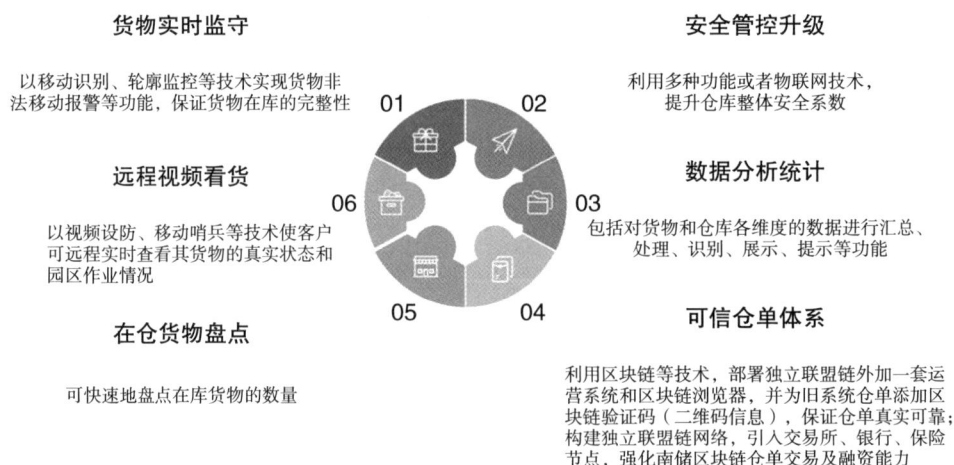

货物实时监守
以移动识别、轮廓监控等技术实现货物非法移动报警等功能，保证货物在库的完整性

远程视频看货
以视频设防、移动哨兵等技术使客户可远程实时查看其货物的真实状态和园区作业情况

在仓货物盘点
可快速地盘点在库货物的数量

安全管控升级
利用多种功能或者物联网技术，提升仓库整体安全系数

数据分析统计
包括对货物和仓库各维度的数据进行汇总、处理、识别、展示、提示等功能

可信仓单体系
利用区块链等技术，部署独立联盟链外加一套运营系统和区块链浏览器，并为旧系统仓单添加区块链验证码（二维码信息），保证仓单真实可靠；构建独立联盟链网络，引入交易所、银行、保险节点，强化南储区块链仓单交易及融资能力

图2 鑫港源顺智慧仓储系统功能

（二）创新供应链金融等特色业务

园区以"钢铁供应链＋金融公共服务"板块为特色，即通过供应链金融前端的代采购寄售、供应链金融中端的仓单质押、供应链金融末端的应收账款质押等多种金融方式，延伸钢铁供应链金融服务，为园区内各企业的发展提供更多资金支持。

园区通过动产质押融资、应收账款质押金融融资两种融资模式，充分整合发起单位及其上级单位在供应链与金融领域的经营资源，为园区企业提供供应链金融服务。具体服务包括为客户提供存货质押融资、仓单质押融资、应收账款融资、订单融资等融资服务。需融资的生产、贸易企业，可以将其存放于公用仓的材料、半成品和成品作为担保，向资金提供方（如中国建设银行、中国银行、中国农业银行、中国工商银行等国有银行）或金融机构（如欧冶云商股份有限公司、建发（成都）有限公司、山东能源集团有限公司等）出质，同时由平台进行监管，以获得资金提供方的贷款。资金提供方利用信息平台获得融资企业的资金流、信息流、商流数据，对企业进行风险评估及风险控制。

园区还提供应收账款质押融资的物流金融服务，需融资的生产、贸易企业，以贸易合同为支撑，通过特定的程序取得资金提供方的贷款。资金提供方利用信息平台获得融资企业的资金流、信息流、商流数据，对企业进行风险评估及风险控制。

2023 年，园区 10% 以上的收入来源于供应链金融服务收入。园区以供应链核心企业为重点，发挥核心企业的信用支撑作用，引导金融机构为内部供应链上下游企业提供融资服务，从而增强园区的核心竞争力。

（三）坚持科技赋能园区绿色发展

园区积极进行物流新基建、大力发展纯电动汽车等新能源的应用，促进绿色物流发展，以科技赋能促进园区的创新发展。

1. 发展绿色运输，践行低碳环保理念

在运输服务产品方面，园区配套建设内蒙古运钢平台，为货主提供自助平台、货主App、承运商 App、司机 App、物流交易平台、交易管理后台、大数据中心、风控系统共 8 类服务产品，既满足了日益增长的运输量需求，也践行了"绿色运输、环保物流"的理念。在运输服务模式方面，园区打造"物流管家 + 客户""物流管家 + 车队""物流管家 + 第三方"三种服务模式，有效减少了货车空车率，实现了节能减排的发展目标。

2. 建设绿色设施，实现绿色转型发展

近年来，园区不断加大绿色设施建设力度，推动自身逐步向绿色化、现代化的物流园区行列迈进。在提升资源利用率、降低能源消耗方面，园区充分利用自然地形，规划建设科学、合理的立体式仓库，优化物流仓储布局；根据钢材品种，合理堆放，提高土地利用率；重点推广应用绿色建筑材料，选择具有更高的使用效率和优异性能的材料，如高性能水泥混凝土、轻质高强混凝土等；目前，园区仓库屋顶光伏发电安装面积已达10000 平方米，且光伏发电的电量全部用于仓储活动；园区不断升级改造，主动利用液化天然气（LNG）供暖，替代并节约如煤、油等其他能源，提高能源的利用效率，减少排放污染。在推进新能源设施设备运用方面，园区通过与运通大宗运输公司合作，引进了LNG 重卡汽车 200 台，合作社会车辆 10000 余台，并且大力推进电动叉车等新设备的运用，降低仓储能耗；同时，加大购置数控吊装设备和建设信息化平台的力度，利用先进的电子信息系统整合货运车辆、物流资源，实现共享共用，减少设施闲置，减少污染气体排放，节省了人力、物力和财力。

在各项绿色发展措施的推动下，园区的运营成本下降了30%，不但解决了运输瓶颈制约问题，还实现了物流资源和信息共享共用，大幅度降低了物流成本，极大地提高了物流效率。

三、示范特色

园区以重点企业的"链主型"供应链和基于现代信息技术的"平台型"为核心，持续提升园区钢铁产业供应链现代化水平，着力构建安全、可靠、高效的现代钢铁供应链体系。多年来园区物流服务方式开始逐步向定制化、个性化等新型需求渗透，服务范围向供应链一体化延伸。

（一）推动产业深度融合，促进产业链延伸升级

园区推动物流与产业深度融合，强化科技赋能钢铁产业，做强做优产业链供应链，着力打造高层次创新平台，积极推动产业链供应链迈向高端化、智能化、绿色化，提升经济发展质量和效益，并探索出一套适合本行业本土化的运营模式——"互联网 + 钢铁"供应链，依托真实库存，促进五大实体循环、可持续发展。

平台建设对于整个钢铁产业链同样有着深远的影响。对于上游钢厂而言，可以逐步推动"以销定产"政策的落地，减少钢厂库存积压，加快货物和资金流转周期。对于仓储企业而言，通过 ERP 云端仓储管理系统，可以缩减仓储占地面积，提升管理效率和运营效率。对于贸易商而言，可以有效减少贸易商的采购成本和经营成本，降低经营风险。对于运输企业而言，利用智能调度系统可以减少运输车辆的空载空等时间，并且提高新能源汽车的普及率和运输频率，达到"绿色运输、环保物流"的发展目标。对于终端用户而言，海量的信息资源可以满足用户多样化选择，真正提供一站式的服务。

（二）提升园区服务能力，建设国际钢贸物流园

园区不断完善服务功能，注重提升服务品质。目前园区除了提供运输、仓储、流通加工、配套服务等基本功能，还向往来货运司机提供休闲健身、停车安保、货运信息查询、车辆应急维护等"8 + N"免费服务，使入驻园区的客户享受到"一站式、一条龙"的服务。园区还建有面向大众、服务社会的加油站、加气站、检车站、充电桩等汽车后市场。

除了日趋完善的住宿、超市、餐饮、洗浴、休闲娱乐、物业等增值服务设施，园区的基础作业设施设备也不断增加。园区现拥有大型吊装设备125台，数字电子衡3台，日装卸能力达50000多吨，仓储利用率达98%。拥有27000平方米的大型停车场，可容纳1000～1500辆大型货运车。

同时，园区自2020年到2022年，与包头市九原物流园区强强联合，充分发挥各自优势，共同组织开行铁路班列180列，其中国内铁路开行50列，中欧班列开行110列，为园区进一步发展多式联运业务、提升园区辐射能力奠定了坚实的基础。目前园区主要服

务内蒙古、山西、陕西、甘肃、宁夏、青海、西藏、新疆等西部地区，辐射了京津冀、环渤海、东三省、江浙沪等国内主要经济区，并通过满都拉口岸和中欧班列将业务拓展到了蒙古国、俄罗斯乃至欧洲。

（三）完善重点企业业务，延伸产业链服务功能

园区钢铁产业链不断延伸，现包含交易、仓储、流通加工、配送、金融等功能。截至目前，园区内重点企业共有 9 家，其中包头市中远贸易有限公司、钢棒棒电子商务有限公司、内蒙古旭林贸易有限责任公司、内蒙古普阳贸易有限公司、内蒙古顺丰源机械加工有限公司共 5 家企业负责仓储配送和交易；而内蒙古运钢网络科技有限公司和内蒙古东翔物流有限公司仅提供与物流配送相关的服务；欧冶云商股份有限公司则提供金融服务；南储仓储管理集团有限公司提供智慧仓储和金融业务。

钢铁流通加工方面，园区现有 4 家卷板开平厂，18 家剪切、折弯厂，4 家 C 型钢加工厂，5 家彩钢板厂；设有专门的加工区，提供板材的开平、剪切及成型冲压、折弯等基本的加工服务；同时引进大型加工企业，以便更好地满足终端客户个性化定制的加工需求。园区粗放型加工与精细化加工同时服务，不断完善产业链服务功能。

（四）统筹新冠疫情防控，发挥物流园模范作用

在新冠疫情暴发时期，园区根据自身特点，因地制宜制定实施科学合理的防控措施，有效保障了园区正常运行。园区依据入驻人员集聚多、来源复杂的特点，切实做好疫情防控工作，最大限度减少人员流动、切断疫情传染源，保障人民群众生命安全，保证企业正常生产运营，做到科学有效防控，并且推出了一套行之有效、适合园区的《疫情防控办法》，形成了场所消杀到位、人员流动管控到位、出入人员体温检测到位、带班管理人员值守到位、经营业主疫情防范职责履行到位、疫情防范程序到位的防疫办法，并且该套防疫办法成为包头市同行业疫情防控的效仿模板。同时园区指导 300 多家入驻商户开展复工复产的日常防疫工作，将疫情防控工作风险尽可能地降到最小。

近年来，园区始终秉承服务、创新、担当、卓越的理念，勇于承担社会责任，致力于社会公益活动。2016 年，园区举办给困难家庭春节送温暖的暖心活动；2017—2019 年，制作以"低碳、环保"为主题的花灯。2018—2022 年，园区为社会各地捐款近 40 万元，全面展现了一个现代模范物流园区应有的担当，为其他物流园区树立了榜样，也发挥了模范物流园区的带头作用。

四、发展方向与未来展望

（一）发展方向

完善园区服务功能。园区将持续推进二期项目的建设（总占地面积 0.2 平方千米，总建筑面积 8 万平方米），配备机械臂、智能机器人等智能化设备，完善服务功能，形成

钢铁粗加工（包括钢铁的开平、剪切、折弯、冲压、焊接等）企业的集聚效应。

扩容仓储面积。虽然园区的空间有各种条件约束，但在不影响其他业务的情况下，尽可能地扩容仓储面积，建设完成30万平方米的室内公共仓，提升仓储服务的质量，满足不同客户的仓储需求。

开展统仓共配业务。园区将利用智慧化平台，打造专业化配送中心，开展钢铁全产业链统仓共配业务，实现供、销、配、存、运一体化。

强化多式联运业务。园区将建设铁路专用线和多式联运中转设施，加强多式联运"最后一公里"公路运输向铁路运输转移，完善多式联运全程服务规范，探索推行"一单制"联运服务。推动实现"公转铁""散改集"，助力碳达峰、碳中和。

持续坚持绿色发展。园区将不断优化充换电站、充电桩及制加氢站等基础设施布局，重点推广氢能重卡新能源车辆的应用，进一步推动原有仓储设施的绿色化升级改造。未来，园区将把绿色物流贯穿到供应链全链条之中。

（二）未来展望

未来园区将继续依托包头市作为生产服务型国家物流枢纽承载城市的区位优势、人口优势、资源禀赋等条件，以智慧化平台为载体，以服务呼包鄂乌为核心，覆盖内蒙古地区，联动晋陕宁，辐射全国，联结蒙古国、俄罗斯等地区，整合国内外优质资源，进一步打造更加全面、先进、高效率的钢铁全产业链物流平台。并且园区将以打造智慧园区为目标，不断完善内蒙古运钢平台，推动运输服务、场站设施等物流资源要素的数字化改造、在线化汇聚和平台化共享，大力推进智慧运输、智慧仓储、智慧供应链管理等智慧化应用场景落地生根。

"十四五"时期是园区发展的关键节点，园区将以碳达峰、碳中和为目标，引领绿色物流发展，大力应用绿色低碳运输工具，加强物流基础设施的绿色化升级改造，提升智慧化水平，强化多式联运业务，以物流绿色化带动供应链全链条绿色低碳发展。

（撰稿人：王霞）

辽宁省德邻陆港物流综合产业园

平台赋能，技术革新，打造现代钢铁供应链服务体系

鞍山被誉为我国的"钢都"，地处辽中南工业区腹地，矿产资源丰富，铁矿及镁矿储备均居全国首位。辽宁省德邻陆港物流综合产业园（以下简称"园区"）坐落于此，北距沈阳89千米，南距大连300多千米，距营口鲅鱼圈港125千米，距沈阳桃仙国际机场80千米，战略地位重要，建设区域性物流枢纽优势明显。

长期以来，东北区域物流业供需信息不透明、车货匹配难度大、协同效率低。针对以上痛点，园区运营主体德邻陆港供应链服务有限公司（以下简称"德邻陆港"），积极打造"全链条、一站式"钢铁智慧供应链服务平台，加快整合物流资源与信息资源，推动物流服务网络建设，打造供应链"点线面体"服务体系，逐步形成具备网络货运、公铁海多式联运、物流园区、电子商务、客户信息化解决方案、供应链金融等功能的一站式集成服务基地。不仅有效降低了鞍山钢铁的物流成本，提高了服务响应速度，提升了钢铁产品市场竞争力，又有力拓展了外部市场，实现了产业转型升级和发展方式"由内及外"的全新转变。

一、园区概况

（一）运营管理单位

德邻陆港成立于2016年8月，原隶属于鞍钢汽车运输有限责任公司（以下简称"鞍钢汽运"）。2017年，鞍山钢铁集团有限公司（以下简称"鞍山钢铁"）开展了德邻陆港股权收购工作，2018年，德邻陆港成为鞍山钢铁旗下的全资子公司。2020年9月，德邻陆港推进市场化改革，重塑组织架构，推动经营机制变革，被授权对鞍钢汽运和德邻智联（鞍山）有限公司（以下简称"德邻智联"）实施委托管理。2022年3月，德邻陆港设立钢铁电商事业部和大宗与循环事业部，全面承接德邻智联原有业务。2022年12月，德邻陆港顺利完成了对本溪钢铁（集团）国贸腾达有限公司（以下简称"腾达公司"）的资本整合工作，现代供应链线上平台、仓储物流、供应链服务优势与海运业务、港口服务业务优势得以充分结合，补链强链延链作用进一步发挥。德邻陆港定位于钢铁产业现代智慧供应链服务企业，自主打造了德邻陆港智慧供应链服务平台，面向鞍山钢铁及

社会开展电子商务、贸易、供应链金融、仓储配送、钢材加工、公铁海多式联运、信息及资讯服务等业务，提供供应链"全流程、一站式"服务。公司注册地址位于鞍山市铁西区鞍刘路3号，现为辽宁省智慧园区示范企业和辽宁省服务型制造示范企业。2022年，公司销售收入突破200亿元。

德邻陆港自组建以来，获得了全国物流行业先进集体、全国5A级物流企业、全国5A级网络货运平台等多项认证。同时，德邻陆港还被国家工业和信息化部、交通运输部批准成为国家"工业互联网平台+供应链协同解决方案"及首批"无车承运人"试点单位，并作为主要起草单位参与制定5项行业和团体标准，企业品牌影响力和行业地位得到显著提升。

（二）服务模式及运营模式

园区以智慧物流业务、供应链服务业务和线上交易业务为主导，并以此延伸信息服务、数据服务、后市场服务等其他增值服务，构建形成整个钢铁产业现代供应链服务生态圈。其中供应链服务业务和线上交易业务形成规模入口，智慧物流业务对供应链服务业务和线上交易业务提供基础设施支撑和能力保障，打造"供应链+物流""交易+物流""物流+金融""物流+贸易""物流+车船后市场""指数物流"等多种服务模式，进一步丰富业务生态，集成上下游客户，打造"互利共赢、开放共享"的供应链生态圈。

园区由德邻陆港开发、建设、运营、管理，并通过德邻陆港自主研发的智慧供应链服务平台，集成物流、交易、供应链、信息与咨询服务，将平台经济融合在传统业务之中；通过量价互换降低上游采购成本和下游流通成本，构建相对稳定的客户群体，实现整体效益最大化。

（三）规划建设情况

园区整体位于鞍山达道湾工业园区，共分四个功能区，分别为综合产业区（集装箱场站、露天堆场、加油站、加气站、停车场、办公区、食宿洗浴等综合服务，占地面积14.09万平方米）、综合储存区（露天堆场、停车场，占地面积11.01万平方米）、物流贸易区（室内仓、露天堆场、钢材剪切加工线、现货交易中心、停车场、食宿洗浴等综合服务，占地面积21.91万平方米）和暂存堆放区（露天堆场，占地面积9.27万平方米）。毗邻鞍山钢铁，地处沈阳经济区和辽宁沿海经济带黄金分割点，距离沈海高速入口3.2千米，区域内有202国道等主要交通干线。园区距离营口港140千米，灵山铁路货运站15千米。依托良好的区位优势和交通条件，已具备在以鞍山为中心300千米半径内，24小时内"门到门"送达的能力。

园区规划占地面积共55.62万平方米，其中物流运营占地面积33.50万平方米，包括已建成集装箱堆场面积2.23万平方米，已建成大宗散货堆场面积20.67万平方米，已建成库房建筑面积10.6万平方米。实际投资总额6亿元，其中智慧物流投入17038万元。

（四）服务能力

园区主要经营业务有：电子商务、钢材贸易、供应链服务、技术咨询与服务、公铁海运输及多式联运、货物仓储、钢材剪切加工、成品油销售、汽车销售、汽车后市场服务等。

供应链服务业务：园区依托于国企与钢厂背景，发挥在平台、资金、资源、货权控制等方面的优势，为社会客户（主要为钢材终端消费企业）提供钢材代订和金融服务。业务品种包含钢坯、热卷、冷卷、螺纹、汽车钢等多个品类，业务范围覆盖华东、华南、东北等地区的 18 个省、4 个直辖市，现有上游合作钢厂 12 家、下游合作客户 670 余家，完全为三方业务。

线上交易业务：园区利用德邻陆港智慧供应链服务平台，开展钢铁产品现货、期货线上销售业务和水渣、废次材等循环物资及化工产品的线上处置业务。2022 年完成平台交易量 2636.84 万吨，新增注册客户 7000 余家。

物流业务：园区自有运力 1600 余台，为鞍山钢铁鞍山及鲅鱼圈基地提供保产运输服务及销售物流汽运服务；为鞍钢集团朝阳钢铁有限公司提供销售物流陆海联运服务；为社会客户提供公铁海多式联运服务。2022 年完成运量 7153.95 万吨，其中社会物流运量 421.87 万吨。

仓储方面，目前已在全国布局 100 多家协议仓储库、10 多个协议仓储码头，构建了互联互通的物流网络。2022 年完成仓储吞吐量 2245.80 万吨，较 2021 年增加 22.26%。

汽车商贸与后市场服务业务：依托园区及"司机之家"项目，为鞍山钢铁及社会客户提供成品油销售、整车销售、汽车配件及轮胎销售、汽车检测、保险、理赔等业务，在区域内具有一定品牌影响力。

（五）运营管理及社会贡献

2022 年，园区大宗散货吞吐量 831 万吨，集装箱吞吐量 3.303 万标箱，快递包裹收发量 1.05 万件。园区运营管理单位营业总收入近三年逐年攀升，2022 年营业总收入达 2014326 万元，上缴税收总额 6564.35 万元。园区含加气站 1 个，太阳能光伏发电面积 2000 平方米，已建立安全管理体系，安全生产事故 0 件，全年连续安全生产。

二、主要做法

（一）全面推进"平台型"供应链服务模式创新

园区以大数据、云计算和移动互联等高新技术为纽带，充分发挥平台经济产业规模化、专业化、集约化的优势，对内保障钢铁主业，降低内部物流成本，通过优化整合相关资源，实现产业链向外延伸；对外通过与战略投资者和国内知名企业的合资、合作，协调优化产业结构布局，实现制造业与物流业、物流业与金融业、内部市场与外部市场的联动发展。

依托德邻陆港自主搭建的智慧供应链服务平台，园区在服务于钢铁主体基础上，推进供应链服务产业化发展，积极培育"全流程、一站式"服务模式，见图 1，形成自身独特的差异化核心竞争优势，构建"线上＋线下"融合发展、双轮驱动的产业新格局。

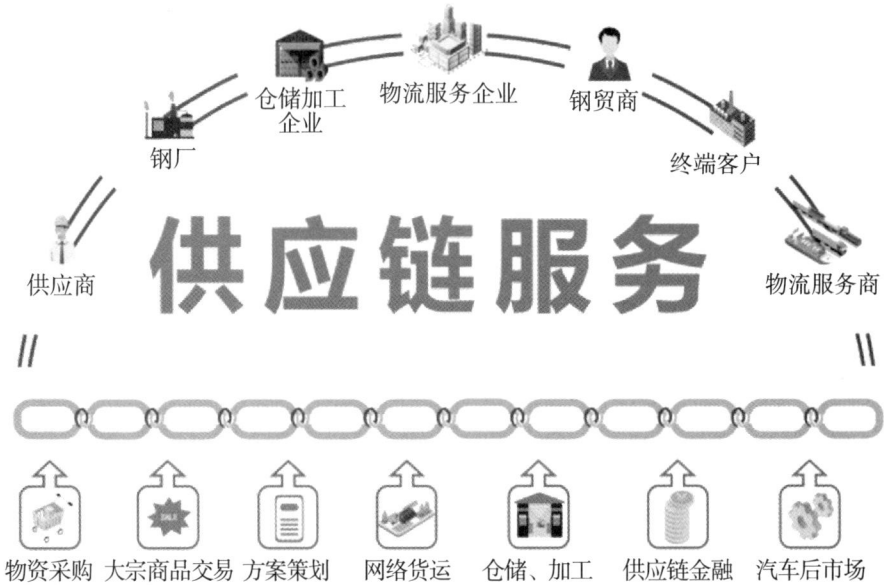

图 1　德邻陆港"全流程、一站式"服务模式

一是以客户为中心进行产品创新。基于生态圈用户的差异化需求，园区以满足中小微和终端客户为出发点，积极开发满足多样化市场需求的服务产品，形成了德邻畅途、德邻云仓、德邻 e 钢、德邻循环、德邻化工、德邻监管、德邻加工、德邻供应链融资等具有德邻特色的产品集群，有效增强了用户黏性，实现了降本增效。

德邻畅途网络货运平台，保证了业务的线上融合贯通，实现了资源共享和数字化运营，为货主和司机提供全方位定制服务，追溯整个订单的运行轨迹，第一时间接收订单发货量、成交量等信息，实时监控货物在途运输情况，并为货主与司机间打通高效沟通渠道，实现移动化办公（见图 2）。园区依托德邻畅途网络货运平台（国家 5A 级网络货运平台）强大的资源整合能力，现已开辟陆海、公铁等多式联运方式，配送区域已覆盖华北、山东、东北、华东等地，能较好地满足全国各地钢铁贸易客户的需求。

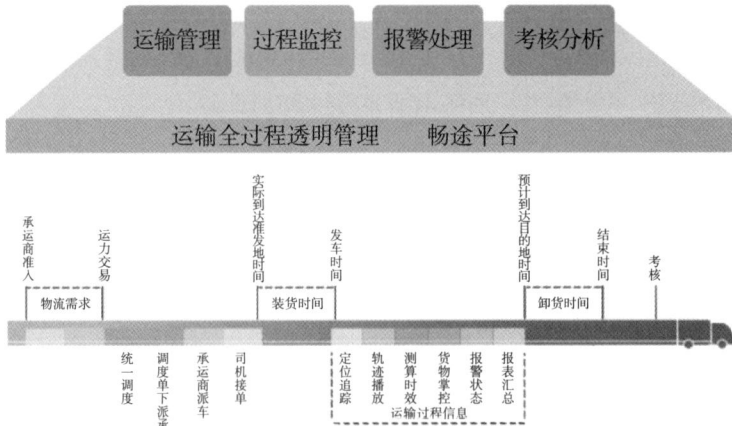

图 2　德邻畅途网络货运平台服务流程

在金融端,通过德邻 e 宝(见图 3),可以在线结算并嵌入供应链平台,目前已同中国建设银行、平安银行等 10 余家金融机构围绕授信、结算、风控等业务开展合作。

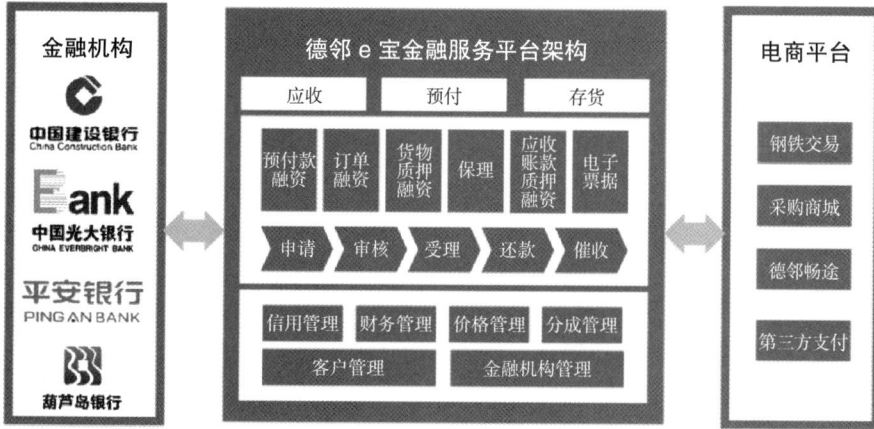

图 3 德邻 e 宝平台架构

在销售端,通过德邻钢铁、德邻循环、德邻化工线上交易平台,可以实现钢材、循环物资、化工品、矿产品等在线竞价交易,为委托客户拓宽了处置渠道,增加了可观收益。德邻钢铁共有注册客户 4 万余家;德邻循环 2022 年销售循环类物资 1255.65 万吨,交易额 12.22 亿元,为委托单位多创效 1.54 亿元;德邻化工 2022 年累计销售化工产品 14.22 万吨,交易额 4.45 亿元,为委托单位创效 1007.02 万元,现已成为东北最大的循环物资销售平台。德邻循环平台服务模式见图 4。

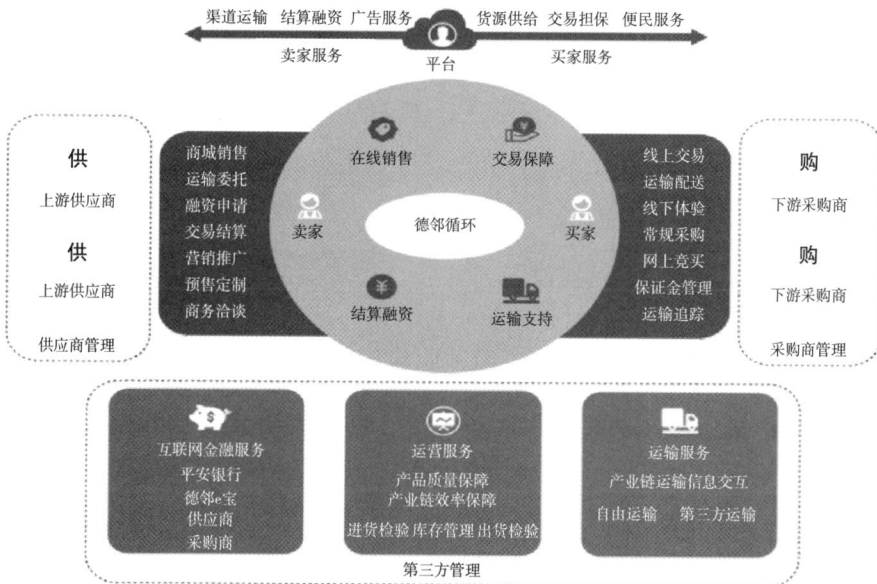

图 4 德邻循环平台服务模式

二是推动终端采购管理升级。园区推进钢铁供应链互联互通，努力搭建钢厂和用户间的桥梁纽带，促进上下游高效协同。通过为终端用户提供现货采购、物流配送、钢材资讯服务，帮助提升钢材采购效率、降低钢材备货库存、增强选材用材能力。

三是提升服务资源利用效率。德邻云仓平台连接超过100家钢材仓库、近2万辆承运车辆、700余家社会承运商。通过供需优化配置和服务模式创新，实现了资源的精准匹配和效率的大幅提升。

截至目前，园区已形成多品种、跨区域的大宗商品市场服务架构，产业供应链贯穿采购生产、销售、加工、物流等各环节，具备了为产业链用户提供综合解决方案的能力。可以针对不同客户群体提供定制化的服务产品，满足多样化的客户需求。同时，专业、多层次的风险控制手段，有效确保了全流程交易和服务的真实、安全。

（二）全面拓展多元产业链条

园区积极推进"全流程、一站式"服务体系，不断延伸产业链条，广泛联结生态圈各方参与者，通过运营模式创新，深度对接供应链上下游参与者，深化业务联动，实施多元创效，初步构建了钢铁产业现代供应链新生态。

园区积极发挥德邻陆港智慧供应链服务平台的"引流"作用，将物流园区与贸易、金融、仓储、加工、物流电子商务、汽车后市场等融合贯通，持续构建"全流程、一站式"服务体系，为钢铁产业供应链效率提升、成本降低和经营质量改善创造价值。

1. 拓展物流方式，丰富平台功能

以园区为基点，大力推进仓储布点，为市场开发提供前沿支撑。目前，业务覆盖东北、华北、华东、华南区域共18个省、4个直辖市。

积极拓展德邻云仓平台功能，将自主研发的物联网监管仓和数字化电子围栏技术，广泛应用到自营库、协议库、监管库及港口协议码头当中。德邻云仓平台实现了园区自有仓库和协议仓库的全覆盖。通过"云仓储"平台的数码监控、畅途车辆跟踪、智能园区管理、加工流程跟踪等功能，客户可在手机微信端收发货物、查询信息等。另外，超高清远程智能监控可随时为客户传递货物信息，客户足不出户便可以了解货物的物流动态，让物流变得更加可视透明。

2. 推进服务型智慧物流园区建设

从智慧物流园区建设入手，以智能化、透明化为抓手，以高效便捷为目标，充分借鉴国内先进企业的成功经验，不断完善线下园区服务。目前，园区已具备住宿、洗浴、就餐、加油、车辆修理、备件销售及停车休闲等多种功能。除了这些基础服务外，园区"司机之家"为方便司机等待和提货，还特别重点建设了德邻陆港智慧园区平台（以下简称"德邻智园"），见图5。

德邻智园以"互联网＋园区"为引导，融入物联网、云计算、人工智能、大数据等现代计算机技术，结合智能硬件设备和物联网设备对传统物流园区进行信息化改造，实现了仓储、配送、加工协同一体化。德邻智园平台自上线以来，实现智能预约：车辆有序入园，无拥堵；智能闸口：闸口自动开启，超便捷；智能大厅：自动排序叫号，更贴

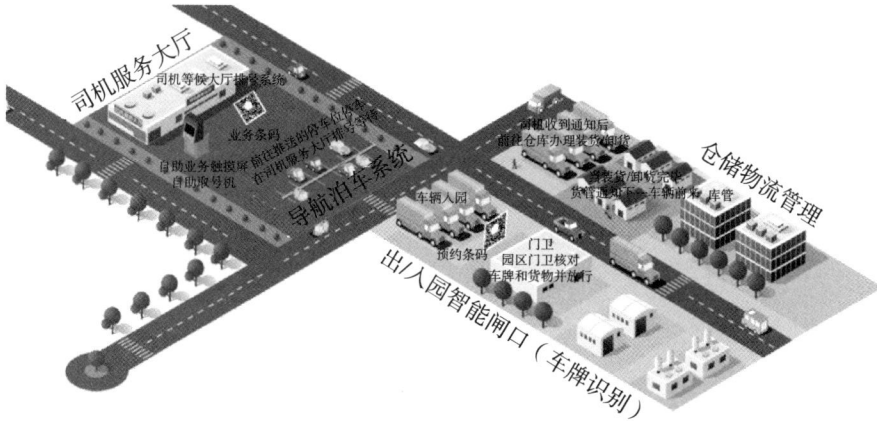

图 5　德邻智园平面效果

心；智能监控：库房货物跟踪，稳放心；车辆导引：精准路线指引，不迷路；消息推送：作业进度情况，尽掌握。这些功能给客户带来了更加方便的用户体验。此外，德邻智能终端还可以做到：自助取单，不求人；作业排序，超便捷；出单分流，压力小；节约成本，效率高。

德邻智园依靠前期在园区管理方面积累的丰富经验，结合智能硬件设备和物联网设备，对传统物流园区进行全面信息化改造，升级了智能化现场管理、自动配单、仓容管理、在线预约、快速货位变更等业务和管理功能，既缩短了流程、节约了时间，又确保了货物安全，见图6。

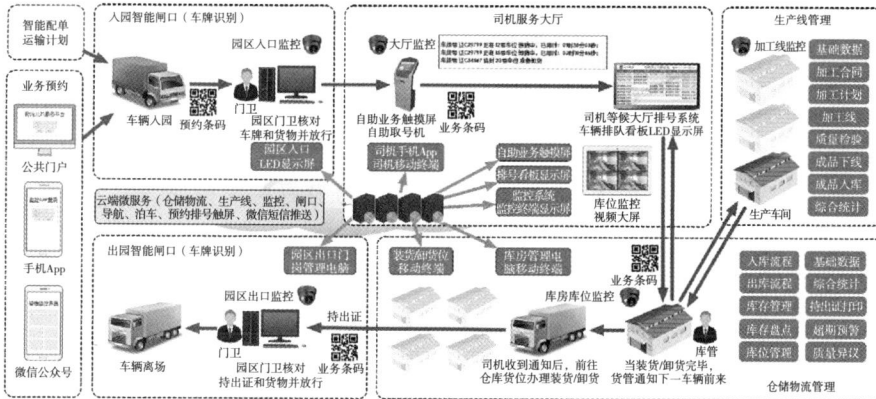

图 6　德邻智园总体蓝图

（三）全面推进技术革新，实现开源节流

1. 积极实施车辆轻量化改造

园区结合企业生产实际，对自有30台长途重型货车实施技术改造，每辆可减重3吨，用于卷板和钢坯的集港运输任务。同时启用35台新型空气悬挂栏板半挂车，该批栏板半挂车的悬挂装置为气囊支撑结构，采用轻量化技术，同旧挂车相比，单车油耗下降2升/

百公里，降幅达5.4%，大幅降低了运输成本，实现了作业效率和经营效益的双提升。

2. 自主研发可层叠钢卷卷架

为有效减少车辆作业等待时间，园区自主设计了新型可层叠钢卷架，见图7。与原有结构相比，此种钢卷架的结构设计更为合理，层叠后占用空间较小。在不超限的情况下，单车可装载钢卷架80件，可以一次解决40台半挂牵引车的钢卷架回程运输问题，大幅提高运输效率，有效缩短鞍山至鲅鱼圈往返运输时间约1小时。目前，该新型可层叠钢卷架已量化制作，使单车每次运输作业流程减少行驶运距10千米左右，可节省燃气3.5千克，规模化运输全年累计节约天然气171500千克，减少二氧化碳排放量为488775千克，年创效112万元。

图7　可层叠钢卷架

3. 大力发展新能源清洁运输

园区抓住行业"绿色物流"发展趋势与"清洁运输"的政策契机，通过租购并举方式，共更新92台纯电车辆用于短途清洁运输，每年可节省柴油消耗550万升，有效减少碳排放1.5万吨，实现了燃油重卡向电动重卡的升级换代，全面助推创建环保绩效A级钢铁企业。同时结合市场实际，统筹设计新能源项目。目前，园区新能源业务已在鞍钢股份鲅鱼圈钢厂建设安装两个换电站和12个充电桩，在朝阳钢厂建设安装20个充电桩，充换电设施占地面积超6000平方米。

（四）全面构建公铁水联运通道

拓展联运方式，最大限度地利用铁路、水路的环保及成本优势，充分发挥不同运输方式的整体优势和组合效能，有力推进钢铁物流集约、高效和绿色发展。目前，园区共开发汽运线路400余条，海运线路200余条，全面助推鞍山钢铁高质量钢铁生态圈的建设。

积极整合鞍钢股份有限公司销售物流海运执行业务和港口服务业务，并将鞍钢营口港务有限公司纳入德邻陆港管理，加速鞍山钢铁内部物流业务资源向平台集聚；补齐海运短板，全面构建公铁水联运通道，协同钢铁主业打造综合物流成本更低、效率更高的"智慧物流""绿色物流"，增强现代供应链产业发展实力。

以德邻陆港和腾达公司的专业化整合为起点，实现了平台、金融、汽运、海运、仓储与港口服务的全面协同；大力推行"两港一航"业务新模式，与相关港口间开通直达航线，并推动企业与港口签订合作协议，在港口端为企业提供更加便利快捷的物流服务，提升主航线运输效率；积极探索"班列＋班轮＋企业化码头"联运方式，为鞍山钢铁和本钢集团提供专属的定制化服务；大力拓展通化钢铁股份有限公司、建龙西林钢铁有限公司等钢厂海运业务，积极开展海运物流金融、"船后市场"、港口服务等新业务，打造新的效益增长点。腾达公司海运业务平台见图8。

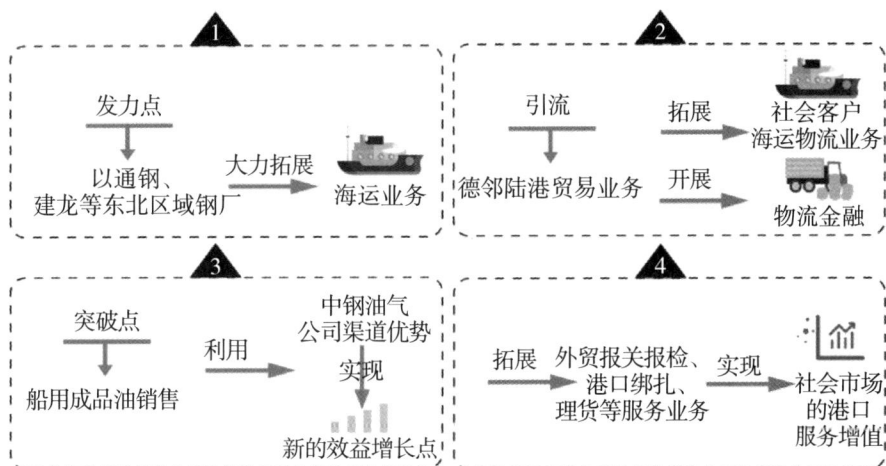

图8　腾达公司海运业务平台

三、示范特色

园区依托于德邻陆港智慧供应链服务平台，实现了模式创新、组织创新和技术创新，在促进物流业转型升级、节能减排、提升商贸流通效率以及促进区域经济的蓬勃发展方面发挥了积极作用。

（一）推动产业转型，构建供应链服务"新模式"

园区在服务钢铁主体基础上，构建线上线下融合发展的产业新格局。一是以客户为中心进行产品创新，搭建智慧供应链服务平台，在货运端、仓储端和金融端应用信息技术手段为客户提供钢铁供应链数字化服务，形成了德邻畅途、德邻e钢、德邻循环等产品集群，实现了线上交易业务溢价率大幅提升。二是开展公铁海和集装箱场站多式联运，有效利用铁路、水路的环保及成本优势，充分发挥多式联运业务的整体优势和组合效能，推进钢铁物流集约、高效、绿色发展。三是积极开展燃油（气）销售、汽车检测、乘用车维修、保险理赔等车（船）后市场业务，构建了产业联动的多元业态。

（二）积极开发市场，拓宽高质量发展"新路径"

园区以深挖市场"活水"，延伸产业链条，促进打造高质量物流生态圈为原则，首先是加快推动物流线路布局，开发汽运线路 400 余条，海运线路 200 余条；其次是大力推进全国仓储布点，在全国重要节点城市布局 100 + 协议监管库和 10 + 港口协议码头，业务覆盖东北、华北、华东、华南区域共 18 个省、4 个直辖市；最后是着力开发社会市场，积极拓展外部业务，社会客户超 800 家，社会市场收入占比超 70%，社会市场利润占比超 50%。

（三）完善功能建设，打造综合服务型"新园区"

在服务能力方面，随着园区加油站、LNG 加气站、汽车检测线、停车场、检修车间、重汽 4S 店、餐厅、浴池及宿舍等基础设施的陆续投入使用，园区已经具备全方位综合性服务功能，可满足社会客户及个体司机办公、加油、检修、餐饮、住宿等诸多需求。目前，园区吸引多家企业客户入驻，并被中国公路学会评为国家 5A 级"司机之家"。

四、发展方向与未来展望

园区以降本、提质、增效为目标，致力于打造成为钢铁产业一站式现代供应链服务平台。到 2025 年，园区计划实现智慧供应链服务平台迭代升级及国内物流网络优化布局，初步构建多元产业生态，园区发展实现由规模数量型向质量效益型转变；到 2035 年，园区计划线下协议仓储库实现"千仓计划"，经营体量突破千亿级，形成产业"全流程、一站式"独特竞争优势与核心服务能力，打造行业引领、开放共享的钢铁产业现代供应链生态圈。

一是持续构建全链条服务体系。园区将进一步发挥电商平台的"引流"作用，将贸易、金融、仓储、加工、配送业务优化融合，将电子商务、物流园区、运输车队纵向贯通，形成"全流程、一站式"服务体系，为钢铁产业供应链效率提升、成本降低和经营质量改善创造价值。

二是加快营销网络布局。依据区域销售形势及市场需求，加快在华南、华东地区物流园区、协议仓储库和港口协议码头布局，将已成熟的仓储、加工、配送、供应链等服务功能复制至区域市场，逐步形成线上互联互通、线下联动经营、业务覆盖全国的营销新局面。

三是积极构建腾达公司海运业务平台。以专业化整合为起点，实现平台、金融、汽运、海运、仓储与港口服务业务的全面协同，增强核心业务能力；坚持数智化引领，构建线上线下一体化运营的海运业务平台，为鞍山钢铁和本溪钢铁提供专属定制化服务。

四是完善物流配送网络。通过不断整合社会车辆和物流承运商，推进运输专线的提档升级，优化配送组织方式，确保"港到门""门到门"服务有力落地。同时持续围绕供应链提升科技服务能力，增加解决物流方案的科技含量，推动大宗商品配送绿色化发展，推进清洁运输体系建设。

五是充分发挥平台效能。加速德邻 e 钢三方平台的功能建设；发挥资源优势和品牌优势，全力聚拢产业链上下游资源，积极推动区域内中小钢铁贸易企业、加工企业与终端客户上平台，实现交易品种、交易量和交易额的新突破。

（撰稿人：王锋，王诤，邵林，郭家铭）

辽宁省海城市西柳物流园区

管理创新，外贸拓展，构建现代物流新的"西柳大集"

辽宁省海城市西柳物流园区（以下简称"园区"）坐落在辽宁省鞍山市海城市西柳镇。海城市隶属于辽宁省鞍山市，位于辽东半岛腹地。服装纺织产业是海城市支柱产业之一，也是海城对外开放的名片。西柳镇归属辽宁省鞍山市海城市管辖，地处辽南沿海联结东北内陆的关键节点，位于沈阳、大连、营口三个自由贸易试验区辐射中心，是北方"一带一路"跨亚欧大陆桥"辽蒙欧""辽满欧"通道上的重要门户。西柳镇因市而兴、因商而立，是享誉全国的商贸名镇。近年来，西柳镇先后被评为国家特色小镇、中国裤业名镇、中国棉服名镇等称号。

西柳服装市场集群占地4.5平方千米，共有8个单体市场，摊位2.3万余个，经营从业人员6万余人，市场经营服装、面料、辅料、家纺、小商品等40大类2万余种商品。围绕西柳市场集群，在本地及其周边形成了以裤装、棉服、大码女装、时尚女装和童装为主打产品的特色纺织服装产业集群。随着西柳服装市场集群的蓬勃发展，西柳物流产业与服装产业互相辅助，共同发展。园区作为西柳物流产业的重要组成部分，有助于企业实现资源整合、优势互补，在西柳服装产业中发挥着重要的支撑和推动作用。

园区在全国物流市场中首创了统一限价、统一计量、统一票据、统一交费、统一理货的"五统一"管理模式，对所有入驻园区的运输企业实行有效监管，对所有进出线路的运输企业在政府限价范围内实行一线多家、公平竞争，园区已经成为辽南地区商贸物流的集散中心。

一、园区概况

（一）运营管理单位和园区基市情况

辽宁西柳商贸物流集团有限公司（以下简称"公司"），成立于2021年12月16日，注册资金4500万元。公司下设两个子公司，一个为全资子公司：西柳祥禄物流园区市场管理（辽宁）有限公司，成立于2022年1月26日；另一子公司为海城市西柳运输服务有限公司。园区隶属辽宁西柳商贸物流集团有限公司，属于商贸服务型物流园区。

公司主营业务包括传统物流、国际物流、易货贸易和市场采购贸易试点四大板块，涵盖货物仓储服务、装卸和搬运、货运代理、市场摊床租赁，园区内物业管理、房屋和场地租赁以及货物和技术进出口业务等各个领域。园区以西柳市场采购贸易方式试点外贸新业态为契机，为外贸企业提供报关、报检、保税、海港及陆路口岸通关服务，形成完整的外贸综合服务体系。

目前，园区内入驻企业物流业务年收入达 35 亿元，年货物吞吐量突破 165 万吨，年营业收入超过 2 亿元的物流企业有 3 家，超 5000 万元的企业有 12 家。园区有门户网站、信息管理和服务平台，平台网页级别（PR 值）≥1.0。园区入驻企业自有车辆达 50 余台，日货物吞吐量 5000 余吨，每日进出园装卸货车辆 180 余台次。在企业资质方面，省级物流企业 6 家。

（二）立项背景

园区以建设"开放、时尚、魅力、繁荣新西柳"为发展目标，采取以市场为导向、以企业为主体，突出协调发展、信息化带动、连锁化经营的运营模式，在发挥行业监管职能，做好货运市场建设运营和服务管理的同时，充分利用西柳镇区位、交通、资源和商贸等方面的优势，全面整合社会物流资源，加速推进传统物流提档升级，通过国际易货贸易新发展战略，积极融入国内国际双循环的新发展格局，构建现代化的快递物流基础设施和公共信息平台，推进商贸物流和智慧物流的整体发展，形成多层次、社会化和专业化的快递物流支撑体系，努力将西柳物流产业打造成继沈阳、大连、盘锦节点物流之后的又一前沿支撑点物流项目，将西柳物流产业做大做强。

园区商贸资源优势突出。西柳及其周边中小镇、感工镇等地拥有纺织服装企业约 8700 家，拥有纺织服装设备约 20 万台套，纺纱、织布设备 1.2 万余台套，印染设备 2000 台套，服装加工设备 16 万台套。产品覆盖了服装服饰类、家纺类、医疗卫生类、交通类四大类和十小类之多，其中以裤装、棉服及大码女装、时尚女装和童装为主打产品，各类服装产销量 7.5 亿件（条），其中裤装年产能为 3.5 亿条，棉服生产能力达 2 亿件，年纺纱产能 3.5 万吨，织布染整能力 4.3 亿米，拥有雄厚的商贸资源优势。依托商贸资源，西柳已发展西柳中国商贸城、辽宁西柳·义乌中国小商品城等各类专业商场 10 余个，总占地面积超 300 万平方米，拥有商铺超 25000 个，网店商铺超 1000 家，市场交易额超 800 亿元，线上交易额超 100 亿元。

（三）区位交通

园区位于辽宁省鞍山市海城市西柳镇，北距沈阳 130 千米、鞍山 40 千米，南距大连 240 千米，西距北京 625 千米，东距丹东口岸 220 千米，是沈阳经济区和沿海经济带的交会点，周边沈大、京丹、盘海营等高速公路和哈大高铁、盘海营高铁、沟海铁路、长大铁路等纵横交错，桃仙、周水子等国际机场和大连、营口、鲅鱼圈、丹东、锦州等港口近在咫尺，是北方"一带一路"建设中辽满欧、辽蒙欧、辽海欧三大通道的重要门户，拥有得天独厚的区位交通优势。

（四）规划建设情况

园区建设总投资 9.4 亿元，规划面积 51.1 万平方米，实际占地面积 51.1 万平方米，运营面积 40.4 万平方米，仓储面积 20.3 万平方米，其中库房面积 15.4 万平方米，堆场面积 4.9 万平方米。

园区分为一、二两期建设。其中，园区一期为大型传统物流园，于 2009 年建成并投入运营，总占地面积 12 万平方米，建筑面积 3 万平方米，总投资 1.2 亿元。业务范围涵盖货物仓储、搬运装卸、档口租赁、物业管理、房屋场地租赁等各项配套服务。园区一期入驻的 72 家本土物流企业现已开拓国内运输线路 666 条，辐射面覆盖全国 31 个省、自治区、直辖市。

园区二期定位为大型国际物流园区，于 2018 年 4 月 20 日开工，总占地面积 21 万平方米，总建筑面积约 12 万平方米，分为 A、B 两个区，其中：A 区占地 11 万平方米，建筑面积 7.5 万平方米，建设内容包括：卸货区、理货区、智能停车场、信息化综合服务办公楼、配套商铺等；B 区占地 10 万平方米，建筑面积 4.7 万平方米，建设内容包括快递分拣中心、保税仓库、配套商铺等。园区二期保税仓和常规仓已投入运营，并以西柳市场采购贸易方式试点外贸新业态为契机，依托西柳海关监管场所，为外贸企业提供货运代理、报关、报检、保税、海港及陆路口岸通关服务；园区二期同步配件有大型快递共配中心一处，已入驻邮政、圆通、申通三家国内大型快递分拣中心，日快递收发分拣量超 190 吨。

园区服务功能主要分为四个部分：一是基础服务，包括智能运输、智能仓储、货物分拣、装卸搬运等。二是信息服务，包括智能仓储、运输管理、同城配送、仓单质押、一卡通结算、车货跟踪、货物保险、平台承运、快递分拣等。三是增值服务，包括报关通关、保税仓储、贷款结算、出口监管、客户代理、国检、理货等。四是配套服务，为入驻企业提供优质的供水、供电、供暖、入网和消防指导、物业维修管理等服务。

（五）行业影响

2009 年西柳物流园区被辽宁省政府评为首批辽宁省流通领域现代物流示范园区。2013 年园区被辽宁省服务业委员会、辽宁省交通运输厅等 10 个部门联合评选为省级现代物流示范园区；2014 年被商务部选为商贸流通典型统计企业；2016 年被商务部评为全国智慧物流配送和示范基地，全国仅 20 家物流园区获此殊荣；2015 年、2016 年、2017 年连续三年被中国物流与采购联合会评为全国优秀物流园区。

二、主要做法

（一）打造现代化物流管理服务

园区以开放市场为基础、以拓展网络为路径、以提升服务为宗旨，打造现代化物流管理服务。在经营管理方面，园区创新提出"五统一"管理模式，降低园区内入驻企业的物流成本，提高企业的经济效益和资本运营效率；在政策保障方面，实行园区化、规范化、市场化、信息化服务，整合商贸服务、运输仓储、金融保险、信息咨询等服务，在实现园区规范运营的同时，通过规模经济和范围经济带动相关生产行业发展，降低产品生产成本和物流成本，促进企业创新。最终，园区实现生产资源和要素的时空转移，衔接产供销环节，推动国际贸易发展壮大，为解决劳动就业、促进产业结构调整和提升现代服务业比重以及转变经济增长方式做出了重要贡献。

1. 首创"五统一"管理模式，打造行业服务标杆

随着 20 世纪 80 年代西柳服装市场的快速发展，西柳物流运输逐步形成"一点一线一户"的运输市场格局，为服装市场壮大提供了坚实的服务保障，但在发展中不可避免地会出现垄断经营、运价过高的情况。2009 年，西柳政府 1 号文提出全面放开西柳物流市场的战略决策。为切实保障政策落实，打破运输市场垄断，提高运输服务质量，在不断实地调研、先进经验学习的基础上，园区在全国物流市场首创了统一限价、统一计量、统一票据、统一交费、统一理货的"五统一"管理模式，对所有入驻园区的运输企业实行有效监管，对所有进出线路的运输企业在政府限价范围内实行一线多家、公平竞争。

统一限价，即由政府根据每条线路的里程、运量、货物轻重、利润空间等因素，合理制定运费最高和最低限价，限价标准将根据不同时期的运输成本和企业营运情况及时科学调整。所有运输企业必须在限价规定的范围内公平竞争，杜绝了超价、压价和巧立名目乱收费等行为。

统一计量，即货物托运人或托运代理人自由选择承运企业后，必须将货物在该理货档口的电子秤上过秤计重，货物相关信息通过微机系统直接传送到理货中心收费窗口，实现信息快速、准确流转。

统一票据，即由政府交通运输部门统一制定托运合同单等票据，承运企业在办理组货业务时，必须利用微机系统向托运人提供打印票据，杜绝了票据合同随意更改的行为，同时减少了交易纠纷。

统一交费，即托运人必须持有效票据到理货中心交纳运费，不准承运企业擅自收取运费或为托运人向窗口代交运费，运输企业每 3～4 天到理货中心结算一次运费，杜绝了随意杀价、扰乱运输市场的恶意竞争现象。

统一理货，即所有进出西柳的运输企业及车辆必须到园区组货和卸货，取缔了园区以外的组货行为及场所，对自货自运、整车整运以及拼装客货、非法运输等行为做出明确界定并依法监管，杜绝了盗窃乱象，减少了货损货差。

通过严格实行"五统一"管理，运输市场垄断经营模式彻底破除，园区从业人员达到数千人；运输线路辐射网络显著扩大，园区进驻运输企业 150 余家，对外贸易经营商 51 家，现已形成立足东北、辐射全国、通商世界的商贸物流网络体系；运输成本显著降低，运费价格普遍下降 40%～60%，显著低于周边地区运价，西柳服装市场在全国同类市场中的产品竞争力显著增强。2023 年，园区服装吞吐量突破 185 万吨，年均增速超过 10%。

2. 全力抓好园区规范化管理

为进一步推动"五统一"管理模式持续发挥成效，园区委托第三方物流平台实施监管，持续以高压态势抓好园区"五统一"管理。同时，园区还采取定期普查和不定期抽查相结合的方式，在园区管理办公室巡检的基础上，多次组织园区运输企业进行专项自检和交叉对检，对违反"五统一"管理规定的运输企业予以坚决整治，有力地保障了园区运输企业、市场商户和外来客商的合法权益。

3. 提升配套服务能力

园区一直以管理服务"两手抓，两手都要硬"为工作总基调，牢固树立"扎根于企业、服务于企业"的理念，在持续以高压态势抓好"五统一"管理的同时，积极为企业排忧解难。通过定期组织岗位培训和作风教育，工作人员的服务意识得到了明显增强，服务技能和服务水平得到了显著提升，受到了园区运输企业的广泛好评。

同时，在保障对外贸易服务方面，园区规划 2.4 万平方米，总投资 1.5 亿元，引入中国西柳专业市场集群监管场所（位于园区二期，以下简称"西柳海关监管场所"）。西柳海关监管场所于 2016 年 7 月 1 日经大连海关批准营业，涵盖"一办一监三区一库"，即现代化综合办公大楼、视频监视中心、检查区、扣留区、机检区、热处理库。当前，园区借助西柳海关监管场所已逐步成为本地产品外销的"内陆港"和国外商品内销的"海外仓"。

4. 筑牢园区安全底线

安全工作无小事，出事就是大事。园区始终把安全工作视为保底工程、红线工程，狠抓安全教育和安全管理，对安全工作采取一票否决制，对出现安全问题的部门取消年底评优资格。定期召开安全例会，对车辆安全、人员安全、用电安全、叉车装卸货安全、消防安全进行全面部署。消防安全是各项安全工作中的重中之重，安监办每季度都组织园区内运输企业召开一次消防安全工作会议，对企业消防负责人和消防安全员进行一次专题培训，并在培训后组织一次园区消防演练，每年还组织一次与西柳消防中队的联合演练，使每名企业消防安全员都能熟知消防预案、熟练使用消防工具和设施、熟练掌握各种火情处置方法和消防技能。园区每季度安排分管领导直接带队，会同安监办的工作人员，对园区企业电线网络、电瓶车充电、燃油车违规停放在经营区域以及车辆占用消防通道等情况进行一次专项检查。安监办的工作人员还坚持每天对园区消防安全进行例检。

（二）推进保税物流建设，整合资源互促共赢

1. 推进园区保税物流建设，提供高效通关服务

为充分满足西柳服装贸易需求，园区积极发展市场采购贸易试点，推动西柳成功获得第五批市场采购贸易试点资格，可以享受系列贸易试点政策红利。依托园区内的西柳海关监管场所（见图1），成功创建成为辽宁省唯一的公路型海关监管场所，可以为外贸企业直接提供报关、报检、保税、海港及陆路口岸等一站式通关服务，目前已形成完整的外贸综合体系。

图 1 西柳海关监管场所

一方面，经海关批准并在海关的监管下，园区开辟有专供存放未办理关税手续的入境或过境货物的专用保税仓库。利用保税仓库，供应商可以在保留库存货物所有权的情况下，根据买方的物料需求计划，以保税的形式将货物存放在园区，保证安全库存，支持客户方的连续生产，从而增加供应商的竞争力。另一方面，园区出口临时存储仓库专门服务已按规定领取了出口货物许可证或批件、已完成对外买断结算并向海关办完全部出口海关手续的货物。此外，园区依托报税等功能服务，逐步扩大金融服务业务，不仅可以结算其本身的物流费用，还可以代货主向收货人结算货款，进一步加快并保障了客户的资金流转。

目前，借助"一带一路"，已开通中欧、中亚、中俄、中蒙、中日、中韩多条主线，边境口岸建成 30 余个"驿站"布点，可经满洲里、阿拉山口、霍尔果斯、二连浩特等口岸出境。园区已备案供应商 6120 户、外贸公司 50 家、报关行 8 家，出口额超过 6 亿美元，辐射全球 122 个国家和地区。近期，还计划拓展至 1000 余条国内货运线路，增设 10 条国际货运线路，进一步拓展国际物流服务。

2. 强化资源整合优化提升，实现互促共赢发展

根据 2023 年的经济普查数据，西柳物流产业已经成为拉动西柳及整个辽南地区商贸流通、休闲消费、货物中转集散等现代服务业迅猛发展的龙头。受园区环境和政策吸引，外埠市场物流企业和周边配货车辆大量集聚园区，西柳物流市场已由过去的单一运输服装类货物向运输矿产品、五金机电、化工原料、建筑装饰材料以及生活消费品等的综合性大物流产业方向发展。

历经多年演进，西柳服装物流呈现出多个变化特征。一是渠道从长变短，逐渐由代工生产（OEM）转型为自研自产自销（ODM），进而呈现出多级分销的模式。二是品牌从少到多，品牌商开始同工厂合作开发，自主设计生产也在不断增加。三是分销从散到合，服装市场由过去常见的三级分销转变为如今的集中展示、批发直达次级市场。对此，园区专门针对西柳服装物流特点和特征，进行流程再造，联合推动服装供应链由传统先生产、后销售的"推式"生产向以实际销售情况为导向的"拉式"生产转型，将园区仓储、分解、运输等整合到企业供应链系统；园区还相应提升了快速反应能力、资源调配灵活度等，更好地满足了客户极速补货、海量库存快速分拣、瞬时响应、高频次库存转移等供应链需求。

园区为满足客户少批量、多频次运输需求，提供公路、铁路或多式联运等服务，并具体组织网络内部的运输作业，以确保在规定的时间内将客户的商品运到目的地。园区提供的集散服务，主要分为两类：一是依托仓储功能，面向有仓储需求的服装进行分类、分拣、包装、拆解等作业，随后进行入（出）库，最终实现批量运输的整合或分解；二是依托配送服务，面向有寄递需求的服装进行分拣、组装、运单生成，完成小批量或大批量运输的集散和配送。除常规拼箱、满载等公路专线运输外，园区依托服务网络还一并提供铁路订舱服务，通过公路"最初一公里"和"最后一公里"完成多式联运。同时，园区进一步对多家运输服务商整合管理，通过互相托底、取长补短的方式，主动预警异常情况、及时调整资源等办法，最终实现了货物配送资源与质量的最优化。在整个配送过程中，除交货环节需要客户参与外，其他环节都由园区负责，提高了客户的满意度。

园区依托精益管理理念，实现传统仓储向现代仓储的转型，也进一步推动入驻企业从传统库存物流到补货物流的范式转变。通常情况下，服装制造业每年有 6～8 次存货周转，但具体零售需求很难准确预测，而且容易受到周期、时尚风潮的影响。历经多年经营，园区仓储一是采取标准化堆存，从而减少了单元库存占用；二是将功能区按照订单制造或订单设计的原则排列，从而减少移库作业；三是通过企业供需销售等数据，均衡调节仓库，从而保持总体库存均衡。

为高效保障服装物流服务，园区开展系列措施：一是改进平面设计，临近配建停车场，保障 6 车道建设，在高效平衡容积率和建筑面积的同时，实现车辆快进快出，提高运输时效。二是优化建筑设计，采取立体库建设标准，对柱网、层高、防火需求等进行优化，投入阁楼货架、料箱式货架等设备，较传统仓库提升 30% 以上的空间利用率。三是设备自动化，优先采用自动化分拣设备，如交叉带分拣机、旋转货架等，实现服装快速入（出）库。其中，仅邮件处理中心的分拣设备即配有分拣格口 320 个，处理效率达 24000 件/小时，日处理量超过 30 万件。四是管理信息化，普遍建有信息化系统，进而实现产、仓、运、销的一站式柔性信息管理。五是服务多元化，作为综合服务型物流园区，园区还配有专业化的装卸、输送、起重、堆垛设备，可执行整合、仓储、包装、分解和其他与处理货物相关的功能，除传统仓储功能外，还提供轻制造活动，如组装和贴标签等增值服务。

（三）优化建设信息化平台

1. 硬件建设构筑安防体系

园区硬件建设采用智能交通系统，实现智能卡口预约、智能车辆放行、智能停车场管理，车辆一卡制，并构筑全方位智能安防体系，实现智能安防覆盖率达 99% 以上。

2. 软件管理提供一站式供应链服务

软件管理方面，园区实现了运输管理系统、同城配送管理系统、车货匹配系统、结算中心以及数据中心的一体化运营。应用互联网新技术及相关移动互联产品，园区全力打造物流金融服务云平台和仓配一体化 SaaS 平台，为物流企业提供仓单质押、一卡通结算、车货跟踪、货物保险、ETC 高速通行、洗车、维修、餐饮购物等全方位多元化的一站式供应链服务。

3. 网络货运平台提高运作效率

网络货运平台面向的用户主要是发货企业、承运企业。发货企业通过发布订单完成货源发布，也可自行选择车源，或者由平台寻找物流公司承运，承运结束后支付相应运费。承运企业可在平台发布车源，也可接收平台推送的货源订单进行报价，平台选定后，相应的承运企业进行运输，完成运输后，结算相应运费。网络货运平台是集知识和技术密集于一体的现代服务平台，能够整合和集成社会零散物流资源，提高运输组织效率。西柳物流市场的运力结构和产品类型，通过对实体资源和货源信息的有效整合，从而实现虚拟与实体网络的有效结合以及物流的网络化和规模化运营，提高了物流运作的整体效率。网络货运平台无须购买运输车辆，轻资产运营的特点一方面可以降低企业规模扩张的成本，另一方面可以将企业有限的资金高效地用于信息资源获取环节，扩大无车承运业务的范围，增强企业的核心竞争力。

为此，园区围绕可用性、稳定性、可扩展性、容灾性，设计建成供应链管理平台，面向园区管理、保税中心、服装供应商、服装采购商、承运企业、司机等搭建无车承运人平台，以及车货匹配中心、结算中心、数据中心，从而实现了传统货运转至线上。其中，无车承运人平台接收配送订单，实施配送业务，配送任务分为自有运力与招标配送两种，同时实现税务系统对接，具有开票功能。

4. 系统对接实现优势互补

通过快递等多平台系统对接，可以实现一个货运单号在快运、快递系统内保持不变，从而实现在系统对接后进行完整的货物跟踪，真正实现"一票到底"，确保过程完整、快速、真实、高效。实现资源共享，园区通过与国家交通运输物流公共信息平台的有效对接，实现信息互通，在保障信息安全的前提下，扩大并丰富物流相关信息公开范围和内容，为物流企业和制造业企业查询提供便利。此外，加强社会物流活动全程监测预警、实时跟踪查询。通过无车承运、资源协同、统仓共配，解决"最后一公里"难题，从而降低成本、增加税收。为确保信息互联互通，实现持续发展，通过高端化、智能化、自主化、安全化改进，提高了干线、支线及城内配送服务能力，从而降低能源消耗、减少环境污染。最后，通过供应链管理软件实现系统化组织、专业化分工、协同化合作和敏捷化调整，将上下游小微企业整合嵌入生产经营过程中，优化资源系统整合能力；实现资源和渠道的优势互补，提高企业协同发展水平；通过网络建设，系统建设，实现智慧园区、智慧城市、智慧生活。

5. 智能仓储服务严密灵活

仓储功能一目了然的仓库二维平面图模拟系统；方便快捷的一键批量生成仓库信息；货架、货位信息及批量生成货位编码；入库单、出库单等单据自定义设置打印模板；各类费用自定义设置，一键生成自定义费用方案；自定义统计报表，库存、业务等报表均可自定义配置；灵活的自定义权限功能，可以为每个角色设置不同的角色权限；让每个用户看到和操作数据；自定义工作审核流程，严密控制数据的上下游一致性。

未来，园区将充分发挥信息化平台优势，将实体园区与互联网技术相结合，实现园区"智能管理＋智慧运营"。采用国家物流共享平台－标准单据接口格式进行数据交换与收集、整理，实现各业务单据在各系统间的流转与处理，整个业务操作中实现移动 App 系统在各个业务不同应用环节的完整应用以及跨系统间的实时对接，为物流企业、商圈企业、供应链上下游企业银行、海关、三方支付等多方提供多元化、可视化、人性化和现代化的服务。

三、示范特色

"五统一"管理模式由园区在全国物流市场中首创，作为物流市场先进的管理经验，受到了商务部的大力表扬。通过"五统一"管理，政府在运输企业和市场经营业户之间设置了一道防火墙，有效解决了运输企业强迫交易、变相乱收费等问题；西柳运输市场实现了货运入园、公平竞争、规范有序的全新发展；西柳服装市场产业集群依托商贸物流和产业配套优势，形成了以专业市场为龙头、以市场配套加工为支撑、以市场配套服务为依托的国内大型市场集群。

以高科技为支撑，园区优化建设信息化平台。采用智能化交通系统并构筑全方位智能安防体系，创造高效、安全、便捷的运营环境，为入驻企业提供可靠的物流服务和管理保障；通过 TMS、CDMS 等系统实现一体化运营，并应用互联网新技术打造云平台和 SaaS 平台，以提供全方位、多元化的一站式供应链服务；通过货源信息整合，实现规模化运营，提高整体物流效率；通过多平台系统对接，实现货物的全程跟踪与信息互通，降本增效；开发仓库二维平面图模拟系统，简化了仓库管理流程，提高了运营效率，并确保了数据的安全性和一致性。

依托"五统一"的管理模式和信息化平台支撑，园区入驻企业数量不断增加，极大地推动了资源整合和合作共赢，主要体现在：

一是园区内入驻企业营收不断增加。依托线上线下等多元发展，园区内入驻企业物流业务规模持续扩大，合计年收入已超过 35 亿元。其中，年营业收入超过 2 亿元的物流企业有 3 家，超 5000 万元的企业有 12 家，其余 50 余家企业营业额均已超过千万元。在企业资质方面，省级物流企业 6 家。

二是运输仓储成本显著降低。依托既有运输路线，运力资源实现定点、定线、定时、定价、定车次的"五定方案"，已培育形成良好的市场信誉。特别是依托信息化平台，车辆满载信息及时互通，实现了车货精准匹配，车辆实载率保持在 80％ 以上，降低了企业运输成本和服装发货商的运价水平。而仓储管理智能化，实现了仓储资源的合理配置，降低了运营成本，也减少了仓库租金，进一步提高了市场价格优势和竞争优势。

三是配送服务提质增效。一般条件下，服装物流"最后一公里"可占物流总费用的 1/3，园区通过统一仓配，服装分拣采取机械作业，大大降低了人力投入和时间成本。同时，"最后一公里"采取共同配送，有效避免了分散、交叉或迂回运输，进一步提升了配送作业的规模经济。

四是物流服务"走出去"。背靠西柳服装市场，园区加快构建国内国际双循环模式，通过强链、补链、延链三措并举，加快产业链延伸、供应链融通、价值链提升，仅2023年即新开拓西柳至二连浩特过境到乌兰巴托、西柳至满洲里过境到莫斯科、西柳至新疆霍尔果斯过境到哈萨克斯坦3条国际物流线路。国际物流服务的拓展，进一步推动了西柳服装物流产业的国际化，也提升了园区及入驻企业的国际物流经营能力。

四、发展方向与未来展望

发展现代物流业，对于促进产业结构调整，优化资源配置，提高经济发展速度，增强经济综合实力和企业竞争力具有重要意义。为此，园区将充分发挥西柳镇区位、交通、资源和商贸等方面的优势，全面整合社会物流资源，尽快构建现代化的物流基础设施、公共信息平台，以形成多层次、社会化和专业化的现代物流网络体系。

未来，园区继续充分发挥自身优势，一方面立足西柳，为西柳服装市场提供高效便捷的服务平台，促进西柳经济发展；另一方面将辐射周边地区，为海城周边区域的进出口和加工贸易企业提供仓储、加工、配送等服务，打造服务辽南的国际物流平台。以中国西柳国际物流园项目为引领，坚持"整合资源、优化流程、规范管理、效率经营"的理念，进一步提高园区的经济收益，确定好园区未来正确的发展战略，培育园区的核心竞争力、核心项目。

短期内，园区将整合西柳市场及海城周边货物仓储、运输、快递和进出口贸易资源，推进传统物流产业向现代物流和国际贸易转型升级，将园区打造成适合内外贸结合发展的专业市场内陆港。

未来，园区将完善物流信息化平台功能，提高增值服务水平，充分发挥园区整合快递行业的专业优势；进一步扩大国内市场，同时将海外市场拓展之路向中亚及欧洲延伸，将园区打造成辽南地区起行业引领作用的现代化新型第四方物流企业；通过西柳海关监管场所职能作用的发挥，在信息服务平台的助力下，大力拓展国际物流贸易业务，以中蒙俄经济走廊沿线国家城市为节点，加速形成对蒙古国、俄罗斯、中亚和欧洲国家的贸易链条，未来两年再新增国际物流路线7条，把园区打造成北方"一带一路"的商贸物流中心和集散中转基地。

同时，园区还将积极响应国家碳达峰、碳中和的战略决策，研究建设分布式光伏发电系统、微电网储能系统、充电基础设施，推进建筑本体节能技术改造，积极谋划建设近零碳园区。

（撰稿人：王刚，高昌洪，唐先禄，梁巍）

吉林长春东北金属交易中心

设点织网搭建平台，聚力打造东北金属建材物流园区

吉林长春地处中国东北松辽平原腹地，是东北地区重要的经济、政治、文化中心城市，国务院批准的全国十五个副省级城市之一。长春是东北地区的天然地理中心、东北亚几何中心、东北亚十字经济走廊核心，是中国建成区面积和建成区人口第九大城市。长春是中国重要的汽车工业城市，拥有众多汽车制造企业和研发中心，北汽、长安、吉利等知名汽车品牌都在长春设有生产基地，因此长春有着"东北汽车之都"的美誉。2020年长春获批生产服务型国家物流枢纽，2022年获批陆港型国家物流枢纽。同时，作为29个一级物流园区布局城市之一，承担着服务国家战略和产业布局的重大任务。

2012年，长春东北金属交易中心有限公司在长春九台经济开发区实施了总投资30亿元的吉林省长春东北金属交易中心物流示范园区建设工程，建成集钢材仓储、物流、加工制造、信息服务、市场销售、铁路运输和贸易于一体的商贸物流平台，于2014年投入运营至今。吉林长春东北金属交易中心（以下简称"园区"）是长春市规模较大的以钢材仓储、物流、交易为主的建材物流园区，承载着服务长春及东北地区钢铁等建材物流业发展的重任。2015年11月14日，园区被纳入国家"十三五"规划重点物流枢纽园区项目，并成功入选2023年国家综合货运枢纽补链强链长春市项目库，2023年一跃跻身第四批国家示范物流园区行列。

一、园区概况

（一）立项背景

园区立足长春，辐射东北，服务国家战略和物流产业布局，为落实《物流业发展中长期规划（2014—2020年）》（国发〔2014〕42号）、《促进物流业发展三年行动计划（2014—2016年）》（发改经贸〔2014〕2827号）、《关于印发全国物流园区发展规划的通知》（发改经贸〔2013〕1949号）、《中共中央、国务院关于加快建设全国统一大市场的意见》等文件精神，服务"双枢纽"城市建设，推动一级物流园项目落地，打造东北金属建材物流交易平台。

一是服务长吉图开发开放先导区一体化发展的需要。长吉图是东北内陆国家级战略

规划，长吉图开发开放先导区确定了四大战略定位，即中国沿边开放开发的重要区域、中国面向东北亚开放的重要门户、东北亚经济技术合作的重要平台、东北地区新的重要增长极。

二是服务国家战略。园区立项是落实服务国家战略和物流园区产业布局的现实之举，是打造国家"一带一路"向北延边开放重要窗口的需要，是推动《中共中央、国务院关于加快建设全国统一大市场的意见》落地的具体实践。

（二）区位交通

园区区位得天独厚，东邻长春临空经济示范区，西接长春兴隆综合保税区，南连长春莲花山生态旅游度假区，北通中韩（长春）国际合作示范区，地处哈大经济带、中蒙经济大通道战略节点，是国家"一带一路"向北延边开放的重要窗口、"长满欧"的起点、"长吉图"开发建设的桥头堡、长吉一体化最佳承接区、中欧班列（长春—莫斯科）的首选地。

园区交通四通八达，距长春龙嘉国际机场 10 千米，距长春东方广场 10 千米。长吉高速、长吉高铁、机场大路，长途铁路长吉北线、兴北大路横跨东西，佛山大街、卡伦湖大街、山水大道纵贯南北，与长春龙嘉国际机场构筑成"六横三纵一空"立体交通格局。

（三）规划建设情况

园区规划占地 1.3 平方千米，建成区占地 0.66 平方千米，建筑总体量 230 万平方米，是集物流、商贸、金融、信息于 体的综合体项目。规划有建筑材料区、家居家具材料区、生活快消品区、果蔬冷鲜食品区、粮食生资仓储区五个功能分区。其中，建筑材料区规划建设"9 城 2 区 1 线 1 平台"，"9 城"为木材城、租赁城、石材城、陶瓷城、钢材城、五金电器城、门窗城、装饰材料城、商服配套城，"2 区"为公仓物流区、金融质押区，"1 线"为铁路专用线，"1 平台"为中澳城 E 网电子商务平台。目前，已完成园区道路、供电、给排水、供热、通信、10 条铁路线、5 个铁路站台等基础设施的建设，并完成钢材城、五金电器城、门窗城、装饰材料城、商服配套城、交易中心、中澳城 E 网电子商务平台的建设。

（四）运营管理主体

园区建设运营主体为长春东北金属交易中心有限责任公司，注册资本为 2.6 亿元，主要经营范围是钢材仓储、商贸服务、货物配送、场地租赁、厂房及办公楼租赁、金属建材、大型吊装、五金交电、机加产品、机械设备、建筑材料、不锈钢材料及制品，以及交易仓储运输信息咨询、公路铁路运输服务等。通过"1＋N"运营模式进行管理，其中，"1"是指长春东北金属交易中心，"N"是指"海库99"运营体系、公铁海联运一票制服务、线上线下融合发展模式、"公司＋协会"管理模式一体化运营管理，并取得显著成效。

（五）重点入驻企业

园区入驻企业共 246 家，主要类型为企业及个体，经营范围：金属（钢材）建材营销及仓储、金属加工、电气设备、机械设备、五金日杂等。园区重点入驻企业 3 家：一是长春市中澳城物流有限公司，主营业务为普通货运、物流配送服务、仓储服务、铁路运输、铁路运输代理，仓储面积 60000 平方米，年均物流业务收入为 22275 万元，年均货物吞吐量为 198 万吨；二是长春市天禹物流有限公司，主营业务为普通货运、仓储（不含货款结算），仓储面积 42000 平方米，年均物流业务收入为 19072.5 万元，年均货物吞吐量为 132 万吨；三是吉林省飞翼物流有限公司，主营业务为普通货运、货物运输代理、包装服务、物流器具租赁，仓储面积 70000 平方米，年均物流业务收入为 18397.5 万元，年均货物吞吐量为 115.5 万吨。

二、主要做法

园区从零起步，准确把握物流产业发展时代脉搏和未来发展趋势，按照"三年打基础、五年成规模、十年上水平"的发展设想，深化"五个坚持"举措，一步一个脚印地砥砺前行，经过 10 年建设和发展，取得了丰硕成果。

（一）坚持规划引领，稳步推进园区建设

园区是吉林省的重点物流项目，2013 年省委书记到项目建设地视察建设情况，在推进园区建设方面要求做到以下四点。一是坚持规划引领，高站位布局。园区在规划布局上立足长春、放眼全国、辐射东北，以更宽广的视野推进物流园区建设。二是坚持工商贸服务功能定位，为打造综合服务型物流园区规划了建筑材料、家居家具材料、生活快消品、果蔬冷鲜食品、粮食生资仓储五个功能区，满足客户全方位物流服务需求。三是坚持多元化创新，突出"四大基础、七大功能、三大配套服务"。其中，"四大基础"指钢材物流、汽配物流、机电物流、建材物流；"七大功能"指具备交易功能、仓储功能、配送功能、运输功能、中转功能、多式联运功能、信息服务功能；"三大配套服务"指管理咨询、业务服务、生活服务。四是坚持文化引领。设 4 个门 4 条街 16 条路，兴、旺、发、达 4 个门，兴、旺、发、达 4 条街，兴、旺、发、达、吉、星、高、照、幸、福、安、康、金、玉、满、堂 16 条路，彰显中华传统文化底色。

（二）坚持多维运营，稳步推进运营管理提质增效

在运营管理上园区采取现代物流企业制度。一是构建"海库 99"运营体系。"海库 99"是以园区总仓为中心，各地设立分仓，并搭建信息化平台，将智能仓储、智能物流、供销平台、数字加工制造等汇于一体的万物互联体系，旨在为企业、贸易商、采购商、物流供应商提供从采、运、储、销到金融服务等的全方位服务。依托公、铁、海、空运输，实现"省外入吉""市外入长"，将全国乃至世界各地的优质产品运送至"海库 99"

总仓，并分拨至各分仓，满足 99 分钟终端配送服务，实现万物互联。二是采取"公司 + 协会"管理方式。为提升管理效能，推行"公司 + 协会"的运营方式，即"公司 + 建材仓储协会、五金协会、运输协会等"，通过协会落实公司管理意图、通过协会反映公司在服务中做得不到位的地方，实现资源共享、管理互为监督、运营短板互补，最终达到共建共赢目标。协会负责统一市场内产品质量标准、统一产地来源、统一定价、寻找销售客户，公司负责产品宣传与推介、协调客户等，实现管理互补、服务提升。三是分期推进园区建设，打造物流平台。立足"五区""四大特色、七大功能、三大配套服务"功能定位，投资 30 亿元建设园区，园区设计容量 5000 户。目前建成区完成投资 16.76 亿元。以园区为孵化器，开展招商引资行动，吸引经营业户入驻，收取租金，并提供经营服务。

园区建立了一套整体理念先进、运行效果良好的运营模式，有效整合以往各类物流园区运作的经验教训。基于这个运营思路，园区具体经营模式见图 1。

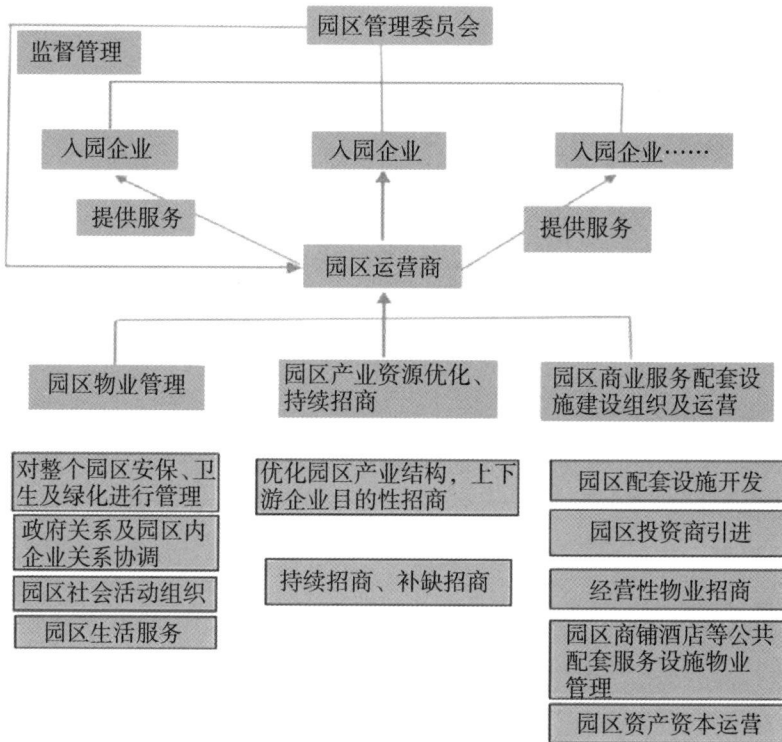

图 1 园区运营模式

园区自运营以来，至今没有发生过安全生产事故，全面落实国家绿色环保、低碳节能要求，实现清洁生产、绿色生产、低碳生产目标。每年园区货物吞吐量平均为 423 万吨，单位面积物流强度为 640 万吨/平方千米，园区就业总人数为 5280 人，每年人均物流劳动生产率为 60.57 万元/人；入驻企业营业总收入年均为 40.95 亿元，其中：物流业务收入 26.0 亿元，2021 年上缴税金 1.6 亿元、2022 年上缴税收总额 1.04 亿元（注：2022年受新冠疫情和建筑市场缩减影响，园区税收减幅较大）；园区运营管理单位营业总收入年均为 33883 万元，累计纳税 8893 万元，其中物流业务收入年均 24716 万元。

（三）坚持多元发展，稳步推进物流网联建设

一是搭建园区信息平台。通过建设规模化、集约化综合型物流园区，形成辐射整个东北范围的物流网络；同时以长春市为中心，依托钢材、汽配、机电、建材等物资交易市场的运转驱动，建成区域核心、省内领先、全国知名的综合性电子商务平台及现代物流服务商务区。二是开展多式联运。以长春双枢纽城市为依托，联合全国各大城市，开展公铁海空多式联运，成为全国重要城市物资直达北方的中转站，贯通区域内南货北运、北货南发的经济大通道，转变传统运输模式，打造公铁联运及海铁联运模式。目前，在全国已建立中转站 32 个，打造公路物流港、铁路物流港、物流仓储区，实现"产地直达、总部中转"。2023 年 6 月 30 日，中欧班列（长春—莫斯科）从毗邻长春远大铁路综合货场长春新区国际港首发，2023 年 8 月 22 日（长春—莫斯科）TIR 国际公路跨境货运线路从长春兴隆综合保税区长春兴隆铁路口岸成功首发，填补了吉林省中欧公路直达运输的空白，是继"长满欧""长珲欧"班列后，长春至天津、大连、营口的海铁国际联运班列。推动"中国制造"走向世界，吸引更多的产业、资金、技术涌向园区，为吉林高水平开放赋能。三是畅通城市配送。园区的服务对象具有面向全市场需求、涵盖全产业链、承接全方向层次等特点，主要为工农业生产企业、原材料生产企业、制造业企业、商业贸易企业、批发企业、零售业企业等。通过建设规模化、集约化综合型物流园区，形成辐射整个东北范围的物流网络配送体系，如长春市及县市区、吉林市及县市区、沈阳市及县市区、哈尔滨市及县市区等。四是建立现代供应链。园区以满足物流需求为导向，建立完整的现代供应链。面向九台经济开发区工业园区、长春经济技术开发区、商贸批发市场、农产品基地及货物中转站，满足周边基础性物流供应链需求；面向长春（长春兴隆综合保税区、中韩（长春）国际合作示范区等）、吉林市（吉林经济技术开发区）等各个工业园区、经济技术开发区、商贸批发市场、农产品基地及货物中转站，满足区域辐射物流供应链需求；面向全省及全国的钢材、汽配、机电、建材等大宗商品物流，满足特色物流需求；面向进出口贸易，开通长春—欧洲中欧班列、长春—俄罗斯公铁运输线路，满足国家"一带一路"公铁"长满欧"运输进出口贸易及货物中转需求。五是创新物流金融。与国内多家大型央企、国企和多家金融机构建立战略合作伙伴关系，还有国内多家融资、产业链金融的服务基地，为东北多家大型钢铁企业建立省级中心库，可提供快捷物流金融服务。六是发展数字化物流。园区一直致力于推动数字化物流新基建建设，加大高速光纤宽带网络和5G网络建设及应用的力度，提高物流信息接收、采集终端装备引入率，完善智能快件箱、冷链智能自提柜、智能充换电站等末端设施。推进物流业态模式创新，初步探索形成"集约化＋产业化＋专业化＋数字化"综合物流新业态，培育建设产业链整合型和数字创新推动型物流服务"双创"平台。

（四）坚持互联互通，支持实体经济发展

一是实施园区互联互通工程。对园区内入驻企业提供基础服务以及金融、政策、人

力、创业、创新方面服务，同时打造资源共享、知识分享系统，扶持企业成长，如参加物流协会，提供物业服务、交通服务、商务配套服务，提供大学生创业孵化器。按照园区功能定位，在园区内形成上下游产业链、产业集群和产业生态，成立产业协会组织。将市场、信息、人才、资本等资源进行共享，以利于企业的创新发展等，实现园区互联互通。二是支持实体经济发展。以园区为平台会集人流、商流、物流和信息流，满足金融、政策、人力、创业、创新方面的需求，设立 100 个企业孵化器，为"专精特新"科技企业和大学生提供企业孵化器服务，经营企业拎包入住后即可营业，减少厂房、办公楼、道路等基础设施投入成本。发挥孵化器功能，与通钢集团、东莞市福建莆田商会、中国海峡投资集团有限公司建立长期战略合作关系，在经营建材基础上，还实施了数字机加企业孵化器项目和粮食生资仓储区建设项目，使园区向全产业链物流园区迈进；从事上下游产业的企业可以在园区实现配套，节省了运输成本和人工成本，发挥强链补链作用；支持鼓励企业技术创新，引进数字机加设备及生产机械设备配件，实现金属建材自销和增值。目前入驻园区数字加工类孵化企业 30 个，提供近 10000 个就业岗位。三是园区致力于企业人才培养。投资 50 万元建立中小企业培训中心，聘请法律、财务、金融、管理专家授课，举办培训班 20 余期，培训 1312 人，直接服务企业 108 家。

（五）坚持优化服务，打造一流营商环境

以优化服务为抓手，对入驻园区企业提供全方位、全过程、全天候的优质服务，践行"您的需要，我的服务"宗旨，在为园区企业提供供水、供电、供热、卫生保洁服务的基础上，还为企业提供业务结算、信息咨询、法律咨询、人才培训、安全生产等服务，搭建业务对接平台、政策对接平台等；组织参加各类展会、交易会、对接会 10 余次，提供法律援助服务 19 次，提供业务咨询服务 1200 余次，出台园区企业租金优惠政策、专班服务政策、"一企一策"等优惠政策文件 5 个，打造政策洼地，使园区成为投资创业热地。2021 年、2022 年连续两年被上海钢联电子商务股份有限公司评为东北地区明星仓储企业。

三、示范特色

园区以争创国家级物流示范园区为目标，通过建园区强基础，搭平台强载体，育主体兴业态，促融合强服务，抓创新强支撑，对新标强贸易，打造现代物流新航母，经过十余年建设运营，已具备了一定优势和特色，具体归纳为以下四个方面。

（一）区位有优势，提高建设水平

园区地处东北亚地理中心位置，是我国"一带一路"向北开放的重要窗口，在汽车、轨道客车、农机、农产品精深加工、装备制造等产业发展方面形成发展优势，东北亚各国互联互通稳步推进，经贸往来日益频繁，有效汇集了人流、商流、物流和信息流，是国家"一带一路"公铁"长满欧"运输始发地。园区被纳入国家"十三五"规划重点物

流枢纽园区项目，被纳入长春市交通局多式联运强链补链计划，正逐渐成为服务国内国际双循环的枢纽和桥头堡，已成为东北地区规模较大的建材物流园区。建成区占地从现在的 0.66 平方千米到未来全部建成 1.3 平方千米后，园区可容纳 5000 家商户的经营活动，可创造 10 万个就业岗位，并带来日均 1 万～2 万的人流量。

（二）服务有创新，"1＋N"模式创成果

不断探索园区服务新举措、新路径，创造"1＋N"运营模式。园区通过提出的"海库 99"运营体系，依托各类运输方式，实现"省外入吉""市外入长"，将各地的优质产品运送至"海库 99"总仓，并分拨至各分仓，以提供 99 分钟终端配送服务。提供公铁海联运"一票制"服务，实现"仓票直达，出票直签"，较公路运输节省 60%～70% 的运输成本，运输安全性和时效性更有保证，有效提升企业货物资金周转率，实现供应链降本增效。园区采用线上线下融合发展模式、"公司＋协会"管理模式等多种运营管理模式，覆盖整个园区，提升物流园区质效。通过中澳城 E 网电子商务平台建设，目前园区 80% 以上的交易额在线完成，服务更加便利快捷。

（三）集聚有支撑，融合发展有黏度

园区积极招商引商，促进产业集聚。其中园区内中澳城项目是由吉林吉钢钢铁集团有限公司与香港澳佳集团共同出资建设，项目现已与多家商会建立合作关系，是全国最大的民营铁路物流仓储基地。以钢材为例，园区依托千亿钢铁产业集群规模，与中国海峡投资集团有限公司签订战略合作协议，整合冶金、钢铁深加工、物流及信息平台，提供"原料—生产—深加工—物流—咨询—培训—金融"的一站式服务，园区与通钢、西钢、建龙、鑫达等多家钢铁企业合作，提供综合仓储、转运、加工、贸易、金融质押等服务，打造钢厂前置库，形成集聚效应，园区钢铁流通量占吉林省 80% 以上。

（四）园区有贡献，服务振兴做实为

园区在服务长春发展、服务国家重点工程、服务创业就业、服务乡村振兴、服务市场经济发展中做出很大贡献。2019—2022 年园区入驻企业 246 家，2021 年共实现营业收入 49 亿元，年均增长 15.08%；上缴税金 1.6 亿元，是 2019 年的 2.29 倍；园区货物吞吐量 540 万吨，是 2019 年的 3.48 倍。园区运营平稳，2021 年园区运营收入 4.1 亿元，年均增长 39.73%。服务战疫方面，园区为长春市及周边县区封闭管理小区提供铁丝网、铁皮、角铁等战疫应急物资，为战疫取得阶段性胜利做出一份贡献。公益事业方面，园区在助学、弘扬传统文化、助力修路和美丽乡村建设中积极捐款捐物，履行园区的一份担当，累计捐资捐物折合人民币 360 余万元。

四、发展方向与未来展望

园区将以创建国家级示范物流园区为契机，聚焦国家"一带一路"、新时代东北全面

振兴、吉林省"一主六双"发展战略，聚力实施"六项"工程，搭建物流"地网"、数字化"天网"、供应链"金网"、服务贸易"商网"，促进人流、物流、资金流、信息流高效联通，打造服务吉林省高质量发展物流主枢纽、服务国内国际双循环商贸物流基地、服务东北亚的桥头堡。以公铁货物联运、海铁联运为主导，集货物集散、仓储、转运、金融、电子商务于一体，打通南货北运、北粮南发多式联运大通道，推动进出口贸易，年吞吐量2000万吨。以服务开放推动包容发展，以服务创新培育发展动能，以服务合作促进联动融通，物流天下，引领未来。

（一）实施"六项工程"，推动园区高质量发展

一是实施基础设施建设工程。启动园区二期建设工程，完成生活快消品、果蔬冷鲜食品两个功能区建设，建设大型冷链物流园区、冷链物流配送中心、现代化冷库等设施，加快建设农产品初端预冷、贮藏保鲜、分级包装、移动冷库等产地冷链物流设施，一张蓝图绘到底，夯实物流园区基础。

二是实施互联互通建设工程。打造省内国内大循环物流支点、国内国际双循环战略枢纽，以长春生产服务型国家物流枢纽、长春陆港型及商贸服务型国家物流枢纽、吉林商贸服务型国家物流枢纽建设工程为先导，推进园区整体建设进程，与长春兴隆综合保税区和中韩（长春）国际合作示范区建立合作关系，共同承接公铁"长满欧"运输物流项目，实现枢纽互联成网。

三是实施强链补链工程。瞄准仓储物流上下游产业和一体化经营薄弱环节，实施强链补链工程，推动物流业与制造业融合发展，推动物流业与农业协同发展，推动物流业与商贸流通业一体化发展，实现物流现代服务一体化运营，打造供应链集成商服务商。以"海库99"运营体系建设为载体，聚焦优势特色产业补链延链强链，发挥链主企业作用以商招商，打造更高水平的特色产业集群。

四是实施技术创新工程。以推广应用现代物流新技术新设备为突破口，推动数字化物流新基建，加大高速光纤宽带网络和5G网络建设和应用的力度，提高物流信息接收、采集终端装备引入率；支持建设智能化多式联运场站及转运设施；推广应用自动分拣设备、车辆运行监控、无人驾驶智能卡车、无人机、自动导引车、智能穿梭车、智能机器人、数字化终端传感单元等智慧物流设备，推广"互联网＋数字仓储""互联网＋城市配送""互联网＋物流全程监管"等基于"互联网＋"的数字化物流新模式；完善智能快件箱、冷链智能自提柜、智能充换电站等末端设施；推动园区物流公共信息平台改造提升、建设物流大数据中心。

五是实施标准化体系建设工程。以物流为一个大系统，制定系统内部物流设施、机械装备、专用工具等相关技术标准，包装、仓储、装卸、运输等各类作业标准以及作为现代物流突出特征的物流信息标准，形成全标准化体系。

六是实施数字化工程。发展数字化智能化物流，将人工智能、自主性决策、远程控制等智能化控制技术，二维码、无线射频识别、激光识别等物联网感知技术，5G、北斗导航、大数据、区块链等前沿信息技术与物流融合。

（二）加强组织领导，强化措施保障

一是坚持规划引领不动摇。按照"五区、四大特色、七大功能、三大配套服务"规划设计要求，一张蓝图绘到底。二是坚持招商引资不动摇。围绕园区功能定位，用好《中共中央 国务院关于促进民营经济发展壮大的实施意见》政策杠杆，围绕头部企业、龙头企业补链延链强链，打通上下游、连接左右端，推动产业链式集群发展。抓住长春部分建材市场退出主城区的有利机遇，选商引商、以商招商，使其落户园区，聚商气，旺物流。三是坚持对外开放不动摇。抓住中俄联手打造新经济走廊，开发建设远东地区有利机遇，打好"长满欧"公铁运输起点这张牌，申请中欧班列，打造中欧国际物流综合运营平台，经营进出口贸易业务，加强通道、产业、平台、市场、生态融合对接，为国家"一带一路"建设赋能。

（撰稿人：周鑫，乔志刚，陶建功）

江苏海安商贸物流产业园

枢纽海安，物流天下，助力"一带一路"走深走实

海安市隶属于江苏省南通市，位于南通、盐城、泰州三市交界处，东临黄海、南望长江，连南贯北、承东启西，通江通海通上海，是省级综合交通枢纽城市、长三角经济区重要节点城市。海安是公铁水无缝对接综合交通枢纽城市，在汉代就有"三十六盐场咽喉，数十州县要道"之称，是苏中地区重要的枢纽节点，在苏中地区推进区域融合发展、实现江海联动的进程中，具有承接南北的重要战略意义。同时，海安还是一个工业大县，是江苏省装备制造业特色产业基地，拥有锻压装备、汽车整车及零部件、电梯整机及零部件、建材机械等八个特色板块，化纤棉纶丝产量占全国1/8，茧丝绸产销量连续多年居全国县级之首。作为苏中地区对接"一带一路"倡议和长江经济带战略的重要区位，海安在大宗原材料、纺织原材料及产成品、机械装备、生物医药、电子信息产品等方面的多式联运需求进一步显现。依托长三角北翼独一无二的铁路门户这一地理交通区位，江苏海安商贸物流产业园区（以下简称"园区"）应运而生。园区立足苏中，面向苏南，辐射长三角北翼的制造业和商贸服务业企业，不断推进物流与区域产业的协同发展。

一、园区概况

（一）运营管理主体

江苏海安商贸物流产业园组建于2012年，2013年经江苏省商务厅正式批复同意设立，享受省级开发区政策。园区由江苏海安商贸物流产业园管理委员会（以下简称"园区管委员"）统一管理，下设事业单位江苏海安商贸物流服务中心。2017年年底，组建实体化运营的江苏海安商贸物流集团有限公司（以下简称"商贸物流集团"）。现已形成以"市园区建设指挥部＋园区管委会＋商贸物流集团＋物流集团旗下各运营公司"为主体的管理体制。

（二）区位交通

园区位于江苏省海安市城区东北部公铁水无缝对接的枢纽节点区域，5分钟车程内，中国铁路上海局集团有限公司（以下简称"上海铁路局"）海安物流基地经二级编组站联

通新长铁路、宁启铁路、海洋铁路、沪苏通铁路，基地内 2 条铁路线（集装箱货物专用线、怕湿怕淋货物专用线）联通全国铁路网；南通市唯一千吨级集装箱内河码头——凤山港务内河码头经连申运河通江达海；5 个高速道口畅行公路干线通道。公铁、铁水、公水、公铁水多式联运转运方式可提供多样化的物流运输模式。

（三）规划建设情况

园区规划面积 4.6 平方千米，其中功能核心区 2.8 平方千米，布局铁路物流、期货交割库等功能平台；功能拓展区 0.8 平方千米，布局公铁联运、生鲜冷链、交易市场等延伸功能平台；功能项目区 1 平方千米，布局重特大冷链物流、预制菜加工等实体型功能项目。园区致力打造以专业性、功能性、共享性为特质的专业物流园区，布局多式联运、期货交割、保税物流、现货交易"四大功能平台"和有色金属、塑料原料、纺织材料、生鲜冷链、粮食、木材"六大物资集散中心"。

（四）基础设施

园区重点打造如下功能平台和基础设施：

（1）上海铁路局海安物流基地铁路 1 号线（集装箱货物专用线）。1 号线是海安打造铁路门户型城市的重要平台，于 2015 年 7 月正式运营，2020 年 4 月开行海安至越南的国际班列，2021 年 10 月，东盟班列正式列入国家铁路运行图，实现定时定点定班次开行，成为长三角地区首条南向国际班列。该功能平台主要提供区域制造业产业集装箱外发和大宗生产原料集装箱到达等服务。

（2）上海铁路局海安物流基地铁路 2 号线（怕湿怕淋货物专用线）。2 号线是海安铁路货场改扩建二期工程，与铁路 1 号线可实现功能互补、平台互融、运力互促。2 号线占地总面积约 9.3 万平方米，总投资约 2 亿元，场内新设 3 股道。该平台主要为区域纺织、粮食、木材等生产企业提供产品外发和原料到达等服务。

（3）"两纵四横"道路系统。以通过海安境内的两条高速公路——沿海高速和江海高速为依托，对接沈海高速、启扬高速，拓展至盐靖高速和宁通高速和多条国省干线，形成与全国公路网相联通的快速运输网。

（4）凤山港务内河码头。位于连申运河海安改线段，采用顺岸凹入式设计，向腹地开挖而成，是海安境内唯一的集装箱码头，也是海安公铁水多式联运体系的重要组成。

（5）进境肉类指定监管场地。2019 年海安申请设立苏中地区第一个进境肉类指定监管场地，并成功获海关总署批准。2020 年，园区在原保税物流中心四号库的基础上进行了改造升级，建设完备了专用查验平台、储存冷库、行政办公用房、查验技术用房、冷藏集装箱存储区域等硬件设施，完善了基础设施配套。

（6）海安万吨冷链港。一期重点建设海安万吨冷链港，投资 11 亿元，占地面积近 11.9 万平方米，总建筑面积 18.11 万平方米，规划建设 4 个冷链车间、4 个展销配送中心及其附属配套用房。其中冷链车间总库容约为 20 万吨。

（7）快递供配中心。海安快递供配中心共有中通、圆通、申通、百世和韵达五家快递公司，每天快件量在 10 万单左右，并投入 2000 多万元新上智能化分拣设备。

二、主要做法

（一）强化海安枢纽门户地位，支撑构建干支仓配网络

园区依托铁路货场、铁路专用线、大宗商品集散交易平台、商贸物流集采、区域分拨配送、供应链运作组织、分销分拨等设施设备建设，不断提升商贸物流服务能力，引进跨境电商、保税、新零售、冷链物流等高端物流业态，在商贸和物流两大领域为海安经济发展做出较大的贡献。物流方面，园区贡献全市 95% 以上的铁路到发量，100% 的水路集装箱运输量，50% 以上的水路散杂货运输量以及 20% 以上的公路运输量。商贸方面，以期货交割库品类为主的大宗物资贸易量占全市服务业销售的近 40%。

园区商贸物流网络通达能力强，推进融入国家"通道 + 枢纽 + 网络"运行体系，打造区域物流成本"洼地"和铁路物流服务"高地"。园区与商贸业融合发展不断深化，支撑服务商贸产业，集聚商贸物流产业带的贸易流通的物流需求，在园区内共享物流设施和服务，开展集中采购、产品分销等商贸物流供应链集成服务，显著降低产业物流成本。

上海铁路局海安物流基地是上海铁路局首个路地合作铁路货场，建设有集装箱货物专用线（1 号线）及怕湿怕淋货物专用线（2 号线）两条铁路线。该基地充分挖掘二级编组站在宁启铁路、新长铁路、规划三洋铁路等沿海物流通道中的潜力，成为通泰盐扬地区大宗物资货运的重要通道门户。建有 550 米货物线 5 条，设计货物运量 200 万吨/年，铁路的交通货运能力与水平进入全省先进行列，远超南通、盐城、扬州、泰州等周边地区地市级货运站场的总运量，迈入中大型铁路货场行列，成为"路地合作"创新示范。基地打破传统运作模式，创新"四个一（一张票、一口价、一个收发货人、一站式服务）"经营模式，推进传统货场向现代物流节点转型，引进供应链服务理念。

凤山港主动与上海港集团对接，合作推进上海港 ICT（内陆集装箱码头）项目，实现"沪海同港化"运作，并持续加大与中远海、安通物流、中谷海运、中外运、太仓港等航运企业、物流企业合作，内外贸班轮定时定点靠港，业务规模显著扩大。

园区同时致力于公路冷链物流发展，着力将苏中苏北地区农产品供应至上海及苏南地区，目前已建冷库 12 万平方米。另外园区内康联板材家具中转集散中心项目主营家具、板材及相关产品的公路专线物流，目前已开通至浙江、江西、苏南等地家具生产基地专线 80 多条。

（二）开展国际物流业务，提升江苏开放型经济发展水平

园区积极拓宽对外开放新空间，畅通国际班列、内河码头"大通道"，筑牢进境肉类、跨境电商阵地，加快完善综合交通运输区域、国内、国际循环体系，逐步打造区域枢纽经济的硬核。

园区围绕产业需求，开展中欧班列国际物流和供应链金融服务，积极开通面向阿富

汗、乌兹别克斯坦等"一带一路"沿线国家和地区的定向班列。园区与甘肃武威口岸合作，在海安设立甘肃国际陆港华东物流基地，中欧班列"天马号"从海安常态化发货。园区与海门叠石桥家纺城（省级示范物流园）开展深层次合作，将海门家纺产品通过海安铁路物流基地发运到巴基斯坦等中亚地区。

海安—越南班列是华东地区唯一一条南向入图国际班列，作为江苏省五大跨境班列开行平台之一，目前中欧班列常态化开行、铁海快线班列日开行。铁海快线班列经上海洋山港、浙江宁波港出海出境，保持每天1列的开行频率，为发货企业节约物流成本500～600元/箱。海安的乐荟文具平均每月发50个集装箱去越南，全年节约成本600万元。海安荣威公司是一家体育器材生产公司，平均每月发1000个集装箱，通过铁海班列平均每月节约物流成本50万元。海安的江苏福克斯太阳能光伏有限公司生产的光伏太阳能板，通过铁路班列去新疆巴楚、喀什，广西南宁，甘肃敦煌等地，已发2000车，平均每车节约8000元，节约物流成本1600万元。

春节期间"不打烊"的越南班列，给江苏及周边地区外向型企业带来了极大便利，在本地和周边地区企业出口需求旺盛时，园区价格优势、时效优势和安全优势叠加，让铁路集装箱面临几乎"一箱难求"的状况，上海铁路局海安物流基地积极对接，通过适时增开班列，全力满足企业需求。

园区跨境商贸物流产业发展迅速，海安跨境电商产业园作为跨境电商综试区产业园，实现跨境电商"1210"单一快消品进口模式与园区企业"9710"B2B直接出口模式齐头并进，支持园区内企业通过知名B2B跨境电商平台开拓国际市场。随着研究出台的专项扶持政策落地，园区拟招引10～15家实力雄厚、拥有大量海外进口货源或出口资源的企业，实现大宗商品进口重要突破。

（三）创新大宗物贸模式，建设枢纽经济区先行示范区

以园区建设的2条公共铁路专用线为核心，突出铁路长距离运输大宗物资的市场优势，由此衍生出大宗物资贸易和大宗物资物流双轮驱动的发展模式。作为专业的大宗物资物流园，大宗物资物流和大宗物资贸易是园区发展的两大支柱产业。

园区坚持"提升平台、新增功能、丰富物资、做强品牌"的发展路径，打造"四大平台、六大集散中心"，实现了从"物流引领"到"两业融合"转型。园区在公铁水联运功能、大宗物资集散功能、期现货交易交割功能、跨境商品保税功能的基础上，全面推进枢纽、物流、产业三大优势转换行动计划，吸引集聚有色金属、塑料粒子、纺织材料、生鲜冷链、木材、粮食等一批大宗物资物流项目落户。园区引入上海期货交易所百金汇有色金属期货交割库、大连商品交易所正盛塑料粒子期货交割库、郑州商品交易所江苏银隆棉花期货交割库3家大宗商品交易交割所，重点开展大宗物资物流与贸易，采用"物流集成＋交易交割"模式，年现货交易量突破150万吨，交易额突破100亿元。园区成为通泰盐扬地区乃至华东区域铜、铝、铅、锌等有色金属以及聚丙烯（PP）、聚乙烯（PE）、聚氯乙烯（PVC）等塑料原料和棉化、棉纱等纺织原料类生产加工企业采购基地。

新冠疫情期间，海安银隆棉花期货交割库在短短50天时间里，共为周边企业提供了

550 余批、约 23000 吨棉花原材料，共服务用棉企业 100 多家。利用园区铁路枢纽和期货交割库平台优势，组织补充到库 100 多个车皮棉花，切实为周边用棉企业原材料供应提供了保障。

通过延伸和拓展产业上下游链条，园区依托产业原材料资源和多式联运枢纽优势，从物流功能切入，逐步拓展有色金融交易、塑料粒子交割、供应链金融等服务，促进园区服务向价值链高端延伸，物流枢纽向供应链枢纽转型，真正实现了园区物流、商流、信息流、资金流"四流合一"。

（四）推动园区节能减排，实现物流数字化绿色化发展

园区围绕海安数字枢纽的目标方向，立足物流枢纽，积极参与数字枢纽建设。重点从智慧物流、智能制造、互联网、物联网、大数据等方向推动新基建。打造"智能仓储"示范工程。推动政策引导和资金保障，由商贸物流集团联合先进的物流供应商或运营团队，高标准建设机械化、智能化、网络化的功能项目，打造降本增效示范工程和智慧物流先行工程。进一步提升海安枢纽层级，为智慧园区建设积累宝贵经验。开展"智慧园区"整体建设，与业内经验丰富的智慧物流整体解决方案供应商深入合作，进行"智慧园区"项目建设。不断深化大数据、云计算、物联网、区块链等技术的应用，打造数字化物流应用样板。园区绿色仓储设施、新能源货运车辆、绿色包装得到广泛应用，目前拥有新能源车辆 96 辆，充电桩 98 个，太阳能光伏发电 3 万平方米。落实碳达峰、碳中和目标要求，加快园区绿色化转型，区域单位吞吐量综合能耗、二氧化碳排放较 2022 年下降超过 2%，实现绿色、低碳、可持续发展。

三、示范特色

（一）聚焦项目建设落地见效，延伸发展产业链

专业园区的发展需要专业功能平台项目的有力支撑，平台项目的集聚也是园区"优势增量"的坚强保证。园区围绕"大、高、强、外"和"冷链产业链"实体型项目，先后招引上海铁路局海安物流基地、凤山港务内河码头、百金汇有色金属期货交割库、正盛塑料粒子期货交割库、江苏银隆棉花期货交割库、海安保税物流中心、快递产业园、联发纺织材料、荣杉木业城、博创金属物流、国宇冷链、旺金干坚果产业园、家得福冷链、万吨冷链、润安物流项目、滨鹏纸品仓储加工交易中心等项目入驻，并且这些项目均发展成专业领域、行业领域内具有影响力和话语权的标杆。

（二）聚焦平台运营增量提质，巩固发展新优势

专业平台优势是园区最大的底气，依托功能平台"量"的增长，为经济运行托底，依托功能平台"质"的提升，让园区发展更有效率。2020 年 5 月，上海铁路局海安物流基地开通长三角地区首个海安至东盟班列，并纳入国家铁路运行图；2020 年 7 月，开通

沪苏通铁海快线班列。2022 年，上海铁路局海安物流基地到发量达 180 万吨；2023 年，到发量达 204 万吨。

园区先后与郑州国际陆港、广西南宁综合保税区、太仓港、上海港、通州湾等建立战略合作关系。保税物流中心运营有 300 多个品类，产品遍布 30 多个国家和地区。2023 年，码头集装箱吞吐量 4.5 万标箱。

国区内期货交割库集群发展，集聚上海期货交易所、大连商品交易所、郑州商品交易所的有色金属、塑料原料、纺织材料期货交割库。三大交割库现货交易量和期货交割量保持稳定增幅，2023 年，百金汇有色金属期货交割库全年现货贸易量超 30 万吨、正盛塑料粒子期货交割库全年现货贸易量超 60 万吨、江苏银隆棉花期货交割库全年现货贸易量超 20 万吨。其中正盛塑料粒子期货交割库为上下游 200 多家大中小企业降低物流成本 2000 万元以上，提升物流效率 20% 以上；百金汇有色金属期货交割库"门前"提货，为亚太轻合金项目每年节省物流费用 600 万元以上。新获批吉林玉米交易中心玉米、小麦指定交割库。期货交割库的设立，吸引企业逐步向海安集聚，推动海安有色金属、塑料原料、纺织材料等产业链延展，每年控降企业物流成本近亿元。

（三）聚焦跨境载体通联通畅，打造发展强引擎

"双循环"发展格局为园区跨境物流平台提供广阔的用武之地。随着园区跨境物流平台的正式运行，园区融入"双循环"的能力得以不断提升。海安—越南班列是华东地区唯一一条南向入图国际班列，海安—老挝跨境班列成功开行，铁海快线班列实现每周 17 列（至上海港每周 14 列，至宁波港每周 3 列）的开行频率，为外贸企业产品畅达世界提供新的物流通道。

海安保税物流中心立足发展实际，大力发展进出口业务，与日本、韩国、澳大利亚等 50 多个国家、地区进出口贸易企业建立合作关系，保税入库品类达 500 余种。2023 年全年进出口贸易额完成 2.24 亿美元，进出区货值 4.45 亿美元。获批海安进境肉类指定监管场地，进一步拓展了海安保税平台的业务范围。同时，园区以海安保税物流中心为支撑，创新"前店后仓"经营模式，打造进口商品直营中心，与各个国家驻华使领馆深度合作，形成海安及周边独有的进口商品展示交易平台，为海安及周边辐射区的老百姓提供货真价实的进口商品。

（四）聚焦建设运营体制创新，注入发展新动能

园区与上海铁路局合作，以参股等形式参与项目建设。集团公司控股和入股企业参与项目运营、资产管理、融资融券等各类市场化运作，以江苏海安商贸物流发展有限公司及其所有投资、合资企业为主体组建商贸物流集团，承担园区经营管理职能，负责园区开发建设、扩展区域房屋拆迁、企业入驻、项目建设、投资决策、收益统筹等工作。通过明确园区管委会和商贸物流集团两者职权分工，实现市场主导与政府推动有机结合，形成政府作用与市场作用有机统一、相互补充、相互协调的体制格局。

园区从过去的"招商引资"逐渐向"招商选资"过渡，不断提高项目入驻门槛条件，

在项目签约中突出项目"亩均产出"与"万元占地"等硬性要求，不断提升园区集约化发展水平。对拟落户项目原则上供地不超过 50 亩，鼓励企业在规划设计阶段，增加用地高度，向上争取"空中优势"，鼓励建设现代化立体仓库；拓展用地深度，鼓励开发"地下空间"。对建成后一定时间内未能达到预期的项目，用地连同地面地下建筑物由中介机构进行评估后，重新盘活利用，推动园区项目集中、集聚、集约发展。在做好用地面积"减法"的同时，鼓励入驻企业加大对北斗导航、物联网、条形码、智能标签等物流新设备、新技术方面的投资力度，提升园区项目的技术含量和竞争实力。

四、发展方向与未来展望

（一）以"平台"为抓手增强枢纽实力

园区将进一步加强技术创新和数字化管理，充分发挥多式联运平台集聚的优势，进一步提升园区功能平台发展能级，构建全国货运高效、集约、协同、共赢的物流生态体系，完善绿色物流标准评价体系、绿色低碳循环发展政策体系、法律法规体系等。

推进铁路物流基地提档升级。围绕物流基地"三大业务"（国际班列、铁海快线、国内班列），促进服务半径再扩大、服务模式再创新、服务能力再提升、经济效益再提高。预计 2024 年开行海铁联运 1000 列；发送集装箱货物 7 万标箱。

加快凤山港外贸业务发展。深化与上海港、太仓港、通州湾等沿海港口以及大型船公司的合作，将凤山港打造为苏中地区内河集装箱通江达海的重要集散中心。2024 年预计码头集装箱吞吐量达到 5 万标箱；凤山码头 ICT 项目全年完成 150 个航次，箱量完成7000 标箱。

丰富保税物流中心内涵。在稳步提升保税物流规模的同时，推动进境肉类指定监管场地高质量运营，打造华东地区进口肉类产品重要基地，积极推进进境水果监管场地申报工作，大力推进电商产业园建设，招引落户保税上下游、进出口加工企业，为创建综合保税区夯实基础。2024 年全年进出口贸易额预计达 3 亿美元，进出区货值超 6 亿美元。

提升期货交割库品牌效应，做大市场交易规模。做好做强现有交割品类，招引、培育生产原料专业市场，建设"海安交割"品牌，把园区打造成苏中苏北地区交割库设立最佳选择地、生产原料贸易集聚地。

发展冷链物流体系。依托万吨冷链项目聚力打造华东地区有影响力的预制菜冷链加工基地、冷冻产品交易中心，积极创建国家骨干冷链物流基地，全力做好上海"大冰箱"保障工作。2024 年，园区冷链吞吐量预计超 10 万吨，其中进口肉类入区货量将不低于2000 吨，进出口贸易额超 1000 万美元。2023 年 10 月 13 日，园区与盒马（中国）有限公司顺利签约。盒马（中国）有限公司全球首个冷冻面食智能工厂项目正式落户园区，总投资 20 亿元，总用地面积近 10.5 万平方米，致力于建设成为华东区域最大的冷冻食品智能生产基地，促进冷链全产业链在园区集聚发展。

（二）以"通道"为抓手优化物流网络

依托发达的综合交通条件与物流优势，围绕建设"枢纽海安，物流天下"、铁路物流基地中欧班列等重大战略项目，整合资源优势，打造综合服务型物流园区。

优化现有通道。完善"省、市、县"三级组织保障体系，保障跨境班列常态化开行；推动铁海快线高质量开行；推进"上海港–海安凤山港 ICT"高效率运作；深化研究，以适度的政策扶持通道发展，提升通道市场竞争优势。

丰富通道内涵。拓展国内国际双循环，公、铁、水三模式，东西南北四方向的多维度、多层次物流通道。国际方面，研究开拓中俄班列的可行性和操作性。国内方面，研究并开通海安铁路与中西部业务热点地区的通道。铁路方面，探讨与通州湾等其他海港铁海快线通道的打通。水路方面，探讨开拓连申线、通州湾集疏运以及长江上游通道。

促进通道成网。推动与国家物流枢纽，与大型水港、空港、陆港，与大型专业市场、物流中心、集配中心的深度合作，积极构建周边区域配送网，全面融入国家物流枢纽网。

提升智慧化水平。研究推进智慧园区建设，借助智慧化手段提升园区管理能力、服务能力、运营能力，促进仓储、装卸、运输等物流资源的整合，提高物流设备设施的利用率与运营效益，从而推动企业降本增效。探索智慧公路港建设，整合园区公路货运资源，补齐园区多式联运短板。

（三）以"融合"为抓手促进产业发展

推动区域融合。按照"政府战略合作引领、企业业务合作推进"主要路径，利用设施互联、功能互补、物流互通、产业互动等手段，在长三角区域一体化进程中，做好"跨江融合、对接上海"文章，打造上海"卫星城"，助力海安与上海及周边地区的融合发展。

推动平台融合。充分发挥各功能平台优势，加强各功能平台的联动、资源优势共享，为企业提供更优质的物流服务。

推动运贸融合。依托多式联运、保税物流等平台集散大宗商品原料带动贸易的能力，规划建设更多大宗商品、冷链产品类的专业交易市场，充分利用平台优势、通道优势，把物流园建成华东地区有特色的物资交易集散地。2023 年 10 月 28 日，塑料粒子专业市场开工，项目总投资 10 亿元，一期计划投资 3 亿元，占地面积近 4.3 万平方米。该项目致力于构建塑胶原料现货交易、保税交割、仓储物流和行业信息指数中心的功能集聚平台，有力推动塑胶原料等大宗商品期货交割与现货交易的联动发展，为海安新材料等产业健康发展提供重要支撑。该项目同步启动招商工作，已有近 50 家企业签约入驻，注册贸易公司 20 多家。

（撰稿人：郁江，高卫东，何月红）

江苏泰州高港综合物流园

发展江海联运转运，助力产业集群发展

  江苏泰州高港综合物流园（以下简称"园区"）是国家级泰州医药高新技术产业开发区（高港区）下属五大功能园区之一，北依泰州主城，西临长江，南接苏锡常镇。泰州地处江苏中部、长江北岸，是苏中及苏北地区货物进出的重要门户，自古有"水陆要津，咽喉据郡"之称，位于上海、南京两大都市圈交会点，属于苏南、苏北两大经济板块接合部，1 小时通勤圈内 GDP 总额超 3 万亿元，300 千米半径内覆盖人口近 1 亿。泰州市下辖海陵区、泰州医药高新技术产业开发区（高港区）、姜堰区、兴化市、靖江市、泰兴市 3 区 3 市。近年来，泰州立足自身产业禀赋，突出高质量发展取向，攻坚产业链关键环节，促进全要素聚合提效，重点打造"一个产业体系、四个特色产业集群"，即医药、食品"大健康产业"，海工装备和高技术船舶、汽车零部件和精密制造、化工及新材料、光伏和锂电"四个特色产业集群"。

一、园区概况

（一）建设背景

  泰州港处于长江下游北岸，港口区位优势十分明显，上距南京 145 千米，下离南通 119 千米，是长江进入 B 级航区的第一个港口，港口岸线稳定，水深域宽，风平浪低，潮汐差小，可常年通航靠泊 5 万吨级的海轮。港口腹背宁通高速公路、新长铁路及宁启铁路，经泰州大桥、江阴大桥与沪宁高速相连，古马干河、南官河、引江河与三个长江港区毗邻，水陆交通十分便捷，素为苏中及苏北地区货物进出口的重要门户，是长江下游北岸理想的海、江、河换装良港。2022 年，泰州港完成吞吐量 3.64 亿吨，完成集装箱进出口 33 万标箱。依托泰州港丰富的物流资源，为充分发挥泰州港中部经济大通道的关键节点优势，进一步推动港口功能升级和角色转变，提高港口综合竞争力，助力泰州成为"一带一路"倡议及长江经济带交汇处重要的物流支点，园区于 2007 年组建。经过十余年的发展，园区由传统物流模式向现代物流供应链转型，吸引物流链上游资源的集聚，力争打造以港口为核心的现代物流发展模式，以物流服务为基础，促进物流与交通融合发展，构建交通物流一体化、集装化、网络化、社会化、智能化发展新体系。

（二）区位交通

园区位于长江下游，地处江苏省地理几何中心，交通四通八达，已初步形成以"一横一纵"铁路网、"两横两纵"高速路网、"两纵八横"干线公路网、"三纵三横"航道网络和"一场一港两站"运输枢纽为基础的立体交通格局。园区紧邻长江和泰州大桥，临近京沪高速、阜兴泰高速，周围有宁启铁路、新长铁路两条铁路线，见图1。

图1　园区区位

（三）规划建设情况

园区规划面积418.7万平方米，分为核心区和发展规划区。园区东至沿江高等级公路，南至古马干河，西至长江，北至建桥路。其中核心区规划面积210.1万平方米，核心区东至疏港三路，西至长江，南至古马干河，北至上马线西延。发展规划区包括古马干河、沿江高等级公路、疏港中路围成的区域及建桥路、沿江高等级公路所围成的区域，见图2。

园区总体划分为7大功能区：联运物流区、大宗商品物流区、保税物流区、智能仓储区、分销物流区、智慧集配区、企业基地区，见图3。

（四）运营模式

园区不断摸索和优化运营体系，形成了一套稳定、成熟、高效的经营模式。一是政府统筹规划和企业自主运营相结合。园区坚持政府统筹开发的理念，对物流园区的发展

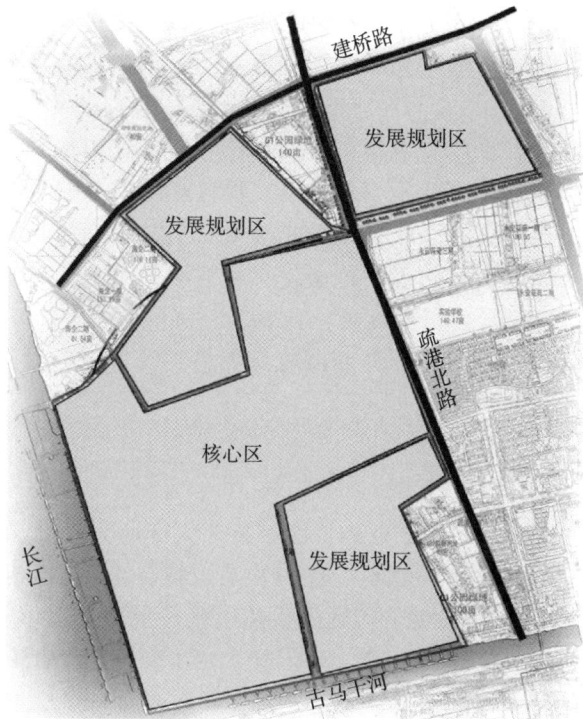

图2　园区规划范围

图3　园区功能区布局

定位、土地开发、空间布局等实施统一的规划管理，持续推进规划落地实施，确保一张蓝图绘到底。泰州医药高新技术产业开发区（高港区）港口物流产业园管理办公室按照"小机构，大服务"和"机构政企合一、职能政企分离、管理政社分开"的理念，在决策和管理上体现政府的领导，深挖服务潜能，发挥市场优势，以形成更加高效、更有活力的运营态势。二是投资运营和产业运营相结合。园区始终坚持长期投资的理念，对港口码头、仓储堆场等投资规模大、回收期长的重要基础设施，通过控股或参股等形式，与市场主体共同开展重大物流项目建设，既激发了优质项目的投资动力，也缓解了基础设施的投资压力。园区下属平台公司控股或参股20余个企业或项目。园区由泰州医药高新技术产业开发区（高港区）港口物流产业园管理办公室管理，泰州新港物流有限公司负责园区开发建设和运营管理。

（五）运营效率

园区以临港产业、医药原料药产业和智能制造三大产业为基础，形成了以港口物流、大宗商品加工贸易为主导，以多式联运、保税物流、集装箱运输、供应链管理为特色的物流产业集群。经过10余年的发展，园区先后招引落户了益海嘉里、正大集团、扬子江药业集团、汇福粮油集团、招商局集团、国家能源集团等一批世界500强、中国500强企业和一批央企国企，集聚了各类商贸、物流、加工型企业386家，2023年开票销售总额达687.36亿元，各类货物吞吐量近5000万吨，物流业营业额超23亿元，进出口总额近14亿美元。园区培育省、市级重点物流企业5家，A级以上物流企业3家（3A级2家，4A级1家），开票销售超10亿元重点商贸企业7家，物流企业年收入超2亿元的企业4家，税收超千万元企业10家。园区先后被评为国家示范物流园区、全国优秀物流园区、江苏省示范物流园区、江苏省现代服务业集聚区、江苏省生产性服务业集聚示范区、江苏省粮食物流产业园、江苏省粮油食品特色产业基地、两岸现代服务业合作实验示范基地等。

（六）基础设施

码头泊位。园区共有生产性码头泊位31座（其中7万吨级泊位3座、5万吨级煤炭专用泊位2座、5万吨级液体化工专用泊位1座、5万吨级集装箱泊位2座、2万吨级液体化工专用泊位1座），沿长江及古马干河千吨级及以下泊位20座，有5个对外开放口岸、7个泊位。

仓储设施。建有保税仓库1.2万平方米，保税粮食筒仓25万立方米，保税化工储罐15万立方米，外贸集装箱堆场近4万平方米。共有仓储面积约80万平方米，建有70.6万吨专用粮食筒仓，智能化医药立体仓库5.3万平方米，油罐202个、罐容38.69万吨，粮类仓库5万平方米，标准化仓库13.1万平方米，普通公用仓库、配载仓库6万平方米，专业化工油品仓储设施30万立方米，集装箱堆场面积13万平方米，堆存能力达0.98万标箱，集装箱年设计通过能力80万标箱，散货堆场面积30.13万平方米。图4为园区实景图。

图 4　园区实景

二、主要做法

（一）聚力能级跃升，加速提档升级

园区充分发挥"沿海—沿江—长江中上游""苏南—苏中—苏北"中部经济大通道的关键节点优势，通过跨江融合发展、江海联动发展，加快融入长江经济带建设，建立了以"江海联运＋区域分拨"为主要特征的长江经济带多式联运网络。多式联运、干支配、第三方物流等服务的组织化、规模化水平显著提升，有效带动服务长江经济带的综合能级提升。在集装箱班列、航运信息共享、通关一体化等方面与上海、武汉、辽宁、山东等枢纽港口实现联动发展，园区间的分工协作和对接机制更加完善。园区全面形成与国家重大战略深度衔接、与区域经济社会发展相适应、与区位交通优势相匹配的港口型物流枢纽，为区域经济高质量发展、提升国际竞争力提供强有力支撑。

1. 干线运输组织

园区已开通集装箱支线班轮航线 50 余条，航线辐射到全国沿海、沿江各个区域及世界各地，合作的内外贸船公司达到 40 多家。其中：内贸支线航班 28 条，外贸支线航班 23 条，班期密度达 120 班/周，航线网络覆盖日本、韩国及北美、西欧、中东等 150 个国家和地区。

2020 年 12 月 18 日，泰州港—辽宁盘锦港内贸集装箱直航航线开通，泰州港首条内贸集装箱直达航线正式上线（每月三班），泰州港至东北港口的集装箱货物运输时间由以前的 15 天压缩至 4~5 天，为长江下游地区与东北地区的物贸往来提供了更便捷、高效、经济的海运通道。

2021 年 10 月 24 日，泰州—日韩港口航线泰州港首靠试运营，每周一班（周六），至今已平稳运营 5 个航次，日韩港口分别挂靠釜山、大阪、门司、名古屋，至釜山航程约 3 天，至日本港口航程 4~5 天，以往泰州港日韩出口需至上海港等枢纽港中转，运输时间

10～12 天，此航线的开通大大提升了外贸企业出口日韩的运输时效，为地方外贸经济的发展提供了崭新的物流通道。

2021 年 12 月 4 日，泰州港—山东威海港内贸集装箱直达航线开通，该航线充分发挥泰州港、威海港的区位优势，打破以往胶东地区进长江流域一贯采用的公路运输模式，在两地之间搭建起一条贯通南北的"黄金水道"，在运输过程中发挥集装箱封闭运输、灵活采购、一站式、点到点等特点，大幅度减少了货损货差和环境污染，通过减少作业环节将运输总成本节约近 10%。

2. 江海联运转运

园区处于沿海经济带与沿江经济带 T 形交汇处，是长江由 A 级航区①进入 B 级航区②的第一个港口，是长江中上游西部地区物资中转运输的重要口岸。园区通过打造江海联运平台，承担了江苏沿江港口 16.1% 的煤炭、9.9% 的金属矿石、15.6% 的矿建材料和41.6% 的散粮江海联运，已成为苏中地区重要的内外贸货物集散地。作为江苏沿江港口粮食运输第一港，园区大力开展粮食江海河联运，充分发挥进境粮食指定口岸、长江南京以下 12.5 米深水航道及古马干河内河航道等优势，大力推动国际外贸进口大豆、东北地区玉米等粮食品种在园区集散，面向长江中上游地区提供粮食江海联运、加工、中转等服务，面向长江中下游粮食主产区的水稻、小麦、豆粕等农产品提供加工、中转、出口服务，扩大园区在长江流域的辐射力和影响力。

园区大力拓展"散改集"业务和集装箱江海联运业务，加快发展泰州港至上海港（洋山港、外高桥港）集装箱精品航线、泰州港—太仓港国内班轮航线，利用水水联运优势，开通直航"天天班"，将原有的泰州港通过上海港转运时间缩减至 28 小时，提升国际物流效率。

3. 区域分拨配送

园区充分发挥江苏中轴的区位优势，加快融入长江经济带建设，建立以"江海联运＋区域分拨"为主要特征的长江经济带多式联运网络，为苏中及长三角地区的工业品、日用消费品提供仓储堆存、区域分拨、中转集散、城市配送等分拨配送服务；依托公路港实体平台和线上网络货运平台，整合公路货运资源，提供车货匹配、中转调运、信息交易、货物跟踪查询等公路智能集配服务。

园区内江苏汇福粮油集团"汇运客"无车承运平台已进入试运行阶段。该平台集互联网、物联网、移动技术、云技术、AI 技术、线下重卡资源等智能物流服务于一体，利用自有货源、社会货源、车辆的实时位置信息、车辆行驶轨迹进行大数据分析并实现精准配货，挖掘社会零散空驶运力资源，提高运输装卸效率；整合客户及社会零散车辆，在平台直接发布托运业务，社会零散车辆亦可直接在平台对接货源，平台具备线上合同签约、保险订立、轨迹监控与运费结算、开票、个税代缴等一系列功能，实现货物在线运输的经济性、安全性、便捷性，同时为上下游企业提供全面优质的物流供应链解决方

---

① A 级航区：指大河流的下游。
② B 级航区：指较大湖泊、大河流的中游及某些中等河流的下游。

案。截至 2023 年 11 月，"汇运客"平台托运人注册 1579 人，车主注册 18536 人，车辆注册 19952 辆，运单量突破 10.9 万单。

4. 粮食加工及大宗商品贸易

园区依托泰州港区位和基础设施优势，已形成以益海嘉里、汇福粮油集团、正大集团等企业为龙头的粮油食品产业群，业务范围涵盖粮食、油脂、食品、饲料等产品的加工生产、贸易和物流，重点发展大豆、玉米、水稻、小麦的进口、精深加工、中转集散、分销贸易等增值功能。园区已形成大豆压榨 16000 吨/天、油脂精炼 5000 吨/天、水稻加工 2400 吨/天的粮食加工能力。2022 年完成货物吞吐量 4358.9 万吨，其中粮食吞吐量 1419.18 万吨，完成粮食交易量 313.12 万吨、加工量 419.58 万吨，实现总产值 734.16 亿元。

园区围绕煤炭、油品、化工原料、钢材、铁矿石等各类大宗商品，提供大宗商品中转集散、交易交割以及全过程的大宗商品供应链管理服务。2022 年泰州港完成煤炭吞吐量 8528 万吨、矿建材料 12725 万吨、粮食 3574 万吨，已成为长江中上游地区能源、原材料和粮食转运的重要枢纽，在全省沿江转运体系中承担了重要的角色。

5. 民生保障

园区全面形成与国家重大战略深度衔接、与区域经济发展相适应、与区位交通优势相匹配的港口型物流枢纽，为区域产业协调发展和综合竞争力提升提供有力支撑。园区建立与城市配送中心的联动协同机制，完善枢纽集散分拨、区域配送功能，为制造、商贸等其他产业运行提供必需的运输、仓储等服务，使泰州货物高效、便捷地分拨配送至周边地区，畅通工业品下乡和农产品进城的双向物流通道，实现民生物流提质增效，有效提升城乡居民生活品质。

园区具备应急物资大规模集散中转、分拨配送能力，拥有充足的粮油食品、医药、煤炭、化工原料等物资资源，形成了干支配一体化运作，多式联运、分拨转运等多元化业务统筹协调的现代物流运行体系。园区整合优化存量应急设施，推动既有物流设施嵌入应急功能，推进各类物资储备设施和应急物流设施在布局、功能、运行等方面的匹配和衔接，为区域生产、应急物资中转调运和生产生活物资供应提供更便捷、更高效的综合物流服务。

（二）发挥枢纽作用，助力产业发展

园区集聚了区域内产业资源和产业链环节，以延伸产业链、拓展服务功能，促进产业发展由低端服务向高附加值服务转型升级，有效推动加工型制造业向服务型制造业转型升级，促进物流与制造业、商贸业、金融业、信息业等多种产业联动发展。园区提升多式联运衔接水平，完善运输与物流组织，调整优化货物运输结构，服务周边万亿级产业带，为制造业企业降低 20% 的物流成本，实现更大区域范围内的降本增效。

园区围绕智能制造、医药、粮油等产业全链条的物流需求，加快供应链、大数据等创新业态发展，提供采购分销、公共仓储与库存管理、供应链金融、口岸作业、保税物流等一体化服务，加快构建"通道＋枢纽＋网络"的区域现代物流服务体系。

1. 供应链管理

园区围绕千亿级临港产业带，优化产业链布局，加快粮食产业链、医药产业链等重点产业链延链、补链、强链，构建高效、优质的供应链生态圈。

（1）粮食供应链

园区不断完善粮油加工基础设施和基本功能，形成以益海嘉里、汇福粮油集团、正大集团等企业为龙头的高质量粮油食品加工产业集群，依托已落户的益海嘉里、汇福粮油集团、丰益科技等产业链初中端企业向功能性食品、保健品、复合调味品、休闲食品等高端食品方向拓展，涵盖粮食、油脂、食品、饲料等产品的加工、生产、贸易和物流等环节，重点开展大豆、玉米、水稻、小麦的进口、精深加工、中转集散、分销贸易等增值功能，构建粮油食品产业链，打造国内知名的食品深加工产业基地（国家级粮油加工集聚区等）。

园区发挥泰州港的区位优势，以粮食产业基地为中心，对接国内外粮食种植基地和粮食需求市场，集聚粮食加工、物流、贸易等企业，打造粮食"生产—收储—运输—加工—仓储—配送—贸易"全产业链条的产业集群，构建粮食中转集散枢纽和国际粮食贸易平台，实现粮食产业链在园区集聚化、链条化发展，将园区打造成为粮食产业供应链枢纽，形成粮食生产、物流、加工、贸易等融合发展的粮食产业生态圈。

园区推进汇福粮油集团现货期货交易市场、益海嘉里粮油中转基地建设，依托3000万吨粮食吞吐能力，放大省级粮食物流园区、全国粮食进境口岸的品牌效应和江海河换装的区位优势，建设交易服务、物流服务、信息服务、金融服务等平台，吸引全国知名粮油食品加工商、贸易商入园交易。加大现有仓储物流设施及益海嘉里、汇福粮油集团供应商、销售商的整合和挖潜力度，打造沿江粮油食品交易中心、定价中心、信息中心、物流中心、结算中心和展示中心，形成有影响力的"泰州粮食交易指数"。

益海嘉里粮油产业已形成日加工大豆6000吨、日精炼毛油1000吨、日产140吨大豆浓缩蛋白、日加工瓶坯43万只、日罐装1200吨小包装、日产特种油脂50吨、年产稻米油3万吨的能力，是华东地区规模较大、产品种类较完善的粮油生产加工基地之一。汇福粮油集团现有大豆加工产能350万吨/年、精炼加工能力60万吨/年、年灌装能力60万吨，配套30万吨原料仓储、5万吨成品粕仓储、13万吨油脂仓储，年综合加工能力全国排名位居前列。园区基本建成集生产加工、贸易、物流、中转于一体的粮油集散中心。

（2）医药供应链

园区已形成以扬子江龙凤堂、海济药业、海博生物等制药企业为龙头的医药产业，业务范围涵盖中成药、原料药及创新药的研发、加工生产和贸易物流。扬子江龙凤堂物流中心药品仓储总面积5.3万平方米，可容纳药品50万箱，满足日出入库药品7万箱的需求，提供药品药材物流仓储运输及电子商务交易等服务，形成了辐射全国的医药物流运输体系。加快推进原料药基地建设，着力打造创新药和高端辅料研发平台、原料药技术转移平台和CDMO（合同研发生产组织）平台，致力构建研发、中试、生产一体化的原料药生产创新体系，以海博生物为龙头，围绕抗肿瘤、糖尿病、眼科等领域，加快集聚创新药研发企业，强化产品研发生产配套体系。

（3）大宗物资交易交割

江苏港瑞供应链管理有限公司和江苏晋和电力燃料有限公司，主攻大宗商品的现货期货交易交割，致力于为客户提供多品种、一站式、全过程的大宗商品供应链管理服务。园区加大粮油、化工、大宗商品三大交易中心建设力度，拓展煤炭、油品、化工原料、钢材、铁矿石、稀有金属等各类大宗商品交易，贸易额已实现350亿元/年。

江苏海企化工仓储股份有限公司（以下简称"海企仓储"）拥有沿江最大的单体化工码头，具备大宗液体化学品（酸、碱、醇、酯、苯类）和油品的卸载、储存及其他配套服务功能，为客户提供醇类、酸类、芳烃类等液化品的第三方仓储服务，拥有30万立方米库容，完成货物周转量270万吨，年吞吐能力达400万吨。海企仓储库区已经成为全国最大的环氧丙烷、对二甲苯进口中转基地和醋酸、醋酸乙酯的出口中转基地。江苏光大银行把海企仓储确立为江苏省首家化学品监管仓库，借助海企现代化的物流平台开展货权质押业务，为石化类商品生产商、贸易商提供流动资金授信服务。海企仓储已成为全国最大的化工品期货交易所和郑州商品交易所甲醇指定交割库。

（4）供应链金融

依托江苏瑞泰商业保理有限公司、江苏摩尔商业管理有限公司、江苏中外运祥泰供应链管理有限公司等企业，向商业保理、融资租赁、仓单质押等供应链金融方向发展，力争形成日均余额超10亿元规模的发展格局。江苏瑞泰商业保理有限公司于2018年10月正式运营，目前已积累30余家客户资源，2022年营业收入达9189.73万元。

2. 保税物流

园区依托泰州综合保税区为周边企业提供以下服务功能。一是口岸作业功能。对通过泰州综合保税区进出境的货物以及其他未办结海关手续的货物提供接收、发送、存储、中转，以及货物装卸、接驳、拖运、存储等基本的货运口岸作业服务。二是保税物流功能。具备保税仓储、保税加工、口岸通关、检验检疫、跨境电商等功能，为园区内外企业提供一站式国际物流服务。

3. 物流信息服务

园区不断推进汇福粮油集团、益海嘉里、华盛物流等企业的数字化发展和信息平台建设，构建智慧物流信息平台，为企业提供线上线下综合服务，提升供应链管理的精细化、定制化、一体化水平。

汇福粮油集团官方订货授权平台"活跃客"正式启动，为用户提供豆粕、豆油等原料一站式交易（一口价、基差、拼单）及结算、物流、供应链金融、牧场SaaS管理系统、行业资讯等服务。益海嘉里物流投资3亿元，研发粮油水路运输在线公共服务平台，向"滴滴打船"模式进军，水路运输实现全程可视化。泰州国际集装箱码头实施信息化升级，引导集装箱运输由传统形态向"生产—运输—港口装卸—订舱"信息一体化互联互通发展。园区推动海企仓储由传统仓储型物流企业向第三方检验检测、智能化物流平台转型。园区与江苏中外运祥泰供应链管理有限公司合作建设泰州中外运苏中智慧物流园项目，建设集商务服务、信息发布、交易撮合、维修检测、智慧仓储、多式联运、物业管理等功能于一体的综合性智慧物流园区，提升园区服务能级与水平。

园区致力于打造智慧物流园区管理平台门户，为园区客户提供一站式的智慧政务管理服务，同时对接智慧配载、智慧车辆、智慧云仓、园区云等智慧物流信息平台，提供智慧化的信息处理、仓储配送、车辆调度、物流大数据分析等服务；推进物流园车辆封闭化管理系统建设，通过智能化卡口、信息化管理平台、一卡通消费管理系统、第三方结算平台等设施的安装，着力解决园区物流车辆乱停乱放、影响交通的问题，不断完善园区服务体系和配套功能；推进物联网、云计算、大数据等新一代信息技术在船舶、港口、航道、航行保障、安全监管、堆场管理、服务等方面的应用，打造"货运一单制、信息一网通"的港口物流运作体系，提升港口的智慧化、绿色化。

三、示范特色

自成立以来，园区立足大港口、构建大交通、推动大开放、发展大产业，在设施建设、功能布局、产业集聚、智慧转型等方面，形成了一系列具有示范效应的创新举措。

（一）放大江海联运优势，注重做大港口物流

放大江海联运区位优势，精准切入江海联运转运需求，用足用好长江下游最后的优质岸线，将港口岸线资源巩固扩大成推动园区产业发展和支撑转型升级的整体优势。一是不断夯实港口物流设施基础，相继建成长江沿线高水平的散货码头、集装箱码头及液体化工、粮食等专业化码头，以高标准、高能级的港口物流设施"筑巢引凤"。二是找准大宗物资中转集散与加工贸易切入点，发挥水运低成本、大运量优势，大力开展粮食江海河联运；发挥进境粮食指定口岸优势和内河航道优势，大力推动国际外贸进口粮食品种在园区集散，面向长江中上游地区提供粮食江海联运、加工、中转等服务，面向长江中下游提供加工、中转、出口服务，扩大园区在长江流域的辐射力和影响力。三是对接本地产业需求发展集装箱物流，形成与上海港的集装箱精品航线、泰州港—太仓港国内班轮航线，与重庆、武汉等长江中上游地区港口联动；与辽宁、山东等枢纽港口实现联动发展；推动沿长江干线、支流布设喂给港、内陆港，实现内外贸干线、中转支线无缝对接，加强在江海河联运、中转集散等方面的分工合作。

（二）强化链主龙头引领，注重做强产业集群

注重产业"链式集聚"，利用高质量、低成本的交通优势，吸引相关联龙头企业入驻，加快产业链条化和集聚化发展，形成与产业、城市深度融合和良性互动的发展格局。一是瞄准"链主"企业，集聚产业链上下游，以益海嘉里、正大集团等世界 500 强粮食加工企业为龙头，形成集大豆、大米、玉米、食用植物油、饲料等粮食加工以及粮食物流于一体的、全国领先的粮食产业集群。依托扬子江药业集团等国内领先的医药企业，做大做强医药产业及医药物流。二是吸引产业资源和产业链环节在园区空间集聚，促进物流与制造业、商贸业、金融业、信息业等多种产业联动发展。围绕千亿级临港产业带，

引入临港制造产业链、粮食产业链、粮油食品产业链、医药产业链、化工油品产业链等；依托扬子江药业集团、华永医药制造公共服务平台，打造原料药、中药及保健品生产基地；依托全国进境粮食指定口岸——泰州港及益海嘉里、汇福粮油集团等粮油深加工企业，生产高附加值产品，打造大健康产业集聚示范基地。

四、发展方向与未来展望

（一）发展方向

园区将以国家物流枢纽建设与经济高质量发展为引领，按照"建设大平台、构筑多链条、发展新模式"的发展思路，以"补短板、促提升、优化存量、培育增量"为手段，统筹推进黄金水域、黄金岸线和黄金陆域"三位一体"，着力实现"1＋1＋1"发展目标：1个超100亿级现代物流产业集群，争取泰州市列入国家物流枢纽承载城市，打造港口型国家物流枢纽，到"十四五"末，形成年吞吐量超100万标箱的集装箱港口，超100亿级现代物流产业集群；1个超600亿级临江物贸产业集群，建设粮油、化工、大宗商品等特色交易中心，打造临江物贸高地，推动"港区＋综合保税区"联动，到"十四五"末，形成超600亿级临江物贸产业集群；1个超1000亿级大健康产业集群，大力发展以粮油食品、药品、保健品为重点的大健康产业，以粮油、中医药为基础，拓展调味品＋保健食品、原料药＋生物制剂两条主线，到"十四五"末，形成超1000亿级大健康产业集群。

（二）未来展望

1. 放大港口优势，推进物流服务能级跃升

园区将推动港口能级提升，对标国际国内一流港口，实施一批港口能级提升项目，力争到"十四五"末，港口集装箱年设计通过能力达100万标箱、实际吞吐量超50万标箱。畅通集疏运体系，推动一批基础设施改造工程，完善打通立体式物流通道，增强港口与综合保税区、规划建设中的高铁站等重要物流节点的联系，构建水运、铁运、陆运等多式联运体系。

2. 加强融合发展，提升临江物贸发展质效

园区将着力打造国家级综合性粮油交易中心，形成有影响力的"泰州粮食交易指数"，建设区域大宗商品供应链中心，鼓励企业向大宗商品交易交割、供应链金融、物流金融等新业态进军。大力整合服务功能，建立区域分销配送中心，集中统一开展面向全国的物流分拨分销业务，并大力拓展国际采购、分拨分销、冷链物流、集采共配等增值业务。

3. 加快创新升级，打造数字绿色园区样板

园区将大力发展"互联网＋"新模式、新业态。加快智慧港口投入，对接智慧配载、智慧车辆、智慧云仓、园区云等智慧物流信息平台，打通数据链，构建高效协同的智慧

港口，重点发展智慧物流、加工贸易、供应链服务三大服务业。调整优化产业结构，提高资源利用效率，突出清洁能源利用、绿色低碳运输、绿色能源保障，打造成为江苏沿江港口碳达峰、碳中和的国家示范枢纽。

（撰稿人：徐昊，秦军林，王立）

浙江湖州长兴综合物流园区

以铁公水多式联运为特色，构建综合型物流园区

浙江湖州长兴综合物流园区（以下简称"园区"）已基本建成以铁公水多式联运中心（公路港、铁路长兴南货场、长兴内河码头）为核心，以冷链物流、电商物流、供应链集成、大宗物资交割结算、数字贸易等多业态为支撑的现代物流产业体系，走出了一条具有长兴特色的物流园区发展之路。长兴县经济增长快速、产业特色突出，是中国百强县、中国投资潜力百强县、全国营商环境百强县、浙江省制造业高质量发展示范县等，全县拥有上市企业 10 家，已形成"1 + 4 + 2"产业体系。其中，"1"指智能汽车标志性产业链；"4"指新能源、智能装备、数字产业、生物医药四大战略性新兴产业；"2"指现代纺织、非金属矿物制品业两大传统优势产业。2022 年，长兴县完成地区生产总值 853.4 亿元，财政总收入 153.6 亿元，一般公共预算收入 81.9 亿元。

一、园区概况

（一）立项背景

长兴县地处浙苏皖三省交界，是浙江的北大门，县内有一条黄金水道（长湖申航道）、两条国道（104 国道、318 国道）、三条铁路（新长、宣杭、长牛）和四条高速公路（杭宁、申苏浙皖、杭长、申嘉湖），具有得天独厚的区位优势和交通条件。为充分发挥长兴县三省交界区位优势和铁公水俱全的交通条件，进一步发挥现代物流在地方经济发展中先导性、基础性、战略性作用，实现县域产业协同和地方经济降本增效，自 2005 年始，经长兴县委、县政府决策部署，统筹规划，致力于将园区打造成浙苏皖三省交界区域综合型、绿色型、数字型物流园区。

（二）交通条件

园区位于长兴经济技术开发区东部，东邻 104 国道，西靠长湖申航道，宣杭铁路在园区内穿过，距离杭宁高速长兴南高速口 500 米，具有得天独厚的区位条件，相继被纳入浙江省、市、县"十二五""十三五""十四五"物流业专项规划，见图1。

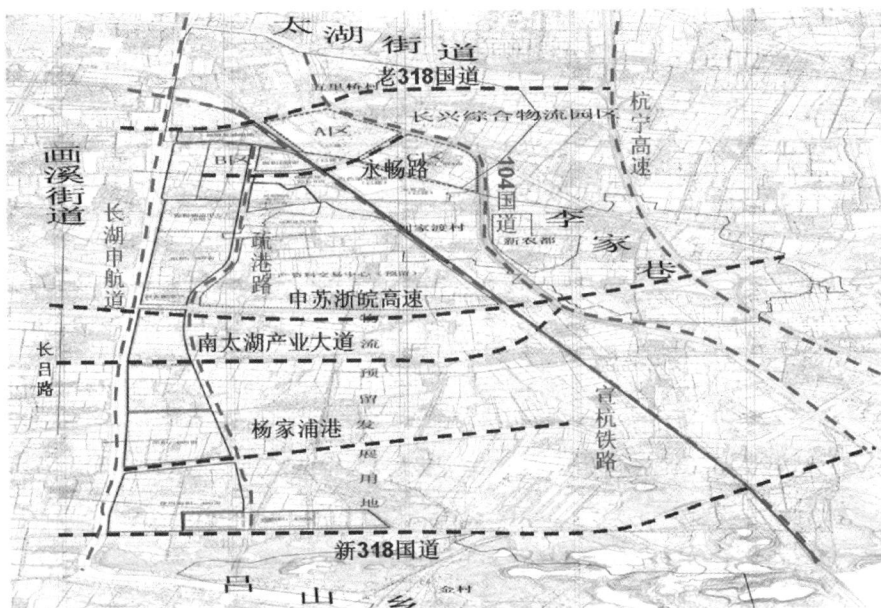

图 1 园区交通现状

截至 2023 年年底，园区规划总面积 1.61 平方千米，分南北片区。北区东至 104 国道、北至雉州大道（老 318 国道）、西至长湖申航道、南至铁路货场，占地 1.29 平方千米；南区东至北新林业、南至新 318 国道、西至长湖申航道、北至百秋国际，占地 0.32 平方千米。

（三）发展概况

经过十余年发展，园区基础设施不断完善，产业能级不断提升，累计实际总投资超 50 亿元，园区内物流运营占地面积 128.9 万平方米，物流运营占比近 80%；已建成仓库库房面积 68 万平方米，其中冷藏冷冻库容面积 17 万立方米；园区内两条主干道永畅路和疏港公路十字交叉，均按一级公路标准建设，相继建成公路港、铁路物流园、码头物流园等交通场站，见图 2。其中，铁路装卸线 6 条，总作业长度 2170 米；1000 吨级码头泊位 10 个。园区先后获得国家示范物流园区、交通运输部多式联运示范工程项目、浙江省示范物流园区、浙江省现代服务业创新发展区、浙江省物流园区提质增效试点等 20 余项国家和省级荣誉。

公路港占地 21.7 万平方米，总投资 4.83 亿元，总建筑面积 15.6 万平方米，于 2011 年 1 月建成投入运营，见图 3。2018 年与传化物流集团有限公司进行"轻资产"合作，按照"提升发展、降本增效"总体目标，对公路港在日常管理、业务提升、服务增值、品牌文化上进行提档升级。目前已集聚第三方物流、专线、零担配载等公路运输型物流企业 100 余家，重点开展公路短驳、区域分拨、全国专线、仓储物流、冷链物流等现代物流业务，主要服务于县内汽车制造、装备制造、新能源、纺织耐火、白色家电，以及周边服装、建材等行业。

图 2　北区功能布局

图 3　公路港

　　铁路长兴南货场（铁路物流园）占地面积 33.7 万平方米，总投资 5.45 亿元，分为铁路作业区和物流配套区两个功能区块。铁路作业区占地 21.7 万平方米，由长兴县政府和上海铁路局共同出资建设，由上海铁路局杭州货运中心长兴经营部负责运营，于 2016 年 10 月 28 日正式投用，目前已开通长兴至宁波北仑港、上海芦潮港两条海铁联运集装箱班列，以及长兴至广州点对点内贸集装箱班列，吉利商品车笼车班列等。物流配套区占地 12 万平方米，由开发区下属国有公司和浙江铁道发展集团有限公司共同出资建设，由新成立的浙江铁道畅兴物流有限公司负责经营。

长兴内河码头（码头物流园）占地 26 万平方米，由浙江海港内河港口发展有限公司、浙江中外运有限公司、长兴南太湖投资开发有限公司、长兴旭泓投资有限公司按 4∶3∶2∶1 的股份比例共同出资建设，新建顺岸式 500 吨级泊位（水工结构按 1000 吨级船设计）多用途泊位、件杂货泊位共 10 个，年设计通过能力为 327 万吨，后方陆域建设相应的堆场、仓库和配套设施，见图 4。目前，项目一期码头区和二期仓储区已建成投运，开通了长兴港至宁波港、太仓港、上海港、嘉兴港等多条航线。三期建设 6 个 500 吨级多用途泊位（水工结构按照靠泊 1000 吨级船舶设计和建设），陆域建设海关监管区、堆场等配套工程，目前工程基本完工。

图 4　长兴内河码头

（四）运营管理主体

园区由国家级长兴经济技术开发区下属国有企业——长兴永畅物流建设开发有限公司开发建设。2011 年 1 月，园区一期公路港投入运营，相关资产和后续运营移交给全资国有企业——浙江长兴综合物流园区发展有限公司（以下简称"发展公司"，为国家级长兴经济技术开发区下辖国有企业）。发展公司成立于 2010 年 5 月，注册资本 1 亿元，自成立以来，立足国家级长兴经济技术开发区，持续深化国有体制改革，不断提升园区管理水平，深耕物流园区经营管理、供应链集成和贸易等主营业务，至 2022 年年底，发展公司总资产 46.72 亿元，营业总收入 1.53 亿元。

二、主要做法

在多年的发展过程中，园区在管理模式、市场格局、提升路径等方面进行了探索实践，走出了一条独特的县域物流园区发展之路。

（一）形成"规划引领、政企协同、共筑园区"的管理新模式

在多年发展实践中，园区一直在探索园区发展模式，从地方国企主导下的建设模式，到建管分离模式，再到开发区管理模式，最终形成"规划引领、政企协同、共筑园区"的管理新模式。

1. 在规划谋划上既坚持"一张蓝图画到底"，又保持"与时俱进谋超前"

自园区规划实施以来，历届县委、县政府始终坚持大力发展现代物流产业，将现代物流产业定位为支撑地方经济发展的基础性、战略性、先导性产业，始终将把园区打造为浙苏皖三省交界区域物流中心作为目标，在用地、政策、人才等要素资源上予以倾斜，县级各主管部门和项目承载乡镇通力协作，在业务指导、政策落实、对上申报上给予了大力支持。同时，园区在规划引领上又兼顾与时俱进，认真研究学习领悟国家、省等各阶段的政策文件、"五年规划"等纲领性文件，立足长兴实际找到结合点，超前谋划落实上级文件精神。

2005 年，为充分发挥长兴区位交通优势，为工业制造业实现物流降本增效，县委、县政府聘请第三方单位编制《长兴县物流园区概念性规划》，对物流园区近中远期的选址、布局和运营模式等进行了系统性规划。

2007 年，在概念性规划的基础上，对近期开发地块进行详细规划设计，形成了《长兴综合物流园区三期（A、B、C 三区）建设规划》以及园区 A 区公路港详细规划。

2014 年，一期公路港运营成熟之后，在充分研究《全国物流园区发展规划（2013—2020 年）》《物流业发展中长期规划（2014—2020 年）》等基础上，结合园区铁公水俱全的先天优势，聘请高校编制《长兴综合物流园区规划调整及营运咨询方案》等，将原 B、C 区商贸市场调整为集公路港、铁路货场、内河码头为一体的多式联运型综合园区。

2018 年，为进一步支撑园区扩容提质，更加充分发挥铁公水多式联运中心的经济和社会效益，沿长湖申航道新规划物流园区南区，引进社会资本共同参与园区开发建设。园区已初步形成以铁公水多式联运中心为核心，以冷链物流、电商物流、供应链集成、大宗物资交割结算、数字贸易等多业态为支撑的综合型物流园区。

2. 在园区投资建设运营上坚持"政府引领、国企搭台、企业唱戏"的协同发展模式

在园区建设运营过程中，政府、国企、民营主体等分工明确、通力协作。一是地方政府（包括县政府、主管部门和属地乡镇）负责园区总体规划和各类扶持政策的制定，先后出台《长兴综合物流园区现代物流产业扶持政策》《物流供应链财政扶持政策》《多式联运集装箱财政补贴政策》《长兴县铁路集装箱运输财政扶持政策》《长兴县人民政府关于进一步加快服务业发展的若干政策意见》等，涵盖国有主体封闭运作、物流产业发展壮大、特色物流业态扶大育强、物流信息化投入、多式联运专项扶持等方方面面。此外，在提升政策环境的同时，地方规划部门充分考虑到物流园区的特殊性，将园区交通规划融入城市规划中，园区内部以一横（永畅路）一纵（疏港公路）两条主干道为骨干，连通 104 国道、318 国道等公路干线，并新规划城南公路跨长湖申大桥、104 国道连陈王路等城市道路，将县域工业园区与物流园区连通，构建完备的集疏运通道。

二是国有建设运营主体"封闭运作、滚动开发"，主要负责或参与各类基础设施、交通场站的投资、建设和管理。从 2007 年规划实施以来，为推动运输结构调整，构建铁公水三位一体的物流通道体系，在智慧公路港项目运营成熟的基础上，园区紧紧把握长兴铁路货场搬迁和浙江内河码头发展的机遇，规划建设了铁路物流园和码头物流园区项目，顺利实现了"铁路和码头入园"。同时，国有运营主体不断完善各类公共配套服务，在规划建设停车、住宿、餐饮、加油（加气、充电）、修理、物业、安保等相关配套的同时，引进海关商检办事处（监管点）、工商税务所、金融保险、通信电力等政务商务服务。

三是引进社会资本参与园区建设。在政府与国有主体实施基础设施、交通场站建设的同时，引进社会资本参与园区市场类和配套项目投资建设。如制造业配送中心、德玛冷链物流基地、天畅智库、鑫达公铁联运转运中心、浙江海港高标仓储中心等。据测算，在园区建设过程中，社会资本投资占比达到 50% 以上。

（二）构建"多业并存、融合发展、有序竞争"的市场新格局

近年来，园区始终坚持多样性生态培育，探索产业融合发展之路，逐步探索构建新型市场发展格局。

1. 坚持引育多样性市场主体，逐步壮大园区现代物流产业规模

近年来，园区坚持多业态主体引育，大力实施"强基""培新""育强""招大"等工程。其中，"强基"工程主要包括 3 大交通场站的货运通道建设。截至 2023 年，公路港已累计打通全国 55 条货运专线，通过传化货运网，逐步构建起一个覆盖 18 省 46 地市的公路运输通道，2023 年 1—6 月，公路港完成货物吞吐量 342 万吨；铁路货场除传统篷车业务外，已开通长兴—宁波舟山港、长兴—上海芦潮港两条国际集装箱货运班列，以及长兴—广州国内集装箱班列和吉利乘用车笼车班列，2023 年 1—6 月，铁路完成货物吞吐量 116.23 万吨，其中集装箱吞吐量 6.28 万标箱；内河码头已开通长兴—乍浦—宁波舟山港国际集装箱航线，长兴—上海港、长兴—太仓港、长兴—南通港、长兴—乍浦港四条内贸航线，2023 年 1—6 月，内河码头完成货物吞吐量 103.57 万吨，其中集装箱吞吐量 8.07 万标箱。"培新"工程主要包括培育数字物流、多式联运、冷链、国际货代、智能仓储、第三方总包、大宗物资交割库、电商物流等多样化业态。园区已培育出浙江天畅智运科技有限公司（网络货运）、长兴宝钛物流有限公司（国际货代）、浙江德玛物流有限公司（冷链）、浙江中跃供应链管理有限公司（冷链）、浙江天畅智库科技有限公司（智能仓储）、浙江吉星物流有限公司（第三方总包）、浙江长兴田川物流有限公司（有色金属交割库）、浙江铁道畅兴物流有限公司（PVC 交割库）等一批新业态市场主体。"育强"工程包括企业升 A[①]、"下转上"[②] 和产业超亿元和税收超千万元企业培育，到 2022 年年底，园区入驻物流及供应链关联企业合计缴纳税收 2.84 亿元，年营业收入超过 1 亿元的企业 13 家，超 10 亿元的企业 3 家，超百亿元的企业 1 家，纳税超千万元的企业

---

① 企业升 A：指评估机构依据国家标准《物流企业分类与评估指标》评估认定的 A 级物流企业。

② "下转上"：统计术语，即限额以下企业转为限额以上企业。

5 家，累计培育 2A 级以上物流企业 24 家。"招大"工程主要依托园区独特的区位交通优势，跳出县域放眼长三角，引进大宗物流区域分拨结算中心、电子商务区域配送中心、供应链区域总部等业态，提升园区产业能级，进一步放大规模效应。园区已引进北新国际木业华东仓储基地、全尚服装智能仓储基地、北秋国际奢侈品华东仓储结算中心、乐自天成 IP 产业华东仓配结算中心等项目。据测算，凭借独特区位交通优势，园区吸引了大量周边地区货源，铁路县外货源占比 80% 以上，水路县外货源占比 60% 以上。

2. 创新产业融合工作载体，探索多业融合发展之路

为建立多业融合、有序竞争的市场新格局，园区深入调研，在体制、载体、举措、成效上不断创新探索。

一是构建"部门—园区—协会—企业"联动机制。以县物流协会为桥梁纽带，搭建政企联动、行业自律的联动机制。每年组织物流企业在著名高校举办行业培训班，每季举办政企恳谈会、行业座谈会等，共商解决行业共性和企业个性问题，与高校、职业学校等进行校企合作，为行业培养输送人才等。

二是探索先进制造业和现代物流业融合发展模式。园区推出"制造业物流业两业融合洽谈会，助力实体经济降本增效"工作载体，每季度分行业、分主题举办一次，邀请物流企业和制造企业与会，通过"会前走访问意向""会中搭台助交流""会后跟踪解难题"三个过程形成闭环，助力企业解决供应链升级、物流降本增效的难题。园区已举办两届，累计邀请 30 余家物流企业、60 余家制造企业参加会议。通过这个载体，系统解决两业信息不对称问题，既助力本地物流企业拓展业务，提升服务能力，又精准把握制造业物流痛点难点，实现"	对	"服务、"面对面"沟通，切实降低制造业物流成本，提高物流效率。目前园区平均为合作企业降低物流成本 15% 以上。

三是开展大型制造业企业两业融合降本之路。深刻分析长兴产业供应链特点，尤其是天能电池集团股份有限公司、超威电源集团有限公司、吉利长兴新能源汽车有限公司等大型生产企业，充分调研从原材料、生产环节到产成品等全链条物流特性，引导实施"散改集""公转水""公转铁"，不仅能降低生产企业物流成本，还能实现节能减排的绿色发展。例如，铁路方面，园区内铁路部门专门为吉利工厂开通乘用车笼车专列，调整优化铁路发送计划，将平均时效从 9 天提升到 6.6 天，自 2021 年 8 月首趟开通以来，累计发送乘用车 7612 列 76120 辆。天能电池集团股份有限公司协助企业实现主辅分离，在园区设立独立供应链物流市场主体，对内整合集团原材料供应链、生产物流、销售物流和蓄电池回收物流，对外整合物流园区专线、车辆等资源，搭建天畅智运网络货运、天畅智链研发总部、天畅智库、天畅智港等平台，平均每年为企业降本 3% ~ 8%。

（三）探索"绿色发展、数字赋能、降市增效"的提升新路径

近几年来，园区致力于探索数字化转型、多式联运、绿色发展的降本增效之路。

1. 探索数字赋能的转型提升之路

在省市县各级部门的指导下，园区围绕"设施联通、信息联网、多式联运、服务创新、主体培育"五个领域先行先试，奋力建设"开放互通、一体高效"的长三角"四

港"联动县域示范标杆。近年来，园区大力推动枢纽场站和 A 级以上物流企业接入区域公共云平台，多式联运集装箱量突破 30 万标箱，新增 1 家省级供应链创新与应用试点示范企业。此外，园区与传化物流深度合作，引进园区智慧化管理系统、传化货运网、传化云仓等，投资改建物流园区监控、消防等设施设备，实现园区管理的智能化、数字化，共同探索推进基于公路港的零担货运集配通商业模式创新试点，园区专线信息化覆盖率达到 98% 以上。大力扶持浙江天畅供应链管理有限公司发展壮大，加大科技研发投入，成建制引进 IT 开发团队建立长兴总部研发中心，在杭州设立研究院持续招募高端人才，自主研发网络货运平台、数字云仓平台、特色供应链金融平台等核心平台，整合 TMS、WMS、第三方支付、金融保险资源，探索数字供应链提升发展之路。浙江天畅供应链管理有限公司拥有专利、软件著作权 20 余项，是国家高新技术企业、省科技型中小企业，获得国家供应链创新与应用示范企业（全国 94 家）、中物联全国数字化仓库试点企业、浙江省人工智能行业应用标杆企业等荣誉。

2. 大力推动传统运输向多式联运转型

园区立足当地实际，发挥铁公水多式联运优势，一方面，大力推行"散改集""公转水""公转铁"等绿色低碳的运输组织模式，新建鑫达多式联运转运中心，新增门吊、正面吊等大型设备，通过政策引导、行业自律等手段，鼓励石粉、农资等由散装改为集装箱，扶持外贸箱由公路转为水路、铁路运输。另一方面，大力培育浙江天畅供应链管理有限公司、长兴宝钛物流有限公司、浙江吉星物流有限公司、浙江德玛物流有限公司等一批涵盖多式联运信息服务、短驳运输、铁路水路货代、国际货代等专业化、差异化的多式联运物流企业，通过合理组合公路、铁路、水路三种交通运输方式，实现整个运输过程的经济和社会效益最大化，为客户提供一体化的多式联运服务，切实为地方经济实现降本增效。据统计，依托园区铁公水多式联运中心，多式联运已占货物吞吐量的 12%，园区完成长兴 50% 以上的大宗物资、生产资料和商品的运输与中转。"十三五"期间，长兴县物流业增加值增长了约 33%，物流成本下降了约 35%，极大地支撑了地方经济发展。

3. 大力建设节能型绿色型物流园区

园区始终将节能绿色发展理念融入规划建设运营。园区空调系统采用非电空调，利用一墙之隔的电厂余/废热，有效降低园区用电能耗。园区公共照明以太阳能发电蓄能补充，年节约用电超 10 万度。配载区和仓储区累计安装太阳能光伏 10 余万平方米，年创造经济效益 100 余万元。近年来，园区与城市配送车和电动叉车厂商合作，大力推广新能源车以及新能源叉车的应用，已累计推广新能源车 30 余辆、新能源叉车 60 余辆，安装充电桩 30 余座。

三、示范特色

（一）园区管理模式创新示范

物流园区投入大、回报期长，同时，物流业又属于低门槛、市场竞争充分的行业，所以在物流园区投资、建设、运营、发展中，如何正确处理好地方政府和市场主体的关系显得尤为重要。自2005年园区规划实施以来，根据市场外部性原理，园区管理模式根据不同时期的需要，不断创新以适应市场，主要经历以下三个阶段：一是政府主导夯基础阶段，主要参与方为地方政府和县属国有企业，地方政府通过"封闭政策"扶持县属国有企业实现"滚动开发"，完成公路、铁路、水路三个交通场站以及道路、市政等基础设施建设。二是政府与企业互补发展阶段，在前一阶段基础上筑巢引凤，地方政府和国有企业主要履行园区管理职能，投资完善政务、商务等配套设施建设，如海关商检、公安消防等，同时引进社会资本参与园区投资建设，如制造业配送中心、鑫达公铁联运转运中心等，促使园区实现多业态发展和各类配套设施优化完善。三是企业为主体的园区提升阶段，地方政府仅负责产业政策和规划实施，引导园区及企业实现高质量发展，国有企业逐步退出园区投资建设领域，仅履行产权管理职能和负责基础设施及配套的维护优化，而不同业态的企业成为园区投资、建设、经营和提升发展的市场绝对主体。

（二）产业融合发展创新示范

园区在发展过程中，依托长兴县"1+4+2"先进制造业产业体系，重点围绕"先进制造+现代物流"的高效融合、"汽配产业带+跨境电商"的创新融合两大行业和领域，培育多元化融合发展主体，持续探索现代物流业与先进制造业融合发展新模式、新业态、新路径。在工作载体上，自2021年10月以来，搭建了"制造业物流业两业融合洽谈会助力实体经济降本增效"载体平台，每届选定特定行业、特定主题，提供两业融合互动探讨、先进案例模式分享、业务洽谈、宣传推介、政企沟通、助企服务等平台。截至2023年年底，已举办一次综合场、两次专场，取得了一定的成效。在制度创新上，成立工作专班，推动两业融合工作，将两业融合纳入地方政务服务增值化改革①，在促进企业降本、开拓市场增收、强化功能、加快发展等方面进行了一定探索。下一步，计划在支持企业跨行业经营的发展模式，业态复合、功能混合、弹性灵活的用地出让方式，以及建立两业融合复合型人才评价和职业发展通道体系等方面进行探索实践。

（三）新领域探索创新示范

园区高度重视物流新业态、新模式发展，多年来在数字化转型、多式联运及绿色化发展等方面积极探索，助力园区物流发展降本增效，取得了良好的经济效益和社会效益。数字化转型方面，园区通过持续加大科技研发投入培育供应链科技公司、推动场站与企业接入区域公共云平台、引入园区智慧管理系统等措施，实现园区管理、运营智能化发展。多式联运方面，园区大力培育多样的多式联运专业物流企业，推行"散改集""公转水""公转铁"等先进运输组织模式，实现运输过程合理化。绿色化发展方面，园区通过余热利用、光伏发电、新能源设备推广应用等措施，推动低碳节能型园区建设。

---

① 政务服务增值化改革：长兴县2023年深化改革项目，即在提供法定职责规定的便捷化基本服务基础上，为企业发展提供的精准化个性化衍生服务。

四、发展方向与未来展望

今后，园区将围绕"打造立足长兴、辐射浙苏皖三省交界区域的综合型、绿色型、数字型物流园区"目标，重点推动两业融合发展、数字赋能发展、低碳绿色发展，进一步构建更加通畅的集疏运体系、完善配套服务体系、优化产业扶持政策体系以及夯实政企协同体系，在继续深入推动"强基""培新""育强""招大"工程基础上增加"扶专"工程。

（一）做好两业融合、数字赋能、低碳绿色三篇特色文章

1. 更大力度推动先进制造业和现代物流业融合发展

依托国家级长兴经济技术开发区，园区将重点围绕"试点区域""试点企业"两个层面同步推进。一是建立健全制度保障。进一步创新优化融合发展制度环境，出台两业融合激励政策，进一步做深做细做实两业融合洽谈会工作载体，强化用地、金融、人才等要素保障。二是重点锚定智能汽车及关键零部件、新能源等先进制造业板块，精心挑选基础好、意愿强的代表企业，探索融合路径模式，促进产业链延伸、价值链跃升。如吉利长兴新能源汽车有限公司与传化物流集团有限公司的汽车零部件物流项目，天能电池集团股份有限公司、浙江天畅供应链管理有限公司集供应链贸易、网络货运平台、智链科技、智库、智港等全链条整合融合项目等。

2. 更大力度推动管理、运营、业务的数字化赋能

一方面，以园区为主体，依托浙江省智慧物流园区管理系统，推动园区管理、运营的智能化、数字化、互联化，实现园区三大交通场站的业务数据互联互通，更高效推进多式联运"一单制"。另一方面，鼓励和扶持园区物流企业加大研发投入，推广新技术新装备的应用，进一步支持和规范天畅网络货运平台的发展，协同传化公路港共同探索推进零担货运集配通体系的试点，构建总包—专线—评价—增值闭环式商业模式。

3. 更大力度推动物流园区低碳绿色发展

一方面，更大力度推动"散改集""公转铁""公转水"运输组织模式的应用，深入研究地方产业特点，打通多式联运的堵点，加快铁路直达班列和水路航线的开发，更加合理组合公路、铁路、水路三种交通运输方式，为地方经济的节能减排、降本增效提供强大助力。另一方面，加大新能源城市配送车辆和新能源叉车的推广运用，增加充电桩的布设密度，适时合作建设错峰储用能系统，全力争创绿色发展型物流园区。

（二）构建完善物流园区四大保障体系

一是加快构建更加通畅的集疏运体系。加快推动城南公路跨长湖申大桥、104国道连陈王路两条外部通道的建成通车，缓解园区内部集疏运压力；推动铁路场站扩容和作业能力提升，积极培育新的铁路集装箱直达班列及水路航线。二是进一步完善配套服务体系。主要对基础设施、政务商务等配套进行补强，新规划建设停车场、集装箱堆场、还

箱点、掏拼箱场地等设施；加快完善海关监管点验收投用以及申报保税库功能。三是优化产业扶持政策体系。随着新模式新业态的不断涌现，园区将在长兴经济技术开发区管理委员会的指导下，更加深入研究国家、省等各级政策，结合园区实际情况，对原有政策体系进行调整优化，更加有针对性地推动两业融合、低碳绿色、数字赋能等，更加精准扶持多式联运、冷链冷藏、数字物流、大宗物资交割结算区域中心、跨境电商等新业态新模式。四是夯实政企协同体系。进一步发挥物流协会桥梁纽带作用，加强与上级协会的互动，将政企恳谈会、行业座谈会常态化、制度化；与高校、职业学校等建立常态化合作机制，积极开展行业培训和校企合作，提升企业管理层综合能力素养，持续不断为物流行业培养输送更多人才。

（三）重点抓好主体培育五大工程

持续推进市场主体实施"强基""培新""育强""招大""扶专"五大工程。园区将进一步固本强基，完善基础设施、政务商务、政策扶持等，为市场主体扶好梯子、搭好舞台；重点培育两业融合、数字赋能、科技创新等领域的龙头企业和专精企业；更加充分发挥好区位交通优势，更大力度招引区域型结算分拨中心，吸引货源，放大规模优势，促进区域物流成本下降；新增中小企业"扶专扶精"工程，培育"小而专""小而精"的精品专线、专业第三方总包、精品车队、专业财务管理咨询等新业态，进一步丰富园区业态，健全生态系统。

（撰稿人：郑亮，孙春兰，单军杰）

浙江杭州深国际华东智慧物流城
（杭州深国际物流港）

培育智慧和冷链物流新动能，打造"物流＋产业"综合型物流园区

浙江杭州深国际华东智慧物流城（杭州深国际物流港）（以下简称"园区"）位于杭州市钱塘区，紧邻杭州主城区，处于杭州湾"V"字形产业带的拐点，是杭州"两核、三带、五区、多园"产业布局中的"两核"之一，是承接先进制造业、高科技产业、现代服务业的现代产业集聚示范区，是杭州东部门户、环杭州湾战略要点和杭州城市东向发展的战略地带，是大杭州经济都市圈"接轨大上海、融入长三角、提高首位度、打造增长极"的重要门户，是长三角新一轮经济发展和产业转型升级的重要平台。

经过发展，目前杭州钱塘区高端制造业产业已初具规模，形成了汽车及零部件、装备制造、轨道交通、健康、新能源新材料等产业集群。产业链的打造对现代物流体系提出更高的配套要求，而产业集群的发展也为现代物流提供了规模化、社会化的现实需求。因此，杭州钱塘区产业集聚区需要配套公共物流平台来支撑现有以及未来将要引进的产业。

园区依托杭州作为中国电子商务之都的产业基础和市场优势，以及钱塘区发展总体规划和物流业发展布局，通过整合区域物流资源、提高公共物流服务供给能力和水平，建设集电商仓储、智能仓配、集运分拨、综合配套、物流信息、物流金融等功能于一体的集群化、智能化、生态化现代综合物流港。为区域制造业、商贸业、电商业和城市居民消费提供公共物流服务平台，从而促进了杭州钱塘区的产业发展。

一、园区概况

（一）运营管理主体

园区由深圳国际控股有限公司（以下简称"深国际集团"）投资建设。深国际集团是深圳市属直管企业中整体境外上市的公司，也是深圳以交通物流为主业的国有骨干企业。深国际集团以粤港澳大湾区、长三角和京津冀经济带为主要战略区域，从而构建了以现代物流、收费公路、港口和大环保为核心的四轮驱动产业格局，并拥有4个上市平台，直管8个业务板块及附属公司，员工超过8000人，总资产规模超千亿元。2013年，深国际

集团开启"物流港"战略并在全国进行投资布局，已在全国 39 个城市投资了近 60 个物流项目，并形成了以深圳本部为管理中心，以西南、华中、苏皖、浙江、北方和南方六大区域为业务抓手的发展格局。2015 年，深国际集团开始在浙江省进行投资布局，截至目前已在浙江省投资 4 个项目，运营超过 100 万平方米的高端物流基础设施。

（二）区位交通

园区位于长三角中心城市杭州钱塘区，总占地 0.421 平方千米，建筑面积约 45 万平方米。项目紧邻苏绍高速，距离杭浦高速和下沙经济技术开发区江东大桥均为 16 千米，距离杭州萧山国际机场 20 千米、杭州湾出海码头 11 千米，具备开展公路、航空、铁路和水路多式联运的条件，区位交通条件便利。

（三）入驻客户及定位

园区包含产业物流中心、电商云仓中心、现代仓储中心、企业总部基地、配套服务中心等功能区，见图 1。园区内入驻企业 40 余家，包括 18 家 A 级物流企业，3 家 5A 级物流企业，1 家世界 500 强企业。据统计，园区年均进出车流量为 30 万辆（次），年货物吞吐量超 300 万吨，快递收发量超 4 亿件，入驻企业总营业收入超 20 亿元。截至 2023 年上半年，园区客户经营指标稳中有升，货物吞吐量超过 180 万吨，快递收发量超 2.5 亿件，入驻企业总营业收入超 18 亿元，有 8 家企业的年营业收入超过 2 亿元。

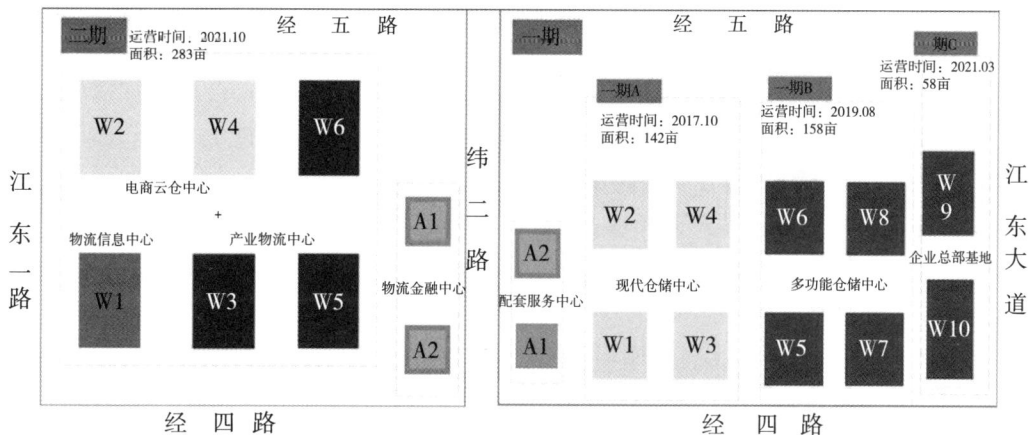

图 1　园区功能区布局

作为杭州市钱塘区的综合型物流园区，园区"发挥产业＋物流"联动效应，招引了知名汽车零部件生产商佛吉亚，主要为杭州大江东产业集聚区内重点汽车主机厂福特生产供应汽车零部件，年产值达 9000 万元，年贡献税收近 300 万元；招引了创捷新能源汽车（杭州）有限公司，扩大了汽车零部件出口规模。同时为保障区内科创板上市公司杭州奥泰生物技术股份有限公司新冠检测试剂盒业务顺利扩大产能，园区为其紧急调用了近 7 万平方米，以满足其原材料储存、包装加工、产成品备货等需求。

（四）项目社会效益

园区努力在兼顾社会效益的同时提升项目经济效益，积极践行"服务城市、服务产业、服务民生"的发展理念，2020 年和 2022 年分别对园区客户实施免租降费措施，为客户提供发展助力，此前也多次获得省级荣誉①。同时，针对行业客户及当地产业核心客户的痛点，园区利用强大的资源整合能力，在智慧物流、冷链物流和传统仓配运等方面调动、整合资源，为客户提供一体化供应链解决方案，并与客户达成合作。

二、主要做法

（一）创新应用先进物流技术，智慧仓储为电商客户降本增效赋能

为更好地提升物流园区的仓储利用率，实现物流信息化、数据化、智能化的升级，提高物流作业效率，减少人为操作失误，降低运营成本，园区针对鞋服电商企业物流仓储运营水平较低的现状，创新性地应用了"PSS"（Picking Spider System）技术手段②。园区自行投资 2000 万元建设了 5000 平方米的自动化拣选仓储中心，通过该技术手段可以将物流设备功能模块化、按需组合运作并进行智能调度，可以实现入库、拣选、打包、分拨、配送等物流自动化，以及大批量 SKU（最小存货单位）的同仓存储、同仓调拨、同仓交割，使原来需要存储于多个地区、多个仓库的多种物流及贸易形态的货物在线下云仓内一站式完成。

园区的 PSS 智慧仓项目于 2020 年 10 月投入运营，共计投入 60 台智能拣选机器人，可同时存放 88200 个料箱，采用货轨料箱与蜘蛛拣选机器人相结合的方式进行作业，通过IWMS（智能仓库管理系统），实现高密度存储、3D 作业（前后左右＋上下提升）以及智慧调度的功能。在同等存储能力和作业能力的情况下，PSS 智慧仓可为客户节约 69% 以上的仓储面积，如果采用传统方式，客户需租用超过 1.5 万平方米的仓库面积；同时，在拣选准确率、作业效率和减少人员投入方面均有较大提升，如存储件数可增加 330%，箱位数可增加 440%，作业面积可增加 270%，极大助力了电商行业降本增效，并对智慧物流发展提供了有益探索，见图 2 与图 3。

（二）打造行业领先、高标准的现代化冷库

据有关数据显示，茶饮店是疫情后下单多、复苏快的几个业态之一，相较于疫情前，茶饮消费同比增长 150%；同时"秋天的第一杯奶茶"迅速刷爆社交网络并登上热度榜，

---

① 园区已获评浙江省重大建设项目"十三五"规划项目、浙江省 2016 年重大产业项目、浙江省"十三五"物流规划重点项目、2020 年浙江省示范物流园区、五星级仓库等荣誉。

② PSS 智慧仓是目前技术与密集存储数量均居行业前列的智慧仓产品，其采用的 PSS 拣选蜘蛛系统（简称"PSS"）是一种高度集成多类型机器人合作和人工智能技术应用的密集智能仓储整体解决方案。

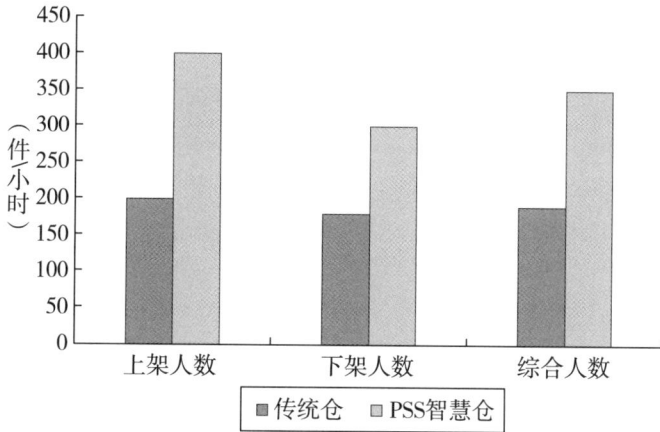

图2　传统仓与 PSS 智慧仓作业效率对比

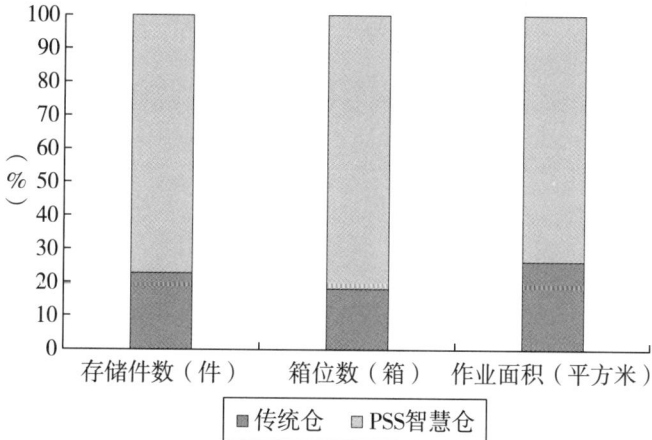

图3　传统仓与 PSS 智慧仓仓储效率对比

从消费文化到商家造节再到媒体热炒，都是"奶茶经济"融入现代化生产生活方式的一种现代消费主义的体现。园区针对奶茶这一品类消费结构变化趋势，积极与古茗、沪上阿姨等头部新式茶饮企业及电商企业进行合作，共同建设恒温、冷藏、冷冻等多温区冷库，布局食品加工等增值服务区，提供集货物存储、加工、配送等功能于一体的综合冷链物流服务。截至目前，园区已建成冷藏冷冻库房建筑容积超过 4 万立方米，冷藏冷冻货物吞吐量超过 7 万吨。

园区茶饮品牌客户古茗将该冷库作为浙江省的分拨配送中心，向浙江省各市区进行物料配送。园区也与古茗进行深度合作，充分运用智慧化仓储技术，打造多仓多层级结构冷库，全方位满足古茗及相关方的需求，大幅提升冷库运营效率；并通过建设冷链信息平台，实现智慧温控、可视化、实时监控、定位轨迹追踪、可追溯等功能，为企业提供安全、准确、高效、环保的全程冷链服务，见图4。

```
                    冷链产品          医药、水果、乳制品、
                                     巧克力、肉类等
                      │
                      ▼
                   货物储存需求
                      │
                      ▼                 ✓ 恒温库（10~20℃）
                     入库               ✓ 冷藏库（–5~10℃）
                      │                 ✓ 冷冻库（–20~–10℃）
              智能化装卸
         ┌────────────┴────────────┐
       冷库                      加工车间
  ✓ 以存储为重点方向         ✓ 以流通和加工为重点方向
              智能化装卸
              │
              ▼                    智慧冷链信息化系统
          仓库管理系统             ✓ MIS     ✓ TMS
       ┌──────┤                    ✓ OMS     ✓ DMS
     冷库加工  │                    ✓ WMS     ✓ ……
       │      ▼
       │     出库
  多温层     ┌──┴──────┐
  配送    多温层配送
       ▼      ▼
   冷链物流分拨中心 ──── 城市配送中心
              多温层配送
                  ▼
               终端客户
```

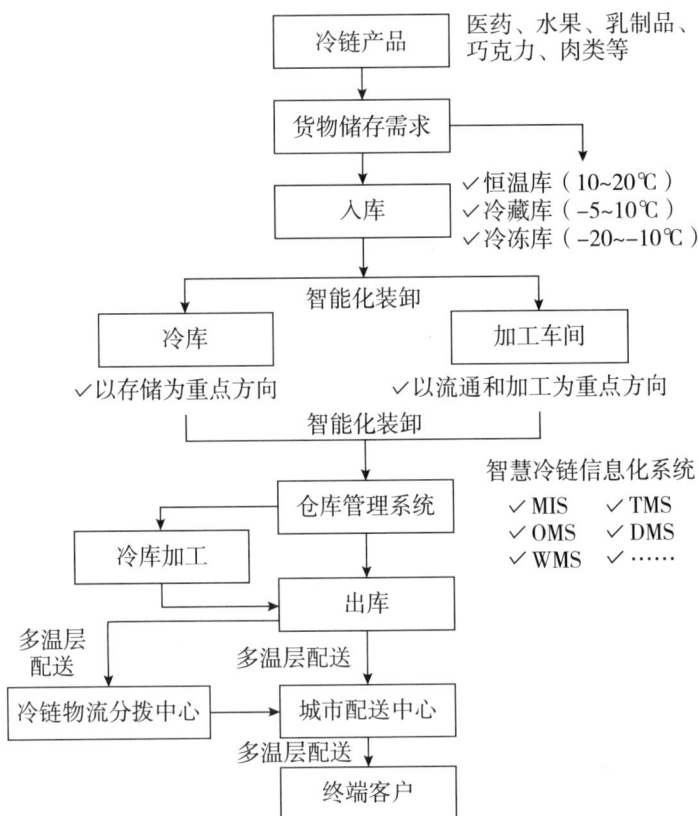

图 4　园区冷链建设体系

（三）物流设施设备升级改造，提高智能化水平

为提升园区入驻企业仓储作业效率、提高仓储单位面积利用率、加快园区内配货装卸速度、提高物流企业仓库管理水平，降低物流作业成本，园区积极寻求与专业智能化仓库物流企业进行合作，合力上线智能收货、智能分拣、智能装卸及冷链物流相关设施设备，改变原有传统物流业粗放经营的模式，极大地提升了整个园区的智能化水平。如与国内著名快递快运企业进行合作，在使用面积约 5 万平方米的场地，投入 4000 万元安装全自动重物、异形快递分拣系统，包括自动伸缩收货设备 160 台、快递包裹分拣系统 3 套，用于分拣各类型货物，尤其对软包、异形件、大件重货有极强的分拣能力。园区年快递发件量可达 2.6 亿件，全库工作人员精简至 600 人，在提高分拣能力和准确率的同时，大大节省了人力成本，提高了分拨中心的运营效率，见图 5。

（四）贯彻 ESG 发展理念，致力打造绿色低碳物流园区

杭州市降水资源丰富，对市政排水工程造成较大的压力。因此，园区在设计规划中采用了"海绵城市"和高效节水技术。该设计对雨水进行一体化回收、处理、利用，将雨水收集储存，经过处理后再回用，既节约了水资源，又缓解了城市市政排水的压力。该

图 5 园区智能快递分拣仓

项目设置有下凹绿地、透水铺装和调蓄水池，最大限度地减小了城市开发建设对自然和生态环境的影响。同时，在项目设计阶段还为柴油发电机房设计了吸音板等降噪隔声装置，从而有效控制发电机使用过程中的噪声外溢，最大限度减少噪声对外界环境的影响。

园区一期项目在建设前期，积极推进 BIPV（Building Integrated Photovoltaic，光伏建筑一体化），项目投入约 2600 万元，铺设面积达 37620 平方米的光伏面板，实现屋面光伏覆盖率达 95%，相较于传统屋顶，加固屋面使用率提升 25%，光伏装机容量达 5.3 兆瓦，日发电量可达 1 万度，每年实际产生的并网效益达 360 万元，节约屋顶建筑成本 550 万元。同时，园区大力支持入驻企业使用新能源运输工具，对进入园区的新能源牌照货车实施计时免费、优先通行的优惠政策，通过节能减排、新能源开发利用和新能源运输车辆推广等方式，将绿色物流园区理念传递给园区内快递企业、快运企业、仓储企业及生产制造企业，实现绿色能源的普及应用，推进绿色化物流园区建设。

（五）深度整合行业资源，完善园区增值服务生态体系建设

自投入运营以来，园区始终坚持以科技赋能、循环发展、提质增效、资源节约、与企业共享价值为目标，进行大胆探索与创新，秉承差异化精准定位招商策略，深度整合行业资源，将园区打造成全产业链生态化综合物流园区。目前园区已成为一家集区域总部及综合服务、城市共配、集运分拨、汽车制造物流、食品冷链、智慧云仓、供应链管理及金融中心等功能于一体的大型现代化综合物流园。园内已开展包括大型第三方物流区域转运分拨、仓储、城市配送、冷链、生产制造、物流供应链、创业孵化配套等在内的多种物流服务，功能广，产业链条齐全，形成了互补互助的增值服务生态体系，见图6。增值服务生态体系针对园区的"人""车""设备""货"四大要素均给出了增值服务解决方案：以"货"为例，深国际金融团队整合银行、金融机构资源，为入驻园区的客户提供包括仓单质押、贸易代采、商业保理等在内的多种服务，帮助客户获得资金支持，降低客

户库存压力；以"车"为例，园区围绕"车"已经开发了撬装加油站、新能源充电桩等业务，让客户足不出户就可以享受到所有服务，有效为客户降低10%左右的运输成本。

图6 园区增值服务生态体系

（六）建设智慧园区系统，信息化手段助力园区降本增效

2018年，深国际集团提出"物流港智慧园区建设"课题，以智慧物流园区建设为切入点，借助现代化设施与手段克服传统物业管理模式弊端，提升园区综合管理水平和精细化服务品质。园区应用智慧园区系统后，资产管理由分散的台账管理方式转变为线上全生命周期的可视化管理，巡检工作由对比巡查记录表转变为查看智能化工单处理情况，各种费用自动核算催缴、投诉报修数据实时记录、系统自主运算分析……内部协同能力得到进一步提升，客户服务理念深入人心，园区运营管理能力再度升级。目前园区搭建的运营服务平台已注册账号约800个，信息平台日均访问量达1500次，见图7。

图7 深国际智慧园区系统建设蓝图

（七）践行"三个服务"，诠释城市配套开发运营国企担当

作为城市配套开发运营国企力量，园区肩负着所在城市交通、物流、港口等重要基础设施的运营使命，积极履行国企担当，践行"服务城市、服务产业、服务民生"的发展理念，全力支持配合杭州市钱塘区政府的城市运行工作。项目从前期建设至投入运营一直坚定贯彻执行"提质增效和绿色节能可持续发展"的经营理念，不断对现有业务模式、管理服务、基础设施进行改良和升级，保证园区发展的后续动力。

1. 免租降费帮助客户纾困解难

2020 年新冠疫情暴发，园区用实际行动彰显了国企担当，给所有入驻园区的客户免除了两个月租金，累计减免金额 1260 万元。同时，坚持在疫情最严峻的时候提前开园保供，有力保障了抗疫救援和民生需要，并第一时间为政府应急救援物资无偿开放了园区。2022 年 7 月，园区积极响应政府号召，进一步减轻承租客户的负担，决定对园区内 25 家租赁客户（限服务业小微企业及个体工商户）减免 3 个月的合同租金，累计减免金额 1313 万元。

2. 全力配合建设上汽保供基地，助力汽车产业链顺畅运行

受疫情影响，企业产业链供应链持续承压，园区与钱塘区政府、上汽物流商通力协作，第一时间成立保供保畅工作专班，建成投用深国际上汽保供基地，打通了跨省保供的第一关，有力保障了货运物流畅通、产品供应稳定。2022 年 4 月，园区作为杭州市产业链应急保供中转站点，以"无接触"模式助力保供货物畅达浙沪，确保疫情期间上海产业链供应无阻，得到了地方政府的高度肯定。

三、示范特色

（一）品牌赋能、价值共享，合力实现园区提质增效

园区经营者角色转变，与入园客户形成利益共同体，系统化推进园区提质增效。园区的管理团队站在园区内物流企业自身业务需要的基础上，真正履行了与物流产业联动的服务型园区管理职能。通过向园区内物流企业提供供应链咨询优化、战略型招商建设、全方位资源对接等增值服务，与客户形成了良好的业务互动机制，促成多边利益共通，合力实现园区的提质增效目标。

园区管理团队充分结合杭州钱塘区当地产业发展，按照"物流＋产业"联动的招商策略，在国内物流园区领域明星企业品牌的加持下，在大物流生态圈内形成科技创新的吸聚效应，深度切入钱塘区支柱汽车产业及生物医药产业，招引多家头部或知名快递快运、食品生产加工配送、消费品配送及电商企业，为汽车产业链和生物医药产业链配套水平提升以及各类企业扩大产能提供了有力支撑。同时，通过园区以政策支持科技型集约型物流运营企业的优先招商和园区企业客户的创新升级，不断尝试引入供应链物流领域先进业态、技术装备和管理模式。园区与客户形成了良好的业务互动机制，带动周边

就业人数超 7000 人，促成了多边利益共通，合力实现园区的提质增效目标，在产业发展及服务民生方面具有不可替代的作用。

此外，园区还通过积极响应集团总部金融赋能、先行先试的特殊政策，抓住机遇推进试点，加快各项具体提质增效的措施在试点期内落地施行，从而实现整个物流园区物流产业的降本增效。

（二）安全为市、筑牢防线，改革安全生产监管体制

园区为确保安全运营采取多项措施，其中包括但不限于：

智能安防系统：部署智能监控摄像头、入侵检测设备等，建立智能化的安防系统，提高园区的安全性。

火灾防护措施：配备火灾报警系统、灭火器材等，每季度组织园区企业作业人员进行定期的演练，每月定期检查各项灭火器材的完好性，对有缺损或过期的消防设备、器材等进行及时更换，确保发生火灾时能够迅速响应和扑灭；每季度为园区内的员工提供安全培训，定期组织火灾、应急疏散等演练，提高员工的安全意识和应对能力。

安全巡逻和保安人员：园区配备专业的保安人员，每两小时对园区进行巡逻，检查园区动态，对发现的各项隐患进行闭环处理，加强对园区内部和周边区域的安全监控。

建立多层次、高频率的安全巡查机制：园区管理人员每天定期组织园区企业安全管理人员巡查库区、建筑设施设备完好情况，对发现的园区企业违规行为第一时间进行阻止并开展教育培训，对发现的设施设备安全隐患第一时间进行整改；除日检外，园区建立了不定期专项抽检、每月安全大检查、每季度安全巡查等安全检查制度，安全检查频率高，覆盖面广。

环境监测：定期监测园区的环境因素，包括气象条件、温湿度等，以确保园区内的设备和货物处于适宜的运输环境。每年开展防雷检测工作。

数据安全保护：对园区内的信息系统和数据进行安全加密和备份，以保护敏感信息，降低受网络攻击导致数据泄露的风险。

此外，园区实行安全生产风险抵押金制度，将园区管理人员的安全责任与经济利益挂钩；推行第三方"四不两直"安全生产飞行检查，加大安全生产监管力度。通过多措并举，园区安全生产形势总体平稳。

（三）智慧赋能、创新商业模式，构建循环机制提高项目价值

园区完成了深国际智慧园区系统的全覆盖，该系统涵盖了物联网技术和智能仓储系统，有效完成了园区内的货物、车辆、设备等的实时监测和数据采集，提高了仓库操作效率，实现了智能化的物流运作。同时，园区还作为试点引用了人工智能技术，用人工智能技术进行数据分析、预测和优化，提高货物流通效率，优化供应链管理，并运用大数据分析技术对物流过程中的数据进行深度分析，为决策提供科学依据，优化整体运营流程。

深国际集团以智慧化物流基础设施为底层资产发行公募 REITs（房地产投资信托基金），发行后所募集资金将继续投入物流基础设施建设，有利于推动仓储物流领域高质量

发展，形成存量资产和新增投资的良性循环。同时，发行后深国际集团作为园区长期运营管理机构，将不断提升园区的经营效率，持续引进优质客户，提高园区经济效益和税收贡献，带动更多人口就业，创造更多社会价值。

（四）先行先试，联合政府及企业共同推进物流业向绿色低碳发展

园区对深入贯彻 ESG（环境、社会和公司治理）可持续发展理念进行深入解读，把经济效益、社会效益、环境效益的多重结合作为园区发展的目标，通过积极响应浙江省发展改革委对于物流园区提质增效的试点行动积极履行企业社会责任，在钱塘新区安全生产监督管理部门指导下，实现装卸搬运设备的规范化运营，对购置新能源装卸搬运设备的企业给予一定的资金补贴，共同推进区域物流朝绿色、低碳方向发展。

四、发展方向与未来展望

下一步，园区将在浙江省发展改革委、杭州市发展改革委及钱塘区各级政府部门的指导和支持下，结合园区实际特点、市场需求、经济效益及行业发展趋势，坚持"1＋2＋3＋N"的工作方案①，进一步解放思想、开拓进取，全力以赴做好各项工作，在冷链基础设施、屋顶光伏、智慧仓、增值服务等方面实现高质量发展，更好地赋能物流行业发展。

（一）加快建设更多高标准冷链基础设施

在投资方面，园区将进行"干改冷"投资，为区域生产消费型企业提供高标准冷链物流基础设施，并导入深国际集团冷链运营公司，为客户提供全链条冷链服务。

（二）加快推进屋顶光伏发电在全国范围内的推广使用

深国际集团计划先利用浙江省杭州、宁波、义乌已运营项目共计 36.4 万平方米的屋顶资源进行改造并加装光伏发电设施，然后将光伏发电项目逐步延伸至其他地区，见表1。

表1 园区计划投资光伏发电等新能源项目

	杭州	宁波	义乌	其他
可用屋顶面积	14 万平方米	4.2 万平方米	18.2 万平方米	—
预计光伏装机量	16.1MW	4.83MW	20.93MW	—
预计累计增加投资	7000 万元	2100 万元	9100 万元	—

---

① "1"指坚持一个定位：城市配套开发运营国企力量。"2"指统筹两个兼顾：兼顾经济效益和社会效益、兼顾盈利性和公益性。"3"指贯彻三项服务理念：服务城市、服务产业、服务民生。"N"指在智慧物流、冷链物流、绿色物流、完善园区增值服务生态体系、构建一体化运营能力等方面共同发力，为物流业降本增效赋能，实现可持续发展。

（三）加快推进智慧物流应用场景落地实施

未来会加大对智慧仓储和智能物流设备等方面的投资，并与智慧物流上下游企业形成良性互动，通过深国际集团强大的资源整合能力，共同为终端客户提供智慧物流解决方案。同时为更好地服务园区入驻企业，园区将创建信息沟通平台，实现资源共享，构建"六大运营服务平台"，通过5G、物联网（IoT）、人工智能（AI）技术融合创新应用，以信息互联、设施互联带动物流互联，将物流园区打造为每一寸空间都被数字化的信息综合体，全面提升人员、车辆、货物、设备、数据五大领域的流通和管理能力，形成具有"高智能，快决策，一体化"特点的智能供应链服务体系，提升物流全流程服务能力。

（四）加快完善增值服务生态体系建设

结合园区运营管理实际及客户需求，深国际集团于2022—2024年在园区持续丰富撬装加油站、新能源充电桩、货位租赁、智慧化园区建设等增值服务，并依托轻资产运营平台与园区内客户相互哺育，为园区提供一体化供应链解决方案，不断完善增值服务体系建设，让客户"足不出户"便能解决需求。

（五）加快推进数字化建设，提高园区运营管理水平

"十四五"期间，园区继续以智慧园区系统为抓手，发挥智慧园区系统降低运营管理成本的作用。一方面，持续推进智慧园区建设一期项目的推广工作，并建立"一园一档、一客一档"的管理机制；另一方面，加快推进智慧园区二期前期调研进度，明确智慧园区建设二期建设功能及标准，适时启动智慧园区二期建设工作，不断提升园区标准化运营能力。

深国际集团作为深圳特区大型物流交通产业集团，将继续履行国企责任与担当，支持和服务钱塘区产业和民生，与钱塘区政府共同聚焦"新制造业计划"，推动产业结构、生态环境逐步提升，努力走出一条高质量发展的新路，奋力书写新时代"钱塘篇章"，为当地高质量发展贡献深圳国企力量！

（撰稿人：张佩，胡沛，吴旭）

安徽安庆大观区现代物流园

内联外通，创新模式，促进皖西南地区
物流发展

安庆市位于安徽省西南部，长江下游北岸，西接湖北省黄冈市，南邻江西省九江市，北接合肥市和六安市，东邻铜陵市，南与池州市隔江相望，是长江三角洲中心区27城之一，是国家级历史文化名城，素有"文化之邦""戏剧之乡""禅宗圣地"的美誉。安庆既是安徽省以及华东地区的综合交通枢纽城市之一，也是皖、鄂、赣三省交界地区重要的交通枢纽城市，还是全国"八纵八横"高铁网络节点城市。随着长三角一体化的不断深入，区域内城镇群不断发展，高速公路、高铁网络快速扩建，皖江城市带将被纳入上海4小时交通圈。在国家大力实施中部地区崛起战略和发展重心逐渐西移的大势下，皖江沿线的城市空间格局正在发生着深刻的变化。位于国家多项重大发展战略叠加区域，且处在沿海第二发展圈层上的安庆，是长江经济带和皖江城市带双节点城市，已经成为接轨长三角、辐射内陆地区的重要"中转站"。大观区东邻安庆市主城区，南濒长江，伴随着皖江走廊发展格局的形成以及区域交通条件的优化，已成为皖江源头重要的"港口、公路、高铁以及长江水运"交通枢纽。基于此背景，大观区于2013年开始规划建设安徽安庆大观区现代物流园（以下简称"园区"）。2015年8月，园区正式运营，立足皖西南物流市场需求，承接皖西南地区及周边地市物流中转功能。经过持续不断的发展，已成为以公铁水多式联运经营为特色，服务范围遍及全国，具有重要区域影响力的现代综合物流园区。

一、园区概况

（一）建设概况

园区位于安庆市中心城区西北部，丁香路以北、合安路以南、环城东路以东、集贤北路以西，规划用地1.3平方千米，实际用地1.04平方千米，其中物流运营0.9平方千米，商业用地0.12平方千米，加油加气站用地250平方米，公园绿地用地1.1万平方米。

园区的交通物流基础设施齐全，已建成15万平方米集装箱堆场、20万平方米自动化库房、6万立方米冷藏冷冻库房，拥有公路货运车辆1000多辆，铁路日均装卸货运车辆300多辆。园区基础设施配套项目占地9.33余平方米，5G网络全覆盖，建成办公楼、食

堂、物业、党支部活动室等场所，建成充电桩 100 座、加气站 1 个，建成太阳能光伏发电
1.2 万平方米。

（二）区位交通

园区区位交通优势明显，所在地安庆市地处皖、鄂、赣三省交界地，联结长江中下
游，依托安九高铁等铁路对接北京、南京、上海、武汉、成都、南昌、深圳等地，依托
"三纵四横"高速公路网络对接合肥、池州、铜陵、黄冈、九江等周边城市，依托安庆港
运输枢纽地位和丰富岸线资源实现长江经济带城市物流园区的互联互通。随着长三角城
镇群的不断发展及高速公路、高铁网络的建设，皖江城市带被纳入上海 4 小时交通圈，园
区着力建设成为皖江源头重要的"港口、公路、高铁以及长江水运"交通枢纽型物流园
区。园区位于安庆市中心城区西北，有 3 条主干道分别为环城西路、集贤北路、丁香路，
4 条城市支路及 1 条城市次干路。同时，园区内有铁路货运北站，距离区内最大的内深水
港（万吨级）仅 2 千米，距离安庆天柱山机场 4 千米。

（三）功能分区

园区核心区占地 0.89 平方千米，包含宜瑞产业园、皖西南智慧供应链、京东物流园、
粮食物流区、商业地块、中通物流园、国药物流园、三志物流园等。园区建成运营快递
物流区、粮食物流区、铁路物流区、汽车物流区、跨境电商及综合服务区，已形成集仓
储物流、总部办公、电子商务、生活配套等综合服务于一体的产业园。园区加快构建物
流功能齐全、优势互补、运转高效的对外物流园区合作格局，推进安庆市与周边都市圈、
城市群的合作与联动，为安庆打通国内国际双循环提供枢纽支撑。

（四）社会贡献及影响

截至 2023 年年底，园区累计完成投资 42 亿元，入驻企业 103 家，其中年营业收入超
过 2 亿元的物流企业有 8 家，A 级物流企业有 5 家。园区立足皖江经济带，面向长江经济
带，充分发挥安庆市区位交通、产业、基础设施等优势，围绕农产品与冷链物流、制造
业物流、电商与城乡配送物流、跨境与保税物流，积极推动先进制造业与现代物流业融
合发展，聚力打造安庆产业发展新引擎以及改革开放新门户，助推安庆市建设成为"立
足皖西南、面向皖江经济带、服务长江经济带"的物流枢纽承载城市。园区于 2021 年 12
月获批安徽省第五批示范物流园区，2023 年成功获批国家示范物流园区。

不仅如此，园区在国家"一带一路"建设、长三角一体化发展等重大战略的落实，
以及安徽省"三地一区"建设、皖江城市带承接产业转移、合肥都市圈发展等方面都起
到了重要作用。对于地方社会经济发展而言，园区已成为安庆市现代化经济体系建设的
重要支撑，在优化城市产业空间布局、提升传统优势产业和壮大战略性新兴产业方面发
挥重要作用。2023 年，园区营业收入 47.9 亿元，累计完成税收 2.92 亿元，带动就业
3000 余人。

二、主要做法

园区以"供需适配、内外联通、安全高效、智慧绿色"为原则，加强规划与建设，并以园区建设作为物流产业高质量发展的突破口和着力点，通过整合区域枢纽资源、畅通物流运输通道、延伸物流价值链条，构建"枢纽＋智慧＋产业"型现代物流体系，在实现物流产业自身转型升级的同时，为域内全产业链提供优质高效的物流服务。

（一）凝智聚力，全面加强园区规划建设

1. 总体规划

园区以提质、增效、降本为基本导向，以市场化、产业化、国际化为基本运作思路，以供应链管理为核心，加快完善物流设施网络，探索培育物流新业态新模式，深化物流区域合作，提升国际物流服务能力，建设集仓储物流、总部办公、电子商务、生活配套等综合服务于一体的产业园，构建"大枢纽＋大数据＋大平台＋大产业"现代物流体系，着力打造全国一流的示范性现代物流园。按照"服务功能集聚、区块有机结合"的规划思路，依托皖鄂赣省际交通枢纽中心城市，采用"政府主导＋行业企业参与"共同开发模式，由政府统一规划，引进知名大型物流企业，借助物流产业的集聚和复合能力，推动生产型物流和商贸型物流的发展，打造园区"1心3链8区"现代物流服务体系，即以物流业务为核心，农业全产业链、汽车制造产业链、商贸流通产业链融合贯通，快递物流区、粮食物流区、铁路物流区、汽车物流区、跨境电商产业区、综合服务区等八大功能区块协调发展。

2. 功能区规划

快递物流区，以皖西南快递产业园为核心，建设分拨中心、库房等物流配套设施和公寓、餐厅等生活配套设施，引进一批具有优秀资质的物流企业入驻，为物流园提供完备的配套仓储、物流和配送等服务。粮食物流区，依托园区自有铁路优势，引进先进粮油加工、存储和运输技术，打造集粮油加工、运输、仓储、装卸搬运、包装配送及物流信息处理等功能于一体的粮食物流枢纽，带动园区周边及安庆粮油深加工、粮食物流等产业高质量发展。铁路物流区，把握安九高铁、安庆北站货运枢纽建设等重要机遇，吸引优质铁路运输企业入驻，着力发展整车运输业务，建设全国重要的铁路货运集散中心，为构建国内统一大市场提供助力。汽车物流区，以展销一体、配套合理、服务优质为目标，招引一批国内外知名汽车品牌4S店和零部件、涂装、劳务、驾培等配套企业，打造具有影响力的汽车展销大市场。跨境电商产业区，通过引进跨境电子商务企业办公总部，建设跨境电商仓储中心等生产生活配套设施，大力发展跨境电商"总部经济"，为安庆乃至周边地区外贸企业的跨境电商业务提供海外推广、仓储配送等全方位服务，带动周边传统企业向网络化转型，拓宽安庆对外开放渠道。网商科技孵化区，通过搭建电子商务研究院等网商科技平台，吸引培育高端物流人才，加速网商科技企业孵化，培育高知名度网商品牌，建设带动皖西南电子商务高质量发展的重要网商科技孵化基地。网商总部交易区，聚焦高质量商业配套，加快构建电子商务展示和交易平台，为园区及周边电子

商务企业及产品增添曝光、销售渠道，促进网商科技成果落地转化。综合服务区，以打造宜产宜居高标准物流园区为目标，通过建设商务服务区和公共服务中心，为园区企业提供全方位商业配套服务，不断提升园区职工生活质量，促进园区高效运行。

3. 土地利用与交通规划

《安庆市城市总体规划（2010—2030年)》对包含大观区在内的中心城区空间布局结构进行规划，并给出了物流仓储、商业、加油加气、公园绿地用地的总体指标。《安庆市DG08－0201－0209地块控制性详细规划》对四类用地的开发强度、建筑间距、建筑退让、绿地控制等进行了系统的量化规定，保证了土地利用的合理性。园区根据城市总体规划确定的道路系统，结合道路现状和实际建设管理情况，进一步深化总体规划道路系统，规划新增4条城市支路及1条城市次干路，确定了25米以上的道路横断面。断面形式分为一块板、三块板，安排3~5.5米的绿化带，既满足了道路横断面绿地率指标，又满足了建设以人为本、可持续发展和动态满足交通需求的、以公共交通为主导的高标准现代化综合交通体系的要求。

（二）多向联通，充分发挥区位优势

1. 无缝衔接立体式交通运输网络

园区依托安九高铁等铁路对接北京、南京、上海、武汉、成都、南昌、深圳等地，形成"十"字形物流联动体系；以"三纵四横"高速公路网络对接合肥、池州、铜陵、黄冈、九江等周边城市；依托安庆港运输枢纽地位和丰富岸线资源加强与长江经济带城市互联互通，拓展对外贸易窗口。借助安庆长江黄金水道、承东启西的区位优势，园区以物流产业为抓手，统筹做好公铁水空多式联运规划，加快园区路网与中心城区路网系统无缝衔接，实现东达安庆高铁站、民航机场，南连高新区、安庆港口。安庆铁路货运北站、中铁快运安庆分公司等企业入驻铁路物流区，2023年货运吞吐量达580万吨，目前正计划开通铁路集装箱和中欧班列业务。

2. 全面实施多式联运

依托安庆作为国家级一类开放口岸和长江经济带重要节点城市的枢纽优势，园区充分利用本地较为发达的公路线、铁路线、水运线、航空货运场站等货运基础设施的有利条件，大力发展公铁水空多式联运。同时，园区通过构建区域性智慧化物流平台，打通多式联运信息通道，使园区作为综合性枢纽的货物集散功能更能充分发挥。其中：针对大批量、少批次石化产品开展公水联运；针对小批量、多批次商贸产品开展公铁联运；针对汽车零部件及整车产品、特色农产品开展公铁水联运。通过广泛开展多式联运，园区在服务区域经济发展中焕发勃勃生机，对内支撑和对外辐射能力逐步彰显，成为推动安庆发展共享型、开放型经济的重要前沿阵地。

（三）智慧赋能，全面升级物流服务体系

1. 智慧化的园区管理

园区充分利用物联网、云计算、人工智能的先进技术，建立"云－管－端"三位一

体的智慧型园区。利用物联网技术，打通线上线下数据，采集园区内仓库、货物、车辆、人流分布与运行状态，实现智能安防、无感停车、园区内各资源的数字化管理和互联互通。园区规划中，将采用三维、AR（增强现实）全景技术，建设直观、快捷的业务运营管理系统，提高园区管理效率；采用资产 SKU、RFID、图像识别等技术，实现园区全部资源的线上化、数字化；采用无人服务终端、App 等，实现全员一站式自助物业缴费，工商注册、财务代理、车货匹配等全部线上办理；采用人、车、货、场的数字化技术，实现业务互联和管理互联。

2. 智能化的仓配系统

园区积极应用大数据、云计算、RFID 和人工智能等新技术，布置智能式自动货架系统，为园区节省 70% 仓储面积，降低人力成本 80%，提高拣货效率近 6 倍。以帮助客户提升品牌价值、管理效能、用户体验为目标，形成云仓供应链管理生态圈链路闭环，采用数字化、智能化的精细仓库管理方案，集 OMS、WMS、TMS 全架构体系于一体，实行仓配一体化，上游厂家和客户只负责生产和销售，云仓实现一键代发，直接配送到消费者手中。

3. 智能化运输与调度系统

园区通过打造智能化运输与调度系统，整合配置区域物流线上线下资源。通过优化路线规划系统，降低运输成本和运输时间。通过可视可追溯系统，保证货物安全，提高客户满意度。依靠国内领先的地图数据，建立物流地图和调度导航平台，精确跟踪和查询货物，实时掌握运行状态。依靠互联网技术、RFID、数据库技术对集装箱堆场储存及流通进行全过程数据监测管理，实现集装箱"进、出、转、存"的动态化管理。通过大数据和智能计算，提供公路、铁路、航空、水路等运输方式的智能化一票派单，全流程组织管理多式联运业务。

（四）创新模式，有效提升园区运营能力

1. 创新融资模式

产业链的构建需要招商引资。园区通过产业空间布置图、产业链全景图、存量土地分布图等九张图谱开展精准招商，由区政府区长牵头，区商务局、区发展改革委等部门配合，围绕以物流业务为核心的供应链构建需要，统筹开展招商引资工作，先后引入了粮食储备加工、京东供应链、罗兵云仓科技、美团优选等高附加值业态，集聚众多优质快递、物流及电商企业，共有 5 家 A 级物流企业、27 家跨境电商企业、13 家劳务派遣及供应链企业抢滩入驻。

积极争取政策资金。园区主动研究、准确把握国家和省级投资政策导向及重点，科学做好项目策划包装，累计争取各类政策资金 2 亿元。

2. 创新管理模式

实施项目制管理。坚持"项目领航"理念，推深做实"县干领衔、专班推进"项目制管理机制，由 28 名县干、73 个工作专班"一对一"包保重点项目，国药控股皖西南医药物流园、三志华东智慧供应链运营中心一批项目已落地建设，皖西南仓配京东自营中

心建成运营，综合型物流产业集聚区加速成形。2023 年，物流业务年收入 30.3 亿元，完成税收 2.1 亿元。

发挥党建引领作用。建立新业态党建联席会议和领导干部联系重点企业制度，成立快递物流、互联网、外卖送餐、交通运输 4 个行业党委，依托党群服务中心、物流服务站点建立"爱心驿站"66 个、楼宇驿站 2 个，制定 5 大类 15 项关爱服务事项清单，解决落户购房、工作投保、子女就学、老人就医等"关键事"。图 1 为园区内的一个爱心驿站。

图 1　爱心驿站

开展园区服务外包。招引金融、信息服务和餐饮住宿等第三方服务业入驻，提供设备租赁、劳务服务、仓储服务等，为园区及周边企业提供安全周到的后勤服务保障，营造优越舒适的工作环境和生活条件，并广泛带动周边群众就业。园区成功吸引安庆市双喜速递服务有限公司、安徽希末电子商务有限公司、安徽桐塑电子商务有限公司、安庆市安安物流发展有限公司等 70 余家企业入驻，累计带动就业人员超 3000 人。

3. 创新业务模式

构建业务协同圈。推动安庆粮油、石油化工等优势产业与第三方物流、快递企业密切合作，合理配套物流设施设备，量身定做供应链管理库存、线边物流、供应链一体化服务等物流解决方案，增强柔性制造、敏捷制造能力。目前，传统优势产业物流成本节约 14% 以上。

构建电商服务圈。加大电商平台培育引进力度，出台企业入驻、人才引进租金减免、装修补贴等优惠政策，支持企业入驻、以商招商和人才引进，大力发展跨境电商"总部经济"，建立"互联网 + 大数据 + 品牌 + 外贸渠道 + 供应链金融 + 本地制造"跨境电商服务模式，开展入驻企业定制化外贸服务，支持 25 家企业深耕跨境电商业务，其中跨境电商孵化型服务企业 8 家、直播机构 2 家。2023 年，跨境电商企业累计实现交易额达 4500 万美元。

构建集约生态圈。开展物流绿色行动，提高社会回程车辆利用率，强化车辆空载和超限运输治理。推广运用车联网、温度传感器技术，实现货运油耗节约 10% 以上、仓储能耗节约 15% 以上。目前，园内邮政、中通、美团优选等城配新能源车使用超 60%，1.2 万平方米中通物流主体建筑光伏屋顶覆盖率达 75%。

三、示范特色

近年来，园区在智慧赋能、多式联运、业态融合、降本增效等方面进行了全面探索与实践，摸索出新的发展路径和模式，走出了一条"依托多式联运促进两业融合"的创新发展道路，取得了很好的示范成效，具有较高的推广应用价值和较好的发展前景。

（一）打造枢纽型物流园

随着多项重大战略在安庆叠加并持续发力，安庆枢纽型区位优势逐步显现，公路、铁路、水路、航空、管道等立体式、一体化交通运输网络建设趋于完善，为园区建设提供了优越的运营环境和发展条件。园区立足区域产业发展实际，依托周边健全的交通运输体系，针对不同类型的行业产品，广泛开展公铁、铁水、水水、公铁水等花样繁多的多式联运，园区逐步发展成为皖西南地区重要的物流集散基地，服务区域经济的能力不断增强，枢纽型物流园发展定位不断夯实。

（二）智慧赋能园区建设

园区以铁公水多式联运为基础，以快递物流、冷链物流、整车物流等业务为核心，促进供应商、中间商、第三方服务供应商和客户的协调协作，形成供应链集成管理体系。在搭建这一体系的过程中，智能化、平台化是主要手段。一方面，园区以智慧物流为重点，加快推动园区智能化改造，积极应用互联网、云计算和人工智能等新技术，建设智能分拣中心、智慧云仓、跨境电商运营中心、智慧物流装配研发测试中心等智能化物流设施。另一方面，以智能化为基础，园区建设各类平台，更好地服务于供应链整合，促进园区数据共享，推动智能化、数字化精细管理。建成数据服务中心、供应链金融中心、智能云仓、智慧托管中心等，通过资源整合和先进的运行模式，实现商流、物流、资金流、信息流形成"四流合一"。近年来，园区智慧化应用水平和作业效率大幅提升，降本增效显著。

（三）创新物流金融模式

为了提升建设水平和运营能力，园区不断创新金融模式，广开投融资渠道吸纳各方资金，为园区发展注入源源不断的新鲜血液和发展动力。园区目前的融资模式主要有两种：一是围绕以物流业务为核心的产业链供应链构建需要开展招商引资工作，着力实施政府"一把手"工程，由区政府区长挂帅牵头，联合各相关部门统筹推进优商优资招引工作，成效显著；二是准确把握政策导向，策划好、包装好、运作好园区各类项目，做好项目申报与建设工作，积极争取各类政策资金和奖补资金。

（四）串联产业组织方式

园区通过营造优质的生态环境，有力地推动了快递、物流、电商等业态集聚园区，产生了显著的集约经济效应，有效降低了企业的经营成本，增强了企业竞争力。园区以物流功能为纽带，与周边制造业、城市居民消费、货物中转等形成了多业融合态势，通过产业串联和高效组织，构建起较为完备的产业链供应链，经济内循环发展新格局逐步形成，增强了生产、流通、消费的协同能力。园区内安庆龙工场跨境电商产业服务有限公司采用"互联网渠道平台＋集采中心订单聚合"的运营管理模式，实现安庆造服装、纺织等产品"卖全球"的宏大目标，成为互联网跨境电商时代产业聚合创新模式的典范。

四、发展方向与未来展望

（一）深化物流业与制造业融合，促进供应链与产业链协同

园区把握长三角区域一体化上升为国家战略的契机，深度融入全国统一大市场，建设物流业与制造业联动发展示范试点，重点关注汽车、化工新材料等优势产业，主动承接长三角地区制造业转移，推进制造业和服务业融合发展，完善产业配套设施，高效对接商品和服务市场，积极参与国际产业分工，深度融入全球产业链、价值链和物流链，实现园区国际产业链、价值链升级跃迁。引导园区传统物流企业延伸物流服务链，增强精细化、高品质物流服务供给能力。园区内建造现代工业专用物流及仓储基地，提高其工业原料和成品集散服务能力；同时以制造业推动物流产业链供应链可视化、全球化，高效服务于产业链上下游，培育出一体化发展的具有稳固基础的供应链。

（二）加强基础设施建设，提升园区吸引力和承载力

深度对接现代化综合交通体系，充分利用长江黄金水道优势，推进多式联运示范工程建设。充分利用皖河新港铁路专用线与安庆货运北站、公路、码头联通优势，实现园区道路网与中心城区路网系统无缝衔接。深化公路物流与安庆天柱山机场货物转运衔接，利用安庆建设港口型国家物流枢纽承载城市机遇，拓展国际国内市场，打造现代综合型物流枢纽。完善"多层"物流综合基础设施网络，构建园区互联互通基础设施、通信及信息基础设施、物流内外连接系统等多层构造，实现物流效应的整体优化，不断提升物流服务水平。推广新技术和先进设备的使用，积极使用精准射频识别、托盘化单元装载、低速无人驾驶、氢能源、物联网、供应链数字化等先进技术，以及自动化立体仓库、物流分拣线设备、自动化包装设备等现代化物流设施和装备，进一步提升园区智慧化和智能化水平。

（三）完善现代流通体系，推动物流业转型升级

园区围绕优势制造业、商贸服务业、农产品加工业、跨境电商等产业发展需要，一

方面培育一批具有标杆作用的物流龙头企业，带动形成标准物流体系和价格优势，实现优质产业扩容提质；另一方面招引国内外知名的现代物流、快递、货代、跨境电商、供应链管理等企业进驻物流园区，支持设立区域物流总部、运营中心、分拨中心和转运中心。加快培育5A、4A级的物流企业，形成一批技术先进、模式创新、具有国际竞争力的物流企业，支持市场主体内外贸一体化经营，鼓励有条件的大型商贸、物流企业"走出去"，加强资源整合配置，完善全球服务网络。

（撰稿人：江俊杰，吉祥，毛燕婷，李帮锋）

安徽芜湖三山综合物流园

港城互动，通江达海，多式联运联通大市场

安徽芜湖三山综合物流园（以下简称"园区"）位于芜湖市，该市地处长三角一体化示范区腹地，是长江经济带发展、"一带一路"建设及长江三角洲区域一体化发展等国家战略的叠加交会区，是安徽省"通江达海"的门户城市，长江下游重要的区域中心城市。

园区依据《"十四五"现代物流发展规划》《"十四五"现代流通体系建设规划》《安徽省"十四五"物流业发展规划》以及《芜湖市"十四五"现代物流业发展规划》等政策文件要求，持续拓展与开创新的园区运营模式、供应链集成方式、干支配业务，并同步加大园区内智慧物流与绿色安全基础设施的投入，加强跨园区间的互联互通，以期进一步扩大园区运营规模，加速推动区域物流业的转型升级。

早在2019年年初，园区就已基本形成"两区四港五中心"的物流业发展总体格局；同年12月，园区被省发展改革委和省自然资源厅联合认定为安徽省第三批示范物流园区，"三山区多式联运"获批安徽省首批"十四五"改革区域，这也标志着皖南物流中心建设取得了重大突破。目前，园区集仓储（含电商/冷链）、干支配货运、供应链金融、保险、海关海事、检验检疫等功能于一体，可同时满足快递快运、港口货运、铁路货运、电商仓储以及生鲜冷链等多种类型的物流服务需求，旨在打造长江经济带航运物流组织新中枢。

一、园区概况

（一）立项背景

顺应安徽省着重构建便捷高效的物流网络以及芜湖市打造区域物流组织中心的背景，园区集聚周边区域物流资源，打造以铁路、公路运输资源为主体，干支衔接的区域性综合物流组织，为保障生产生活、优化产业布局、提升区域经济竞争力提供畅通国内联通国际的物流组织和区域分拨服务。加快5G、物联网技术应用，积极构建"干支仓配"一体化模式，谋划打造综合服务型物流园区。园区区位见图1。

（二）运营管理主体

园区管理主体为芜湖市三山临港交通投资有限公司，公司成立于2009年6月12日，

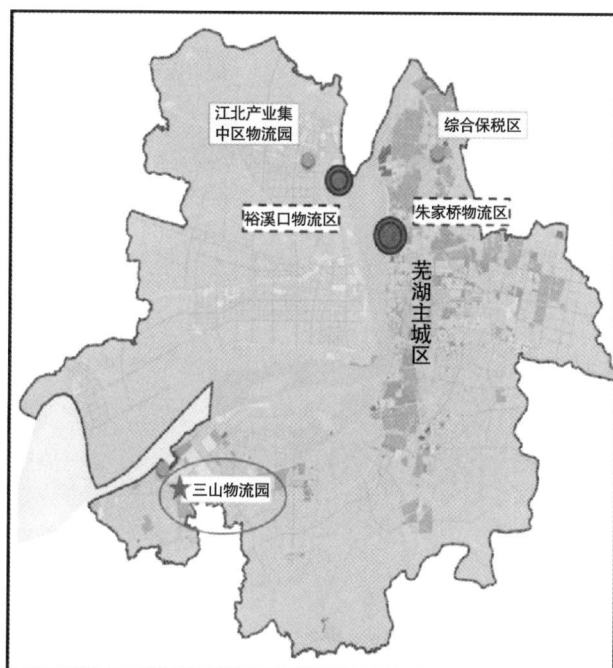

图1　园区区位

注册资金18000万元。安徽芜湖三山经济开发区管理委员会为进一步加强物流园区建设，引导园区高质量发展，委托芜湖市三山临港交通投资有限公司作为园区管理机构，主要负责园区管理规定并组织实施；园区内的产业规划、统计协调等工作；统筹编制园区经济发展规划、园区建设中长期规划和年度工作计划等工作。

（三）区位交通

园区位于沿江经济带核心地带，交通网络四通八达，地理位置得天独厚。濒江临河，距长江岸线32千米、漳河岸线30千米，适合造船业和深水港建设；地处高铁芜湖站、无为站、南陵站、繁昌站等中心地区，京福高铁、宁安高铁穿境而过；芜合高速、宁芜高速、沪渝高速、芜雁高速、铜南宣高速5条高速在此交会；芜宣民航机场开通北京、广州、成都、西安等15条航线，京东全球航空货运超级枢纽港项目启动。交通干道密如蛛网，拥有公铁水空多式联运的交通便利条件。

（四）规划建设情况

园区项目总投资21亿元，实际占地面积56万平方米。总体布局为"两区四港五中心"，其中"四港五中心"即公路港、深水港、铁路港、信息港"四港"和仓储配送中心、商贸物流中心、电商物流中心、冷链物流中心、配套服务中心"五中心"，共计九大功能区，并已全部投入运营。园区现集仓储（含电商/冷链）、干支配货运、生活配套、办公配套、供应链金融、保险、海关海事、检验检疫等功能于一体，可同时满足快递快运、港口货运、铁路货运、电商仓储以及生鲜冷链等多种类型的物流服务需求。吸引了包含芜湖三山港口有限责任公司、芜湖三山海螺港务有限公司、芜湖东汇港务有限公司、安徽中桩物流有限公司、中国外运股份有限公司、芜湖长江大桥公路桥有限公司、安徽双汇物流有限公司等在内的一大批国内知名企业入驻，极大地推动了园区的集聚化、规模化发展，并逐步形成了公铁水多式联运的物流服务体系。

目前，园区内已建成并运营有三山港码头、三山海螺码头、东汇码头等重大项目。其中，园区公用码头岸线长达 2230 米，大型泊位 14 个。

（五）服务能力

园区物流服务体系健全、功能完善，可针对不同类型客户的个性化需求，对应提供相关基础服务、增值服务及配套服务。园区港口常年可停靠 10000 吨级兼靠 15000 吨级江海船舶，依托码头和后方堆场拥有的齐全的生产设备，提供港口运输服务。以快递快运服务区为基础，以多式联运为支撑，提供包含整车、零担、中转分拨及城市配送在内的综合运输配送服务。以现代立体仓服务区为基础，运用云计算与物联网技术，提供一体化智能仓储服务。以冷链物流集配区为基础，运用冷冻冷藏技术、规模化包装技术及智能冷藏转运设备（含冷库、冷藏车、保温箱等），提供一站式冷链集配服务。以运营管理中心为基础，提供招商合作、园区管理、电商运营、客户维护、结算付款等一站式综合运营服务。以物流信息中心为基础，以三山综合物流信息管理平台、供应链金融平台及百驿平台为媒介，提供数据交换、信息发布、会员服务、在线交易、智能配送管理、货物跟踪管理、库存管理、决策分析、金融服务等一体化供应链运营管理服务、数字化物流服务。以展贸中心为基础，提供展览展示、形象宣传、产业拉动、商贸洽谈及交易撮合等展贸服务。

（六）运营效率

园区已集聚企业 40 家，其中物流企业 22 家（4A 物流企业 3 家、3A 物流企业 3 家）。园区国际业务辐射周边 20 个国家及地区，其中包括俄罗斯、美国、德国、意大利、西班牙、日本等发达国家。截至 2023 年 6 月底，园区年吞吐量为 1150 万吨，其中主要产品吞吐量：化肥 40 万吨/年；石膏粉 30 万吨/年；建材 15 万吨/年；钢材 180 万吨/年；油品 10 万吨/年；盘螺 29 万吨/年。

二、主要做法

（一）规划建设

补足设施短板，提升运营能力。通过加快园区设施建设，补足建设短板，完善干支仓配、多式联运、国际物流、供应链、冷链、应急等设施建设，提高国有资本建设运营能力，完成高质量规模化物流服务的使命。打通干线节点，协同整合资源。园区与芜湖港口型国家物流枢纽协同互补、共同作业，并串接与芜湖港口型国家物流枢纽有强业务联系的国家物流枢纽和国际干线节点，集聚优质物流要素，整合相应物流资源，打造"点、线、面、网"的新物流运营格局，构建国内国际双循环的供应链物流体系，实现共享发展。优化资产结构，实现资本增值。通过资产运营动态调整和资产组合，从物流产业经营向与资产经营、资本经营并重发展，以实现企业价值创造能力的持续增长，从而形成"资金—资产—资本"价值创造的完整循环。搭建智慧平台，提高数字能力。将以5G为代表的新技术作支撑，协同芜湖智慧物流龙头企业，搭建数字化、智慧化运营平台，构建枢纽双向货流组织，实现国际、国内物流通道化运行、网络化服务、区域化辐射的产业运作平台和服务组织中心。

（二）运营管理

园区实行大型物流集团、大平台企业和基地共同发展、相互协作的运营模式。园区围绕重点物流企业，按照建立现代企业制度的方向，逐步培育大型物流企业集团。在新的立体交通网络下，园区作为新兴的交通枢纽，通过综合物流产业的打造，加强信息港、公路港、铁路港、深水港的多港互联，促进制造业、商贸业、物流业的联动发展，形成以物流产业带动新城建设的发展格局。发挥冷链物流对开放式生鲜农产品电子商务平台的带动作用，体现平台的特色。发挥铁路服务功能，搭建与物流相关从业者共同运作的平台，为入驻园区企业开展物流经营活动提供安全、方便、公平、高效、配套的服务。

截至2023年6月底，园区营业收入35亿元，其中物流业务收入20.3亿元。目前园区业务运营稳健，营业收入逐年递增，经营管理完善，银行信用等级良好。园区重点企业包含安徽中桩物流有限公司、安徽海捷实业有限公司、芜湖东汇港务有限公司及芜湖三山海螺港务有限公司等。入驻企业营业收入状况良好，其中安徽中桩物流有限公司2023年上半年营业收入5193万元，芜湖三山海螺港务有限公司营业收入38789万元。

（三）业务模式

1. 开展冷链物流设施建设，完善区域冷链基地布局

园区鼓励冷链物流设施建设，开展"生鲜电商＋冷链宅配""中央厨房＋食材冷链配送"等新型冷链物流服务。加强食品、药品冷链物流集散中心建设，建成了一批骨干冷链物流和应急物资储备基地。推进双汇冷链仓库建设项目，依托开发区3个示范物流园（安徽芜湖三山综合物流园、芜湖中桩港后物流园、宝特芜湖现代产业物流园），带动大规模的冷链仓储物流项目落地，实现更高水平产业集聚，打造服务长三角地区的专业冷链仓储和商品集散中心。

2. 鼓励仓储物流设施建设，打造区域商品集散中心

园区依托芜湖三山港规划设立保税仓库，主要从事家电、汽车零部件等的进口分拨、保税仓储和转口贸易业务，面积为2187平方米。保税仓库具备港口作业、保税仓储、国际贸易、国际中转、国际配送、国际采购、国际转口贸易和出口加工等主要功能，以及航运服务、展示、维修、金融服务等衍生功能，可为加工贸易企业以及一般有进出口权

的企业降低经营成本；可使一般贸易出库的货物具备相当于缓税的作用；还可推动进口更新换代快、价值大的高附加值类商品快速流通，提升当地经济效益水平。

3. 搭建多式联运物流体系，促进港口型物流枢纽干支配一体化

园区加快培育多式联运的经营主体，支持发展多种运输方式的跨国联运贸易。以芜湖港口岸扩大开放三山港区、"芜西欧"班列开通运营为契机，依托各物流集聚区示范区，搭建多式联运物流体系。加快构建"西部地区对接长三角公铁联运"示范工程，加快三山港扩建项目及中桩物流港口二期、三期项目建设进度，积极谋划东汇港口物流园等重大项目，建设公铁水联运、通江达海的综合物流园区，打造新发展格局下的长三角区域物流节点。以长江干线为依托，整合物流资源，采用河江海、港铁、公铁等多式联运方式，形成以港口为依托的"河江海连通、公铁水联运、干支配直达"的物流服务体系。

4. 驱动智慧物流快速发展，构建高效供应链体系

园区瞄准智慧物流智能化、柔性化、一体化、社会化发展趋势，积极谋划推进海螺三山智能仓储建设项目，以数字化赋能物流业发展。健全以电子商务为导向的城市物流配送体系，推广新型社区化配送模式解决物流配送"最后一公里"问题。完善现代化仓储设施和配送体系，推动仓储、运输、配送等各环节无缝衔接。充分挖掘物流数据资源价值，支持物流企业利用先进数据采集技术和智能分析技术，拓展数据增值服务业务，构建高效供应链生态体系。

5. 拓展第三方金融服务，减少园区企业金融风险

园区引入第三方金融服务机构，为入驻企业提供投资、信贷业务、上市扶持等综合性金融服务，帮助园区企业更加有效地组织和调节物流领域中货币资金的流动，更好地平衡利益价值与风险价值，降低供应链整体资金成本，提高供应链整体的绩效和竞争力。并探索将银行、金融、保险等服务与多式联运结合，通过银行发放线上供应链贷款，帮助企业线上支付国际多式联运运费，缓解中小企业出口资金压力。

6. 抢抓口岸开放重大机遇，打造港口型区域物流枢纽

园区抓住芜湖一类口岸开放的重大机遇，推动市域港口融合发展，融合三山港、海螺港、东汇港资源优势，积极参与长三角港口联盟。支持三山港与港口龙头企业合作，进一步完善长江航运综合服务功能区，加快皖江水运现代化进程，加强口岸核心能力建设，扩大承载规模。充分发挥安徽芜湖三山经济开发区港口、船舶修造等产业优势，依托海螺港、三山港、东汇港以及芜湖造船厂、新远船厂等骨干企业和扬子职业技术学院等资源，谋划推进航运业建设。推动三山港向现代化数字港转型，构建腹地内集疏运体系，打造港口型区域物流枢纽，把内河航运建成促进皖江崛起的重要战略支点。

通过整合商贸基础信息资源，规范电子商务数据标准，为跨境电商企业、跨境平台主体、物流仓储企业、贸易货代公司等跨境电商链条节点单位，提供数据申报和数据交换服务，实现海关、省电子口岸与跨境电商主体（包含电商企业、物流企业、支付企业、报关企业）的数据交换与共享，实现进口货物"分送集报"、出口邮件和快件形成一般贸易报关单以及"无纸化通关"功能。在芜湖设置检验机构开展样品检验工作，减少样品物流中转时间，并提高检验效率来进一步缩减样品检验时间。以三山港区为载体，通过积极推进与"一带一路"沿线国家沟通协调，不断完善跨境口岸通关一体化运行，进一步提高国际货物口岸通关效率。联动朱家桥港区、芜湖综合保税区推进保税物流、跨境电商，拓展销售、展示、结算等新兴业务，有序推进特色商品进出口基地建设，形成区域性保税仓储、交割交易中心。

（四）供应链集成

1. 推动园区供应链集成平台建设

园区通过增加、完善水运指定口岸相关功能，搭建集采购、物流组织服务等功能于一体的供应链集成平台，联动境内外物流节点，进一步形成了高效率、规模化、广覆盖的国际物流服务网。此外，园区还通过加快5G、物联网等信息化设施、设备的应用，搭建了物流枢纽综合信息平台——运易通互联网物流综合信息平台。该平台以芜湖三山港口有限责任公司为主体，主要涵盖全链路（欧亚全链路、东南亚全链路、中日韩全链路、南亚全链路、亚非全链路）、多式联运（水运、铁路、陆运、空运）、报关及其他产品（外运e拼、散杂货、物流装备租赁/买卖、在线科技、非贸业务等功能），旨在打造智能化长江航运组织中心。

2. 打造航运物流组织新中枢

园区依托长江航运物流大通道，推动建设物流产业要素集聚发展平台、长江经济带航运物流组织集成平台。对标"双循环"，对接"一带一路"，加快构筑国际物流通道，优化创新物流运营组织模式，实现资源要素规模化聚集、高效率配置和大范围高效益流转，整合以安徽省为核心腹地的长江下游地区航运物流资源，加强与长江三角洲城市群、武汉都市圈和成渝地区双城经济圈港口联动，加快内陆港建设，构筑航运网络，完善港口集疏运体系，提升航运服务能力，建设长江经济带"双循环"航运物流组织中枢。

3. 加强资源整合与设施建设

园区鼓励和支持区内港口按照集装箱、大宗散货等细分市场功能，开展港口资源整合，打造统一港口服务品牌。鼓励港口之间、港口与航运企业之间依托国家物流枢纽进行资产整合，提高协作发展水平。鼓励重点港口培育干支仓配一体服务功能，对多元运作服务资源进行整合，强化供应链集成能力（如以芜湖三山海螺港务有限公司为主体，建设并运营供应链协同平台与运输管理系统），提高与区域经济融合发展水平。进而推动芜湖至南京、上海长江航道疏浚工作，加快芜湖域内危险品锚地建设。

（五）园区互联互通

1. 整合创新重构航运交易平台

园区以上海航运中心的密切联系为抓手，加强航运平台业务整合，打造统一开放、功能健全的航运交易平台——彦思科技智能水运物流管理系统。该系统以安徽东汇储运股份有限公司为主体，主要涵盖运力管理、运输管理、移动应用＋协同管理、业务管理及数据分析和决策等功能。依托平台，园区加快形成航运大数据应用环境和机制，支持航运组织精准化提升，拓展平台交易结算服务功能；加快长江船舶交易市场建设，推动与其他航运组织平台的信息互联互通，构成支撑长江航运服务的数据链条。园区加强与上下游港口节点之间的业务协作，建立高效沟通协商机制和市场化协同路径，有效推进与重庆、武汉、南京、上海等长江航运港口枢纽的信息互联互通，促进业务协同和运作服务对接，推动设施、装备、通道资源共享共用，创建互助共赢业务发展模式。

2. 打造示范园区多式联运样板

近年来，园区加快培育一体化运营主体，并逐步补齐多式联运、国际物流等基础设施短板。园区依托长江黄金水道和铁路干线开展集装箱江海、铁水联运组织，创新了江海联运、公铁水联运等多式联运组织模式，培育了水运、铁水联运等干线大运量业务。

3. 持续推进通关服务便利化

为优化口岸通关流程，简化审批手续，推进口岸业务无纸化发展，园区实行一站式服务。园区通过持续推进绿色通道建设，实现跨地区、跨部门、跨行业互联互通和口岸通关数据共享，形成了联网申报、核查和作业通关协作机制，鼓励长江下游地区及安徽省大宗商品在芜湖水运口岸报关。同时通过协调海事、海关、出入境边防检查站对外贸船舶实施"联合检查"和"一次查验"，园区落实了24小时随到随检制度，并进一步提升了通关查验水平，提高了通关效率。下一步，园区计划完善整车进口业务及进口肉类、粮食等业务流程，从而加快与上海港、宁波舟山港国际集装箱一体化联动。

（六）智慧物流

1. 扎实推动智慧口岸建设

一方面，园区通过加强口岸查验智能化建设，推动集装箱空箱检测仪、高清车底探测系统、安全智能锁等设备的普及应用，推进扩大"先期机检""智能识别"作业试点，提高机检后直接放行比例。另一方面，园区通过发展智慧口岸，广泛应用云计算、大数据、物联网等新一代信息技术，优化配置口岸信息系统资源，促进了物流、信息流、资金流有序协同，提高了口岸运行服务能力。

2. 完善智慧物流设施装备建设

园区以路歌、共生、快兔物流等智慧物流先进企业为技术依托，致力于推进云计算、大数据、物联网、北斗导航、移动互联网、5G、区块链等技术在物流、商贸等领域的应用，加快了云（云计算）、网（宽带网）、端（各种终端）等智能物流基础设施建设。此外，园区还支持物流企业建设智能化立体仓库、应用智能化物流装备（南陵同日等品牌产品），加大无人车（新石器等品牌产品）、无人船（芜湖造船厂等品牌产品）、无人机（中电科芜湖钻石飞机等品牌产品）等智能载运工具应用力度，鼓励RFID、智能传感等技术在集装箱、冷链、不停车收费系统、口岸大通关等领域集成应用，丰富新型物流基础设施。

（七）绿色安全

园区支持在城市配送等领域推广应用新能源、清洁能源货运车辆。目前，芜湖长江内河LNG接收转运站项目全面推进，其中全国首座LNG加注站已经建成，并完成首船加注作业，"气化长江"迈出实质性步伐。在区域内安装或布局快速充电点位8个，具体分布在中桩物流、宁峰新材料、芜湖海事局荻港海事处、芜湖长江 LNG 内河接收（转运）站、碧桂园凤凰商业广场、碧桂园社区地块北面、奇瑞超三充电桩 7 个地点。这样不仅可满足新能源车辆充电需求，提升清洁能源使用占比，还可提高园区的中转效率与节能效益。

园区秉持"绿色、高效、低碳、生态"的价值理念，提倡有效控制消耗、避免环境污染，从现场作业、运输管理、仓库管理、办公管理、工业用水、光伏发电、道路地面等各个方面采取了绿色环保实践措施。铺设屋面光伏，积极响应国家绿色环保政策方针，和厂家合作安装光伏发电设施，工程面积达 6 万平方米，每年可发电 837 万度，投资收益率可达 60%。多式联运业务开展是交通碳减排的有效手段。安徽中桩物流有限公司发挥地域优势，优化调整运输结构，通过创新发展绿色高效的公水联运物流模式，有效降低公路货运压力，减少企业物流运营成本。

园区采取的多项举措对提升运输效率、降低物流成本、促进绿色发展的效果进一步显现，对运输产业转型发展、地区竞争力提升的带动作用进一步增强，为芜湖交通强市建设，实现碳达峰、碳中和目标提供强力支撑，促进经济社会可持续发展。

三、示范特色

（一）干支配业务打造一体化服务体系

园区以长江干线为依托，整合物流资源，采用河江海、港铁、公铁等多式联运方式，形成以国际江海联运为核心，以南北向铁水干线辐射为支撑的特色干线业务网络。园区面向周边 200 千米左右半径，开展以公路运输为主的支线分拨业务，形成了周边 50 千米半径城乡一体化配送网络，以及以港口为依托的"河江海连通、公铁水联运、干支配直达"的物流服务体系。

（二）供应链集成提供综合解决方案

园区以 5G、大数据、云计算、互联网等新技术构建了供应链综合协同平台，打造了智慧供应链体系，为客户提供"仓储＋保理＋物流配送＋交付＋代收＋支付结算＋保险保价"等全链条服务，延伸供应链增值服务，向智慧供应链服务商转型，与芜湖物流枢纽港口和干线节点枢纽组网信息共享，形成以园区为核心的网状供应链体系，实现供需精准匹配。在整合现有的物流、电商、社区等资源基础上，园区为用户提供冷运仓储、干线、宅配、销售和供应链金融等一站式全程可视化服务综合解决方案。

（三）园区互联互通发展新格局

三山港码头、三山海螺码头、东汇港码头等一批大项目已建成并运营，园区的公铁水多式联运格局已初步形成，互联互通的基础设施主骨架基本建成，多式联运中心与国家铁路网、公路网、航道网实现高效衔接，大型企业、物流园区、港口疏港铁路专用线逐步完善，连点成片推进枢纽经济集聚区建设，打通多式联运"最后一公里"，构建服务国内国际双循环新格局。

（四）智慧物流实现信息高效传递

园区各平台系统运用移动互联网、物联网、大数据、人工智能等技术，打破各个物流企业、物流环节的界限（信息孤岛），整合运输货物、仓库、车辆、标准化运载单元等信息，通过发布和共享物流信息，将企业信息汇聚在一起，达到货物运输的无缝衔接，实现货物在不同运输方式之间的快速有效转移，向不同区域市场分拨大宗物资。通过集装箱装箱装车需求计划、集装箱货物运单、集装箱货票等信息共享，实现货物追踪、查询等功能。

（五）绿色安全推动可持续发展

通过物流规模组织降低长江经济带碳排放，将生态保护落实到经济建设中，推动建设长江经济带绿色发展示范园区。围绕碳达峰、碳中和目标，加大商贸和物流设施节能改造力度，积极采用新技术、应用新设备，创新管理方式、优化管理流程，通过绿色配送、绿色回收、绿色智能、绿色供能等多重模式建设、运营、管理园区，实现低污染、低消耗、低排放、高效能、高效率、高效益，推动园区持续健康发展。

四、发展方向与未来展望

（一）发展方向

园区未来将充分发挥安徽芜湖三山经济开发区区位优势、综合交通优势与产业优势，立足基本市情，依托国内规模市场，放眼全球经济，加快构建大循环、双循环新格局，加快推进物流高质量发展与产业创新融合，更好地服务于国家战略与区域经济发展。

（二）未来展望

未来，园区将继续发挥核心和联结作用，带动产业快速增长，推动区域经济发展和产生结构升级，持续拓展合作伙伴和竞争格局，全面提升园区的国际竞争力和产业影响力。

"十四五"期间，园区将"不忘初心、奋进前行"，始终秉承"开放做物流，合作建园区"理念，通过强强联合、优势互补，继续以公铁水联运为根本，大力发展多式联运，促进外贸、航运、物流要素集聚，形成以集装箱、件杂货等大宗生产资料为主的，集仓储、分拨、配送、冷链、加工、国际中转、国际贸易等功能于一体的现代综合服务园区。

（撰稿人：李云虎，鲁军，朱继玉，方炜）

江西抚州海西综合物流园

联通赣闽，装备创新，促进铁公水
多式联运发展

抚州具有"南昌远郊、闽台近邻"区位优势，是赣东地区重要的交通枢纽，交通便利，产业经济发展迅速。江西抚州海西综合物流园（以下简称"园区"）位于临川经济开发区核心区内，紧邻向莆铁路抚州北站，由抚州中物宝特物流有限公司负责运营管理，总占地面积 0.62 平方千米，项目总投资 13.52 亿元，设计年货运量 500 万吨，集装箱年吞吐量 15 万标箱。园区依托自身的铁路物流资源和综合服务优势，以"打造赣闽跨区域经济合作节点型园区"为目标，坚持主动融入双循环发展格局，把握国家推进物流业高质量发展、建设现代物流体系的机遇，坚持产业融合协同发展的思路，内抓园区基础设施建设和运营效率，外拓通道网络和产业资源，积极延伸物流服务链条，着力打造设施完备、功能齐全、运营高效、示范带动作用显著的综合枢纽型园区。自立项以来，园区先后被纳入《江西省"十三五"现代物流业发展规划》《抚州商贸物流"十四五"发展规划（2021—2025）》《抚州市国民经济和社会发展第十四个五年规划和二〇三五年远景目标纲要》重点工程。

一、园区概况

（一）建设背景

江西抚州是海峡西岸经济区的重要成员，沪昆高铁、向莆铁路在此穿境而过，抚州也是江西对接海西、融入"一带一路"建设的重要节点城市。在物流发展需求快速增长、资源环境约束日益严重的大背景下，2013 年，为抢抓向莆铁路建成通车的良好机遇，在省委、省政府的大力支持下，抚州市委、市政府决定在抚北建设一个口岸型铁路物流园区，使物流资源向向莆铁路经济带集中，形成重点突出、功能齐全、链接通畅的物流产业空间格局，带动各类产业在物流枢纽周围集聚。为加快项目实施，抚州市委、市政府与多家企业进行洽谈，最后选择与在铁路物流领域运营管理经验丰富的宝特物流集团有限公司（以下简称"宝特物流集团"）签订有关投资协议，由宝特物流集团出资成立抚州中物宝特物流有限公司，负责园区的开发、建设、运营。

（二）运营管理主体

园区由宝特物流集团投资建设。宝特物流集团总部设在北京，是一家专注于投资、建设、运营铁路专用线和经营管理大型物流园区的企业，在全国各地拥有 23 条铁路专用线、3 个大型枢纽型铁路物流园区以及 8 个直属铁路作业场站或基地。宝特物流集团的二级法人子公司、国家 4A 级物流企业抚州中物宝特物流有限公司负责园区的运营和管理。

（三）区位交通

园区所在地抚州市位于江西省东部，抚河上中游，是大南昌都市区的战略增长极，江西省对接海峡西岸经济区的前沿阵地。东邻鹰潭市、西近京九铁路、北邻鄱阳湖、与南昌毗邻，在赣闽经济走廊中居于重要节点位置，承东启西、贯南通北的区位优势明显。

园区交通区位优越，铁路方面，园区距铁路接轨点 1.66 千米；公路方面，园区出口是 40 米宽的宝特大道，距高速路口仅 3.6 千米。北与九江港联动，南与福州港、江阴港、泉州港、厦门港各港口联通，距南昌国际集装箱码头 91.3 千米，具备开展铁公水多式联运的良好条件。

（四）规划布局情况

园区的规划建设以"打造抚州辐射周边区域货物枢纽型园区、打造联结福建沿海港口和内陆地区多式联运平台型园区，为抚州经济发展服务"为目标，布局建设"三大板块、六大功能区"，"三大板块"即铁路板块、保税板块、公路板块；"六大功能区"即铁路港区、公路港区、保税区、仓储分拨配送区、电商及物流金融区、公共服务区，见图 1。

图 1　园区功能区布局

截至 2022 年年底，园区已建成较为完善的基础设施体系，包括总长 4660 米的 3 条铁路专用线、4 个作业站台、商品车作业区、集装箱作业区、占地 12 万平方米的集装箱堆场及散货货场，以及占地 10 万平方米公铁联运无缝接驳智能管理立体库。

（五）服务能力

优越的交通区位、科学的功能布局、齐全完善的物流设施设备、良好的服务环境、现代化的运营模式，是园区得以构建较为完善的物流服务体系的基石。园区集聚了铁路物流、公路物流、多式联运、装卸搬运、仓储分拨、剪切加工、电子商务、保险金融、综合配套服务等多种物流功能业态。园区铁路港年运力 500 万吨，可与国铁集团的全国所有货运站点开展货物发运和到达业务；公路港自有公路运输车辆 96 台，总额定荷载 2550 吨，整合社会车辆 1900 余台，总额定荷载 6.5 万吨，通过线上物流平台与线下汽运实体结合，汇集对接各类供需，为供需双方精准对接提供物流信息、智能车源、运力调配、动态查询等综合服务；园区仓储配送区占地约 18.7 万平方米，其中由美国巴特勒公司承建的高标准立体库占地 15.6 万平方米（按建筑规范计算），具备智能仓储管理功能，可提供集仓储、拣选、包装、分拣、配送等环节于一体的仓配服务，对接不同层级的客户需求，并建有占地 2 万平方米的剪切加工场，可为制造业企业提供集约、经济、高效的加工配送服务；正在规划建设中的 B 型保税区将包含口岸联检大楼、海关监管仓及商检用房。通过与泉州、莆田、福州等港口开展区港联动，与公路口岸对接，开行国际班列，积极开展公铁水多式联运服务，为抚州外贸企业提供便捷的一体化物流服务；园区内设立电商运营中心，已引入多家电商及快递企业入驻，充分发挥业态集聚优势，实现电商、物流联动发展；基于园内信息系统搭建的公共商务信息平台，可为入驻企业提供银行、市场监管、税务、保险、财务代理等一站式服务，并可提供与物流相关的资金信贷、库存商品融资等物流金融增值服务。园区公共服务区内餐饮、办公、泊车、汽修、住宿等配套设施齐备，能一站式解决入驻企业的办公配套需求。

（六）社会贡献及行业影响

自园区投入运营以来，园内就业人数保持了稳定的增长。目前园区及周边配套为当地社会人员提供就业岗位近 700 个，其中物流岗位 355 个。预计到 2025 年将为本地提供就业岗位 3000 个，直接从事物流岗位人员数量 800 人。2022 年，园区入驻企业总营业收入超 28 亿元。截至 2022 年年底，园区已入驻企业 36 家，其中物流企业 13 家，生产制造业企业 12 家。入驻的企业涉及运输、仓储分拨、供应链管理、同仓共配、公路短驳、多式联运、电子商务等多个领域。园区已与全国 10 余个省（市）约 60 个地区开展物流业务，为 10 余家生产制造业企业定期开行中欧班列和国际联运班列。在新冠疫情防控期间，园区积极承接民生重点物资的运送，在保障周边工业企业原料到达、产品运输方面起到了重要作用。园区兼具军民融合基础设施的性质，多次为军需大型装备铁路运输集结、部队驻扎宿营、军用设备存放等提供全面保障服务。园区已获得诸多荣誉，于 2021 年获批全国优秀物流园区，2023 年获批示范物流园区等。

二、主要做法

（一）创新建设运营模式，融入独特物流网络

园区的立项建设受到了抚州市委、市政府的高度重视，相关部门多次组织园区建设运营方企业代表及相关专家走访调研，先后对抚州当地及周边区域的产业园、经济开发区及其他国内运作先进的物流园区进行实地考察，广泛听取意见，最终把园区的建设确定为抚州市重点物流枢纽建设项目。在《抚州市商贸物流"十四五"发展规划（2021—2025）》中，园区被列为"一心、三带、四翼"中的"一心"：即以园区和综合保税区两大片区为核心建设物流服务核心功能区。园区也被列入该规划的重点工程，按照高站位规划、高标准建设的要求，有序推进园区的建设。立项建设初期，考虑到申请土地指标及办完全部的征地手续费时较长，铁路港区专用线报批和技术论证审查所需时间也较长，为抢抓经营先机，缓解资金压力，园区管理团队提出边建设边经营的思路，决定将园区附近南昌铁路局已经关停的铁路货场进行改造，先把经营业务开展起来，建设与运营双管齐下。最终管理团队共投资 800 万元、耗时 4 个月，改造了抚北铁路货场，经南昌铁路局验收合格后投入使用，作为园区全面投入使用前的过渡。园区利用铁路闲置场地先行启动运营环节，走出了一条边建设边经营的创新路子。

园区借助优越的地理优势，依托抚州当地工业产业发展布局，不断完善基础设施、加强功能建设，全面融入赣闽城市物流体系，搭建形成宝特物流运营网络及"三核两轴多辐射"的结构体系。"三核"即"晋南、抚州、芜湖"，两轴即"晋南—芜湖""晋南—抚州"；"多辐射"即充分发挥"三核两轴"的集疏运能力和网络节点配送能力，围绕产业链、供应链、业务链发展多辐射支线配送业务，逐步实现一体化运作和网络化经营、数字化管理的目标。目前园区铁路货运借助中国国家铁路集团有限公司的全国铁路货运站网络与十多个省市开展物流业务，通过发挥综合物流园区的集聚优势和效率优势，推动实现当地主导产业和物流业的良性互动，助力抚州本地产业向集群化发展，推进当地形成交通、产业、城市功能长效融合发展的新局面。

（二）立足服务抚州产业，促进两业融合发展

抚州市正处于产业结构转型升级的关键时期，目前已逐步形成较为完善的产业体系，机电汽车、生物医药、电子信息、食品加工、化工建材和有色金属加工已成为抚州六大主导产业。抚州市现有 1 个国家高新技术产业园、10 个省级产业基地、7 个省级重点产业集群、1 个国家新型工业化产业示范基地。这些产业园和基地的产业集中度高，物流市场容量大，而抚州市的物流基础设施严重不足，显然难以满足物流市场需求。园区本着"打造枢纽平台、服务抚州经济、对接产业需求、融合两业发展"的理念，力图在"要素、时间、空间"三个维度上进行产业组织，通过构建区域性大通关、大物流、大外贸的统一信息平台，实现地方通关、物流、贸易管理和信息服务等的互联互通和信息

共享，为制造业企业或客户提供便捷高效的服务。通过启动抚州口岸功能区建设，园区与厦门、泉州、莆田、福州等港口开展区港联动和信息数据的互联互通，大幅度提升区域口岸综合服务水平，提高通关效率，降低物流成本，为抚州外贸企业提供一体化服务。

园区投入运营后，由抚州市商务局牵头组成市场需求对接营销专班，分别对抚州大型生产企业，如大唐国际发电股份有限公司、广铝集团有限公司、家具生产园区、江铃汽车股份有限公司等，进行以"开行定制班列、多式联运、贸运一体化"为内容的需求对接，针对企业要求定制个性化物流服务产品。例如，为大唐国际发电股份有限公司提供山西电煤运贸一体化服务；为广铝集团有限公司提供新疆铝锭运贸一体化服务，实现了多方共赢。园区与南昌铁路局、中铁特货、中国远洋、中铁集装箱、九江港、福州港等组成多式联运联盟体，为抚州特色农产品南丰蜜橘开行中欧（抚州—莫斯科）冷链班列；为抚州及周边生产制造企业定制开行了铁海联运集装箱（抚州—福州江阴港）班列；为抚州市中德体育用品有限公司生产的运动器材和中德服饰有限公司生产的运动服饰开行抚州—汉堡中欧班列；为抚州食品企业开行进口东南亚粮食的铁水联运专列：货物先海运至九江，再通过铁路运输至园区；为抚州与俄罗斯彼尔姆友好城市开行抚州果蔬班列；为抚州家居产业进口俄罗斯巴塔列伊纳亚木材开行返程班列等。

园区运营方不满足于做基础物流服务的供应商，在运营中积极对抚州当地生产制造企业上下游的原材料采购、产品分销需求进行了深入调研，利用宝特物流集团多年以来在大宗资源类产品采购运输中积累的合作资源，进一步调整物流运输产品结构，为当地生产制造业企业提供全程物流服务和定制化的物流服务。例如，在上游采购环节，帮助抚州当地电力生产企业、有色金属制造企业、建材加工生产企业、家具制造企业解决生产原料的调配问题，协助客户丰富采购渠道，通过预算采购、转运存储、保兑通货等各种手段，协助卷钢、矿粉、焦煤等生产企业提高调配能力，降低物流仓储成本，提高原材料供应的可控性；在下游环节，主动嵌入客户的集货分销、仓储配送、售后服务等环节，提供定制化的物流解决方案，并与客户共享市场信息，帮助制造业企业节约储运成本，使其能更专注于生产，提高产能，降本增效。园区立足服务定位，贴近制造业企业需求，着力优化通行环境和降低物流费用，通过提升物流服务标准化水平，积极对接产业需求，主动与本地支柱产业、特色产业融合联动，尽力为制造业企业实现结构性降本增效发挥正向助推作用。

（三）完善综合配套服务，建立稳定合作关系

园区以物流综合服务一体化为重点，通过平台整合、服务拓展，不断增强物流园区作为共同作业平台的价值创造能力。园区按区域物流枢纽平台的要求建设，在铁路、公路、仓储、保税、电商、服务等的建设上，坚持"统一规划、科学布局、功能齐全、配套完善、天地对接、互联成网"的建设目标和标准，建设完成园区的"三大板块、六大功能区"，对促进抚州联通内外市场，推动区域经济资源流动和要素集聚，打造产业链、构建供应链、实现物流链等要素资源共享的生态圈，具有重要的现实意义和长远的战略意义。

为增强园区集散资源要素的能力，园区把改善提升综合配套服务建设水平列为重点工程。园区通过窗口一站式服务、司乘中心、物流商务中心等方面的建设，逐步在货物集散、存储、分拨、转运的基础上寻求构建物流共生共赢的生态软系统，以增强客户黏性，进一步拓展"园区＋商贸""园区＋金融""园区＋电商"等业务。以物流园区为载体，以物流网络为核心，创新物流商业生态，为第三方、第四方物流公司，车主和货主，以及上下游企业提供金融、保险、担保、租赁、商品展示和销售等系统性、系列化服务，引导园区平台上的企业开展"工、贸、物流"多业联动，创新多业态线上线下结合的运营模式。

开通运营三年以来，园区实现了业务量的飞速增长，在重点项目经营上持续发力，有效扩大市场规模，并与比亚迪股份有限公司、大唐国际发电股份有限公司、中国移动通信集团有限公司、江西省泰荣纺织科技有限公司、江西雨帆生物能源有限公司等大型生产企业建立了稳定的合作关系，依托宝特物流集团积累多年的行业经验和铁路物流资源，为客户提供"专业、安全、便捷、高效"的定制化、专业化的物流服务。

以服务抚州比亚迪实业有限公司为例，2021年作为全球新能源汽车领域领军企业的比亚迪股份有限公司落户抚州，新能源汽车整车设计产能为60万辆/年，商品汽车运输业务量巨大。为满足比亚迪股份有限公司带来的商品车存储分拨物流需求，园区投资1600万元，增设商品车滚装平台及临时泊车场地2万余平方米，建成汽车主机厂前置库15万平方米，可容纳6000台商品车。由于园区商品车公铁联运装卸作业、存车库管理、分拨配送等各项功能齐全，园区设立汽车主机厂前置库，可辐射闽、浙、湘、赣4省，吸引了多家汽车主机厂在此聚集、配载、分拨，有效解决了大板车难以满载而浪费资源、提高成本的问题，形成园区商品车铁路运输重去重回的良性运营。后期计划在园内三号轨道扩建一座商品车滚装平台，实现2条整列车同时装卸，建成后将提升50%的作业效率，产能提升后将积极与一汽、大众等多家汽车主机厂加强联系、扩大合作。

（四）更新装备优化流程，信息化智能化改造

在铁路集装箱货物到发方面，园区在铁路走行线上设置轨道衡和全方位扫描系统，当机车以15km/h的速度通过该系统时，系统会自动将所有的货号和对应的箱号纳入其中，铁路场站外勤根据指示将货品吊卸到指定位置停放。当客户提货时，只需要提供汽车牌号和手机号，内勤人员将车号输入系统，客户就会立刻被告知箱号信息并收到提货指令。当汽车进入场站时，门禁自动识别，并提示司机驶入几号货位，司机则可以根据指引迅速到达指定箱位。这样就彻底解决了集装箱货物转运到发时存在的找箱难和提货慢的问题，提高了工作效率和提货准确率。待空箱返回通过门禁时，系统将再次自动扫描，指示司机将空箱放回对应箱位。

在甩挂运输方面，江西永冠科技发展有限公司、抚州市中德体育用品有限公司均为抚州当地的大型生产企业，其生产的各类产品70%出口日韩、东南亚、中东、欧美市场，物流运输需求极大。鉴于这两家企业与园区之间的距离较短，园区特意为其按比例采购

了牵引车和挂车，实行"多点一线、轮流拖挂"的甩挂运输模式，即在园区及客户指定的装卸点，配置一定数量的周转挂车，在牵引车未到达的时间内，预先装卸好周转挂车的货物。当牵引车到达后，先甩下挂车，集中力量装卸主车，然后挂上预先装卸好的挂车返回原装卸点。甩挂运输方案不但极大地提升了园区道路货运能力，而且有效地降低了企业的物流成本，得到客户的一致好评。

针对具体生产作业过程中，存在信息化、智能化程度不够导致作业效率与准确度较低的问题，园区对信息化系统进行了智能智慧可视化升级改造，建设"运营信息化、管控智能化、服务平台化"的智慧物流园区信息化系统平台，重构集决策、管理、运营、综合服务于一体的综合管控信息化体系，实现"纵向管控、横向协同、流程规范、运营高效"的管理目标。例如，园区铁路货运系统，按"技术先进、功能完善、安全可靠、畅通高效"的要求开发了铁路货运作业系统，通过 PC 端、移动应用、物联网设备等实现多端信息共享与综合管理，将先进成熟的技术手段与铁路运输作业要求相结合，打造符合园区铁路运输、站台作业、吊装、堆场等生产管理需求的智能化信息系统。

（五）推进"公转铁""散改集"，打造绿色节能示范基地

园区积极响应国家推动大宗物资"公转铁、散改集"，优化调整运输结构的号召，针对煤炭、矿粉、粮食等大宗散货，以 35 吨敞顶集装箱公铁循环车组的模式实现了固定装卸、固定车数的公铁衔接循环往返，不仅满足了生产企业所需，更提升了运转效率、减少了运输途中的扬尘污染。抚州市年产优质河沙 800 万吨，绝大部分以公路运输的形式销往抚州周边城市，约有 150 万吨河沙也以汽运的形式销往外省地区。园区针对公路运输过程中河沙遗撒带来的环境污染，以及亏吨给企业造成的经济损失等问题，一方面积极与抚州市政府相关部门联系，争取销往省外的河沙改用 35 吨敞顶箱运输，实现"散改集、公转铁"；另一方面找向南昌铁路局争取运价下浮的政策。这些方案的实施不仅使运价下降，还能改善河沙遗撒造成的环境问题。此举得到了抚州市政府的大力支持，市长要求相关管理部门每年安排不少于 100 万吨河沙在园区内进行"散改集、公转铁"运输。

在物流运输中，园区注重推广使用可循环、可降解、可折叠的新型设备和材料，加强对园内被废弃的运输包装物的统一收集和处理，同时提高可降解包装、纸质包装、循环周转箱等可回收包装的使用率，加大绿色能源装载工具和装卸工具的使用占比，积极降低整体作业能耗和排放水平。通过建立《园区能耗设备清单》，加装智能电表、智能水表、车辆 OBD 设备，摸清园区能源结构和消耗情况，引入智慧照明系统、水循环监测及雨水回收系统、光伏发电等绿色节能新技术，尽力实现园区能源利用效率最大化。2023 年上半年，园区通过循环用水技术节约绿化灌溉用水 0.19 万立方米；通过在屋顶安装 320 平方米光伏发电设备，5 个月累计发电 3.2 万度。园区后续规划与大唐国际发电股份有限公司合作在园内仓库屋顶追加建设分布式光伏发电 5 兆瓦电站，建成后将大大降低企业用电成本、提高能源利用效率，或可成为

园区节能环保新亮点。

三、示范特色

（一）抓"三性"，环境引流，协同增效

1. 先导性

从引导区域经济发展的角度来说，功能设施完善的物流园区是地区经济发展的战略高地；集疏运基础设施配套完善的物流园区，体现的是一个城市发展相关产业的良好条件和环境。园区建成后，因其"功能齐全、配套完善、服务周全、通达性好"等优越性，极大地改善了抚州招商引资的环境，吸引了很多外来投资方在园区周边的工业园区考察选址，如比亚迪年产25万辆的新能源小汽车生产基地就在抚州落地，如今比亚迪出口的小汽车全部在园区发运，国内销售的小汽车1/3在园区发运。园区高站位规划、前瞻性布局、高标准建设的目的，就是为产业服务，吸引产业集聚，为园区以至为抚州经济创造新供给和新需求。

2. 便利性

大型物流园区是物流上下游及相关从业者的集聚区，是多业态多元主体共同运作的平台，是仓储、运输、商贸、配送、装卸、搬运等物流活动的组织中心。园区改善服务环境、提升服务质量的基本原则就是一切围绕"便利化"，从停车、加油、充电、餐饮住宿、物业、客户服务，到业务办理、流通加工、代购代销、信息查询、物流金融、政商服务、后勤保障等，从多角度、多维度综合考虑如何化繁为简，为园区商户提供便利化的优质服务。

3. 集约性

园区自主开发了"园区通"管理系统，对园区物流活动实现有效管理，积极开展自有平台与其他公共信息平台的互联互通，运用5G技术、人工智能、物联网等提高园区运营的智能智慧化水平，实现园区资源优化配置和协同共享。信息智能技术赋能叠加配套完善的物流基础设施，使园区多式联运、货物存储、分拨配送、吊装搬卸、运输调度等物流环节，无论是在时效保障上还是在集约化运作程度上，均有大幅提高。

（二）抓"三贴"，增强黏性，合作共赢

园区在经营中"贴近客户、贴近货源、贴心服务"，注重对各类重点客户进行按需配置、专项管理。园区运营以来，先后为大唐国际发电股份有限公司、比亚迪股份有限公司、中国移动通信集团有限公司、国家粮食和物资储备局、中铁特货物流股份有限公司等客户量身定制便捷、高效、经济的物流服务产品，并对潜在增项增量业务派专人跟进。在与大唐集团开展电煤运贸合作前，派专人随大唐到各地煤矿了解货源供应、品质分类、短途价格、铁路站点等情况，最大限度贴合大唐集团对运煤一体化服务的实际需求，给出当前市场场景下的最优解决方案。园区针对有特别需求的企业提供增值服务，以增强

客户黏性，与生产企业互利共赢、协同发展。

（三）抓"三化"，筑牢基础，创新发展

1. 抓"标准化、信息化、一体化"，助力企业提质增效

园区运营以来，在集团各职能部门的指导下，按"以客户为中心"的要求、物流运作"一体化"的标准，对行政人事、经营分类、财务资金、场站调度、信号管理、仓储作业、机械设备、安全生产、多式联运等制度进行了全面的修订，结合信息化建设筑牢运营管理基础，如在园区的车号箱号自动识别系统；在铁路走行线上设有轨道衡和全方位扫描系统；将所有的车号和对应的箱号纳入系统中，场站外勤按货位箱号将货品吊卸到指定位置；汽车进入场站时门禁自动辨别，并提示司机驶入几号货位，彻底解决了找箱难和提错货的问题，保障园区各项业务安全顺畅运行。

2. 筑牢运营基础，打造区域物流枢纽中心

园区在抓"三化"的基础上，按照"园区＋通道＋枢纽＋网络＋平台"的发展理念，打造区域物流枢纽中心，提升园区辐射能力。重点做了以下三方面的工作：一是完善内部补短板工程；二是整合枢纽内外资源，深入物流链与供应链各环节，布设网络节点；三是推进运输组织模式创新。

四、发展方向与未来展望

1. 强化信息化建设，推动数宁化转型，打造智能智慧化园区

伴随着5G、物联网、云计算和大数据等新一代技术的迭代升级，园区正在建设智能智慧化园区，依托现有资源建设完善园区的综合信息服务平台，推动园内企业、供应链上下游企业实现信息共享。通过建立综合信息互联互通机制，促进订单、货物、结算等物流信息集成共享，提高供需匹配效率，加强干支配的一体化衔接。以园区为基础平台，围绕产业做文章，以高质量发展为目标，筑牢物流链、构建供应链、提升价值链，打造赣闽经济带"多式联运、城市配送"具有影响力的枢纽型园区，打造长三角地区"智慧、高效、安全、便捷、绿色"物流节点型园区，打造对接"国家物流枢纽网络体系"的示范物流园区。

2. "十四五"期间发展思路

按照国家级示范物流园区的规范要求，园区将继续建立健全"六大功能区"，即铁路港区、保税区、仓储配送区、公路港区、电商及物流金融区、公共服务区，从而构成园区完善配套、功能齐全的综合服务体系，使园区集约化，提高集疏运效率和绩效。同时积极对接国家"一带一路"倡议和赣闽经济合作战略，联结海峡西岸经济区物流协同体系，实现园区高质量发展。

3. 近期发展重点

第一，提高园区多式联运运作能力；第二，通过创造运营环境和条件、完善运营基本模式等，提升园区运营管理水平；第三，建设大宗商品货物电子交易平台及物流供应

链金融平台；第四，建设公铁周转冷库；第五，开展物流职业培训，建设物流产学研基地、博士后科研工作站等，提升园区"设施完善、功能齐全、综合配套"所带来的综合效益。

（撰稿人：罗义锦，梁建忠，肖凤珍）

江西高安汽车商贸物流产业园

创新汽车商贸新模式，打造园区管理新格局

高安是全国有名的汽运物流城市，汽运物流产业体量大、基础实、品牌响，对高安经济社会发展贡献突出，在全国有较大影响力，先后被评为江西省现代服务业集聚区、江西省商贸物流产业科技创新联合体、中国商用车流通产业基地、江西省智慧物流特色小镇、江西省第三批数字经济集聚区等，2023 年成功获批国家级示范物流园区。全市拥有汽运物流公司 5000 余家，货车保有量 15 万辆，登记吨位 240 万吨，其中包括 1 家大型公铁联运物流企业、1 家交通运输部甩挂运输试点企业、6 家省级服务业龙头企业、8 家网络货运平台企业，还有 57 家国家 4A 级物流企业，数量占江西省的 40% 以上。汽运物流产业年营业额 1200 亿元，全产业链年纳税超过 15 亿元，是高安市税收贡献最大的产业。

一、园区概况

江西高安汽车商贸物流产业园（以下简称"园区"）作为推动高安经济高质量发展的引擎，经过 9 年的持续建设，逐渐形成了集专用车制造、物流运输、新车销售、二手车交易及汽车后市场服务等为一体的综合产业体系。园区坚持政府引导、市场运作原则，通过整合存量物流资源，强化设施改造升级，补齐功能短板，实现一体化运作，在规划建设、运营管理、改革创新等方面取得了较好的实际效果和示范效应。

（一）立项背景

随着国家政策的调整以及互联网技术的快速更新，高安汽运物流产业几十年以来的粗放型发展模式正面临着与时俱进、不进则退的挑战与机遇，迫切需要整合商贸物流资源，发挥已有优势，规划建设高标准、高品质、高规格的汽车商贸物流产业园。2010 年，高安市开始重点规划建设货运专用车产业基地，同年获得江西省发展改革委批复，并被列为省级产业基地。2014 年，随着现代物流业的不断发展，高安市委、市政府审时度势，以《江西省物流业调整和振兴规划》等文件为指导，结合高安汽运物流产业自身特有优势，在昌栗高速高安城区出口处，重新规划建设高安汽车商贸物流产业园。依托产业园区这一平台的建设，科学规划完善产业发展，全面有序推进高安汽车商贸物流产业转型升级和高质量发展。

（二）交通区位

高安市区位优越，东邻省会南昌市，是西入南昌市的"咽喉要地"，距南昌市仅42千米，距昌北机场50余千米，位于长江三角洲、珠江三角洲和闽东南三角洲辐射的交会点，与广东、浙江、福建、江苏、安徽、湖南、湖北七省省会及其主要城市，以及上海市形成4~5小时经济圈。320国道、昌栗高速、赣粤高速、沪昆高速等交通要道穿境而过，是江西省联结东西、贯通南北、服务整个江西省的区域交通重要枢纽。按照省委、省政府区域发展战略，高安市处于南昌市都市区和鄱阳湖生态经济区范围内，是大南昌都市圈和长株潭城市群对接的重要走廊，同时也是鄱阳湖生态经济区、长株潭城市群、武汉经济圈的共同腹地，"中部之心"的交通区位优势凸显。境内拥有铁路专用线4条、专用货场7个、口岸作业区1个，8小时经济圈基本可覆盖广东、福建、浙江、上海、湖南、湖北等沿海和中部地区，是承载沿海产业梯度转移的理想之地和承东启西、承南启北的理想支点，得天独厚的交通区位优势为建设现代物流园区奠定了基础。

（三）规划布局

园区规划占地面积16.6平方千米，其中近期规划面积约11.1平方千米，远期规划面积5.5平方千米，已建成面积约8.3平方千米，划分汽车贸易、供应链物流、制造研发、综合服务等四个片区。其中，汽车贸易片区占地约2.2平方千米，中心区为商用车销售，包含停车、整备、维修、检测等业态，北侧为汽车零配件市场及备品中心库，南侧为智能停车场，东部为二手车市场，包括车管所、二手车交易综合服务中心；供应链物流片区占地面积2.3平方千米，入园龙头企业主要有顺丰、壹米滴答、安能物流、鸿海物流、桃源物流、行者物流，已建成仓储设施面积0.55平方千米；制造研发片区占地面积2.0平方千米，以专用车生产制造为主；综合服务片区包括国际会展中心、大数据中心、孵化基地、数字物流总部、金融服务、人才培训等配套业态，形成了完备的汽运物流产业综合体。

（四）管理服务

为了高位推进汽运物流产业发展和园区建设，高安市2012年设立了园区常设管理机构——高安货运汽车产业基地管理委员会（以下简称"园区管委会"），负责园区的规划、建设、运营、管理、服务。园区管委会成立了项目建设、产业发展等工作专班，全面协调推进园区建设运营中遇到的各种困难和问题。园区还设有车管所、运管所、派出所、市场监管分局、汽运产业纠纷调解中心、交警涉外科、汽运产业法庭、税务分局等工作机构，工作人员200余人。此外，2015年成立了高安市发展汽运物流产业领导小组，由市委、市政府主要领导任组长。

（五）运营效率

截至2022年年底，园区实现年货运吞吐量达7000余万吨，园区单位面积物流强度达

30 吨/平方米，人均劳动生产率、入驻企业、车辆保有量、吨位数等主要经济指标均实现年增长 40% 以上。园区入驻物流企业总营业收入已突破 800 亿元，年人均劳动生产率 13.3 万元，园区企业实现税收超 10 亿元。园区已入驻企业 1880 家，其中商贸类企业 1100 家、物流类企业 400 家、互联网及科技平台类企业 380 家。

二、主要做法

（一）打造中部最大的智能化商用车交易基地

基于高安市成熟的商用车产业基础和庞大的商用车市场，作为全国商用车行业重要的产业聚集地，从新车、二手车的流通，到金融、保险、运输、评估、拍卖等衍生业态，高安市的商用车生态逐步形成。作为商用车交易量最大的县级市，货运产业基地在商贸物流产业园区设立了智能化商用车交易基地项目，总用地面积 1.33 平方千米，总建筑面积 0.2 平方千米，总投资 30 亿元，分为卡车展销中心、二手车智能化交易市场、一站式交易服务大厅等功能区（见图1）。目前已经成为国内重型卡车市场的战略布局地、知名品牌角逐竞争的核心市场。卡车展销中心基本建成，已落户 16 家国内知名品牌重卡 4S 店，其中 7 家 4S 店已实现销售、查验、上户一条龙服务，不出店就可直接上牌，方便、快捷、高效的办事效率极大地提升了客户的体验感；二手车智能化交易市场集智能停车、自动识别、精准定位、车源发布、线上找车、线下看车、车辆交易、整备维修等功能于一体，目前已投入运营，可同时停放大型货车 2000 余辆，实现年交易各类二手货车 6 万辆；一站式交易服务大厅建筑面积 0.16 平方千米，总投资 8000 万元，可实现高安市所有的二手车交易业务一站式办理。同时，该大厅整合二手车出口、交易电子合同签订、商用车金融保险业务，可实现日交易二手车 100 辆以上、交易金额超 1500 万元，实现年交

图1　商用车交易基地

易税收 8000 万元，打造国内最大、功能最全、线上线下一体化二手商用车交易平台。2021 年，智能化商用车交易基地项目开始在二手车交易市场开拓二手车出口业务，扶持重点二手车出口企业走出去，了解二手车整备维修标准、海外售后建设及各国家地区市场。2022 年全年出口车辆约 460 辆，外汇创收约 400 万美元。

（二）打造区域物流中心

高安市境内有铁路专用线 4 条、专用货场 7 个、口岸作业区 1 个。陶瓷产业基地铁路专用线已列入全省"无水港"示范项目，首期 2000 万吨专用线已建成投入使用，已经开通从八景陶瓷站（高安市）—团结村（重庆市）等五条省际客运化集装箱班列及卢潮港、北仑港、厦门港、盐田港、黄埔港五大港口业务。中欧班列、"一带一路"在高安挂厢，园区依托陶瓷原材料和陶瓷产品大运量，发挥铁路运输专线的优势，主动对接丰城、樟树、南昌等水路作业区，形成公铁联运、公水联运的立体交通格局，为高安主动融入"公铁联运""铁海联运"，畅通"中欧班列"，对接国家"一带一路"倡议提供了有力支撑。

园区坚持以建设中部地区物流节点城市为目标，主动融入大南昌都市圈战略，充分发挥高安中部地区核心地带的作用，辐射华中、华东、西南 60% 人口地区，加快推进高安物流云谷·内陆港项目建设（见图 2），引导重点物流企业向园区集聚，在全国的区域性物流节点布局中谋求一席之地。一是建立公路物流港（第三方物流、大票零担、专线、电商仓储、司机之家、后市场），实现中心网络化、信息化、自动化，引导本市公路货运货物向公路物流港集散。同时，主动对接南昌，打造南昌仓储服务和分拨中心，辐射全国。二是打造跨境汽车服贸物流发展模式。推动汽贸产业走出去，参与供应链物流服务协作，从跨境服贸与物流两方面入手，配置保税、协议通关、会展、联检等功能，以园区为平台，形成跨境汽车服贸产业体系，同时向国际商务咨询、供应链代理、供应链金

图 2 高安物流云谷·内陆港

融、保税展示等产业延伸。三是加快冷链物流发展。依托高安农业大市优势，在重点农批市场建设各类保鲜、冷藏、冷冻等冷链物流设施，实现市场需求和冷链资源高效匹配对接，提高冷链资源综合利用率。鼓励连锁经营企业、大型批发市场和冷链物流企业开展"冷链共同配送""生鲜电商＋冷链宅配""中央厨房＋食材冷链配送"等经营模式创新。

（三）打造数字物流总部基地

高安市从 2015 年开始规划建设数字物流产业园，先后出台了《高安市加快数字经济产业发展奖励扶持办法》《高安市 2022 年数字经济招商工作方案》《2023 年高安市数字经济"一号发展工程"做优做强攻坚行动方案》等一系列政策文件。2019 年园区建设了数字物流产业园大数据中心，以现代物流产业服务平台为载体，为有数字化物流技术和货源的企业提供拎包入驻和一站式服务。经过多年的发展建设，主导产业集聚度明显增强，企业从无到有、从有到多、从多到大、从大到强，已初步形成以物联网技术和场景应用为核心的数字物流产业赛道，聚集了各类互联网物流及信息科技企业 1039 家，其中国家 4A 级物流企业 57 家、省级服务业龙头企业 6 家、网络货运企业 8 家，平台上线营运车辆 200 万台次，年营业额超 30 亿元，税收超 1 亿元。2023 年 7 月，园区被评为江西省第三批数字经济集聚区。

1. 骨干企业带动能力较强

目前，园区有中交兴路、顺丰、壹米滴答、安能物流、中通、百世、上海赢彻科技、狮桥集团、德邦、行者物流、鸿能物流、神雕物联等数字物流骨干企业 38 家，企业规模均达到行业领先地位，有效发挥了龙头企业带动作用，推动了产业集群集聚发展。其中，顺丰投资 30 亿元购置 4000 余台商用车辆，设立 150 家共建运输项目公司，在高安打造顺丰运力平台项目，承接顺丰 3000 多条自有陆运线路任务，通过车队管理的系统化建设，有效保障了公司运能，目前在运营准点率、任务指派及时率、靠卡准点率等方面均达到优秀水平；壹米滴答投资 20 亿元购置 3000 台车辆，在高安设立 3 家供应链管理公司，承运公司 2000 多条自有陆运线路任务，建立辐射全国 23 个省、5 个自治区、4 个直辖市的货物中转运输网络，打造物流快运行业首屈一指的自有运力服务平台；信息科技企业以华洋信息、路安通科技为代表，充分运用北斗导航、卫星定位、车载终端等物联网、车联网技术进行创新升级。

2. 创新能力水平突出

园区企业共获得省级众创空间、省级"03 专项"4 项，市级创业孵化基地、市级众创空间 3 项，拥有发明专利、实用新型专利、软件著作权等知识产权 800 余项。2019 年，经国家统计局授权，北京科技大学提供技术支持，由中国汽车流通协会与高安市人民政府联合发布的中国商用车流通指数——高安指数上线，成为中国商用车销售价格的"晴雨表"。2020 年，园区创建了江西省金宝退役军人创业孵化基地和高安数字物流孵化基地。江西省金宝退役军人创业孵化基地总建筑面积 0.0052 平方千米，总投资 6000 万元，为全省首家省级退役军人创业孵化基地。2022 年，高安市被评为江西省商贸物流产业科技创新联合体牵头单位，该核心平台与多家高校、科研机构保持战略合作关系，制定了产学研协同创新奖励办法，配套了产业基金，以"三池一圈"打造商贸物流企业新生态圈，通过物流业务管理、运输车辆管理、供应链服务系统管理形成数据池、运力池、业务池，充分发挥高校院所和龙头企业的科技优势，将科研成果与经营实际挂钩，更加符合企业经营需求，以科技创新推动江西省商贸物流产业高质量发展。

3. 公共信息平台助力企业转型升级

高安汽车商贸物流企业中超过80％都是挂靠型企业，产业"多、小、散、弱"，颗粒化现象十分严重，存在一定金融风险，产业发展可持续性不强。二手车交易业态相关的上下游，如车辆年检、评估、修理、改装等，没有形成集聚效应。基于此，园区按照政府主导、平台引流、建立档案等方式搭建了网络货运物流信息平台、二手车线上交易平台。

网络货运物流信息平台的搭建能够有效管控运力，降低运力获取成本，提高运输要素（人、车、场地、资金）利用效率，降低物流企业的运营成本，有效整合运力供应链上的交易、服务、信息和资金，降低协同成本。在网络货运物流信息平台上，能够有效调动仓储、专线、司机、车队、配送等资源，从而顺利帮助园区内57家4A级物流企业与众多上游货主企业建立业务。

通过二手车线上交易平台，用户注册后无需前往交易大厅，可以随时随地进行交易、交流，线上开票也省去了很多烦琐的过程。此外，交易过程较为公开透明，平台上记录的交易信息，一方面为政策制定提供数据支撑，另一方面也使得定价更加准确。平台上还提供多种增值服务，如车辆检测、保险、金融等，以及质保、维修等售后服务，极大地优化了用户的一站式购车体验。

通过以上平台的搭建和运营，不仅提高了园区汽车商贸物流行业的效率，也有利于行业的规范化和可持续发展，同时也为产业升级提供了有力支撑。

（四）打造政策环境拉升高地

1. 营造"四最"环境，提升办事效率

多年来，园区围绕构建政策最优、成本最低、服务最好、办事最快的"四最"营商环境，制定实施了《高安市优化汽运物流产业发展环境十四条措施》《高安市优化营商环境十六条措施》《关于扶持发展汽运物流产业的实施意见》等一系列政策文件，切实帮助广大入园市场主体解决发展和经营中的问题。

一是建有全国最大的县级车管所，具备地级市车管所所有业务权限，大多商用车4S店可直接上牌，设立车管业务便民服务站14家，新车、二手车车辆手续办理十分便捷高效。二是建有全国首创、监管到位的二手商用车线上线下交易大厅，为二手车交易实行一站式办理，提供一条龙服务。三是2018年成立汽运产业纠纷调解中心，如图3所示，配备有8名专职调解员、4个专业调解室，为司机朋友和从业人员提供货物运输、汽车贸易、二手车交易、车辆金融保险等纠纷调解服务，每年调解各类纠纷近千起。2018年还成立了货运汽车产业基地派出所，有民警7人、辅警4人，主要负责管辖园区及全市汽运

物流公司。四是2021年成立汽运产业法庭，配置了常驻法官4名、书记员4名，对涉及汽运产业的融资租赁合同纠纷、分期付款买卖合同纠纷、民间借贷纠纷、追偿保险费用等案件进行归口审理，统一案件裁判标准，缩短案件办理时长，切实保护企业和司机的合法权益。

图3 汽运产业纠纷调解中心

2. 聚焦"招大引强"，带动产业发展

园区围绕打造千亿产业集群发展目标，紧扣传统汽运向现代物流转型升级主旋律，聚焦智慧物流、电商快递、智慧仓储配送、城乡高效配送、互联网金融等业态，多次前往北京、上海、广州、深圳、杭州、安徽、天津等地考察，通过各类推介会成功与企业对接。通过宣传招商引资政策，依托汽运产业品牌优势，创新招商模式，提升服务水平等方式，聚焦招大引强，先后引进了中交兴路、顺丰、壹米滴答、安能物流、中通、百世、上海赢彻科技、鸿能物流、神雕物联、顺丰小创云等一批行业内知名企业落户。通过龙头企业带动，园区主导产业集聚度明显增强，38家互联网及科技企业纷纷落户园区，国内十大商用车品牌旗舰店、沃尔沃商用车4S店，以及其他二线、三线商用车品牌4S店全部聚集园区。

3. 发展会展经济，提升品牌影响

园区坚持把会展经济作为开辟招商资源的途径和提升品牌影响力的重要举措。园区通过举办第七届中国城市物流发展年会、第十届中国城市物流发展年会、2022中国商用车及配套产业博览会、2022中国二手商用车大会等各类行业会议，发布了国内国际商用车技术、产品趋势、竞争格局、产业生态、发展模式等业态变化情况，不断提升高安汽运物流话语权和行业知名度，让会展经济成为展示高安品牌、推动园区发展的重要载体，高安国际会展中心见图4。

图4　高安国际会展中心

4. 注重人才培育，促进产学融合

园区先后引进物联网、物流工程、网络工程等专业高层次人才100余名，统计在案人才共计206人，本科及以上学历占62%，其中博士占1%、硕士占2%。目前正在规划建设占地0.21平方千米的高安职业中专，预计2024年秋季开始招生，可容纳学位10000个。结合现有已获得"双千人才计划"企业（神雕物联、天安供应链等）、金宝退役军人创业孵化基地、一站式党群服务中心及数字物流产业园大数据中心等，打造高技能人才实训基地，为产业转型升级提供人才支持。

（五）打造党建引领发展标杆

园区党委始终坚持"只有党旗红，才有产业红"理念，通过构建"安行e站""安行e点""安行通"等党建平台矩阵，从主阵地建设到微站点，从实地建设到云端，将以货运物流行业从业者为代表的流动党员、"口袋党员"牢牢固定在党建平台网络。园区党委下辖17个党支部，在市内和省外建设了12个"安行e点"，安排16名党员干部到各党支部担任党建指导员。成立以来，"安行e站"为司机推介解决4000余万元的融资缺口问题，已累计接待9000余人次，提供救助金6.2万元。"安行通"小程序已有8万人注册激活，各基层党组织线上发起组织生活113个。

园区党委联合各党支部积极推广"支部建在车轮上，党旗飘在e点里"经验，积极开展"三亮三心""五在前"活动，积极践行"党建引领产业秩序、息诉止争护航发展"的理念，高标准打造"15分钟服务圈"，着力打通党组织服务群众"最后一米"。园区党建的特色经验做法得到了全行业的关注和推广，2022年园区成功举办全省工会新就业形态劳动者（货车司机）工作现场会和全省道路运输行业党建工作现场会。

三、示范特色

（一）良好的营运模式为园区发展赋能聚力

园区充分坚持市场运作、政府引导原则，创造了 1 家运营主体牵头单位＋5 家重点共建协同单位＋N 家入驻单位的"1＋5＋N"共建形式，以国有公司——四川天盈实业有限责任公司为龙头，形成了服务范围广、运营成本低、使用效率高的一体化物流营运体系。"政府统筹＋市场运营"的营运管理模式充分发挥了宏观管理功能，对园区企业发展具有十分明显的示范带动作用。

（二）完善的产业链条为园区发展激发潜力

目前，园区已经形成了包括辐射长江以南主要地区的三方物流、专线物流、仓储服务、货运代理、车队、个体司机在内的物流交易作业全链服务产业群，还具备汽车销售、运输挂靠、专用车生产、物流园区、铁路专用线、汽车零部件、车辆维修、汽车检测、车辆年审、违章处置、保险理赔、汽车金融、二手车销售、二手车出口、车辆整备再制造、二手车报废与拆解等产业配套和增值服务产业群，全产业从业人员已达 20 万人。园区有 6 家专用车生产企业获得了工业和信息化部备案，常立专用车、保捷致远专用车、新振兴挂车、陆骏挂车等 4 家企业获得了国家专用车产品资质，年产各类挂车、专用车、车厢 6000 台。除此之外，还有汽车配件经营户 260 户，汽车修理企业 300 户，技术人员 1000 余人，每年消耗轮胎 140 余万只，有来自山东、河南、河北、湖南、湖北等地挂车企业设立的办事处、经销点 50 余家，年销售各类专用车、挂车 2 万辆。

时至今日，高安物流人的发展空间已不再局限于高安市，他们纷纷走出去，在外开办公司，取得省区、市区商用车销售一级代理商，设立办事处、分支机构和物流信息网点。据统计，高安籍企业家已在广东、海南、云南、广西、浙江等外省（区）注册汽车销售和汽运物流企业 1000 余家，拥有遍布全国的物流、信息服务网点 2000 多家。

（三）优质的环境效应为园区发展增添活力

"家无车不富、村无车不兴、有路就有高安车"是高安人勤奋打拼、艰苦创业精神的最好写照。在高安汽车商贸物流产业园，上千家汽运物流企业汇聚于此，形成了特有的产业文化。园区立足服务高地、政策洼地，把打造一流营商环境作为产业发展的核心竞争力，坚持"你发财我发展、让利于民、让利于企"的原则，在土地、财税、金融等方面实行优厚的奖励扶持政策，在办事上提供"有温度、有速度、有力度"的高品质服务，让企业具有更多的获得感。

四、发展方向与未来展望

未来，园区将围绕打造"全国最大商用车交易基地、全国最大运力输出基地、江西省重要物流仓储配送基地"的发展定位，理清发展思路，明确主攻方向，完善政策措施，实现以产业聚人、富民、兴城、强市的目标，真正把高安市建成"国家示范、业内标杆"的物流汽运之都。力争到 2025 年，全面建成集汽车生产销售、物流信息、仓储配送、汽车后市场为一体的产业链条完整、设施功能齐全、配套体系完备、产值超千亿元的现代化物流园区。为此，主要从以下几个方面着手。

（一）立足区位打造区域物流枢纽

依托园区获评全国第四批示范物流园区，高安市积极申报建设国家物流枢纽节点城市，加快物流公路港功能升级，搭建集管理中心、信息交易中心、大票零担、实体货运中心、分拨中心、电商仓储中心、仓储配送中心、城乡高效配送中心、冷链、汽车后市场中心、司机之家等服务功能完善的物流公路港。

（二）数字赋能发展互联网平台

依托高安市 15 万台货车保有量优势，搭建网络货运平台，实现车货高效匹配，将近千亿营收集中在高安市结算。发挥全省商贸物流科技创新联合体试点作用，从资金、技术、人才、政策、服务等方面，大力推进汽运物流产业数字化转型，实现降本增效。

（三）抢抓机遇发展新能源商用车产业

紧贴宜春市打造国家级新能源产业重要集聚区的发展定位，加快新能源汽车及配套项目引进，推动新能源汽车制造、锂电池、电芯、电机等产业落户高安。通过销售布局加快推进充电桩、换电站、储能设施等基础配套建设在高安市试点。以高安市庞大的专用车市场为基础，抓住国家治超新政出台、商用车轻量化、专用车升级换代的窗口期，"引进外来企业，扶持本土企业"，打造 3 ~ 5 家"智能、系统、高效"和产值十亿元以上的专用车生产龙头企业。

（四）依托市场推动二手车流通出口

规划建设汽车整备产业园，将市内散落在城区各角落的修理厂、车厢厂集中有序引导入园，引进拆解、整备、再制造企业入园，形成产业发展集群。通过政府指导、协会牵头、企业合作模式，制定二手车质量和价格标准。扶持二手车出口企业做优做强，布局海外仓，推进线上展厅建设，以江西省推进全国统一大市场建设为契机，助力"赣品出海"。加快全球商用车直播基地和二手车整备再制造基地建设，引导企业不断拓展非洲、中亚、东南亚、俄罗斯等国际市场。

（撰稿人：胡艳云，陈传奇，谌昱玮）

山东齐鲁正本物流园

突出石油化工多式联运特色，促进物流业
与制造业深度融合发展

山东齐鲁正本物流园（以下简称"园区"）处于齐鲁化学工业园区内，是淄博市一家生产服务型示范物流园区，依托齐鲁化学工业园区优越的地理环境和密集的大型工业制造企业优势，开展公路、铁路等运输方式，提供保税、仓储、装卸搬运等服务，配套食宿、维修、加油、银行结算等服务设施，服务企业2000余家，货物吞吐量每年可达2000万吨，建立起以"旱码头"为特征的现代物流服务网络。此外，园区还协同制造业、物流业、金融业创新多式联运模式，形成了物流园区与制造企业的深度融合。

园区专注石油化工物流领域，聚焦国家发展多式联运和运输结构调整重大战略部署，致力于为石油化工企业提供全天候保姆式服务，突出液体化工多式联运特色发展，是山东省多式联运和"一单制"试点单位，为全市乃至全省多式联运发展提供了经验。园区充分发挥铁路、公路物流的各项功能，在原料供应、仓储、装卸、销售各方面实现了精准高效的服务，与制造业进行了全面多层次深度融合，而且承接省会经济圈，联通胶东经济圈，有效推动了省会和胶东经济圈一体化发展。

一、园区概况

（一）基市情况

园区于2009年开始动工建设，2011年开园，已完成投资30亿元。经过多年发展，目前已经形成集集装箱、仓储、装卸搬运、保税、贸易等于一体的综合性物流产业。此外，园区结合产业特点，积极响应《山东省港产城融合发展规划（2021—2035年)》要求，加快推动港区、园区、城区"三区互融"。园区正着力优化物流空间布局，加强与山东港口群密切合作，形成与港口优势结合紧密，产业集聚层次高、范围广、链条长、附加值高的特色物流产业园区。

园区依托齐鲁化学工业园区石油化工产业集群以及自身良好的运营模式和软硬件设施，充分发挥石油化工基地的资源优势，主要服务于国家级齐鲁化学工业园区及各专业化工园区或企业，拥有千亿级物流需求体量。园区利用胶济铁路连接山东沿海港口，打造化工物流内陆码头，为鲁中地区多个大型炼化、高分子生产制造企业提供服务，并吸

引了多家物流、运输、生产、贸易公司入驻园区，开展生产、仓储、装卸、运输、贸易等各项业务。多业务链条纵深合作，产业集群效应明显，实现多方合作共赢。

（二）立项背景

淄博是石化名市，也是国内重要的石油化工基地。园区自开园以来，周边就已聚集了精细化工、塑料加工、新材料、装备制造、生物医药等一批产业区，还有国家级齐鲁化学工业园区、东岳氟硅材料产业园区、马桥化工产业园区等专业化工园区，具有千亿级的物流需求体量。为满足石化企业生产之外的上下游产业链服务需求，解决大宗原料的进口、运输、仓储以及成品的仓储、运输问题，园区应运而生，作为连接上下游企业的纽带，发挥着关键的联动作用。

在石油化工板块方面，园区以齐鲁石化公司为载体，不断提升原油炼制能力，大力发展石化深加工项目，为产业链的后续延伸提供原材料基础。在产成品输出、液体仓储、装卸搬运方面，园区也做出积极贡献，提供的相关服务能够满足产成品快速输出的物流需求，同时也为相关企业配套各类物流服务。

（三）运营管理主体

园区由正本物流集团有限公司（以下简称"正本公司"）运营管理。正本公司成立于2005年，注册资金10亿元，员工200余人，是一家以液体化工物流为运营核心，以海公铁管联运为载体，以信息技术为支撑，以保税仓库为发展亮点的现代物流企业。

正本公司现为中国物流示范基地、5A级物流企业、3A级信用企业、山东省服务名牌企业，曾被评为中国民营物流企业50强企业、全国化工园区30强企业、全国先进物流企业等。

正本公司拥有铁路专用线27条，并与胶济铁路线接轨，可实现与青岛港、日照港、烟台港等港口的直通。借助铁路资源优势，公司大力发展多式联运业务，在优化调整运输结构、促进物流新旧动能转换方面发挥着积极作用。此外，公司还不断提高服务效率和质量，不断提升企业科技创新和研发能力，共参与10项国家、行业与团体标准的制定，申请22项专利和软件著作权。

（四）交通区位

园区位于山东省淄博市内，区位优势明显。淄博市是山东省重要的交通枢纽城市，位于山东省综合运输通道"三横四纵"规划的结点位置，是联通山东省"一群两心三圈"区域布局的桥梁纽带，也是国务院批准的山东半岛沿海经济开放区城市、黄河三角洲高效生态经济区城市。作为全省重要的疏港基地和区域性物流中心，淄博市加快建设鲁中疏港物流基地，集中打造辐射周边、就地通关、直达海港空港的鲁中物流"旱码头"。

园区整体规划符合省、市土地利用规划。借助公铁管交通网，辐射周边国家级齐鲁化学工业园区及各企业；借助铁路专用线，与港口打通衔接，大力推动多式联运发展，极大地发挥了自身的社会服务效能。

（五）规划建设情况

园区是集"公铁联运、仓储、配送、管道、智慧物流"等多种服务于一体的生产服务型物流园区，规划占地面积 0.63 平方千米。截至 2022 年年底，园区实际投入运营面积 0.50 平方千米，建成百万立方液体罐区和 0.37 平方千米散装货物仓储装卸场地、海关监管场所等，拥有铁路专用线 27 条，已发展成为北方地区较大的化工物流基地和鲁中地区重要的公铁海联运基地。

园区聚焦打造"通道＋枢纽＋网络"的物流枢纽运行体系，按照"多式联运中心＋产业供应链组织中心"的功能设计，打造立足齐鲁、融入京津冀、联通黄河流域、对接长三角、服务全国的区域性多式联运枢纽，成为物流业与制造业深度融合创新发展标杆。园区主要划分为铁路运输区、化工仓储区、集装箱堆场、能源储备库、普货仓储区、保税监管区、办公服务区、车辆停放区 8 个区域，除能源储备库为待建项目外，其他项目均已建成。

（六）基础设施及服务能力

园区具备公、铁、管等多种运输方式，运营网点覆盖全国。拥有 534 台运输车辆、27 条铁路专用线、15 万平方米集装箱堆场、10 万平方米大宗货物堆场、12 万平方米普货仓库、百万立方液体罐区，百万立方液体罐区规模位列全国仓储十强。其中，液体保税仓库达 25 万立方米，实现了与黄岛油港、日照港等多家油港进口油品与保税罐区的监管列车直通。

（七）运营情况

园区共入驻 38 家企业。按照年营业额区分，年营业额 2 亿元以上的有 5 家，3000 万元以上的有 23 家，3000 万元以下的有 10 家；按照不同产业区分，物流企业 10 家、加工企业 5 家、信息平台类企业 2 家、金融保险类企业 2 家、交通运输企业 19 家。

（八）社会贡献

1. 支持国家重大战略、推动区域经济高质量发展

园区聚焦国家发展多式联运和运输结构调整重大战略部署，积极探索多式联运发展模式，弥补淄博市运输结构单一的不足，推动运输结构优化调整，实现行业提质降本增效。此外，园区还承接省会经济圈，联通胶东经济圈，不仅有效促进了淄博地区经济发展和 GDP 增长，也加深了与其他地区的经济联系，推动了省会经济圈一体化进程。

2. 满足现代化经济体系建设需求

园区有效优化了城市设施布局，改善了城市面貌，提升了生产效率，改变了临淄地区传统化工物流布局散、秩序差的局面，不仅起到了规范市场秩序、优化城市风貌的作用，更形成了园区集群效应，对于促进物流产业集聚，提高土地集约利用率，发挥物流基础性、战略性、先导性作用，提升城市综合竞争力，为现代化经济体系建设打好基础具有重要作用。

3. 社会效益

在推动就业方面，园区积极带动周边区域人员就业，现有运营管理人员200余人，司机等物流从业人员3800人。在绿色发展方面，园区深入贯彻落实国家碳达峰、碳中和战略，积极推进减碳降碳和节能减排相关工作，一方面大力发展多式联运，主要采用公铁海多式联运方式，特别是铁路大宗物资的集中运输，通过调整优化物流运输结构，减少化石燃料使用，实现了碳排放的显著降低；另一方面在园区内积极推广使用新能源货运车辆，使公路运输更加环保、经济、实用。

二、主要做法

（一）以铁路运输为核心，构建多种综合运输模式

园区内运输以铁路为核心，公路、海运、管道多种模式相结合，共同组成园区综合物流运输体系。

铁路运输方面，为响应国家"一带一路"倡议，园区于2018年7月开行临淄至黄岛港"正本号"海铁联运班列。"正本号"班列的开行，进一步衔接了海、铁、公、江多种运输方式，联通山东港口群腹地的内外贸运输干线，推进临淄海铁多式联运发展和内陆港建设，推动鲁中"旱码头"的打造，打造高端特种油向"一带一路"沿线国家和地区以及长江经济带地区输送的重要通道。

公路运输方面，园区充分发挥公路运输效能，自有公路运输车辆500多台，其中以专用罐车为主，可承运特种油、润滑油、柴油、汽油、甲醇、DMF（二甲基甲酰胺）、环己酮、纯苯、石脑油、苯、环氧丙烷等多种化学工业产品，服务特种油企业400余家，运输范围辐射全国。园区丰富的公路运力资源既可满足园区及周边企业原料输入及产成品的输出需要，又可配套服务于铁路运输的门对门的短倒配送，为客户提供一体化物流服务。园区公路运输车辆如图1所示。

图1 园区公路运输车辆

海运方面，园区设有专门的船舶代理服务机构，专业提供国内外散货船、游轮、集装箱船及其他船舶的代理服务，原油采购、船舶代理、通关报关等服务也一应俱全。

管道运输方面，园区建有通往炼化企业的4条地下输油管道，开辟山东港口群—淄博海铁管道联运通道。通过该通道，黄岛港、日照港、董家口港区的货物可以通过疏港铁路、黄日铁路、胶黄铁路、胶济铁路至金岭镇站，而后通过园区的铁路专用线进入园区，最后经管道线路运输至企业炼厂。

（二）以铁路运输为支撑，带动仓储保税联动发展

园区在开展多式联运综合运输服务基础上，大力向外延伸、拓展产业链，带动液体仓储、原油保税、装卸搬运的综合一体化发展。

在仓储业务方面，园区利用储罐，为山东省各地市石油化工企业提供仓储服务，将园区打造成为成品油仓储运输集散中心。此外，园区还采用"铁路＋仓储"模式，以从新疆石河子发送的塑料原料为例：塑料原料从石河子站经过铁路干线运输至金岭镇站后，通过园区的铁路专用线和专门的装卸服务入仓或转公路运输至客户使用地，实现运输、仓储、装卸一体化，打造具有特色的仓储品牌。

在保税业务方面，园区拥有25万立方米的公用型保税仓库，实现了与山东港口群多家油港进口油品与保税罐区的监管列车直通。园区专门设置有国内外散货船、油轮、集装箱船及其他船舶的代理服务机构，从船只进港后全程跟踪，与港务局、引航站、港务局、海关等部门高效合作，整合国际货运、清关报关、解货权等一系列需求和业务操作。园区保税仓库的应用，能够有效疏解港口货物存放压力，特别是对于大宗原料进口的石油化工企业，既缓解理论纳税压力，也为国内产品分销赢得销售谈判时间，提高了企业业务操作灵活性。

（三）多式联运"一单制"先试先行

园区借助铁路资源优势，对公、铁、海、管多种运输方式进行整合，大力发展多式联运业务。2017年，园区开通了黄岛至临淄、日照至临淄的燃料油铁管多式联运线路，淄博鲁中旱码头公铁水集装箱多式联运示范工程进入山东省多式联运示范工程项目库名单；此外，园区还开通了临淄至潍坊、泰安、德州的以碱石、铁矿粉、砂石料为主的公铁多式联运线路；2021年，园区积极深入探索多式联运一单制运营模式；2022年，淄博鲁中旱码头海铁管多式联运列入山东省全省多式联运"一单制"试点工程。

园区通过与山东港口群、铁路局、运输公司等承运商合作，建立和扩大多式联运"一单制"的运输服务联盟，打通鲁中旱码头化工产品多式联运"一单制"的组织、安排、协调等环节，通过多式联运"一单制"明确全程运输责任主体，并引入保险全程参与，降低货物运输赔付风险，解决责任认定难等难题，将多种运输方式由原有的"多头接洽"转变为"一窗受理"，极大地提高运输、沟通效率，有效地提高贸易便利性，压缩了全程运输时间。在优化调整运输结构、促进物流新旧动能转换方面发挥积极影响，对于提高服务效率和质量，实现标准化操作及对标准运载单元的推广等方面都起到示范作用。

（四）拓宽国际物流合作

园区依托淄博市，打造联结山东省内各主要城市，辐射冀、豫、苏、皖等周边省份的物流中转基地，通过与半岛港口城市的通道对接，合作实施"大通关工程"，形成一条畅通的国际物流通道。园区将货物集聚于淄博市，通过青岛港、日照港向东南沿海地区运输，而后在温州港、泉州港、宁波港、黄埔港等地登陆，部分货物继续向南运送，进入东南亚、南亚。目前，园区正大力拓展运往柬埔寨、孟加拉国、印度、越南的国际物流业务。此外，园区还将开展与东南亚地区的贸易往来，构建覆盖东南亚的多式联运网络。

园区国际物流业务的开展，为贯通内陆与港口、协调各方资源、发展海洋经济、开展国际合作提供了重要储备，对于深化我国沿海开放战略、促进内陆产业结构调整、提高国际合作水平、实施走出去战略，具有重大意义。

（五）建设数字信息化物流，创建安全物流园区

国家对安全生产工作管理力度和对危化品企业安全重视程度不断加大，为保证人员、顾客财产安全性，减少人工操作、巡检过程中的盲点和疏漏，减轻人员负担，园区大力开展园区数字化管控。园区高度重视信息化工作，成立了专门的信息监管部门，采用国内外先进的管控软件和物流信息软件，通过网络进行传输，实现运输组织、生产指挥、业务受理及车辆调度、行政管理等功能，实现了内部管理和对外业务的信息化操作。

此外，在基础设施方面，园区还投资 500 余万元，安装了传感器、探测仪、分析仪等智能检测装备以及 DCS（集散控制系统）、PLC（可编程逻辑控制器）、SIS（安全联锁系统）等安全控制系统，对安全基础设施进行升级改造。在管控平台方面，园区与中国科学院深度合作，共同开发建设完成安全信息化管控平台，从风险预警、风险管控、人员定位、过程全要素、特殊作业管理、AI（人工智能）分析六大模块，实现全方位、立体化管控，保障园区安全运行。其中，风险预警系统模块可实现各作业单元、关键部位时时预警，利用数据计算、在线分析等功能指导园区安全管理人员进行风险分级管控，预警分析到位、措施落实到位，实现风险高效管控；人员定位系统模块通过信息化手段对人的相关风险进行管控，借助员工手持定位卡精准定位员工所处位置，实现对作业人员数量、人员身份资质等方面的认证及监管，同时对各类人员不安全行为（如脱岗、进入危险区域等）进行识别、监测及管控。

三、示范特色

（一）深入石油化工领域，推动多式联运发展

园区地处鲁中地区，是山东半岛港口群的大后方，具有强大的对外联通能力。此外，园区还毗邻高端特种油生产基地，销售网络遍布全国各地，甚至拓展到中东、非洲、东

南亚、南亚等国际地区。不论是从地理位置、交通区位、货源组织来看，还是从园区自身的基础配套设施来看，园区开展多式联运具有极大的优势。园区是典型的生产服务型物流园区，以多式联运为主要运营特色，专门设有铁路专用线和大型汽车停车场，开通了港口至园区的铁路专列和汽车专线，实现了公铁海多式联运。

2017 年，园区依托毗邻的高端特种油生产基地，开展了公铁水集装箱多式联运项目，沿长江、东北、南北沿海物流大通道，确定了中亚跨境集装箱运输，东南沿海及东南亚、南亚联运，黄金水道联运，以及东北地区集装箱运输四条示范线路。

2021 年，园区开始积极深入探索多式联运一单制运营模式，有效促进公铁海管等多种运输方式的有效对接，同时围绕"一窗受理""规则统一""金融创新"三个方面做出有益实践，具有良好的复制推广效应。

此外，园区还充分发挥资源整合优势，以特种油、铝锭燃烧原材料、瓷砖和陶粒等为货物品类，开展中亚多式联运示范线路。截至 2022 年年底，实现货运量 2500 标箱，相比纯汽运运输，每标箱节省 2000 元，时间缩短 7 天。

（二）加强物流业与制造业多层次深度融合

园区与各大炼厂业务合作高度融合、匹配，形成了物流业与生产制造业协同快速发展的新局面。

一是利用铁路、海运为石化企业提供个性化、专业化、供应链一体化服务。在海运方面，园区充分发挥自身优势，与多家石化企业形成利益联盟，为石化企业提供生产之外的上下游产业链服务，在原料的进口、运输、仓储以及成品的仓储、运输方面，提供全程打包服务。主要做法如下：园区从船只进港后进行全程跟踪，并提供解货权、海关通关、海关报关等一系列服务，保证原油顺利运输、进罐。在铁路运输方面，园区充分利用可满足每天 4 列原油列车到发条件的 27 条铁路线，将到达港口的进口原油通过铁路快速回运，保证原料供给。此外，园区还拥有 25 万立方米的公用型保税仓库，通过铁路运输的原油除直接供使用外，还可通过多条管道输送至保税仓库，即用即取，大大节省仓储费用。

二是通过公路运输与生产制造企业高度契合，实现深度合作，全力保障生产制造企业的产品运输。目前，公路运输品类已从普通货物拓展到危险品，类别上已从 1 种品类发展到 13 种品类，路线已拓展至包含福建、江西、广西等地的 30 多条路线，运输设备从单一的常压罐发展到压力罐，运输量也从合作初期的 5 万吨发展到 20 万吨。随着合作的深入，各生产制造企业都得到了快速的发展。

（三）加快物贸一体化联合发展

随着社会信息流、物质流、资金流等有序高效的发展，物流和贸易的融合也得到了进一步加深。自 2021 年开始，园区与各大贸易公司围绕汽柴油、矿粉、水泥熟料、水渣开展物流贸易合作，通过铁路发运集装箱到园区铁路货场，部分货物直接销往当地及周边，部分再运至终端，不断扩大销售范围，实现物流、贸易的一体化服务。

此外，园区还充分发挥联结优势，高效配置各方资源，不断扩大自身服务范围，形成了服务高分子、新材料产业园的全程服务模式，提供原料采购、专用线运输、仓储、装卸搬运、产成品分销等一系列服务。2022 年为高分子产业园保供原料、分销产品 46.23 万吨。

（四）以数字信息化实施物流园区现代化管理

一是通过信息化手段加强园区安全管控。园区把安全贯穿到发展的每一个阶段，落实到每一项重要举措上，开展了一系列卓有成效的措施。通过开展安全生产标准化建设，实现自动化改造、智能化提升，信息化、数字化管控，配备专业消防安全团队，开展数字化转型和智能化升级，建设运营了企业管理系统（SAP）、运输管理系统（TMS）、铁运管理系统等 8 个数字化智慧平台、管理系统，保障企业从内到外实现安全管控。

二是自主研发铁路系统。园区通过自研的铁路系统，对当前的铁路专用线进行全面、细化、直观的管控，从而实现铁路车辆的实时展示，以充分掌握车辆的实时状态；此外，系统还会对调车、发车、列检等数据进行记录，可以有效防止数据丢失，减少数据查找时间。

三是开发物流管理信息平台。园区通过正本物流信息港信息平台的建设，拓宽了采购物流、供应链物流、第三方物流等不同物流领域的发展思路，实现了平台管控下交易、订单管理、货物追踪、信息发布等多项功能。

四、发展方向与未来展望

（一）打造多式联运综合立体枢纽园区

园区将进一步推进陆路运输结构优化，完善铁路货运枢纽集疏运体系和换装转运体系，挖掘既有 27 条专用线潜能，提高铁路货运比例；进一步拓展多式联运新通道，加强与青岛港、大连港等沿海港口和鲁中国际陆港的战略性合作，对接胶济铁路大动脉，加密集装箱海铁联运班列运输网络，推动港口功能前置，铁路运输与口岸功能相互衔接；借助"齐鲁号"中欧班列，加深与俄罗斯、哈萨克斯坦等国家的互联互通，实现大宗物资的国际集采和销售；充分承接国家和省级综合立体交通网、综合交通枢纽城市、国家物流枢纽承载城市定位，实现园区铁路、公路与小清河复航工程的有效衔接，力争成为鲁中乃至华北地区重要的多式联运枢纽节点网络。

（二）建成绿色低碳示范物流园区

园区将加快氢能源物流车、充换电重卡等新能源货运车辆的推广使用，构建"干线运输以铁路为主，末端配送以新能源重卡为主"的低碳清洁联运组织模式。园区将规划建设新能源充换电项目，借助园区公路运输大业态和成熟的运输场景建设数字充电及换电站，为园区及社会车辆提供电动汽车充换电服务，建设光伏站、充电站、新能源重卡换电站，实现"多站合一"，形成示范效应。园区还将在大型仓储设施应用绿色建筑材料、节能技术与装备和太阳能综合发电装置，着力打造新能源发电工程。此外，园区将进一步促进减碳降碳和节能减排，构建绿色环保港区，园区散货作业全部实现抑尘墙隔离、堆场喷淋、流程封闭和进出港冲洗。

（三）发展智慧物流供应链一体化业务

一是规划建设数字机房和智慧运营中心，搭建大数据管理平台，依托特种油运输，实现集石油采购、成品销售等多种功能于一体的化工物流数据平台建设，推动物流业与制造业深度融合。二是做强物流供应链金融，将融资企业库存积存的原材料、零部件和产制品等资产盘活，以抵押、质押的方式经过物流公司向金融机构申请融资，降低入驻园区企业融资成本。

（四）建设应急物流中心

园区将充分利用物流节点网络和通道资源，整合存量应急设施，推动园区内部既有物流设施嵌入应急功能，建立"平时服务、急时应急"的全流程、专业化应急物流企业库和人员队伍，提升物资跨区域大规模调运组织水平，满足应急物资紧急调运需要，保障生活必需品市场供应和产业链供应链安全运行。此外，园区还将加强预案管理，开展平时演练，提高应急物流系统韧性。借助液体仓储优势、公用型保税仓库及煤炭仓储条件，实现原油、成品油及煤炭的战略储备，通过铁路与全国各储备中心实现互供、互给，打造能源类应急物流新标杆。

（撰稿人：王曰民，杜庆娟）

青岛国际陆港华骏物流园

整合物流要素资源，构建区域现代物流发展平台

青岛地处山东半岛东南部沿海，位于胶东半岛咽喉位置，是中日韩自贸区的前沿地带，也是实施海上丝绸之路、履行国家"一带一路"战略重要的枢纽型城市。青岛是全国国际性综合交通枢纽城市和"四型"国家物流枢纽承载城市，是鲁陕藏大通道"一横"与东部沿海大通道"一纵"的交汇节点，在东西共济、海陆并举的物流格局中发挥着非常重要的枢纽作用。青岛国际陆港华骏物流园（以下简称"园区"）位于青岛北部即墨区，地处青岛市即墨区、城阳区、胶州市三区市枢纽几何中心，是《青岛市"十四五"物流业发展规划》中6个综合性、国际化的枢纽经济区的核心园区之一。园区以区域物流、国际物流为重点，以市域物流为重要补充，大力发展公路、铁路、航空、远洋运输等各种运输方式，积极采用先进的物流管理技术和装备，建立起多层次的、符合市场经济规律的、与国际通行规则接轨的社会化、专业化的现代物流体系，服务目标是物畅其流、快捷准时、经济合理和用户满意，将青岛国际陆港建设成为山东半岛物流圈的重要物流枢纽之一。

一、园区概况

（一）立项背景

园区位于青岛市即墨区蓝村街道青岛国际陆港内，占地0.578平方千米，投资17.8亿元，自有两条铁路专用线，可实现园区与外界的公铁联运。目前，园区已形成了跨境电商产业、电商配送物流、城市共同配送物流、多式联运物流四大功能区，具备运输、仓储、装卸加工、配送、中转、分拨配送、保税、信息数据处理、商检、海关报关、金融结算等基础物流功能，涵盖以第三方物流为主导的干线物流、城市配送物流、电商物流、零担货运、快递快运等物流业态以及质押监管、期货交割、大宗商品交易、保税贸易、电商与跨境电商、供应链金融、交易展示、国际货代、品牌代理等物流相关服务业态。

（二）运营管理主体

园区由青岛鑫利丰物流仓储集团有限公司（以下简称"鑫利丰公司"）投资建设运营。鑫利丰公司是以现代物流发展为核心、以商贸和金融为辅助的多元化发展公司，成

立于 2011 年，注册资金 5100 万元，资产近 20 亿元，业务涉及物流园区投资建设及综合运营、综合供应链设计、全环节物流服务、国际贸易、电子商务与跨境电商贸易和供应链金融等领域，同时还从事创业孵化、配套加工、房地产开发和物业管理等业务。在鑫利丰公司的良好运营下，园区积极吸引行业龙头和不同领域物流服务业态，在短短几年间实现运输、仓储、分拨配送、信息管理、保税、商检、海关报关、结算等综合物流服务功能，体现了民营物流园区的体制优势和发展活力。

（三）区位交通

区位上，园区临近日韩，处于即墨、胶州、城阳三区市的交界处，是青岛市域的几何中心，处于联通日韩、进出胶东半岛、链接南北青岛进而推进现代物流发展的绝佳位置。

交通上，园区位于青岛市即墨区西南部的青岛国际陆港内，紧邻国际海空港，集疏运基础较好，域内交通四通八达。公路方面，青银高速、青威高速、青新高速等多条高速公路贯穿园区，另有 204 国道和 309、218、203 3 条省道在园区密集交会，使园区成为青岛公路交通核心节点；铁路方面，园区处于欧亚大陆桥铁路主干线上，位于胶济铁路、蓝烟铁路、青荣城际铁路交集处，此外，园区为推进铁路干线物流发展，出资修建了长达 2.6 千米的铁路专线，实现了与铁路干线网的链接，并成功开通了即墨到黄岛的即黄班列；水运、空运方面，园区临近青岛港、胶东 4F 级国际机场等国际交通枢纽，距青岛胶东国际机场 17 千米，是胶东机场最重要的临空产业聚集区；距青岛港 40 千米，处于青岛半小时经济圈内，承担部分国际货物的集疏运功能。

（四）规划建设情况

截至 2022 年年底，园区已建成室内仓储面积 27.8 万平方米、保税仓库面积 2.3 万平方米、集装箱堆场面积 3.3 万平方米、室外大宗散货堆场及铁路专用线作业区 14 万平方米、配套商务区域 7.7 万平方米、道路及其他 2.7 万平方米，入驻企业 300 余家，包含顺丰、中国邮政、天地华宇、中国石化、安得智联等主要物流企业，园区年度物流产值可实现百亿元。

此外，园区被评为中国物流实验基地、AAAA 级物流企业、优秀物流园区，是交通运输部多式联运货运枢纽节点、开展现代物流技术应用和共同配送试点项目的园区。同时，园区也积极推进与产业龙头、物流领导者、金融创新公司、新兴业态企业的战略合作，拓展与国际物流节点链接深度、广度，先后与顺丰速运、中国邮政、天地华宇、中国物资储运总公司、中国铁路物资总公司、厦门建发、国内各大银行、山东港口集团、中铁特货集团等建立战略合作关系。

（五）运营效率及社会贡献

园区具备公路与铁路多式联运物流条件，目前已形成了独特的综合服务优势，与即墨服装商贸、汽车制造、跨境电商、城阳轨道交通等产业集群高度融合。园区已经成为青岛重要的分拨中心、共同配送中心，有效缓解了青岛城市发展的交通压力，承担青岛市城市社会发展功能，成为链接半岛、辐射山东产业发展的原材料与成品集疏运关键核心物流节点。同时，园区在服务区域发展的基础上，积极推进与森麒麟轮胎、格力电器、海尔日日顺等企业的外部合作，在细分领域上实现对全国甚至全球的物流服务功能。截至2022年年底，园区实现货物吞吐量900余万吨，实现物流产值178亿元，实现税收1.1亿元，入驻企业302户（家），解决就业3000余人。

二、主要做法

（一）功能规划齐全，布局合理高效

园区采用多业态聚合的方式，在分析产业和社会需求基础上，对内外交通链接、仓储设施、出入仓储库方式、与产业对接的方便性、出入园区交通组织等方面进行了系统科学论证，强调功能耦合，目前已形成了集城市共同配送、电商配送物流、多式联运物流、跨境电商四大核心功能于一体的物流综合服务功能。

其中，城市共同配送物流主要服务于城市生活的配送业务，解决"最后一公里"的配送难题，具备仓储、装卸、分拨、中转、配送、信息等物流服务功能；电商配送物流是服务于现代电商发展的电商物流平台，为入驻的各大电商公司提供运营支持，吸引了众多快递快运企业分拨中心的入驻，具备运输、仓储、配送、电商金融、信息数据等综合服务功能；多式联运物流主要依托铁路干线，大力发展干线物流，推进公铁多式联运发展，具备大宗货物的标准仓储、分拨、配送、转运、供应链金融、交易、结算等物流服务功能；跨境电商产业功能区具备展览展示、保税仓储、跨境结算、海关报关、国检等综合服务功能。

（二）技术装备过硬，助力效率提升

1. 基础设施齐全，物流承载能力大

园区有L型单梁吊钩门式起重机2台、单梁门式起重机4台、单梁门式行车1台、电动单梁10T起重机29台、双梁门式20T起重机5台、双梁门式32T起重机2台、双梁40T起重机1台、40T集装箱正面吊2台、叉车56台、X光机3台、自动分拣系统2套、卡口系统1套、地磅5台、监控系统1套，自有货车200辆。凭借齐全的基础设施，园区年度公路货运装卸车数可达29800标箱，年度铁路"即黄班列"装卸车数可达25000车，日库存能力可达40万吨。未来，随着先进技术与装备的应用、运营管理方式的升级、企业规模化与专业化的发展，园区物流设施的承载能力将会进一步提升。

2. 信息平台完善，共享联通基础好

其一，完善园区专业化核心管理信息平台，形成了对园区核心资源信息的集聚、运营、管理，同时接入国家交通运输物流公共信息平台，从园区核心功能资源运营视角保证物流功能资源的有效衔接，并实现全国物流信息的共享。

其二，园区积极推进综合管理信息系统建设，建设园区综合信息、多式联运海关监管中心综合管理、中心站信息系统"三位一体"的信息化管理服务平台，囊括海关、商检、青岛中心站、青岛港等直通场站综合管理系统、信息发布系统、卡口智能监控系统、集拼管理系统、智能箱位识别系统等，融合 IPv6（互联网协议第 6 版）技术，打通所有信息环节，真正做到信息资源无缝共享、高效衔接，为园区内企业提供完整的信息咨询服务。

其三，园区大力推进大宗商品交易平台、园区自营的"世贸东方"综合服务平台、云仓平台、"我的猫"跨境电商商城、移动端商城等商贸信息平台的建设，实现商贸与物流的深度融合发展。

3. 团队结构合理，科学调度能力强

运营团队方面，园区在干线物流运营、仓储运营、通关国检、多式联运、国际贸易、电子商务等方面打造了较为系统的专业人才团队。园区通过事业部管理、项目组织、服务团队建设等科学化、职业化、专业化的方法，借助信息管理系统整合功能，以园区运营中心为主导，逐渐摸索形成了一整套运营机制，实现园区仓储、运输、物流服务企业、货物、车辆等的整体调度与协调，在共建、共享、共赢理念指导下，形成开放式资源运营与集聚模式，加强了整体运营调度能力。

（三）集聚业态资源，集成综合物流

1. 积极融入交通干网，强化国际物流合作

园区积极强化与交通主干网的联结。在铁路方面，园区利用自有资金投资建设两条 2.6 千米的铁路专用线，开通了即墨到黄岛前湾港的"即黄班列"，并按照五定班列标准保持常态化运行，上列货源不断拓展，涉及钢铁、纺织品、轮胎、矿粉、家用电器等不同产品，为重点企业提供全流程服务。"即黄班列"的开通，实现了园区与胶济铁路主干线的联结，全面接入亚欧大陆桥，并联结山东半岛，有力支撑青岛作为国家"一带一路"战略双支点的物流定位；在公路方面，园区不断强化青银高速、青兰高速、青新高速、青威高速以及与 204 国道和 309、208、203 等各省道的联结，提高园区的运营效率。

此外，园区还积极拓展与国际化港口的合作。通过加大与全球第 7 大集装箱港口——青岛港的战略合作力度，强化双方在货物集散中的合作，加大信息、货源、服务功能相互嵌入深度，园区实现海公铁联运的创新，提升了集疏运效率，最终实现物流运转效率提高 15%、降低成本 10%。

2. 助力区域经济发展，完善综合服务功能

一是支撑周边实体产业发展。园区积极推进供应链物流相关服务功能的完善，大力发展生产性材料或产品的仓储、运输、加工装配、分拨、转运、供应链金融、供应链管理、检验检测、标准交割等功能。以莱钢永锋钢铁物流配送项目为例，园区通过利用自建的两条铁路专用线与莱钢永锋实现无缝对接，为永锋钢厂争取了铁路运费 50% 下浮的优惠政策，相比于公路运输实现了 15 元/吨成本的节省。同时，永锋钢厂将库存迁移至园区，聚集了数十家钢贸企业，2022 年实现货物运输 70 余万吨，每年钢材交易量近 30 万

吨，实现了物流与贸易的相互促进，每年为永锋钢厂节省成本 750 万元。此外，该项目的开展还减少了大型货车进入市区的次数，缓解了市区的交通压力，疏解了城市非核心功能。

二是疏解青岛市城市交通压力。园区紧紧围绕青岛"三湾三城"城市战略，以率先打造"半岛制造业物流基地""半岛城市共同配送中心"示范区为指引，依托"大中转、大仓储、大物流"的功能定位，全面承接青岛市传统制造业的疏解外迁，打造制造业和流通业产业功能疏解的双集中承接平台，构筑半岛区域生活资料和生产资料服务功能的重要载体，大力发展生活性产品的仓储、信息管理、加工、分拨、中转、配送、车货匹配、代理采购、分销执行、送装一体等功能。以一汽大众（青岛）华东生产基地项目为例，园区为该生产基地提供铁路整车发运、零部件仓储及分拨配送，以及进出口保税物流服务。

三是强化对商贸业发展的支撑。园区加大对跨境电商、采购贸易等新兴商贸业态的支撑力度，在充分利用仓储、分拨、转运、信息发布与查询、加工功能的基础上，强化国检、保税、国际结算、金融、品牌代理、通关一体化等服务功能。以顺丰速运分拨中心项目为例，园区在内部建设运营面积 4.3 万平方米的分拨中心，总投资 2.5 亿元，其中库房投资 1 亿元，设备投资 1.2 亿元。该中心面向青岛地区集散货物，利用智能分拣设备及高效能调度系统，单日峰值处理包裹 95 万件，年产值 14 亿元。

3. 灵活实施招商策略，整合物流服务业态

园区秉承平台运营思路，通过"物流+市场"策略，集聚了一批专业化的现代物流服务企业。在招商过程中，园区坚持"三个严格"，一是严格功能区划分，按功能区定向招商；二是严格准入，确保入驻企业具有活力；三是严格合同约定，确保项目进度。同时，园区还采取灵活措施，通过物流价值链招商、主导功能招商等方式，引入能够承担不同服务的专业化极强的物流企业，对能够起到拉动作用、经济实力较强、发展潜力较大、行业特色明显的标杆企业，实行一事一议、特事特办。目前，园区成功引进了顺丰、海尔日日顺、安得智联等行业标杆企业，增强了物流发展活力，释放了产业集聚发展的效应。

此外，园区通过行业协会，将不同物流服务业态相互融合。为方便物流资源整合与自我管理，园区吸纳核心商户 100 家组成园区服务联盟，集中会员资源，扩大项目规模，增大辐射范围，发挥自我管理、自我服务功能，提高了企业活力和抗风险能力，促进了园区客户规模的进一步扩大，使园区年交易量大大提高。

（四）整合产业价值，助力金融服务

园区通过创新供应链金融模式，促进金融协调物流行业发展。园区积极利用互联网金融带动供应链金融的发展，在授信管理、服务流程、营销模式等方面实现创新优化，根据不同物流企业的个性化需求、产业链中不同环节的特点、不同的行业特征，量身定制灵活的物流供应链金融产品，打破了传统商业银行主导的供应链金融模式，大大拓宽了传统供应链金融的范围边界。

（五）创新"车货匹配"，实现通关便利

一是通过创新"车货匹配"信息化新模式，提升资源利用率。一方面，借助园区运营管理平台，通过获取相关资源信息，以货车和汽车相结合的方式，解决了困扰物流发展的"货等车、车等货"顽疾；另一方面，使用互联网技术和国家交通运输物流公共信息平台，全面实现"车货匹配"，提高了运输效率，降低了物流成本。

二是专业化通关外包服务进一步提升通关效率。作为多式联运中公铁联运代表，在承接青岛海关"三个一"通关模式基础上，园区积极推进青岛通关模式创新，积极引入第三方监管，协助代为通关与商检，可为客户提供一体化报关报检、铁路手续办理、汽运等服务，减少客户办理手续流程，进一步提升了跨境电商发展的物流效率。

三、示范特色

（一）强化与国际港口和物流节点的链接与合作

多年以来，园区紧紧抓住共建"一带一路"倡议打造中国—上海合作组织地方经贸合作示范区、建设交通强国等重大机遇，利用"公转铁"运输结构改革的利好时期，充分运用市场化、平台化思维，加大对物流通道的建设，加大对省内通道、国内通道、国际通道的拓展力度，进一步放大园区物流当量，可辐射周边 100 千米范围内的服务需求。园区依托青岛港即墨港区、青岛即墨济铁物流园区两大平台资源优势，构建了国际陆港多式联运国际物流枢纽大通道，探索推进国际陆港由物流港向高附加值贸易港转型升级。同时，园区还深化与山东港口重点国有骨干企业战略合作，整合青岛港即墨港区启动区资源，联合打造中国北方生活消费品（青岛）分拨中心，加速形成青岛港即墨港区"物流＋"发展格局。

（二）推动信息平台与大数据运营中心智慧发展

信息流是引导物流、资金流、商流融合发展的基础，园区重视信息平台与大数据运营中心的智慧化发展。一是加大力度推进综合性信息化管理服务平台建设，将园区综合信息系统、多式联运海关监管中心综合管理系统、中心站信息系统三大系统进行无缝链接与整合，打通各园区及与综合物流相关子系统。二是加大力度推进以 IPv6 为核心的物联网技术、北斗定位技术等的应用，采用"云计算、大数据"的新理念、新技术建立大数据运营中心，重新架构数据库资源，加大基础数据收集能力，形成云—端式的数据结构体系，打通数据提取、存储、挖掘、利用的全链条，并以数据为核心资产重构商业模式，进而增强园区增值服务提供能力和智能管理能力。

（三）推进物流标准化和多式联运组织效率提升

园区以专业化的集装箱和半挂车多式联运中转站建设改造为重点，充分利用 RFID、

物联网等先进信息技术，建立智能转运系统，实现装卸设备和转运设备的无缝对接，提高不同运输方式间基础设施衔接水平，同时按照多式联运的运作要求设计快速中转作业流程，提高多式联运基础设施一体化运营支撑能力。此外，园区还积极推进公铁联运组织模式与服务规范标准化，推进"一单制"的全程无缝运输服务模式的落地，建立以多式联运枢纽和信息系统为组织平台的资源整合模式，促进多式联运服务和上下游产业的融合。2022年，园区货运吞吐量达980万吨，其中铁路吞吐量可达300万吨，公路吞吐量可达500万吨，日均最大作业能力可达3万吨以上。

（四）强化物流服务功能耦合性和服务业态整合

一方面，园区积极提升物流基础功能设施耦合性，加强功能和布局的整合，通过多式联运、增值服务、运输与仓储一体化等多种经营方式，进行经营领域的合理拓展，科学整合既有设施的规模、布局，提高既有设施的使用效率，扩大服务规模，提升服务水平。园区已规划5万平方米零部件仓储中心、6万平方米整车发运中心，预计可实现单日整车发运300台、零部件配送100车次、年度物流收入5亿元。另一方面，园区深度推进物流相关业态企业服务整合，加强企业之间的资源整合和企业间的联合协同，通过采取深化内部改革、应用现代物流理念和技术、优化网点布局等措施，以信息数据资源共享为引领提高企业的核心竞争力，通过转换经营机制、提高经营效率来开拓市场，扩大经营规模。

（五）延伸价值链创新综合运营服务能力

园区立足于产业升级和产业链延伸，将近期利益与长远利益有机结合起来，围绕价值增值环节与创新，大力引进高赋税型物流企业。园区内部快递快运企业20～100家，商贸企业和跨境电商企业共600余家，容纳员工3000人。一是围绕建设"融合中心"，引进加工增值型物流企业，如制造业加工中心、出口商品的加工包装及组装中心等，改变园区增值税税源少的局面；二是围绕建设"分拨中心"，引进区域性的采购、分销型物流企业，如区域性医药中心、大型连锁企业山东半岛的分销中心等，丰富园区的营业税来源；三是围绕建设"结算中心"，引进区域性总部型物流企业，如商品期货交割库、大宗产品交易结算中心等，为园区创造更多的企业所得税。以上"三中心"建设提高了园区综合性运营能力、综合一体化物流服务提供能力和创新增值服务能力，园区基础功能资产的运营效能进一步提升，园区参与各方的运营成本有效降低，创造了综合物流价值。

（六）深度融合物流与金融实现综合性服务嵌入

园区结合前期大宗物资开展物流金融服务的经验，探索开展保税物流、跨境电商等方面的金融产品研发工作，积极开展包括基于库存商品融资的动产质押业务和基于订单融资的权利质押业务等金融物流业务，适时引导和支持银行大力开展该类业务，增加园区企业的融资渠道，提高企业的经营效率和业务规模。截至2022年年底，园区完成融资总额80亿元，服务客户300余家，同时通过大数据在物流金融业务领域的应用，快速帮助各参与主体进行大量且非标准化的交易数据整理和分析，实现更加精细化的管理。

四、发展方向与未来展望

秉承开放、协作、共享的平台发展理念，园区将积极融入国家"一带一路"建设、自由贸易区战略、山东半岛城市群发展战略、青岛"三湾三城"战略，面向区域经济与社会发展需求完善综合物流功能基础、集聚整合物流服务业态，加大对信息数据资源的提取、存储、分析挖掘、分享与管理的力度，强化园区物流资源运营能力、增值服务创造能力、综合物流咨询与集成能力，主导发挥信息、网络、智能、运营管理等先进技术驱动力，创新物流园区治理模式、资源组织模式、服务模式，推进园区智能统合、功能耦合、业态聚合、设施整合，从而实现园区物流发展质量和效益进一步提升，将园区打造成为中国综合服务型物流园区发展的典范。

（一）信息互联、智能应用，驱动全要素融合

通过技术构筑综合物流园区运营发展的核心竞争力，园区将充分利用新一轮技术革命，尤其是以 IPv6 为核心的物联网技术对于物流服务发展的变革，实现核心资源在信息上的共享。一方面，园区将用信息技术手段提升园区物流基础资源运营调度的效率，实现物流功能资源与服务资源高效链接与增值合作。另一方面，园区将用信息数据推进物流与资金流的融合，使物流服务全过程数据信息透明化，引导金融嵌入综合物流服务各环节。

（二）完善布局，服务需求，创造综合性价值

园区将从市场平台交易入手逐步完善对现代物流的综合功能基础布局，以自建或引进、合作等方式实现物流全服务业态集聚。生产资料方面，进一步完善相关大宗商品交易市场的大宗物流基础功能布局，如钢铁交易平台等，引进大宗商品物流相关服务业态；生活资料方面，进一步发展电子商务与跨境电商，完善配送、分拨、商检、通关、结算等综合物流服务功能，承接青岛部分城市配送功能转移，引进一大批物流行业内服务企业，实现生活资料服务业态的战略布局。此外，园区将依托园区综合物流服务功能以及不同服务业态，面向周边纺织服装、汽车、轨道交通等产业需求，以战略合作形式倒逼园区服务业态整合，提升园区一体化咨询能力，通过集成服务降低整体物流成本，促进物流与实体产业的无缝对接。

（三）响应号召，抢抓机遇，塑造物流新格局

据测算，铁路每增加 1 万吨货运量，可比公路完成同等运量减少二氧化碳排放约270.6 吨。铁路作为更环保的运输模式，兼顾经济效应与环保效应，园区将进一步响应"公转铁"号召，采用更为环保的运输方式，进一步优化和整合园区现代物流资源，推动绿色、节能、高效的现代物流运输可持续发展。

此外，园区也将抓住跨界跨境的趋势与机遇，深入响应"一带一路"倡议，逐步加强与国际物流运输通道的交流与合作，开展跨境电商建设海外仓，进一步扩大国际物流发展格局，使业务范围覆盖国内国际两个市场。

（四）创新模式，优化提升，多业态协同融合

在资源组织上，园区强调从市场端往回整合，以更好满足需求、共同做大为目的，进一步聚合各业态不同资源；在交通上，园区将进一步推进以标准化装备设施应用和"一单制"运营服务为核心的公铁多式联运，强调"车货匹配"；在价值重构方面，园区将进一步发展"两双三多"的产业融合商业模式，其中，"两双"是指双要素（生活要素、生产要素）、双市场（国内市场、国际市场），"三多"是指多业态融合、多产业融合、多方式融合，带动客户向产品生产地或消费地集聚，以物流引加工，以商流带物流，靠市场需求推动，用多产业支撑发展物流。此外，园区也将抓住两网协同的趋势，利用"互联网＋"催生智慧型物流园区，推动平台型企业与园区加强合作，实现"天网"与"地网"对接。

（五）机制撬动，促进合作，实现合作与共赢

园区将进一步坚持开放、融合的平台化发展理念，着重解决园区功能共享与服务业态之间的合作问题。一方面，园区将进一步引入相关资源，强调规则建设，从需求出发梳理业务体系，区分各企业各部门专长与业务边界，明确定位，实现共同发展；另一方面，园区将从市场需求端往供给端整合，促进不同服务资源融合。在服务流程方面，建立以客户需求为中心的流程体系，包括咨询流程、运输流程、仓储流程、分拨流程等；在服务规则方面，充分满足客户需求，建立不同功能种类、不同服务价值环节的服务规则与惩戒措施。从规则和市场两个方向构建松散耦合的机制，推进各方共建、共享、共赢。

（撰稿人：邹磊，于莎莎，毛元泽）

河南周口港口综合物流园区

"箱通世界，货运全球"，打造全国领先的内河航运物流园区

周口市地处沙河、颖河、贾鲁河交汇处，是河南省第一产粮大市、全国粮食生产先进市和重要的食品制造基地。作为河南省的"东大门"，周口市向北联结西北及京津冀城市群，向南联结长三角、鄱阳湖及珠三角城市群，是重要的"门户城市"和豫东南地区区域性中心城市。从交通上看，周口市构建出了"两纵两横四辐射"的干线公路运输通道、"十"字形铁路物流通道，兼有沙颖河、涡河、贾鲁河、汾泉河4条具备航运开发条件的河流，向西北可融入郑州航空港区直达"空中丝绸之路"、接入中欧班列直通"陆上丝绸之路"，向东南可到达南京、上海等港口，进入长三角，对接"海上丝绸之路"。得天独厚的区位优势与巨大的物流需求，为河南周口港口综合物流园区（以下简称"园区"）的发展提供了巨大的助力，对由"黄土经济"向"蓝水经济"转型发挥了不可或缺的作用。以内河港口（周口中心港）为依托，园区积极打造水陆集疏运体系，培育临港产业集群，吸引更多产业、更多要素向周口集聚。

一、园区概况

园区位于周口港口物流产业集聚区的东北部，沙颖河南岸，大广高速两侧，规划范围北至沙颖河、西至港一路、南至港城大道，东至李埠口乡东边界，占地面积930.7万平方米，实际投资总额180亿元，2017年4月建成运营。周口市人民政府批准成立了国有公司周口港城投资发展有限公司，注册资本10亿元，专门承担园区建设发展职责。

（一）主要功能

根据园区的地位、作用、性质和发展方向，园区基本功能以货物装卸为主，兼具现代物流服务和商贸服务功能，重点实现装卸储存、运输中转换装、运输组织管理、信息服务、生产生活服务、临港工业开发、现代物流及商贸7大功能。并且逐步拓展集装箱运输业务，发展成为重要的地区综合性港口物流园。

（二）功能区布局

园区以满足周口自身发展需要和区域发展需要为根本，以存量设施功能提升为手段，

以国家示范园区须具备的服务功能为参考，以片区协同、合力崛起为路径，优化配置本地物流资源，提供仓储物流、口岸保税、冷链物流服务，以及以汽车贸易为特色的物流供应链服务、以粮食产业为核心的多式联运服务，推动区域物流高质量发展。

1. 仓储物流

园区围绕仓储物流开展招商，完善仓储物流各项功能，引进各类大型物流企业。重点推进总投资 13.39 亿元的周口中心港仓储物流园建设。

2. 口岸保税

园区重点推进总投资 4.6 亿元的保税物流园区（B 型）项目，发挥海关监管优惠措施效应，打造周口外向型经济发展新平台。

3. 冷链物流

围绕中央厨房、预制菜引进培育核心冷链物流项目，重点引进总投资 25 亿元的丰厨（周口）食品有限公司中央厨房（一期）项目入驻园区。

4. 以汽车贸易为特色的物流供应链服务

园区围绕汽车经销贸易商、品牌整车和零部件物流商、汽车改装和后市场服务企业、房车营地和汽车文化企业等开展招商，重点推进总投资 3.6 亿元的周口港区重卡汽贸物流产业园（一期）项目建设。

5. 以粮食产业为核心的多式联运服务

围绕粮食食品产业园开展招商，重点引进总投资超 100 亿元的益海粮油项目。

（三）规划建设情况及服务能力

园区紧抓"一带一路"倡议、长江经济带、中原经济区、淮河生态经济带等战略机遇，相继开通至淮安港、太仓港、连云港港、上海港、南京港、大丰港、凤阳港、阜阳港、合肥港、漯河港、芜湖港、蚌埠港、宁波港、高雄港的 14 条国内集装箱航线。目前，沙颖河航道升级改造工程、引江济淮工程周口段建设已完成，沙颖河黄金水道、产业大道和生态廊道初步形成，园区码头如图 1 所示。项目建设方面，园区高标准建设（B 型）保税物流中心、粮食物流园、商水临港产业园等重点项目，进一步深化与郑州航空港、中欧班列、海河联运港际合作联盟的对接合作，吸引更多大宗货物运输向周口集聚。2019—2022 年，园区物流强度由 251.3 万吨/平方千米·年，提升到 497.5 万吨/平方千米·年，增长 98.0%；园区货物年发送量从 1000 万吨增加到 3400 万吨，增长 240%；入驻企业数量从 65 家增加到 285 家，增长 338.5%；年营业收入超过 2 亿元的物流企业从 1 家增加到 4 家；A 级物流企业数从 13 家增加到 32 家。

二、主要做法

按照周口市委、市政府确立的"临港新城、开放前沿"的发展主线以及打造"豫货出海口""临港经济强市"总体目标，园区加紧推进多式联运枢纽建设，积极建立战略合作联盟，倾力打造优良的发展环境，科学谋划重大项目，着力发展临港经济，取得了明显

图1　园区码头

成效。

（一）打造多式联运现代物流体系

园区以水运为核心，辅以公铁海多种运输方式及重要通道，打造多式联运现代物流体系。以内河航运、太郑合、大广、沪陕4个跨省物流大通道为核心，串联京港澳、陆桥、沪昆、京沪、沿长江及南北沿海6个国家物流大通道，畅通豫晋煤炭、小麦、玉米、纺织服装"东运南输"以及砂石、水泥、矿石、大豆"西走北上"物流通道，实现与"一带一路"国际物流通道有机衔接；增强与日照港、连云港、南京港、太仓港、大丰港、上海港等重要物流节点的联系，完善煤炭、粮油、建材、农资、食品及钢铁、集装箱等货物集疏运体系。

从沙颍河到长江沿岸城市，以往要经过京杭大运河，绕一个大弯。引江济淮工程航道江淮沟通段现已投用，把沙颍河与长江之间的距离拉近了300千米，可节约3天航程，至少降低20%运输费用。园区借助这个有利条件，积极加强与安徽合肥港、芜湖港，以及长江沿线南京港、九江港、武汉港的联系，打造河南省乃至中西部地区距离长三角更近、效率更高的水运通道。同时，加强与上下游港口的深度合作，大力提升物流与运输效率，通过降低物流成本，为企业提质增效，吸引周口及漯河、平顶山、驻马店、亳州、淮北、阜阳等周边城市客户，通过公路短驳至园区，再通过水路运输，大幅度降低了运输成本。

国内方面，园区开通了至淮安港、太仓港、连云港港、上海港、南京港、大丰港、凤阳港、阜阳港、合肥港、漯河港、芜湖港、蚌埠港、宁波港、高雄港的14条国内集装箱航线，实现了通江达海内河航运目标。国际方面，应用中国国际货运代理协会多式联运提单，采取一单通关模式，开通了到达美国洛杉矶长滩港、美国迈阿密港、非洲加纳特马港、印度蒙德拉港、泰国曼谷港、缅甸仰光港、越南胡志明港、菲律宾马尼拉港、土耳其伊斯坦布尔港、土耳其盖布利特港的 10 条国际集装箱航线，使园区成为中原腹地联结世界物流的水上门户枢纽。推动中孚铝业铝型材和平舆户外用品出口直达欧洲港口，真正实现了"箱通世界、货运全球"。

（二）健全现代物流服务功能体系

1. 完善现代物流服务功能体系

园区整合利用现有煤炭、邮政、供销、交通、快递等物流资源，加强物联网、云计算、大数据、移动互联等先进信息技术在物流领域的应用，重点依托港口码头、铁路专用线、大宗商品集散交易平台、物流园区、保税仓库等设施建设，不断提升大豆、玉米、小麦、矿石、纺织服装、建材等货物集散转运、仓储配送、装卸搬运、流通加工、集拼等基础服务能力，深度拓展交易撮合、税收征管、供应链金融等增值服务能力，不断推进预期物流、供应商管理库存、联合库存管理等物流新模式应用，为物流需求方提供最佳的物流"服务—成本"组合。

2. 开展供应链集成业务

（1）大宗产品供应链集成业务。园区依托周口港口的资源组织、网络渠道、品牌运营等专业优势，通过集购分销、配供配送、期现结合、"大平台＋小前端"等集成化、平台化运营模式，联动商流、物流、资金流、信息流，为上下游供应链合作业务伙伴提供原材料采购、加工、分销、出口等高效率的供应链集成服务。

（2）特色农产品物流供应链集成业务。园区充分发挥周口及周边地区粮食生产核心区、农产品基地优势，依托黄淮大市场，大力发展农产品电子商务和冷链物流，形成集生产、市场、冷链、物流、电子商务于一体的发展新模式，建设辐射中原地区农产品交易、电子商务和冷链物流的现代化物流园区。

（3）消费品物流供应链集成方案。园区依托区域市场规模优势，积极拓展生产资料服务链，具备为全国采购商、生产商、加工商、销售商等提供采购、生产协调、质量监督、运输组织、区域分拨、城市配送、信息服务等一体化的全生命周期集成服务的能力。在前端重点加强与物流枢纽在交通、信息等方面的高效协作，在后端重点加强与城市配送中心、社区和乡镇配送网点的高效连接，打通"最后一公里"。同时探索"商贸＋互联网＋物流"融合发展新模式，支持专业市场商贸企业建设网上商城、网络云店，引导互联网平台企业发展同城配送共享物流、跨区域配送众包物流。积极探索发展以个性化定制、柔性化生产、资源高度共享为特征的虚拟生产、云制造等现代供应链模式，提升全物流链条价值创造能力，实现综合竞争力跃升。

3. 开展"干支配"业务

园区依托宁洛高速、大广高速、商周高速、盐洛高速、周南高速等高速公路，巩固陆路物流通道综合优势，重点以太郑合、大广两条国家干线物流通道为主脉，东通京沪、沿海两大国家物流通道，西连二广、京港澳两大国家物流通道，北接新亚欧大陆桥国家物流大通道，全面融入"丝绸之路经济带"六大经济走廊和"海上丝绸之路""网上丝绸之路"。干线物流业务主要为粮食、铁矿石、水泥、矿建材料、化工原料及制品等的运输和转运，还包括粮食制品、机械设备、木材、农副产品、纺织品、鞋帽及部分生产生活用品及相关集装箱的进出口、转运等，具体业务如表1所示。区域配送物流业务重点建设"港口物流园区枢纽—县（市、区）分拨中心—社区配送中心"的物流线路。

表1　　　　　　　　　　　　　　园区干线物流业务

大宗产品	2022年		2030年		转入地	转出地
	业务量	占区域比重（%）	预计	占区域比重（%）		
粮食（万吨）	158	21	300	40	至江苏、浙江、上海等粮食主要消费区	周口、漯河、平顶山等全国重要的粮食生产区
矿建材料（万吨）	225	44	350	60	周口、漯河等地	沿江、江淮和沿淮地区，主要产地是巢湖的散兵、蚌埠的怀远、滁州的明光、池州的青阳等
化工原料及制品（万吨）	65	17	200	20	化工原料从沿海港口调入	化工产品从周口、平顶山、驻马店调出
水泥（万吨）	87	16	150	24	周口本地	安徽、江苏等周边地区
钢材（万吨）	45	6	80	10	周口本地	东南沿海地区
板材、鞋帽、服装皮革等其他产品（万吨）	118	22	220	35	江浙沪等沿海地区	周边本地相关县（市）
集装箱（万标箱）	4.06	80	15	85	江浙沪等沿海地区	周边本地及漯河、平顶山等

4. 加快铁路专用线建设

园区投资13亿元，建设到发线1050米、装卸线950米，近期设股道5条，远期设股道6条，编组场根据作业量及接发车方向，设6条编组线。周口市政府印发的《关于印发周口市推动生态环境质量稳定向好三年行动计划（2023—2025年）的通知》明确指出，推进周口港铁路专用线建设，并纳入《周口市国土空间总体规划（2021—2035年）》重点建设项目。园区铁路专用线作为港区公铁水联运体系的重要组成部分，建成后可为

周边企业提供原材料及产品运输服务，提升港区交通运输能力，有利于节约运输成本、保证企业生产和环境保护，为促进本地区社会经济发展提供了强有力的运输支持。园区铁路运输业务发展目标如表2所示。

表2　　　　　　　　　　　　园区铁路运输业务

目标	年份	到达量（万吨）	发送量（万吨）	转入地	转出地	到达品类	发送品类
初期	2030年	346	137	西北、东北、华北等地	华中、华东等地	煤炭、钢铁、水泥、化肥	金属矿石、粮食、饮食品
近期	2035年	440	169	西北、东北、华北等地	华中、华东等地	煤炭、钢铁、水泥、化肥	金属矿石、粮食、饮食品
远期	2045年	778	275	西北、东北、华北等地	华中、华东等地	煤炭、钢铁、水泥、化肥	金属矿石、粮食、饮食品

5. 建设信息平台，支撑物流体系平稳运行

园区建设公共信息服务平台，打破物流信息壁垒，推动园区内企业、供应链上下游企业信息共享，实现车辆、货物位置及状态等信息的实时查询，引入互联网云计算、大宗生产资料大数据等技术手段，构建全生命周期信息管理系统，全面、及时、准确掌握原材料采购、生产、加工、销售、物流、报关、报检、逆向物流等的全过程。平台有两层结构：

（1）平台支撑层。为平台提供良好的网络环境、充足的数据库以及高效的存储器。平台支撑层作为平台的基础层，保证平台的稳定运行，包括平台运行参与方之间的协议问题，平台运行的安全问题，平台的运行标准问题与对于监控环境的调控等。

（2）核心功能层。主要为平台的运行提供服务，包括多种功能性服务以及提供功能性管理。业务协同层需要根据企业供应链的实际运行情况进行统筹调控，提供各种协同服务并设计恰当的流程，以实现整个供应链业务过程的协同与管理。

（三）参与共建多个物流合作联盟

园区主动融入区域经济建设大局，积极谋划、主动作为，参与共建多个物流合作联盟。一是与郑州航空港经济综合实验区签订战略合作协议，借助河南自贸区等，发挥郑州机场国际国内货运航线优势和周口中心港依托沙颍河通江达海的优势，建立空水联运平台，重点为中部地区提供集装箱运输、冷链物流等服务。二是与河南物资集团签订战略合作协议，合作规划建设周口国际陆港、周口跨境电子商务产业园、周口云数据产业园、国际陆港周口物流园项目和周口市企业外贸综合服务平台、智慧周口服务平台、周口市防伪溯源平台、周口冷链物流服务平台等。三是加入海河联运港际合作联盟，园区已成功加入包括云港、济宁港、蚌埠港、阜阳港等15家港口在内的海河联运港际合作联盟，实现资源共享、联合开发、一体化操作、互开航线、联动配货、信息开放、技术交流、宣传推介、共同发声等。四是率先加入全国物流园区图谱，园区率先与百驿物联股份有限公司达成战略合作。五是参与组建河南省物流枢纽联盟，作为发起单位协助省发展改革委、省物流与采购联合会组建河南省物流枢纽联盟，为全省物流枢纽联盟发展贡献突出力量。六是加入河南省物流园区专委会，多次邀请专委会专家和成员单位到园区参观交流，促进互联互通，共谋发展。七是与连云港港口控股集团达成战略合作，通过资源共享，园区港口的装卸功能与连云港港口控股集团的新云台口岸实现有效对接，融入全程物流链条，快速提升装卸货物量。

（四）营造优越物流营商发展环境

园区着力打造优良的发展环境，保障临港经济快速健康发展。一是软环境方面，在全面深化"放管服"改革和"一网通办"前提下进行"最多跑一次"改革，完善项目联审联批推进机制，为客商提供全方位、全过程、高效率的"一条龙"服务，真正做到"只要你来干，手续我来办"，全面提高合同履约率、资金到位率和项目投产达效率。二是硬环境方面，园区内总长31.5千米、总投资22亿元的23条道路主路网已全部闭合，实现互联互通；水、电等配套设施已经完善，可有效满足项目落地建设生产需求。三是生态环境方面，园区规划了"两河、两带、十八路、一中心"的绿化工程。"两河"即沙颍河南岸景观带、运粮河景观带，"两带"即高速廊道绿化带、生态走廊绿化带，"十八路"即园区内在建及规划道路的绿化工程。目前，沙颍河南岸（武盛大道—大广高速段）水系景观提升工程、高速廊道绿化带、生态走廊绿化带、运粮河生态水系改造等工程项目正有序推进，打造宜业、宜居的美丽港区。

三、示范特色

（一）打造多式联运周口示范样板

园区因地制宜，以满足周口自身发展特征和区域发展需要为根本，以存量设施功能提升为手段，以国家示范物流园区须具备的服务功能为参考，以片区协同、合力崛起为路径，优化配置本地物流资源，推动周口形成便捷高效的现代物流体系，提高物流服务质量、增强物流服务保障能力、降低物流服务成本，进一步支撑相关产业集群发展，把公铁水多式联运的交通枢纽优势转化成为枢纽经济优势，走出一条由"黄土经济"向"蓝水经济"转型发展之路，大力培育枢纽经济，做大做强临港经济，将园区打造成为服务能力强、辐射范围广、功能齐全、设施先进的多式联运周口示范样板。

（二）区域物流发展水平全省领先

园区率先在河南实现公铁水空多式联运，公铁水空联运枢纽基本形成，高效物流运行网络有效运营，打造"干线运输＋区域分拨"的现代化物流网络；加快周口港口保税物流中心（B型）的申建，增强口岸通关便利化程度；促进企业内部物流需求社会化，提升园区供应、运输、仓储、配送、流通加工、信息处理等服务水平，加强供应链管理能力。在临港物流方面，园区对接郑州航空港和郑欧班列，阿里巴巴、京东商城、苏宁易购等电商入驻，临港经济、临铁经济和临空经济效应叠加显现，推动周口成为豫东南对外开放的新枢纽。

（三）绿色物流发展水平行业领先

园区以绿色食品、纺织服装和医药化工为核心，推动装备制造、电子信息和新兴型建材等产业链协同创新，支持上下游企业发展绿色供应链，使用绿色包材，推广循环包装，减少过度包装和二次包装，推行实施货物包装和物流器具绿色化、减量化；集中优势突破制造业精深加工、智能制造、应用技术等方面的核心关键共性技术，提高高端深加工产品产量，降低低端加工产能，提升工业资源能源利用效率和清洁生产水平，协同降污减耗；大力发展工农业、生活废弃物资源化利用及光伏、风力和生物质发电，打造"逆向物流"系统，降低废弃物排放量，推广资源节约、能量低耗、可循环利用的绿色物流，最大限度地减少物流活动对环境的危害。

（四）园区社会贡献方面成效显著

园区的快速发展带动了周口市区域物流枢纽的建设，带动优势制造产业链上下游企业入驻，促进居民就业增收。粮食、食品、医药等生活消费品的集疏运，有利于居民享受到质优价廉的商品，进一步促进枢纽、产业、城市一体化发展。园区完善枢纽集散分拨、区域配送功能，健全完善市、县、乡、村四级物流节点体系，为周口及周边居民生活提供重要保障。到2025年，枢纽建设规划总投资300亿元，带动就业人数2万余人，年交易额1200亿元，利税超过12亿元。

四、发展方向与未来展望

（一）全国重要的水运通道高等级航道终端港

园区以沙颍河航运为依托，大力发展临港经济，全力打造新兴临港经济枢纽和多式联运枢纽，成为河南对接"海上丝绸之路"的新起点和融入长三角的桥头堡，通过国家示范物流园区的创建，打造全国重要水运通道高等级航道的终端港。

（二）河南省最大的、领先的枢纽型港口

抢抓国家、河南省大力发展内河航运、推动大宗货物"公转水"战略机遇，加快规划建设中心港东部作业区、中心港铁路专用线、智慧港口智慧航运、内河船舶生产基地等重大项目，构建现代化集疏运体系，积极对接宁波舟山港、上海港、连云港港，全面融入长三角港口群，加快构建中原出海新通道，全力打造河南省最大的、领先的枢纽型港口。

（三）多式联运特征明显的"豫东南综合货运枢纽、区域物流中心"

航道条件的改善、综合集疏运条件的改善（尤其是铁路专用线、宁洛高速新增"园区"出口、大广高速新增"园区"出口）、信息化水平的提高以及运输市场需求的多样化会推动多式联运的发展。园区依托日益完善的内河港群逐渐发展成为多式联运特征明显的"豫东南综合货运枢纽、区域物流中心"。

（四）周口的产业高地和新的经济增长极

以临港商贸物流为基础产业，建设保税物流园区和出口加工区；利用港口水运成本优势吸引产业转移，大力发展装备制造、生物医药等先进制造业，带动自身产业转型升级；结合自身产业基础，延伸建材、化工等产业。整体上把港口物流产业集聚区建设成为周口的产业高地和新的经济增长极。

（撰稿人：杜广贤，郑现昌，郭晨宏）

湖北襄阳樊西商贸服务型物流示范园区

规划引领，智慧发展，创新商贸服务模式

襄阳市位于湖北西北部、汉水中游，辐射南襄盆地、联结中西部新通道，是省域副中心城市、汉江流域中心城市、新型工业基地、长江经济带重要绿色增长极。现辖枣阳、宜城、老河口3个县级市，南漳、保康、谷城3个县，襄城、樊城、襄州3个城区。湖北襄阳樊西商贸服务型物流示范园（以下简称"园区"）位于襄阳市樊城区牛首镇北侧，东至襄荆高速，西至白龙沟，南至追日西路，北至仇家沟路，规划总面积16.6平方千米，是襄阳市重点打造的布局合理、技术先进、便捷高效、绿色环保、安全有序、充满活力的生产加工、商品贸易、仓储物流、旅游文化、电子商务"五位一体"的现代商贸物流园。2020年园区被评为湖北省服务业"五个一百工程"第四批示范园区，2023年园区获得"国家骨干冷链物流基地"和"国家级示范物流园区"两项国家荣誉。园区建设对加快襄阳市乃至全省服务业发展、建设高端服务业示范区、促进产业融合智慧发展、加快培育服务业商贸新业态有着重要的示范和带动作用，已经成为襄阳市商贸服务业发展新平台、经济增长新亮点。

一、园区概况

（一）区位交通

园区紧邻襄荆高速和浩吉铁路、汉丹铁路，距汉丹铁路马棚站约2.7千米，距襄阳火车站约13千米，距目前"襄欧"班列起点——东风铁路物流园约18千米，距刘集机场约28千米，距襄阳东站约35千米，距襄阳港小河港区约55千米，区位优越，交通便利，已成为联结襄阳、十堰、随州、神农架，辐射汉江流域的区域性市场枢纽和公路物流枢纽。

（二）功能定位

园区以襄阳市中心城区农产品、服装、轻纺、小商品、装饰建材等专业市场外迁为机遇，整合襄阳市商贸物流资源，与邓城大道商贸集群连接成片。根据《襄阳市城市总体规划（2011—2020）》《襄阳市现代物流业中长期发展规划（2013—2020）》《襄阳城区总体规划（2018—2030年）》，建设以商贸物流、休闲旅游产业为主导的滨江生态新城，

园区由此孕育而生。樊城区迅速完成了园区内各片区控规编制任务，2016—2017年陆续通过专家会审。园区控制性详细规划也于2019年1月31日经市政府批复，根据相关要求及规定，进行了批后公开。园区分为功能区和工业与居民生活区。功能区：以小商品交易、物流为主，以纺织、航空产品、零担等物流为辅，是集物流培训、物流研发、配套加工等为一体的区域性综合商贸物流园区。工业与居民生活区：以高端制造工业为主，是居住与产业相融合并且有完善配套设施的产城融合型组团，现有人口约10860人，计划将人口规模控制在5万~6万人。

（三）基础建设

园区始终坚持"基础设施建设与招商引资同步，迁村腾地与项目建设同步"的原则，高起点规划、高标准建设、高速度推进。园区东接市区内环路主干道，西与襄荆、汉十高速入口相连，南连人民西路，北邻国家级高新技术产业开发区，具备交通运输优势；贯穿园区的樊西雨污主干管网已投入使用，樊一泵站使园区污水排放与城区管网联通；电力、燃气设施方面，西侧转迁、拆除高压供电线路10千米，新建高压供电线路16千米，公用电力廊道已建成，牛首220kV输变电站工程建成投入运营，极大缓解园区供电紧张问题；公共服务配套不断完善，襄阳西客运站、公交线路、学校、卫生服务中心、消防站全部投入使用，警务室正在加快建设。

截至2022年年底，园区实际占地面积6.6357平方千米，物流运营面积占比64.12%，园区物流强度234.80万吨/平方千米，仓储面积59.87万平方米，库房仓储面积48.12万平方米，停车、住宿、餐饮、加油、修理、物业、安保等配套服务齐全，工商、税务、金融保险等政务和商务服务已进入园区，信息平台功能齐全，形成了良好的营商环境。

园区内竹叶山农产品交易中心、好邻居生鲜物流中心是襄阳市冷链物流发展的核心力量。两个项目相距仅200米左右，冷链仓储7万平方米，附近还有新合作大型冷链仓库、淘大集冷链配送中心、思念鄂西北冷链物流配送中心、天济药业仓储配送中心等项目正在加紧推进，冷链企业已形成集约发展布局。

（四）服务能力

一是综合的智慧化仓储服务能力。园区打造智能云仓中心，服务客户群体包括加多宝、徐福记、可口可乐等几十家。

二是先进的装卸分拣能力，园区推动上线了商品条码识别，以及按货物数量分拣、根据货物数量自动排序分拣等功能，大大缩短了仓库操作时间。尤其是果蔬等易腐易坏生鲜产品，目前已实现由智能机器人自动分拣整理。

三是完善的冷链物流服务能力，园区引入了好邻居生鲜物流中心、竹叶山农产品交易中心等具备生鲜食品及农产品冷链物流服务能力的企业，组织开展了冷链运输服务品牌宣传推广工作，宣传推广服务优质、组织高效、安全规范的冷链运输服务模式，进一步塑造相关企业的冷链服务品牌。

四是高效的集货转运能力，园区依托襄阳雄厚的制造业基础和高速发展的电商快递物流优势，大力发展以小商品流通为主，纺织、航空产品、零担等为辅的区域性集货转运物流枢纽。当前园区通过统筹规划管理，已引入邮政、圆通等快递物流分拣中心，进一步增强了园区的集货转运功能。

五是集成的一体化物流服务能力，随着大批商贸、物流企业入驻，园区大商贸、大物流、大市场的发展格局已经形成，能够为园区内企业提供仓储、装卸搬运、转运、配送等一体化的基础物流服务，结合园区开发的专业化、精细化和个性化服务，已助力园区成为规模化的"一条龙"物流服务平台。

此外，园区还拥有物流信息增值服务能力、供应链金融服务能力、完善的物流配套服务能力、应急物资大规模集散分拨能力。

二、主要做法

（一）加强物流园区的规划与建设

1. 加强规划引领

园区围绕空间结构、各分区功能定位进行规划落实，加强宏观把握，提出"一带双心、四轴五区、组团布局、紧凑发展"的理念。其中"一带"为滨江生态绿化带；"双心"分别为公共服务中心和商贸服务中心；"四轴"分别为沿316国道、人民路、产业大道、景观大道的镇区发展轴；"五区"分别为两个生活组团、综合商贸物流组团、工业组团以及滨江公共服务组团。

园区根据总体规划设计，加快物流、配套等基础设施建设。2011—2015年完成园区总体控规及详规，完成拆迁还建和征地补偿及路、水、电、气、网、地平"五通一平"基础设施规划与建设。2016—2020年完成襄阳国际商贸城、竹叶山农产品交易中心、新合作食品城、侨丰国际商品博览城、中南建材等"八大市场"建设和居、文、教、卫、餐五项基础设施规划与建设。襄阳市华中水果市场、白鹤水果市场、长征路粮油农贸市场、清河口种子市场、水产市场以及洪沟农副产品市场顺利迁入园区。将园区"八大市场"之一的竹叶山农产品交易中心打造成为鄂西北重要的农产品交易中心，同时为周边乡村产供直销提供便利，如反季节蔬菜、高山菜、云南菜等，带动了襄阳市及周边县市乡村种植业、养殖业的生产发展，辐射带动鄂西北地区（十堰、神农架）及荆门、随州、南阳等地发展。

2. 借助地理优势

近年来，园区充分发挥襄阳位于汉江中游，连通长江、黄河两大流域，连接东西、贯通南北的得天独厚的区位优势，以园区中的传化公路港为核心，以焦柳线、浩吉铁路、襄渝线和汉丹线为依托，优化园区功能，整合人、车、货等物流资源，开展能源、汽车及汽车零部件产品、装备制造产品、新能源新材料产品和农产品等的公铁联运。园区以唐白河、小河港为依托，对接武汉阳逻港，开展矿石、汽车零部件产品、农产品等的公水联运。园区以刘集机场为依托，对接鄂州货运机场，开展高端电子产品、农产品、生鲜产品、电商产品等的公空联运。同时开通了襄阳—十堰、襄阳—随州、襄阳—南阳的汽车工业物流专线、高端制造产业物流专线、新能源新材料产业物流专线等区域产业物流公路专线业务；并且结合区域制造业零部件、电商货物及时送达等物流业务的需求，开展与武汉、十堰、随州等地的公路快运专线业务，服务全市和周边区域的城乡物流配送。通过不断扩大市场规模，优化物流市场，完善配套设施，提升服务功能，使园区成为国内、国际知名的商贸服务型物流园。

（二）智慧物流助力业务模式创新

智慧物流技术的发展，使得物流服务不断向供应链两端延伸，物流企业逐渐与制造业建立深度合作，从最初只承担简单的第三方物流，逐步拓展到全面介入企业的生产、销售阶段，并通过整合供应链上下游信息，优化企业各阶段的产销决策，让物流企业专业化服务水平和效益显著提高。在国家政策的引导和鼓励下，更多物流企业向提供供应链服务方向发展。园区内襄阳传化公路港物流有限公司、好邻居连锁超市有限公司、中通快递鄂西北分拣结算中心在推动园区智慧物流发展中起到了巨大的推动作用。

园区依托航空航天工业园、樊西物流园等产业集群，为制造业企业提供 RDC（区域配送中心）管理、实时生产系统（JIT）、供应商管理的库存模式（VMI）服务，促进物流业与相关产业融合发展；通过与中国电信合作，建设园区运营智慧平台；通过大数据分析研判，及时调整业态，引导主导产业发展。园区建设总投资 2000 亿元以上，全部建成运营后，实现年产值 200 亿元以上，年产值增长率 20% 以上。

园区依托传化公路港数字化物流平台，整合全市仓储园区运输配送、产品周转、运输工具等现有信息系统和数据资源，形成物流大数据资源库，打造集企业、货物、运力、政策发布等信息功能于一体的智慧物流信息服务系统。加强北斗导航、大数据、移动互联等先进信息技术对物流信息的整合与跟踪作用，实现物流信息互联互通、信息共享。通过强化物联网、智能终端、智能仓库的推广应用，大力发展"互联网＋车货匹配""互联网＋合同物流""互联网＋货运经纪""互联网＋库存管理"等新模式、新业态。鼓励具有平台基础和信息化优势的物流企业加快延伸服务链条，提供运输、仓储、配送、金融、进出口等全过程服务。

园区内襄阳传化公路港应用的传化公路港数字化物流平台是一套全方位数字园区系统，仓储中心以最短时间将货物调度到车上，通过线上调度与线下匹配相结合，有效降低车辆空载率，襄阳传化公路港见图1。襄阳传化公路港在运营中使用了多种智慧物流装备技术，其中包括：人工智能技术——通过对货主下的单、司机接的单以及在途轨迹的实时监控，确保货物安全；区块链技术——保证整个金融链条的环节在央行的监管下，让货物、资金、物流安全有效匹配；物联网技术——集企业、货物、运力等信息数据于一体的智慧物流信息服务系统，能够利用大数据、云计算、人工智能等技术整合物流资源。这些智慧物流装备技术的应用，提升了运输效率和服务质量，同时也为当地物流行业的数字化和智能化发展提供了支持。快速的数字化匹配，高效的平台整合能力，叠加地面仓储支撑，以及在物流、管理、运营、金融、大数据等方面的优势，让该平台的优势不断显现。随着项目的顺利开展，传化集团计划在襄阳追加投资，用以打造智慧物流中心项目，建设内容包括城市智能配送中心、智能车源中心、智能分拨中心、云仓转运中心、区域结算中心等，未来有望进一步提升襄阳公路物流运输效率，降低公路物流运输成本等，推动襄阳市互联网物流平台建设，助力襄阳现代服务业做大做强。襄阳传化公路港已吸引50余家物流企业入驻，整合服务200余家中小物流企业，专线覆盖全国27个省份，精品直达线路达87条，日货物吞吐量超10000吨，节省物流成本超过30%。

图1　襄阳传化公路港

园区内的好邻居连锁超市有限公司的生鲜物流中心开发了生鲜机器人自动分拣项目——AGV（自动导向车）机器人自动分拣。在机器人的助力下，好邻居生鲜物流中心实现了日生鲜周转量约300吨、年交易额约1.2亿元的目标，成为鄂西北零售生鲜物流行业的标杆。

园区内的中通快递鄂西北分拣结算中心于2019年10月运营，以打造集智慧仓储、快递分拣配送、财务结算和设备研发为一体的高端先进快件分拣中心为目标。以襄阳市为中心，辐射包括荆州、宜昌、鄂州、武汉、郑州等大中城市，极大提升襄阳市的物流辐射能力。

园区结合了信息化、智能化、平台化、一体化、自动化的发展趋势，充分利用新兴信息技术，进一步加深了综合物流与制造业的良性互动。把握物流与商贸、物流与工业、物流与电商等相互促进关系，建成了畅通高效、协同共享、标准规范、智能绿色、融合开放的现代商贸物流体系。同时培育了一批有品牌影响力和竞争力的商贸物流企业，使商贸物流标准化、数字化、智能化、绿色化水平显著提高。园区还打造了"一站式采购""一站式物流""一站式集群""一站式配套"的商贸服务型物流园区，助力实现园区"四大功能"：一是牵动功能，通过物流业的充分发展，带动加工业、农业及商贸、金融、运输业的快速发展；二是集散功能，更大范围地为其他客户发展提供生产资料和生活资料配送业务；三是整合功能，对各产业和企业的物流资源进行系统整合，提高资源的配置效率；四是服务功能，为用户提供多功能、标准化和个性化的服务，促进其他产业的专业化发展。

（三）企业集聚推进专业物流发展

专业物流领域方面，园区聚焦冷链物流、商贸物流、电商快递、城乡物流等热门领域，从企业集聚、模式创新、平台构建等方向发力。

冷链物流。园区依托襄阳竹叶山洪沟投资有限公司、襄阳市新合作物流发展有限公司，推进襄阳国家冷链物流基地项目实施。支持好邻居连锁超市有限公司、思念等企业整合冷链物流资源，重点面向果蔬、畜禽、奶制品、水产品、花卉等高附加值生鲜农产品优势产区和集散地，建设冷链物流中转枢纽基地。园区的冷链仓储、物流分拨配送、流通加工、区域农产品交易中心、进出口产品监管等功能区域，承担了生鲜农产品加工、批发、仓储、物流、检测、交易等综合服务功能，从而连接产地冷链网络和销地冷链网络，构建从田间到餐桌的一体化冷链物流体系。国药等药企物流配送中心的建设，已经开始向产业上下游的供应链环节延伸，打造全国先进的食品医药供应链物流中心。园区鼓励发展"生鲜电商冷链宅配""中央厨房＋食材冷链配送"等冷链物流新模式，满足城市多元化消费需求。此外，园区还积极构建冷链物流产品溯源体系，搭建食品冷链物流全程监控平台，重点针对进口产品提供冷链查验服务，确定进口冷链产品来源，确保品质安全。园区冷链物流的建设和发展，进一步提升了襄阳市冷链物流的效率和服务质量，为当地经济发展和居民生活提供更好的支持。

商贸物流。园区的商贸物流近年来发展迅速：一是物流企业聚集。园区吸引了中通、国贸等商贸物流企业入驻，加速形成了大商贸、大物流、大市场的发展格局。二是物流资源丰富。园区通过平台建设，聚集了物流载体和服务资源，实现了货物的中转运输与多式联运。三是智能分拣配送。园区内的好邻居生鲜物流中心采用了智能机器人进行分拣配送，配送效率大大提高。四是"互联网＋"赋能农产品数字化流通。优大集通过线上交易平台，将农户、农产品批发商、餐饮企业高效连接，提供一条龙服务。五是区域保供。竹叶山农产品交易中心是鄂西北地区重要的农产品交易市场和农副产品集散地，依托电商平台和物流配送体系，在特殊时期也能承担区域市场保供任务。同时，园区与批发、零售、电商、餐饮、进出口等商贸服务企业和物流企业深化合作，优化业务流程和渠道管理，促进了自营物流与第三方物流协调发展；园区通过推广共同配送、集中配送、统一配送、分时配送、夜间配送等集约化配送模式，完善了前置仓配送、门店配送、即时配送、网订店取、自助提货等末端配送模式。

电商快递。园区坚持推进电商快递融合发展，建设一批区域型电商快递仓储分拨中心。以中通为核心，园区整合现有寄递物流企业，统筹规划电商快递物流园，重点支持电商快递分拨向市域物流节点体系集中，按照"分拨中心—配送中心—配送网点"三级电商快递物流节点体系，落实电商快递节点布局，建立市域、区（市）快递投送网络，推动电商快递业高效集约化发展。园区通过招引淘宝、天猫、京东、拼多多、每日优鲜等第三方电商平台在物流园区建立分拨中心、结算中心和配送中心，推进邮政与电子商务企业的战略合作，发展电商小包等新型邮政业务。

城乡物流。根据襄阳市城市总体规划，牛首镇是襄阳中心城区产业配套或承接中心城区产业转移的首要地区，是以商贸物流、休闲旅游产业及健康宜居为主导的滨江生态新镇。园区位于牛首地界，毗邻太平店镇，因此通过在两镇建设集客运、货运、小件快运、邮政快递等为一体的农村综合物流服务站，大力发展农产品物流，能吸引烟草物流企业、速递服务企业、邮政网络企业、电子商务物流商贸连锁配送企业等入驻，承担城乡物流配送服务等功能。

三、示范特色

（一）加强规划建设，创区域中心

园区坚持合理的规划引领，从空间结构、各功能分区定位进行规划落实；根据总体规划设计，加快物流、配套等基础设施建设。近三年，园区入驻企业数量稳定增加，涉及工业、旅游、商贸物流等多种类型，产业配合程度进一步提升。"八大市场"入驻个体工商户达到1700余家，繁忙的商业活动和工业活动为园区带来了可观的收入，促进了就业人数和物流从业人数的稳步增长，打造了鄂西北重要的农产品交易中心，同时带动襄阳市乃至整个鄂西北地区的发展；在落实规划，完成设施建设基础上，园区借助地理优势，积极整合公路、铁路、港口、机场资源，大力发展公铁联运、公水联运、公空联运等多式联运模式，加强了与周边城市的联系，并结合物流业务的需求，相应地建立城乡物流配送系统，促进与周围地市公路快运专线业务的发展。

（二）发展智慧物流，促模式创新

园区企业积极开发利用人工智能技术、区块链技术、物联网技术等，提升企业物流业务在襄阳的效率和服务质量，推动物流企业的数字化和智能化发展，吸引了多家物流企业入驻。其中，襄阳传化公路港物流有限公司整合了襄阳城区85%以上的公路货运信息和80%以上的公路运力资源，链接传化物流集团在全国的60余个公路港、400万运力资源。同时，通过园区内AGV机器人项目的推进、物流信息平台的推广、智能分拣技术的应用等，实现了物流的高效周转，推动行业物流周转效率，促进物流向智慧化、无人化发展。

（三）建设专业物流，促多元发展

在国务院办公厅《关于印发"十四五"现代物流发展规划的通知》中，明确指出未来需要补齐农村物流发展短板、促进商贸物流提档升级、提升冷链物流服务水平。

园区紧紧围绕国家物流规划方向，坚持冷链物流、商贸物流、电商快递、城乡物流等多种物流模式共同发展。针对冷链物流，园区在打造自身特色与优势的同时，实现"新模式""新思路""新业态"的创造，应用生鲜电商冷链宅配、"中央厨房＋食材"冷链配送等冷链物流新模式，满足城市多元化消费需求。针对商贸物流，园区通过物流企业的集聚以及信息技术的推动，促进了商贸服务企业与物流企业深化合作、自营物流与第三方物流协调发展。针对电商快递，园区通过推广集约化配送模式，实现了末端配送模式的多元化。按照"分拨中心—配送中心—配送网点"三级电商快递物流节点体系，建立市域、区（市）快递投送网络。针对城乡物流的发展，园区承担城乡物流配送服务等功能，促进了襄阳中心城区产业向周围地区的转移，打开了物流发展的新思路。

四、发展方向与未来展望

（一）加速完善体系与基础设施建设

园区未来的总任务是完成总体规划建设的各项任务、建设"十五系"：完成商业物流主体工程体系、工业生产主体工程体系、交通设施体系、城市水网设施体系、城市电网设施体系、城市气网设施体系、城市邮政通信设施体系、文化卫生设施体系、城市绿化设施体系、居民公共服务设施体系、环境卫生设施体系、消防安全设施体系、城市装饰实用小品体系、地下空间开发体系，完善园区管理体系。

同时，园区将加快建设园区循环主干道。不断完善水、电、气、网、绿化、路灯等配套设施。积极协调推动公共服务设施规划建设，推动园区学校、医院、消防、公安等功能配套设施早日建成。

（二）加快产城融合，带动产业集聚发展

进一步发挥园区资源优势，打造多式联运物流网络：加强与铁路、航空、港航运输对接，着力打造多式联运物流网络，为襄阳建设国家物流枢纽承载城市贡献樊城力量。着力推动园区扩能改造，积极探索"物流＋产业"融合共生模式，多方争取市级政策支持，加快新城市场配套物流园区的建设。推进园区餐饮、教育、医疗、金融、文化、旅游等配套服务业的完善，促进园区产城融合发展，推动市场加快转型升级，实现高质量发展。加快培育现代物流企业，加快完善物流产业链条，加快形成物流产业集聚，力争到2027年，发展2家5A级物流企业，2A级以上的物流企业达到8～12家，进入国家、省重点物流企业名录的达到5家以上，高位推进襄阳樊西国家物流枢纽城市承载地建设，打造襄阳樊西国家级现代商贸物流示范区。

（三）加快建设重大平台

以重大项目为支撑，重点规划建设五类重大平台。

一是建设技术创新平台。鼓励企业创建国家级、省市级企业技术中心、企业重点研究院等企业研发机构，支持企业主导开展产学研合作，围绕产业关键核心技术开展技术

攻关。

二是建设产业发展平台。按照核心引领、链式突破、集聚发展的思路，大力推进产业集聚，加快推进老园区升级改造、新园区建设开发，加快形成具有竞争力的产业体系。

三是建设城市服务平台。推进中心城区提质增容，延伸拓展商贸服务、休闲服务、金融服务等，打造集商业中心、文化中心、科技中心等城市功能为一体的平台。

四是建设物流总部平台。以面向汉江流域提供生产性服务为导向，引进知名企业如京东、顺丰等，打造集仓储、配送、结算、大数据、云计算等现代物流业务于一体的智慧化物流产业中心。同时，积极引导上下游产业链企业进驻园区，形成智慧物流、电商物流、冷链物流等产业集群，提升区域经济活力。

五是推进数字化平台。通过建设数字化物流平台、引入智能化物流装备等方式，提高物流效率和准确性，实现数字化转型升级。

（撰稿人：赵丹，冀诚）

重庆南彭贸易物流基地（暨重庆公路物流基地）

畅通跨境公路物流大通道，联通全国商贸物流大网络

重庆南彭贸易物流基地（暨重庆公路物流基地，以下简称"园区"）位于重庆市巴南区，于 2009 年设立。重庆市是国务院批复确定的国家重要的中心城市之一、长江上游地区经济中心、国家重要先进制造业中心、西部金融中心、国际综合交通枢纽和国际门户枢纽。巴南位于重庆中心城区南部，是重庆生态之城、人文之城的重要组成部分，区位优势突出，东与涪陵、南川接壤，南与綦江相连，西与江津、大渡口毗邻，北与南岸、江北、渝北、长寿交界。渝湘高速、沿江高速等 8 条高速公路在境内交会，铁路东环线贯通南北，佛耳岩码头连通长江黄金水道，构建起公铁水多式联运的综合物流枢纽。园区是集多式联运、现代仓储、货运配载、展示交易、增值加工、城市配送等功能于一体的公路枢纽型经济集聚区，重点发展电子商务、专业市场、综合现代物流、国际贸易物流等，被纳入国家《西部陆海新通道总体规划》，成为全市"1＋3"国际物流分拨中心运营基地。

一、园区概况

（一）立项背景

园区是重庆市根据国家发展改革委办公厅《关于重庆市三基地四港区物流枢纽布局规划有关问题的复函》和《重庆市贯彻国家物流业调整和振兴规划的实施意见》打造长江上游综合交通枢纽、国际贸易大通道而规划的"三基地四港区"之一。园区深度融入"一带一路"、成渝地区双城经济圈、西部陆海新通道建设等国家战略，是贯彻落实习近平总书记重要指示精神，建设内陆开放高地的重要载体。园区定位为全国物流网络重要节点，西南地区重要陆路物流配送平台，重庆市级的综合性枢纽级公路物流基地，并且被纳入国家《西部陆海新通道总体规划》进行重点培育打造。园区获批国家示范物流园区、国家骨干冷链物流基地、国家电子商务示范基地，是重庆市重点打造的四大货运枢纽之一、首批市级重点物流园区、中国（重庆）自由贸易试验区联动创新区。园区远期规划国土空间范围约 45 平方千米，规划覆盖国土空间范围约 12 平方千米。形成国际农产品加工、家居、建材、食品、商用车、木材等 20 余个品类的专业市场集群，累计

实现市场交易超 4500 亿元，2021 年、2022 年连续两年年市场交易额超 1000 亿元，迈入千亿级商贸物流产业集群。2023 年 1—6 月，园区实现销售额约 600.74 亿元，同比增长约 11%。

（二）区位交通

园区处在重庆"四环二十二射六十联线"高速公路网中"二环二射"高速路围合形成的"金三角"地带，北邻内环快速公路，南接绕城高速公路，东连中西部大通道渝湘高速公路，西联出海大通道渝黔高速公路，已形成"三高一快三主"的公路路网体系。园区对内可实现重庆市内"一江两港一枢纽"航运和铁路干线等交通体系的联结，对外可通过内环快速、绕城高速、渝湘高速、渝黔高速，快速对全市区县及周边省市、重点枢纽城市进行"门到门"直达运输；重庆铁路东环线南彭站位于园区北侧，系全线重要货运枢纽站，拥有年货物处理量 620 万吨的货运堆场，建成后年货物处理量将达到 1420 万吨，是连通重庆中心城区及主城外围组团的快速客货运铁路通道。佛耳岩港紧邻长江南岸，是重庆市水运基础设施体系中的 8 个专业化支点港之一，设计年货物吞吐能力 210 万吨，通过出港道路—渝南大道—龙洲湾隧道连接园区，最短路程仅 23 千米，可通过长江黄金水道快速通江达海。

（三）基础设施

园区已建成库房建筑面积约 503 万平方米，包括多层仓库、自动化仓库和保税仓库等类型的规模化、专业化的仓储物流集群，其中自动化库房面积约 130 万平方米，保税库房面积约 9 万平方米，冷藏冷冻库房面积 11.35 万平方米；已建成集装箱堆场面积 3 万平方米，大宗散货堆场面积 92 万平方米，具备货物的储存、中转、分拨能力及货运辐射能力，在重庆及西南地区名列前茅。

南彭货运站场。重庆铁路东环线南彭站占地 1.114 平方千米，定位为客货共线的快速铁路，车站设到发线 7 条（含正线 2 条），预留 6 条，有效长 850 米；初期承担怕湿货物 260 万吨、笨重湿货物 220 万吨、集装箱 140 万吨、远期承担怕湿货物 620 万吨、笨重湿货物 440 万吨、集装箱 360 万吨、远期总运量 1420 万吨。

重庆南彭公路保税物流中心（B 型）。项目占地面积 13.7 万平方米，规划建筑面积约 10.5 万平方米，含保税仓库约 9 万平方米、办公楼及车库约 1.5 万平方米，可开展保税仓储、国际物流配送、简单分装、进出口贸易、转口贸易、出口退税、跨境电子商务等业务。截至 2023 年 6 月，已吸引京东全球购等 43 家企业入驻，其中 2023 年 1—6 月累计引进 2 家企业。西部陆海新通道跨境公路班车由南彭保税物流中心发车，自 2016 年 4 月班车首发至 2023 年 6 月底累计发车超 14000 车次，总货值约 87 亿元，其中 2023 年 1—6 月累计已发车 2426 车次，发运国际标准箱 5458 标箱，总货值约 15.74 亿元，全面深度融入西部陆海新通道建设。

二、主要做法

（一）招商引资汇聚四大产业集群

商贸物流集成发展。园区引入京东、华南城、顺丰、申通、新发地等 70 余家商贸物流龙头企业，二次招商企业超 5000 家，全面形成以顺丰、申通等为代表的综合物流产业集群，以华南城、重庆协信汽车公园等为代表的专业市场集群，以京东电商产业园、霍氏百利威等为代表的电子商务产业集群，以跨境公路班车、南彭公路保税物流中心（B 型）为代表的国际贸易产业集群。2022 年，园区货物吞吐量 768 万吨，同比增长 18%，物流业务总收入约 28 亿元，同比增长 2%；2022 年，园区累计引进项目超过 30 个、投运面积近 100 万平方米，园区内库房建筑面积约 503 万平方米。其中，冷藏冷冻库房约 66.3 万立方米，服务 100 余家国内外知名企业、医药重点企业、专业合作社、种养殖大户等，实现商品流转额 150 亿元以上，市场需求旺盛。2022 年，园区抢抓西部陆海新通道、成渝地区双城经济圈建设发展机遇，实现商贸物流交易额约 1040 亿元、税收 16.54 亿元，固定资产投资约 63 亿元，新增规上企业 20 家，交易规模再创历史新高。

（二）优化营商环境，提升服务效能

园区成立重庆市首个园区政务服务分中心。该中心共设置有开办企业综合服务（3 个）、党群服务窗口（3 个）、开办企业金融服务（1 个）、川渝一跨省—全渝—巴温通办（1 个）、其他审批综合服务（1 个）五类窗口，可现场快速办理 156 项政务服务手续。该中心通过委托授权 5 项、代办帮办 1148 项（线上），以入企上门、按需、预约、延时、自助区等多种方式进行，并配置有政务服务智能一体机、证照打印机、自助电脑。园区的政务一站式服务，真正实现了让企业"只跑一次"，审批事项"一窗综办"，实现"园区事项园区办"，打通服务企业"最后一公里"，全面提升了服务企业水平；成立重庆市巴南区商贸物流商会，加入会员单位 81 家，凝聚发展活力；开设园区循环公交线路，完善园区交通配套；出台园区二次招商优惠政策，盘活各大专业市场，加大市场外迁招商力度。

（三）通道平台联动，提升开放能级

跨境公路班车打通跨境公路物流大通道。园区是跨境公路班车的首发地，现跨境公路班车已成为重庆市运营西部陆海新通道三种主要运输方式（铁海联运班列、国际铁路联运班列、跨境公路班车）之一，开通面向东盟、中亚、南亚共 11 条运输干线，其中东盟班车开通有东线、东复线、中线、西线、亚欧线以及重庆—新加坡线 6 条线路；中亚班车开通有乌兹别克斯坦线、哈萨克斯坦线和吉尔吉斯斯坦线 3 条线路；南亚班车开通有印度线、尼泊尔线 2 条线路。班车实现了对东盟国家跨境公路运输的全覆盖和中亚、南亚国家线路的贯通，与中欧班列无缝对接。拥有 34 个海外分拨仓，成功取得大湄公河次区域

（GMS）行车许可证及国际公路运输系统（TIR）批准证明书，班车累计发车超 14000 车次，总货值超 87 亿元，实现平均每天 10 班的发车频次，服务生产和外贸企业 300 余家。重庆南彭公路保税物流中心（B 型）引入京东全球购等 43 家企业，累计实现进出区货值约 290 亿元。东盟商品交易中心引进顺君意等 40 家企业，累计销售额约 55 亿元，打造东盟特色商品展示展销中心。成立重庆国际分拨（公路）海关监管中心，整合东盟班车回程货物资源。拥有查验区、检疫区、进出口货物监管仓库、装卸货平台等区域，可满足进出口货物的查验、分拨、存放等功能，并设置单向六车道的独立出入卡口，形成入关、待检、查验、出关的单循环出入通道，可最大限度保障通行效率。通道平台联动发展，东盟贸易服务总部基地初见雏形，深度融入西部陆海新通道建设。

业务规模稳步上升。2022 年，重庆跨境公路班车新增开通印度洋、尼泊尔 2 条南亚线路，开通重庆经云南河口至越南线路，拓展班车运输辐射范围，截至年底跨境公路班车共开通 11 条线路，其中东盟线 6 条、中亚线 3 条、南亚线 2 条，全年共计发车 3366 车次，总重约 5.5 万吨，总货值约 22.01 亿元；南彭公路保税物流中心（B 型）新入驻企业 5 家，全年实现进出区货值约 60 亿元，东盟商品集采城新入驻企业 12 家，全年实现交易额约 12 亿元；搭建成渝跨境运输平台，实现跨境公路班车联盟首发，整合两地资源，2022 年跨境运输联盟共计发车约 4200 班次，货值约 57 亿元，有力带动成渝货物贸易发展。跨境公路班车以重庆为中心，辐射全国 15 个省（区、市），覆盖沿线国家的部分城市，在设立广西凭祥办事处基础上，新增首个老挝万象境外办事处，进行境外网络布局，联动边境口岸数量达 22 个，布局海外分拨仓 34 个。截至 2023 年 6 月 30 日，西部陆海新通道跨境公路班车累计发车超 14000 次，发运国际标准箱 31722 标箱，货物总重 23.87 万吨，总货值 87.06 亿元，发车频率平均每天 10 班，运营成效实现 6 年连续增长，跨境公路班车的蓬勃发展为建设东盟贸易服务总部基地奠定坚实基础，推动园区建设中国（重庆）自贸试验区联动创新区。

运行质量持续提升。2023 年 1—6 月，西部陆海新通道跨境公路班车共计发车 2426 车次，同比上升 142%；总重超 4.57 万吨，同比上升 191%；总货值超 15.74 亿元，同比上升 154%。2023 年，重庆跨境公路班车新开通重庆—云南天保口岸—越南线路，运送"重庆造"大型水电设备融入"一带一路"倡议；重庆跨境公路班车新开通重庆—云南弄岛口岸—缅甸线路，运送"重庆造"汽摩配件融入西部陆海新通道建设；强化渝东北等区县服务力度，助力奉节脐橙、柑橘等重庆特色农产品出口东盟，越来越多的中国商品通过跨境公路班车走向了世界。西部陆海新通道跨境公路班车从南彭公路保税物流中心（B 型）出发，驶向缅甸内比都，全程公路运输，预计 4 天即可到达，发车频次已提升到日均 13 班，货源由通用机械发展至汽摩、电子产品、原材料、日用品、水果等品类，服务生产、外贸企业达 300 余家。成渝跨境公路班车联盟持续深化，成渝跨境公路运输平台品牌效应提升，园区利用区域内公路物流枢纽优势及便捷的公路网络，构建起西南、华东、华南等地区经重庆联结南亚、东亚、中欧的跨境贸易物流通道，形成去程以核心原材料、家用消费品为主，返程以资源型消费品、纺织服饰为主的双向贸易物流模式。

多式联运不断优化。目前，重庆跨境公路班车已实现对中南半岛跨境公路运输的全覆盖，构建起以跨境公路运输为主，公铁（与中欧班列、中老国际班列衔接）与公海（与钦州港、印度洋衔接）为辅，横跨亚欧大陆，覆盖东盟的跨境多式联运网络。2022年，重庆跨境公路班车正式开通重庆—缅甸—印度洋运输大通道，创新探索跨境公海联运新模式。在此之前，重庆货物要运抵印度孟买，通常采用江海联运的模式，即货物在重庆装船抵达上海后，再转海船到印度洋，前后需45天时间。2022年5月17日，满载着摩配零部件产品的重庆跨境公路班车从重庆南彭公路保税物流中心（B型）出发，驶向缅甸仰光，随后乘坐海船经印度洋到达印度孟买，全程约需10天，比传统的江海联运快约35天。在陆运方面，缅甸是中国联结东南亚、南亚次大陆的重要交通要道；在海运方面，缅甸位于太平洋和印度洋的咽喉。此次开通的重庆—缅甸—印度洋新线路，将中国西南地区与印度洋联结起来，不仅可以减少传统物流通道对马六甲海峡的依赖，也为中国西南地区增加了一条通往印度洋的安全、便捷、经济的出海大通道。

（四）完善配套，加快构建物流运行体系

完善配套服务设施及货场建设。园区秉承"园城共建"理念，东城大道、海棠立交、百合立交等40千米市政道路投用，形成四纵六横道路交通网；建成海棠污水处理厂、垃圾转运站等基础配套设施以及27万立方米标准厂房；公交车、中小学、社区医院、派出所、银行等生活配套设施同步完善，16万立方米奥特莱斯、酒店、电影院等商业设施建成，园区加速成为宜居宜业的城市新区。

2022年12月30日，重庆铁路枢纽东环线正式通车，途经巴南并在园区设置南彭站。作为国铁集团和重庆市重点工程项目，重庆铁路枢纽东环线设计时速160千米，正线全长160千米，为客货共线双线电气化铁路。南彭站货场主要依托枢纽东环线，一期占地面积约13万平方米，已建成投用，并于2023年7月12日开办货运业务，初期拥有货物线3条，可同时容纳90辆货车作业，预计最大可容纳630个集装箱，可承接办理集装箱货物、笨重货物及成件包装货物到发业务，为钢铁、煤炭、木材等适合铁路运输、铁水联运、集装化运输的产品提供铁路运输方案，提升园区的集散分拨功能。

（五）园区枢纽协同发展

重庆作为同时有水、陆、空、生产服务四种类型国家物流枢纽的承载省区市，2023年7月28日，园区成功入选2023年国家物流枢纽建设名单，为重庆"五型"国家物流枢纽补齐最后一块拼图。自园区纳入国家规划布局以来，按照"建设大平台、构建大通道、形成大枢纽、发展大产业"的发展思路，充分发挥重庆市庞大的腹地需求、优越的交通区位及多重国家级战略叠加等优势，加快引导物流、商贸、产业等要素向重庆枢纽及周边集聚，进一步提升重庆市向西南地区、东盟国家、"一带一路"沿线国家的商贸物流辐射能力，推动形成以国家物流枢纽为核心的骨干物流基础设施网络和骨干多式联运体系，以有效降低社会物流成本水平，支撑构建国内以大循环为主体、国内国际双循环相互促进的新发展格局，为实体经济高质量发展和现代化经济体系建设提供强有力的支撑。

具体而言，园区侧重对全市商贸集群提供物流供应链集成服务，与其他四类国家物流枢纽协同发展。与陆港型枢纽方面，在面向东盟、西部陆海新通道的铁海和国际铁路联运方面进行合作，协同开展相关班列的运输业务。与空港型枢纽方面，将高品质进口航空货物依托商贸枢纽面向周边地区进行展示交易和物流配送。与生产服务型方面，将工业品通过跨境公路班车销往东盟国家。与港口型枢纽方面，将通过水运运输至重庆的国内国际消费品等，在商贸枢纽进行展示交易和分拨配送。在全市物流运营和组织中心的统一调度下，实现上述业务的协同运营。兼顾多区域产业布局结构，分区布局，并按照对接干线、辐射区域的原则，聚集区域内顶层功能性物流设施与资源，形成对区域内物流要素的整合，从而实现园区辐射区域内物流要素和产业要素的空间合理、层级差异化整合，为运作层面的组织化整合提供保障。

三、示范特色

（一）商贸与物流联动，实现"三链"深度融合

园区引进新兴专业市场集群，充分利用交通条件，促使各专业市场与公路运输优势相结合，推动商贸物流集约化发展。打造电商快递产业集群，园区先后签约引进京东、顺丰、霍氏百利威等项目，通过线上线下融合发展，切实推进园区电商产业发展。不断提升和优化"电商＋物流"产业集群项目的物流服务及售后流程，使重庆本地配送周期大幅缩短，大大改善了用户的购物体验，提速了重庆电子商务产业的发展，深度融合了运输链、物流链、产业链，促进物流业的提质降本增效。

（二）国际化发展，畅通跨境公路物流大通道

一是建设南彭公路保税物流中心（B型）功能性平台。南彭公路保税物流中心（B型）是重庆市首个集保税仓储、增值物流、商品展示交易等功能于一体的公路保税物流中心，对园区商贸物流国际化发展具有重大的推动作用。

二是打通重庆跨境公路物流大通道。创新开通了东盟班车与中亚班车两大国际干线公路物流运输网络，重庆率先成为全国唯一同时拥有国际公路运输系统（TIR）和大湄公河次区域（GMS）直通车牌照的全牌照城市，形成了货畅其流、经济便捷的跨区域物流大通道。

三是建设重庆国际分拨（公路）海关监管中心对外开放平台，该平台于2019年年底通过海关验收，将在重庆海关支持下打造成为进口冷冻水产品的集散地，整合东盟班车回程货物资源，服务重庆及周边地区市场发展。

四是打造东盟商品集采城。作为西部内陆地区对东盟货物及物流分拨需求的承接地，将为重庆市场提供中国与东盟商品互通有无、集中展示、集中交易的新平台。

五是开放平台互动发展。2022年7月4日，巴南区政府、园区、东盟公司分别与四川天府新区管委会等单位合作共建跨境公路班车联盟（成渝跨境运输平台），并实现跨境

公路班车联盟首发，有效整合川渝两地跨境运输上下游资源及海外跨境公路运输资源，助力川渝地区口岸物流体系高质量建设，发挥成渝两地双核带动及辐射作用，促进川渝地区"一带一路"建设与内外贸"双循环"产业布局。

（三）科技驱动，构建智能化信息平台

园区上线运行一期智慧园区管理与智慧物流平台。该平台已实现对园区概况、国际物流、跨境班车、南彭公路保税物流中心（B型）运营相关月度数据展示以及对园区四大主要路口实施交通监控和车流计数。下一步将继续加快建成物流分拨节点与多式联运国际物流通道一体联动的智能化信息平台，实现政府部门、生产企业、商贸企业、物流企业的信息对接，衔接全市多式联运信息平台、国际贸易"单一窗口"，加强信息分享广度、信息传递速度、服务便利程度，优化企业运输生产方式，提高企业通关效率，降低企业的仓储成本、运输成本和管理成本。

（四）创新服务，优化营商环境

2021年6月挂牌全市第一个园区政务服务分中心，通过开设审批服务"一窗综办"窗口，运用"渝快办"网审平台，将企业设立登记、食品流通许可、税务、道路运输许可、发展改革委备案、规划建设手续办理等156项政务服务事项下沉园区，实现"园区事项园区办，企业审批不出园"。

另外，园区创新推进第三方物流与第四方物流合作发展模式，发展分享经济，加快资源整合。园区引进第三方物流企业，打造集运输、配送、仓储于一体的综合物流体系；同时引进第四方物流企业，构建物流电子信息平台。促成实体资源优势与信息资源优势有机结合，实现联动发展，降本增效。

四、发展方向与未来展望

（一）拓展开放通道建设

按"站城一体化"模式打造南彭"枢纽港"城市功能新名片；打通与佛耳岩港等的通道，联结东盟贸易国际走廊与长江黄金水道；打造重庆跨境公路班车国际走廊，推动建设高铁快运园区，探索开行国际货运班列，形成内陆型开放口岸、国际物流枢纽和商品交易中心"三合一"开放平台，打造西部陆海新通道的新门户。

（二）提升对外开放能级

一是围绕"贸易货物"开展货运代理服务。对入驻南彭公路保税物流中心（B型）联检大楼的企业开展货运代理服务，包含货物装卸服务、国际物流运输服务、仓储存放服务，以及在南彭公路保税物流中心（B型）报关、在边境口岸清关所办理的免税、退税、单证核验等一系列商务手续。二是围绕"贸易企业"开展金融服务。支持开展金融

保险服务，提供对高价值货物购买"仓储险"等保险服务，以避免因存放过程设备磕碰造成损失。三是围绕"贸易资金"开展银行担保服务。支持中小型跨境电商企业向政策性银行、商业银行等申请开具银行保函，支持有关银行跨境电商企业开展跨境电商业务银行担保服务和低息融资贷款，保障企业资金不断链，支持外贸企业健康发展。

（三）打造重庆 RCEP 服务中心，提供东盟泛法咨询

重庆 RCEP（《区域全面经济伙伴关系》）投资贸易服务中心是集法律、财税、金融、商务、项目及资源对接等为一体的综合服务平台，立足重庆，辐射西南，汇聚涉 RCEP 政商资源及经贸服务链专业机构，建立丰富的境内外工作网络，积极为重庆外向型企业提供投资贸易综合服务。支持企业走出去、引进来，通过定期发布涉及东盟的政策法规、经贸动态、风险预警、项目信息等，助力重庆企业开拓 RCEP 市场。同时，打造东盟企业来渝投资合作的窗口，服务 RCEP 成员国投资重庆，全面增强东盟国家法律服务核心竞争力和品牌影响力，进一步发挥仲裁等纠纷解决机制的作用，保护企业合法权益，促进企业健康稳定发展，为重庆创造优质营商环境，为促进 RCEP 自贸区政策红利持续释放和建设社会主义现代化新重庆提供支撑。

（撰稿人：覃莉，王怡）

四川宜宾临港国际物流园

厚植绿色低碳发展优势，助力多式联运物流体系建设

四川宜宾临港国际物流园（以下简称"园区"）地处拥有"西南半壁""万里长江第一城"美誉的宜宾市，位于国家级经济技术开发区——宜宾临港经济技术开发区（以下简称"宜宾临港经开区"）。宜宾市有2200多年的建城史，自古就是蜀汉南陲门户，川南重镇。地处川渝云贵四省的几何中心地带，金沙江、岷江、长江三江在此交汇，是50个全国铁路枢纽、63个全国性综合交通枢纽、66个全国区域级流通节点城市之一。宜宾市也是四川省培育壮大的七大区域中心城市之一，是四川省委确定的长江上游区域中心城市、四川南向开放枢纽门户，产业基础不断夯实，经济发展质效不断跃升，2023年地区生产总值达3806.64亿元，同比增长7.5%。宜宾临港经开区位于长江起点零公里处，是宜宾市中心城区向东沿江发展的核心区域，也是四川省第一个省级新区，它紧紧围绕长江上游绿色发展示范区、创新型现代产业集聚区、国家产教融合建设示范区、四川南向开放合作先行区的定位，打造成为全市经济社会发展的"核心引擎"和"动力之芯"。园区围绕动力电池和新能源汽车、高端装备制造等新兴产业发展，打造物流载体和服务网络，推动制造业和物流业融合发展，有力保障产业链供应链安全稳定。园区被评为第四批示范物流园区、全国优秀物流园区、国家级服务业标准化试点、第三批国家多式联运示范工程、四川省现代服务业集聚区创新发展先进单位等。

一、园区概况

（一）运营主体

园区由宜宾临港经开区管理委员会统一运营管理，具体由四川宜宾港（集团）有限公司按照市场化原则负责开发建设。四川宜宾港（集团）有限公司注册资本金5亿元，主要开展投资与资产管理、园区开发、港口建设与运营、货物运输、货运代理、物流金融服务、国际国内贸易等业务。

（二）区位交通

园区位于宜宾市宜宾临港经开区沙坪街道宜宾港路北段。宜宾临港经开区位于长江

起点，是成都—贵阳、重庆—昆明交会处，辐射川滇黔 3 省 8 市，是宜宾市中心城区向东沿江发展的核心区域。

园区依托宜宾港及宜宾水运口岸、宜宾港铁路集疏运中心，邻近省道 307 与成渝环线高速等区位优势，可实现 1 小时到成都、重庆，1.5 小时到贵阳、昆明。规划建设"四高七普" 11 条铁路、15 条高速公路、五粮液机场以及四川最大内河综合枢纽港——宜宾港，已建成宜宾港铁路集疏运中心（进港铁路），园区地理区位见图 1。周边布局有欣联物流电商产业园、西部食品商贸城、中国西南机械装备贸易城，以及宜宾高新技术产业开发区、四川省智能终端产业示范园等，交通条件与产业基础良好。

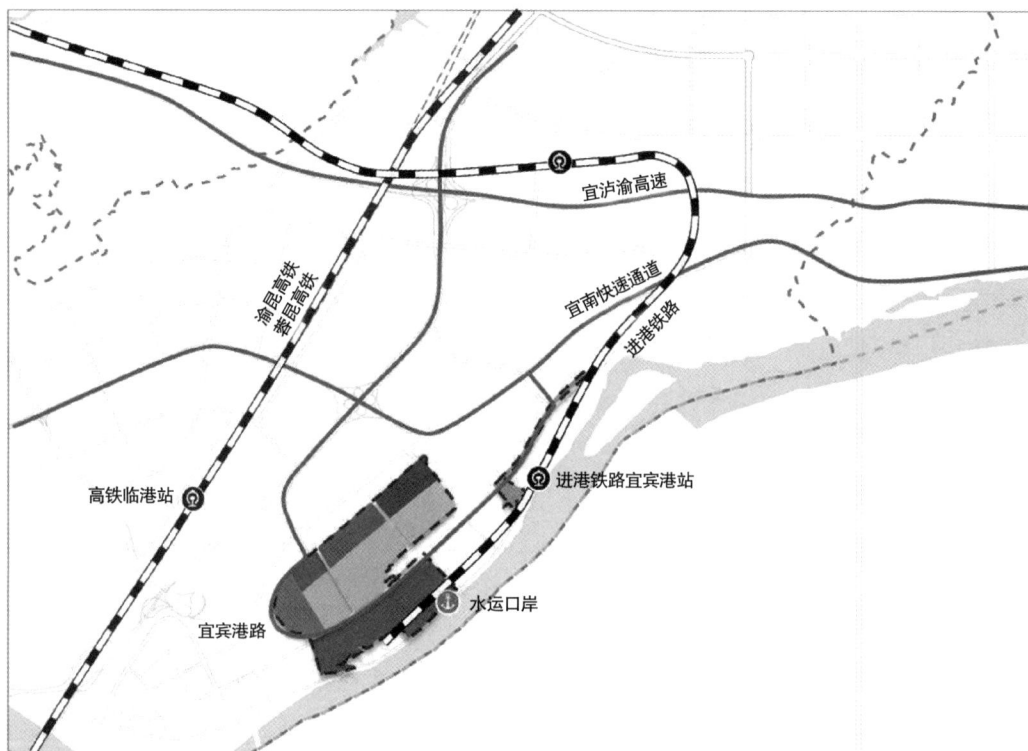

图 1　园区交通区位

（三）规划建设情况

园区是依托四川最大内河综合枢纽港——宜宾港而建立的综合服务型园区，规划面积 2.07 平方千米，其中物流运营占地面积 129.63 万平方米，于 2008 年开始建设，规划总投资 200 亿元，累计投资 83.96 亿元，已开业运营近 12 年，共入驻企业 509 家。园区拥有国家临时开放口岸、国家跨境电商综合试验区、国家外贸转型升级基地、四川自贸区协同改革区、国家进境粮食指定口岸等开放平台，各类高能级平台汇聚，纵深推动临港国际物流园高质量发展。2023 年，园区实现外贸进出口总额 235.69 亿元，同比增长 6.6%，占全市外贸进出口总额的 64.7%，支撑宜宾外贸进出口额居全省第二。园区规划港口物流、多式联运、综合保税、产业物流、仓储配送、国际贸易、综合配套七大功能区，见图2。园区具备港航物流、仓储物流、城市配送等基础服务功能，以口岸物流、保税物流、多式联运、应急物流为主的特色服务功能，以及融资担保、出口退税等增值服务功能。园区分三期建设，将为宜宾动力电池、新能源和智能汽车、智能终端、晶硅光伏等产业增添强劲动力，正加速融入沿江区域和国家通道协同开放的大局，着力打造长江上游多式联运国际枢纽。

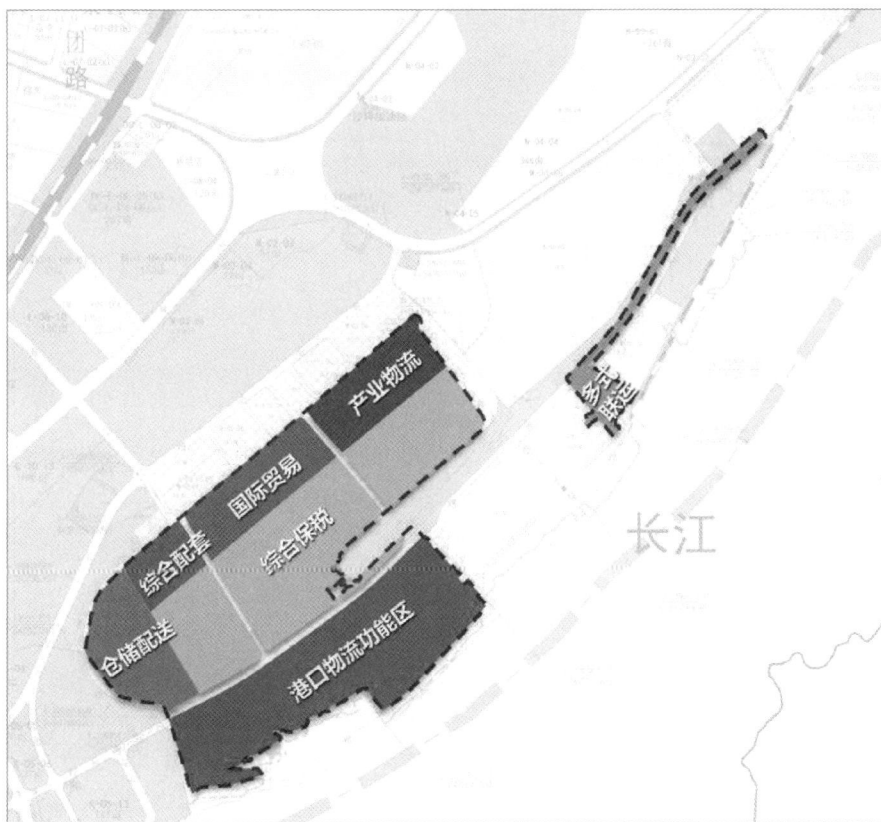

图2　园区功能区规划

1. 港口物流功能区

港口物流功能区主要依托宜宾港和宜宾水运口岸，是提供船舶作业、口岸作业的公共与监管区域，为粮食、矿建材、化工等大宗物资、集装箱等提供集装箱运输、装卸搬运、通关查验、中转集散、仓储等服务，为进出口货物及其他未办结海关手续的货物提供专门存放的场所，设有多用途、重大件、滚装、散货等类型泊位和集装箱堆场、海关监管仓等。

2. 多式联运功能区

多式联运功能区主要依托宜宾港与进港铁路宜宾港站，是提供铁路集装箱装卸搬运作业的公共区域，为粮食、机械装备等内外贸货物提供铁水联运服务，设有堆场、铁路装卸线、操作场站等设施。

3. 综合保税功能区

综合保税功能区主要依托宜宾综合保税区提供保税货物的保税仓储、加工制造、研发设计、销售、维修等服务，现已获批 0.89 平方千米的综合保税区，待条件成熟后，将逐步扩大综合保税区范围。

4. 产业物流功能区

产业物流功能区主要面向宜宾市及周边地区的生产制造型企业提供生产物流、集散分拨、流通加工、城市配送、供应链物流等服务，支持腹地范围内智能终端、白酒食品、生物医药、装备制造等产业集群成链发展。

5. 仓储配送功能区

仓储配送功能区主要面向川南地区居民消费物流需求，为居民日用品、消费品、网购品等货物提供绿色配送、集散分拨、快递运输、流通加工等服务。

6. 国际贸易功能区

国际贸易功能区主要依托进出口商品展贸中心、商贸集聚区等提供进出口货物、本地特色商品的展示展销、服务咨询等。

7. 综合配套功能区

综合配套功能区主要提供办公、住宿、餐饮、娱乐等服务，设有办公大楼、会展中心、酒店以及娱乐设施等，为入驻企业提供办公、交易、交通、通信等现代化的基础设施和良好环境，为往来贸易商和商旅人士提供商务宴请、住宿和娱乐休闲服务。

二、主要做法

（一）紧抓通道建设，多式联运体系加快构建

园区具备宜宾港铁路集疏运中心（进港铁路）、长江黄金航道、高速公路等交通要素，毗邻宜宾五粮液机场 20 千米。初步构建北经蓉欧（渝新欧）至欧洲、东经长江至日韩、南经西部陆海新通道至东南亚的多式联运国际物流通道体系。

一是水运通道建设。抢抓成渝地区双城经济圈建设、长江经济带发展国家战略，深化与重庆港、上海港等长江主要港口合作。宜宾港志城作业区多用途泊位、滚装泊位、重大件泊位建成投运，散货泊位即将验收投运，稳定开行"川—渝—沪"外贸集装箱班轮快线、"川—鄂—沪"长江班轮，宜宾至上海、重庆、武汉等地集装箱班轮，2023 年开行水运班轮 934 航次，同比增长 37.56%；完成集装箱吞吐量 10.71 万标箱，同比增长11.4%。借助园区多式联运优势，C919 机头、米轨机车等重型设备均在宜宾港通过重件泊位吊装下水，直达华东地区以及阿根廷等地，降低了大型设备生产商的物流成本和运输时间。同时，深化宜宾港与重庆果园港进行港航物流产业合作，进一步延伸集装箱公共支线班轮航线，助力加快建设川渝两地水运大通道，打造干支联动、江海直达的航运体系。

二是铁路通道建设。长江干线 12 个港口铁水联运设施联通项目之一宜宾港铁路集疏运中心项目建成投运，开行"川—桂—港（马）"南向通道（宜宾—钦州）集装箱双向

铁路班列、"宜宾港—昆明"铁水联运集装箱班列、"川西南地区—宜宾港—东部沿海"铁水联运班列,深化与成渝合作,开行"宜宾—欧洲"国际铁路班列,积极融入国家"一带一路"建设,进一步凸显宜宾作为四川南向和东向开放桥头堡的战略价值。随着成渝地区双城经济圈建设的不断深入,川渝两地高效联动,协同开展深度合作,积极抢抓全球汽车产业"新四化"带来的产业重构机遇。为满足汽车产业高速发展产生的物流需求,四川宜宾港(集团)有限公司联合重庆长安民生物流股份有限公司、中国铁路成都局集团有限公司等共同打造中国西部汽车物流多式联运示范工程,获交通运输部认定,成为四川省唯一入围全国第三批多式联运示范工程项目。中国西部汽车物流多式联运示范工程应用"滚装+驮背+整车集装箱"先进联运模式和多层立体式仓储、创新型先进装备,通过汽车物流多式联运中心、铁路专用线、宜宾港志城作业区滚装泊位,依托四条通道和两条示范线路,构建"一二三四五"汽车物流多式联运生态体系,助力汽车产业高质量发展。

三是公路通道建设。开行宜宾—深圳、宜宾—上海、宜宾—宁德等公路运输专线超1000次,全力赋能新兴产业发展。

(二)聚焦"一蓝一绿"赛道,产业潜力加速释放

园区聚焦以数字经济新蓝海、绿色新能源为核心的"一蓝一绿"产业赛道,大力发展动力电池、智能终端等新兴产业。动力电池方面,累计签约动力电池产业链项目47个,总投资超1300亿元,全球最大动力电池生产基地正加速形成,助推宜宾打造"动力电池之都"。2023年实现动力电池产值859.5亿元,增长22%。实施通道整合工程,充分发挥园区多式联运核心优势,整合铁公水物流通道,为动力电池产业提供最优通道服务。依托宜宾港水运口岸,将动力电池集装箱船舶从长江上游宜宾港启航运输至上海瑞庭时代,同时大量进口原材料通过上海港运至宜宾,借助长江内河运输优势,大幅降低运输成本(宜宾—上海水运综合价格约120元/吨,对比公路运输方式节省约250元/吨),为100余家动力电池产业企业年节约运输成本约3.5亿元。目前,在宜宾生产的锂电池需要先从宜宾运往东部或者南部港口,再运往欧洲、美洲等地,运输距离长,若打通锂电池铁路运输,将大大降低运输成本、缩短运输时间,有助于增强我国动力电池产业的国际竞争力。智能终端方面,高质量建设电子信息国家新型工业化特色示范基地,已集聚极米、朵唯等企业开展的231个项目,形成集研发、设计、生产、营销于一体的产业生态,2023年实现产值551.9亿元,增长16.2%。高端装备方面,加快打造以凯翼汽车、中国中车为代表的"2+N"高端装备制造体系,2023年实现产值69.1亿元,增长55.5%。新兴产业快速发展催生物流巨大增量空间,原料矿石、锂电、汽车整车、大宗原材料、粮食等工业原材料和产成品仓储运输需求日益旺盛。

(三)实施"电动三江"行动,构建碳大脑平台,助力园区绿色低碳化

园区深入贯彻落实习近平生态文明思想和国家"双碳"战略目标,积极践行绿色发展理念,开展绿色物流示范建设,坚决用实际行动支持碳达峰、碳中和目标的如期实现。

一是实施"电动三江"行动。推进充电基础设施建设，园区各类充电接口累计达到1597个；推进重卡换电示范站建设，重卡换电站建成投运5座，全国首座集光伏发电、储能应用、充换电、低碳交通换乘于一体的花园式国际化能源港建成投运，宜宾获批全国首批新能源汽车换电模式应用试点城市（重卡特色类）；推进出行场景电动化替代，推广应用电动重卡320辆、电动网约车200辆、电动巡游出租车1000辆，全区环卫车全部电动化。统筹发展清洁能源替代，推动形成绿色低碳的生产生活方式和园区建设运营模式，打造协同推进长江经济带绿色发展的重要典范。

二是构建碳大脑智慧平台，见图3。碳大脑智慧平台采用最先进的"云网边端"架构模型，从数字感知、数据分析和应用服务三个层次，对园区燃油重卡、充电桩等交通碳排放数据进行采集，并辅以卫星互联网和遥感影像技术，打造集大数据、能源互联网、人工智能于一体的园区碳排放管理平台，建设成为成渝地区践行"双碳"目标的物流园区新示范。

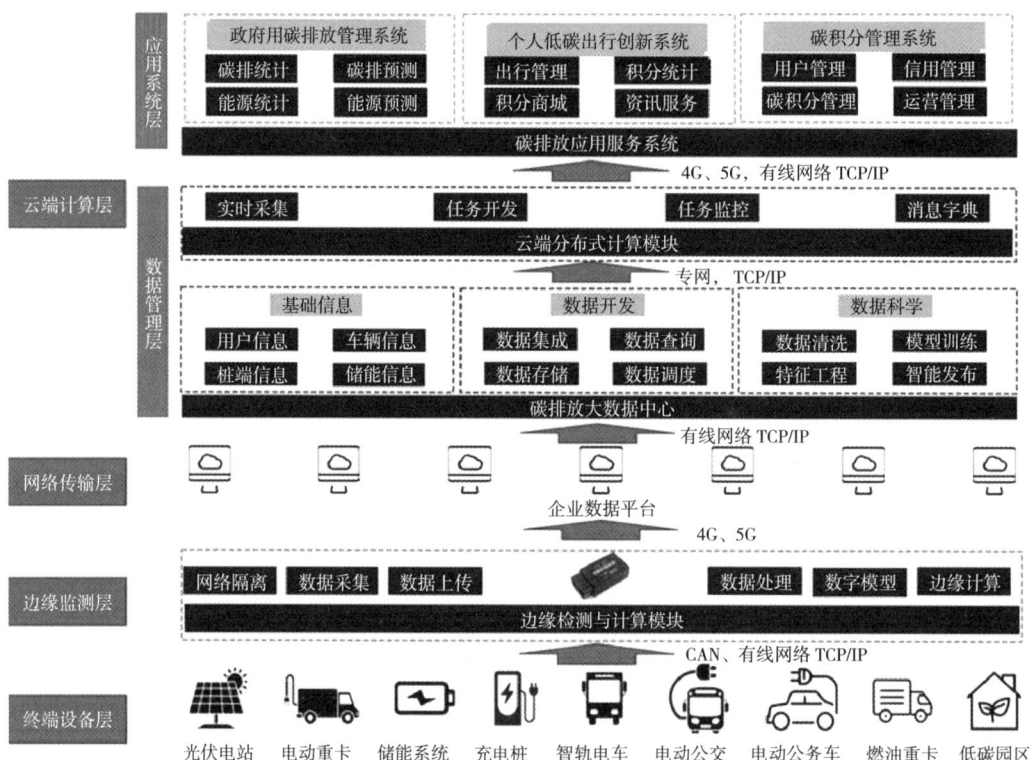

图3 交通碳大脑平台"云网边端"架构模型

三是创建零碳示范园区。建成全球首家动力电池"零碳工厂"，四川时代新能源科技有限公司（以下简称"四川时代"）从筹备起，就开始规划"零碳工厂"路径，通过在交通物流、能源利用、生产制造等环节的改造和创新，助力产业链构建更可持续的生态系统。交通物流方面，对园区与四川时代厂区间的物流链条、交通进行全面升级，广泛使用无人驾驶物流车、电动叉车等，实现供应商工厂、原料仓库、加工工厂、成品仓库、客户工厂之间零碳运转。绿色制造方面，搭建数字化生产中控管理系统，制造过程中产生的废料全部进行回收利用，镍、钴、锰等贵金属回收率可达 99.3%。节能减排方面，自主研发智慧厂房管理系统（CFMS），实现厂房系统安全可靠、高效节能、绿色低碳运行，每年可减少 40 万吨碳排放。依托"零碳工厂"建设，2022 年 10 月，四川时代工厂成功获批西南地区唯一的"灯塔工厂"。

（四）抓企业培育，物流集聚活力加速释放

出台《临港经开区促进现代服务业高质量发展的若干扶持政策》《临港经开区现代物流业招商政策》等，每年安排超 2000 万元资金用于支持以现代物流业为核心的服务业发展。成功申报省级重点物流项目 20 余个。全力推进现代物流产业招引培育，截至 2023 年年底，园区注册企业 600 余家，其中物流企业 170 余家，国家 A 级物流企业 7 家、规模以上物流企业 16 家，含中远海运等全球前 20 名的海船公司、规上供应链企业 12 家。2023 年，园区物流营业收入实现 278 亿元，货物吞吐量约 5000 万吨，物流产业集聚成势，加快建设"引领川南、融入成渝、辐射滇黔、畅联全球"的长江上游（区域性）国际物流枢纽。

（五）抓项目建设，园区承载能力加速提升

园区目前已建成综保区保税仓（原保 B 仓库）、宜宾港仓储配送中心、宜宾欣联物流园、宜宾新成储物流园、西部食品城物流配送中心等一批重点仓储设施，仓储及堆场总面积约 40 万平方米，出租率 100%；此外还建成宜宾水运口岸、宜宾港志城作业区一期及重大件泊位、五大专业市场（临港汽车商贸中心、西南轻工博览城、众生商业广场、西南机械装备城、西部食品商贸城）和四大商业综合体（浙商临港新天地、恒旭国际大酒店、白沙湖水街、恒旭金座银座）、宜宾港 5G 智慧港口项目、百川物流重卡换电项目等；新建长江上游成宜国际物流园、综保区跨境电商产业园、绿源供应链等仓储设施约 22 万平方米，预计 2024 年完工并投入使用。

（六）抓配套提能，园区服务配套加速完善

高水平推进园区省级服务业集聚区建设，配套打造体量 300 万平方米的专业市场、商业综合体、会展会议中心、总部楼宇四大集群，引进中高端酒店 30 余家、品质餐饮店 80 余家、休闲娱乐企业 70 余家，入驻商贸企业 130 余家，拥有规模以上服务业企业 50 余家，新经济新业态新模式企业 20 余家，形成集金融保险、会展会议、酒店住宿、休闲餐饮于一体的综合性服务集聚区，为园区企业搭建了具备孵化、投融资、科技信息、商务服务、政务服务、物业服务等功能的公共服务平台，着力提升园区综合承载能力，全力服务产业集聚发展。

三、示范特色

（一）构建多式联运交通体系，推进物流降本增效

园区借助区位交通优势，实施"交通大会战"，持续加强推进铁公水空通道一体化建

设，构建多式联运交通体系。开行"宜宾—南京—环渤海湾""宜宾—南京—日本韩国""宜宾—武汉—上海—中国台湾、日本、韩国"等多条内外贸近洋航线；依托进港铁路联结西部陆海新通道，成功开行"川—桂—港（马）"南向通道（宜宾—钦州）集装箱铁路班列，将 C919 机头、米轨机车等重型设备、动力电池、汽车等运达全球。此外，成贵高铁投入运营开启宜宾"高铁时代"、成宜高速打通宜宾到成渝地区最便捷大通道、五粮液机场通航形成川滇黔接合部区域性航空枢纽、宜宾港"黄金水道"将"宜宾造"产品运达全球，长江干线 12 个铁水联运设施联通项目之一宜宾港进港铁路竣工投产，有力推动四川乃至西部地区运输结构优化调整，全力构建"内联外畅、通江达海"的综合交通运输体系，助力推进物流降本增效。

（二）厚植绿色低碳发展优势，打造零碳物流园区

全面贯彻新发展理念，着力打造零碳物流园区，不断厚植高质量发展的生态底色。一是实施"电动三江"行动。建成重卡换电站 5 座，全国首座集光伏发电、储能应用、充换电、低碳交通换乘于一体的能源港建成投运，推进城市物流车辆、干线重卡电动化替代，大力发展绿色物流。二是创建零碳示范园区。建成全球首家动力电池"零碳工厂"，园区在交通物流、能源利用、生产制造等环节不断改造和创新，实现零碳运转。三是构建碳大脑智慧平台。打造集大数据、能源互联网、人工智能于一体的园区碳排放管理平台，记录碳足迹、管控排放源，打造成渝地区践行"双碳"目标的物流园区。

（三）打造便捷高效智慧园区，推动园区提档升级

物流新技术的应用、物流产业链的延伸，推动了园区向智能化、绿色化、高端化发展。一是实施智慧港口建设，建成四川省首个 5G 智慧港口，进港车辆通行时间由 5 分钟减至 1 分钟以内，车辆过闸效率成倍提升；人力成本进一步降低，实现节约人力成本 20% 以上；生产作业效率大幅提升，吊箱作业由每小时 20 箱提升至 28 箱，作业效率提升 40%，实现精准吊箱，翻箱率下降 60%；设备能耗进一步降低，港区电力驱动吊装设备日均用电量降低约 5%，油料驱动设备能耗日均降低约 6%。2023 年完成集装箱吞吐量 10.71 万标箱，同比增长 11.4%。二是拓展传统物流园区功能，建设宁德博发 VMI（供应商库存管理）仓、成宜国际物流园等新型物流园区，加大高标仓供给力度，着力打造具备仓储、交易、展示、金融等功能的智慧化物流园区。三是配套建设宜宾大数据产业园，引进培育华为技术有限公司、北京中软国际信息技术有限公司等信息服务业企业 30 余家，数字化赋能物流产业高质量发展。

四、发展方向与未来展望

园区将深入贯彻落实关于高质量发展现代物流业决策部署，立足以国内大循环为主体、国内国际双循环相互促进的新发展格局，抢抓四川省委、省政府支持宜宾—泸州创建国家现代流通战略支点城市、国家综合货运枢纽补链强链城市、港口型国家物流枢纽

重大机遇，以及临港国际物流园入选第四批示范物流园的有利时机，加快构建现代物流产业体系。预计到2025年，培育A级物流企业40家以上，主营业务收入1亿元以上物流企业达30家，物流产业增加值达400亿元，加快建设"引领川南、融入成渝、辐射滇黔、畅联全球"的全国性综合交通枢纽，着力打造长江上游（区域性）国际物流枢纽。

（一）提升物流通道

积极抢抓习近平总书记在第三届"一带一路"国际合作高峰论坛上提出的构建"一带一路"立体互联互通网络机遇，依托宜宾港铁路集疏运中心、宜宾港，积极开行中欧班列宜宾始发至欧洲国际铁路班列。稳定开行"川—渝—沪"外贸集装箱班轮快线、"宜宾—泸州—重庆""宜宾—武汉""宜宾—上海"等航线，畅通对外物流大通道。构筑"北经蓉欧至欧洲、东经长江至日韩、南经西部陆海新通道至东南亚"的国际物流大通道，畅通国内国际双循环。

（二）做强开放平台

加快完善综保区跨境电商、冷链物流仓储、大宗原材料保税仓储、出口汽车加工、保税维修等功能。高效运营国家临时开放口岸和进境粮食指定监管场地，进一步拓展口岸功能，积极争取设立进境肉类、平行进口汽车等海关指定监管场地，大力培育发展口岸经济。加快完善跨境电商综合试验区相关基础设施，谋划出台扶持政策，大力发展跨境电商。

（三）发展物流新业态

围绕动力电池、智能终端、高端装备等三江新区重点产业，对产业链上下游及衍生、配套、关联产业进行整合，高质量打造全产业链供应链。支持本土供应链企业提升国际化服务水平，鼓励本土优质供应链企业在境外设立分销服务网点、货运服务节点、物流装备技术研发中心等，积极融入全球供应链体系。优化供应链金融服务，引导金融机构、核心企业、仓储及物流企业、产业互联网平台等加强项目合作和资源共享，为小微企业发展解决融资难问题。

（四）深化产业培育招引

一是围绕动力电池、高端装备等三江新区重点产业，重点招引智能化、信息化物流服务企业，积极发展物流新业态，打造三江新区物流总部基地。二是依托宜宾港，深化与重庆港、上海港等长江主要港口合作，大力发展港航物流。三是深化产教融合，借助高校资源，与成都工业学院共建智慧物流大师工作室，为三江新区现代物流提供智力支撑。

（撰稿人：李勇，张爱春，潘峰，冷华）

西藏拉萨城投物流园

坚守雪域高原，建设现代综合物流园

拉萨作为西藏自治区首府，是西藏政治、经济和文化中心，也是中国西南地区沟通内地与南亚的重要通道。拉萨市东距四川成都约2413千米，东北距青海西宁约1900千米，西距不丹最短国境线约400千米、尼泊尔最短国境线约730千米、印度最短国境线约400千米，联通内外。2022年，西藏地区生产总值达2132.64亿元，年均增长8.6%，经济增速位居全国前列，具备良好经济发展基础。西藏拉萨城投物流园（以下简称"园区"）位于国家级综合物流港堆龙德庆区中心地带。堆龙德庆区积极发展物流运输业务，初步形成以专业物流市场——城投物流、大宗物质集散中心——领峰智慧物流和冷冻冷藏中心——高原冷链物流港为中心的物流集散中心，同时形成具有关联度很强的净土健康产业、特色工业、文化旅游业、商贸物流业、房地产业等主导产业。园区积极响应堆龙德庆区政府建设城郊优势产业区和现代物流中心的整体布局和发展理念，于2010年开始大力发展并且不断升级、调整园区建设和发展思路，依托周边相关产业群，积极发展现代物流业，逐步形成规模化、集群型综合货物集散中心。

一、园区概况

（一）立项背景

按照拉萨市堆龙德庆区"十三五"时期融合三产发展、实现六大战略目标的发展思路，以及将堆龙德庆区建设成拉萨城市副中心要求，在堆龙德庆区政府、西藏国有资产监督管理委员会大力支持下，新建了本园区。园区建设之初，西藏物流业尚处于起步阶段，与国内、国际物流业的发展仍存在很大的差距。一方面是因西藏地理位置特殊，导致物流成本过高、流通周期过长和效率偏低；另一方面则是因物流服务功能单一、服务方式落后，物流基础设施尚不完善。物流业作为现代产业发展的重要活动，西藏物流亟须由传统物流向现代物流转型，因此园区的建设积极适应城市发展的需求，并在发展需求的基础上对周边城市发挥一定的辐射作用，带动区域内相关行业的发展和整体经济的增长。

（二）运营管理主体

园区是由西藏领峰实业集团有限公司和西藏安顺物流有限公司共同出资成立的拉萨

城投物流有限公司（以下简称"城投公司"）作为园区运营主体。城投公司自 2016 年试运行以来，旨承"政府规划，企业建设"的发展模式，已逐步成为集仓储、冷冻冷藏恒温库、装卸、全国轿车托运、零担、大件、整车运输、办公、信息处理、停车住宿、餐饮娱乐、加油站、铁路专线、铝合金加工批发市场、重型货车修配于一体的企业，并且主要以物流园区投资租赁、物流运输服务、物流信息系统研发为主业。

（三）区位交通

园区位于拉萨市堆龙德庆区青藏线 109 国道、京藏高速沿线，是拉萨的西大门。其中园区南距青藏铁路西货站 3.4 千米，西接绕城公路，周边有拉萨综合保税区、高原冷链物流港、农副批发市场、经济技术开发区、柳梧高新区、拉萨西站、领峰智慧物流园等，具有良好区位优势。

（四）规划建设情况

园区承建于 2010 年，2016 年开始运行。功能划分为仓储区、物流集散区、生活区、停车区和汽配区。园区建设的 2 条铁路专线往返于拉萨和日喀则，主要运输日化用品和钢筋等，极大降低了运输成本。

园区占地 28 万平方米，总投资 3.85 亿元。设施建设方面，现有仓库面积 13.2 万平方米、堆场面积 3000 平方米、大型货车停车场车位 750 个、冷冻冷藏恒温库面积 1970 平方米、冷冻库 5 间、恒温库 7 间；重型货车修配中心面积 2072 平方米，铝合金加工市场面积 3.2 万平方米，加油站面积 5000 平方米。

（五）服务能力

园区服务能力主要集中在仓储、冷冻冷藏、装卸、全国轿车托运、运输、办公、信息处理、物业管理、流通加工、停车住宿、餐饮娱乐、汽车加油、重型货车修配等业务。正在推进的物流指挥中心项目能够满足园区安防、车辆追踪、路由规划及商家经营动态大数据测算等服务。后期将主要致力于电子商务、物流运输、大宗货物、集散分拨和增值业务的发展，以扩大产业规模、降低物流成本。依托拉萨陆港型国家物流枢纽，以及园区交通优势，立足拉萨西大门，根据西藏"十四五"规划，加快传统物流业的转型升级，大力发展第三方和第四方物流，利用供应链金融、信息追溯等集成服务的功能，推动传统物流和现代物流的融合发展。

（六）社会贡献及行业影响

园区作为区域内大型综合性物流园区，从推动创业就业、落实绿色发展等方面对社会及行业做出巨大贡献。

在推动创业就业层面，园区完善基础设施，吸引了区内外众多企业入驻，并提供物流企业孵化创业创新支持，为创业者提供平台，为就业者提供机会。园区入驻企业 150 家，就业总人数达 1400 人以上；还组建校企联盟，与西藏高校达成战略合作，提供大学生实习基地。

在落实绿色发展层面，园区已建成5.96兆瓦屋顶光伏发电项目。该项目是西藏第一座分布式并网光伏发电站，也是国内海拔最高的分布式光伏电站，大力提升了西藏自治区清洁能源利用水平，为自治区新添了"绿色名片"。

在自治区民政厅、自治区发展改革委等部、委领导的关心支持下成立西藏自治区物流协会，城投公司作为协会会长单位，积极带动自治区物流行业发展，协调政企关系，推动"退城入园"工作，协调政策落地，引导行业规范和自律发展。未来，城投公司将以促进行业发展和社会繁荣为使命，致力于提升行业综合能力，促进产业结构调整和经济提质增效升级，推动现代物流业与上下游产业融合发展。

二、主要做法

（一）落实物流上层规划

在规划方面，园区具有良好的政策支撑。西藏受地理位置影响，物流发展基础薄弱，交通及配套服务设施相对落后，为加快物流业发展，政府多部门出台多份文件，确立了西藏物流发展的一系列政策，如《西藏自治区"十四五"时期现代物流业发展规划》《中共中央 国务院关于新时代推进西部大开发形成新格局的指导意见》等，为西藏现代物流和电子商贸物流等注入了强大动力。园区投入运行以来，和政府单位联系紧密，对相关政策有着一定程度的了解，为助力本土企业发展，积极寻求各级政府单位多方面扶持，具有基础优势。

在绿色物流领域，西藏作为以生态为主的发展区域，发展绿色物流十分重要。园区高度响应国家政策，针对能源日趋紧张的现状，积极倡导节能减排，推广新能源电动车的使用，所有重车禁止入园。所有货物从园区进行分配发货到全区，大大解决了城市拥堵和环境污染问题，为美丽拉萨做出重要贡献。同时着重发展电子商务物流与跨境物流，配合"一带一路"倡议，发展边境贸易，带动区域经济发展。

（二）集聚企业资源优势

自投入运营以来，园区对周边所有相关产业进行了分析研究及优劣势比对，也对市场潜在需求客户进行了调查，为园区运营后招商积累了一定的经验，加之园区具有一定的区位交通优势，能够基本满足各入驻企业的需求。园区针对企业自身不同的条件如经营方式和规模，为其提供如代理记账、人事代理、运输配送、货物代管等特需服务，也能提供停车服务、仓储服务和堆场集散服务等，管理货物摆放和集散、协调车辆场次、装卸及分拣。并且园区通过提供资源整合等服务，发挥产业集聚优势，吸引小微物流企业入驻。建立保险、融资、咨询、税务等设施平台，拓宽物流服务渠道，提高整体效率和经营效益。

2019—2021年，园区入驻物流企业的数量稳步上升，其中以京东物流、德邦物流、西藏永强物流、伊利、峻宏商贸、聚泰商贸、中国石油等为主,以上仅仓储面积就已达到48516.2平方米;以其他小型物流企业及第三方、第四方物流企业为辅,以点带面加快了园区物流产业的发展。主要运输配送日常快递、大宗商品、商超物资等,货物吞吐量稳定。园区依托109国道的公路运输优势,日常货物吞吐量达到了5945吨,进藏货物自园区发出后可以涵盖西藏各地市。

京东物流为园区重点入驻企业,拉萨京东物流项目是西藏地区第一个电商企业专有物流项目,中小件商品和大家电商品均首次实现"次日达"。拉萨京东物流项目建成后,中小件自营配送可实现拉萨市城关区、堆龙德庆区、山南市贡嘎县、乃东区等地"次日达",林芝市、日喀则市则为"隔日达",其他地区也可实现覆盖;大家电配送时效缩短7天,部分地区实现"次日达",拉萨城区实现"当日达"。从2017年入驻园区到2023年年底已经实现了西藏自治区公共物流仓储、配送的升级扩容。2023年全区网上零售额达223.62亿元,同比增长了131.28%。园区所构成的物流网络,进一步提升了西藏物流的基础设施智能化水平,同时也刺激了园区的物流发展。

(三)信息助力园区业务

园区通过实现物流业务的信息化和智能化,建立信息交换、传递和共享机制,以提高入驻企业的市场竞争能力。园区积极推进物流指挥中心搭建,涵盖园区安防、车辆追踪、路由规划及商家经营动态大数据测算等多项功能。自主研发仓储管理系统,解决快消品进销存难题,实现快消品统仓共配、同城共配,为中小企业解决配送难、市场进入难等问题,有效降低了客户的仓储成本和进货费用。园区依托西藏自治区物流协会会员企业资源,在全区中、小、微物流企业推广自主研发的运输管理系统,解决中、小、微物流企业信息化、智能化落后问题,提升物流企业信息化水平和营运效率。系统推广后,全区物流企业配送时效和运营效率有很大提升,通过全流程监控,对物流各环节精准把握,有效节约物流企业成本。目前,物流系统日单量在10万单,会员单位200余家。园区在不断完善物流系统,增强物流企业使用黏性,在运输基础上加入城配系统、云仓管理、园区管理、供应链金融等功能。完善系统信息处理功能,为园区后期开展物流配送、城际物流运输和仓配一体化提供信息支持。

(四)着力推广特色服务

1. 开展城市配送业务

西藏地处高海拔地区,幅员辽阔、人口稀少,属物资输入型地区,出入物资极度不匹配,所以西藏的虫草、松茸、青稞等特色农产品、矿产资源以及药材等独特资源优势难以发挥。为满足现代化需求,实现干支仓配业务,园区引导主城区分散的商业仓储配送资源入驻园区,提供300~30000平方米各类仓库资源,有效吸引大量仓储、物流企业入驻,增强园区货物运力。

园区着力发展城市配送业务,解决千家万户的民生问题。在物流发展基础较差区域,优先整合现有园区物流设施,提高土地、设施等资源利用效率,并且通过引导分散、自用的各类工业和商业仓储配送资源向园区集聚，有效整合制造业分离外包的物流设施资源。园区大力推广共同配送、集中配送等先进配送组织模式，为第三方物流服务企业搭建基础平台。园区致力于“最后一公里”配送业务，和西藏净善水业有限公司形成战略合作关系，是西藏净善水业有限公司桶装水西藏区域独家代理商。目前，城投公司在拉萨市区桶装水送货业务已经实现次日达。

2. 探索多式联运模式

园区通过利用自有的铁路专线、第三方合作模式，统筹铁路、公路、民航等多种交通运输枢纽和周边的物流园区，建立物流运输合作模式，积极尝试发展公铁联运、邮企联运、快企联运等多式联运模式，提高运载效率，降低运营成本，解决西藏地区“最后一公里”运输的难题，促进多种运输方式之间的无缝衔接和高效中转。

3. 积极发展边贸物流

城投公司积极发展边贸物流，投身南亚通道的建设，积极开展南亚业务，公司在吉隆口岸已经建仓，开展以小家电、快消品为主的出口，以佛像、唐卡为主的南亚商品进口的业务。并且依托南亚通道建设，积极推动特色农产品、藏药等产品走出西藏。

4. 应用共享仓模式

在仓储方面，园区建立共享仓，搭建信息平台，引导中小微企业入驻，为中小企业提供创业创新平台。园区共享仓由城投公司提供统一管理、统一配送，按仓单量计费，大大减少了企业仓储成本，减轻了企业负担。

（五）统筹疫情防控工作

新冠疫情期间，园区响应国家战略，构建平战结合、快速响应的应急物流服务保障体系，提供国家战略物资、城乡居民日常生活必需品、医疗物资等应急物资的储备、调运服务，提高拉萨应对紧急情况的保障能力。

疫情发生后，园区及时把控物资流通，保障民生物资的正常流通，对往来运输车辆、人员、器具设备做好各项消杀工作，保障了园区内入驻的物流公司、商超企业、餐饮企业等商户的正常运作，解决了往来运送物资的货车司机及滞留人员等的生活问题。

疫情期间，园区招募防疫志愿者参与疫情防控的消毒、值班和宣传活动，在上级单位的指导下每日组织工作人员对园区员工、常驻企业商户、往来货车司机和部分外来流动人员进行核酸采集，将各项工作常态化，并向保供企业发放园区运输车辆通行证，联系上级单位协调办理保供重点人员工作证，确保蔬菜、粮油、肉类、蛋奶、纯净水、防护物品等重要物资能够及时转运。并根据西藏自治区道路运输管理局下发的相关文件，协助自治区各级单位做好应急运力调度工作。自此项工作开展以来，园区共计调度 85 趟重点物资运输车辆，为所有保供驾驶员提供食宿并实施闭环管理，严格落实货运车辆和人员的常态化防控举措。

在设施保障方面，为保障疫情期间各保供企业重点保障物资的存放和出货，园区为保供企业提供了 4.3 万平方米的库房，解决了 270 名重点物资保供司机，1000 余名运送援藏物资司机的食宿、核酸采样及其他后勤保障的统一调度工作，并与各级单位协调了司机返程的相关工作。

三、示范特色

（一）做好选址规划

园区周边相关产业集聚良好，区位优势明显，在以公路运输为主的高原地区，可充分借助交通枢纽，打造公路和铁路的联运中心。在自治区出台一系列政策措施后，园区内物流总体规模有了明显扩大，流通体系更加完善。

（二）产业集聚融合

园区内物流产业集聚主要依托城投公司以及现有物流设施基础，提供不同产业板块的配套集群服务。同时依赖现有功能及逐步发展的信息平台达到信息资源的优化共享和集聚融合的目的。随着园区第三方物流企业的入驻，园区内物流信息的分享将更加便捷，在共享基础设施的同时能够提高整体效率，减少不必要开支。

（三）增值服务延伸

随着园区功能的不断完善，在向现代物流发展的过程中，园区提高综合运营能力，转变管理方式，为入驻的企业提供信息发布、物业管理、信息交换等服务，也可以通过西藏自治区物流协会平台提供政策解读服务。

（四）加快转型升级

"十四五"规划的推进，为西藏物流产业发展奠定了基础优势。园区积极招商本土企业、区外注册企业、专线运输企业、边贸物流企业，同时申请跨境电子商务综合试验区，带动经济发展。

（五）发展成效

一是物流降本增效。通过社会化物流服务，实现园区内物流的降本增效，不仅对企业发展、人民群众生活水平提高具有重要作用，还对西藏及周边地区的发展有重要的推动作用。

二是引导产业聚集。园区作为西藏最早一批建设和发展的大型物流园区，不仅提升了区域间的关联度，还对周边相关产业有着较强的支撑和引导作用。

三是促进就业增长。园区及入驻园区的各企业带动了高校毕业生就业及周边农牧民就业，直接解决当地1400人以上的就业。

四是促进区域发展。除前期对基础设施建设的资金投入外，园区建成后吸纳各物流企业及其他相关产业企业的入驻，同时也提供餐饮、住宿等其他配套服务功能，有利于刺激周边经济增长。

五是改善区域物流现状。受西藏自然地理位置限制，运输方式仍以传统的公路运输为主，使得出藏货车空车率较高。园区正好处于拉萨西大门，加之园区内各相关企业入驻，为各往来司机提供了基础平台，使往来货车的空车率得到降低。

六是有利于城市交通发展。随着城市不断发展，各类企业"退城入园"成为大势所趋。

四、发展方向与未来展望

园区将立足于《西藏自治区"十四五"时期现代物流业发展规划》，深化与周边国家的合作，以边贸物流为抓手，逐步推动西藏物流信息化、数据化。大力提升县、乡、村的网络覆盖率，推进建设中小企业信息化服务平台和电子商务、物流配送等信息平台。

（一）发展重点行业电子商务

西藏地区短时间内发展广泛的电子商务存在很大困难。因此，园区将组建自己的电商队伍，开展全区电商服务，自行组建物流配送系统，实行县、乡、村等一体化服务模式，依靠政策支持大力推进基础设施建设，推进"三网融合"，建设中小企业信息化服务平台和电子商务、物流配送等信息平台，从条件较好的城市开始，逐步开展西藏电子商务产业，推动西藏地区经济发展。

（二）抓紧"一带一路"机遇迎新发展

西藏自治区毗邻"一带一路"区域的新疆、青海、四川、云南等省区，同时又与印度、尼泊尔、缅甸、不丹等南亚国家接壤。园区应紧抓机遇，促进与周边地区的交流与合作，开拓市场，不断完善铁路、公路综合交通体系，在阿里、日喀则边境地区投入资金设立了办事处。坚持以开放促发展、促稳定，积极融入"一带一路"建设，不断推进物流企业发展。

（三）推动资源整合

优先整合现有园区及物流设施，提高土地、设施等资源利用率。对于同质化竞争明显的园区，通过调整功能定位，协同分工，推动整体升级。引导各类工业和商业仓储配送资源向园区集聚，有效整合制造业分离外包的物流设施资源。大力推广共同配送、集中配送等先进配送组织模式，为第三方物流服务企业搭建基础平台。实施中转联运设施工程，统筹铁路、公路、民航等多种交通运输枢纽和周边的园区建设，大力发展多式联运，促进多种运输方式之间的无缝衔接和高效中转。

《西藏自治区"十四五"时期现代物流业发展规划》、拉萨陆港型国家物流枢纽建设为园区的发展指明了方向。城投公司将西藏市场作为主攻方向，优化物流信息系统，将供应链向高价值、高端市场延伸，努力成为现代综合物流服务商。

（撰稿人：石雪红，索朗曲珍，格平，李晓军，晋美）

陕西榆林象道国际物流园

立足能源之城，打造绿色高效综合物流园

　　榆林市位居榆林、延安、银川、鄂尔多斯等能源化工区的中心，周边500千米半径内拥有丰富的煤炭、油气和盐等能源化工资源，是目前中国发达的能化工业基地，也是陕、甘、宁、蒙、晋能化区域高速公路和铁路联结的交通枢纽。能源富集优势和区位竞争优势，使榆林市具备了物流服务聚集发展的优厚基础。陕西榆林象道国际物流园（以下简称"园区"）成立于2017年，由厦门市国有资产监督管理委员会旗下厦门象屿集团有限公司（以下简称"象屿集团"）在榆林市投资建设。2023年，象屿集团以836.39亿美元的营业收入位列《财富》世界500强榜单第142位，并在业内率先构建起以公、铁、水、仓为核心，覆盖全国、联结海外的网络化物流服务体系。园区是榆林政府响应国家"一带一路"倡议，加快发展"三个经济"，推动陕北能化基地转型招商引进的重大项目，2017年开始筹资建设，2018年初进入实施期，在省、市各级政府的大力支持下，18个月完成了园区一期建设，2019年6月投入运营，创造出了"榆林速度"，受到省市各级领导认可。作为象屿集团在陕北地区的重要布局，园区依托国家北粮南运、西煤东送、疆内外大宗商品往返的导向，利用集装箱环保政策优势，积极寻找国家"公转铁"政策的货量增长点，为地区、国家铁路物流行业的发展贡献力量。

一、园区概况

（一）规划建设情况

　　园区规划建设五大功能区，包括铁路仓储及快装区、公共服务区、综合保税区、商务配套区和采购交易区，致力于建成集铁路整车与集装箱到发、汽运集揽与分拨中心、仓储与初加工基地、煤炭交易中心等于一体的陆港货运枢纽。

　　园区规划占地面积约3.73平方千米，总投资45亿元，在职员工1000余人，定位为亚洲大型公铁联运物流园，园区内铁路总长约70千米，建筑面积约200万平方米。园区分两期建设：一期于2018年2月开工，2019年6月首列发车；二期规划的煤炭交易中心、煤炭质量检测中心、保税物流中心、煤炭精细化仓储项目及附属设施正在建设中。

　　目前，园区已建成4套煤炭快装系统、33个仓库，共167万平方米的煤炭仓储及装卸作业区，建有陕北地区最大的煤炭交易中心，煤炭存储能力为900万吨。园区拥有国内

先进的自动受煤系统、自动立体仓储系统、自动场内引导车系统及集装箱堆场自动化信息管理系统。园区计划铺设铁路专用线 50 条，现已建设 39 条，其中牵出线 2 条、到发线 11 条、货物线 6 条、快装线 4 条、存车线 6 条、仓库货物线 10 条，设计年发运量 5000 万吨。

（二）区位交通

园区选址榆林市榆阳区金鸡滩镇，距榆林市区 40 千米。园区地处榆神矿区腹地，毗邻鄂尔多斯市和神木市等能源集聚地，周边煤炭、油气等能源化工资源丰富，能源物流需求旺盛。目前园区发运的煤炭主要来源于金鸡滩煤矿、曹家滩煤矿、小保当煤矿和西湾煤矿。园区周边 30 千米范围内的大型煤矿核定产能已扩产至 9940 万吨/年，30～50 千米范围内的大型煤矿核定产能合计 3970 万吨/年。园区周边交通条件便利，公路与包茂高速公路、沧榆高速公路相连；铁路从包西线曹家伙场站接入，南北向与包西线和蒙华线相连，东与瓦日线、大秦线相通，向西达银川、接连京藏铁路。

（三）运营效率及社会贡献

依托优越地理位置和周边资源优势，园区大力发展集装箱、整车铁路到发业务，运输产品以煤炭、兰炭、聚乙烯、聚丙烯等煤化工产品及铝锭、镁锭、粮食等其他大宗产品为主。园区自 2019 年 6 月 19 日运营以来，铁路发运量逐年增高，2022 年铁路发运量 1255 万吨，较 2021 年增长 28%。截至 2023 年上半年，铁路累计发运量 4500 万吨。园区带动周边就业 1300 余人，累计上缴各类税费 1.3 亿元。与此同时，园区不断优化入驻企业结构，引入优质企业，目前入驻企业超过 188 家，主要从事煤炭和化工品贸易、煤炭运销、集装箱运输、供应链服务等，园区经营业态不断丰富、运营活力不断增强。

2020 年 6 月，陕西省交通运输厅将"榆林象道国际物流园"项目公示确定为陕西省多式联运示范工程；2023 年，园区入选第四批示范物流园区。

二、主要做法

（一）立足煤炭，保障能源流通

榆林市煤、气、油、盐资源富集，组合配置好，开发潜力巨大。其中，煤炭预测储量 2800 亿吨，平均每平方米的土地下都蕴藏着 6 吨煤，探明资源储量 1490 亿吨，占全国的 20%，占全省的 86.2%，占全市的 54%。榆林煤具有特低灰、特低硫、特低磷、中高发热量的"三低一高"特点，是国内十分优质的环保动力煤和化工用煤。1984 年，《人民日报》刊载《陕北有煤海，质优易开采》一文，从此拉开了榆林煤炭资源开发利用的序幕，一场"黑色革命"为这座古城注入了巨大的发展动能。

2018 年，随着能化产业转型升级热潮的兴起，象屿集团紧抓机遇，依托在大宗商品供应链服务的独到优势，在榆林搭建起一座集煤炭和煤化工产品贸易、物流、服务于一体的现代化综合物流园,以榆林为核心,整合陕北铁路货运市场,与象屿集团在内蒙古等中西部地区布局的能源化工生态圈形成协同效应,助力谱写煤炭行业高质量发展的新篇章。目前,园区在煤炭储运专业化设施设备建设、电煤保供、物贸融合等方面已经取得了较好的发展成效。

园区建有煤炭快装A区和快装B区,二者对称建设,每个快装区有两条快装线、6个筒仓,每条快装线的装卸速度为50秒/车皮,每个筒仓存储能力为3万吨。此外,园区内共有6条1100米的集装箱货物线,每2条货物线配备有4台龙门吊,共有12台龙门吊。配套建有密闭式煤炭仓库,内有喷淋系统,配备12台塔吊,装箱速度为10~15分钟/箱。园区依托先进设施设备,将榆林煤炭资源沿着陕西省发达的铁路物流网络,输送到中国的大江南北,使得"发运难"不再成为榆林能化产业链延伸的掣肘。

榆林是北煤南运、西煤东送"能源大通道"上至关重要的节点。园区凭借公铁联运优势,与"榆林煤"品牌结合,在能化领域进一步强链、补链、固链、延链,为电煤保供、服务国家能源安全做出积极贡献。2022年7月22日,国家发展改革委〔2022〕185号文件,将象屿集团作为第一批电煤重点保供贸易企业。园区作为象屿集团投资项目,充分发挥自身优势,发挥象屿集团供应链运营能力和多式联运一站式物流优势,以实际行动扛起能源保供责任,积极确保煤炭稳定供应。

园区坚持贸易与物流双轮驱动,坚定实施物贸融合、物贸一体,全链条精细把控经营的操作策略,实现了业务广度的持续拓展及客户数量的不断增长。一方面,打通煤炭从陕西、山西、内蒙古等煤炭主产区到全国各大消费区的运输通道,有效提供煤炭供应、运输配送等一揽子服务。打通港口渠道,在北方港、日照港的业务量实现倍数增长,并在终端电厂上持续发力,目前河南、湖北、湖南、山东电厂终端突破力度较大。另一方面,深入全产业链布局,与产业链上下游龙头企业常年保持稳定合作关系,锁定最优质的采销渠道。在上游资源方面,通过贸易业务培育客户,引进筛选优质客源,同时在资金、下游渠道、运力等方面与客户实现优势互通;在业务开拓方面,将指挥权放在一线作战单元,抱团出海,在西北、西南及山东、湖北、湖南实现业务突破。

园区的发展壮大助力了榆林能源经济发展,同时也改变了陕北资源和大宗工业产品的外运格局,成为立足榆林、辐射全国、面向世界的现代化物流"陆上航母",对加快榆林转型升级高质量发展、建设世界一流高端能化基地和成为陕甘宁蒙晋交界最具影响力城市具有重要战略意义。

(二)业务突围,延伸服务链条

园区除主力发运煤炭外,在煤炭质量检验、能化资源交易、拓展运输品类、集装箱维修管理等方面积极探索,进一步延伸服务链条,形成了运煤为主、多业并举的良好格局。

一是煤炭质量检验方面,园区与SGS(通标标准技术服务有限公司)联合创立了煤炭质量检测实验室,可为客户提供一体化的煤炭质量检验流程服务,有效保障了煤炭供应的质量,提升了客户满意度。

二是能化资源交易方面，园区利用自有信息化平台，与榆林能化交易中心共同成立线上线下交易平台，充分发挥园区的仓储优势，全力打造煤炭、兰炭、镁锭、聚乙烯、聚丙烯等大宗产品的车板价线上交易新模式。

三是拓展运输品类方面，园区也进行了一系列的有益探索，解决了周边化工企业产品运输难的问题。2021年4月，园区联合国家铁路局和榆林政府，开创了金属镁产品铁路运输的先河。2021年6月，园区中标神华乙二醇运输项目，于2022年1月正式开展30万吨/年乙二醇运输业务。园区也承担了周边的神华、中煤能化、中煤图克、兖州能化的烯烃类产品的部分发运作业。此外，半焦方面，园区主要以服务安徽华塑为主，通过神府地区半焦工厂的渗透，建立半焦品类供应链模式，针对下游云南、贵州、四川、广西源头工厂提供代采、代购、代运服务，实现物贸联动。面对尿素、化肥、氧化铝、铝锭等发运潜力大的品类，园区也已经与相关公司进行服务策略的制定，在拓展相关品类运输方面持续发力。

四是集装箱维修管理方面，园区在2023年获得中国船级社集装箱维修工厂认可证书，成为西北地区少数拥有集装箱维修资质的主体。近年来，陕北地区集装箱运力需求加大，各物流公司和煤炭公司的集装箱煤炭运输占比增加。园区在西北地区的集装箱维修服务方面优势明显，目前正积极参与到集装箱维修领域，现已取得中国国家铁路集团有限公司的认证，并成功引进中国国家铁路集团有限公司和陕西省煤炭运销集团建宏投资发展有限公司的集装箱维修业务，进入批量维修阶段。

（三）绿色发展，畅通多式联运

如今，绿色发展已经成为一个重要趋势。从党的十八大到二十大，从"黑色革命"到"绿色发展"，能源化工产业一直在向"绿"而行，"碳"寻高质量发展之路。"十四五"期间，榆林这座全国唯一的国家级能源化工基地，进入了资源城市转型的窗口期，面临产业低碳化再造的挑战。而加快推进"公转铁"项目，则是陕西建设榆林能源革命创新示范区的重要抓手。

传统的大宗商品物流模式运输工具单一，物流环节复杂，信息传递不够畅通，资源配置效率低下，不仅成本高、污染重，也无法有效满足经济高质量发展的需要。立足于实现产业链供应链安全稳定的目标，为解决大宗商品物流成本高、效率低的痛点难点，园区构建了"铁水联运、公路短倒、仓储配套"的多式联运物流骨干网络，形成了有效的多式联运解决方案。目前，园区拥有从榆林市各煤矿或洗煤厂经曹家伙场站到云南、山东、四川、江西、湖南、湖北等地的多条公转铁线路以及曹家伙场站至曹妃甸、日照南、新港和万州4条铁水联运线路。并且，园区拥有100多辆运输汽车、5万个自备集装箱，包括20英尺标准集装箱、20英尺高箱、35吨敞顶集装箱和20英尺框架罐式集装箱等，拥有丰富的铁路集装箱、海运集装箱及其他特种箱资源，覆盖全国80多个合作网点，已形成网络效应，可辐射国内大部分地区，满足客户的海铁联运、固/液态产品运输等多元化运输需求。园区利用100多辆自有运输车辆和完善的铁路网络资源，能够为客户提供装卸环节少、更环保、更低耗的煤炭集装箱运输服务，畅通"公转铁"的"最后一公里",打造"门到门"、从煤矿到终端用户全程无污染的运输新模式。此外,围绕绿色发展,园区自 2021 年起高度关注新能源发展,与知名新能源设备厂家合作,试用电动装载机、自卸车等设备,提升新能源设备置换的经济性和适用性。

如今,园区内厂房林立、机器轰鸣,万吨"铁龙"交织往来,园区内 4 套煤炭快装系统已经全速启动,"公转铁"线路年均运输量可达 800 万吨,年均可减少碳排放量 147 万吨,相当于种植 8164 万棵树,开启了"乌金"产业高质量发展的"绿色"引擎,在助力实现"双碳"目标的同时"点绿成金"。

(四)数智赋能,提升服务水平

《"十四五"现代综合交通运输体系发展规划》提出,"注重新科技深度赋能应用,提升交通运输数字化智能化发展水平"。近年来,象屿集团基于自身多元的业务应用场景和海量的真实数据沉淀,在供应链和物流领域不断探索,寻找数智化转型的发展道路,推动"数字象屿"建设,应用大数据、物联网、云计算、区块链、船舶自动识别系统(AIS)等前沿技术,多措并举打造现代化高端物流园。

以数字助力发展,以技术赋能转型。园区即为象屿集团数智化转型的重要实践。园区依托象屿智慧物流服务平台,集成无人闸口、无人过磅、箱货位管理、线上派车等系统,优化操作方式和工作流程,实现技术与场景的融合,在节能减排、提质增效的同时,进一步加强货权管控能力,为客户、司机、员工提供便捷和安心的服务。

一是园区依托象屿智慧物流服务平台,推动智慧办公,全面启用 e-link(华夏易联)办公平台、设备管理系统、电子签章系统等,大幅减少线下纸质单据,提高了办公效率和管理水平。

二是全面推进与象屿智运合作,针对汽运需求,整合周边相关物流资源,提升短、中、长途汽运服务能力,并且通过"自有 + 委外"的方式运营,延伸经营业态,为公司自有运力提供补充,促进联动业务量的持续攀升,提升了业务经营质量。目前,象屿智运系统逐步形成"运力池",有车辆 5000 余台,司机以及个体合伙人 5000 余人。

三是从车辆的进场到出场,园区成功将业务场景一次性串联,实现了快速找箱、箱货匹配、货物出库、车辆过磅的无缝衔接。其中,园区于 2022 年完成无人过磅系统上线,使磅房 16 个闸口过磅效率提升 3~5 倍,由原来人工模式下平均每车过磅 120 秒,降低至自动模式下每车 25~50 秒,工作人员由 48 人优化至 15 人,实现效率与效益的双提升。此外,园区采用仓储 App,为仓管员提供了方便快捷出入库信息登记渠道,极大减少了纸质材料的消耗;采用箱货位寻路导航,优化了车辆的运行线路,大幅缩短运输距离,显著降低燃油成本和污染物排放。

四是园区牵引车辆全部安装了车载高级驾驶辅助系统(ADAS)终端监控系统,实现了车辆的实时监控管理。通过对车载 ADAS 终端监控系统的有效使用,把控和限制驾驶员外运期间的车速,使车辆事故率和维修费用显著下降。

(五)聚焦客户,提高服务质量

园区自运营以来始终坚持平台化思维,持续优化客户结构,以西北煤炭能源分布和物流资源分布一盘棋的思维开展经营，不断寻找与园区客户的合作契合点，共同成长，提供优质的物流服务。

一是根据市场变化，持续调整业务思路，不断优化主营业务线条，梳理现有重点客户，引进外部优质客户，提高客户服务质量，为客户提供综合物流解决方案。例如，在与江苏国信扬州发电有限责任公司的合作中，面对客户遇到的下水煤在天津港或者秦皇岛港中转时煤炭资源和船期不匹配的情况，园区利用自身资源帮助客户进行调配，避免客户付出更多的滞期费，为客户降低了经营成本，同时也巩固了园区与客户的合作关系。此外，园区近年来引进陕西省煤炭运销集团建宏投资发展有限公司、陕煤运销集团榆中销售有限公司、国家能源投资集团有限责任公司等大型优质客户，使得淡、旺季煤炭运量均处高位，实现"淡季不淡，旺季更旺"。

二是主动开辟北方港出口，对合作模式进行创新，通过优势互补，提供增值服务，提高客户黏性；加强与坑口、港口联动，购销结合；绩效创新，优化绩效制度，激发一线业务单元的活力，引进行业资深人才，使北方港口业务取得迅速突破。

三是建立物流场站标准化生产体系。传统物流场站规模小、业务单一，生产链条短，一直未形成一套标准化生产体系。园区凭借强大的规模效应，率先探索建立涵盖设备操作和维护、安全操作规程、生产流程等环节的物流场站标准化生产体系，目前1.0版本已正式投入运作，对园区的高效服务起到了重要作用。

此外，园区还为客户提供宿舍租赁、餐厅、快递、体育运动等方面的生活服务。园区内建设有"司机之家"，为司机提供休闲、休息的舒适空间。园区自运营以来，对于不法经营和不规范行为严厉打击，持续改善园区的经营风气，保障客户利益，提高品牌效应。

三、示范特色

（一）引领集装箱运输与多式联运

煤炭集装箱运输具有绿色环保、节能降耗、安全高效三大优势。园区积极响应中国铁路西安局集团有限公司的战略布局，以丰富的集装箱资源和深厚的运作经验，将集装箱运煤市场做大做强，引领行业向多式联运转型。此外，园区依托北煤南运、西煤东运重要枢纽的区位优势，与东部沿海、中西部大宗商品集散区域的仓储集群，以及港口、铁路站点等资源积极对接，通过贯通中西、连接南北的铁路运输和辐射全国的公路运输网络，充分满足大宗商品运输线路的集散需求，畅通多式联运网络。2022年，园区集装箱煤炭发运量在榆林地区集装箱市场总体量中占比达到30.1%。

（二）做好能源稳定供应的压舱石

园区地处榆神矿区腹地，周边煤炭资源富足，在煤炭保供方面具有天然优势。象屿集团作为第一批电煤重点保供贸易企业，立足国家能源战略，充分发挥自身优势，全力推动园区保供电煤运输，积极融入国家能源大局中，做好电煤保供的物贸枢纽，全力缓解燃"煤"之急，筑牢国家能源安全"压舱石"。2022 年园区长协、保供煤炭发运量达 502 万吨，占总业务量的 40%。

（三）打造数智化的现代物流体系

园区依托象屿集团的强大平台，在供应链服务、智慧物流方面具有一定的人才储备和管理经验。围绕推进中国式现代化的时代命题，聚焦建设现代化经济体系，象屿集团努力实现"数智天网"和"物流地网"融合，依托园区数智化建设，深度融入和服务榆林能化资源整合和产业链提升，为促进产业转型升级提供不竭动力，为构建"双循环"新发展格局贡献力量。

四、发展方向与未来展望

园区将继续整合榆林市铁路运输市场，形成强大集聚效应，有效解决目前货场布局不合理、规模偏小、运力释放难等"小、散、弱"问题，更好地组织均衡运输和直达运输；以自动化信息平台，提高铁路保联重点运输和宁西线通过能力；借鉴国内外先进的智慧物流园区建设经验，加大数智化改造投入，逐步实现电子围栏上线、网络全覆盖、车队管理系统集成、智能调度、集装箱追踪等功能。

园区将继续依托"能源之城"的区位优势，整合汽运、水运资源，引入以集装箱无人载具为核心的全自动化集装箱堆存及装卸系统等，持续扩大集装箱运输市场，创新物流模式，优化资源配置，提供"产融结合""物贸联动"等全流程服务。

园区将强化供应链全程管理服务，提供从坑口、煤炭及煤化工等相关生产企业，到相关贸易企业、消费企业的全程物流与供应链服务，提供涵盖仓储、运输、多式联运、流通加工、信息处理、增值服务拓展等功能的一体化集成服务，进一步增强园区的服务能力与竞争优势。

未来，园区将进一步建设成为电煤保供物流基地和绿色高效运输特色园区，促进榆林地区现代物流产业的发展，强化城市集聚辐射功能；带动区域产业跨地区、跨行业融合；坚持绿色环保的发展理念，为周边生态环境优化做出贡献，推动陕北能化基地转型升级和高质量发展。

（撰稿人：游彩荣，薛称）